Herbert Leube

# Familie und christliche Diakonie

Sonderveröffentlichungen des Martinszeller Verbandes e. V.

Nr. 15

Herausgegeben vom Martinszeller Verband e. V.
Vorsitzender: Dr. Ernst Zeller, Mahlestraße 79, D 70376 Stuttgart

**Herbert Leube**

# Familie und christliche Diakonie

## Familienkreis und Nachkommenschaft von Christian Heinrich Zeller und Sophie Siegfried

*Ich und mein Haus, wir wollen dem Herrn dienen.* Josua 24,15.

johannis

Bestell-Nr. 25956
ISBN 3-501-01379-5

TeX-Satz: Herbert Schedwill
Einbandentwurf: Angelika Leube und Julia Schmidhäußler
Druck: St.-Johannis-Druckerei, 77922 Lahr
Printed in Germany 32477/1999

# Vorwort

Die vorliegende Darstellung einer Großfamilie über sechs Generationen — Nachkommen des Paares Christian Heinrich Zeller und Sophie Siegfried — gehört zu einer Reihe von Sonderveröffentlichungen des Martinszeller Verbandes, geht aber inhaltlich und dem Umfang nach weit über die bisher erschienenen Arbeiten der Reihe hinaus. Eine Gesamtdarstellung der Nachkommenschaft des Paares Zeller-Siegfried erschien besonders deshalb reizvoll, da die Nachkommen noch heute in vielen Bereichen der Familie, auch der weiblichen Nachkommenslinien, Geschlossenheit und Solidarität mit dem Erbe der Stammeltern beweisen.

In diesem Band ist der genealogischen Datensammlung eine Untersuchung vorangestellt, die biographisch und analytisch das Entstehen einer Großfamilie und ihre ganz bestimmte geistige und soziale Ausprägung beschreibt, einer Großfamilie, die im christlich-diakonischen Bereich vorbildlich gewirkt hat. Der zweite Teil setzt die Beschreibung dieser Familie in ausführlicher genealogischer Darstellung fort. Dabei folgt sie dem Stil der bisher vorgelegten Sonderveröffentlichungen des Martinszeller Verbandes, der im Lauf der letzten Jahre einzelnen Familienzweigen und Nachkommensfamilien eigene Arbeiten gewidmet hat.

Die Vorarbeiten zu dem hier vorliegenden Familienbuch waren nicht immer einfach. Zu manchen Familien ging bereits vor hundert Jahren der Kontakt verloren, meist bedingt durch räumliche Entfernung. Schließlich aber wurde die Arbeit durch das selbstlose Zusammenwirken vieler Helfer möglich, die sich mit großem Einsatz bemühten, im näheren und weiteren Familienumkreis Lücken zu füllen. Zahllos sind die Familienglieder, die bereitwillig mitgearbeitet haben beim Zusammentragen der Familiendaten. Wir können sie unmöglich alle hier nennen. Auch Mitglieder anderer Familienverbände zögerten nicht, ihre Daten zur Verfügung zu stellen. Von einer Reihe von Archiven und Biblotheken erhielten wir freundliche Auskunft. Stellvertretend für alle sei das Archiv der Basler Mission genannt; hier konnte dank großzügigem Entgegenkommen eine Fülle von Informationen zu zahlreichen Familien gewonnen werden, die im Dienst der Mission standen. Allen Helfern danken wir an dieser Stelle für ihre Mitarbeit und ihr Entgegenkommen.

Die Publikation dieses Buches wäre ohne die mühevolle Satzarbeit von Prof. Dr. Herbert Schedwill mit Hilfe des TeX-Programms und das sorgfältige Korrekturlesen durch seine Frau Renate Schedwill nicht möglich gewesen. Der Druck wurde durch die finanzielle Unterstützung der Werner-Zeller-Stiftung für gesellschaftsbezogene Familienforschung in Leonberg wesentlich erleichtert.

Es liegt in der Natur einer auf genealogischen Daten basierenden Arbeit, daß immer Lücken bleiben. Wir hoffen, die vorliegende Publikation regt dazu an, Ergänzungen beizusteuern. Der Martinszeller Familienverband ist für jede Information dankbar. Ergänzungen und Hinweise erbittet:
Dr. Herbert Leube, Grünberger Straße 6, D 67117 Limburgerhof, Tel./Fax 06236-6375.

# Inhalt

# Hinweise zur Gliederung und Benutzung

Wenn nicht anders angegeben, tragen die Ehefrauen — soweit bekannt — den Familiennamen des Ehemannes, die gemeinsamen Kinder den Familiennamen des Vaters. In der Schweiz ist allgemein der Gebrauch von Doppelnamen beider Ehepartner üblich.

Im Namenregister sind Frauen und Männer nur unter ihrem Geburtsnamen zu finden; eine korrekte Registrierung der Namen nach der Verheiratung wäre nach den heute geltenden Regeln des Namensrechts wegen ungenauer Angaben oft nicht möglich gewesen.

Das Ortsverzeichnis enthält außer den Geburts-, Eheschließungs- und Sterbeorten auch alle Orte, die in den biographischen Angaben zu einzelnen Personen erwähnt sind.

## Nachfahrendokumentation

Die Nachkommensfamilien des Paares Zeller-Siegfried sind in ihrer genealogischen Folge — also gemäß ihrem Alter in der Geschwisterreihe — dargestellt. Es folgen auf die Stammeltern nacheinander:

| | |
|---|---|
| Stamm Völter | V |
| Stamm Gobat | G |
| Stamm Werner | W |
| Stamm Thiersch | T |
| Stamm Schmuziger | S |
| Stamm Zeller | Z |
| Stamm Witzemann | Wi |

Unverheiratete Kinder sind in den Paragraphen ihrer Eltern aufgenommen.

Innerhalb der einzelnen Stämme wurden die Familien in der Dezimalklassifikation nach DIN 1421 geordnet. Dementsprechend wird für jede folgende Generation an die Nummer der Eltern eine weitere Zahl angehängt. Eine vierstellige Ordnungsnummer bedeutet also die 4. Kindergeneration (Ururenkel) in der Familie. Den in der Datenverarbeitung üblichen Regeln entsprechend folgen auf die Zahlen 1 bis 9 die Buchstaben A, B, C ... für das 10., 11., 12. ... Kind einer Geschwisterreihe. So ist also beispielsweise im Stamm Werner unter dem Paragraphen W 4C die Familie des 12. Kindes von W 4 aufgeführt.

Diese Art der Anordnung hat den Vorteil, daß zusammengehörige Familien desto näher beieinander stehen, je mehr man sich der Gegenwart nähert. Umgekehrt müssen wir dabei in Kauf nehmen, daß Geschwister der früheren Generationen manchmal weit auseinanderrücken; besonders deutlich wird das bei den Kindern des Stammpaares Zeller-Siegfried.

Die graphischen Übersichten zu Beginn eines jeden Stammes sollen helfen, zusammengehörige Familien zu erkennen.

## Ahnenlisten

In der selben Reihenfolge wie im Nachfahrenteil erscheinen im Anschluß daran Ahnenlisten vom Stammelternpaar und seiner Schwiegerkinder. Die Ahnenlisten sind nach dem Kekuléschen System numeriert: Der Proband ist Nr. 1, Vater und Mutter Nr. 2 und 3, die Großeltern Nr. 4–7. Allgemein erhält man die Nr. des Vaters, indem man die Nr. des Kindes verdoppelt, die der Mutter durch Zuzählen von 1 zur Nr. des Vaters (Kind = n, Vater = 2n, Mutter = 2n+1).

Alle Daten wurden nach bestem Wissen, soweit möglich entsprechend den Angaben der betroffenen Familienmitglieder, eingetragen. Dabei waren oft Unzulänglichkeiten, beruhend auf widersprüchlichen Literaturangaben oder persönlichen Informationen, nicht zu vermeiden.

# Verwendete Abkürzungen

| | | | |
|---|---|---|---|
| Bacc. | Baccalaureus, Bakkalar | med. dent. | medicinae dentariae |
| B.A. | Bachelor of Arts | med. vet. | medicinae veterinariae |
| B.Ch. | Bachelor of Surgery | paed. | paedagogiae |
| B.S. | Bachelor of Science, Bachelor of Surgery | pharm. | pharmaciae |
| | | phil. | philosophiae, philologiae |
| B.Sc. | Bachelor of Science | | |
| B.M. | Bachelor of Medicine | phys. | physicae |
| Ch.B. | Bachelor of Surgery | rer. nat. | rerum naturalium |
| Dr., D. | Doktor, Doctor | rer. soc. | rerum socialium |
| cand. | candidatus | sc. nat. | scientiarum naturalium |
| grad. | graduiert | sci. pol. | scientiarum politicarum |
| habil. | habilitatus | theol. | theologiae |
| h. c. | honoris causa | | |
| Lic. | Licentiatus, Lizentiat | AG | Aargau |
| M.A. | Master of Arts | AR | Appenzell-Außerrhoden |
| Mag. | Magister | BL | Basel-Land |
| M.B. | Bachelor of Medicine | BE | Bern |
| M.D. | Doctor of Medicine | GE | Genf – Genève |
| M.S. | Master of Science | GR | Graubünden |
| a. o. Prof. | außerordentlicher Professor | LU | Luzern |
| | | NE | Neuenburg – Neuchâtel |
| apl. Prof. | außerplanmäßiger Professor | NW | Nidwalden (Unterwalden nid dem Wald) |
| o. ö. Prof. | ordentlicher, öffentlicher Professor | SG | Sankt Gallen |
| | | SO | Solothurn |
| Ph.D. | Doctor of Philosophy | TG | Thurgau |
| Rev. | Reverend | TI | Tessin – Ticino |
| Stud. | Student(in), Studium, studiert | VD | Waadt – Vaud |
| | | VS | Wallis – Valais |
| tit. | titulatus, tituliert | ZH | Zürich |
| agr. | agriculturae | | |
| ing. | ingeniarii | CD | Canada |
| iur., jur. | iurisprudentiae | F | Frankreich |
| mach. | machinalium | GB, UK | Großbritannien |
| mathem. | mathematicae | NS, NZ | Neu Seeland |
| med. | medicinae | SWA | Südwestafrika |

| | |
|---|---|
| ALB | Alberta |
| BC | British Columbia |
| CA | Californien |
| CO | Colorado |
| DC | District of Columbia |
| FL | Florida |
| IL | Illinois |
| IN | Indiana |
| MA | Massachusetts |
| MI | Michigan |
| MD | Maryland |
| MO | Missouri |
| NJ | New Jersey |
| NM | New Mexico |
| OH | Ohio |
| ONT | Ontario |
| PA | Pennsylvania |
| TX | Texas |
| VA | Virginia |
| VT | Vermont |
| WA | Washington |
| WV | West Virginia |
| * | geboren |
| ∞ | verheiratet |
| † | gestorben |
| BA | Berufsakademie |
| Bd., Bde. | Band, Bände |
| begr. | begraben |
| ca. | circa, ungefähr |
| Co. | Company, Compagnie |
| CVJM | Christlicher Verein Junger Männer |
| DDR | Deutsche Demokratische Republik |
| d. h. | das heißt |
| Dir. | Direktor, Directeur |
| d. R. | der Reserve |
| ebd. | ebenda |
| etc. | et cetera, |
| ETH | Eidgenössische Technische Hochschule |
| evang. | evangelisch |
| Fa. | Firma |
| FH | Fachhochschule |
| get. | getauft |
| hrsg. | herausgegeben |
| HTL | Höhere Technische Lehranstalt |
| i. A. | im Auftrag |
| J. | Jahre |
| Jhd. | Jahrhundert |
| Kl. | Klasse |
| Lit. | Literaturangaben |
| Ltd. | limited |
| M. | Monate |
| o. J. | ohne Jahresangabe |
| S. | Seite |
| s. | siehe |
| s. a. | siehe auch |
| T. | Tage |
| TH | Technische Hochschule |
| TU | Technische Universität |
| u. a. | unter anderem, und andere |
| usw. | und so weiter |
| Verf. | Verfasser folgender Schriften |
| Württ. | Württemberg |

# Einleitung

Im Lauf der letzten 120 Jahre wurden wiederholt in Monographien, Beiträgen zu Fachbüchern und Lexika das pädagogische Werk und die Bedeutung Christian Heinrich Zellers für die Diakonie gewürdigt. Ebenso ist bis heute die Rolle Beuggens als befruchtende Keimzelle zahlreicher Werke der Inneren Mission unbestritten. Dabei wurde vielfach übersehen, daß die „Freiwillige Armenschullehrer- und Armenkinderanstalt“ in Beuggen und all die andern Werke der christlichen Nächstenliebe, ja die ganze durch Zeller angestoßene Rettungshausbewegung niemals das Werk eines Einzelnen, sondern immer Familienunternehmungen waren. Selbst da, wo Unverheiratete wirkten — wie in Männedorf — taten sie das vereint mit Geschwistern.

So erschien es wichtig, neben die zahlreichen Betrachtungen über Zellers erzieherisches Werk eine familiengeschichtliche Darstellung treten zu lassen. Aus genealogischer Sicht war es wünschenswert, nicht nur die Familienglieder einzubeziehen, die in diakonischen Einrichtungen tätig waren oder sind, sondern möglichst alle Nachkommen zu erfassen. Diese Arbeit wurde vielgestaltig und weitgefächert, das war von Anfang an offensichtlich: Christian Heinrich Zeller und Sophie Siegfried hatten 58 Enkel und 176 Urenkel. Entsprechend zahlreich ist die heute lebende Nachkommenschaft der 5. und 6. Generation. Zwar wurden die Nachfahrenlinien des Stammelternpaares, wo immer möglich, bis in die jüngste Gegenwart fortgeführt, doch mußten bei den heute lebenden Familien einige Lücken hingenommen werden; einzelne Nachkommen waren nicht mehr zu ermitteln.

Bei vielen Nachkommen ist der Bezug zur Familie Zeller und zum Geist von Beuggen noch lebendig. Bei den Arbeiten zu diesem Buch hörte ich immer wieder:
„In Männedorf habe ich zur inneren Ruhe gefunden.“
„Als Kind nahmen mich meine Eltern nach Beuggen mit und zeigten mir die Gräber der Ahnen.“
„Meine Großmutter erzählte mir oft vom Lämmergeier, der die kleine Sophie Siegfried bedrohte, bis ihn ihr Vater erlegte.“
„Ich bin in St. Chrischona auf dem Berg aufgewachsen und kann mir alles so gut vorstellen.“
„Demnächst darf ich wieder eine Gruppe christlicher Mitarbeiter nach

Basel und Beuggen führen; ich freue mich darauf.“
So macht das noch heute fortwirkende geistige und seelische Band Mut, den Familienkreis Zeller-Siegfried mit seiner riesigen Nachkommenschaft als große Familie darzustellen.

Neuere Vorarbeiten zum genealogischen Teil für eine Zusammenstellung der Nachkommen von Christian Heinrich Zeller und Sophie Siegfried reichen fünfzehn Jahre zurück. Sie gründen sich auf Literaturangaben aus früherer Zeit. Besonders seien genannt die Arbeiten von

- P(aul) K(ober)-G(obat) und F(riedrich) V(eil)-W(erner) 1892 (Lit. Zeller-Siegfried),
- Ernst Werner 1934 (Lit. Werner I),
- Albert und Lydia Metzler 1957 (Lit. Völter),
- Karl August Zeller 1974 (Lit. Zeller),
- Hubert Vogel 1984 (Lit. Thiersch II),
- Gerhard Zeller 1995 (Lit. Zeller II),
- Albrecht Werner, Werner Familien-Stammbuch 1996.

Diese Veröffentlichungen führen Teile der Nachkommenschaft des Paares Zeller-Siegfried, entsprechend ihrem Erscheinungsdatum mehr oder weniger vollständig bis in unsere Zeit. Eine gemeinsame Darstellung der vor allem in neuerer Zeit ungewöhnlich weit ausgebreiteten Nachkommen ist seit hundert Jahren nicht versucht worden.

Es ist Ziel dieser Untersuchung, deutlich zu machen, wie die Werke der christlichen Nächstenliebe in ihrer Gründungszeit und in den Jahrzehnten danach als eine Lebensgemeinschaft aufgefaßt wurden, die ihr Vorbild in der Familie hatte. Daher erschien es notwendig, gerade die Vertreter der ersten Generationen bei ihrem Einsatz für missionarische und diakonische Aufgaben in einem biographischen Abriß zu charakterisieren. Damit war die Struktur der vorliegenden Arbeit durch das Thema gegeben:

Wir betrachten zunächst das religiöse und geistige Umfeld der Erweckungsbewegung, in dem die Familie Zeller-Siegfried heranwuchs. Es folgen dann die Lebensläufe der Vertreter der ersten Generationen, um ein Bild ihrer Lebenskreise zu geben. Das Schwergewicht wurde dabei auf das familiäre Umfeld und ihre persönlichen Bezüge gelegt, weniger auf die Bedeutung ihrer erzieherischen oder seelsorgerlichen Leistungen. Das soziale Bild einer Familie und ihre Stellung in der Gesellschaft wird ganz besonders durch die berufliche Tätigkeit ihrer Glieder bestimmt. Darum wurde zum Abschluß des ersten Teiles die Familie Zeller-Siegfried in einer statistischen Übersicht hinsichtlich ihrer Berufswahl anderen ähnlich strukturierten Familien derselben Epoche gegenübergestellt.

Im zweiten Teil sind die Nachkommen des Paares Zeller-Siegfried in ihrem Familienzusammenhang dargestellt. Dabei wurde die Empfehlung der Deutschen Zentralstelle für Genealogie – Deutsche Bibliothek Leipzig beachtet: „Eine moderne und weitsichtige Arbeitsweise kann sich in der Genealogie nicht nur auf die sogenannten Hauptlebensdaten (d. h. die ‚Friedhofsdaten') beschränken, sondern muß die soziale Stellung einer Person ausreichend mit Daten belegen, d. h. mit Angaben zu Beruf, Stand, Amt und Besitz im Lauf des Lebens" *). Daher wurden, wo immer möglich, die nackten Daten von Geburt, Tod und Ehe ergänzt durch ausführliche, doch stichwortartige Angaben zum Lebenslauf. Um das Umfeld zu erhellen, aus dem Christian Heinrich Zeller und seine Frau stammten, und aus dem ihre Kinder ihre Ehepartner wählten, wurden der Nachfahrendokumentation entsprechende Ahnenlisten angeschlossen.

In der Form der Darstellung der Familien der Stammeltern und ihrer Kinder wurde versucht, ihrer pietistischen Grundhaltung im Geist der Erweckungsbewegung gerecht zu werden. Dem Leser sollten Glaubenswahrheiten und Lebensweise der pietistisch gesinnten Familie des 19. Jahrhunderts deutlich werden. Darum wurden nicht nur zahlreiche Formulierungen und Gedankengänge der besprochenen Familienglieder in der ursprünglichen Form wiedergegeben; es wurde auch bewußt in meiner Diktion eine Form gewählt, die versucht, den ausschließlichen Lebensbezug auf die christliche Heilslehre und den persönlich wirkenden Gottessohn deutlich zu machen. Zu leicht vergessen wir Heutigen in unserer selbstsicheren, nüchternen Betrachtungsweise, wie damals Lebensziel, Lebensbestimmung und Lebensführung vom erweckten Christen gesehen wurden.

*) Volkmar Weiss, Genealogisches Jahrbuch **31** (1991), 107.

# Gesellschaftsgestaltendes Wirken einer christlichen Großfamilie im 19. Jahrhundert

## Familien im Dienst christlicher Nächstenliebe

Auf den ersten Blick erscheint die Beschäftigung mit Christian Heinrich Zeller nicht mehr zeitgemäß. Viele von uns fortschrittlichen Zeitgenossen am Ende des 20. Jahrhunderts haben sich in ihrer Weltauffassung und ihrer Einstellung zum christlichen Glauben weit entfernt von einem ausschließlich unter das evangelische Wort Gottes gestellten und der Sorge für den Mitmenschen gewidmeten Leben. Zellers für die damalige Zeit neuartige Erziehungsmethoden, sein Gebot der Liebe bei der Kindererziehung unter der Führung eines persönlich zugewandten Gottes, wirken allerdings bis heute vielfältig fort. Aber was hat das mit seiner Familie zu tun?

### *Diakonisches Familienunternehmen Zeller-Siegfried*

Christian Heinrich Zeller hat sein Leben und Wirken als Aufgabe in einer als Familie aufgefaßten Gemeinschaft gesehen. Sein Lebenswerk, die Ar-

Schloß Beuggen, Steindruck P. Brugier (Archiv Andreas Zeller)

menschullehrer- und Armenkinderanstalt in Beuggen betrachtete er ganz ausgesprochen als das Zusammenleben einer großen christlichen Familie mit (Haus)vater, (Haus)mutter, (Lern)brüdern und (Pflege)kindern, so wie sich die Anstalt auch Besuchern darstellte. In die Anstalt Beuggen hat sich ganz natürlich auch Zellers Familie integriert mit einer Ausschließlichkeit, wie wir sie uns heute schwer vorstellen können. So war die leibliche Familie ein wesentlicher Bestandteil des Werkes. Die eigenen Kinder wurden mit den Zöglingen erzogen, und als sie älter waren, wuchsen sie ganz automatisch in eigene Aufgaben in der Anstalt hinein, bis sie als Erwachsene mit fest umrissenem Auftrag in Beuggen selbst oder in neu gegründeten Einrichtungen das Werk der christlichen Nächstenliebe weiterführten:

- Zellers Frau Sophie Siegfried war über Jahrzehnte die Hausmutter in Beuggen.
- Tochter Helene und ihr Mann Ludwig Völter wurden die Hauseltern der Armenschullehrer- und Kinderrettungsanstalt Lichtenstern.
- Tochter Marie folgte ihrem Mann Samuel Gobat, dem Missionar in Abessinien und Bischof von Jerusalem.
- Tochter Therese übernahm als Frau des Pfarrers und Wegbereiters des württembergischen Gemeinschaftswesens *Karl* Friedrich Werner neben ihrer großen Familie diakonische Aufgaben in der Gemeinde.
- Tochter Sophie war zunächst Stütze der Mutter, wurde dann Hausmutter der Gebetsheilanstalt Männedorf bei ihrem Bruder Samuel.
- Tochter Bertha, Frau des Predigers Heinrich Thiersch, unterstützte das seelsorgerliche Werk ihres Mannes.
- Tochter Tabitha gründete mit ihrem Mann Louis Schmuziger die Erziehungsanstalt für arme Kinder in Kasteln.
- Sohn Nathanael wurde Lehrer und Ökonomieverwalter in Beuggen.
- Sohn Reinhard wurde Nachfolger seines Vaters in der Leitung der Anstalt Beuggen; seine Frau Elise Bohn war die Hausmutter.
- Tochter Monika und ihr Mann Aaron Witzemann waren die Hauseltern der Armenkinderanstalt Kasteln.
- Sohn Samuel war jahrzehntelang der Leiter, er und seine Schwester Sophie waren die Hauseltern der Gebetsheilanstalt Männedorf.

Tatsächlich wurde die Anstalt Beuggen bis 1937 (Eugen Zeller) von Familienmitgliedern weitergeführt. Wie weitverzweigt sich die Familie Zeller mit missionarischen und diakonischen Initiativen verflocht, ist in Tabelle 1 (S. 186) dargestellt.

Zellers leibliche Familie war der Kern, aus dem sein Werk und viele Nachfolgeanstalten der christlichen Nächstenliebe ihre Kraft schöpften und ihr Leben bezogen. Darum verstehen wir recht gut, daß der Sinngehalt der christlichen Familie und ihrer sozialen und gesellschaftlichen Aufgabe gerade in Zellers Nachkommenschaft über Generationen fortgewirkt hat und noch heute in vielen Enkel- und Urenkelfamilien lebendig ist. Wir können unter den heute lebenden Nachkommen eine auffallende Geschlossenheit der christlich-sozialen Lebensauffassung beobachten, in der mit Sicherheit das Vätererbe sichtbar ist.

### *Die Rolle der Frau in der christlichen Diakonie*

Wenn wir die Werke der christlichen Nächstenliebe des 19. Jahrhunderts als Familienunternehmungen sehen, müssen wir anerkennen, daß viele dieser Anstalten zwar von pietistisch inspirierten Männern gegründet und geleitet wurden, wir dürfen aber zugleich nicht vergessen, daß in der Praxis solche Einrichtungen nur im angestrebten Sinn funktionieren konnten, wenn als Seele des Werkes die Hausmutter, die Erzieherin und Verwalterin die Zügel des Hauswesens im großen in der Anstalt, ebenso wie im kleinen in der Familie führte.

Zwar wirkte die Frau vielfach als guter Geist und Gehilfin ihres Mannes in der Stille. Doch wurde dabei ein hohes Maß an Selbständigkeit in einem breiten Wirkungskreis gefordert. Aus den biographischen Angaben der folgenden Kapitel geht das im einzelnen hervor:

- Sophie Zeller-Siegfried leitete jahrzehntelang das Hauswesen in Beuggen mit Küche, Garten, Wäsche, Schneiderei, Hausmeisterei, als Hausärztin, in der Aufsicht über Kindergruppen, in der Kassenverwaltung. Später übernahm das Verwalteramt der Sohn Nathan.
- In ähnlicher Funktion arbeiteten die Töchter Sophie Zeller in Männedorf, Monika Witzemann in Kasteln.
- Elise Zeller-Bohn mußte neben dem Hausmutteramt auch noch für den gichtkranken Ehemann sorgen.
- Dora Rappard-Gobat auf St. Chrischona war neben ihren Hausmutterpflichten in der Evangelisation tätig und machte sich als begnadete Schriftstellerin und Liederdichterin einen Namen.
- Die Gattin eines Missionars war gefordert als Lehrerin und Erzieherin in der jungen Gemeinde. Dabei mußte sie in der Regel die eigenen Kinder zur Schulausbildung in die Heimat schicken.

- Gerade der Schule entwachsen, übernahm die junge Frau erzieherische Verantwortung bei Jüngeren.

Die Frau in den Werken der pietistischen Erweckungsbewegung trug ein hohes Maß an Eigenverantwortung, ohne eine Frauenrechtlerin zu sein. Das hätte ihrer Berufung widersprochen. Sie widmete sich in selbständigen Aufgabenbereichen dem gemeinsamen Werk. Wie in anderen bürgerlichen Kreisen hat sie eine sorgfältige Erziehung genossen; ihre Wissens- und vor allem Herzensbildung ging oft über das übliche Maß hinaus. Die pietistisch engagierte Frau nutzte aber — anders als die gebildete Dame großbürgerlicher Familien — ihre Bildung zum christlichen Dienst am Nächsten. Sie lebte in äußerer Einfachheit nach strengen, vorgegebenen Lebensgrundsätzen.

*Die Christentumsgesellschaft in Basel*

Die Armenschullehrer- und Armenkinderanstalt in Beuggen und ähnliche soziale Einrichtungen sind aus der Aufbruchstimmung der Erweckungsbewegung des 18. und 19. Jahrhunderts entstanden. Es waren pietistische Glaubensformen, losgelöst von der Amtskirche, die zum Nährboden der Erweckungsbewegung im 18. Jahrhundert wurden. In Süddeutschland und der Schweiz, der Region, die uns bei unserer Untersuchung am meisten betrifft, kamen die Anstöße vielfach aus England. Erinnert sei hier an Edward Irving [1], der für die Familie Thiersch eine so bedeutende Rolle spielte, an Mary-Ann Greaves in Lausanne [2], oder den Independenten-Geistlichen Mark Wilks in Paris [3]. Erinnert sei auch daran, daß die British Bible Society und das Missionswesen in England florierten, als auf dem Kontinent noch keine entsprechenden Anstalten bestanden. Ein Sammelpunkt und Sprachrohr pietistisch Erweckter auf dem Kontinent wurde die Christentumsgesellschaft in Basel.

1780 hatte in Basel der Augsburger Theologe Johann August Urlsperger (1728–1806) die „Deutsche Gesellschaft edler thätiger Beförderer reiner Lehre und wahrer Gottseligkeit“ gegründet. Diese Vereinigung wurde später unter der Bezeichnung „Deutsche Christentumsgesellschaft“ in ganz

[1] Edward Irving, 1792–1834, schottischer Theologe, presbyterianischer Prediger und Erweckungsmissionar, Hauptrepräsentant („Engel“) der katholisch-apostolischen Gemeinden in London.

[2] Mary-Ann Greaves aus England, kam 1815 nach Lausanne, führte Erbauungsversammlungen in kleinen Kreisen ein und verbreitete Traktate, 1822 aus dem Kanton Waadt ausgewiesen.

[3] Mark Wilks, 1821–1844 als Übersetzer und Kirchenhistoriker erwähnt.

Mitteleuropa verbreitet. Basel war seit langem ein Ort, an dem Pietisten, Herrnhuter und Vertreter der mystischen Richtung dank einer verständigen Obrigkeit Freiheiten genossen. Man schätzte die Zahl der Erweckten in Basel auf tausend, als Urlsperger die Deutsche Christentumsgesellschaft stiftete. Die Christentumsgesellschaft, von Lavater als „ein Gewürz und eine Zierde der Christenheit" bezeichnet, suchte den ursprünglichen Bezug des christlichen Glaubens zu der im Neuen Testament verkündeten Botschaft in Kirchen aller Bekenntnisse hineinzutragen und wurde so mit wechselndem Erfolg zu einer Keimzelle der Ökumene. Zu ihr zählte sich z. B. neben Lavater Jung-Stilling sowie der Anglikaner John Wesley [4], Begründer des Methodismus, oder der katholische Bischof Sailer [5]. Aus der Christentumsgesellschaft erwuchsen die für die Ökumene wichtigen Grundsätze des praktischen Christentums und die Weltmission. Als wichtigste Aufgabe sah sie die Erbauung im Glauben, Achthaben auf die Zeichen der Zeit und brüderliche Liebe zur Linderung des menschlichen Elends.

Einer der ersten Sekretäre des Basler Zentrums der Christentumsgesellschaft war von 1795 bis 1801 der aus Ludwigsburg stammende Pfarrer Carl Friedrich Steinkopf [6]. Als Steinkopf 1801 als Prediger und Verbindungsmann nach London ging, wurde zu seinem Nachfolger Christian Friedrich Spittler [7], aus Wimsheim bei Leonberg stammend, berufen. Während bis dahin der Sekretärsposten in raschem Wechsel stets von württembergischen Pfarramtskandidaten besetzt worden war, behielt Spittler, der die kameralistische Ausbildung eines Stadtschreibers durchlaufen hatte, das Amt des Sekretärs 66 Jahre lang bis zu seinem Tod 1867. Die Hauptaufgaben des Sekretärs bestanden darin, die monatlichen Gesellschaftsberichte zu erstellen und die Verbindung mit den Partikulargesellschaften, die in vielen deutschsprachigen Städten entstanden waren, zu pflegen sowie

[4] John Wesley, 1703–1791, übernahm 1729 von seinem Bruder Charles den „Holy Club", die Keimzelle des Methodismus; umfassende Predigt- und Erweckungstätigkeit, u. a. in USA, er trennte sich von der Brüdergemeine.

[5] Johann Michael Sailer, 1751–1832, Prof. für katholische Dogmatik Ingolstadt, Dillingen, Landshut, 1829 Bischof von Regensburg, stand in Verbindung mit der Erweckungsbewegung.

[6] Carl Friedrich Adolf Steinkopf, 1773–1859, 1795 Sekretär der Christentumsgesellschaft Basel, 1801 luther. Pfarrer in London, stellte Verbindung zur englischen Erwekkungsbewegung her.

[7] Christian Friedrich Spittler, 1782–1867, Kameralist, 1801 Sekretär der Christentumsgesellschaft Basel, Initiator und Mitgründer zahlreicher christlich-sozialer Einrichtungen, z. B. Basler Mission, Beuggener Anstalt, Pilgermission St. Chrischona. Lit. Scheffbuch II, S. 33 ff.

die monatlich erscheinenden „Sammlungen" zu redigieren und zu versenden (von 1839 bis 1862 war der Herausgeber der Sammlungen *Karl* Friedrich Werner, genealog. Teil W). Schließlich aber, und das wurde allmählich das zentrale Aufgabengebiet, betreute der Sekretär die unter Mitwirkung der Christentumsgesellschaft gegründeten missionarischen und sozialen Einrichtungen. Zu den ersten solchen Unternehmungen gehörten die Traktatgesellschaft zur Verbreitung religiöser Literatur und die Bibelgesellschaft. Dann kamen dazu 1816 die Basler Missionsgesellschaft und 1820 die Anstalt Beuggen, später die Pilgermissionsanstalt auf St. Chrischona bei Basel zur Ausbildung von Handwerker-Missionaren, später von Gemeindediakonen. Im Laufe der Jahrzehnte zählte man über dreißig Werke der christlichen Nächstenliebe, die wesentlich auf Spittlers Anregung ins Leben gerufen wurden. Neben den bereits genannten Einrichtungen finden wir darunter eine Gesellschaft zur Judenmission, einen Evangelischen Jünglingsverein, eine Taubstummenanstalt in Beuggen, eine Kleinkinderschule, ein Kinderspital, die Riehener Diakonissenanstalt, das Martha-Stift für betagte Mägde u. a. Auch bei der Gründung von Schnellers Syrischem Waisenhaus in Jerusalem wirkte Spittler mit. Seiner Tatkraft gelang es immer wieder, christlich Gesinnte zur aktiven Mitarbeit und Geldgeber zur finanziellen Unterstützung zu motivieren.

Christian Friedrich Spittler 1782–1867
(Universitätsbibliothek Basel)

Spittlers Bemühungen lagen ganz auf der Linie der pietistischen Erwekkungsbewegung. Losgelöst von einer bestimmten Amtskirche, verbanden sich Menschen aus verschiedenen Gesellschaftskreisen durch das Band der christlichen Liebe. Oberstes Ziel war es, auf dem Boden des Evangeliums Gläubige zum persönlichen Heiland und Erlöser zu führen. Dazu war es natürlich primär notwendig, die Menschen mit dem Evangelium bekannt zu machen. Es mußten — von Bibelgesellschaften — preiswerte Bibeln und Testamente gedruckt werden. Jeder Mensch sollte in der Lage sein, die Bibel zu lesen. Die Lehrer dazu wurden in Armenschullehreranstalten ausgebildet; im Orient zogen Bibelleser durch die Dörfer. So ist aus dieser Sicht das große Interesse der Mission an Unterricht und Erziehung zu verstehen.

Zwar blieb es immer die Hauptaufgabe der Erweckungsbewegung, den christlichen Glauben zu verbreiten. Doch anders als in den Zeiten der Inquisition, als man dem Christentum mit Gewalt Geltung verschaffte, als man in Kauf nahm, daß der leibliche Mensch zugrunde ging, wenn die Seele fürs Himmelreich gerettet wurde, setzte sich der erweckte Pietist mit allen Kräften und den ihm zu Gebote stehenden Mitteln auch für das leibliche Wohl seiner ihm Anbefohlenen ein. Neben die Erziehung trat die Fürsorge für Kranke, Behinderte, Verlassene, auf die schiefe Bahn Geratene. Viele solcher Aufgaben übernahm man aus einem Bereich, der traditionell im kommunalen Wohlfahrtswesen institutionalisiert war, wie städtischen Spitälern, Armenstiftungen, Findel- und Siechenhäusern. Leiter und Betreuer solcher Anstalten waren früher kommunal oder kirchlich besoldete Beauftragte. Neu an pietistischen Anstalten war nicht die religiöse Zielsetzung auch bei rein karitativen Einrichtungen, sondern vor allem eine ganzheitliche, seelische und körperliche Betreuung der Schutzbefohlenen, die persönliche Zuwendung zum Hilfsbedürftigen, wie in einer Familie. Das Waisenhaus wandelte sich von einer Kinderbewahr- in eine Erziehungsanstalt, z. B. in Beuggen, wo die betreuten Kinder in Kleingruppen wie in einer Familie erzogen wurden. Dazu gehörte es auch, daß anders als in den früheren Waisenhäusern Jungen und Mädchen unter einem Dach heranwuchsen. Die Missionare verstanden sich untereinander als *Brüder* und redeten sich auch so an. In der Krankenfürsorge wurden aus Pflegerinnen Kranken*schwestern* und Diakonissen. Die Anstaltsleiter waren Haus*vater* und Haus*mutter*. Alle diese Einrichtungen der christlichen Nächstenliebe verstanden sich als Ergänzung und Nothelfer überall da, wo die Familie aus äußerer Not oder inneren Gründen versagte oder überfordert war.

Wir verfolgen in einem späteren Abschnitt (S. 185), wie im 20. Jahrhundert dieser Trend in ungeahntem Maß fortschreitet: Immer mehr Funktionen, die früher die Familie als ihre ureigenste Aufgabe sah, werden von Institutionen wahrgenommen. Kinder kommen sehr früh in den Kindergarten, Alte ins Alten- oder Pflegeheim, Leidende ins Krankenhaus. Sozialhelfer und Fürsorger kommen in die Familie. Sonderschulerzieher kümmern sich um solche, die von der Norm abweichen.

In den nachfolgenden Lebensbeschreibungen von Christian Heinrich Zeller, seiner Frau und deren Kindern sehen wir, wie die Familien in vielfältiger Weise mit den Werken der christlichen Nächstenliebe verflochten waren. Ihre Nachkommen folgten in ihren Lebensinhalten der Verschiebung von diakonischen Aufgaben aus der Familie und der christlichen Gemeinschaft heraus in die Verantwortung weltlicher Institutionen.

# Evangelische Hauseltern als prägende Kraft — Christian *Heinrich* Zeller und Charlotte Dorothee *Sophie* Siegfried

Familiendaten s. S. 201

Über Christian Heinrich Zeller und seine Bedeutung als christlicher Pädagoge gibt es seit seinem Tod bis in die heutige Zeit eine umfangreiche biographische Literatur. Am ausführlichsten und auch heute noch immer wieder zitiert ist die zweibändige Biographie von Zellers Schwiegersohn Heinrich Thiersch von 1876. Seine Vorfahren wurden in einer Ahnenliste bis zur 4. Generation erfaßt (S. 552).

Ch. D. Sophie Siegfried 1791–1858 Christian Heinrich Zeller 1779–1860
Lithographien C. Studer

Christian Heinrich Zellers eigene Einstellung zur Familie wird illustriert durch ein Erlebnis, das er als 16-jähriger hatte und das er selbst 1857 in einem Brief an Pfarrer Hermann Zeller [8] beschrieben hat: „Mein Vater hatte in seinem Hause ein stilles, hinteres Zimmer, in welchem an allen vier

---

[8] Zeller § 134

Wänden die in Öl gemalten Portraits aller seiner Vorfahren, von dem Pfarrer Johannes Zeller in Rothfelden an bis zum Portrait seines Vaters, der als Helfer in Böblingen früh gestorben ist, hingen. So hingen auch die Bilder einiger Zellerinnen da. Eines Sonntags Abends ging ich in dieses Zimmer, um allein und ungestört in Gellerts moralischen Vorlesungen zu lesen. Ergriffen von einer Stelle darin blickte ich auf, und es war mir, alle diese Bilder meiner Vorfahren lebeten und schaueten mich väterlich ernst an, als wollten sie mir sagen: O halte dich wohl und mache uns keine Schande! Werde fromm und tugendhaft! Es war ein unbeschreiblicher Lebenseindruck, der mich zu einem innigen Gebet voll kindlich heiliger Vorsätze und Gelübde begeisterte.“ Damals entstanden die folgenden Hexameter:

*Auf die Bilder meiner Vorfahren*

*Sanft umschwebt mich ihr Geist und flößt mir Liebe zur Tugend*
*Ein und den Eifer zu leben, wie sie dem Vaterland lebten.*
*Ernst ist ihr Blick; sie scheinen mir sagen zu wollen die Worte:*
*Dien' o Enkel wie wir, dem Gott der uns Alle erschaffen,*
*Dien' ihm mit redlichem Herzen und geh' auf dem Wege der Tugend.*

(Thiersch S. 49–50).

*Die Voreltern*

Christian Heinrich Zeller entstammte dem württembergischen Bildungsbürgertum. Der Vater, Hofrat Christian David Zeller, war Jurist; sonst aber haben wir es in Zellers Ahnentafel vor allem mit Pfarrern zu tun. Die direkten Zellerschen Ahnen sind vielfach genealogisch und biographisch beschrieben [9], (s. a. Ahnenliste Zeller, S. 552). Sie begründeten mit vier Brüdern in der Zeit nach dem 30-jährigen Krieg eine in Württemberg weit ausgebreitete Nachkommenschaft vor allem von Pfarrern und Beamten; keine Familie hat in Württemberg so viele Pfarrer hervorgebracht wie die Zeller. Heinrichs Großvater, Johann Christoph Zeller, war Pfarrer in Böblingen, er starb früh. Der Urgroßvater, der Prälat Johannes Zeller, Leiter der Klosterschule Maulbronn, war der jüngste der vorgenannten vier Zellerbrüder, Begründer der Maulbronner Linie. Dessen Urgroßvater kam mit seinem Vater als Baumeister aus dem Allgäu nach Württemberg.

Zellers mütterliche Großmutter, Heinrike Regine Krompein, hatte in erster Ehe Pfarrer Schneck in Waldenbuch bei Tübingen geheiratet. Aus dieser Ehe stammte Zellers Mutter. In zweiter Ehe wurde sie die zweite Frau von Pfarrer Johann Georg Müller in Fellbach. Eine Tochter Dorothea Müller

[9] s. Literaturverzeichnis

aus dieser Ehe heiratete den Kameralverwalter Scholl in Marbach und bekam eine Tochter, die die Mutter von Ottilie Wildermuth wurde. Was Ottilie Wildermuth über die gemeinsame Ahnin Heinrike Regine Krompein erfahren hatte, floß in die Erzählung „Die Ahnfrau“ in den „Bildern aus einer bürgerlichen Familiengalerie“.

*Jugend und Studienzeit*

Christian Heinrich Zeller wurde 1779 auf Schloß Hohenentringen bei Tübingen geboren. Sein Vater hatte das Schloß mit seinen Gütern 1773 von seiner Schwiegermutter gekauft, um Landwirtschaft zu treiben. Heinrich erinnerte sich mit besonderer Freude an das naturverbundene Aufwachsen in dem herrlich gelegenen Anwesen. 1786 zog die Familie um nach Böblingen, wo die alte Großmutter Zeller wohnte, von dort im Frühjahr 1787 nach Ludwigsburg. Dort hatte der Vater in der Langen Karlstraße ein geräumiges Haus gekauft.

Heinrich hatte eine schlimme Erinnerung an seine erste Lateinschulzeit in Böblingen. Der Präzeptor Schwarz bläute vor allem mit Hilfe von Haselstecken die Anfangsgründe der Grammatik in seine Buben. Auch in Ludwigsburg war das zentrale Erziehungsinstrument der Stock, wobei gelegentlich die kräftigeren Knaben helfen mußten, die Rute zu schwingen. Diese nahmen ihrerseits von den betuchteren Mitschülern kleine Geschenke, um sie dann sanfter zu traktieren. Durch andere Strafen sollte der Faule, der im Lesen Ungeschickte, der Schwatzhafte lächerlich gemacht werden: er bekam ein Eselsbild umgehängt, eine alte Tabakspfeife in den Mund gesteckt, mußte auf einem scharfkantigen Holzscheit am Ofen knien. Auch die Belohnungen, die es gab, waren nicht immer unseren heutigen Vorstellungen gemäß: Wer sich wohl verhielt, durfte dem Lehrer im Wald neue Stecken schneiden, oder für ihn einkaufen oder Wasser holen.

Zeller erinnerte sich: „Der betrübteste Tag der Woche, ein Tag des Zorns und des Geschreis, ein Tag des Schlagens und des Heulens blieb der Freitag. Da wurden nicht nur die Gedächtnisaufgaben aus dem Spruchbuch, Gesangbuch, Katechismus und dem Konfirmationsbüchlein aufgesagt, sondern auch eine sogenannte Katechisation gehalten, welche aber mehr in Schlagen, Schelten und Zanken, als in einer christlichen Unterredung bestand“. (Thiersch S. 27). Zu den Schrecken der Schule kam für Christian Heinrich ein häusliches Strafgewitter, wenn er bei den allwöchentlichen Prüfungen einen Platz hinabrücken mußte, seine Stelle als Primus verlor. In den oberen Klassen des Ludwigsburger Gymnasiums wurde Zeller aber auch ein Lehrer geschenkt, der Licht in sein düsteres Schulleben brachte, der ihn zu schätzen und geistig zu heben wußte und der ihm väterlich zugetan war; es war der damals schon alte Professor Jahn [10]. Sicher haben die Erfahrungen der eigenen Schulzeit Zeller später in seinen pädagogischen Grundsätzen mitbestimmt.

Neben der unerquicklichen Schulzeit müssen wir vor allem das Elternhaus Zellers sehen. Christian Heinrichs Vater Christian David Zeller hatte schon als 11-jähriger 1760 seinen Vater, den Böblinger Pfarrer verloren. Christian David kam daher zur Erziehung zu Pfarrer Johann Friedrich Flattich [11], dem bescheidenen und gediegenen Pädagogen, nach Münchingen. Beide, der verstorbene Böblinger Pfarrer Zeller und Flattich waren durch die Schule von Johann Albrecht Bengel in Denkendorf gegangen. So ist wohl anzunehmen und es wird durch vielfache Zeugnisse bestätigt, daß in Heinrichs Elternhaus ein herzlicher, auf pietistische Frömmigkeit gegründeter Erziehungsstil praktiziert wurde. Dem widerspricht nicht eine Strenge in schulischen Dingen auch zuhause; sie entsprang der festverwurzelten Selbstverständlichkeit, den Weg von Pflicht und Treue, von Ehre und Recht zu gehen.

Heinrich Zeller absolvierte mit 17 Jahren das Gymnasium und bezog im Oktober 1796 die Universität Tübingen, wo zu der Zeit sein älterer Bruder Karl August im Stift studierte. Heinrich wohnte in der „Hölle", einem Haus in der Neckarhalde, das vom Dach aus betreten wurde. Der Wunsch des Vaters war es, daß er Jurist wie er selbst werden sollte. Heinrich Zeller bewarb sich deshalb nicht um einen Studienplatz im Theologischen Stift, erhielt aber einen Freitisch im Stift am „Hansentisch"[12]. Einer der damals aufkommenden studentischen Verbindungen ist er nicht beigetreten, er bewahrte von Anfang an eine fleißige, gesetzte und zurückgezogene Lebensweise. Nach altem Brauch absolvierte er zuerst die philologisch-philosophischen Studien; er hörte u. a. Weltgeschichte bei Rösler [13], Literaturgeschichte bei Gaab [14], Logik und natürliche Rechtslehre. Die hervorragenden Juristen jener Zeit waren an der Universität in Tübingen Friedrich

[10] Johann Friedrich Jahn aus Brackenheim, Mag. Tübingen 1747, Präzeptor in Neuenstadt am Kocher 1750, später Ludwigsburg, † 1802.

[11] Johann Friedrich Flattich, 1713–1797, 1742 Garnisonsprediger auf Hohenasperg, Pfarrer in Metterzimmern, Münchingen 1760.

[12] Gasttisch im „Stift" für Studenten, die nicht den Magistergrad anstrebten.

[13] Christian Friedrich Rösler, * 1736, Professor für Geschichte in Tübingen 1777, Religionsgeschichtler.

[14] Dr. Johann Friedrich Gaab, * 1761, Repetent am Stift 1788, später Generalsuperintendent in Tübingen.

Wilhelm Tafinger [15] und der spätere Obertribunalrat Julius Friedrich Malblanc [16]. Heinrich bearbeitete unverdrossen die Institutionen und Pandekten, deutsches Privatrecht, Gerichtsmedizin und Kriminalrecht. Er tat es aus Pflicht, sein Geist fand wenig Nahrung und Befriedigung darin. Während der Vorlesungen zeichnete oder malte er. Für andere Vorlesungen, die er lieber hörte, ersparte er sich das Honorar, indem er am „Hansentisch" im Stift auf den Wein verzichtete und sich Bargeld geben ließ. Aus dem Tagebuch seiner Studentenzeit sieht man, wie sehr er sich damals um seine sittliche und religiöse Bildung bemühte; er ist nicht zufrieden mit äußerer Ehrbarkeit und Mäßigkeit, er ringt um die Reinheit des Herzens. In seinem Wesen mischen sich Schüchternheit, vor allem gegenüber dem andern Geschlecht, und Überlegenheitsgefühl gegenüber anderen, die seinen hohen moralischen, geistigen oder äußeren Vorstellungen nicht entsprechen. Beides sieht er als Schwäche und kämpft dagegen an. Doch „die Schüchternheit macht mich nicht unglücklich; von vielen Versuchungen hat oft sie allein mich noch abgehalten." So vermied er natürlich auch das Tanzen. Gedanken, die an Klopstock, Herder und Jean Paul erinnern, vertraut er seinem Tagebuch an: „Entronnen bin ich der Stadt Getümmel, freier atmet die Brust, höher hebt sich der Busen in Gottes freier Natur. Sei mir gesegnet, o Abend, deine stille Pracht! O du gießest Ruhe und Frieden in mein Herz, wenn es gejagt von den Torheiten des Tages, ... hier vom reinen Äther umflossen, vom heiligen Berge herab, staunend die Wunder der Schöpfung betrachtet und anbetend ... dem Vater aller Wesen innigen Dank lallt. ... Ein stilles Abendgebet, neue Vorsätze, heiße Gelübde durchglühten meine Seele." (Thiersch S. 66).

Besonders wichtig war Zeller der Umgang mit Freunden. Als Vorform von regulären Studentenverbindungen bildeten sich Jünglings- und Freundschaftsbünde. Zeller selbst entwarf einen Plan zu einer solchen Gesellschaft, die das „Wahre, Gute und Schöne" befördern sollte. Den Kreis, in den er eintrat, leitete der etwas ältere Jonathan Fr. Bahnmaier [17], dem er lebenslang verbunden blieb (s. G 6), ein strenger, kritischer Geist. Unter den jüngeren Theologen im Stift verkehrte Zeller mit den als Pietisten

[15] Friedrich Wilhelm Tafinger, Dr. jur. 1751, a. o. Prof. Tübingen 1753, o. Prof. 1759.

[16] Julius Friedrich Malblanc, * 1752, Dr. jur. 1779, Prof. Altdorf, o. Prof. Tübingen 1793.

[17] Jonathan Friedrich Bahnmaier, 1774–1841, Pfarrer in Marbach, Ludwigsburg, Prof. für Homiletik und Pädagogik Tübingen 1815, Dekan Kirchheim unter Teck 1819.

bekannten: Christian Gottlieb Blumhardt [18], Johann Georg Handel [19] und der spätere schwäbische Landpfarrer August Friedrich Nanz [20]. Dazu kamen der Jurist Jakob Samuel Fresenius [21], der sich als Advokat in Frankfurt niederließ, und die Theologen Karl Reichard [22] und Joh. Carl Wilh. Passavant [23]. Auch unter den württembergischen Freunden Zellers waren vor allem Theologen: Joh. Christian Fr. Steudel [24], Pfarrer Fr. Gottlob Schmid [25], Joh. Fr. Bernhard Höchstetter [26] aus Rothenburg ob der Tauber, dem Zeller eines Tages die Ehefrau zuführen sollte, Johann Jakob Eytel [27] und Chn. David Alex. Heermann [28]; schließlich gehörte zum Freundeskreis Chn. Fr. Daniel Hoffmann [29], ein Verwandter des Tübinger Professors Flatt (s. Anm. 111). Die Freunde waren von einem idealen Streben nach Tugend und Vollkommenheit erfüllt. An Zeller liebten sie seine Aufrichtigkeit; sie nannten ihn den edlen Zeller. Der Bund der Freundschaft und Tugend wurde im September 1800 vor dem Abgang Zellers von der Universität feierlich bekräftigt.

Ein weiterer Lichtpunkt in Zellers Tübinger Studentenzeit war der Verkehr im Pfarrhaus des nahen, am Fuß der Alb versteckten Gönningen. Sein Freund Nanz führte ihn in die Familie des dort seit 1793 amtierenden

[18] Christian Gottlieb Blumhardt, 1779–1838, Sekretär der Christentumsgsellschaft in Basel 1803, erster Inspektor der neugegründeten Basler Missionsanstalt 1816.

[19] Johann Georg Handel, 1778–1856, Lehrer am Basler Missionshaus 1820, Leiter der Kinderrettungsanstalt Stammheim 1827.

[20] August Friedrich Nanz, 1781–1863, Pfarrer in Bissingen an der Enz, Zavelstein und Bernhausen.

[21] Jakob Heinrich Samuel Fresenius, * 1780, † nach 1860, Lic. jur. 1801, Dr. jur. Tübingen 1803, Advokat in Frankfurt.

[22] Johann Karl Reichard, 1778–1848, Lehrer bei Pestalozzi, später Pfarrer und Präsident des Konsistoriums in Buchsweiler und Lützelstein im Elsaß. Lit. Bopp 4136.

[23] Johann Carl Wilhelm Passavant, 1780–1857, Reformierter Pfarrer in Detmold, Sekretär der Lippischen Bibelanstalt, 1816 Pfarrer in Bremen.

[24] Johann Christian Friedrich Steudel, 1779–1837, 1815 Prof. Theol. Tübingen, Vertreter eines rationalen Supranaturalismus.

[25] Friedrich Gottlob Schmid, 1776–1847, Pfarrer in Weiler bei Weinsberg, Hausen ob Verena, Sersheim, Urspring.

[26] Johann Friedrich Bernhard Höchstetter, 1775–1840, Pfarrer in Oberösterreich 1800, Reichenbach bei Göppingen 1817.

[27] Johann Jakob Eytel, 1777–1850, Oberpräzeptor in Kirchheim unter Teck 1803, Rektor am Pädagogium in Esslingen 1818.

[28] Christian David Alexander Heermann, 1777–1849, Professor am Seminar in Blaubeuren, Dekan Schorndorf, Prälat Schwäbisch Hall, ∞ Tochter von Jakob Friedrich Abel, s. Anm. 31.

[29] Christian Friedrich Daniel Hoffmann, 1780–1834, Pfarrer in Deizisau 1821.

Pfarrers Eidenbenz [30] ein, der mit einer Enkelin Joh. Albrecht Bengels (s. Anm. 48) verheiratet war. Zellers Tagebuch verrät (12. 6. 1799): „Seit dem ersten Besuch in dieser Familie ist eine große Veränderung in meinem Wesen vorgegangen .... Der Vater der Menschen, der mein Schicksal lenkt zu der ewigen Seligkeit, hat es so gefügt, daß ich mit diesen edlen, frommen Menschen zusammentraf, daß sie auf mich einwirkten und meine Seele erweckten .... Habe seit langer Zeit wieder mit Christen die rührende, heilige, edeleinfache Anstalt des Gedächtnismahles gefeiert .... Gott, du ewige, unbegreifliche Liebe, du bist der Zeuge der Veränderung in meiner Seele. Schon ahnt mein Geist jenen inneren Frieden, schon stehe ich am Vorhof des Tempels der Seligkeit.“ (Thiersch S. 70). Die Begegnung mit lebendigen, geisterfüllten Christen förderte den Suchenden mehr, als das Studium vieler vortrefflicher Bücher.

Besonderen Gewinn zog Zeller aus dem Verkehr mit dem Haus des Tübinger Professors Jakob Friedrich Abel [31]. Abel war ein Schüler der Leibnitzschen und Wolfschen Lehre, die versuchte, die Vernunft mit dem christlichen Glauben in Einklang zu bringen; er war schon mit 21 Jahren Professor der Philosphie an der Hohen Karlsschule auf der Solitude geworden; dort hatte er großen Einfluß auf den Eleven Friedrich Schiller. 1790 kam er nach Tübingen. Abel war kein Pietist, aber ein Mann von fester christlicher Überzeugung; sein Wesen war liebreich. Zeller nannte ihn „den Mann, den meine Seele liebt“. Auch Abel fand an Zeller Gefallen und holte ihn als Privatlehrer für seine Töchter Friederike und Röse in sein Haus. Es bildete sich eine Freundschaft fürs Leben. In Abels Haus wurde es Zeller zum ersten Mal bewußt, daß Lehren und Erziehen der Beruf sei, der seinen Anlagen ganz entspräche. Als Zeller von Tübingen wegging, wurde sein Freund Steudel der nachfolgende Lehrer im Haus Abel. Friederike heiratete 1807 Zellers Freund Chn. David Alex. Heermann (s. Anm. 28).

Während Zellers ganzer Studienzeit ist nirgends erwähnt, daß er an der Weltpolitik, die ihn doch auch berührt haben muß, Anteil genommen hätte: Im Sommer 1796 marschierten die Franzosen in Tübingen ein. Das folgende Jahr sah die Siege des jungen Generals Napoleon in Italien. Im März 1799 siegten die Österreicher bei Stockach über die Franzosen. Herzog Friedrich von Württemberg stand auf der Seite Österreichs. Napoleon kam aus Ägypten zurück. Moreau ging im April 1800 über den Rhein

[30] Eberhard Joseph Eidenbenz, † 1800, Pfarrer in Oberkochen, Gönningen 1793, ∞ 1782 Marie Margarete Burk.

[31] Jakob Friedrich Abel, 1751–1829, Prof. Karlsschule 1772, Prof. Tübingen 1790, Generalsuperintendent Reutlingen 1823.

und rückte siegreich vor. Württemberg war in der Gewalt Frankreichs und mußte Millionen als Kontribution bezahlen. In Stuttgart und Ludwigsburg lagen französische Truppen. Selbst im Tübinger Stift hatte man 1796 in der französischen Revolution den Sieg der Vernunft bewundert.

### *Zeller als junger Jurist und Privatlehrer*

Im Herbst 1800 absolvierte Heinrich Zeller das juristische Examen. Es fiel so günstig aus, daß der gestrenge Vater voll Rührung seinen Sohn umarmte. Heinrich war nun Lizentiat beider Rechte. Sogleich trat er in die juristische Praxis mit dem Titel eines Kanzleiadvokaten ein. Aber sein Herz war nicht bei der Sache. Lieber überredete er die Parteien zu einem Vergleich, als zu einem für den Advokaten lukrativen, langdauernden Prozess. Der Vater sagte: „Heinrich, du taugst nicht zum Advokaten!" Heinrich fühlte das selbst nur zu gut. Lieber vertiefte er sich in die Schriften von Lavater, Jung-Stilling und dem Züricher Antistes Joh. Jak. Heß [32] („Vom Reich Gottes"). Passavant empfahl ihm den Philosophen Fr. Heinrich Jacobi [33] (das Gemüt erfaßt mit unmittelbarer Gewißheit die Realität der Welt und des Göttlichen).

In dieser Lage erhielt Zeller auf Veranlassung von Prof. Abel 1801 die Anfrage, als Hofmeister im Haus des Barons von Schnurbein in Augsburg die Erziehung des Sohnes Marcus zu übernehmen. Zeller willigte mit Freuden ein; der Vater gab seine Zustimmung. Beim Abschied von den Freunden in Tübingen — gefeiert bei einem Spaziergang ins Wankheimer Tälchen — versprach man sich unter Gesang, Tränen und Gebet, nie vom Pfad der Tugend abzuweichen, füreinander zu beten und sich ewige Treue zu bewahren.

Im Haus Schnurbein in Augsburg lebte man auf großem Fuß. Der einzige Sohn, der 8-jährige Marcus war verwöhnt. Zeller sah seine Aufgabe darin, ihn zum Fleiß, zu Selbstbeherrschung und Tüchtigkeit zu erziehen. Dabei arbeitete er unentwegt an sich selbst, seinen Fähigkeiten und seinem Geschick, zu erziehen. Er schreibt z. B. am 26. 9. 1801: „Es fehlt mir noch die große Kunst, Festigkeit mit Sanftmut zu verbinden, fest zu sein ohne Eigensinn und sanft zu sein ohne Schwäche. Im Tadel soll man weder weich und bittend, noch heftig und bitter, sondern ernst sein." (Thiersch S. 78). Indessen stieß ihn das großtönende Leben in Augsburg ab, er fühlte sich

[32] Johann Jakob Heß, 1741-1828, Antistes (Hauptprediger) in Zürich (Verf.: Briefe über die Offenbarung Johannes).

[33] Friedrich Heinrich Jacobi, 1743–1819, Prof. in München, Begründer der Glaubensphilosophie, bedeutender Einfluß auf Sturm und Drang.

in seiner Wirksamkeit gehemmt. Seine Freunde, sein Bruder Karl August begeisterten ihn für die Schweiz, der Stern Pestalozzis begann zu leuchten. Hilfe kam wieder von Professor Abel; er empfahl ihn an Freunde in St. Gallen. Einige Familien wollten eine Privatschule errichten. Im April 1803 verließ Zeller Augsburg. Sein Freund Reichard (s. Anm. 22) wurde sein Nachfolger.

In Augsburg hatte Zeller einen älteren Landsmann, Dr. Karl Binder [34] kennengelernt, der in Tübingen Theologie und Jura studiert hatte und der auf Zeller durch seine Welterfahrung Eindruck machte. Binder war Hofmeister im Haus des Bankiers von Liebert bei den Kindern seiner Tochter Elisabeth von Rad, die früh Witwe geworden war. Zeller war gern gesehener Gast im Liebertschen Haus gewesen. Als Zeller bereits in St. Gallen war, entdeckte ihm Binder, daß Henriette von Rad, Elisabeths Tochter, ihr Herz an ihn verloren hatte. Henriette führte den Haushalt des Großvaters und den der Mutter, sie besaß eine nicht gewöhnliche Bildung. An den reichen jungen Herren von Augsburg hatte sie kein Interesse. Wie ganz anders erschien ihr der sittsame, nur für das Höhere begeisterte Hauslehrer Zeller! Ein Briefwechsel begann. Frau von Rad legte ihrer Tochter nichts in den Weg, verlangte aber von Zeller eine feste Anstellung als Voraussetzung für eine dauernde Verbindung, um so mehr, da Frau von Rad finanziell von den Lieberts abhing. Vater Zeller, der die Verbindung billigte, riet erneut zur Jurisprudenz als fester Lebensgrundlage; und tatsächlich richtete Heinrich Zeller eine Eingabe an den gerade zum Kurfürsten avancierten Friedrich von Württemberg mit der Bitte um Anstellung als Geheimratssekretär, allerdings ohne Erfolg. Im Herbst 1804 machte Zeller in Augsburg einen Besuch, ohne daß das Geheimnis gelüftet war. Endlich, im April 1805, trat eine günstige Wendung ein. Henriettes Schwester Lisette verlobte sich mit Bankier Schmidt. Die Großeltern bewilligten ihr und der Schwester ein Heiratsgut. Zeller wies nach, daß zur Führung eines anständigen Haushalts seine Einkünfte genügten. So wurde Zeller zu einer schriftlichen Werbung ermächtigt. Zeller reiste im Kriegslärm im September nach Augsburg; österreichische, dann französische Einquartierung lag dort. Man machte die Anstandsbesuche in der Stadt. Während des Besuches muß aber Henriette bei Heinrich eine zurückstoßende Reserviertheit und Kühle, einen Mangel an herzlicher Zuneigung bemerkt haben, den wir vielleicht als eine Form von Schüchternheit, von altwürttembergischer Trockenheit betrachten dürfen. Binder schrieb: „Du bist allein schuld. Warum zeigtest Du ihr

[34] Karl Christoph Binder, 1765–1847, aus Brackenheim, Jurist, Hofrat 1821, später in Ulm.

fast drei Wochen lang eine frostige Behandlung?" Jedenfalls löste Henriette wenige Wochen nach dem Besuch die Verlobung auf, zum großen Schmerz und zur Demütigung von Heinrich. Noch im Januar 1806 schrieb Reichard: „Meine nicht, Jette sei kalt, sie liebt Dich noch." (Thiersch S. 89).

Henriette von Rad heiratete im November 1806 den Bankier Johann Gottlieb Süßkind, einen strengen Geschäftsmann. Er war von seiner ersten Frau geschieden; die zweite, „sehr schön, aber nicht tugendhaft", war ihm weggelaufen. Henriette lebte meist zurückgezogen auf dem Landgut Bannacker bei Bobingen; sie hatte Kummer mit ihren Kindern, eines war mißgestaltet, eines verunglückte; ein Sohn und eine Tochter sind offenbar groß geworden. Noch nicht 32 Jahre alt starb sie 1814. In Zellers Familie wird ihr Miniaturportrait aufbewahrt. Herr von Süßkind heiratete zum viertenmal.

Von St. Gallen aus besuchte Zeller Pestalozzi in Burgdorf. Er gründete seine ganze Lehrmethode auf die Pestalozzischen Prinzipien, die Liebe zu den Kindern, die zweckmäßige Auswahl der Beschäftigung. Zu Schlägen ließ er sich nicht hinreißen; nur einmal hat er einem Zögling eine Ohrfeige verpaßt. Besonderes Gewicht legte er auf den Religionsunterricht, nicht durch Auswendiglernen des Katechismus, sondern Einführung in das Bibellesen. Vom Kirchgang hielt er, vor allem bei Kindern nichts. In St. Gallen kam Zeller mit der pietistischen Erweckungsbewegung in Kontakt durch die Schwestern Anna und Helena Schlatter und Judith Heß, geb. Bernet aus alter St. Galler Familie. Anna Schlatter [35] stand in Briefwechsel mit dem — katholischen — Erweckungsprediger Martin Boos und vielen anderen Persönlichkeiten. Der Sohn Gottlieb wurde der erste Hausvater und Leiter der Pilgermissionsschule auf St. Chrischona, der Sohn Kaspar war Lehrer am Basler Missionshaus und wurde Pfarrer in Wittlingen bei Lörrach. Helena [36] hatte elf Kinder, darunter den Tatarenmissionar Daniel. Aus dieser Familie stammte auch der Tübinger Theologe Adolf Schlatter [37]. Mitglieder der Familie Heß waren frühe Vertreter der Erweckungsbewegung. Durch die drei Schwestern wurde Zeller, dieser strenge Tugendlehrer, immer vertrauter mit der Überzeugung, daß der Weg zum inneren Frieden nicht allein durch eigene Verdienste, sondern durch die Gnade der Erlösung zu gewinnen sei.

[35] Anna Schlatter, geb. Bernet, 1773–1826, ∞ Hektor Schlatter, 1766–1842, Kaufmann, 13 Kinder, bekannte St. Galler Pietistin.

[36] Helena Schlatter, geb. Bernet, Schwester Annas, ∞ Salomon Schlatter, Kaufmann.

[37] Adolf Schlatter, 1852–1938, Prof. Theol. Bern 1886, Greifswald 1888, Berlin 1893, Tübingen 1898.

*Schuldirektor in Zofingen*

Zu der Zeit hatten die Stadtväter von Zofingen im Aargau die Absicht, ihr Erziehungswesen nach dem Pestalozzischen Muster zu reformieren. Der Zofinger Pfarrer Samuel Gottlieb Hünerwadel [38] machte den Rat der Stadt auf Heinrich Zeller aufmerksam; er kannte ihn schon vom Studium in Tübingen her; man hatte auch schon von Zellers Wirksamkeit in St. Gallen gehört. Hünerwadel betrieb Zellers Berufung nach Zofingen, er riet den Zofingern vom damals schon viel bekannteren Bruder Karl August Zeller ab und schrieb an Heinrich Zeller: „Ihr Bruder würde mit seinem Enthusiasmus hier nur ein hochloderndes Strohfeuer angezündet haben, da hingegen Ihre gesetzte, liebevolle und geräuschlose Tätigkeit vermutlich eine Flamme anfachen wird, die leuchtet und wärmt ohne weh zu tun.“ (Thiersch S. 101). Zeller übernahm die verantwortungsvolle Aufgabe als Leiter des ganzen Zofinger Schulwesens gern; am 10. 2. 1809 kam er in Zofingen an. Zum ersten Mal hatte er eine feste Stellung mit gesicherter Versorgung.

Für Zofingen war die Ankunft des neuen Schuldirektors ein Neuanfang. Ein Schulhaus wurde gekauft, das die beiden Klassen der deutschen Knabenschule sowie die Mädchenschule aufnahm und Platz für Lehrerwohnungen bot. Dazu kam die Lateinschule, die Zeller selbst übernahm, und eine oberste Mädchenschule. Lehrmittel wurden gekauft, richtige Schulbänke aufgestellt. Die Einweihung war im Januar 1810; Zeller hielt eine feierliche Rede, er schloß: „Ich will mein Leben, meine Kräfte und meine Zeit euch widmen; mit Rat und Tat, mit Wachen und Beten, mit Geduld und Hoffnung, mit unveränderlicher Treue und Liebe des schönen Amtes warten, das mir gegeben ist. Und wenn uns Gott seinen Segen gibt und sein Gedeihen, ...dann will ich bleiben, solange es Gottes Wille ist.“ (Thiersch S. 111).

Zellers Aufgabe war es zunächst, das städtische Lehrerkollegium mit der neuen Lehrmethode vertraut zu machen. Er sah das Schulsystem als ein Ganzes; die einzelnen Teile, die deutsche, die lateinische Schule sollten einander ergänzen, aufeinander zuarbeiten. Auch mit Müttern sprach er über Grundsätze der Kindererziehung. Noch nach Jahrzehnten wurde die gediegene, doch strenge, zu Ordnung und geregelter Tätigkeit anregende Lehrweise Zellers in der Lateinschule gerühmt. Obwohl nicht ordinierter Theologe, hatte Zeller außer seinen Schulpflichten in der Gemeinde Vor-

[38] Samuel Gottlieb Hünerwadel, 1771–1848, Pfarrer Zofingen 1802, Prof. Theol. Bern 1809, Pfarrer dort 1833, Präsident der Berner Bibelgesellschaft 1815. Lit. ADB **13**, 410

demwald die Konfirmanden zu unterrichten, eine Aufgabe, die er gern übernahm; und am Sonntagnachmittag hielt er dort kirchliche Kinderlehre, zu der oft auch Erwachsene und Leute aus Zofingen dazukamen.

## *Sophie Siegfried*

Pfarrer Hünerwadels Nachfolger in Zofingen wurde Pfarrer Ringier aus einer Zofinger Familie. Zeller hoffte, die Tochter Lisette als Lebensgefährtin zu gewinnen. Lisette war nicht abgeneigt; doch vom Vater erhielt Zeller eine Absage. Aber für Zeller bahnte sich indessen sein Lebensglück an, das sich noch nach vielen Generationen als segensreich erweisen sollte. Unter den jungen Lehrerinnen, die Zeller weiterzubilden hatte, war Sophie Siegfried, Tochter des verstorbenen Pfarrers in Auenstein *Friedrich* Sigmund Siegfried. Am Abend des 4. Juni 1811, als die anderen Teilnehmer der Fortbildung zufällig fehlten, trug Zeller der Jungfer Siegfried seinen Herzenswunsch vor, tags darauf hielt er bei der Mutter um Sophies Hand an und erhielt bald das erwünschte Jawort.

Sophie Siegfried entstammte einer seit 1498 in Zofingen nachgewiesenen, angesehenen Bürgerfamilie. Ihr Großvater wirkte dort als Goldschmied und saß im Rat der Stadt. Sophies Vater *Friedrich* Sigmund Siegfried war der jüngste Sohn. Er studierte Theologie in Bern. Seine erste Anstellung erhielt er 1787 als Pfarrverweser in Leutwil, AG. Dort verheiratete er sich mit Anna Salchli aus seiner Vaterstadt Zofingen. Drei Kinder wurden in Leutwil geboren, die jüngste war 1791 Sophie. Bald darauf erhielt Pfarrer Siegfried die Pfarrei Hasli im Grund bei Meiringen am Fuß des Grimselgebirges, mit den Filialorten Guttannen und Gadmen. Im einsamen, hölzernen Pfarrhaus lebte man mit der Natur, abgeschieden von der großen Welt. Im Haslital passierte die vielfach weitererzählte Begebenheit mit dem Lämmergeier: Die kleine Sophie spielte auf der Wiese, bekleidet mit einem roten Röckchen. Am Himmel kreiste der Lämmergeier. Der Vater fürchtete Gefahr für sein Töchterchen und schoß das Tier herunter. Es wurde ausgestopft und wird noch heute in der Familie Zeller in Zürich aufbewahrt. — Um das Jahr 1800 erhielt Siegfried die Pfarrei Auenstein im Aargau, gegenüber dem Schloß Wildegg. Doch schon nach sechs Jahren verlor er sein Leben durch einen Unfall. Er fuhr mit seiner Frau mit einem Wägelchen durch das Dorf Holderbank. Da scheute das Pferd; der Pfarrer sprang vom Wagen, um das Pferd zu halten, stürzte und schlug mit dem Kopf aufs Pflaster. An den Folgen des Sturzes starb er nach einigen Monaten. Pfarrer Siegfried war ein ruhiger, ernster Mann, von geradem Charakter; darin wurden ihm seine Kinder ähnlich.

Bart- oder Lämmergeier (Gypaetus barbatus), größter Raubvogel der alten Welt, lebt in den Hochgebirgen Europas, vereinzelt in den nördlichen und östlichen Alpen; das Original befindet sich präpariert im Familienarchiv Andreas Zeller, Zürich (Z 314)

Sophie wurde als Kind „Chrusel" — Krauskopf — gerufen, sie war lebhaft und kletterte wie ein Eichhörnchen. Mit 14 Jahren wurde sie, um Französisch zu lernen, nach St. Imier, BE zu einer Pfarrerswitwe, die Waisenkinder versorgte, geschickt. Nach dem Tod des Vaters zog die Mutter mit den Kindern in die Heimat nach Zofingen. Sophie wurde von Pfarrer Hünerwadel konfirmiert. Die Mutter unterhielt eine Pension für Pfarrtöchter und, mit Sophies Hilfe, eine Arbeitsschule für Mädchen. Sophie wurde 1803, als sie 17 Jahre alt war, vom Stadtrat als Lehrerin an die obere Töchterschule bestellt. Sie unterrichtete in wissenschaftlichen Fächern und Handarbeit. So kam sie, als Zeller Zofinger Schuldirektor geworden war, in dessen Schullehrerkurs.

Um eine Schweizerin heiraten zu können, mußte Zeller das Schweizer Bürgerrecht erwerben. Das Zofinger Bürgerrecht stand im Ansehen so hoch, daß es nicht mit Geld zu bezahlen war. Mehr Glück hatte Zeller in Retterswil am Hallwiler See, dort kaufte er sich für 400 Franken ein und gab seinen neuen Mitbürgern beim Eintritt in die neue Würde das übliche Gastmahl. In Entfelden, auf halbem Weg zwischen dem Hallwiler See und Zofingen traute der befreundete Professor Hünerwadel aus Bern das Paar am 7. Oktober 1811. Er begleitete sie auch auf ihrer kleinen Hochzeitsreise zu den Freunden in St. Gallen und Zürich. Am 16. Oktober brannte das erste Feuer auf dem eigenen Herd. 47 Jahre währte die Ehe in Frieden, die beiden Gatten zu höchstem Segen gedient hat.

Die junge Frau setzte auch nach der Verheiratung ihre Arbeit an der Töchterschule fort; wenn sie im Wochenbett lag, ließ sie sich vertreten. Während sie in der Schule lehrte, wurde sie im Haus von der Freundin Margarete Bodmer, der Tochter des Hausarztes, vertreten. Vier Töchter wurden dem Ehepaar Zeller in Zofingen geschenkt. Einige Knaben wurden zur Erziehung ins Haus aufgenommen; meist gingen 14 Personen bei Frau Zeller zu Tisch.

Zellers Vater hatte sich inzwischen mit der pädagogischen Laufbahn seines Sohnes ausgesöhnt. Beide Eltern besuchten ihn 1810. Kurz darauf erkrankte die Mutter an Brustkrebs und verstarb schon im folgenden Jahr. Der Bruder Ludwig Eberhard wurde 1811 zum Militär ausgehoben, mußte als Korporal mit der napoleonischen Armee nach Rußland ziehen und starb im Oktober 1812 in Minsk im Spital. Der Vater erhielt die Nachricht vom Tod des Sohnes nicht mehr. Er starb im November an der Ruhr und an Entkräftung. Zwei Jahre später erfuhr Heinrich Zeller auch den Tod seiner früheren Verlobten Henriette von Süßkind, geb. von Rad, der ihn tief bewegte. Vom Kriegslärm blieb die Schweiz weitgehend verschont; nur 1814, als die Armeen der Verbündeten in Frankreich einmarschierten, zogen Soldaten durch Zofingen. Die heilige Allianz der europäischen Fürsten nach Napoleons Fall galt vielen als der Anbruch einer neuen Zeit. Der alte Antistes Heß (s. Anm. 32), den Zeller 1815 oder 1816 in Zürich besuchte, rief in diesem Sinn aus: O, wie viel Schönes können Sie noch erleben!

*Freunde in Zofingen*

In dieser Zeit traf Zeller mit Leuten der unterschiedlichsten geistlichen Heimat zusammen, wie Friedericus, dem Abt des Klosters von St. Urban und dem Conventualen Conrad Mayer, die die Schriften von Johann Michael Sailer (s. Anm. 5) studierten, damals Professor in Landshut, später Bischof von Regensburg; Sailer suchte die Theologie vom Urchristentum aus zu begründen. Eine andere Bekannte war Frau von Mayenstern aus Wien, die Zeller religiös-schwärmerische Briefe schrieb und ihn katholisch zu machen suchte. Am meisten wurde er aber gefangen von dem Schreinergesellen Immanuel Lüscher, einem Analphabeten. Lüscher hatte in der Zeit, in der er in Zellers Haus Arbeiten ausführte, das unmittelbare Erlebnis der Vergebung seiner erdrückenden Sündenlast durch den Erlöser. Die Gottseligkeit, eine übernatürliche Erleuchtung, strömte von ihm aus. Zeller war eine Zentralfigur in Lüschers Träumen, nächtelang unterhielten sich die beiden. 1816 trat Zeller auch in Verkehr zu Basler Freunden. Basel war seit langem ein Ort, an dem Pietisten, Herrnhuter und Vertreter der mystischen Richtung dank einer verständigen Obrigkeit Freiheiten genossen. Basel war der Hauptsitz der Deutschen Christentumsgesellschaft. Aus ihr sind später die verschiedenen Basler Vereine und Werke der christlichen Nächstenliebe hervorgegangen. Der Sekretär der Christentumsgesellschaft Chr. Fr. Spittler (s. Anm. 7) rief zusammen mit seinem Freund Gottlieb Blumhardt (s. Anm. 18) 1816 die Basler Missionsgesellschaft ins Leben. Mit beiden verband Zeller schon beim ersten Kennenlernen eine Übereinstimmung, die zu einer Herzensfreundschaft bis ans Lebensende führte. Spittler, drei Jahre jünger als Zeller, stammte wie er aus Württemberg; er war ein Pfarrersohn, hatte eine Ausbildung in der Verwaltung am Oberamtsgericht in Schorndorf absolviert. Durch den damaligen Sekretär der Christentumsgesellschaft Carl Fr. Ad. Steinkopf (s. Anm. 6) wurde er 1801 als 19-jähriger als zweiter Sekretär nach Basel geholt. Spittler wurde Steinkopfs Nachfolger in Basel, als dieser nach London als Prediger ging.

*Inspektor der Anstalt Beuggen*

Schon beim ersten Treffen der drei Freunde Spittler, Blumhardt und Zeller im Herbst 1816 gelang es Spittler, Zeller für ein Projekt zu begeistern, das Zellers Lebenswerk werden sollte. Gemeinsam freuten sie sich über den neu erweckten Eifer für die Heidenmission, beklagten aber den desolaten Zustand vieler vaterländischer Schulen, die Lage armer, verwahrloster Kinder in den Elendsjahren 1816 und 1817 und die Beschaffenheit des Christentums in diesen Kreisen. Ihren Herzen entstieg der Wunsch, ähnliche Anstalten wie für die Heiden auch für Christenkinder im Lande zu errichten. Gleichgesinnte Freunde in Basel fanden sich unter den Geistlichen sowie wohlhabenden Bürgern. Zeller fiel die Aufgabe zu, einen Entwurf für eine solche Anstalt aufzustellen. Er plante, die Ausbildung von Lehrern und die christliche Erziehung armer, verwahrloster Kinder zu verbinden. Es wurde daran gedacht, eine solche Anstalt mit dem Missionshaus zu koppeln als Vorschule für die Missionszöglinge. Am Reformationsjubiläum, dem 31. Oktober 1817 wurde dazu ein Armenschul-Verein gegründet: Mitglieder waren neben Spittler drei Basler Pfarrer, zwei Kaufleute und der Konrektor Daniel La Roche [39] Die treibende Kraft war Spittler. Auch auswärtige Freunde wie Bahnmaier (s. Anm. 17), damals Dekan in Kirchheim unter Teck, Hünerwadel (s. Anm. 38) in Bern, Geßner [40] in Zürich, nahmen herzlichen Anteil an dem Projekt. Alle dachten besonders an Zeller als Leiter und Inspektor einer solchen Anstalt.

Zeller konnte sich nicht ohne weiteres entschließen, seinen dankbaren und gesicherten Wirkungskreis in Zofingen gegen eine finanziell unsichere Stel-

[39] Daniel La Roche, 1790–1842, Lehrer, Konrektor des Gymnasiums in Basel 1817, Rektor 1831.

[40] Georg Geßner, 1765–1843, Waisenhauspfarrer, Antistes am Frauenmünster in Zürich, Mitgründer der Züricher Bibelgesellschaft und des Missionsvereins.

lung in kleineren Verhältnissen einzutauschen. Ein ganz entscheidendes, inneres Erlebnis bewog ihn, Zofingen zu verlassen. Er hatte am Karfreitag des Jahres 1818 in einer Predigt des Herrnhuter Bischofs Georg Heinrich Loskiel [41] gelesen: „...Da ich schon am Rande des Todes war und nichts vor mir sah, als Tod und Verdammnis, da stand Jesus da und begnadigte mich, da nahm Jesus mich als einen schon Toten in seine Arme, da wehte ein Odem des Lebens von Ihm in mich, da ging meine Seele aus dem Tode über in das Leben!" (Monatsbl. 1860, S. 61). Da bekam Zeller eine solche Gewißheit der vollkommenen Versöhnung und Vergebung aller seiner Sünden, daß er aufstand und in ein lautes Loben und Danken aus vollem Herzen ausbrach. Mit Tränen rief er aus: „Mein HErr und mein Gott, ist es möglich!" Sein erleuchteter Blick richtete sich auf die Gottheit Christi und seine Versöhnung. Nun war er von Christus ergriffen. Nun war er innerlich bereit, den gesicherten Lebenskreis in Zofingen zu verlassen. Den letzten Anstoß zu seinem Entschluß, den Ruf nach Beuggen anzunehmen, gab die Kantonsregierung in Aarau, die ihm als Nichtordiniertem die seelsorgerliche Arbeit in Zofingen erschwerte.

Die neue Armenschullehrer-Anstalt sollte zunächst in Basel errichtet werden, doch urteilte der Erziehungsrat der Stadt nicht günstig über das Gesuch. Als im Herbst 1819 Großherzog Ludwig von Baden bei einem Besuch im Oberland vom Basler Handelsherrn und Staatsrat Balthasar Stähelin [42] die Bitte vorgetragen wurde, dem Verein das alte Deutschherrenschloß Beuggen bei Säckingen zu überlassen, begrüßte dieser das Unternehmen. Bei einem Besuch in Karlsruhe bekamen Spittler und Zeller die Zusage, das Schloß pachtweise zu erhalten. Zeller entschloß sich, die Leitung zu übernehmen, obwohl nur ein geringes festes Gehalt zugesichert werden konnte. Über die Versorgung seiner Familie machte er sich keine Sorgen; er schrieb an Spittler: „Meine Witwenkasse ist im Himmelreich." (Thiersch S. 146). Seine Gattin war bereit, mit ihm den schweren Weg anzutreten, obwohl sie fürchtete, neben den vielen fremden Kindern die eigenen vernachlässigen zu müssen. Am 21. Dezember 1819 nahm Zeller das Amt an. Seiner Gattin wurde mit Salome Fäsch, geb. Mitz, Tochter eines Basler Bürgermeisters und Witwe eines Professors der Rechte, eine erfahrene Hausmutter zur Seite gestellt. Frau Fäsch verstarb aber schon im zweiten Jahr der Anstalt, so daß von da an Frau Zeller das Amt der Hausmutter alleine verwaltete.

---

[41] Georg Heinrich Loskiel, 1740–1814, aus Kurland, Prediger der Brüdergemeine, 1802 Herrnhuter Bischof in Bethlehem PA, USA.

[42] Balthasar Stähelin-Christ, 1771–1855, Handelsherr in Basel.

Mit dem Übertritt nach Beuggen wurde Zeller erneut gedrängt, sich zum geistlichen Amt ordinieren zu lassen; sein Lehrauftrag wäre dadurch von der christlichen Kirche autorisiert worden. Er lehnte aber ab, er wollte in keine Abhängigkeit von einem Konsistorium kommen, von den leblosen Formen des Staatskirchentums unbehelligt bleiben.

Schloß Beuggen von der Rheinseite (Archiv Andreas Zeller, Z 314)

Das Schloß Beuggen bei Säckingen am Oberrhein war seit dem Mittelalter im Besitz des Deutschen Ritterordens. 1805 nahmen die Rheinbundstaaten die Ordensgüter in Besitz; Beuggen fiel an Baden. Im Winterfeldzug von 1814 gegen Frankreich wurde das leer stehende Schloß Lazarett. So viele Kranke und Verwundete wurden eingeliefert, daß eine Pflege nicht mehr möglich war; 7000 bis 8000 sollen damals in Beuggen gestorben sein. Das Haus blieb wüst und verlassen, bis das Armenschulkomitee das Anwesen Ende 1819 übernahm. Für den vorgesehenen Zweck der Einrichtung eines Internats für Lehrerzöglinge und Waisenkinder war das Beuggener Anwesen nach Instandsetzung gut geeignet. Die zur Domäne gehörenden Äcker konnten selbst bewirtschaftet oder verpachtet werden. Eine gründliche Renovierung war unbedingt erforderlich. Weder Zeller noch seine Frau konnten sich anfangs vorstellen, in dem wüsten Gemäuer je heimisch zu werden. Als ihr Mann allerdings einmal im Alter an die schwere Anfangszeit erinnerte und das Opfer hervorhob, das seine Frau gebracht hatte, als sie aus dem warmen Nest in Zofingen in das verpestete Beuggen übersiedelten, wehrte Mutter Zeller ab: „Unser Kommen nach Beuggen war kein Opfer, sondern unser höchster Gewinn und größtes Glück für Zeit und Ewigkeit."

Die Beuggener Haushaltung wurde am 1. April 1820 durch Frau Fäsch mit zwei Zöglingen eröffnet. Die Familie Zeller kam am 17. von Zofingen mit drei Wagen voll Hausrat; sie wurde von Frau Fäsch, dem Ehepaar Spittler und Pfarrer Köllner [43] begrüßt. Am 15. Mai hielt Zeller zum ersten Mal Schule. Zehn Lehrerzöglinge und dreißig arme Knaben und Mädchen waren inzwischen angekommen. Die Zahl der Kinder stieg im Lauf der Jahre auf 70. Zur Einweihung am 22. Juni kamen hunderte von Gästen, vor allem aus Basel. Zeller bezeugte oft, wie die damals über ihn gesprochenen Segensworte in seiner 40-jährigen Amtszeit in Erfüllung gegangen seien.

Die Anstalt Beuggen wurde im Auftrag des Basler Armenschullehrer-Vereins von einem zwölfköpfigen Komitee betreut:
Pfarrer Nikolaus von Brunn, 1766–1849, Mitbegründer der Basler Mission, geistliches Haupt des Komitees,
Daniel La Roche, 1790–1842, Gymnasialrektor in Basel (s. Anm. 39),
Wilhelm Legrand, 1794–1874, damals Pfarrer in Oltingen, später Präsident des Komitees (s. Anm. 61),
Bernhard Sozin, 1777–1854, Ratsherr in Basel, Präsident der Missionsgesellschaft,
Martin Wenk, † 1832, Gerichtsherr, Vorsteher der Brüdersozietät in Basel,
Johannes Legrand, 1782–1839, Kaufmann in Basel, Wilhelms Bruder,
Karl Sarasin, 1788–1843, Freund Lavaters, erster Kassier der Anstalt Beuggen,
Emanuel Ryhiner, 1785–1860, Handelsmann in Basel, besonders eng mit Zeller befreundet,
sein Schwager Benedikt Christ, 1777–1855, Rentier, kam oft zur Jagd in die Beuggener Gegend,
Balthasar Stähelin, 1771–1855, Gerichtsherr in Basel (s. Anm. 42),
Achilles Forcart, 1777–1848, Handelsmann in Basel,
Chn. Fr. Spittler, 1782–1867, als Sekretär der Christentumsgesellschaft (s. Anm. 7).

Der Rückhalt durch das christlich gesinnte Basler Bürgertum wurde für die Beuggener Anstalt zum Lebensnerv. Zu den ersten Gaben an die Anstalt

[43] Wilhelm Matthäus Elias Köllner, 1760–1835, aus Eisenach, Pfarrer in Naurod bei Wiesbaden, neologischer Prediger, von Spittler 1818 nach Basel berufen zur Leitung von Erbauungsversammlungen.

gehörten eine goldene Dose, welche geschenkt, verlost und wieder geschenkt wurde, und eine goldene Kette, die Dr. Steinkopf in den Opferstock legte. Die Anstalt hatte keinen Fonds, aus dessen Erträgnissen sie hätte erhalten werden können; sie lebte im Vertrauen auf Gott und die Willigkeit der Geber. Zeller schickte wöchentlich einen Bericht nach Basel; die Hausmutter legte dem Kassier die Wochenrechnung vor. Zur Erstausstattung des Hauses kamen viele Spenden von Freunden aus Basel. Spittler organisierte unermüdlich.

Die Anlaufschwierigkeiten der Anstalt lagen zunächst vor allem darin, daß Lehrerzöglinge und arme Kinder aus den verschiedensten Kreisen zusammenkamen im Alter von sechs bis 30 Jahren, fähige und unfähige, freundliche und stumpfe, frohe und mißmutige, wohlerzogene und verwilderte, reinliche und schmutzige. Schließlich wurden nach einer Eingewöhnungsphase die Schullehrerzöglinge fünf Stunden vormittags, die Kinder drei Stunden nachmittags unterrichtet, und alle am Abend zu einer Bibelstunde vereinigt. Heinrich Zeller hatte als Gehilfen zunächst den Lehrer Andreas Barner [44], der aber schon 1825 als Hausvater nach Korntal abberufen wurde. Natürlich wurden Zöglinge wie Kinder zu regelmäßigen Arbeiten in Küche, Haus, Garten und auf dem Feld herangezogen. Die ganze, mehr als 50-köpfige Gemeinschaft lebte wie in einer großen Familie. Und schon in den ersten Jahresberichten konnte Zeller darüber schreiben, wie mit manchen der Kinder, die sehr verwahrlost waren, durch die ernste, liebreiche Aufsicht, Beschäftigung mit nützlicher Handarbeit und anhaltende Fürbitten eine merkliche Veränderung vorgegangen ist. Eine der Zellertöchter erinnert sich an die erste Zeit in Beuggen: „Es war eine unaussprechlich liebliche Zeit, alle liebten einander. Das Wort Gottes war so süß, die Arbeit so fröhlich, die Spaziergänge so lieblich. Alles hatte einen unbeschreiblichen Glanz.“ (Thiersch S. 164).

Der Tageslauf, wie er sich rasch eingebürgert hatte, blieb über Jahrzehnte fast unverändert:

| | |
|---|---|
| 5 Uhr | Wecken durch Morgengesang von Zöglingen |
| | Morgengebet mit den Kindern im Schlafzimmer, Aufräumen der Schlafzimmer, Hausarbeit oder Studium |
| 6.30 Uhr | Frühstückssuppe |
| 7–8 Uhr | Morgenandacht mit der ganzen Hausgemeinschaft mit Gesang, Fragen und Gegenrede; |

[44] Andreas Barner, 1793–1853, Lehrer in Beuggen, 1825 Hausvater des Kinderheims Korntal, ∞ Christine Kullen, 1795–1837, s. Anm. 63, Schwester von Johannes Kullen, s. Anm. 53.

| | |
|---|---|
| | in der Art, wie Zeller alle Hausgenossen in diese morgendliche Versammlung um Gottes Wort einbezog, lag das eigentliche Geheimnis seiner Kraft. |
| 8–11.30 Uhr | Unterricht der Zöglinge durch Zeller, berechnet auf einen dreijährigen Kursus, in<br>Biblische Geschichte, Lehre und Weissagung mit Übungen im Katechisieren,<br>Deutsche Sprache,<br>Rechnen bis zu den Dezimalbrüchen,<br>Geographie, besonders Deutschland und Palästina,<br>Geschichte des Reiches Gottes,<br>Gesang und Instrumentalübungen.<br>Währenddessen arbeiten die Knaben in Garten und Feld, die Mädchen im Arbeitszimmer bei Gesang und Vorlesen. |
| 12 Uhr | Mittagessen mit Gesang zu Beginn und Ende |
| 13–14 Uhr | Handarbeit der Zöglinge oder Mitwirkung am Unterricht der Kinder;<br>die Kinder lernen Lesen (Biblische Geschichte), Schönschreiben, Rechtschreiben, Rechnen, Kirchen- und Missionsgeschichte, Gesang nach Noten und Ziffern;<br>sonntags werden Bibelsprüche und Lieder gelernt. |
| 16–17 Uhr | Vesper mit Brot und Obst, Erholung im Schloßhof |
| 17 Uhr | Musikunterricht der Zöglinge, Handarbeit der Kinder |
| 18 Uhr | Konfirmandenunterricht der Größeren |
| 19 Uhr | Nachtessen |
| 20 Uhr | Abzug der Kinder unter Gesang in die Schlafsäle |
| 21 Uhr | Abendandacht der Erwachsenen |

Die Kinder waren in Gruppen von zehn bis zwölf aufgeteilt, jeweils unter Leitung eines Zöglings oder einer Betreuerin. Das Prinzip der Großfamilie sollte möglichst weitgehend gelten.
Sonntags war für alle um 9 Uhr im großen Lehrsaal die Predigt, um 14 Uhr die Kinderlehre. Größere Spaziergänge gab es unter Aufsicht. Besondere Pflege fand die Musik; für den vierstimmigen Gesang waren genügend Kräfte da; die Zöglinge erlernten neben Klavier- und Violinspiel auch die Grundzüge des Generalbasses. Zeller selbst dichtete viele Lieder, darunter eine Reihe von Kinderliedern.

Für den Sonntagsgottesdienst verwendete Zeller die württembergische Agende, sonst hielt er sich an gar keine liturgischen Regeln. Doch verwendete er das Losungsbüchlein der Brüdergemeine. Den Konfirmandenunterricht erteilte Zeller nach einem von ihm entworfenen Leitfaden, „Göttliche Antworten auf menschliche Fragen“, in dem er in der Reihenfolge von Luthers Katechismus auf 598 Fragen Bibelzitate als Antworten gibt. Zum Abendmahl kamen Pfarrer von Brunn oder Pfarrer Hoch aus Basel, da Zeller ja nicht ordiniert war. Zweimal im Jahr wurden Prüfungen in Gegenwart von Komitee-Mitgliedern, später auch des badischen Oberamtmanns und des Dekans von Lörrach, gehalten. Zum Abschied eines Zöglings, der ausgesandt wurde, fand ein besonderes Fest statt. Die ersten sieben künftigen Lehrer verließen Beuggen 1823. Die Zöglinge wurden nicht allein in die Schweiz und nach Deutschland ausgesandt, von vielen anderen Ländern wurden Beuggener Zöglinge erbeten. Eine besondere Sorge blieb es allezeit, die Kinder bei ihrer Entlassung in christlichen Familien unterzubringen, die Mädchen als Dienstmägde, die Knaben als Lehrlinge. Man konnte sogar den Kindern eine kleine Ausstattung an Kleidern mitgeben, dafür sorgten die Basler Hilfsvereine. Seit 1824 versandte Zeller „Rundschreiben an die ausgesandten Brüder“, um mit ihnen in Kontakt zu bleiben. Daraus entstand das „Monatsblatt“, das viele Jahrzehnte bestanden hat und einen unschätzbaren Fundus an Nachrichten zur Geschichte Beuggens umfaßt. Am Jahrestag der Einweihung der Anstalt, Ende Juni, fand stets das Jahresfest statt, das sich im Lauf der Zeit zu einem regelrechten christlichen Volksfest entwickelte. Zellers Jahresbericht war immer der Hauptpunkt.

Zellers Anstalt war nicht die einzige ihrer Art. Vor Beuggen gab es schon solche in Neuenburg in der Schweiz, in Weimar und Düsseltal (heute Düsseldorf). Nach Beuggener Muster wurden andere gegründet. 1826 zählte Zeller schon 25 Nachfolgeanstalten. Erwähnt seien hier zwei: die ähnlich Beuggen konzipierte Lehrerbildungs- und Kinderanstalt Lichtenstern bei Heilbronn, die lange unter der Leitung von Zellers Schwiegersohn Ludwig Völter stand, und die von Zellers Schwiegersohn Karl Werner mitgegründete Lehrerbildungsanstalt Tempelhof bei Crailsheim. Dabei sah Zeller das Feld der Inneren Mission viel weiter gesteckt. Im „Monatsblatt“ (1849) nennt er nicht weniger als 15 Anstalten, deren Errichtung er für dringend hält: Kinderrettungsanstalten, Armenschulen, Jünglingsvereine, Sonntagsschulen, Kinderheilanstalten, verbunden mit Diakonissenanstalten, Krankenhäuser für Erwachsene, zusammen mit der Ausbildung von Krankenwärter(innen), Anstalten zur Aussendung von christlichen Handwerkern, Bibelkolporteuren und Laienpredigern, theologische Studienanstalten, Vereine zur Sträflingsfürsorge, freiwillige Arbeitsanstalten für Arme, Gesellschaften zur Verbreitung der Bibel, Vereine zur häuslichen Erbauung, Unterstützung in häuslicher Not, Mäßigkeitsvereine, christliche

Arbeitervereine. Viele dieser Anliegen wurden von Mitgliedern von Zellers eigener Familie oder Verwandten aufgenommen und realisiert.

Von Beuggen ging auch ein entscheidender Anstoß zur Rettungshausbewegung aus; es war der Gedanke, armen, von der Verwahrlosung bedrohten Kindern zu helfen. Ludwig Völter nennt für das Jahr 1845 bereits 22 solche Anstalten in Württemberg mit 1061 Kindern, dazu kommen weitere 39 Anstalten in der Schweiz, in Baden und im übrigen Deutschland sowie Häuser in Frankreich und Rußland. Für die Gründer und Wohltäter der württembergischen Anstalten, die später zum Teil als Paulinenpflegen bekannt wurden, sind vielfach persönliche und familiäre Bindungen mit der Familie Zeller nachgewiesen. Erinnert sei beispielsweise an Andreas Barner in Korntal, Zellers früherer Lehrergehilfe, an Tobias Lotter [45] in Stuttgart, Mitglied der Christentumsgesellschaft, an Jakob Martin in Winnenden, früher Zellers Lehrgehilfe, Johann Georg Handel (s. Anm. 19) in Stammheim, oder Christian Gottlob Barth, Freund Karl Werners (s. S. 121). Erster Mitarbeiter J. H. Wicherns am Rauhen Haus in Hamburg war ein Beuggener Zögling. Fr. v. Bodelschwingh war von einem in Beuggen ausgebildeten Hauslehrer erzogen worden und weilte als Student oft in Beuggen. Die Reihe läßt sich fortsetzen.

Das Beuggener Unternehmen zeichnete sich aus durch Freiwilligkeit, Gottvertrauen, Einfachheit und gründliches Lernen. Beuggen war keine vom Staat gebotene und garantierte, sondern eine geduldete Einrichtung. Es gab keinen Grundbesitz, keine Kapitalien. Im Vertrauen auf Gott wurde sie gestiftet und durch Liebesgaben erhalten; vielleicht war gerade dies das Geheimnis des Erfolgs des Experiments mit der Großfamilie Beuggen. Denn die Arbeit in der Anstalt sollte aus der Liebe hervorgehen; Gehälter waren auf das Mindestmaß beschränkt. Ziel der Ausbildung der Zöglinge war das Können, nicht das Wissen. Die Erziehung stand im Mittelpunkt, nicht der Unterricht. Die jungen Männer mußten sich bewußt sein, daß sie zu den Armen ausgesandt wurden, nicht auf gut dotierte Schulmeisterstellen. So war die Handarbeit in Beuggen ein Stück des erlernten Berufs und sollte später helfen, den Lebensunterhalt zu sichern.

Im Sommer 1826 erlebte Zeller die Freude eines Besuches des betagten Heinrich Pestalozzi. Pestalozzi blieb vier Tage und lernte das Anstaltsleben kennen. Pestalozzis Auffassung: Zuerst müssen die Verwahrlosten zu Menschen, dann zu Christen erzogen werden, stand Zellers Prinzip

[45] Tobias Heinrich Lotter, 1772–1834, Kaufmann in Stuttgart, 1812 Mitbegründer der Württembergischen Bibelanstalt.

gegenüber: Der wichtigste Schritt ist die Hinführung der Seele zu Gott und zum Erlöser. Nach einer Predigt von Zeller über das Wort: Wir sind unnütze Knechte gewesen, wir haben getan, was wir zu tun schuldig waren, rief Pestalozzi aus. „Zeller, heute habt ihr mir gepredigt!“ (Monatsbl. 1836, S. 91). Er starb im Februar des darauffolgenden Jahres.

Christian Heinrich Zeller hat seine aus der Praxis entstandenen Gedanken zur Erziehung in zahlreichen praktischen Anweisungen publiziert. Einen ungewöhnlichen Reichtum an Nachrichten und seelsorgerlichen Gedanken kann man aus dem Beuggener „Monatsblatt“ schöpfen, das Zeller bis zu seinem Tod redigiert hat. Zellers Schriftenverzeichnis findet sich im Anschluß. Seine zahlreichen Lieder und Gedichte sind allerdings nur verstreut oder gar nicht publiziert. Über die Erziehungsgrundsätze, über die theologische Lehrmeinung Zellers, über seine weitreichende Wirkung auf christliche Erzieher bis in unsere Tage ist von berufener Seite vielfach berichtet worden. Eine besonders ausführliche und einfühlsame Biographie stammt von seinem Schwiegersohn Heinrich W. J. Thiersch (Christian Heinrich Zeller's Leben, Basel 1876). Zellers religiöse Gedanken sind von Pfarrer Paul Weber im württembergischen Lehrerboten (Nr. 41 bis 50/52, 1929) systematisch zusammengefaßt; in neuerer Zeit hat ihn G. Dehlinger als Pädagogen gewürdigt (C. H. Zeller, Pädagoge des schwäbischen Pietismus, Stuttgart 1982). Auch in der Allgemeinen Deutschen Biographie und in protestantischen Enzyklopädien ist Zeller ausführlich besprochen. Wir werden uns daher im folgenden eher auf die persönlichen Lebensumstände, die fernere Entwicklung der Familie Zeller und Ereignisse im Werden der Anstalt Beuggen konzentrieren.

### *Werden und Wachsen von Werk und Familie*

1827 wurde unter dem Einfluß der griechischen Freiheitsbewegung in Beuggen eine Erziehungsanstalt für aus türkischer Sklaverei befreite Griechenkinder eröffnet. Pfarrer Christoph Möhrlen aus Württemberg wurde der Leiter. Die ersten Kinder waren in Ägypten losgekauft worden, insgesamt wurden 29 junge Griechen erzogen. 1829 wurde die Griechenanstalt nach Basel verlegt.

1827 besuchte Zeller auf einer seiner wenigen Reisen zusammen mit Spittler die Herrnhuter Siedlung in Königsfeld im Schwarzwald, wohin manche Basler Familien ihre Kinder zur Erziehung schickten. Von Königsfeld ging die Reise nach Tübingen, dann weiter nach Kirchheim unter Teck, wo der alte Freund Bahnmaier (s. Anm. 17), inzwischen Spittlers Schwager, Dekan war (s. G 6). Bahnmaier hatte seine Tübinger Professur wegen ungeschickter Äußerungen nach der Ermordung Kotzebues durch den Studenten Karl Sand verloren. In Kirchheim wirkte er 22 Jahre mit unbekümmerter Freudigkeit. Mit den alten Freunden, Steudel in Tübingen, Blumhardt in Basel, mit seinem Kollegen in Kirchheim, dem Liederdichter Albert Knapp [46], mit dem Lavaterischen und dem Geßnerischen Freundeskreis pflegte er herzlichen Verkehr. Weiter ging die Reise, zusammen mit Zellers Schwester Luise, Witwe des Dekans Ernst Christoph Mutschler, die in Kirchheim im Haus ihres Schwiegersohnes, des Apothekers Breuninger, lebte, und mit Bahnmaier nach Esslingen zum Freund und Kollegen, dem Rektor am Pädagogium Johann Jakob Eytel (s. Anm. 27). Sodann wurde Ludwigsburg besucht. Das Elternhaus war verlassen. Die alte Tante, Jungfer Regine Zeller lebte noch, erkannte aber den Neffen nicht mehr. Zwei Schwestern lebten in Ludwigsburg. Die ältere war Christiane, Witwe des Rechtskonsulenten Chn. Heinr. Ulmer, eine gemütvolle, aber nüchterne Frau. Bei einer Abendandacht mit dem Bruder bat sie: Gelt, Heinrich, das Hinknien ersparst Du mir; ich komme so schwer wieder auf! Die jüngere Schwester Franziska war leidend; sie hatte eine unglückliche Ehe mit dem württembergischen Obristleutnant Albert von Abele hinter sich (s. Ottilie Wildermuth, Daheim-Kalender 1877). Der Oberjustizrat Karl Max. Klett führte Zeller ins Zuchthaus. Zeller hatte das Gefühl, als stiege er ins Totenreich hinab; in der Anstaltskirche sprach er über das Wort: Wir bitten an Christi Statt: Lasset euch versöhnen mit Gott! Er sagte: „Es ist Gottes Gnade, daß ich vor dem Gitter und nicht bei Euch hinter dem Gitter stehe." Klett gründete 1836 ein christliches Armenkrankenhaus. Es folgte ein Ausflug nach Korntal. Die dortige Gemeinde, fest verwurzelt in reiner, unverfälschter Lehre, glaubte noch ganz stark im Geiste von Hedinger [47], Bengel [48] und Oetinger [49] an die Wiederkunft des Herrn im Jahr 1836. Im Haus des Gründers und Bürgermeisters Gottlieb Wilhelm Hoffmann [50]

---

[46] Albert Knapp, 1798–1864, Pfarrer zuletzt Leonhardskirche Stuttgart, hat 1200 Lieder und Gedichte geschaffen.

[47] Johann Reinhard Hedinger, 1664–1704, Prof. Theol. Gießen 1694, Hofprediger in Stuttgart 1698.

[48] Johann Albrecht Bengel, 1686–1752, Klosterpräzeptor in Denkendorf, Propst Herbrechtingen, Konsistorialrat, Prälat von Alpirsbach.

[49] Friedrich Christoph Oetinger, 1702–1782, Dekan Weinsberg, Herrenberg, Prälat von Murrhardt, war lange in Herrnhut.

[50] Gottlieb Wilhelm Hoffmann 1771–1846, Amtsbürgermeister Leonberg, gründete und leitete 1819 die Brüdergemeinde Korntal.

kehrte Zeller ein. Der Sohn Christoph Hoffmann [51] wurde Leiter der Pilgermission auf St. Chrischona; 1866 bricht unter seiner Leitung die „Sammlung des Volkes Gottes“ nach Palästina auf. Der Sohn Wilhelm [52] wurde 1839 Inspektor der Basler Mission, später Domprediger in Berlin. Zellers ehemaliger Lehrergehilfe Barner (s. Anm. 44) war Vorsteher des Korntaler Waisenhauses, dessen Schwager Johannes Kullen [53] war der Lehrer. In Stuttgart wurden die Einrichtungen der sozialen Fürsorge, Mathilden-, Katharinen-, Paulinenpflege besucht. Zeller kritisierte das mit großem Aufwand, aber ohne Kapelle gebaute Katharinenspital. Er traf sich auch mit seinem alten, noch rüstigen Mentor Prälat Jak. Fr. von Abel (s. Anm. 31), dem er noch immer eine besonders herzliche Dankbarkeit bewahrte, da er ihm den Weg zum Erzieherberuf geebnet hatte. Auf der Rückreise wohnte er einem Gottesdienst in Kirchheim in Gegenwart der Herzogin Henriette von Nassau-Weilburg, Mutter der Königin Pauline von Württemberg, bei und wurde ihr anschließend vorgestellt. Zeller hatte Gelegenheit, dieser Frau für ihr großes Engagement für wohltätige Einrichtungen, besonders für Beuggen, zu danken. Weiter traf Zeller sich in Tübingen mit seinem alten Freund Steudel (s. Anm. 24), der inzwischen als Professor der Theologie einen rationalen Supranaturalismus vertrat und gegen die Hegelsche Lehre und Ferd. Baur (s. Anm. 73) kämpfte. Schließlich besuchte Zeller den Hohentwiel, an dem einst seine Ahnherren gebaut hatten, und kehrte vor der Heimfahrt in Schaffhausen und bei seinem alten Freund David Spleiß [54], dem Pfarrer von Buch, ein. Spleiß war Professor am Collegium Humanitatis in Schaffhausen und ein geistesmächtiger Vertreter der Erweckungsbewegung, der auch eine Anstalt für arme Kinder unter der Leitung eines Zeller-Schülers gegründet hatte. Spleiß hatte schon 1820 mit seinem Freund Schubert [55] aus München in Beuggen einen Besuch gemacht, kam später auch zu den Jahresfesten. Er taufte am 9. 4. 1826 Zellers zweiten Sohn auf den Namen Reinhard, der ihm kurz vor der Taufhandlung eingegeben worden war.

---

[51] Gottl. Christoph Jonathan Hoffmann, 1815–1885, Theologe, 1848 Abgeordneter im Frankfurter Parlament, Gründer der Tempelgesellschaft in Jerusalem.

[52] Wilhelm Hoffmann, 1806–1873, Prof. Theol., Inspektor Basel 1839, Prof. Tübingen 1850; s. Anm. 123.

[53] Johannes Kullen, 1787–1842, sein Elternhaus in Hülben auf der Alb war ein Pietistenzentrum, Lehrer und Vorsteher der Knabenanstalt Korntal, s. Anm. 63.

[54] David Spleiß, 1786–1854, Prof. für Mathematik und Physik in Schaffhausen, Pfarrer in Buch und Antistes in Schaffhausen.

[55] Gotthilf Heinrich Schubert, 1780–1860, christlicher Naturphilosoph, Forschungsreisender, Prof. für Naturgeschichte in Erlangen 1819, München 1827.

Nach den Unruhen des Jahres 1832, die zur Trennung von Basel in einen Stadt- und einen Landkanton führten, mußten viele Pfarrer aus dem Basler Land flüchten. Einer, Pfarrer Hoch [56] gründete in Beuggen im Haus neben der Post eine Erziehungsanstalt für Knaben. Ein anderer, Pfarrer Jakob von Brunn [57], Sohn von Nikolaus von Brunn, dem Vorsteher des Basler Beuggen-Komitees, wurde Leiter der in Beuggen neu gegründeten Taubstummenanstalt. Beide wirkten in Zellers Anstalt als Geistliche.

### *Mutter Zeller und die Familie*

Frau Inspektor Zeller — allgemein nur noch als Mutter Zeller angesprochen — war die Seele der großen Hausgemeinschaft. Sie hatte ja nicht nur die Aufsicht im Hauswesen, in Küche und Keller, in der Landwirtschaft, im Garten, in der Waschküche. Sie rechnete über Einnahmen und Ausgaben ab. Kein Verwalter stand ihr zur Seite. Von Natur aus sanfter Art, wurde sie durch ihre Aufgaben zum Gebieten erzogen. Doch die Güte durchdrang immer die Strenge. Niemand liebte sie deshalb weniger; alle konnten mit ihren Kümmernissen zu ihr kommen. So rühmte Zeller von seiner Frau: „Was ich lehre, lebt sie." (Thiersch S. II 312).

Unter Mutter Zellers Leitung wurde die ganze Anstalt mit der Familie zur Einfachheit erzogen. Es konnte passieren, daß sie von Gästen nicht sogleich als die Frau Inspektor erkannt, sondern als die Magd im Haus angeredet wurde. Kamen die Töchter, verwöhnt durch üppige Tage in der Fremde, zurück nach Beuggen, blieb ihnen nichts anderes übrig, als sich wieder auf die Beuggener Einfachheit einzustellen.

Mit den jungen Lehrerzöglingen war Mutter Zeller streng und gütig zugleich. Sie konnte erschütternde Strafpredigten halten, die die jungen Männer beschämten. Jeder versuchte dann, seinen Aufgaben sorgfältiger nachzugehen. Alle hingen mit großer Liebe und Verehrung an der mütterlichen Frau. Dienstboten im Haus behandelte Mutter Zeller mit viel Nachsicht als Mitdiener an der gemeinsamen Aufgabe in einer Großfamilie, und es war ihr Anliegen, unter allen Hausbewohnern Frieden zu stiften. Ein besonderes Kapitel waren die vielen Gäste an Sonn- und Werktagen, zum Basler Missionsfest, zum Beuggener Jahresfest, wichtige Offizielle und kleine Leute. Mutter Zeller beherbergte gerne. Doch manchmal fehlte es am nötigen

[56] Johann Hoch, Pfarrer 1821–1832 in Buus-Maisprach im Basler Landgebiet, kam 1833 nach Beuggen.

[57] Johann Jakob von Brunn 1797–1861, Pfarrer in Bubendorf BL 1822, St. Theodor Basel 1845.

Platz. So kam es, daß sie gelegentlich auf Widerstand stieß, wenn sie erwartete, daß sich zwei Gäste ein Bett teilten. Als sich Mutter Zeller im Jahr 1833 zum ersten Mal für eine Badereise rüstete, die wegen eines Magenleidens dringend nötig gewesen wäre, waren Basler Flüchtlinge im Kommen. So wurden die Koffer wieder ausgepackt und das Flüchtlingsgut der Gäste verstaut.

Die Leitung der großen Anstalt brachte es mit sich, daß Mutter Zeller bei Krankheiten und Unfällen als erste Instanz gefordert wurde. Sie übernahm die Krankenpflege, verband Wunden, schnitt Abszesse auf; ja sogar aus der Umgegend kamen Leute mit Geschwüren und Wunden zu ihr, um sich operieren und pflegen zu lassen. Die Ärzte hatten Respekt und ließen es gewähren, daß sie eine gut bestückte Hausapotheke bereit hielt. Von Mutter Zeller wird gerühmt, sie habe die rastlos tätige Art der Martha und die Liebe der Maria zu Gottes Wort vereint. Sie fühlte allerdings erst in ihren letzten Lebensjahren die Gewißheit, in Gnade von ihrem Herrn angenommen zu sein. Das fand Ausdruck in ihrem Wesen in einer lauteren Demut, in der sie sich als geringe Magd ihrer Mitchristen sah.

Die Zeller-Familie war in Beuggen weiter gewachsen. Die beiden ältesten Töchter, Helene und Marie waren 1828–1831 zur Ausbildung in einem pietistischen Haus bei der Jungfer Calame in Le Locle im Kanton Neuchâtel gewesen. Nach ihrer Rückkehr konnten drei Zellertöchter in der Kindererziehung und bei der Hausarbeit mitarbeiten. Am 9. April 1834 wurde den Eltern als elftes Kind der jüngste Sohn Samuel geschenkt. Im selben Jahr verheiratete sich die Tochter Marie mit dem Missionar Samuel Gobat, der im Begriff war, nach Abessinien zurückzukehren. 1836 wurde die silberne Hochzeit der Hauseltern mit einem großen Fest begangen; sogar ein Klavier wurde aus Basel geschenkt. Im Winter 1836–1837 erkrankten zwei Drittel der Hausgenossen, die Mutter selbst lag an einem Nervenfieber darnieder. Im Februar 1837 schloß die Tochter Therese die Ehe mit Pfarrer Karl Werner in Effringen. 1838 brachte den ersten Besuch von Zellers Bruder Karl August. Der weit gereiste preußische Schulrat vertiefte sich die ganze Nacht in die Beuggener Jahresberichte, am Morgen rief er seinem Bruder zu: „O Heinrich, Du bist glücklicher als ich!“ (Beuggen S. 231). Er nahm aus Beuggen den Wunsch mit, eine ähnliche Anstalt zu gründen. So kam es zur Gründung der Armenschullehrer- und Armenkinder-Anstalt im ehemaligen Zisterzienserkloster Lichtenstern bei Heilbronn. Leiter wurde Ludwig Völter. Im Mai 1840 führte Völter Helene, die älteste Tochter der Eltern Zeller heim. Im selben Jahr verließ auch die fünfte Tocher, Bertha das Haus als Gattin des Erlanger Theologiedozenten Heinrich Thiersch.

Inzwischen hatte die badische Finanzkammer die Pacht für Beuggen, trotz einer persönlichen Vorsprache Zellers, Gobats und Pfarrer Legrands bei Großherzog Leopold, von 60 auf 400 Gulden hochgeschraubt. Dennoch konnte die Anstalt weitergeführt werden. Es wurde auch versucht, dem Zug der Zeit folgend, den Lehrerzöglingen ein breiteres Wissen zu vermitteln, ohne das wesentliche Ziel einer christlichen Menschenbildung aus dem Auge zu verlieren.

1841 wurde Zeller von der roten Ruhr und einem Schleimfieber befallen; der kleine Samuel lag in höchster Lebensgefahr neben dem kranken Vater, die ganze Anstalt war angesteckt. Zeller sah es als göttliche Züchtigung. Auch 1843 erkrankten beide Hauseltern. In diesen Jahren war Zeller vielfach schriftstellerisch tätig, so erschien ein Schriftchen über Kleinkinderpflege. 1846 verlegte Barths Calwer Verlagsverein die „Kurze Seelenlehre, gegründet auf Schrift und Erfahrung", nachdem Barth und Schubert die Schrift begutachtet hatten. Auch eine neue Ausgabe seiner „Lehren der Erfahrung" bereitete er vor, dabei ließ er sich von seinem Schwiegersohn Ludwig Völter beraten. Im Jahr 1845 reisten die Eltern Zeller zu ihren Kindern in Marburg, wo auch der Sohn Reinhard das Gymnasium besuchte.

Seit seiner Krankheit mußte Zeller einen theologischen Vikar haben. Der erste war Hermann Betulius [58], sein Nachfolger Franz Held [59], nachmals Herausgeber des Kirchenboten und des evang. Sonntagsblatts in Stuttgart. Schon 1840 hätte Zeller am liebsten seinen Schwiegersohn Völter bei sich gesehen; das war aber nicht möglich. Endlich 1851 konnte der eigene Sohn Reinhard in Beuggen als fertiger Theologe eintreten. Wenig Sympathie brachte Zeller seinem Schwiegersohn Thiersch bei seinem Übertritt zur katholisch-apostolischen Gemeinde entgegen. Er fürchtete, Thiersch würde das Augsburgische Bekenntnis nicht mehr anerkennen oder im Schoß der römischen Kirche landen. Indessen blieb die gegenseitige Liebe ungetrübt, der Austausch in theologischen Fragen unterblieb allerdings. Schließlich hat ja dann Thiersch eine liebevolle Biographie seines Schwiegervaters verfaßt.

### *Die Weltereignisse greifen nach Beuggen*

Die politischen Ereignisse dieser Jahre berührten in besonderer Weise auch die Anstalt Beuggen. 1845 war in Krakau der Polenaufstand ausgebrochen.

---

[58] Hermann Betulius, 1816–1877, Inspektor der Rettungsanstalt Winnenden 1843, Pfarrer Großbottwar , Strümpfelbach.

[59] Franz Alexander Held, 1819–1895, Pfarrer Essingen, Kleiningersheim.

Im selben Jahr entstand die große Spaltung in der Schweiz, die zum Sonderbundkrieg führte, in dessen Folge 1848 die Schweiz sich als Bundesstaat formierte. Im Februar 1848 war der große Umsturz in Paris. Im badischen Oberland bildeten sich Freischaren; im April rückten württembergische und bayerische Bundestruppen in den badischen Seekreis ein. Am Gründonnerstag, dem 20. April wurden die Freischaren in der Nähe von Beuggen bei Kandern und Steinen von hessischen und badischen Truppen geschlagen. Am selben Tag hatte noch eine Freischar des zu Beuggen gehörigen Karsau, ohne von dem Kanderner Gefecht zu wissen, versucht, die männlichen Insassen von Beuggen zum Mitmachen zu zwingen. Am Abend indessen kam ein Haufe geschlagener Freischärler in die Anstalt und begehrte Essen und Herberge. Eine Woche später, am 27. April wurden die Freischärler im Gefecht bei Schwörstadt und Dosenbach vollends geschlagen und aufgerieben. In Beuggen versuchten sich versprengte Freischärler über den Rhein zu retten. Nachstürmende Württemberger schlugen die Türen ein, durchsuchten die ganze Anstalt nach Freischärlern unter wilden Drohungen gegen Zeller und seine Frau und fanden auch ein paar, einer wurde dabei sogar noch erschossen. Schließlich marschierte eine ganze Kompagnie im Schloßhof auf und wurde von Zeller und seinen Leuten mit Brot, Most und Äpfeln erfrischt. Als Zeller sich als Württemberger zu erkennen gab, wurde sogar richtige Freundschaft geschlossen. Die kriegerischen Unruhen endeten in Südbaden erst Ende September. Doch das Jahr 1849 brachte neue Gefahren. Ende Juni wurden die von den März-Vereinen aufgerufenen Freischarheere von preußischen und bayerischen Truppen zersprengt und geschlagen. Wieder flüchteten einzelne Freischärler bei Beuggen über den Rhein. In der Nacht des 6. Juli drang eine Rotte von über 100 aus der pfälzischen Freischar in die Anstalt ein und hauste übel, zog aber schließlich ab, als klar wurde, daß es sich um ein Waisenhaus handelte. In der folgenden Nacht füllte sich plötzlich der Hof mit 100 Mann Bürgerwehr und Linienmilitär, die sich im Haus und in der Nachbarschaft einquartierten. Beide Gruppen wurden in Rheinfelden und Säckingen entwaffnet und traten in die Schweiz über. Am 12. Juli tauchten die ersten Preußen auf, am 15. kam die preußische Einquartierung. Sie dauerte in Beuggen neun Monate. In der Zeit wurden in Beuggen über 800 Kriegsleute beherbergt. Das Jahresfest wurde in diesem Jahr „auf den Berg“ nach St. Chrischona — es befindet sich auf Basler Gebiet — verlegt.

Die Kriege der 50er Jahre — der Krimkrieg, die italienische Freiheitsbewegung — ließen die Leute in Beuggen ganz unberührt. Zeller gab zunächst noch immer 40 Wochenstunden Unterricht. In dem Teuerungsjahr 1852 konnte täglich an 20–25 Bettler und Bettelkinder Brot oder eine Suppe ausgeteilt werden. Inzwischen stiegen aber auch die Ausgaben im Haus selbst, und im Jahr 1855 konnten nur noch wenige arme Kinder ohne Kostgeld aufgenommen werden. Das Kostgeld betrug damals 150 Franken pro Jahr. Immerhin wurden im Laufe der Zeit von 200 Zöglingen 191 unentgeltlich aufgenommen und ausgebildet.

### *Heimgang von Christian Heinrich und Sophie Zeller*

1850 verkleinerte sich die Familie, indem die Tochter Tabitha mit dem Aarauer Seidenfabrikanten Ludwig Schmuziger vermählt wurde. Sie hinterließ als Mitarbeiterin im Haus eine große Lücke. Andererseits fanden nun immer wieder Enkelkinder Aufnahme. Gobats kamen 1852 von Jerusalem zu Besuch und ließen die Tochter Maria bei den Großeltern. Später kehrten auch Gobats ältere Töchter Hanna und Dora ein. Der Sohn Reinhard war als Vikar seit 1851 Vaters Lehrgehilfe, Nathanael wurde 1852 Lehrer in Beuggen; der Jüngste, Samuel hatte in Beuggen den Lehrerkursus absolviert, 1855 trat er in Beuggen an die Stelle von Lehrer Aaron Witzemann, der die Leitung der Anstalt Kasteln übernahm und Zellers jüngste Tochter Monika als Gattin heimführte. Die unverheiratete Tochter Sophie blieb als Stütze der Mutter in Beuggen, bis sie nach deren Tod ihre Nachfolgerin als Hausmutter wurde. Die älteste Tochter Helene Völter starb 1856 an den Folgen einer Geburt.

Zellers Frau Sophie geb. Siegfried war nach dem Heimgang von Frau Fäsch all die Jahrzehnte Hausmutter in Beuggen mit der ganzen Arbeitslast, die dieses Amt neben der Familie mit sich brachte. Schon mehrfach hatte sich ein Herzfehler bemerkbar gemacht. Zur Hochzeit der Tochter Tabitha mit Louis Schmuziger konnte sie nicht mit nach Veltheim kommen. Im Lauf des Jahres 1857, als auch die jüngste Tochter Monika als Gattin von Aaron Witzemann das Haus verlassen hatte, entwickelte sich die Wassersucht. Nach monatelangem Krankenlager verschied Sophie Zeller-Siegfried am 27. Juli 1858; am Freitag, dem 30. wurde sie in Beuggen beerdigt.

Nach dem Heimgang seiner Frau schrieb Heinrich Zeller traurig in den „Monatsblättern“: „Die unterscheidenden Züge in ihrem Lebensbilde waren: tätige, aufopfernde Liebe, aufrichtige Treue, stiller, beharrlicher und kräftiger Arbeitsfleiß, ausdauernde Geduld, anhängliche Freundschaft, zarte, verständige Weisheit, demütige Bescheidenheit und stets wahrhaftes, gottesfürchtiges Christentum ohne viele Worte.“ Gotthilf Heinrich von Schubert (s. Anm. 55) bezeugte, hier habe er gesundes, tätiges Christentum gefunden, und der preußische Gesandte Chn. K. J. von Bunsen [60] soll nach einer Erzählung von Pfarrer Blumhardt auf die Frage, wen er für den besten Erzieher halte, nicht Inspektor Zeller, sondern dessen Frau genannt haben.

Nach dem Tod der Mutter unterstützten Reinhard und Nathanael weiter den Vater. Nathanael übernahm auch das Rechnungswesen und die Landwirtschaft. Sophie hatte die Haushaltung zu führen.

Heinrich Zeller selbst alterte nach dem Tod seiner Frau rasch. Er wurde vergeßlich und unordentlich. Die Söhne arbeiteten nicht immer so, wie es der Vater gewohnt war. Noch ein Jahr vor seinem Tod wurde er wegen Herabwürdigung der katholischen Religion verklagt. Er hatte nach einer Stelle im prophetischen Buch Daniel die große Hure Babylon mit der katholischen Kirche verglichen; vom badischen Innenministerium erhielt er einen Verweis, sein Gastrecht als Schweizer in Baden wurde infrage gestellt.

Zeller hielt noch bis zu seinem Ende Konfirmandenunterricht, Morgenandacht und Religionsunterricht. Er hatte nun in 40 Jahren 250 Schullehrerzöglinge ausgebildet und ausgesandt und 593 arme Kinder erzogen. Am 11. Mai 1860 entwickelte sich eine Lungenentzündung. In den letzten Lebensstunden am 17. übergab er sein Amt an seinen Sohn. Am darauffolgenden Vormittag versammelten sich um ihn seine Zöglinge, er sprach noch zu ihnen; dann segnete er seine Kinder; wenig später verschied er im Vertrauen auf seinen Herrn Jesus. Am Sonntag, den 20. Mai war die Leichenfeier; hunderte von Freunden waren aus Basel gekommen. Pfarrer Wilhelm Legrand [61] hielt die Grabrede, Professor Auberlen [62] die Gedächtnisrede: „Zeller war ein Mann ohne Falsch. Er suchte und ergriff die Gnade mit grundredlichem, lauterem Herzen. Es ruhte der Segen des HErrn auf diesem redlichen Abraham und seiner getreuen Sarah. Gerade weil er auf Erden nichts suchte, konnte ihm der Herr in seiner Familie den größten Segen und das wahre Lebensglück geben. Seine Größe bestand darin, daß er klein blieb. Sein Monatsblatt ist eine Stätte des Friedens geblieben. Den ganzen Rat Gottes zu unserer Seligkeit breitete er darin vor uns aus.“ (Thiersch S. II 328).

Die Kinder führten das Werk im Sinne der Eltern fort.

---

[60] Christian Karl Josias von Bunsen, 1791–1860, 1824 preußischer Gesandter beim Heiligen Stuhl, 1839 Gesandter in Bern, 1842 in London, Verfasser religiöser Schriften.

[61] Wilhelm Legrand, 1794–1874, Präsident des Komitees der Pilgermission, Hausvater des Theologischen Alumneums in Basel, war Vikar bei Pfarrer Fr. Oberlin im Steintal gewesen.

[62] Karl August Auberlen, 1824–1864, aus Fellbach, Prof. Theol. Basel 1851.

*Schriften von Christian Heinrich Zeller*

- Lehren der Erfahrung für christliche Land- und Armen-Schullehrer.
  3 Bände Basel 1827
  5. Auflage Basel 1883
- Monatsblatt von Beuggen. Herausgegeben vom Verein der freiwilligen Armen-Schullehrer-Anstalt daselbst. Jahrg. 1 (1829) bis Jahrg. 30 (1858) Basel. Redakteur Christian Heinrich Zeller
- Bericht über die gegenwärtige Einrichtung und Verfassung der freiwilligen Armen-Schullehrer-Anstalt in Beuggen. Basel 1833
- Wozu ist uns Christus geboren? Auszug aus dem Monatsblatt von Beuggen 1835 Nr. 12. Straßburg 1844
- Göttliche Antworten auf menschliche Fragen. Ein biblisches Spruch- und Lehrbüchlein für Christen und Christenkinder. Basel 1840
  5. Auflage, Basel 1883
- Über Kleinkinder-Pflege. Eine kurze Anleitung für Mütter, Kinderwärterinnen und Kleinkinder-Erzieher. 2. Auflage Basel 1841
  4. Auflage Basel 1896
- Über die Gebets-Erhörung. Auszug aus dem Monatsblatt von Beuggen 1841 Nr. 4. Straßburg 1843
- De l'Exaucement de la prière. Traduction de l'Allemand. Straßburg 1843
- Von den menschlichen Krankheiten und deren göttlichen Zwecken. Auszug aus dem Monatsblatt von Beuggen 1842 Nr. 2. Straßburg 1843
  5. Auflage Basel 1906
- Des maladies et des differents buts que Dieu se propose en les envoyant. Traduction de l'Allemand. Strasbourg 1844
- Die Anbetung Christi, Auszug aus dem Monatsblatt von Beuggen 1842 Nr. 3. Straßburg 1843/44
  8. Auflage Baden-Baden 1901
- Weihnacht-Betrachtung. Straßburg 1844
- Bethesda. Erklärung des 5. Kapitels des Evangeliums Johannis. Straßburg 1845
- Der erste christliche Frauenverein. Straßburg 1845
- Die neue Kreatur. Neujahrsbetrachtung. Straßburg 1845
- Schriftmäßige Gedanken über Jenseits. Straßburg 1845
- Über die Gewißheit, das ewige Leben zu haben. Straßburg 1845

- Der eiserne Griffel, Straßburg 1845
- Über das häusliche Verderben unter dem Volke, die Ursachen seines Überhandnehmens, und die Mittel demselben zu steuern. Straßburg 1845
- Zachäus. Betrachtung über Lukas Kap. 19, V. 1-10. Straßburg 1846
- Über den Zeitgeist. Straßburg 1846
- Das dummgewordene Salz. Straßburg 1846
- Kurze Seelenlehre, gegründet auf Schrift und Erfahrung, für Eltern, Erzieher und Lehrer, zum häuslichen und Schulgebrauche. Calw 1846
  8. Auflage Calw und Stuttgart 1925
- Die fünf ersten Christen. Betrachtung über Johannes Kap. 1, V. 35-51. Straßburg 1846
- Der Hauptmann Cornelius, oder wann und wie man ein Christ wird. Straßburg 1846
- Wie man den Willen Gottes mit Gewißheit erkennen kann. Straßburg 1846
- Die ewigen Hütten. In: A. Capadose, Gedanken über den Zustand der Seelen in der Abgeschiedenheit zwischen Tod und Auferstehung. Düsselthal 1846
- Lois und Eunike. 2. Tim. Kap. 1, V. 5. Die Erziehung der Kinder für Zeit und Ewigkeit. Mit einem Vorwort von Reinhard Zeller. Basel 1879
  4. Auflage Basel 1911
- Einführung biblischer Hausandachten. Basel 1881
  2. Auflage Basel 1900
- Weisheit von oben. Aus Gottes Wort geschöpft. Mit Vorwort von W. Arnold. Straßburg 1889
- Jenseits. Gedanken nach der heiligen Schrift. 3. Auflage Straßburg 1893
- Heinrich Wallers Jugendjahre. Basel 1889
- Wie wird dir sein, wenn aus dem Leib du scheidest? Gedanken aus der heiligen Schrift. Straßburg 1895
- Chr. Heinr. Zeller und Joh. Friedrich Flattich, Geheimnis des christlichen Haushalts oder Hausregeln. In: Christliche Charakterbilder. 16. Auflage Stuttgart 1906

# Pietistische Volkspädagogik in Württemberg — Johann *Ludwig* Völter und *Helene* Marie Zeller

Familiendaten s. S. 203

Helene M. Zeller 1812–1856 J. Ludwig Völter 1809–1888
(Zeller-Archiv Leonberg)

## *Ludwig Völters Herkunft und Eltern*

Wir treten ein in das Haus des Schulmeisters Christoph *Erhard* Michael Völter in Metzingen. Der Ort, 1831 zur Stadt erhoben, liegt zwischen Urach und Reutlingen. Das Schulmeisterhaus ist nicht die typische Unterkunft eines schwäbischen Dorfschulmeisters. Lange hieß es das „Schloß“, die dahinter liegenden Gärten „Schloßgärten“. Tatsächlich war das Anwesen früher der Pfleghof des Klosters Zwiefalten. Im großen, gewölbten Weinkeller hatte man ehemals den für die Zwiefalter Klosterbrüder gekelterten, geschätzten Metzinger Wein gelagert. Die Küche mit ihrem Kreuzgewölbe war vielleicht früher die Hauskapelle, der kreuzgewölbte Öhrn der Kreuzgang.

Die Familie Völter war ursprünglich von der Schwäbischen Alb und von Urach gekommen, war aber seit bald 200 Jahren in Metzingen ansässig, nachdem dort in der Zeit des 30-jährigen Krieges Nikolaus Völter ein paar Jahre Pfarrer gewesen war und sein Sohn Konrad sich als Schuhmacher niedergelassen hatte. Konrads Enkel Christoph war im Spanischen Erbfolgekrieg Militärmusiker gewesen, wurde aber dann als Schulmeister seßhaft, zuletzt in seiner Heimatstadt Metzingen. Von ihm erbte sich der Schulmeisterberuf weiter bis zum Urenkel Christoph *Erhard* Michael Völter, der 50 Jahre die Stelle eines Mädchenschulmeisters in Metzingen innehatte.

Als Schulmeister hatte Erhard Völter nur eine geringe Besoldung. Sein jährliches Gehalt betrug 250 Gulden; davon mußte er noch seinen Provisor mit Kost, Wohnung und Wäsche versorgen. Sein Gehalt konnte er dadurch geringfügig aufbessern, daß er regelmäßig Hochzeits- und Leichenreden ausarbeitete, die er vorzutragen hatte. Es war zudem ein Glück für die Familie, daß sich neben den Grundstücken, die er als Schulmeister bewirtschaften durfte, einige Äcker und Wiesen in der Familie vererbt hatten, daß auch Völters zweite Frau Katharine Barner landwirtschaftliches Vermögen in die Ehe einbrachte. So hat die Familie zeitweise bis zu zehn Morgen bewirtschaftet; drei Kühe standen im Stall, am Haus lag ein großer Obst- und Krautgarten. Daneben hatte Völter auf der Alb einige Jahre lang eine Schäferei mit 400–500 Tieren, die von einem Schäfer betreut wurden. Auch mit Weinhandel beschäftigte er sich; zu Fuß ging er im Herbst ins Unterland, um Wein zu kaufen, oft viele tausend Liter. Auch Metzinger Wein lagerte er ein. Der große, gewölbte Keller des Lehrerhauses kam da gerade recht. Drei Mägde halfen in der Wirtschaft, bis die eigenen Töchter groß genug waren, deren Arbeit zu übernehmen. Eine große Hilfe in der Versorgung der zahlreichen Hausgenossen war ein Anteil an der Metzinger Bannmühle, den Völter besaß; jeden Freitag wurde der Realertrag an die Anteilsinhaber verteilt, so war immer genug Mehl im Haus.

Erhard Völter mußte schon mit 14 Jahren seinem Vater, der kränklich war, im Schuldienst zur Seite stehen, bis er in Stuttgart eine eigene Anstellung als Provisor erhielt. Als der Vater starb, trat er schon mit 19 Jahren dessen Nachfolge an der Mädchenschule in Metzingen an; mit seinem musikalischen Talent setzte er sich gegen andere Bewerber durch. In der Knaben- und in der Mädchenschule waren vom Schulmeister und einem Provisor jeweils um die 120 Kinder zu unterrichten. Erst später hatten Schulmeister und Provisor getrennte Schulräume. Im Unterricht war Völter pünktlich und streng; er unterrichtete neben den vorgeschriebenen Lehrfächern auch Geographie und Geschichte von Württemberg und Palästina. Samstags bereitete er seine Schülerinnen auf den Sonntagsgottesdienst vor, montags fragte er die Predigt ab, die er selbst mitgeschrieben hatte. Zweimal erhielt er nach der Dekanatsvisitation von der Synode ein Prämium. Bis in sein hohes Alter war Völter Organist und stand als Rektor der Kirchenmusik vor; dabei spielte er Violine. Nach 50 Dienstjahren schied Erhard Völter 70-jährig aus dem Dienst aus; bei einem Festakt wurde er mit der goldenen württembergischen Zivilverdienstmedaille ausgezeichnet.

Ihre Frauen hatten die Völter aus Metzinger Bürger- und Handwerkerfamilien gewählt, so daß sie schließlich als eigentliche Metzinger Familie galten. Der Großvater von Erhard Völters Mutter Elisabeth Kath. Hallwachs war der Metzger und Rappenwirt Johann Christoph Hallwachs. Sein Bruder, Professor in Tübingen, errichtete eine Studienstiftung, die 100 Jahre später auch den Söhnen Erhard Völters zugute kommen sollte. Auch die Ehefrauen Erhard Völters stammten aus Metzingen: die erste Frau, Regine Flamm, war die Tochter des Metzgers Johann Michael Flamm, die zweite, Katharine Barner, Tochter des Metzinger Knabenschulmeisters Johann Barner (s. Ahnenliste Völter, S. 561).

Erhard Völter hatte aus seinen beiden Ehen von 1794 bis 1830 20 Kinder. Er durfte es erleben, daß davon 14 Kinder das Erwachsenenalter erreichten. Erhard Völter plante ursprünglich, alle seine Söhne als Schulmeister auszubilden. Da eröffnete sich die Möglichkeit, die Söhne mit Hilfe des Hallwachsschen Stipendiums, auf das sie Anrecht hatten, in Tübingen studieren zu lassen. Darum ergriffen nur zwei, Ferdinand und Daniel, den Lehrerberuf. Johannes, Ludwig und Friedrich wurden Theologen, Christian Arzt. Zwei Töchter, Christiane und Dorothee, blieben unverheiratet. Von zwölf Söhnen und Töchtern gehen zwölf Völtersippen aus:

- *Adam* wurde Apotheker und heiratete mit Charlotte Hebsacker in die Bönnigheimer Apotheke ein. Sein Sohn, der Apotheker und Hauptmann der Artillerie Georg Christian Völter, fungierte zeitweilig als Außenminister der Schweiz.
- Erhard erlernte das Konditorhandwerk und verheiratete sich in Metzingen mit der Tochter des Pulvermüllers Johann Friedrich Binder.
- Friederike ehelichte Pfarrer Gottlob Bunz in Grunbach bei Waiblingen, eines Weißgerbers Sohn aus Waiblingen.
- Johannes war lange Pfarrer in Münchingen bei Ludwigsburg, geehrt mit dem Friedrichs-Orden 1. Klasse und dem Olga-Orden; er war zuerst mit Christiane Luz aus Güglingen , einer Kaufmannstochter verheiratet, seine 2. Frau war Friedrike, Tochter des Chemikers (Drogisten) Bonz

in Böblingen . Der Sohn Immanuel Völter war 1865 Lehrer der Pilgermission auf St. Chrischona, später in Korntal, seit 1874 betreute er die Judenmission. Die Tochter Marie heiratete den Lehrer am Basler Missionshaus Friedrich Reiff.

- Ferdinand heiratete, als er Lehrer am Töchterinstitut in Korntal war, Heinrike Böhringer, Tochter des Kellereiküfers Joh. Georg Böhringer in Horrheim bei Vaihingen an der Enz. Er unterrichtete später als Reallehrer in Sindelfingen.
- Regine und ihr Mann Christian Mayer wurden Hauseltern in der Armenschullehreranstalt Lichtenstern zu der Zeit, als der Bruder Ludwig dort zum Inspektor berufen wurde. Ihr Sohn Otto war Rektor des Gymnasiums in Esslingen und heiratete Sofie, Tochter des Ephorus Metzger in Schöntal .
- Ludwig und seine Frau Helene Zeller betrachten wir anschließend.
- Katharina wurde die Frau des Metzinger Kaufmanns Johannes Auer, Sohn eines Bortenmachers.
- Daniel studierte in Tübingen und wurde Professor am Lehrerseminar in Esslingen, er war als Geograph anerkannt; seine Frau war Pauline Eitel, Tochter von Joh. Jak. Eitel, Speisemeister in Esslingen. Der Sohn Daniel wurde Professor für Theologie in Amsterdam. Die Tochter Charlotte verheiratete sich mit dem Ephorus des Blaubeurer Seminars Hermann Planck.
- Christian wurde Arzt in Metzingen. Seine erste Frau war Dorothea, Tochter des Metzinger Tuchfabrikanten Michael Raifstänger, die zweite Pauline, Tochter des Metzinger Stadtschultheißen Georg Fr. Gussmann. Der Sohn Christian aus erster Ehe war Tuchfabrikant in Metzingen und ein großer Mäzen der Stadt.
- Charlotte folgte Immanuel Linder, einem Unruhgeist in die Ehe. Linder war erst Landwirt, dann Kaufmann, schließlich Kanzlist beim statistisch-topographischen Büro in Stuttgart.
- Friedrich, der jüngste schließlich, versah schon in jungen Jahren die Inspektorstelle der von der Inneren Mission gegründeten Lehrerbildungsanstalt Tempelhof bei Crailsheim, später war er Pfarrer in Nußdorf, er war viermal verheiratet: 1. mit Antonie, Tochter des Eisenwerksdirektors Beringer in Michelstadt im Odenwald, 2. mit Karoline Völter, einer Base, 3. mit Pauline Klaiber, Tochter des Prälaten Klaiber, 4. mit Thekla, Tochter des Gerichtsdirektors von Ege in Esslingen.

Wir sehen, daß es dem arbeitsamen Metzinger Mädchenschulmeister und seiner unermüdlichen Hausfrau trotz ihrer überquellenden Kinderschar gelang, sechs Söhne studieren zu lassen. Und auch die andern Kinder konnten ein Handwerk erlernen, oder als Ehefrauen eine sozial gesicherte Familie gründen. Insgesamt wurden Erhard Völter und seinen beiden Frauen 105 Enkel beschert, von denen immerhin 54 eine Ehe geschlossen haben. 36 der 105 Enkel sind allerdings schon als kleine Kinder gestorben.

Im Völterschen Haushalt lebten mehr oder weniger eng mit der Familie verbunden die jeweiligen, an der Schule tätigen Provisoren. Darunter waren der spätere Schwiegersohn Christian Mayer, der dann Hausvater in Lichtenstern wurde, sowie Andreas Barner (s. Anm. 44), nachmals Hausvater im Korntaler Kinderheim, der die Schwester seines Nachfolgers in Metzingen, Christine Kullen [63] heiratete. Dieser auf Barner folgende Provisor Johannes Kullen (s. Anm. 53) stammte aus Hülben auf der Alb, aus einem Haus, das als Zentrum der pietistischen Gemeinden der Umgegend galt. Er nahm besonderen Einfluß auf die Kindererziehung im Völterschen Haus. Er unterrichtete nicht nur die Knaben in Latein, sondern machte vor allem in seinen religiösen Kinderstunden — morgens um 6 Uhr vor Schulbeginn — durch seine Gewandtheit im Katechisieren, durch die Lebendigkeit und Erwecklichkeit seiner kindgerechten Ansprachen einen tiefen, nachhaltigen Eindruck auf die Kinder ebenso wie auf die Erwachsenen, die regelmäßig an den Stunden teilnahmen.

Das Bild Erhard Völters bliebe unvollständig ohne seine Rolle in der inneren und äußeren Mission zu erwähnen. Durch Kullen war er für die Fragen der Mission gewonnen worden, die ihm immer mehr zur Herzensangelegenheit wurde. 30 Jahre lang hat er sich für die verschiedenen Missionswerke eingesetzt. 1819, drei Jahre nach Gründung der Basler Missionsgesellschaft, stifteten Metzinger Bürger in Völters Haus einen Verein zur Unterhaltung mindestens eines Missionszöglings in Basel. Völter war Sekretär und Kassier des Vereins, der sich bald auf über 60 Orte in der Umgegend ausdehnte. Von Anfang an wurde nicht nur die Heidenmission bedacht, sondern auch Einrichtungen der Inneren Mission. 1846 erhielten außer Basel folgende Anstalten Beträge:

Mission der Brüdergemeine, Judenmission,

die Rettungshäuser in Korntal und Wilhelmsdorf, samt Taubstummenanstalt, Kinderheim und Schullehreranstalt in Lichtenstern,

[63] Christine Kullen, 1795–1837, Hausmutter der Korntaler Knabenanstalt, ∞ Andreas Barner, s. Anm. 44, Lit. Scheffbuch S. 35 ff.

die Winnender Anstalten,

die Rettungshäuser in Stammheim, Tuttlingen und Ludwigsburg,

die Wernersche Kinderheilanstalt in Ludwigsburg,

die Lehrerbildungsanstalt Tempelhof und

die Evangelische Gesellschaft Stuttgart.

Ins Ausland gingen Beträge an die evangelische Schule in Lille, an Geistliche im Waadtland, in Böhmen und in Nordamerika, für verfolgte Armenier, an die Mission in China, zu einem Kirchenbau in Jerusalem.
Völter hielt auch im eigenen Haus wöchentliche Missionsstunden ab, sorgte für die Unterbringung verwahrloster Kinder, sammelte Beiträge ein, verteilte jede Woche das Missionsblatt, vertrieb Traktate und Bücher. So stand er auch mit allen bekannten Vertretern der pietistischen Bewegung in engem Kontakt. Endlich ging auch sein Herzenswunsch in Erfüllung: seit 1846 wird in Metzingen ein jährliches Missionsfest gefeiert.

Während seines 77-jährigen Lebens war Erhard Völter von mancher Krankheit geplagt. Schon mit 30 erkrankte er schwer an Tuberkulose, von der er sich nach Monaten erholte. Den Mühen und Beschwerden des Alters erlag er am 31. Dezember 1849 und wurde im Beisein aller seiner Kinder am 3. Januar beigesetzt. Seine zweite Frau Katharine geb. Barner, die 47 Jahre an seiner Seite der großen Familie vorstand, wurde beinahe 85 Jahre alt; sie überlebte ihren Gatten um fast 18 Jahre, geliebt und verehrt von Kindern, Enkeln und Urenkeln.

*Kindheit und Jugend*

Johann *Ludwig* Völter war das fünfte Kind aus der zweiten Ehe seines Vaters mit Katharine Barner. In der Familie lebten sechs ältere Geschwister, sieben folgten ihm nach; er stand also altersmäßig in der Mitte. Neben dem Grundschulunterricht beim Vater unterrichtete ihn der Provisor Johannes Kullen (s. Anm. 53) in Latein; er kam dann mit seinem älteren Bruder Ferdinand nach Blaubeuren in die Lateinschule zu Präzeptor Pfleiderer [64]. Dieser führte als eifriger Pietist ein gottseliges Leben; er hatte großen Einfluß auf den zur selben Zeit am Seminar als Repetent lehrenden Karl Werner (s. S. 118). Pfleiderer muß es gewesen sein, der den jungen Ludwig Völter dazu bewog, die theologische Laufbahn einzuschlagen. Ludwig

[64] Christian Gottlieb Pfleiderer, 1789–1867, Präzeptor in Blaubeuren 1820, Pfarrer Blaubeuren, Schwaikheim, Warmbronn, ∞ Charlotte Werner. Lit. Werner S. 42.

konnte jedenfalls nach bestandenem Landexamen 1822 ins Seminar Urach eintreten; 2 Jahre später wechselte er nach Blaubeuren über.

In Tübingen studierte Ludwig Völter seit Herbst 1826, einen Freiplatz im theologischen Stift hat er nicht erhalten, ebensowenig wie sein älterer Bruder Johannes, doch konnten die Brüder drei bzw. zwei Jahre lang das von ihrem Urgroßonkel Hallwachs gestiftete Stipendium genießen. Ludwig wurde bereits 1830 zum Magister promoviert, er war der Jüngste seiner Promotion. Sein Jahrgang ging als die sogenannte „Geniepromotion" in das Schrifttum ein. Zu ihr gehörten der Theologe David Friedrich Strauß [65] als Primus, der durch sein „Leben Jesu" bald für Furore sorgen sollte, der Pfarrer Wilhelm Zimmermann [66], 1848 Abgeordneter im Frankfurter Paulskirchenparlament, Friedrich Theodor Vischer [67], ebenfalls Abgeordneter in Frankfurt, später als Ästhet und Literaturkritiker bekanntgeworden, ein Exponent der antipietistischen Richtung; dazu gehörten ferner der Schriftsteller Gustav Pfizer [68], der spätere Direktor der Kultministerialabteilung Gustav Binder [69], aber auch ausgesprochene Pietisten, wie Johann Georg Vaihinger [70], Lehrer am Basler Missionshaus, oder Ernst Reinhold Wunderlich [71], Direktor der Erziehungsanstalt Stetten. Während seiner Tübinger Studienzeit hatte sich Ludwig Völter besonders an Professor Fr. Heinrich Kern [72] angeschlossen. Kern war 1826 zusammen mit Ferd. Chn. Baur [73] und der „Geniepromotion" von Blaubeuren nach Tübingen als 2. Professor für Theologie gekommen. Er vertrat die Schleiermachersche Theologie. Nach einer Vikariatszeit in Dürrmenz bei Mühlacker finden wir Ludwig Völter seit 1833 in Winnenden als Lehrer am Privatschullehrerseminar des Stadtpfarrers Heim [74] und gleichzeitig als dessen

65 David Friedrich Strauß, 1808–1874, Prof. Theol. Zürich, Privatgelehrter in München, Heidelberg.

66 Dr. Balthasar Friedrich Wilhelm Zimmermann, 1807–1878, Prof. in Stuttgart 1847.

67 Friedrich Theodor Vischer, 1807–1887, Prof. in Tübingen.

68 Dr. Gustav Pfizer, 1807–1890, Prof. am Obergymnasium in Stuttgart.

69 Dr. Gustav Binder, 1807–1877, Prof. in Ulm, Oberstudienrat in Stuttgart.

70 Johann Georg Vaihinger, 1802–1879, Lehrer am Basler Missionshaus, Pfarrer in Grötzingen, Nehren bei Tübingen, Kochersteinsfeld.

71 Ernst Reinhold Wunderlich, 1808–1879, Pfarrer Winterbach, Direktor in Stetten, Pfarrer Pfullingen.

72 Friedrich Heinrich Kern, 1790–1842, Professor am Seminar Blaubeuren 1817, Prof. Theol. Tübingen, Superattendent des evang. Seminars 1826, Rektor 1836/37.

73 Ferdinand Christian Baur, 1792–1860, Prof. am Seminar Blaubeuren, Prof. Theol. Tübingen 1826, Anhänger Hegels.

74 Friedrich Jakob Philipp Heim, 1789–1850, Pfarrer Winnenden und Vorsteher der Paulinenpflege dort 1823.

Vikar an den dortigen Kinderrettungs- und Taubstummenanstalten. Pfarrer Heim hatte 1823 diese als „Paulinenpflege“ bekannt gewordenen Einrichtungen gegründet. 1835 wurde Völter, als sich Heim ganz den Aufgaben in seinen Anstalten widmete, zum Pfarrverweser in Winnenden berufen. Den Lehrauftrag am Lehrerseminar behielt er bei.

*Inspektor der Anstalt Lichtenstern*

Zu Anfang des 19. Jahrhunderts hatte sich allgemein, vielfach unter dem Einfluß Pestalozzis, ein Wandel in der Einstellung gegenüber der Fürsorge und Erziehung minderbemittelter Kinder vollzogen. Bis 1825 wurden württembergische Waisen noch im Zuchthaus Ludwigsburg untergebracht, jetzt fanden sie im Kloster Weingarten Unterkunft. Ein besonders starker Einfluß auf die Rettungsarbeit ging von Christian Heinrich Zeller aus (s. oben). Pestalozzi soll bei seinem Besuch in Beuggen gesagt haben. „Das ist es, das habe ich gewollt!“ (Lang S. 15). Anstalten nach Beuggener Muster wurden an vielen Orten gegründet. In dieser Zeit — 1834 — hatte der Löwensteiner Stadtpfarrer Hegler [75] den Gedanken, das zerfallende Frauenkloster Lichtenstern, nicht weit von Löwenstein, das zum Verkauf stand, für eine Kinderrettungsanstalt zu nutzen. Löwensteiner Bürger, voran die Brüder Schmidgall [76], waren rasch für das Werk gewonnen. Doch fehlten die finanziellen Mittel. In dieser Situation schaltete sich Karl August Zeller, der Bruder des Beuggener Anstaltsleiters mit seinem unermüdlichen Unternehmungsgeist ein. Er erwärmte Justinus Kerner in Weinsberg für das Projekt, verhandelte mit dem Finanzministerium. Kloster und Güter wurden von Zeller angekauft. Zeller nahm die ersten sieben Kinder im Mai 1835 auf, er war damals schon 61 Jahre alt. Ein Verein betreute in der Folge das Unternehmen, und Zeller übertrug dem Verein dann sein Eigentumsrecht an der Anstalt. Der eigentliche Schulbetrieb begann im Januar 1836; die Zahl der Zöglinge — es waren 6- bis 10-jährige — wuchs rasch auf 36. Der erste Hausvater wurde als K. A. Zellers Mitarbeiter der 22-jährige Provisor Johann Gottlieb Frohnmeyer, der aus dem Esslinger Lehrerseminar kam. Bald wurde aber an seiner Stelle ein Ehepaar als Hauseltern bestellt, um den Familiengedanken stärker zu betonen. Der neue Hausvater Bandle war in Beuggen ausgebildet worden und danach an der Paulinenpflege in Kirchheim unter Teck tätig gewesen. In der Erziehung der Kinder und im

[75] Jakob Gottfried Hegler, 1794-1877, Pfarrer Löwenstein, Brettheim, Großingersheim, Markgröningen.

[76] Heinrich, Friedrich und Christian Schmidgall, Fab. **23**, 147, Mitglieder im Komitee der Anstalt Lichtenstern.

Lehrplan gab Zellers Geist den Ton an. Seine Idee war, die Kinder sollten sich gegenseitig erziehen, also gleichzeitig lernend und lehrend wirken. Auch die Gebote für die Lebensführung und die Hausordnung sollten von den Kindern selbst aufgestellt werden. Über Vergehen urteilten die Kinder in einem Kindergericht. 1837 verließ Karl August Zeller die Anstalt und den Förderverein. Er verstand sich nicht besonders gut mit Bandle, der K. A. Zellers Erziehungssystem reserviert gegenüberstand.

An Zellers Stelle traten 1838 der Korntaler Vorsteher Gottlieb Wilhelm Hoffmann (s. Anm. 50) und sein Sohn, der Diakon in Winnenden Wilhelm Hoffmann (s. Anm. 52), seit 1839 Inspektor der Basler Mission, dem Verein bei. Man wollte den alten Plan Zellers realisieren und neben der Kinderrettungsanstalt eine Lehrerbildungstätte ins Leben rufen. Vikar Ludwig Völter wurde als Inspektor berufen. Das Ministerium des Innern und das Konsistorium stimmten der Gründung einer Lehrerbildungsanstalt aus Spendenmitteln zu, der Dekan von Weinsberg hatte die Aufsicht. Völter nannte im Jahresbericht 1839 das Ziel: „Wir wollen nicht armen jungen Leuten dazu verhelfen, Schulmeister zu werden, sondern wir wollen Schullehrer für Arme bilden.“ (Lichtenstern S. 84). Voraussetzung zur Aufnahme waren neben christlicher Gesinnung, guten Schulkenntnissen und Gesundheit Kenntnis eines Handwerks oder des Landbaus. Der Zögling mußte es am Ende seiner vierjährigen Ausbildung dem Inspektor überlassen, wohin er ausgesandt wurde.
Eine große Freude war es für Karl August Zeller, als im Mai 1840 sein Bruder Heinrich mit seiner Frau Sophie von Beuggen kam, mit ihm Heinrichs Tochter Helene an der Hand ihres Verlobten Ludwig Völter, der als Inspektor der Lichtensterner Anstalt bestimmt worden war. K. A. Zeller schrieb: „Das waren liebliche Tage. Vergessen war so manche bittere Stunde, die Aussaat gerettet und die vielversprechende Ernte gesichert.“ (Lichtenstern S. 75). In seinem Testament vermachte er der Anstalt Lichtenstern eine Reihe von Pretiosen, darunter einen Saphirring, den er von der Königin Luise erhalten hatte, zur Versteigerung. Der Enkel Alfred kaufte sie aber zurück und bewahrte sie für die Familie.

Der neue Inspektor Völter hatte in Helene, der ältesten Tochter aus dem Beuggener Zellerhaus, die ideale Gattin für seine Aufgabe gefunden. Sie war als junges Mädchen drei Jahre in Le Locle in der französischen Schweiz zur Ausbildung in einer Pension bei „Jungfer Calame“ gewesen. Vater Zeller hatte zunächst gehofft, er könne Völter dazu bewegen, zu ihm nach Beuggen als Coadjutor zu kommen und so mit dem Schwiegersohn auch den Nachfolger zu gewinnen. Doch da lehnte Völter ab; er glaubte die kaum in Lichtenstern begonnene Arbeit nicht im Stich lassen zu dürfen und fürchtete auch dem großen Werk in Beuggen nicht gewachsen zu sein. Helene Zeller wußte, welche Aufgaben sie in Lichtenstern erwarteten, sie hatte ja lange in Beuggen bei der Kindererziehung sowie bei der Arbeit in Haus und Hof mitgewirkt. Die Ehe wurde in Metzingen, in Völters Vaterstadt, vom Schwager Karl Werner im Mai 1840 eingesegnet. Mit Helene kam ihr 17-jähriger Bruder Nathan nach Lichtenstern zur Ausbildung zu seinem strengen Schwager.

Lichtenstern um 1878, Zeichnung Theodor Schüz

Der neue Inspektor der Armenschullehrer- und Armenkinderanstalt Lichtenstern war der richtige, für diese Aufgabe geschaffene Mann. Er stammte aus einem Schulmeisterhaus, hatte feste pädagogische Grundsätze, die er auf die besondere Lage seiner Schutzbefohlenen anzuwenden verstand, und besaß eine gründliche theologische Bildung. Seine geistige Überlegenheit, seine ruhige Sicherheit, seine charaktervolle Haltung verliehen dem damals 30-jährigen eine starke Autorität. Beim Jahresfest 1839 sagte Völter: „Mein Wille ist es nicht, daß ich hier bin; aber daß es Sein Wille ist, dessen bin ich unerschütterlich gewiß, und das ist mein Trost, mein Schild, meine Zuversicht.“ Die praktische Arbeit erforderte vom Inspektor viel Organisationstalent. An vielen Gebäuden waren umfangreiche Reparaturarbeiten nötig. Um die Landwirtschaft rationeller zu betreiben, wurde zur Anleitung der Zöglinge ein Knecht eingestellt. Ein neuer Stall wurde gebaut. Die Wasserzuleitung vom Wald her war zu erneuern. Die vielerlei Ausgaben führten zu akutem Geldmangel, die Schulden der Anstalt stiegen, teilweise mitverursacht durch Grundstückskäufe, die notwendig waren, um die landwirtschaftliche Basis zu verbessern. Die Kinder, auch die Mädchen mußten sommers, soweit es die Ausbildung erlaubte, in Feld und Garten mitarbeiten. Im Winter wurden sie mit Bürsten- und Besenbinden beschäftigt.

Den Unterricht der Lehrerzöglinge besorgte Völter zusammen mit Hausvater Mayer. Dieser war mit Völters Schwester verheiratet. Alle zwei Jahre wurden zehn Zöglinge aufgenommen. Bei einer vierjährigen Ausbildungszeit gab es also zwei Kurse, die allerdings wegen des Lehrermangels in den meisten Fächern gemeinsam unterrichtet wurden. Anfangs war die Nachfrage nach Absolventen sehr groß. Viele der frisch gebackenen Lehrer gingen an württembergische und Schweizer Anstalten, namentlich auch in deutsche Gemeinden in Südrußland, einige wurden Pastoren in der Neuen Welt. Erstmals 1847 traten Zöglinge in den öffentlichen Dienst, nachdem sie mit Erfolg die staatliche Prüfung abgelegt hatten.

Die Revolutionszeit von 1848 bewirkte eine Rückbesinnung auf die Basis, auf den Sinn der Anstalt Lichtenstern. Ein Zentralkomitee für Lichtenstern und Tempelhof wurde gegründet, das zur kräftigen Unterstützung der Anstalten aufrief. „Die Anstalten sollen nicht nur auf gründliche Bildung zum Lehrerberuf überhaupt, sondern vornehmlich auf eine wahrhaft christlich-evangelische Bildung, auf lebendige Erkenntnis der in der Heiligen Schrift enthaltenen göttlichen Heilswahrheit und auf Erweckung einer lauteren Gottesfurcht und eines demütigen, unsträflichen Wandels vor dem Herrn und vor den Menschen hinarbeiten.“ (Lichtenstern S. 91). Die kräftige Unterstützung durch das Komitee und der Wunsch der Oberschulbehörde führten zu einer gründlichen Reorganisation der Lichtensterner Anstalt, so daß nun die Zöglinge in erster Linie für den öffentlichen Schuldienst vorbereitet wurden. Ein weiterer Lehrer, der schon 1854 verstorbene Hermann Ulrich Eisenlohr aus Ellwangen wurde 1850 bestellt, um die beiden Kurse stets getrennt unterrichten zu können.

### *Pfarrer in Zuffenhausen*

Im Jahr 1850 schied Völter aus der Leitung der Anstalt Lichtenstern aus. Was ihn dazu bewog, das Werk, mit dem er nun fest verwachsen war, aufzugeben, ist unklar. Vermutlich zog es ihn zu einem Pfarramt in der

Gemeinde. Er übernahm im Juli die Pfarrei Zuffenhausen bei Stuttgart. In Lichtenstern steht er neben Karl August Zeller als zweiter Gründer der Anstalt in Erinnerung.

Neben seinen Aufgaben als Lehrer und Leiter der Lehrerbildungs- und Armenkinderanstalten fand Völter Zeit zu literarischen Arbeiten. Während seiner Lichtensterner Zeit verfaßte er mehrere Anleitungen zum Geographieunterricht, eine Schrift über christliche Pädagogik, eine Geschichte der Rettungsanstalten in Württemberg, ein Büchlein über Lichtenstern. Später schrieb er ein Buch über das Heilige Land und das Land der israelitischen Wanderung und im Alter zwei Bände „Pädagogische Früchte". Völters Hauptwerk über Jahrzehnte war die Herausgabe des „Süddeutschen Schulboten", einer Zeitschrift für Volksschullehrer, die er von Jahrgang 6 (1842) bis Jahrgang 35 (1871) redigierte. Mit dieser Zeitschrift hat er seine Leserschaft fast 30 Jahre lang in christlichem Sinn begleitet. Eine Bibliographie der Schriften Ludwig Völters findet man anschließend.

Helene Zeller und Ludwig Völter wurden zehn Kinder geschenkt; vier starben schon im Kindesalter. Die Töchter Berta und Selma sowie der Sohn Ernst blieben unverheiratet; Ernst wurde Apotheker in Esslingen. Die Tochter Helene wurde Pfarrfrau als Gattin von Johannes Roos zunächst in Schöckingen bei Leonberg, dann in Weil im Schönbuch, schließlich in Mötzingen bei Herrenberg. Sophie heiratete mit 31 Jahren den 22 Jahre älteren Christian Zeller aus einem anderen Zweig der großen Zeller-Familie, als dieser zum Rektor des Lehrerinnenseminars in Markgröningen berufen wurde. Christian Zeller hatte kurz zuvor seine erste Frau Käthe Roth verloren, die ihm sechs Kinder zurückgelassen hatte. Der Sohn Eugen Völter erlernte Verwaltungswissenschaften und wurde Kameralverwalter in Freudenstadt und Stuttgart. Er verheiratete sich mit Helene Zeller, einer Tochter seines Schwagers Christian Zeller.

Ludwig Völter hatte 1856 seine treue Helene bei der zehnten Geburt durch einen Geburtshilfefehler verloren. Ludwig Völter schrieb am Tag nach ihrem Tod an seine Schwägerin Sophie Zeller in Beuggen: „Sie ist nicht prunkend gestorben, wie im Leben so hat sie auch im Sterben nichts aus sich gemacht, wie ein Kind ist sie gestorben, wie sie auch im Leben nie über eine gewisse Kindlichkeit hinausging. Aber dem Heiland ist gewiß die liebe Seele teuer gewesen und er hat sie gewiß auch im Tod mit seinen Armen umfangen." (Zeller-Nachr. 6, S. 19). Ein Jahr nach ihrem Tod trat Ludwig Völter in eine zweite Ehe mit Wilhelmine Zeller, Schwester seines Schwiegersohnes Christian Zeller. So wurden mehrfache Familienbande zwischen den Familien Zeller und Völter geknüpft. Das Töchterchen Klara aus dieser Ehe verstarb allerdings schon nach wenigen Monaten.

In seiner religiösen Einstellung muß Ludwig Völter eher nüchtern gewesen sein. In der schwärmerischen pietistischen, manchmal nach außen gerichteten Darstellung religiöser Gefühle, sah er eine Gefahr. Bezeichnend dafür ist ein Brief an seine Töchter Helene und Sophie, die 1860 zur Ausbildung in einem Pensionat in Moutier in der französischen Schweiz weilten. Dort wurde erwartet, daß die Mädchen vor der versammelten Gemeinschaft aus dem Herzen beteten. Vater Völter schrieb: „Ich freue mich, daß der Heiland Eure Herzen zum Gebet erweckt. Aber ich sehe darin auch eine große Versuchung für Euch. Wenn diejenige, welche vorbetet, sich selbst mit Wohlgefallen beten hört, wenn die Eitelkeit sich einmischt, damit man sich vor den anderen als eine rechte Beterin zeige. ... Wollt Ihr beide ... in Eurem Kämmerlein im Verborgenen miteinander beten, dagegen habe ich nichts ..." (Zeller-Nachr. 6, S. 22).

Ludwig Völter konnte seinen Pfarrdienst in Zuffenhausen bis 1880 versehen; er war nun 79 Jahre alt und fast erblindet. Im Ruhestand zog er nach Stuttgart, dort war er seinem Sohn nah, der in Degerloch wohnte. 1888 schloß er für immer die Augen. Seine Frau Wilhelmine überlebte ihn nur um ein Jahr.

*Schriften von Ludwig Völter*

- Geographische Beschreibung von Württemberg, hinsichtlich der Gestalt seiner Oberfläche, seiner Erzeugnisse und Bewohner. Als Grundlage des ersten geographischen Unterrichts sowie zur Selbstbelehrung. Stuttgart 1836.
- Christ. Gottlob Kern, Predigten auf alle Sonn- und Festtage des Kirchenjahres. Nach dem Tode des Verfassers herausgegeben von Wilhelm Hoffmann und Ludwig Völter. Stuttgart 1837.
- Der Unterricht in der Erdkunde. Andeutungen zur Gestaltung desselben auf christlich-wissenschaftlichem Standpunkte. Reutlingen 1839.
- Württemberg, das Land und seine Geschichte. Ein Lese- und Lehrbuch für Volk und Jugend. Stuttgart 1839; 2. Auflage 1847.
- Süddeutscher Schulbote. Eine Zeitschrift für Volks-Schullehrer. Jahrgang 6 (1842) bis Jahrg. 35 (1871) herausgegeben von Ludwig Völter.

- Beiträge zur christlichen Pädagogik und Didaktik. Heilbronn 1845; 2. Auflage Stuttgart 1852.
- Geschichte und Statistik der Rettungs-Anstalten für arme verwahrloste Kinder in Württemberg. Mit Erörterungen und Vorschlägen. Ein Beitrag zur Lösung der Frage des Pauperismus. Stuttgart 1845.
- Lichtenstern. Ein Gedenkbüchlein für die Kinder der dortigen Rettungs-Anstalten und zum Besten der letzteren herausgegeben. Stuttgart 1840; 2. Auflage 1846.
- Die kirchlichen Fragen der Gegenwart. Heilbronn 1847.
- Glas oder Diamant? Evangelisches Zeugniß wider das falsche Zeugniß des Herrn Dr. Alban Stolz. Stuttgart 1851.
- Das heilige Land und das Land der israelitischen Wanderung. Für Bibelfreunde geschildert. Stuttgart 1855; 2. Auflage Stuttgart 1864.
- Was geht uns das Concordat an? Zur Belehrung des evangelischen Volkes im Auftrag eines Vereins von Geistlichen verfaßt. Stuttgart 1860; 2. Auflage 1864.
- Pädagogische Früchte, 2 Bände. Stuttgart 1872.

# Missionspionier und Bischof in Jerusalem — Samuel Gobat und *Marie* Christine Regine Zeller

Familiendaten s. S. 226

Samuel Gobat 1799–1879 Marie C. R. Zeller 1813–1879
Stiche A. Weger

*Samuel Gobats Elternhaus und Jugend*

Samuel Gobat war ein Bauernsohn aus dem Berner Jura, geboren 1799 in Crémines, einem Dörfchen unweit Moutier (Münster), das damals unter französischer Regierung stand, aber seit dem Sturz Napoleons zum Kanton Bern gehört. Alle Vorfahren waren seit Menschengedenken Landleute gewesen [77]. Man hatte im engen Münstertal untereinander geheiratet; so kommt unter den acht Urgroßeltern Samuels der Name Gobat fünf-

[77] s. Ahnenliste Gobat S. 567

mal vor. Samuels Eltern waren fromme Leute. Sie versäumten selten den sonntäglichen Gottesdienst und verbrachten den übrigen Sonntag damit, mit den Kindern die Bibel oder Predigten zu lesen. Sie hielten tägliche Hausandachten und liebten sich zärtlich. Einen Rückhalt in der Gemeinde hatten sie nicht, denn selbst der Pfarrer war ein Trunkenbold. Die Eltern hatten in guten Verhältnissen gelebt, aber durch die Wirren der französischen Revolution den größeren Teil ihres Vermögens verloren, so daß sie unter einer drückenden Schuldenlast litten. 1818 verkauften sie Land zur Begleichung der Schulden, so daß ihnen nur wenig blieb. Das war demütigend für die Familie; doch von da an ruhte Segen auf ihren Unternehmungen; sie konnten ein ruhiges, friedliches und glückliches Leben in einfacheren Verhältnissen führen. Auch geistlicher Segen kehrte in der Familie ein; beide Eltern wurden zu einem erweckten Leben bekehrt. Besonders die Mutter Susanne Gobat wirkte in großem Segen unter ihrer Umgebung, bis sie 1837 aus dieser Welt abgerufen wurde. Der Vater David Gobat, gen. du Moulin, erreichte ein Alter von 82 Jahren und starb 1849. Als einfacher Bauer war er unter der französischen Besatzung zum Standesvertreter für das Département Haut-Rhin gewählt worden.

In früher Jugend, mit vier Jahren, wurde Samuel zum Lesen angehalten. Er bezeugt, mit sieben Jahren das Neue Testament und die geschichtlichen Bücher des Alten genau gekannt zu haben. Er las auch sonst gute Bücher, Predigten, Schriften der Brüdergemeine. Er betete zu Gott, er wolle ihn zu einem Prediger des Evangeliums machen, wie es auch dem Wunsch seiner Eltern entsprach. Als Samuel elf Jahre alt war, erbot sich ein Freund der Familie, die für die weitere Ausbildung nötigen Ausgaben zu bestreiten, da die Eltern dazu nicht in der Lage waren. Samuel aber quälte es inzwischen, in der Bibel so viel Unverständliches zu finden; er zweifelte, ob denn die Bibel wirklich Gottes Wort sei, ob ein persönlicher Gott existiere, ob die Seele tatsächlich unsterblich, ob Christus Gottes Sohn sei. Nun war er nicht mehr bereit, Prediger zu werden, denn er war überzeugt, daß ein Geistlicher fromm und aufopfernd sein müsse.

Vom dritten bis zu seinem fünfzehnten Jahr ging Samuel in die Schule — in den fünf Wintermonaten, im Sommer fiel sie aus. Es wurde nur Lesen, Schreiben, Rechnen und Singen gelehrt, sowie etwas biblische Geschichte und der Katechismus. Der wißbegierige Knabe wurde zuhause dazu angeleitet, Psalmen und ganze Kapitel aus der Bibel auswendig zu lernen. Doch fühlte er sich als Ungläubiger von seinem elften bis zu seinem zwanzigsten Jahr. Im väterlichen Betrieb arbeitete er nur, um seine Eltern nicht zu betrüben, nach außen rechtschaffen, innerlich aber den Eitelkeiten der

Welt zugeneigt; besonders betrieb er das Kartenspiel mit seinesgleichen. Immerhin hegte er gegenüber Neubekehrten in der Familie und anderen frommen Leuten Achtung und Liebe, wenn er auch diesen, soweit es ging, auswich.

Als Kind geriet Samuel mehrmals durch Leichtsinn in ernste Lebensgefahr. Einmal stürzte er von einer lose aufgeschichteten Mauer. Die Hand wurde übel zerquetscht, so daß an zwei Fingern die Knochen bloß lagen. Die Wunden wurden mit Vitriol ausgewaschen und die Hand heilte wieder. Ein anderes Mal stürzte er von meterhohen Felsen, die auf der Spitze eines Hügels waren, rollte den Hügel hinab und prallte gegen einen Baum. Bewußtlos blieb er liegen, trug aber außer Prellungen am Bein keinen bleibenden Schaden davon.

Das einschneidende Erlebnis, das ihm die Gewißheit der Versöhnung mit Gott brachte, widerfuhr Samuel Gobat in der Nacht des 20. Oktober 1818. Ein stundenlanger Kampf tobte in seinem Innern, bis er die Gegenwart Jesu in der Fülle seiner Liebe fühlte. Als seine Mutter am andern Tag gewahr wurde, welche Gnade ihm wiederfahren war, verfiel sie selbst in eine mehrmonatige Schwermut, da sie spürte, daß sie trotz ihrer religiösen Übungen noch nicht bekehrt sei. Indem sie aber einer in quälenden Zweifeln gefangenen Bekannten half, den Weg zum Glauben zu finden, wurde sie selbst zum Gott ihres Heils geführt. Etwas später wurden auch Samuels Bruder und Schwester bekehrt. Bei seinem Vater, einem ruhigen, demütigen Mann, zeigten sich erst in seinem Witwerstand die gesegneten Gaben, die in ihm ruhten. Die ältere Schwester wirkte jahrzehntelang als Krankenpflegerin, und es verging kein Jahr, in dem sie nicht einen Menschen zum Glauben führte.

Als 20-jähriger hatte Samuel seine Landwehrpflicht — 15 Sonntage im Jahr — zu leisten. Da er es mit seinem Gewissen nicht vereinbaren konnte, den Sonntag zu entheiligen, bezahlte er die dafür vorgesehene Strafe, bis seine Mittel erschöpft waren. Er bat darauf den Präfekten, ihn von der Pflicht loszusprechen. Der sah dazu keine Möglichkeit, bezahlte aber für ihn die Strafe. Die Kinder des Präfekten wurden später bekehrt und predigten das Wort Gottes. Um dieselbe Zeit hatte Samuel eine Reihe von Gemeindegliedern durch eine schroffe religiöse Äußerung provoziert und wurde vor die Gemeindeversammlung zitiert. Dort gelang es ihm so gut, sein Anliegen zu erläutern, daß er gebeten wurde, den Unterricht der Schulkinder bis auf weiteres zu übernehmen. Sein Unterricht hatte solchen Zulauf, daß der von der Regierung bestellte Lehrer, der allerdings dem Trunk ergeben war, die Schule aufgeben mußte. Seine Kinder versuchte der junge Lehrer vom mechanischen Auswendiglernen zum Verständnis des Gelernten zu führen. Statt mit Strafen führte er seine Kleinen in der Liebe und konnte sie — ein Novum — ganz ohne Stock mit gelegentlichem Tadel auf den rechten Weg bringen.

Nach seiner Bekehrung erlebte Gobat eine selige Zeit. Tags arbeitete er mit Freude auf dem elterlichen Hof, die halbe Nacht verharrte er im Gebet, da er die Zeit des Schlafens für fast verloren hielt. Doch auch im Traum erschien ihm oft der Heiland. Damals reifte in ihm die Überzeugung, daß er die Sache Christi als Missionar vertreten müsse, er fühlte sich aber dazu unfähig wegen seiner Schüchternheit, seiner mangelhaften Schulbildung, seiner Ungeschicklichkeit. Ohne sein Wissen hatte aber eine befreundete Dame seine Sache in die Hand genommen, und er wurde vom Basler Komitee aufgefordert, zum nächsten Semesterbeginn in die Missionsanstalt einzutreten. Durch Lesen von Predigten und Schriften der Brüdergemeine, von geschichtlichen und geographischen Werken suchte er seine Bildung zu ergänzen. Auch studierte er die französische Grammatik. In seiner Schule gab es zu Ende des Jahres 1819 einen tränenreichen Abschied.

*Vorbereitung zum Missionsdienst*

Im Januar 1820 begann Gobats Ausbildung in Basel. Vor dem Eintritt ins Missionshaus erlernte er bereits in Basel Deutsch, von dem er bisher wenig Ahnung hatte, und Latein. Da noch einige Monate vergingen, bis eine neue Klasse von Zöglingen ins Missionshaus aufgenommen wurde, erlernte Gobat in der Buchdruckerei Felix Schneider die Schriftsetzerei. Das war für ihn später von Nutzen, als ihn die britische Missionsgesellschaft nach Malta schickte, um den Druck der arabischen Bibelübersetzung zu leiten. Schon in den ersten Tagen seines Basler Aufenthaltes lernte Gobat Inspektor Zeller, damals noch in Zofingen, und dessen Familie kennen; das 6-jährige Töchterchen Marie, seine spätere Frau, saß damals auf seinem Schoß. Bereits in der Vorbereitungszeit auf den Missionsdienst war Gobat so von der Heilsbotschaft durchdrungen, daß er während eines Besuches in der Heimat tägliche Erweckungsstunden hielt mit 100 und mehr Teilnehmern, von denen viele dem Herrn treu blieben.

Vom Frühjahr 1821 bis zum Herbst 1823 wurde Gobat im Basler Missionshaus ausgebildet. Die Zeit war mit strenger Arbeit von früh um 5 bzw. 6 bis abends 10 Uhr gefüllt. Da zu viele Fächer unterrichtet wurden, war vielfach der Fortschritt gering. Immerhin lernte Gobat soviel Latein, daß er damit später Arabisch und Äthiopisch lernen konnte. Griechisch und Hebräisch lernte er ausreichend, um die Heilige Schrift in der Ursprache lesen zu können. Auch englische Lesekenntnisse eignete er sich an. Neben den Sprachen wurden die Fächer Exegese der Heiligen Schrift, Dogmatik und Kirchengeschichte gelehrt; Predigt und Katechese wurden in Vorträgen und Aufsätzen geübt. Das Lernen fiel Gobat sehr leicht; daher erinnerte er sich später mehr als an die erlernten Schulfächer an den Kampf in seinem Innern, den er führte, um seiner Charakterschwächen Herr zu werden: seine Schüchternheit und Nervosität in Prüfungen einerseits, aber auch sein Stolz und seine, wie er meinte, oft unpassende Lust zu Scherzreden und Späßen. Mißerfolge nahm er als Demütigungen auf, die ihn auf den rechten Weg führten. Wieder besuchte er in den Ferien die Heimat und hielt Erweckungsstunden. In diesem Kreis fühlte er eine Leichtigkeit der Sprache, die ihm sonst nicht eigen war.

In den Osterferien des Jahres 1823 zog sich Gobat auf dem Rückmarsch von zuhause nach Basel bei Schnee und Regen eine schwere Erkältung zu, die er verschleppte; vermutlich wurde eine Lungenentzündung daraus. Er glaubte zunächst, seinen Zustand seinen Oberen verheimlichen zu können. Als aber im Verlauf des Sommers Ohnmachten dazu kamen, vermutete das Komitee bei ihm die Auszehrung und schickte ihn — zu Fuß, teils zu Pferd — nach Genf, um den damals berühmten Dr. Bütini zu konsultieren. Unterwegs besuchte er in Yverdon die Pestalozzische Schule, fand aber, daß ihr Glanz im Schwinden war: der Pestalozzische Gedanke, der Mensch sei von Natur aus gut und bedürfe nur einer gesunden Entwicklung, habe sich nicht bewährt. Dr. Bütini verordnete Bettruhe, sehr schmerzhafte Blasenpflaster auf Armen und Brust und für 4 Wochen als einzige Nahrung Eselsmilch. Später durfte er täglich ein Hühnerbein und etwas Brot essen. Er lag im Haus des befreundeten Pfarrers Guers [78]. Täglich wurde er von christlichen Freunden besucht, mit denen er lebenslang verbunden blieb. Zur Rekonvaleszenz verbrachte Gobat zwei Monate in Bourdigny in der Nähe von Genf im Haus zweier englischer Damen, Miss Greaves (s. Anm. 2) und Miss Milne. Das Haus war der Treffpunkt christlicher Damen. Gobat verkehrte viel mit Dr. Gaussen [79], dem Pfarrer des benachbarten Satigny. Hier wurde gemeinsam mit einer Reihe christlich engagierter Männer der Römerbrief im Urtext gelesen. Noch nach Jahrzehnten kehrten die Gobats, sooft sie nach Genf kamen, im Haus Gaussen ein.

[78] Emile Guers, 1794–1882, aus Frankreich, 1816 Mitbegründer der Eglise libre du „Bourg-de-Four“ in Genf, 1821 Pfarrer in London.

[79] François-Samuel-Robert-Louis Gaussen von Genf, 1790–1863, 1816 Pfarrer in Satigny, 1831 an der Eglise libre in Genf, 1832 dort Prof. an der Ecole de théologie libre.

In den letzten Wochen war Gobat eine etwas reichlichere Nahrung bewilligt worden, so daß er kräftiger wurde. Von seiner Krankheit behielt Gobat einen Herzfehler. Der Arzt empfahl Mäßigkeit und riet zu mildem Klima. Inzwischen war es Oktober; so entschied sich Gobat, nach Paris zu gehen und dort Arabisch zu lernen, da er erwartete, später als Missionar in ein mohammedanisches Land geschickt zu werden. Er reiste über Basel und blieb ein ganzes Jahr in Paris. Die Tage vergingen eintönig mit Sprachstudien unter der Leitung der Herren Garcin de Tassi [80] und Baron de Sacy [81]. Bald konnte er den Koran fast auswendig und ebensogut verstehen wie die Bibel. Viele Stellen des Koran fesselten ihn durch ihre sprachliche Schönheit und den sittlichen Gehalt einiger erhabener Stellen, anderes, das er für Unsinn hielt, stieß ihn ab.

In seinen Gedanken lebte Gobat während der ganzen Pariser Zeit in der Gnade seines Herrn. Die Zerstreuungen der Großstadt berührten ihn nicht. Nur ganz wenige Gleichgesinnte konnte er finden, darunter den ehemaligen helvetischen Gesandten Stapfer, [82] den Professor Kieffer [83], der die Bibel ins Türkische übersetzte, und den alten Pfarrer Soulier. Gobats Nachbar war der englische Independenten-Geistliche Pfarrer Mark Wilks (s. Anm. 3). Dieser war die treibende Kraft in Paris bei der Gründung von Missions- und anderen Vereinen; durch ihn wurde Gobat veranlaßt, regelmäßig in der Chapelle de l'Oratoire eine Missionsstunde zu halten, zu der gegen Ende von Gobats Pariser Aufenthalt über 300 Leute kamen. Das nächste war eine wöchentliche Bibelstunde am Sonntag, zunächst für eine Höhere Töchterschule, an der aber bald auch Erwachsene teilnahmen. Aus dieser Bibelstunde entwickelte sich nach Jahren die Gemeinde der Chapelle Taitbout. An Mittwochabenden versammelte er um sich, vermittelt durch eine fromme Bekannte, Frauen und Mädchen aus einfachen Kreisen, die nach dem Weg zum Heiland fragten. Im April des Jahres 1824 bemühte sich der Engländer Lewis Way [84], in Paris einen Judenmissionsverein zu

[80] Joseph-Héliodore Garcin de Tassy, 1794–1878, französischer Orientalist, Prof. für Arabisch, Persisch, Hindustani, Direktor der École des langues orientales in Paris.

[81] Isaac Silvestre de Sacy aus Paris, 1758–1838, französischer Orientalist, Begründer des Studiums des Arabischen in Frankreich.

[82] Philipp Albert Stapfer, 1766–1840, helvetischer Minister der Künste und Wissenschaften, Gesandter in Paris, seit 1803 Privatgelehrter in Paris, Unitarier, Förderer der evangelischen Kirche in Frankreich (Lit. ADB).

[83] Jean Daniel Kieffer aus Straßburg, 1767–1833, 1803 Prof. für Türkisch am Collège de France in Paris, Mitglied der Pariser Missionsgesellschaft und der Pariser Bibelgesellschaft; er soll in 1 Jahr 160000 Bibeln verteilt haben.

[84] Lewis Way, 1772–1840, bekannt durch seine kontroversen religiösen Ansichten (Lit. S. A. Allibone, London 1859–1879).

gründen. In diesen wurde auch Gobat hineingezogen und ohne sein Zutun sogar zum Präsidenten gewählt. In dieser Eigenschaft predigte er zusammen mit einem Professor Rostan das Evangelium in Versammlungen mit interessierten Juden, zu denen regelmäßig 30–50 Teilnehmer kamen. Rostan war damals im Begriff, vom römisch-katholischen zum evangelischen Bekenntnis überzutreten.

Obwohl Gobat in seinen Erinnerungen an die Zeit in Paris immer wieder beteuert, wie eingezogen er dort gelebt habe, muß sich sein Ruf als Prediger ausgebreitet haben. Jedenfalls wurde er in den Sommerferien eingeladen, die vielen protestantischen Gemeinden in der Picardie und in Flandern zu besuchen, die ein Pfarrer Colani von Lemé bei St. Quentin aus der katholischen Kirche gesammelt hatte. Pfarrer Colani war krank geworden, und ein Prediger der Wiedertäufer stiftete Unruhe unter den Neubekehrten. Gobat folgte dem Wiedertäufer auf seiner Route und fand überall großen Zulauf, ja die Leute begleiteten ihn von Ort zu Ort, um die knappe Zeit zum Gespräch über persönliche Glaubensfragen zu nutzen. So konnte Gobat sich den Text, den er sich für seine Predigt am folgenden Ort vornahm, oft erst zurechtlegen, wenn das Eingangslied gesungen wurde. Die Nachmittage und Abende waren gefüllt durch Bibelstunden, Gespräche und Andachten in den Privathäusern. Wir können uns ein solch intensives religiöses Leben, verbunden mit großer körperlicher Anstrengung nur vorstellen, wenn uns bewußt ist, wie ausschließlich Gobats Tage und Nächte dem Gebet und der Verkündigung des Wortes Gottes gewidmet waren ohne jede weltliche Zerstreuung. Sein lebendiges Gemüt wandte sich in stundenlangen Gebeten bis in die Träume seinem Herrn zu; zum Erfülltsein mit dem Wort Gottes muß die Fähigkeit getreten sein, die seinem überquellenden Herzen entströmenden Gedanken in einprägsamer Form seinen Hörern nahe zu bringen.

Seine Herzschwäche machte Gobat noch immer zu schaffen. Ein Arzt ließ ihn nach einem Schwindelanfall zur Ader, und Gobat war für Monate von Herzklopfen und Schwindel befreit. In den folgenden zehn Jahren besorgte er das Aderlassen selbst, wenn er die Vorboten des Herzleidens spürte. Eine jahrelange Dysenterieperiode, die er in Abessinien durchmachte, befreite ihn von seinen Herzproblemen. Ende Oktober 1824 verließ Gobat Paris und kehrte nach Basel zurück. Er besuchte seine Eltern in Crémines und lernte auf einer mehrwöchigen Reise durch die Schweiz zahlreiche Freunde der Basler Missionsgesellschaft kennen und warb für den Missionsgedanken.

Die Basler Mission arbeitete zu jener Zeit eng mit der britischen Church Missionary Society zusammen. Diese Gesellschaft war damals mit Geldmitteln reichlich versehen, konnte aber nur eine begrenzte Anzahl von Zöglingen ausbilden, während das Basler Missionshaus genügend Anwärter für einen Missionsposten hatte. Gobat wurde für dieses Austauschprogramm ausersehen. Seine Ordination erfolgte in Kandern in der unierten badischen Landeskirche durch Dekan Hölzel; die englische Gesellschaft akzeptierte damals die Ordination außerhalb der anglikanischen Kirche. Gobats dringender Wunsch war es, in Abessinien, heute Äthiopien, als Missionar eingesetzt zu werden. Dort hat sich eine alte christliche Glaubensrichtung erhalten mit Gebräuchen, die allerdings stark von den Dogmen der abendländischen Kirchen abweichen (Monophysitismus: Gottheit und Menschheit sind in Christus zu einer neuen Einheit verschmolzen). Gobat war zunächst enttäuscht über den Englandaufenthalt, weil er wußte, daß bisher keine Gesellschaft Missionare nach Äthiopien aussandte. Ja, er schlug sogar dem Basler Komitee vor, aus dem Missionsdienst auszutreten und auf eigene Faust dort das Evangelium zu verkünden. Er erhielt in England dennoch die Zusage, nach Äthiopien gehen zu dürfen. Nur war er zunächst für einen Aufenthalt auf Malta vorgesehen.

Im soeben neu gegründeten Church Missionary Society College in Islington im Norden von London war der Inspektor der Rev. N. Pearson, Sekretäre der Gesellschaft waren die Herren Bickersteth und Pratt [85]. Hauptaufgabe Gobats war neben einer Verbesserung seiner Englischkenntnisse die Fortbildung in Hebräisch und Arabisch und das Erlernen des Äthiopischen. Stolz berichtet er, es sei ihm gelungen, die 209 Buchstaben des Alphabeths in zwei Stunden zu lernen, nur habe er dann zwei Tage Kopfweh gehabt. Nach fünf Monaten konnte er als Prüfungsaufgabe schon Bibelteile aus dem Äthiopischen ins Lateinische übersetzen. Nebenher absolvierte er einen Kurs in praktischer Medizin. Der anglikanische Gottesdienst fand wegen seiner Länge nicht seine Zustimmung. Lieber ging er zu Dr. Steinkopf (s. Anm. 6) in die deutsche Kirche, oder zu Bischof Wilson aus Calcutta. Seinen Mitzöglingen erteilte Gobat Unterricht in Griechisch und Exegese des Neuen Testaments. In seinem Innern wurde Gobat seit seiner Englandzeit ruhiger, er war nicht mehr so sehr von religiösen Gefühlsextremen umgetrieben.

### *Missionar in Abessinien*

Ende November 1825 wurde Gobat mit seinen Mitzöglingen entlassen: nach Indien, Neuseeland, Afrika, Nordamerika. Fünf waren für Ägypten und

[85] Josiah Pratt, 1768–1844, anglikanischer Geistlicher evangelikaler Richtung, 1802–1824 Sekretär der Church Missionary Society.

Abessinien bestimmt. Gobat durfte die Abschiedsansprache für die Ausgesandten halten. Die fünf für Ägypten und Äthiopien Bestimmten sollten zuerst nach Malta gehen; Kugler und Kruse [86] reisten auf dem Seeweg, Müller und Lieder durften über Basel reisen, um sich eine Frau zu suchen, obwohl damals das Basler Komitee gegen eine Verheiratung war. Gobat begleitete sie, da er als einziger französisch sprach. Die Reisenden, zu denen inzwischen Frau Müller gehörte, reisten von Basel über Genf nach Marseille. Da keine regelmäßige Diligence von Genf aus verkehrte, wurde ein Kutscher verpflichtet, der die Gesellschaft in zwölf Tagen nach Marseille bringen sollte. In Savoyen wurden ihnen sämtliche Bücher und Traktate abgenommen, in Grenoble die Pässe beanstandet; nach drei Tagen konnten sie weiterreisen. In Marseille verging ein Monat, ohne daß sich ein Schiff nach Malta fand. So wurde beschlossen, ein Schiff nach Messina zu besteigen. Durch ungünstige Windverhältnisse wurde das Schiff tagelang zwischen Korsika und Toulon hin- und hergetrieben. Nach 15 Tagen suchte das Schiff im Hafen von Gaeta, nördlich von Neapel Schutz und wurde unter Quarantäne gestellt. Erst nach 14 Tagen wurde die Weiterreise erlaubt. Weitere drei Tage dauerte die Fahrt nach Messina. Dort lag das Schiff sieben Tage in Quarantäne. Schließlich fand sich nach weiteren sieben Tagen ein offenes maltesisches Boot, das in vier Tagereisen Valetta auf Malta erreichte. Gesamtdauer der Seereise: 49 Tage. Auf Malta war der Verbindungsmann Pastor Jowett, mit dem sich Gobat von Anfang an verbunden fühlte und mit dem er eine lebenslange Freundschaft pflegte. Die anderen Missionare reisten nach Alexandrien weiter. Gobat sollte in Malta bleiben, um mit Pastor Jowett Traktate ins Arabische zu übersetzen. Vier Monate dauerte die Arbeit.

Gobats Weiterreise nach Alexandrien verlief auch nicht ohne Zwischenfälle: im Laderaum brach Feuer aus, so daß eine Panik entstand, weil wegen des Griechenaufstandes Pulver an Bord war. Am 20. August 1826 landete Gobat in Alexandrien und hatte im Sinn, sogleich mit Kugler nach Abessinien weiterzureisen. Die beiden wurden aber drei Jahre in Ägypten festgehalten, denn es gab keine Möglichkeit ins Land zu kommen. Eine Reihe von Forschungsreisenden hatte ohne Erfolg versucht, über den Hafen Massaua am Roten Meer das Land zu betreten. In England hatte man den Missionaren geraten, den Weg über Oberägypten und Nubien (Sudan) zu versuchen. Nach der Ermordung des Ismael Pascha, Sohn des Mohammed Ali, durch Araber war auch dieser Weg für Weiße versperrt.

[86] Wilhelm Kruse aus Elberfeld, 1799–1885, Schuhmacher, 35 Jahre im Dienst der Church Missionary Society, Missionar auf Malta, in Ägypten und Palästina.

Gobat und Kugler reisten nach Kairo. Rasch lernte Gobat die vom Arabischen des Koran abweichende Volkssprache und fing an zu predigen. Nebenher lernten er und Kugler von Girgis, einem armen Mönch, den sie bei sich aufnahmen, Amharisch, die äthiopische Volkssprache. Ihre amharischen Sprachkenntnisse konnten sie anläßlich einer Reise nach Jerusalem im Januar 1827 aufbessern, indem sie unter den dort wohnenden Abessiniern lebten. Die Reise nach Jerusalem, gemeinsam mit Girgis sowie einem Dr. Smith von der amerikanischen Mission und dem Missionar Theodor Müller, ging per Kamel über El Arisch und Gaza nach Jaffa, heute Tel Aviv. Von dort fuhr man in einem kleinen Boot nach Beirut, wo Smith stationiert werden sollte. In Beirut war zu der Zeit für Missionare eine öffentliche Tätigkeit unmöglich, da der maronitische Patriarch andere christliche Bekenntnisse grausam verfolgte. Nur in der Nacht kamen einzelne Ratsuchende. Die nächste Station war Damaskus. Beim Ritt am östlichen Abhang des Libanon begegnete Gobat, der vorausritt, einem Leoparden, der nur 5 m entfernt hinter einem Dorngestrüpp lauerte. Am Abend im Khan war zu hören, daß wenige Tage zuvor an derselben Stelle ein Mann von einem Leoparden getötet worden war. Von Damaskus sahen die Reisenden wenig, da es zwei Wochen lang regnete und die Straßen unpassierbar wurden. Dazu wütete die Pest. Nach Ende des Regens wurde die Reise über die Jakobsbrücke am Jordan, durch biblische Orte nach Jerusalem fortgesetzt, wo die Gesellschaft rechtzeitig zu Ostern eintraf.

In Jerusalem wurden sie im griechischen Kloster St. Michael aufgenommen. Der leitende Mönch Joel wurde später Archimandrit (Vorsteher des Klosters), er zeigte Sympathie für die protestantische Sicht und blieb mit Gobat verbunden, bis dieser als evangelischer Bischof nach Jerusalem kam. Gobat erlebte in der Osterwoche in Jerusalem viel Abstoßendes, er sagte später: „Obwohl ich nun schon 22 Jahre in Jerusalem bin, habe ich jene Gräuel, die in der Grabeskirche ausgeführt werden, nicht wieder mitangesehen, noch je zu sehen gewünscht". (Gobat S. 110). Drei Monate weilten Gobat und Kugler in Jerusalem. Sie versuchten an verschiedenen Orten Juden und Christen zu predigen, hatten aber wenig Erfolg. Niemand wagte auch nur ein Testament anzunehmen aus Furcht vor den Rabbinern und Priestern. Sehr viel Zeit verbrachten sie im Kloster der Abessinier und übten sich in der amharischen Sprache. Die abessinischen Priester hielten es für ein Verdienst, recht schmutzig zu sein, und die beiden Deutschen hatten Mühe, ihren Ekel zu überwinden. Vier Wochen nach ihrer Abreise brach in Jerusalem die Pest aus, und alle 30 Abessinier wurden dahingerafft.

Auf der Rückreise nach Ägypten verließen Gobat und Kugler Jaffa in einem offenen Boot in der Hoffnung, in 2–3 Tagen nach Damiette an der Nilmündung in Ägypten zu kommen. Sie erreichten ihr Ziel nach einer Irrfahrt von 25 Tagen, die sie bis nach Limassol auf Zypern brachte, wo sie sieben Tage in Quarantäne lagen. Zurück in Kairo zog sich Gobat eine eiternde Augenentzündung zu, die ihn fast blind machte; es dauerte Monate, bis er wieder richtig sehen konnte. Von einem Neger lernte er, die Augenentzündung im Frühstadium zu bekämpfen durch Einblasen von Schnupftabak in die Augen, was zu starkem Tränen führt. Während Gobats Aufenthalt in Ägypten war die Seeschlacht von Navarino, in der die Türken von den europäischen Mächten vernichtend geschlagen wurden. Die Nachricht verursachte unter den Europäern in Ägypten großen Schrecken, da sie die Rache der Türken fürchteten.

Schließlich eröffnete sich für Gobat ein unerwarteter Weg, nach Abessinien zu kommen, das seit dem 16. Jahrhundert kaum ein Europäer besucht hatte. Gobat fand in Alexandrien einen Abessinier, krank und heruntergekommen, den er mit seinem Diener bei sich aufnahm. Dieser Mann, ein Distrikthäuptling, war von Saba Gadis, dem Herrscher der Provinz Tigré mit einer Botschaft an den Pascha Mohammed Ali abgesandt, aber nicht empfangen worden, wagte aber nicht unverrichteter Dinge zurückzukehren. Gobat, der mit Boghos Bey, dem Minister Mohammed Alis gelegentlich vertraute Gespräche über Philosophie und Religion führte, konnte die Audienz bewirken. Nun wurden Gobat und sein Gefährte Kugler von Saba Gadis eingeladen, eilends nach Äthiopien zu kommen. Da Kugler, des Wartens in Ägypten müde, nach Europa gereist war, verzögerte sich die Abreise nach Abessinien bis zu Kuglers Rückkehr im Oktober 1829. Inzwischen war Gobat nach Kairo umgesiedelt und hielt dort französischen, englischen und arabischen Gottesdienst, fand aber wenig Resonanz.

Am 23. Oktober setzte sich von Kairo eine Karawane mit 22 Kamelen in Bewegung. Unter Gobats Führung waren dabei Missionar Christian Kugler, der Schreiner Aichinger aus Württemberg und der abessinische Gesandte Ali mit seinem Diener. Die Kamele waren vor allem mit religiöser Literatur in amharischer und äthiopischer Sprache beladen. Der Kamelritt ging nach Suez, von dort nach einer zweiwöchigen Wartezeit mit einem Schiff voll Mekka-Pilgern nach Jidda. Die Seereise dauerte 20 Tage; in der winzigen Kabine hatten nur zwei Personen Platz; zu trinken gab es verfaultes Wasser voller Würmer. Auf der langen Überfahrt von Jidda nach Massaua auf einem arabischen Boot zog sich Gobat einen schweren Durchfall zu, der ihn fast ins Grab brachte. In Massaua bewirkte die Gegenwart des abessinischen Gesandten, daß die Reisegesellschaft vom Gouverneur gut aufgenommen und nicht an der Weiterreise gehindert wurde. Der Herrscher der Provinz Tigré, Saba Gadis schickte sogar 40 Soldaten zur Begleitung in die Residenz Adigrat. In der Ebene reiste man mit Kamelen, dann mit Trägern über das Gebirge. In Behaat, seiner Heimat, wurde der Gesandte Ali von den Verwandten stürmisch begrüßt. Der Empfang in Adigrat durch den Herrscher von Tigré war herzlich und großzügig. Saba Gadis war durch Gewalt an die Macht gekommen; nun aber herrschte er wohltätig und freigebig, gerecht und mild, so daß er in ganz Abessinien beliebt war. Gobat und seine Begleiter hieß er willkommen, da sie versprachen, das Evangelium zu predigen. Zunächst war die Verständigung schwierig, aber Kugler blieb acht Monate dort und lernte rasch die Tigrésprache.

Gobat selbst reiste unter militärischem Schutz weiter ins Landesinnere nach Gondar in der Provinz Bagemder im Amhara-Gebirge. Gondar war der zentrale Sitz des Etschega, des Hauptes der abessinischen christlichen Kirche. Gobat wollte amharische Literatur, vor allem Bibeln verbreiten. In Gondar verstand es Gobat sehr rasch, den Etschega für sich einzunehmen, so daß er dann ungehindert seine Evangelienbücher verteilen und religiöse Gespräche führen konnte; mehrere Monate lang wurde er von Sonnenaufgang bis abends acht Uhr von hunderten von Leuten aus nah und fern besucht. Sein Haus faßte 40–50 Besucher, Zeit zum Essen blieb nicht, denn während er mit einer Besuchergruppe sprach, wartete vor der Tür schon die nächste. Schwierigkeiten machten die Priester: sie wollten nicht, daß die Evangelien in Amharisch gelesen wurden. Sein gutes Verhältnis zum Etschega bewirkte sogar, daß Gobat nach Verlauf einiger Monate von den gelehrten Laien in der Kirche zum Nachfolger des verstorbenen koptischen Bischofs vorgeschlagen wurde. Der Plan wurde nicht realisiert, aber Gobat schlug eine Reformation der koptischen Kirche vor. Dazu machte er eine Reihe ganz konkreter Vorschläge, über die im Kirchenrat abgestimmt wurde, alle mit dem Ziel, Äußerlichkeiten im Ritual zu beschränken und auf die zentrale Mittlerrolle Christi hinzuweisen. Schließlich wurde Gobat für dieses Vorhaben um Hilfe aus England gebeten, z. B. zur Errichtung von Schulen sowie Entsendung von Predigern. Gobat selbst hatte im Sinn, wiederzukommen und diese Arbeit, die er als die tätigste Zeit seines Missionslebens ansah, fortzusetzen.

Zunächst mußte er zurück nach Adigrat. Seine Geldmittel gingen nach sechs Monaten Gondar zur Neige, hatte er doch die zwölf Träger, die mit von Adigrat gekommen waren, zu verköstigen. Doch Kriegszüge verfeindeter Stämme hinderten ihn an der Rückreise. So verschaffte er sich Einnahmen, indem er auf die Jagd ging und auch seine Leute auf die Jagd schickte. Neben seiner missionarischen Tätigkeit behandelte Gobat auch Kranke; berühmt im Land wurden seine Heilungen durch Aderlassen. Auf dem Rückweg verlor Gobat in Adua seinen Freund Kugler, der ihm von Adigrat entgegengekommen war; Kuglers Gewehr war ihm bei einem Schuß explodiert und hatte ihm den Arm zerrissen; er starb an der Verletzung. Die Kriegszüge und Kämpfe der Stammesfürsten arteten in Anarchie aus. Gobat mußte mit ein paar Zöglingen, die er um sich gesammelt hatte, vor den Plünderern nach Behaat fliehen, dann zurück nach Adigrat. Saba Gadis wurde von seinem Feind Ubieh getötet. Schließlich fand Gobat im Kloster Debra Damo Zuflucht, das auf einem unzugänglichen Felsrücken liegt; so brachte er seit Januar 1831 fast zwei Jahre zu. Als die letzten Taler verbraucht waren, grub Gobat mit seinen Schülern in der Wildnis nach Wurzeln, die zur Herstellung von Honigwein verwendet wurden und die sie gegen Korn eintauschen konnten. Am Ende ernährten sie sich allein von Gerste und Wasser.

Nachdem endlich Saba Gadis' Feind Ubieh die Oberhand behielt, und Gobat sich ein Bild machen konnte, ob weitere Missionsbemühungen in dem wilden Land denkbar wären, machte er sich auf den Rückweg nach Alexandrien. Zwei seiner Zöglinge, Hadara und Kidon, nahm er mit sich. Die Rückreise ging wieder über Massaua, dann in glühender Hitze in 21 Tagen im offenen Boot, dicht gedrängt mit abessinischen Pilgern und Negern nach Jidda: Ankunft am 2. 1. 1833. Dort wohnte er wieder bei seinem Freund, dem englischen Konsul Chawadja Yusuf, einem armenischen Kaufmann. Nach vier Monaten konnte er Jidda in einem Dampfschiff Richtung Suez verlassen. Der Ritt von Suez nach Kairo dauerte nur zwei Tage. Die beiden Zöglinge blieben in Kairo bei Missionar Isenberg [87]; Hadara begleitete Gobat auf seiner zweiten Abessinienreise und weiter nach Europa und starb 1838 in Beuggen; Kidon wurde 1841 von Isenberg als Bibelkolporteur ausgesandt. In Kairo verfaßte Gobat einen ausführlichen Bericht seiner Arbeit in Abessinien, der mehrere Auflagen erlebte.

Die Rückreise nach Europa verlief glatt, sie dauerte von Alexandrien 30 Tage bis Triest, dort lag das Schiff 30 Tage in Quarantäne. Über Mailand und den Gotthard ging es in die Schweiz zu den Eltern und zu den Freunden in Basel und England. In England hielt Gobat Missionsstunden und plante vor allem eine zweite Reise nach Abessinien; das Missionskomi-

[87] Carl Wilhelm Isenberg aus Barmen, 1806–1864, Lehrer am Basler Missionshaus, Missionar im Dienst der Church Missionary Society in Abessinien bis 1844, in Bombay bis 1862, gab amharische Grammatik und Lexikon heraus, starb in Korntal.

tee billigte alles. Gobat hatte nach seinem so ereignisreichen dreijährigen Aufenthalt im Land die Überzeugung gewonnen, ein weites Wirkungsfeld für eine umfassende Missionstätigkeit im Sinn seiner Gesellschaft vorbereitet zu haben. Für diese Aufgabe wollte er seine ganze Kraft einsetzen. In den kurzen drei Jahren in Abessinien hatte der fast mittellos reisende, anspruchslose Missionar einen so nachhaltigen Eindruck hinterlassen, daß noch 1930 ein abessinischer Delegierter beim Völkerbund rühmte: „Wir haben gefühlt, daß Samuel Gobat ein Vater unseres Volkes war." (Kober S. 48). Wir können verstehen, daß Gobats Missionstätigkeit nicht die eines drängenden Bekehrers, sondern die eines verständigen und hilfsbereiten Beraters gewesen ist.

Ehe Gobat zu einer zweiten Reise nach Abessinien aufbrach, sehnte er sich, eine Frau zu finden, die es wagen wollte, mit ihm seinen weiteren Lebensweg zu gehen, auch wünschte er sich sehnlich Kinder. In England fand er kein Mädchen, das ihm für seine Aufgaben als Missionar geeignet schien; er fuhr deshalb nach Basel. Von dort war er eingeladen worden, eine Missionsreise durch Württemberg zu machen, das dem Missionsgedanken besonders aufgeschlossen war. In Basel wurde Gobat auf Beuggen und Marie Zeller hingewiesen, die er ja schon als kleines Mädchen kennengelernt hatte. Er fuhr gleich nach Weihnachten 1833 hin. Dort aber erkannte er unter den sechs Zellertöchtern Marie nicht wieder, als er in einer Missionsstunde vor den Anstaltsbewohnern die schweren Aufgaben in Abessinien schilderte. Er wagte auch nicht zu fragen, welche Marie sei, hatte aber eine immer im Auge, die ihm besonders das Herz erwärmte. Kurz vor der Abreise wurde gerade diese ihm als Marie vorgestellt. Sein Freund Felician von Zaremba [88], den er durch Zufall auf der Weiterreise in Waldshut traf, warb für ihn in Beuggen, und schon nach wenigen Tagen hatte er das Jawort seiner Marie.

In den ersten Wochen des Jahres 1834 reiste Gobat durch Württemberg und hielt überall Ansprachen über die Aufgaben der Mission, zuerst in Schulhäusern, später in stets überfüllten Kirchen, er berichtete von mehr als 2000 Zuhörern, die oftmals zusammenkamen. Überall fand er auch willige Gastgeber, die ihm weiterhalfen, so den Antistes Spleiß (s. Anm. 54) in Buch bei Schaffhausen, den Tailfinger Pfarrer Burk [89], den jun-

[88] Felician von Zaremba aus litauischer Adelsfamilie, 1794–1874, wollte ursprünglich Diplomat in russischem Dienst werden, durch die Lektüre von Jung-Stilling bekehrt, 1818 Basler Missionszögling, 1823–1838 führender Missionar im Kaukasus, dann Reiseprediger.

[89] Johann Friedrich Christian Burk, 1800–1880, Pfarrer in Tailfingen 1826, Großbottwar 1835, Leonhardskirche Stuttgart 1849, Echterdingen 1860.

gen Eduard Zeller [90], der ihn nach Herrenberg lotste, den Stuttgarter Stiftsprediger Dann [91]. In Kirchheim wurde er der Herzogin Henriette vorgestellt, die ihn an ihre Töchter, die Königin von Württemberg und die Großherzogin von Baden empfahl. In Stuttgart waren auch die Kinder der Königsfamilie in der Kirche. Im Februar kehrte Gobat nach Beuggen zurück und wollte gleich heiraten. Am 23. Mai konnte das Paar schließlich in Crémines getraut werden.

*Zweite Reise nach Abessinien*

So erfolgreich Gobats erste Missionsreise nach Abessinien war, so viel Mühen, Leiden und Kummer bereitete die zweite, ohne daß Gobat selbst besonders missionarisch tätig werden konnte. Der Reiseweg ging wieder über Genf und Marseille. Nach zwei Wochen wurde ein Schiff gefunden, das in zwei Wochen Alexandrien erreichte. Von Basel aus war Frl. Geerling mitgekommen, die in Kairo mit dem Missionar Isenberg vermählt wurde. Die beiden reisten dann mit den Gobats nach Abessinien. In Kairo wurde das Gepäck zusammengestellt; es bestand vor allem aus Bibeln und religiöser Literatur. In Kairo stießen auch die beiden Abessinier Hadara und Kidon, die von der ersten Reise da geblieben waren, und zwei Deutsche zur Gruppe. Marie Gobat lernte in der Zeit Amharisch. Die Karawane mit 39 Kamelen und zwei Eseln brach Ende Oktober auf nach Suez. Die Seereise ging wieder über Jidda nach Massaua. Doch schon in Jidda begannen Gobats Leiden, die ihn 20 Monate plagten. Zunächst wurde die Ursache bei einem Bandwurm gesucht; dann aber folgten nicht endende Durchfälle mit unaufhörlichem Erbrechen und Erstickungsanfällen. Trotz eines elfwöchigen Zwangsaufenthaltes in Massaua wurde die Fortsetzung der Reise geplant. Unter großen Schwierigkeiten gelangte die Gruppe übers Gebirge nach Adua. Vom Stammesfürsten wurden sie großzügig mit Vorräten versorgt. Doch Gobat lag in Adua neun Monate im Bett; er magerte zum Skelett, er berichtet, er habe Oberarme und Unterschenkel mit der Hand umfassen können. Schließlich bekam er Cholera und Krämpfe. Während der Zeit gebar Marie im August 1835 ihr erstes Kind; Pate war ein Sohn aus der fürstlichen Familie. Obwohl Marie keine fachkundige Hilfe hatte, gedieh das Töchterlein. Frau Isenbergs Kind war am Tag der Geburt gestorben. Eine Besserung in Gobats Zustand trat durch eine Roßkur ein, die ihm

[90] Lit. Zeller § 124, s. Anm. 144.

[91] Christian Adam Dann, 1758–1837, Pfarrer Leonhardskirche Stuttgart 1794, Öschingen bei Tübingen 1818, Mössingen 1819, Stiftsprediger und Dekan in Stuttgart 1824, Kontaktmann zur Herrnhuter Brüdergemeine.

ein alter Mann verordnete: Milch/Butter/Honig/Knoblauch, im Verhältnis 3:3:3:1 mit Gewürzen verkocht, war mit etwas Brot für zehn Tage seine einzige Nahrung. Inzwischen wurde Marie Gobat von der Cholera erfaßt, die in Adua wütete. Auch ihr half eine drastische Behandlung: Ein heißes Eisen wurde ihr auf den Leib gelegt. Es erzeugte eine schwere Brandwunde, führte aber zu heftigem Schweißausbruch; die Krankheit war gebrochen.

Schließlich wurde beschlossen, daß die Gobats Abessinien verlassen sollten, vor allem, da Gobat fürchtete, falls er sterbe, Frau und Tochter Sophie ungeschützt zurücklassen zu müssen. Ein deutscher Arzt, der dort weilte, wollte ohnehin nach Mekka reisen. So begann die Rückreise unter unsäglichen Strapazen, Gobat zunächst auf einer Bahre, später auf einem Maultier in kleinen Etappen. Auf der Seereise war nur verfaultes Wasser zu haben; auch der Reis für das Kind mußte damit gekocht werden. Zwischenfälle gab es durch einen Mastbruch im Sturm und durch Aufsitzen des Bootes in Felsklippen. Die Seefahrt endete diesmal schon in Qusir, einem kleinen Hafen in der Höhe von Luxor. Auf dem Wüstenritt nach Quena am Nil erkrankte das Töchterchen Sophie an Hirnhautentzündung. Die Kameltreiber hatten das ganze Wasser verbraucht; die Zisternen unterwegs waren leer. Alle litten tagelang entsetzlichen Durst. Marie war im achten Monat schwanger. Auf der achttägigen Nilfahrt hinunter nach Kairo blieb Sophie bewußtlos; kurz vor der Ankunft starb sie am 19. November, sie wurde auf dem koptischen Friedhof bestattet.

In Kairo lebten alle auf, sie wohnten beim Freund Rev. Theodor Müller. Gobat wurde gesund, seine Frau gebar am Sylvesterabend 1837 den Sohn Benoni (Sohn meines Kummers). Für die Seereise nach Malta benutzten sie die „Blaze", das erste Dampfschiff, das Alexandrien anlief.

### *Neue Aufgaben in der Schweiz, in Syrien, in Italien, auf Malta*

Ungeachtet der tagelangen Quarantäne in den Häfen verlief die Rückreise über Malta und Marseille in die Schweiz ohne Komplikationen. Die Eltern in Crémines und Beuggen waren selig, die Totgeglaubten zu begrüßen. Durch einen Aufenthalt in Bad Kreuznach wurden die Folgen der jahrelangen Dysenterie gemildert. Es folgten Monate der Erholung in Beuggen. Im Frühjahr 1838 lud das britische Missionskomitee Familie Gobat nach England ein, um auch englische Ärzte zu konsultieren. Doch blieb noch jahrelang eine körperliche Schwäche, die nicht an einen erneuten Missionsdienst im Ausland denken ließ. Es bedrückte natürlich Gobat sehr, sich so nutzlos zu fühlen. Den Winter 1838–1839 verbrachte man wieder in Beuggen, hier wurde die Tochter Hanna geboren. Gobat predigte gelegentlich und verfaßte eine Grammatik des vulgär-arabischen Dialekts mit einer Anleitung zur Konversation. Auch 1839 verbrachte die Familie einige Monate in Bad Kreuznach. Die Kräfte kehrten soweit zurück, daß Gobat mit seiner Familie nach Malta reisen konnte. Dort übernahm er die Bearbeitung einer arabischen Bibel. Da Schlienz (s. Anm. 99), der Leiter der Übersetzungsanstalt und der Druckerei der Missionsgesellschaft bald nach Gobats Ankunft erkrankte, übernahm Gobat zusätzlich dessen Aufgaben.

In Malta litt Marie Gobat an schweren Blutungen. Dennoch brachte sie Anfang November 1840 das Söhnchen Paul gesund zur Welt; es war aber sehr zart und wurde schon nach einem Jahr in die Ewigkeit abgerufen. Im darauffolgenden Jahr wurde Gobat von seiner Gesellschaft aufgefordert, die Drusen im Libanon im Süden Syriens zu besuchen. Er sollte klären, ob es nach der Vertreibung der Ägypter unter dem Khediven Ibrahim Pascha und der Rückgabe Syriens an die Türken im Jahr 1840 möglich wäre, christliche Mission zu betreiben, oder doch wenigstens Schulen einzurichten. Die Drusen sind ein abgesonderter arabischer Stamm, deren Religion sich vom Islam ableitet mit gnostischen Elementen; sie galten als wild und unberechenbar. Die Reise begann in Beirut. Bei einem Abstecher nach Damaskus knüpfte Gobat Kontakte zum griechisch-orthodoxen Patriarchen, der anscheinend Verbindung zur anglikanischen Kirche suchte. Gobat merkte aber, daß dieser Wunsch politische Gründe hatte und nicht religiöser Aufgeschlossenheit entsprang, und verfolgte das Angebot nicht weiter. Bei den Drusen reiste Gobat von Ort zu Ort, sprach in Familien und Versammlungen mit vielen einflußreichen Männern. Die Drusen erwarteten zu der Zeit, daß England sich für ihre Belange einsetzen werde, und begegneten Gobat freundlich; für religiöse Fragen waren sie unempfänglich, dagegen erwachte ihr Interesse für die Gründung von Schulen. Sie stimmten aber der Einrichtung von Schulen erst zu, als Gobat versicherte, zwar werde natürlich die christliche Botschaft gelehrt, keiner werde aber dort gezwungen, Christ zu werden. Schließlich baten die Drusen sogar um Bibeln, um darin zu lesen. Die Errichtung von Schulen unterblieb aber dann doch, da die Missionsgesellschaft dazu finanziell nicht mehr in der Lage war.

Zurück in Malta, erlebte die Familie Gobat den Tod des Söhnchens Paul. Doch im folgenden Jahr 1842 konnte man die Tochter Dora begrüßen. Inzwischen war wegen der schlechten Kassenlage der Gesellschaft beschlossen worden, die Druckerei auf Malta ganz aufzugeben; arabische Bibeln konnten ohnehin nur in Alexandrien verteilt werden. So kehrte die Familie Gobat, nachdem die Auflösung der Druckerei abgewickelt war, im Mai 1843 in die Schweiz zurück. Gobat nutzte den Sommer zu einer Kaltwasserkur

Das alte Missionshaus in Basel, das Gobat-Grab in Jerusalem und die Missionsanstalt St. Julian auf Malta

in Albisbrunn, die ihn aber nicht ganz von seiner Neigung zu Dysenterie heilte. Die Familie zog dann für zwei Jahre nach Wiedlisbach bei Solothurn am Fuß des Weißenstein. Soweit es seine Gesundheit erlaubte, bereiste Gobat von da aus die ganze Schweiz, rief Missionsversammlungen ins Leben und hielt Missions- und Bibelstunden. Trotz seiner gesegneten Tätigkeit in der Schweiz war Gobat unglücklich, wegen seiner geschwächten Gesundheit sich nicht für ein ausländisches Missionsfeld melden zu können. Er fürchtete, auch den regelmäßigen Anforderungen eines Pfarramtes nicht gewachsen zu sein. Andererseits wollte er seinem Grundsatz treu bleiben, nie von sich aus eine Veränderung seiner Lebenslage zu betreiben.

Von Malta aus hatte Gobat schon seiner Muttergesellschaft in England dargelegt, daß es zweckmäßig sei, auf der Insel eine höhere protestantische Erziehungsanstalt zu errichten. 1845 nahmen seine Freunde in England den Gedanken auf, um den im Mittelmeerraum lebenden Protestanten Ausbildungsmöglichkeiten zu bieten. Gobat wurde nun gebeten, die Leitung der neuen Schule zu übernehmen. Man rechnete, daß auch aus arabisch sprechenden Ländern Studenten in das neue Institut eintreten würden. Gobats gute Kenntnisse der orientalischen Sprachen ließen ihn auch aus diesem Grund für das Amt des Schulleiters geeignet erscheinen. Für ihn war die Aufgabe sehr verlockend; er sah darin einen Ruf des Herrn. Schon Jahre zuvor war Gobat gedrängt worden, sich von einem anglikanischen Bischof ordinieren zu lassen; für die neue Stellung war dies unerläßlich. So reiste Gobat trotz einer Reihe theologischer und kirchlicher Bedenken zur Ordination nach England.

Die Familie verließ die Schweiz noch im Herbst 1845 Richtung Malta. Gobat mußte dann nach der Ankunft die Einrichtung der Schule und einer Wohnung seiner Frau und dem Verwalter überlassen. Er selbst war beauftragt, in Italien für das neue Institut zu werben. Er suchte Protestanten von Rom bis Sizilien auf. Natürlich hielt er auch hier, wo er konnte, religiöse Versammlungen. Am 3. 2. 1846 konnte die neue Schule auf Malta mit 12 Schülern eröffnet werden. Die Studenten lebten in Hausgemeinschaft mit der Familie Gobat. Die Gobats fühlten sich glücklich, endlich eine fest umrissene Aufgabe gefunden zu haben.

### *Evangelischer Bischof zu St. Jacques in Jerusalem*

Die Freude an der Tätigkeit als Lehrer währte nur kurz. Schon wenige Wochen nach Eröffnung der Schule auf Malta wurde Gobat zu neuen Aufgaben berufen. Auf Betreiben von Chn. K. J. von Bunsen (s. Anm. 60), damals Preußischer Gesandter in London, der mit Gobat gut bekannt war, und von Spittler (s. Anm. 7) in Basel berief König Friedrich Wilhelm IV. von Preußen in Abstimmung mit der britischen Regierung Gobat 1846 zum evangelischen Bischof in Jerusalem.

Das anglikanisch-deutsche Bistum St. Jakob in Jerusalem war auf Initiative Bunsens durch eine Übereinkunft der britischen und preußischen Regierung erst 1841 gestiftet worden. Das Ziel war, die protestantischen Aktivitäten der Seelsorge, der Judenmission und christlichen Liebestätigkeit zu koordinieren und unter eine gemeinsame Leitung unter dem Schutz Preußens und Englands zu stellen. Die europäischen Mächte hatten 1840 die Rückgabe Palästinas an die Türkei erzwungen und erwarteten von türkischer Seite Toleranz in Religionsdingen. Bis dahin hatten die armenische, griechische und lateinische Kirche von alters her gesicherte Rechte, evangelische Missionare waren aber nur vereinzelt in Palästina gewesen. Im neu gegründeten Bistum sollte der anglikanische Ritus gelten. Sein Geltungsbereich sollte sich über das restliche Syrien, den heutigen Irak, Kleinasien, Ägypten und Abessinien erstrecken. Der Bischof sollte abwechselnd von England und Preußen ernannt und vom Erzbischof von Canterbury geweiht werden und damit anglikanischer Bischof sein. Der erste, von England ernannte Bischof war Dr. Michael Salomon Alexander, ein jüdischer Konvertit aus Posen, Professor am Kings College in London, der allerdings schon nach dreijähriger Amtszeit Ende 1845 starb.

Gobat erschien besonders für das Bischofsamt in Jerusalem prädestiniert. Er war aufgewachsen im französischen Kulturkreis, durch seine Ausbildung und durch seine missionarische Tätigkeit in Deutschland und der Schweiz sowie durch seine Familie dem deutschen Sprachgebiet verbunden und war durch eine englische Missionsgesellschaft ausgesandt worden. Er war mit den religiösen Verhältnissen des Vorderen Orients vertraut, war sprachengewandt und war vor allem in religiös-dogmatischen Dingen und in äußeren Formen des Ritus tolerant, wenn nur die im Neuen Testament gelehrten Glaubensgrundsätze nicht angetastet wurden. Gobats missionarischer Eifer versprach, daß sein Wirken sich auf diesem exponierten Posten nicht in Verwaltungsdingen erschöpfen würde.

Während Marie Gobat ihrer siebten Niederkunft entgegensah — im Mai wurde der Sohn Timotheus geboren — reiste Gobat wieder nach London. Im Lambeth Palace wurde er durch Erzbischof Howley zum Bischof geweiht, unter Assistenz seines alten Freundes, des Bischofs Wilson von Calcutta. Anschließend weilte er auf Einladung König Friedrich Wilhelms IV. einige Tage in Berlin. Hier fand Gobat Gelegenheit, anläßlich der gleichzeitig stattfindenden Synode, die zur Einführung einer bischöflichen Verfassung in der preußischen Kirche einberufen war, viele wertvolle Bekanntschaften zu machen. Bei seiner Rückkehr nach Malta hatte Marie Gobat schon alle notwendigen Anschaffungen für die Übersiedlung nach Jerusalem besorgt. Doch die Abreise verzögerte sich, da kein Schiff zu finden war, das die unsichere Küste Syriens in der späten Jahreszeit anlaufen würde. Schließlich stellte die britische Regierung auf Drängen Bunsens das Dampfschiff Hekla bereit. Nach einer stürmischen Überfahrt im Dezember 1846 gestaltete sich auf der Reede von Jaffa bei meterhohen Wellen das Übersetzen auf ein Landungsfahrzeug besonders schwierig. Der sechs Monate alte Timotheus stürzte bei der Übergabe mehrere Meter tief, wurde aber von der im Landungsboot stehenden Mutter mit ihren ausgebreiteten Kleidern aufgefangen. Am Weihnachtsabend war die ganze Familie glücklich an Land, auch alle Sachen waren vom Schiff herübergebracht. Nach dreitägigem Ritt erreichte die Familie am 30. Dezember Jerusalem, herzlich begrüßt von der kleinen evangelischen Gemeinde. Der preußische und englische Gesandte waren in Uniform Gobat entgegen geritten.

Bischof Gobats Wohnung in Jerusalem, daneben die Christus-Kirche, gegenüber der Davidsturm

Gobat lag die ersten Wochen in Jerusalem fieberkrank. Er rühmt aber, daß er, der jahrelang so schwere Krankheiten durchzustehen hatte, von da an sich guter Gesundheit erfreuen konnte. Als Gobat nach Jerusalem kam, war schon mit einem Kirchenbau begonnen (Christuskirche), doch war der Weiterbau von den Türken blockiert. 1849 konnte die Kirche endlich eingeweiht werden. Die Gemeinde zählte 40–50 Glieder. Als anglikanische Kirche stand sie von Anfang an in brüderlichem Einvernehmen auch den Lutheranern offen. Eine kleine christliche Lehranstalt für Juden bestand schon. Hilfsbedürftige fanden in einem Industriehaus Arbeit. Die kleinen Anfänge in Jerusalem standen in krassem Gegensatz zu dem geographisch riesigen Arbeitsgebiet des neuen Bischofs.

Seine Aufgabe in Jerusalem sah Gobat nicht nur in der Judenmission, er wandte sich auch an Glieder aller anderer Glaubensrichtungen, die in Palästina vertreten waren. Er suchte überall nach Wegen, ein offenes Ohr für die Botschaft vom christlichen Reich Gottes zu finden. Dazu fand er im Verlauf seiner 33-jährigen Wirksamkeit in Jerusalem vielfältige Gelegenheiten. Der Judenmission diente das Jüdische Hospital, das bald nach Gobats Ankunft bei der Cholera-Epidemie 1847 seine Arbeit aufnahm. Auf dem Berg Zion wurde eine christliche Schule gegründet in der bald 30 Schüler unterrichtet wurden. Mit St. Chrischona-Brüdern, die für die Apostelmission in Äthiopien bestimmt waren, kam Johann Ludwig Schneller [92] nach Jerusalem. Dieser erwarb in der Felswüste nördlich der Altstadt ein Anwesen, das nach den Massakern der Drusen unter den maronitischen Christen des Libanon 1860 zur Aufnahme libanesischer Waisen diente. Mit diesem „Syrischen Waisenhaus" entstand das größte evangelische Liebeswerk im Orient. Mit Kaiserswerther Schwestern konnte 1851 das Diakonissenhospital in Jerusalem eingeweiht werden. Fliedner [93] selbst war mit vier Diakonissen nach Jerusalem gekommen. Kaiserswerther Diakonissen betrieben auch die vom Chrischona-Bruder Baurat Konrad Schick [94] erbaute Thalita-Kumi-Schule. Erster Seelsorger einer deutschen Gemeinde in Jerusalem wurde 1852 Pastor Peter Friedrich Valentiner, der wegen seiner deutschfreundlichen Gesinnung sein Amt in Tönning in Schleswig verloren hatte. Parallel zur deutschen Gemeinde entwickelte sich eine Gemeinde von bekehrten Arabern.

Gleich nach seiner Ankunft suchte Gobat sein Wirken auch außerhalb

---

[92] Joh. Ludw. Schneller von Erpfingen in Württemberg, 1820–1896, 1847 Lehrer auf St. Chrischona, 1854 Leiter der Pilgermissionsstation in Jerusalem, 1860 Gründung des Syrischen Waisenhauses.

[93] Theodor Fliedner aus Eppstein im Taunus, 1800–1864, 1822–1849 Pfarrer in Kaiserswerth, „Erneuerer des apostolischen Diakonissenamtes".

[94] Konrad Schick, Schlosser und Mechaniker, 1846 von St. Chrischona nach Jerusalem ausgesandt, geschickter Bautechniker, erhielt den Titel Baurat verliehen.

Jerusalems auszudehnen. Als Anfang für eine Missionstätigkeit sah er stets die Verteilung von Bibeln an. Dem stand im Weg, daß so wenige Leute lesen konnten, zudem schritt gerade dagegen die römisch-katholische Kirche energisch ein. Doch konnte schon 1847 ein Bibelvorleser im griechisch-orthodoxen Nablus etabliert werden; 1848 gelang es, trotz heftiger Widerstände von orthodoxer Seite dort eine Schule zu eröffnen. Bibelleser, die auch eine einfache Auslegung der Schrift darbieten konnten, wurden in Jerusalem in der Schule und im Waisenhaus ausgebildet. Die Bibelleser sollten das Evangelium verkünden, doch niemals christliche Zuhörer ihren angestammten Kirchen entfremden, sollten sich überhaupt nicht in dogmatisch-kirchliche Dinge mischen. Gobats besondere Aufmerksamkeit galt dem Schulwesen; er konnte 1871, als er 25 Jahre Bischof in Jerusalem war, berichten, daß in Palästina inzwischen 25 protestantische Schulen mit 900 bis 1000 Schülern bestanden. Nicht alle Schüler wurden zu aktiven Christen, doch gingen aus den Schulen zahlreiche christliche Lehrer und Katecheten hervor, die in Syrien, Palästina und Ägypten eine Wirkungstätte fanden. Neben den Schulen entstanden Krankenhäuser in Jaffa, Bethlehem, Nablus und Nazareth. Auch sie wurden naturgemäß Mittelpunkte der evangelischen Verkündigung.

Gobats ursprüngliches Streben war es, durch seine auf das Evangelium gegründete Missionstätigkeit eine Erneuerung der bestehenden Kirchen von innen zu bewirken. Dem widersetzten sich die Amtsträger der orthodoxen und römischen Kirche. So kam es, daß sich zahlreiche neu gegründete Gemeinden von ihren bisherigen Kirchen absonderten und sich an die unter dem Schutz Englands und Preußens stehende, von Gobat vertretene Kirche anschlossen. Auch die hochkirchliche Richtung der Anglikaner, die sich im Gegensatz zur evangelikalen Richtung sah, betrachtete Gobats Wirken in dieser Hinsicht mit Mißtrauen.

Unterdessen hatte Gobat sein Interesse an der Abessinien-Mission nicht aufgegeben. Mit Spittler in Basel wurde vereinbart, daß sechs Chrischona-Brüder in Jerusalem auf die besonderen Verhältnisse in Abessinien vorbereitet werden sollten. Sie kamen unter Schnellers Führung 1854 nach Jerusalem. Als erster wurde Martin Flad [95], der einzige als Geistlicher ordinierte unter den sechs Chrischona-Brüdern, zusammen mit dem Mis-

[95] Johann Martin Flad aus Württemberg, 1831–1915, Sattler, St. Chrischona-Zögling, langjähriger Missionar in Abessinien, besonders unter den Falaschas (Juden am Tanasee).

sionar Johann Ludwig Krapf [96] nach Abessinien abgesandt. Wieder war der Auftrag, keine eigenen Gemeinden zu gründen, sondern zu versuchen, die bestehenden Kirchen im evangelischen Sinn neu zu beleben. Der damalige abessinische König Theodoros II. [97] war dem Christentum günstig gesinnt. Er begrüßte vor allem, daß die Chrischona-Brüder, die ins Land kamen, handwerklich ausgebildet waren.

Der russisch-türkische Krim-Krieg 1853–1856 hatte unerwartete Auswirkungen auf Gobats Arbeitsfeld. Die Türkei wurde verpflichtet, freie Religionsausübung zu gestatten. Die europäischen Mächte sollten sich andererseits nicht in innertürkische Angelegenheiten mischen. Das nützten die Muslime im türkischen Bereich zu Verfolgungen von Christen. Gobats Schulen wurden teilweise geplündert. Im Sommer 1860 wurden 30 000 syrische Christen niedergemetzelt. Da nun schritten England und Frankreich ein und verhinderten, daß sich das Blutbad auch auf Palästina und Jerusalem ausdehnte. Hinterbliebene der Christenverfolgung fanden in Schnellers Waisenhaus in Jerusalem Aufnahme.

Auch in anderen weit entfernten Ländern von Gobats riesigem Sprengel gelang es eifrigen Missionaren, protestantische Gemeinden zu bilden. Der später ordinierte Bibelleser Carabet betreute in Diarbekir im Quellgebiet des Tigris eine Gemeinde von Erweckten. Auf exponiertem Posten stand in Aintub in Cilicien, im Norden Syriens, der armenische Erzbischof Megherditsch, der dort die evangelische Lehre verkündete. Einer von Gobats Evangelisten war in Salt in Transjordanien tätig; die Arbeit führte ein bekehrter griechischer Priester fort, bis Gobats Schwiegersohn Wolters die Station übernahm. Auch in Ägypten, wohin zahlreiche Chrischona-Brüder auf Gobats Veranlassung hin ausgesandt worden waren, blühten Gemeinden, die später von amerikanischen Missionaren übernommen wurden. Sie konnten dabei die von Gobat früher auf Malta übersetzten und gedruckten Bibeln in Segen nutzen.

Über Gobats Persönlichkeit urteilte der preußische Konsul Dr. G. Rosen in Jerusalem, der mit Gobat lange Jahre verbunden war: Ein makelloser Mann, gläubiger Christ, väterlicher Freund der Armen, durchaus wahr, nicht eitel. „Er war eine kühle, reflektierende Natur, die bei unermüdlich

[96] Johann Ludwig Krapf, 1810–1881, im Dienst der Church Missionary Society Missionar in Abessinien, Ost- und Zentralafrika, plante eine Kette von Missionsstationen bis Gabun in Westafrika, Dr. phil. Tübingen.

[97] Theodoros II., eigtl. Ras Kasa, 1820–1868, Kaiser (Negus Negesti) von Abessinien seit 1855, bedeutender Reformer, antieuropäische Maßnahmen; Selbstmord bei der Erstürmung seiner Festung Magdala durch die Engländer.

tätiger Pflichttreue sich weder für Personen noch für Unternehmungen jemals sonderlich zu erwärmen schien. Er ließ sich nie vom Augenblick, auch nicht dem Augenblick des Erfolgs hinreißen; vielmehr arbeitete er immer methodisch nach gewissenhaft erwogenen Grundsätzen". (Gobat S. 281). Dabei war er theologisch kenntnisreich, sprachbegabt, für seine Stellung in englischen Augen wohl zu einfach. „Gobat war vielen Leuten in Jerusalem unbequem" — aber viel Feind, viel Ehr! Er beklagte in seiner Friedfertigkeit die Mißstimmung seiner Umgebung, fand sie jedoch in der Sache liegend. Auch bei schärfstem sachlichem Gegensatz hütete er sich vor Übertragung desselben auf die Personen; auch gegen die feindseligen orientalischen Bischöfe hegte er das aufrichtigste persönliche Wohlwollen.

Gobat konnte sich trotz seiner durch seine Abessinienreisen geschwächten Gesundheit bis ins hohe Alter eine ungebrochene Schaffenskraft erhalten. Er war schon 79 Jahre alt, als er auf seiner letzten Europareise bei einem Besuch in Kasteln bei seinem Schwager Witzemann einen Schlaganfall erlitt. Es gelang ihm noch, nach Jerusalem zurückzukehren. Doch wenige Monate danach, am Morgen des Sonntags Cantate, dem 11. Mai 1879, ging er sanft und selig heim. Sein Grab auf dem von ihm gestifteten Zions-Friedhof ziert ein Relief seines eindrucksvollen Kopfes und ist noch heute gut erhalten.

*Marie Gobat-Zeller*

Neben der weitreichenden Wirksamkeit Samuel Gobats stand das Leben seiner Frau Marie vielfach im Schatten. Doch verstehen wir, daß ohne ihre Treue, ihre Hingabe an die gemeinsam empfundene Missionsaufgabe, ohne das selbstverständliche Ertragen von Mühsalen und Entbehrungen, das Leben dieses Paares nicht hätte einen so gesegneten Weg nehmen können. Die Tochter Dora Rappard-Gobat hat ein liebevolles Bild vom Leben ihrer Mutter gezeichnet. Sie schrieb. „Unsere Mutter war so ganz eins mit dem lieben Vater, daß sein Lebensbild unvollkommen wäre, ohne das ihrige. Mit der ganzen Treue ihres Herzens hing sie an dem Manne, dem sie vom Herrn zur Gehilfin gegeben worden war; seine Arbeit war auch die ihrige. Sie tat nichts ohne seinen Rat. Sie konnte aber dabei auch in Lauterkeit und Geradheit fest auftreten, wo sie es für nötig fand. Der Vater hingegen schenkte ihr sein vollstes, liebendes Vetrauen, sorgte für sie mit einer väterlichen Zartheit, und wir Kinder hatten das Glück, an unseren Eltern das Bild einer wahrhaft gesegneten Ehe zu sehen." (Gobat S. 530).

Marie Zeller wuchs in der spartanischen Einfachheit aber auch der herzlichen Liebe der Anstalt Beuggen im großen Geschwisterkreis zusammen mit den Anstaltszöglingen heran. Sie hatte schon im Alter von neun Jahren ein besonderes Heilserlebnis. Mit 17 verbrachte sie zusammen mit ihrer älteren Schwester Helene einige Zeit in der französischen Schweiz in einem Internat. Nach der Rückkehr nach Beuggen arbeitete sie im Anstaltsbetrieb als verständige und fröhliche Gehilfin ihrer Mutter. 1833 im Alter von 20 Jahren wurde sie Samuel Gobats Braut. Wenn wir ihren äußeren Lebensweg betrachten, nach Abessinien, auf verschiedenen Stationen in Europa, auf Malta und schließlich als Frau des evangelischen Bischofs in Jerusalem, können wir der Lebensgeschichte ihres Mannes folgen. Für die ganze Familie war der Amtsantritt in Jerusalem eine einschneidende Umstellung. Die äußeren Entbehrungen wurden weniger in dem Maß, wie die Bequemlichkeiten des zivilisierten Lebens Eingang fanden. Doch gab es genug andere Schwierigkeiten durch die Anfeindungen, denen Bischof Gobat ausgesetzt war. In ihrer geraden Aufrichtigkeit, die allgemein bekannt war, konnte Marie Gobat manchmal sehr verletzend wirken. Sie vermochte nicht eine freundliche Miene aufzusetzen, wenn sie etwas gegen jemand auf dem Herzen hatte. Sie hielt es weniger mit der Klugheit der Schlange, als vielmehr mit der Einfalt der Taube; doch immer blickte durch das abweisend Wirkende das treue, aufrichtige Herz durch, so daß jeder verstand: Sie meint es gut mit uns. In den 33 Jahren ihres Wirkens in Jerusalem war es selbstverständlich, daß man in allen Verlegenheiten zur „Frau Bischof" ging, um Rat und Hilfe zu suchen. Besonders die Glieder der arabisch-protestantischen Gemeinde fanden den Weg zu ihr; sie wußte Streit zwischen Ehegatten zu schlichten, Herrschaften mit Dienstboten auszusöhnen. Für Arme und Notleidende setzte sie sich ein. Manche, die sich scheuten zum Bischof zu gehen, fanden in ihr eine weise und liebevolle Vermittlerin.

Im häuslichen Kreis war Marie Gobat bekannt für ihre Gabe als lebendige Erzählerin; auch besaß sie eine gute Singstimme. Sentimental war sie nicht, es fiel ihr nicht leicht, ihre Gefühle auszusprechen. Ganz besonders gerühmt wurde immer wieder ihre herzliche, großzügige Gastfreundschaft. So lud sie Palästina-Reisende, die im Gasthof keinen Platz fanden und denen man ein Zelt nicht zumuten wollte, einfach zu sich ein. Kranke Gäste pflegte sie oft wochenlang im Haus wie eine Mutter.

Nach dem Tod des Gatten, den sie noch auf seiner letzten Europareise liebevoll umsorgte, wurde sie einsam und tiefgebeugt. Sie fühlte das Verlassensein und eine große Leere. Dazu kam körperliches Unwohlsein, so daß sie großes Heimweh nach ihrem lieben Mann empfand. Schwäche- und Fieberzustände stellten sich ein. Die Kinder Hanna und Samuel waren bei ihr, als sie drei Monate nach ihrem Mann am 1. August 1879 verschied.

### *Weiteres Schicksal der Familie Gobat und des Bistums Jerusalem*

Nicht nur im Missionsberuf konnten Samuel und Marie Gobat auf ein erfülltes Leben blicken, sie durften es auch erleben, daß eine große Familie heranwuchs, die sich im Laufe von hundert Jahren in viele Erdteile ausbreitete.

Der Sohn Benoni wurde Pastor der anglikanischen Kirche. Unter seinen Nachkommen sind Geistliche, Lehrer und Ärzte in England.

Die Tochter Hanna wurde die Frau des Missionars Johannes Zeller in Nazareth, später Jerusalem; Johannes stammte aus einem anderen Zweig der großen Zeller-Familie. L. Reichle (Zeller SV 7) beschrieb anschaulich Leben und Wirken von Johannes Zeller und seiner Familie in Nazareth und Jerusalem. Unter seiner Initiative wurde 1868–1871 dort die protestantische Kirche erbaut. Künstler, Lehrer, Beamte, Ärzte in England, Deutschland, Neuseeland und Südostasien sind unter den Nachfahren von Hanna und Johannes Zeller. Die Enkelin Joy Masterman aus diesem Stamm wurde die Frau eines Nachfolgers von Bischof Gobat: Angus Campbell MacInnes war 1957–1968 anglikanischer Erzbischof in Jerusalem.

Die Gobat-Tochter Dora, die sich mit Henri Rappard, dem langjährigen Leiter der Ausbildungsstätte der Pilgermission in St. Chrischona bei Basel verheiratete, ist in der Literatur als „Die Mutter von St. Chrischona“ bekannt. Unter ihren Kindern und Kindeskindern sind eine Reihe von Vertretern der inneren und äußeren Mission und anderer theologischer und sozialer Berufe (s. nächster Abschnitt).

Die Tochter Marie Gobat wurde die Frau des Missionsbuchhändlers Paul Kober, der aus einem schwäbischen Pfarrhaus stammte. Pauls Mutter war eine Tochter von Christian Heinrich Zellers Freund Bahnmaier (s. Anm. 17), ihr Onkel Christian Friedrich Spittler (s. Anm. 7). Kober übernahm die von Spittler gegründete Basler Verlagsbuchhandlung „Zum Fälkli“. Viele Kober-Nachkommen sind bis heute Basler Bürger.

Die jüngste Gobat-Tochter Blandina vermählte sich mit dem Orientmissionar Theodor Wolters, dessen Vater seinerseits bereits im Dienst der Orientmission in Schuscha, Täbris und Smyrna gewesen war. Heute sind viele Wolters-Nachkommen in theologischen und medizinischen Berufen, vor allem in England tätig.

Werfen wir noch einen kurzen Blick auf das Schicksal des Bistums Jerusalem. Nach Gobats Tod besetzte England 1879 turnusgemäß die Stelle mit einem Engländer, mit dem Orientmissionar Dr. Joseph Barclay, der 1861–1870 unter Gobat in Jerusalem tätig war. Barclay starb schon 1881. Die

Neubesetzung durch das Deutsche Reich, den Rechtsnachfolger Preußens, unterblieb. Die Gemeinde der deutschen Protestanten in Palästina war inzwischen stark gewachsen. Ein Teil der 1868/69 ausgewanderten Templer hatte sich der Gemeinde angeschlossen. Der Vertrag mit England wurde 1886 aufgelöst. Die beiden jetzt selbständigen englischen und deutschen Zweige erreichten 1898 ihren vollen Ausbau, als Kaiser Wilhelm II. die lutherische Erlöserkirche einweihen konnte, und der anglikanische Bischof Blyth in Gegenwart von sechs Bischöfen mit der Kollegiatkirche St. George the Martyr eine Bischofsresidenz mit Chorschule und Waisenhaus bezog. Gemeinsam bis heute blieb nur der Friedhof unterhalb des Davidsgrabes, den Bischof Gobat 1848 mit Hilfe einer großherzigen Spende aus der Schweiz eingerichtet hatte.

*Schriften von Samuel Gobat*


- Journal of a three Years Residence in Abyssinia. London Verl. Seeley 1834; Three Years in Abyssinia. 2nd. ed. Seeley 1847.
- Samuel Gobat (1799–1879), Evangelischer Bischof in Jerusalem. Sein Leben und Wirken, meist nach seinen eigenen Aufzeichnungen, Basel 1884; hrsg. von Heinrich W. J. Thiersch.
- Samuel Gobat, missionaire en Abyssinie et évèque à Jérusalem. Sa vie et son œvre. Traduit librement de l'allemand par Auguste Rollier, Bâle 1885.

# Die Pilgermission und St. Chrischona — Carl *Heinrich* Rappard und Sophie Rosine *Dora* Gobat

Familiendaten s. S. 266

J. Carl Heinrich Rappard 1837–1909

S. R. Dorothea (Dora) Gobat 1842–1923

So wie die Familie Zeller-Siegfried eng mit der Armenschullehrer- und Kinderrettungsanstalt in Beuggen verknüpft war, ist die Pilgermissionsanstalt auf St. Chrischona bei Basel nicht ohne die Familie Heinrich und Dora Rappard (G 5) zu denken. Auch hier hat sich eine ganze Familie in den Dienst einer diakonischen Aufgabe gestellt. Der Untertitel einer biographischen Schrift von Friedhelm Rudersdorf (G 531) über Dora Rappard-Gobat „Die Mutter von St. Chrischona" deutet diese Identifikation der Familie mit dem diakonischen Werk an.

*Heinrich Rappards Elternhaus*

Heinrich Rappard war schon durch seine Herkunft tief verwurzelt in der Gedankenwelt der Erweckungsbewegung. Sein Vater Carl August Rappard stammte aus einer ursprünglich schweizerischen Familie, die aber seit Generationen im Rheinland lebte. Der Vater war Pfarrer in Neukirchen bei Moers. Der Ort wurde später bekannt durch Erziehungsvereine und Missionsanstalten. Carl August Rappard studierte Theologie. Unter dem Einfluß von Tholuck (s. Anm. 118) in Halle wandte er sich vom Rationalismus ab und fand den Weg zu einem persönlichen, lebendigen Christentum. In Tübingen schloß er sich einem Freundeskreis um Ludwig Hofacker (s. Anm. 109) an, aus dem ihm eine lebenslange Freundschaft erwuchs mit dem späteren Schaffhauser Pfarrer Johann Burckhardt aus Basel und dem Basler Andreas Bräm, der von Frau von Krüdener stark beeinflußt, später als „Vater der Erziehungsvereine im evangelischen Deutschland" galt.

Als junger Geistlicher im Rheinland kam Carl August Rappard mit einem kleinen Kreis von Versammlungsleuten in Kontakt, die noch ganz unter dem Einfluß des aus dieser Gegend stammenden Tersteegen lebten. Er fand immer mehr in der Bibel die alleinige Richtschnur für seinen Glauben und entfernte sich mehr und mehr von der Amtskirche. Bei einem zweijährigen Urlaub in Basel bei Bräm, damals Lehrer an einer höheren Töchterschule und inzwischen Schwager Rappards, suchte er sich in seinem Bibelglauben zu festigen. Schließlich lernte er auf einer Reise durch die Schweiz in Yverdon eine Gemeinschaft kennen, die nach völliger Ähnlichkeit mit dem biblischen Vorbild trachtete.

Carl August Rappard gab seine theologisch-kirchliche Laufbahn auf und trat in diesen Kreis ein. Er wurde Hauslehrer bei der jungen Witwe Adelaide de Rham-Doxat. Deren erst 18jährige Tochter Marie wurde 1836 die Frau des 16 Jahre älteren Carl August Rappard. Getreu dem apostolischen Wort, daß ein Christ mit seiner Hände Arbeit sein Brot essen soll, erlernte Rappard erst das Uhrmacherhandwerk und erwarb dann einen landwirtschaftlichen Betrieb in Giez, VD. Dort erschien ihm aber der Einfluß weltlicher Sitten zu groß, darum kaufte er 1845 das abgelegenere Gut Löwenstein bei Schaffhausen. Seine 12 Kinder wollte Rappard fern vom traditionellen christlichen Leben erziehen; Gottes Geist und Wort sollten bei ihnen auf einen leeren Raum treffen, um ihre originale Wirkung auszuüben. Verzicht auf Sättigung hinieden sollte Sehnsucht nach den Gütern droben erwecken. So gab er auch gegen einen Geldbetrag das Bürgerrecht in seiner Heimatgemeinde auf, um nicht an ein irdisches Vaterland gebunden zu sein. Seinen Kindern wünschte er den Beruf des Landwirts und erwarb für die ältesten vier das Gut Iben bei Stein am Rhein. Er empfahl auch seinen Kindern die Ehelosigkeit. Als aber die älteste Tochter sich entschloß, den Hof zu verlassen um Diakonisse zu werden, und als der älteste Sohn Heinrich Missionar wurde und dann auch heiratete, gab er gern seine Zustimmung. Er selbst suchte später unter dem Einfluß des Missionars und Erweckungspredigers Samuel Hebich [98] wieder den Anschluß an die Kirche und an erweckte Christen und verkehrte, gefördert durch seinen Freund Burckhardt, mit Spittler, mit Reinhard und Samuel Zeller.

*Entwicklungsjahre*

Heinrich war Carl August Rappards ältester Sohn. Er wurde am 2. Weihnachtstag 1837 geboren. Ebenso wie der Vater war auch die Mutter Marie de Rham fest verwurzelt in der Erweckungsbewegung. Schulunterricht erhielt Heinrich mit seinen Geschwistern vom Vater. Doch auch zur Feldarbeit wurden die Kinder angehalten. 1856, als Heinrich 18 war, kaufte der Vater für die vier ältesten Geschwister — 19 bis 16 Jahre alt - das Gut Iben bei Stein am Rhein zur Bewirtschaftung. Freunde berieten die jungen Leute, Knechte und Mägde waren zur Hilfe da. Heinrich leitete die tägliche Hausandacht. Mit dem Rest der Familie blieb man in regem Kontakt. Heinrich hatte den Wunsch, Theologie zu studieren; der Vater erlaubte es nicht im Hinblick auf die ungläubigen Strömungen an den Universitäten. Heinrich muß indessen schon als junger Mann selbstbewußt seine christliche Haltung vertreten haben; auf Gut Iben wurde seine edle, ritterliche Art hervorgehoben; er habe das Ideal seines Vaters verwirklicht: Patriarch und Hauspriester, Landmann und Herrscher (Rappard S. 27). Immer mehr fühlte Heinrich den inneren Drang, das Wort Gottes zu verkünden und den vom Vater ins Auge gefaßten Lebensweg als Landwirt zu verlassen. So wählte 1860 der Vater für Heinrich die Pilgermissionsanstalt zu St. Chrischona als Ausbildungsstätte.

*Die Pilgermission*

Die „Pilgermission“ geht auf Ideen des Basler Jünglingsvereins zurück, der zusammen mit Spittler sich entschloß, nicht allein die eigene Erbauung zu pflegen, sondern sich in den Dienst der Ausbreitung des Evangeliums zu stellen. Mitglieder des Jünglingsvereins wurden als Evangelisten und

[98] Samuel Hebich, 1803–1868, aus Nellingen, Konditor, als Kaufmann Reisender in Rußland und Finnland, Missionsausbildung in Basel 1831, erster Basler Missionar in Mangalore, Indien 1834, in Cannanore 1840, Missionsprediger in Württemberg 1860.

Kolporteure von Bibeln und Traktaten ausgesandt. Als erster Evangelist reiste 1829 der württembergische Bäckergeselle Joh. Mühlhäuser von Basel nach Wien, saß allerdings in Brünn im Gefängnis als „Begründer geheimer religiöser Vereine“. Eine Pilger-Missions-Gesellschaft konstituierte sich formell 1833 in Basel, Zeller aus Beuggen war von Anfang an Mitglied des Komitees. Vom Pilgermissionar wurde erwartet, daß er seinen Unterhalt mit seiner Hände Arbeit bestreitet. Die auszusendenden Evangelisten sollten aber eine biblische Schulung erhalten; daher wurde beschlossen, eine Pilger-Missions-Anstalt zu gründen.

St. Chrischona um 1840

Nach verschiedenen Anläufen, ein geeignetes, finanzierbares Heim zu finden, sowie bei den Basler Behörden eine Genehmigung für eine solche Schule zu erhalten, gelang es, das verwahrloste Chrischona-Kirchlein auf dem Berg bei Basel von den Basler Behörden zu erwerben. Am 7. 2. 1840 erschien der erste Chrischona-Bruder, der Zimmermann Joseph Mohr (1814–1884) von Appenberg bei Ravensburg, um mit dem Aufbau zu beginnen. So gilt 1840 als das Gründungsjahr der Pilgermissionsanstalt St. Chrischona. Lange Jahre wohnten die Lehrer im Turmzimmer des Kirchleins, gegessen wurde unten im Turm, im Estrichraum über dem Chor der Kirche waren Lehr- und Schlafsäle der Zöglinge.

Zahlreiche Pilgermissionare wurden nach Südrußland ausgesandt zu den dortigen deutschen Gemeinden. 1846 verließ der erste einer langen Reihe von Zöglingen Richtung Nordamerika die Anstalt; mehrere folgten dorthin. 1881 waren 189 Zöglinge der Basler Mission und der Pilgermission in Nordamerika tätig. Damit lieferte die Mission einen wesentlichen Beitrag zum Aufbau der evangelischen Kirche Nordamerikas. 1846 trafen auch die ersten Chrischona-Brüder in Palästina ein und gründeten unter Bischof Gobats Leitung das Brüderhaus in Jerusalem. Bischof Gobat plante 1852, mit Hilfe von Chrischona-Brüdern die Abessinien-Mission wieder zu beleben.

Hausvater und Lehrer auf St. Chrischona war seit 1847 Ludwig Schneller (s. Anm. 92); 1854 reiste er mit sechs Brüdern nach Jerusalem, um das dortige Brüderhaus zu übernehmen. Die sechs Pilgermissionare sollten die von Gobat ins Auge gefaßten Pilgerstationen an der „Apostelstraße“ von Alexandrien über Kairo, Assuan durch den Sudan bis nach Abessinien besetzen. Trotz schwieriger politischer Verhältnisse gelang es, sechs Stationen bis nach Khartum zu gründen.

1860 wurde auf St. Chrischona das erste Haus erbaut, das Brüderhaus, um die auf 40–50 angewachsene Zahl der Zöglinge aufzunehmen. 1861, in dem Jahr, in dem Heinrich Rappard eintrat, wurde eine Druckerei installiert zur Verbreitung von Bibeln und Erbauungsschriften. Inspektor und Leiter war zu der Zeit Chr. Fr. Schlienz [99]. Rappard selbst hat später die Geschichte der Pilgermission beschrieben (Fünfzig Jahre der Pilgermission auf St. Chrischona, 1890).

Rappard war älter als die meisten seiner Kameraden, überragte sie auch an Körpergröße und gewann durch seine geistige Überlegenheit, seinen sittlichen Ernst und seinen frischen Humor rasch Einfluß auf seine Mitbrüder, wurde von ihnen gar als Mitlehrer angesehen. Schon in der Chrischona-Zeit hielt Rappard Predigten und Versammlungen in der Umgegend; er war erfüllt von dem Verlangen, die Botschaft des Evangeliums weiterzutragen. Im August 1864 wurde er für den Dienst eingesegnet und auf Anregung des Vaters zur weiteren Ausbildung nach Edinburgh gesandt. Dort lebte er im Haus von Mr. Erskine Scott, einem Freund christlicher Jünglingsvereine. Neben dem Studium an der Universität widmete sich Rappard auch in Edinburgh der Evangelisation unter deutschen Matrosen. Rappard sollte nach seinem Englandaufenthalt die von Bischof Gobat geplante Pilgermissionsstation in Alexandrien übernehmen. Auf dem Rückweg nach Basel lernte Heinrich Rappard beim Jahresfest der British Bible Soc. in London u. a.

[99] Christoph Friedrich Schlienz, 1803–1868, von Kirchheim unter Teck, Basler Missionar im Dienst der Church Missionary Society, 1827–1843 Leiter der Druckerei auf Malta für Bibeln und Traktate in vielen orientalischen Sprachen (sein Mitarbeiter und Nachfolger Samuel Gobat, s. S. 88), 1847–1868 Inspektor auf St. Chrischona.

den Baptistenprediger Spurgeon [100], den Missionar Dr. Livingstone [101] und William Pennefather, den Begründer der Mildmay-Mission kennen.

Vor Beginn seiner Arbeit in Alexandrien wurde Rappard am 27. 8. 1865 in Leonberg von Dekan Wächter ordiniert. Die Station Alexandrien sollte ein Glied der „Apostelstraße" werden, die den in dem abgeschotteten Abessinien arbeitenden Missionaren helfen sollte, mit der Zentrale in Jerusalem in Verbindung zu bleiben. Außer Alexandrien wurden zunächst Stationen in Kairo, Assuan, Khartum und Matammeh in Angriff genommen. Als Rappard in Alexandrien eintraf, war von der zu übernehmenden Station noch nichts vorhanden. Er schlief auf den Bänken in der deutschen Kirche. Nach einem Vorstellungsbesuch in Jerusalem bei Bischof Gobat begann Rappard in Alexandrien aus kleinen Anfängen heraus zunächst im arabischen, später im europäischen Teil der Stadt eine Schule aufzubauen. Die Station sollte ja nichts kosten; darum war die Schule mit dem Schulgeld der Schüler als Rückhalt notwendig. Schon nach einem Jahr waren 100, später 200 Schüler eingeschrieben, und Rappard erbat sich seinen Freund Bauder als Lehrer. Neben der Schularbeit war es Rappards besonderes Anliegen, zu predigen; er fand dazu in verschiedenen Kirchen auf deutsch, französisch und englisch Gelegenheit.

*Dora Gobat wird Rappards Frau*

Im November 1867 verheiratete sich Rappard mit Dora Gobat, der zweiten Tochter von Bischof Gobat in Jerusalem und Marie Zeller. Dora Gobat war auf Malta geboren, als ihr Vater die dortige Missionsdruckerei leitete. Schon als 10-jährige kam Dora für vier Jahre zur Erziehung in das herrnhutische Töchterpensionat in Montmirail bei Neuchâtel in der Schweiz. Zurück in Jerusalem legte sie durch ein intensives Privatstudium, durch Pflege von Musik und Gesang dic Grundlage für ihre spätere ausgedehnte schriftstellerische Tätigkeit. Auch die zahlreichen kirchlichen Würdenträger, Gelehrte, schlichte Pilger und fürstliche Persönlichkeiten, die in ihrem Elternhaus verkehrten, erweiterten ihren Gesichtskreis. Ein tiefgreifendes Erweckungserlebnis und die Gewißheit der Erlösung durch Christus hatte sie im Frühjahr des Jahres 1858 im Alter von 15½ Jahren. Von da an schrieb sie täglich kurze biblische Meditationen nieder, bis hin zu dem 1919

[100] Charles Haddon Spurgeon, 1834–1892, Baptist, berühmt wegen seiner biblizistischen, humorigen Predigten, lehnte die moderne Bibelkritik ab.

[101] David Livingstone, 1813–1873, schottischer Missionar und Forschungsreisender in Afrika, legte den Grund zur heutigen Afrikaforschung, Verfechter der Sklavenbefreiung, den verschollenen Livingstone fand Henry Morton Stanley 1871.

veröffentlichten Andachtsbuch „Sprich du zu mir!“ 1861–1862 wurde Dora Gobat abgesandt, um ihrem Bruder Benoni den Haushalt zu führen, der in Romsey in der Nähe von Southampton eine Vikarstelle angetreten hatte. Dort bot sich ihr die Gelegenheit, sich als Sängerin ausbilden zu lassen. Sie zog es aber vor, in der Gemeinde seelsorgerlich tätig zu werden bei Krankenbesuchen und in der Sonntagsschule. Nach ihrer Rückkehr nach Jerusalem übernahm sie die Leitung einer Schule, in der Christen, Juden und Moslems gemeinsam unterrichtet wurden, mußte diese Aufgabe aber 1866 wegen der hohen stimmlichen Belastung an ihre Schwester Marie abgeben.

Auf der Rückreise von England nach Jerusalem war Dora Gobat über Basel gereist und hatte mit ihren Eltern die Anstalt auf St. Chrischona besucht. Dort machte auf sie unter den Zöglingen der hochgewachsene, vornehm gekleidete Henri Rappard besonderen Eindruck. Ein zweites Mal traf sie mit ihm zusammen, als er sich nach seiner Berufung auf den Posten in Alexandrien bei ihrem Vater in Jerusalem vorstellte. Sie begegneten sich wieder, als Dora eine Einladung zur Behandlung ihres Kehlkopfleidens im Krankenhaus der Kaiserswerther Diakonissen in Ramleh bei Alexandrien erhielt. Ostern 1867 verbrachte Rappard bei seinem Schwager Joh. Hermann in Jerusalem. Er war inzwischen, von Spittler ermuntert, fest entschlossen zu heiraten. In Jerusalem warb er sogleich um Dora Gobat, die das schon freudig erwartet hatte. Die Eltern Gobat waren von Herzen einverstanden. Doch schon am Tag danach brach Familie Gobat nach Europa auf. Erst im Herbst sahen sich die Brautleute in Schaffhausen wieder, als Heinrich aus Ägypten eintraf. Die Hochzeit wurde im November in Beuggen gefeiert. Es wurde der Grund gelegt für einen 42-jährigen Bund, in dem Mann und Frau in treuer Liebe in Geistesgemeinschaft dem Herrn dienten und lebten. Die erste Etappe der Hochzeitsreise war merkwürdigerweise St. Chrischona. In Basel sahen sie Spittler, der wenige Tage danach starb. Mitte Dezember begann der Dienst in Ägypten und zwar in Kairo, wo die kleine deutsch-schweizerische Gemeinde Rappard sich als Prediger erbeten hatte.

Doch schon im Sommer 1868 kamen ernste Nachrichten aus Basel: Schon Jahre zuvor hatte der als Lehrer berufene Immanuel Völter (Neffe von Ludwig Völter, s. S. 61) versucht, die Anstalt in streng konfessionell-lutherische Bahnen zu lenken. Die Pilgermission stand aber auf dem Boden der Einheit aller Gotteskinder, und Völter mußte 1868 gehen. Kurz darauf verstarb Kaplan Schlienz, der jahrzehntelang als Inspektor auf St. Chrischona gewirkt hatte. Hausvater Keßler mußte wegen Lungenblutungen längeren

Urlaub nehmen. Lehrer Kölzle nahm seinen Abschied; er hatte eine Evangelistenstelle angenommen. So war es für die Pilgermission ein Neuanfang in der Not, als Spittlers Nachfolger Louis Jäger den Ruf an Heinrich Rappard richtete, die Leitung der Pilgermissionsanstalt auf St. Chrischona zu übernehmen. Rappard nahm die Berufung nicht ohne Bedenken an. Er hatte sich schon früher ernste Gedanken um Aufgaben und Ziele der Pilgermission gemacht. Unter seiner über 40-jährigen Leitung erhielt die Anstalt dann ihr ganz besonderes Gepräge. Er gestaltete sie zur ersten Evangelistenschule im deutschen Sprachgebiet und stellte die Pilgermission in den Dienst sowohl der Evangelisation als auch der Gemeinschaftspflege.

St. Chrischona um 1909

*Familie Rappard auf St. Chrischona*

Schon Ende August 1868 begann die neue Aufgabe „auf dem Berg" als ein Neuanfang für Lehrer und Zöglinge. Die Anstalt war stark verschuldet, eiserne Sparsamkeit war notwendig. Es war schwer, neue Lehrer zu finden; erst allmählich konnten alle Stellen mit Dauerkräften besetzt werden. Über die Aufgaben schrieb Rappard (Jahresbericht 1869): „Unsere Anstalt ist kein wissenschaftliches Seminar und will auch keines sein; sondern sie ist dafür da, allerlei Kräfte und Gaben, auch geringere, für die verschiedensten

Tätigkeiten im großen Felde des Herrn flüssig zu machen, indem sie den aufgenommenen Jünglingen eine einfache, aber möglichst gründliche Ausbildung gibt. — Die biblische Ausbildung hat zur Basis das christliche Gemeinschaftswesen ...und besteht aus Bibelerklärung mit Hinweglassung aller Kritik. Lehrer und Schüler ...suchen den ganzen Heilsplan in seinem Zusammenhang aufzufassen, aber auch jede einzelne Stelle im Licht des Ganzen zu verstehen ...Weitere Fächer sind Biblische Geschichte, Bibeleinleitung, Glaubenslehre, Sittenlehre, Kirchengeschichte, Symbolik und Praktische Theologie sowie Analyse, Ausarbeitung und Halten von Predigten ...St. Chrischona hat sich das Ziel menschlich niedrig, aber göttlich hoch gestellt."(Rappard S. 122). Die Anstalt sollte eine wirkliche Evangelistenschule werden. Der Unterricht wurde intensiviert, der Lehrkurs auf vier Jahre ausgedehnt. Die Anstalt sollte darüberhinaus für die Zöglinge ein Mutterhaus werden, in dem auch ihrer Erziehung und Seelsorge Anregung und Förderung zuteil werden sollte. Sie sollten auch dann noch, wenn sie nach Verlassen der Schule auf ihren Arbeitsfeldern stehen, von sorgender Liebe und gläubiger Fürbitte getragen sein.

Heinrich Rappard nahm 1874 an der durch den Amerikaner Pearsall Smith [102] veranstalteten Glaubenstagung in Oxford teil, die unter dem Wort „Heiligung durch den Glauben“ als „Oxford-Bewegung“ weite Kreise in ganz Westeuropa erfaßte. Rappard trug die Botschaft in vielen Versammlungen weiter. Noch im Herbst des selben Jahres gründete er zusammen mit seinem Schwager, dem Buchhändler Kober in Basel die Monatsschrift: „Des Christen Glaubensweg, Blätter zur Weckung und Förderung christlichen Lebens.“ An die Stelle dieses Blattes trat ab 1878 der „Glaubensbote“, der mit den bis dahin erschienenen „Mitteilungen aus der Pilgermission“ verschmolz. Wohl mit durch die Oxford-Bewegung angeregt wurden in Basel Evangelisationswochen abgehalten, bei denen neben dem Erweckungsprediger Elias Schrenk (1831–1913), den Pfarrern J. J. Riggenbach und Otto Stockmayer [103] auch Rappard predigte. An diesen Veranstaltungen, die z. B. 1882 über zwei Wochen gingen, nahmen täglich mehrere tausend Männer und Frauen teil. Viele traten hervor, um öffentlich ihren Glauben zu bekennen. Das Werk wurde später weitergeführt durch einen „Verein für Evangelisation und Gemeinschaftspflege“.

[102] Robert Pearsall Smith, 1827–1898, ursprünglich Fabrikant aus Philadelphia, Erweckungsprediger, Wortführer der Heiligungsbewegung, leitete die Neue Oxford-Bewegung, die stark auf das deutsche Gemeinschaftswesen wirkte.

[103] Otto Stockmayer, 1838–1917, aus Aalen, Pfarrer der freien Gemeinde St. Croix aux Granges VD, Schweiz 1867, Wanderprediger in Peseux NE 1875, Vorsteher des Krankenasyls in Hauptwil TG 1879.

Rappard wurde immer mehr zum Evangelisten; er fürchtete, seine Arbeit als Anstaltsleiter auf St. Chrischona werde leiden. So wurde 1883 Theodor Haarbeck [104] als Inspektor berufen, bisher Lehrer am Lerber-Gymnasium in Bern und mit Rappards Schwester Hanna verheiratet. Die Familie Rappard zog nach Basel, Heinrich widmete sich von da an dem ganzen Werk der Pilgermission. Er führte die Korrespondenz mit den in der ganzen Welt arbeitenden Evangelistenbrüdern, redigierte die Zeitschrift, wirkte bei Evangelisationsversammlungen mit. Dazu kam eine ausgedehnte Reisetätigkeit zu den Stationen der Pilgermission. So besuchte er 1881 die in Südrußland arbeitenden Brüder, 1883 reiste er durch Ostpreußen, Österreich und den Balkan. 1887 folgte eine längere Reise durch Nordamerika. Überall predigte Rappard in großen Versammlungen und besprach sich im kleineren Kreis mit den verschiedenen lokalen Synoden über praktische und dogmatische Fragen. Über 100 ehemalige Chrischona-Brüder konnte er allein auf der Amerikareise begrüßen. 1888 nahm er an der großen Missionskonferenz in London teil. Im selben Jahr gründete er mit Haarbeck und anderen zusammen die Gnadauer Gemeinschaftskonferenz.

Eine neue Wendung im Leben der Familie ergab sich durch die Berufung Haarbecks als Leiter der Evangelistenschule in Bonn, später Barmen. Das Inspektorat auf St. Chrischona war wieder unbesetzt, und Rappard kehrte auf den Berg zurück. Doch trotz der wieder aufgenommenen Arbeit in der Bildungsanstalt wurde Rappard mehr und mehr in der Evangelisation tätig und entsprach damit seinem innersten Anliegen. Rappard wurde verschiedentlich direkt als „Bahnbrecher für die moderne Evangelisation“ angesprochen. So fand auch die ganze Pilgermission neben der Arbeit unter Nichtchristen in fernen Ländern einen zweiten Grundpfeiler in der Evangelisation und im Gemeinschaftswesen in der Nähe, der später zu ihrem Hauptarbeitsgebiet wurde. Die Betreuung von pietistischen Gemeinschaften durch ausgebildete Prediger breitete sich rasch aus. In vielen Orten, vor allem der Schweiz, aber auch in Deutschland und Österreich wurde das Gemeinschaftsleben zur festen Einrichtung, und es wurden für die Bedürfnisse der Gemeinschaften Betsäle errichtet. Kurz vor seinem Tod 1909 konnte Rappard in Landschlacht bei Mattwil, TG das 62. Vereinshaus der Pilgermission eröffnen.

Bis zu seinem Ende blieb Rappard mit allen von St. Chrischona ausgegangenen Predigern in Kontakt. War er früher viel gereist, um die Arbeit seiner Pilgermissionare an Ort und Stelle kennen zu lernen und ihnen

[104] Theodor Haarbeck, 1846–1923, Lit. RGG **3**, S. 2; BBK II, 410.

Mut zu machen in ihrem manchmal schweren Amt, so führte er im Alter eine ausgedehnte Korrespondenz, um überall gegenwärtig zu sein. Doch konnte er noch bis zuletzt Reisen ins nördliche Deutschland und in die Schweiz ausführen. In seinem Todesjahr 1909 wurde sein Schwiegersohn Veiel, der bisherige Hausvater des „Hauses zu den Bergen" und Lehrer auf St. Chrischona zu Rappards Vertreter bei seiner Abwesenheit bestimmt; die Tochter Marie, bisher Stadtmissionarin in London, wurde Hausmutter „zu den Bergen". Das Haus war Erholungsheim im Sommer, im Winter wurde hier eine Bibelschule für Schwestern eingerichtet. Bis in seine letzten Lebenstage war Rappard unermüdlich für sein Werk, die Evangelisation tätig. Im September 1909 sollte in Siegen eine Gemeinschaftskonferenz unter seiner Mitwirkung stattfinden. Auf dem Weg dorthin, bei den Gemeinschaftsbrüdern in Gießen, ist er in der Nacht nach einem Erntedankgottesdienst friedlich eingeschlafen. Er wurde auf dem Chrischona-Friedhof in Riehen bei Basel bestattet.

### *Dora Rappard-Gobat*

Wie Heinrich Rappard seine Frau kennen lernte, haben wir schon betrachtet; wie sie aufwuchs im Haus des Abessinienmissionars und Bischofs in Jerusalem Samuel Gobat, ist dort nachzulesen. Wir haben aber ein unvollständiges Bild der Familie Rappard, ohne Dora Rappard-Gobat als treue Mutter und Hausmutter, als Verkünderin des Wortes Gottes in Schrift und Lied und in der Betreuung von Gemeinschaftsgruppen zu würdigen.

Dora Rappard war begabt mit einem zuverlässigen Gedächtnis; von ihrem Mann wurde sie scherzhaft als lebende Bibelkonkordanz bezeichnet. Sie konnte ausgezeichnet singen und hatte eine besondere Gabe, ihre Gedanken schriftstellerisch und in Versen festzuhalten. Von zu Hause aus war ihr ein Leben ganz im Geist eines erweckten Christentums Herzensanliegen, und sie war darin mit ihrem Mann eines Sinnes. Als seine Partnerin und Gehilfin verstand sie sich während des 42-jährigen Ehestandes. So wuchs sie ganz selbstverständlich in die mannigfachen Pflichten einer Hausmutter hinein, als ihr Mann die Inspektorstelle auf St. Chrischona übernahm. 50 Jahre betreute sie mit Freuden die Kasse; durch diese Aufgabe kam sie mit reichen und armen Gebern in Kontakt, mit Leuten, die sich in glücklichen Tagen und in seelischer Not an die Missionsanstalt erinnerten. Und natürlich hatte sie den großen Anstaltsbetrieb mit zu leiten mit Küche, Wäscherei, Schlächterei und vielen anderen Dingen. Jahrzehntelang versah sie den sonntäglichen Organistendienst. Dabei achtete sie sehr darauf, daß die eigene Familie, die integriert in der großen Gemeinschaft heranwuchs, die erste Stelle in ihrem Herzen behielt.

Durch ihren Mann wurde Dora Rappard eng vertraut mit der auf dem Boden der Erweckung gewachsenen Heiligungsbewegung (Oxford-Bewegung). Auf mehreren diesem Thema gewidmeten Konferenzen (z. B. Brighton-Tagung 1875, Keswick-Konferenz 1900) konnte sie ihren Mann begleiten und persönlichen Anteil nehmen. Mit ihm zusammen besuchte sie die jährlichen Versammlungen der „Allianz", einem Vorläufer der Ökumene der christlichen Bekenntnisse. Mit ihm zusammen gab sie den „Glaubensboten" und andere Schriften heraus. Sie lebte so sehr dem Anliegen, Menschen zur Begegnung mit dem lebendigen Gott zu führen, daß sie neben der Betreuung der Anstaltszöglinge vielfältig in der Frauenarbeit der Gemeinschaften tätig wurde. Daraus entsprang eine weitreichende evangelistische Tätigkeit, aus ihren Bibelstunden für Frauen und Mädchen wurde ganz ungesucht eine seelsorgerliche Arbeit. So gab sie Stütze, Rat und Trost und zarte Mahnung; mit weiblichem Takt verband sie große Liebe und tiefen Ernst. Dora Rappard besaß die Gabe, auch in großen Versammlungen mit hunderten von Teilnehmerinnen zu Herzen zu sprechen. Sie konnte in Konferenzen von Jungfrauenvereins-Leiterinnen das rechte Wort finden und die Diskussion lenken. Das öffentliche Auftreten einer Frau war damals, als es noch keine Heilsarmee gab, ungewöhnlich. Aber Dora Rappard war sich ihrer Verantwortung bewußt. Sie legte sich in einem Heftchen „Frauenarbeit im Reiche Gottes" Richtlinien fest über Bestimmung, Befugnisse, Schranken und Gefahren, über Wandel und irdischen Beruf der Frau und natürlich die himmlische Kraftquelle. Das Heft fand, als es gedruckt wurde, weite Verbreitung. So hielt sie es nicht für richtig, vor Männern zu reden; sie tat das auch in der Anstalt nie öffentlich vor den Brüdern. Aber in Frauenkonferenzen landauf, landab in der Schweiz, in Deutschland, in Frankreich und England hat sie eine vielfache segensreiche Wirkung entfaltet.

80 Jahre alt war Dora Rappard 1922 geworden. Noch immer arbeitete sie mit bei Bibelstunden und Andachten in der Bibelschule für Schwestern im „Haus zu den Bergen", die ihre Tochter leitete. Stets hatte sie auch ein offenes Ohr für Hausgenossen oder Besucher, die mit Sorgen oder Fragen zu ihr kamen. Freudig begrüßte sie die Ankunft von Enkeln und Urenkeln. Vier eigene Kinder mußten vor ihr sterben. Obwohl ihre eigenen Kräfte abnahmen, versammelten sich noch jeden Sonntag in ihrem Zimmer Kinder, Enkel und liebe Gäste zur Kaffeestunde. Zunehmend stellten sich aber Leiden und Beschwerden ein; 81 Jahre alt verschied Dora Rappard am 10. 10.

1923 und wurde neben ihrem Mann in Riehen bestattet.

Kinder und Enkel blieben dem Werk der Eltern treu (s. Tabelle 3, S. 188):

- Die älteste Tochter Dora wurde die Frau des Frankfurter Stadtmissionars Hermann Hanke, der später als Lehrer auf St. Chrischona wirkte.
- Marie (Mia) blieb unverheiratet und leitete seit 1909 das Bibel- und Erholungshaus „zu den Bergen" auf St. Chrischona.
- Emmy war jahrelang Sekretärin ihres Vaters auf St. Chrischona; sie heiratete 1900 Friedrich Veiel, der 1909 Nachfolger seines Schwiegervaters als Inspektor der Pilgermissionsanstalt St. Chrischona wurde.
- August starb als junger Theologiestudent.
- Heinrich wirkte als Pfarrer und Missionar in Saida in Algerien.
- Hildegard wurde Diakonisse und entfaltete als Evangelistin und Vizepräsidentin des französischen Jungfrauenbundes eine weitgespannte Tätigkeit.
- Elisabeth heiratete Otto Simon, der als Missionar nach Südwestafrika ging.
- Helene wurde 1907 die Frau des Pfarrers Georges de Tribolet, der als Missionar in den Dienst der Mission Romande in Südafrika trat.

*Schriften von Dora Rappard*

Schon als junges Mädchen hatte Dora Rappard begonnen, Aphorismen, Lieder und Gedichte, die ihr bedeutsam erschienen, aufzuschreiben und füllte so im Lauf ihres Lebens zwölf stattliche Bände. Allmählich kamen dazu viele eigene Lieder und Gedichte. Aber erst nach dem Tod ihres Mannes trat sie schriftstellerisch an die Öffentlichkeit:

- Carl Heinrich Rappard, Ein Lebensbild, Von seiner Gattin, 1910; 7. Aufl. 1929. — Eine umfangreiche, liebevolle Biographie ihres Mannes.
- In der Felsenkluft geborgen. Nachklänge aus Bibelstunden. 1911.
- Ich suche dein Antlitz. Kaiserslautern 1912.
- Lichte Spuren. Erinnerungen aus meinem Leben. 1914; 10. Aufl. 1961.
- Johannes Hus 1415–1915, Zur 500. Gedenkfeier seines Martyriums 6. 7. 1415; Gießen 1915.
- Durch Leiden zur Herrlichkeit. Ein Buch für leidende und trauernde Menschen. 1916. — Unter dem Eindruck der Leiden des Weltkriegs entstanden.

- Die heilige Woche. Das Leiden, Sterben und Auferstehen unsers Herrn Jesu Christi in den Worten der vier Evangelisten. 1916; 4. Aufl. 1945.
- Sprich du zu mir! Kurze Betrachtungen über biblische Texte für alle Tage des Jahres. 1919; 2. Aufl. 1962.
- Habt nicht lieb die Welt! Meiringen 1920.
- Frohes Alter. 1922; 9. Aufl. 1962. — Entstand ein Jahr vor ihrem Tod.
- Der Dienst der Frau in der Gemeinde Gottes. Kaiserslautern, Leipzig 1922.
- Lichtstrahlen, Gedanken über den Glauben, die Liebe und die Hoffnung der Christen, aus den Schriften zusammengestellt von E. Veiel-Rappard. 1927; 5. Aufl. 1942.

Seit 1916 arbeitete Dora Rappard mit an dem Wochenblatt „Friedensgruß" für Frauen und Mädchen.

Mit ihrem Mann zusammen hatte Dora Rappard 1875 zum erstenmal die „Gemeinschaftslieder" zum Druck gebracht. Sie wurden jahrzehntelang verwendet, 1914 revidiert herausgegeben.

Unter dem Titel „Fort, fort, mein Herz zum Himmel" kam 1899 ein Band mit Dora Rappards eigenen Liedern zum Druck; 3. Aufl. 1921.

Die Liedsammlung „Abendglocken" erschien erst nach ihrem Tod.

# Volksmission aus dem württembergischen Pfarrhaus — *Karl* Friedrich Werner und *Therese* Dorothee Marie Zeller

Familiendaten s. S. 307

Therese D. M. Zeller 1815–1894 Karl F. Werner 1804–1872
(Stadtarchiv Fellbach)

Paul Langbein (W 5), der Vater der Jubiläumsbibel von 1912 der Württembergischen Bibelanstalt, schrieb: „Karl Werner predigte das Evangelium von Christo, der unsere Gerechtigkeit ist mit einer seltenen Reinheit, Weihe und Kraft. Als ein treuer Schüler der großen württembergischen Theologen (Bengels u. a.) suchte er die mannigfaltige Schriftwahrheit in ihrer Fülle darzulegen. Das christliche Leben in der Gemeinschaft zu fördern und zu pflegen, war ihm ein heiliges Anliegen". (Anhang zu seinem Evang. Hauspredigtbuch 1890).

## *Karl Werners Elternhaus*

Karl Werner entstammte einer kinderreichen Lehrerfamilie. Der Vater Georg *Andreas* Werner, 1752–1824, war ein Schneidersohn aus Balingen. Er wuchs in ärmlichen Verhältnissen auf und sollte zunächst Schneider wie sein Vater werden, da sich keine preiswerten anderen Ausbildungsmöglichkeiten fanden. Schließlich nahm ihn sein Pate, der Balinger Bürgermeister und Landschaftsbeisitzer in Stuttgart Philipp Heinrich Hopf [105], mit nach Stuttgart zu seiner und seiner Kollegen Bedienung. In Stuttgart nutzte Andreas Werner die Zeit zur Weiterbildung, lernte für sich, da er kein Geld hatte, Latein, Rechnen, etwas Deutsch und Musik. Sein Ziel war, Lehrer zu werden. Schließlich nahm ein Verwandter, Präzeptor Wullen in Cannstatt, ihn zu sich zur weiteren Ausbildung. Mit 18 Jahren konnte er als Provisor bei Schulmeister Weiß in Tübingen eintreten. Er hatte mit dem Schulmeister in der Mädchenschule 200–250 Kinder zu unterrichten. Durch Privatunterricht in Professorenhäusern besserte er seine dürftige Lage auf. Daneben suchte er sich in allen Wissensfächern, selbst im Hebräischen, fortzubilden. Nach acht Jahren wurde er Schulmeister an der deutschen Knabenschule. Endlich 1795, nach 17 Jahren konnte er Vertreter des Präzeptors Dettinger an der „Anatolischen“ Lateinschule werden. (Der Name ist gräzisiert von der Lage am Tübinger Österberg.) In seiner freien Zeit hatte Andreas Werner ein lateinisches Lehrbuch verfaßt, das von vielen Kollegen warm begrüßt wurde. Besonders eng arbeitete er dabei zusammen mit dem Professor am Stuttgarter Gymnasium Christoph Fr. Roth [106]. Durch seine Schriftstellerei erregte er auch die Aufmerksamkeit des Rektors am Stuttgarter Gymnasium Joh. Chn. Schmidlin [107]; so wurde er schon im darauffolgenden Jahr 1776 als Präzeptor an das angesehene Stuttgarter Gymnasium und die neue Realschule berufen. 28 Jahre hat Andreas Werner dann in Stuttgart gewirkt, zuletzt als Oberpräzeptor. In dieser Zeit verfaßte er weitere lateinische und griechische Schulbücher, die jahrzehntelang in Württemberg in Gebrauch waren.

Seine erste Frau hatte G. Andreas Werner 1779 in Benedikta Friedrike Haakh, Tochter des herzoglichen Mundkochs in Stuttgart, gefunden, die ihm aber schon nach sieben Jahren durch die Schwindsucht entrissen wurde.

---

[105] Philipp Heinrich Hopf, † 1771, im Großen Landschaftsausschuß 1766; DB § 1422.

[106] Christoph Friedrich Roth aus Bernhausen, 1751–1813, Präzeptor in Vaihingen 1772, Professor am Gymnasium in Stuttgart 1789; Vater von Karl Ludwig und Friedrich Roth, s. Anm. 110 und 115.

[107] Johann Christian Schmidlin aus Kochersteinsfeld, * 1745, Professor für Geschichte am Gymnasium in Stuttgart 1776, Verfasser historischer Schriften.

Von den vier Kindern dieser Ehe überlebte nur die Tochter Christiane, die später den Kameral(Finanz)verwalter Joh. Fr. Bilfinger heiratete. Seine zweite Frau wurde Johanne Hartmann, die Tochter des bekannten Lehrers am Waisenhaus in Ludwigsburg Israel Hartmann und der Rosine Burk, deren Bruder eine Tochter des großen Pietisten Joh. Albrecht Bengel zur Frau hatte. Israel Hartmann wurde wegen seiner Frömmigkeit von der Familie mit besonderer Ehrfurcht behandelt. Lavater sagte von ihm: „Wenn Christus jetzt unter uns wandelte, er würde ihn zum Apostel wählen". Die Ehe Andreas Werners mit Johanne Hartmann war reich gesegnet mit sieben Söhnen und fünf Töchtern, von denen aber drei Knaben im Kindesalter starben. Die Tochter Heinrike heiratete den Kaufmann Karl Plebst in Lauffen, Johanne wurde Pfarrfrau als Gattin von Karl Weigle in Zell, später in Holzmaden bei Kirchheim unter Teck. Die Töchter Luise und Wilhelmine blieben unverheiratet. Charlotte verheiratete sich mit dem Präzeptor in Blaubeuren und späteren Pfarrer Christian Gottlieb Pfleiderer (s. Anm. 64). Die Söhne Ludwig, Pfarrer in Affalterbach bei Marbach am Neckar, Karl, Pfarrer in Fellbach, den wir anschließend betrachten, und Hermann, Medizinalrat in Ludwigsburg, wurden Stammväter der Affalterbacher, Fellbacher und Ludwigsburger Werner-Linien.

Im Haus des Stuttgarter Präzeptors müssen wir uns ein umtriebiges Leben vorstellen: Werners Mutter lebte mit in der Familie; neben den neun eigenen Kindern waren Kostgänger in Pension, die zugleich das Gymnasium besuchten. Werners Erziehung war streng; die Strenge wuchs mit den Jahren. Bis ins Alter pflegte Werner Freundschaften in nah und fern, so mit dem Stuttgarter Stiftspfarrer Christoph Fr. Gerok [108], dem Vater des Liederdichters Karl Gerok, mit Stadtpfarrer Chn. Ad. Dann (s. Anm. 91) mit Ludwig Hofacker [109], damals Vikar bei seinem Vater, dem Dekan Wilhelm Hofacker an der Leonhardskirche, mit Antistes Geßner (s. Anm. 40) aus Zürich, dem Schwiegersohn Lavaters. In seinen letzten Lebensjahren litt er an Atemnot und Gichtbeschwerden und mußte einen Vikar als Hilfe im Lehramt nehmen. Im Mai 1824 schloß Andreas Werner die Augen für immer.

Seine Frau Johanne überlebte ihn nur um vier Jahre. Sie wird von ihrem Enkel Samuel als eine sanfte, sinnige Natur beschrieben; sie besaß eine große Leichtigkeit, ihre Gedanken in eine gefällige Form zu kleiden. Sie

[108] Christoph Friedrich Gerok, 1786–1865, Pfarrer in Vaihingen an der Enz 1813, Stiftskirche Stuttgart 1815, Dekan 1831, Generalsuperintendent Ludwigsburg 1848.

[109] Gustav Wilhelm Ludwig Hofacker, 1798–1828, Pfarrer in Rielingshausen 1826, bekannter Erweckungsprediger.

dachte gerne tiefer nach über religiöse Wahrheiten und zeichnete viele solche Gedanken auf, die sie ihren Kindern nutzbar zu machen wünschte. Sie kannte die Verschiedenheit ihrer Kinder und verstand es, auf das Denken und Fühlen eines jeden einzugehen. Und auch ihren über die Jahre zahlreichen Kostgängern ließ sie ihre mütterliche Liebe angedeihen.

### *Jugend und Studienzeit*

*Karl* Friedrich Werner, geb. 1804, war das zehnte Kind aus der Ehe seines Vaters mit Johanne Jul. Hartmann. Getauft wurde Karl Friedrich von seinem damals 80-jährigen Großvater Israel Hartmann; er wurde mit seinen Geschwistern zu einem gläubigen Gottvertrauen erzogen. Das Gymnasium besuchte er natürlich bei seinem Vater in Stuttgart. Er sagt von sich selbst, er sei während der ersten vier Jahre ein träger Schüler gewesen. Erst in seinem 12. Jahr sei es dem damaligen Präzeptor am Gymnasium Karl Ludwig Roth [110] gelungen, ihn aufzuwecken und zum Lernen anzuspornen. Er lebte ganz in der Ideenwelt der griechischen und römischen Schriftsteller, und es entstand in seinem Innern eine Mischung des christlichen Glaubens mit den Ansichten jener alten Weisen.

Karl Werner wurde von dem ehrwürdigen Prälaten Flatt [111] konfirmiert. Er bestand schon mit 13 Jahren das Landexamen, trat aber nicht ins Seminar ein, sondern blieb am Stuttgarter Gymnasium und konnte 1821, noch nicht 18 Jahre alt, die Universität Tübingen beziehen. Durch besondere königliche Gnade erhielt er als zweiter Sohn aus der selben Familie neben seinem älteren Bruder Ludwig im Stift einen Freiplatz. Zunächst beschäftigte er sich sehr viel mit den Werken von Schiller und Goethe und deren Freundeskreis. Seine erste Predigt hielt er schon im folgenden Frühjahr in Zell bei Esslingen, wo sein Schwager Weigle Pfarrer war. Im selben Jahr sorgte ein Engländer, James Pierrepoint Greaves (1777–1842) in Württemberg für Aufsehen. Greaves war ursprünglich Kaufmann, betrieb dann philosophische und pädagogische Studien. Er hatte Pestalozzi besucht und gilt als „a unique specimen of human character, a curiosity and an absolute undefinable“. Sein Wahlspruch war: Wo ein Wille ist, da ist auch ein Weg. (Thiersch S. 311). Werner nahm bei ihm unentgeltlichen

[110] Karl Ludwig Roth aus Stuttgart, 1790–1868, Rektor am Gymnasium in Nürnberg 1821, Ephorus am Seminar in Schöntal 1843, Rektor am Gymnasium Stuttgart 1850, Prälat, Sohn von Christoph Fr. Roth, s. Anm. 106.

[111] Karl Christian Flatt von Stuttgart, 1772–1843, Prof. Theol. Tübingen 1804, Stiftsprediger in Stuttgart 1812, Generalsuperintendent Ulm 1828.

Englischunterricht und ließ sich in seine Gedankenwelt einführen. Der energische Mann lehrte vor allem, der Mensch könne alles aus sich selbst entwickeln. Er führte Werner aus einer geistigen Erschlaffung und zeigte ihm, „daß es Teil unserer Menschenbestimmung ist, Gutes zu wirken, soviel wir können". Noch jahrelang blieb Werner mit Greaves in brieflichem Kontakt. Während seiner weiteren Studienzeit wurde Werner durch die realistische Richtung eines Ferd. Chn. Baur (s. Anm. 73) so sehr in Zweifel über die Richtigkeit der biblischen Wahrheiten hineingezogen, daß er sich eher auf ein philologisches Lehramt als auf das Predigtamt vorbereiten wollte. Die Eltern, vor allem die Mutter, sahen in ihm aber lieber einen zukünftigen Seelsorger. Erstmals 1823 berichtet Werner, daß er in der Zeit, als er zu theologischen Studien überging, einen Freund fand, der erweckt war, gebildet durch die Schriften des Pastors Menken [112] in Bremen. Es war August von Kölln, der in den Befreiungskriegen preußischer Offizier gewesen war und später Pastor in Haustenbeck im Lippischen wurde; mit ihm blieb Werner lange in brieflichem Kontakt. Seine Tübinger Studienzeit schloß Karl Werner 1825 mit dem Magisterexamen ab — als 12. von 44 Kandidaten.

### *Karl Werner als Lehrer*

Werners erste Stelle war die eines Hauslehrers auf der Saline Wilhelmshall bei Schwenningen; zugleich kam er auch als Vikar nach Schwenningen. Aber schon nach drei Monaten wurde er als Repetent an das Seminar Blaubeuren berufen. Hier hatte er neben Unterricht und Aufsicht der Zöglinge Zeit, eigenen Sprachstudien nachzugehen. Während seiner Zeit als Repetent in Blaubeuren erlebte Werner eine grundlegende Wandlung in seinem Glauben an Christus. Den Anstoß dazu gab der Verkehr mit Präzeptor Christian Gottlieb Pfleiderer, damals Lehrer an der Blaubeurer Lateinschule, der 20 Jahre später nach dem Tod seiner ersten Frau Werners Schwager werden sollte. Damals, 1827, hatte Pfleiderer seinen jungen Freund auf den selben Weg gewiesen, auf den schon die Mutter den Knaben geführt hatte, weg vom Wissensdünkel, hin zur vergebenden Gnade Gottes. Er las das Bengelsche Neue Testament, das ihm die Mutter 1828 noch kurz vor ihrem Tod geschenkt hatte, mit Bengels Anmerkungen. Das festigte seinen sicheren Glaubensgrund; Bengels Satz gab ihm Licht: „Nimm die Wiedergeburt nicht zu schwer, sie besteht im Glauben; nimm den

[112] Gottfried Menken von Bremen, 1768–1831, Pastor primarius an St. Martini in Bremen, Vertreter einer heilsgeschichtlichen Theologie mit dem Reich Gottes als Mittelpunkt.

Glauben nicht zu leicht, er ist eine neue Geburt". Die innere Veränderung, die in Karl Werner vorgegangen war, führte ihn zum Predigtamt, zum Beruf als Seelsorger hin und machte ihm die Heidenmission zu einem inneren Anliegen. Sein Freund wurde der ehemalige Bäcker, spätere Missionar Weitbrecht [113], der zu Besuch bei seinem Verwandten, Präzeptor Pfleiderer weilte. Ihn besucht er anläßlich einer Schweiz-Reise in Basel und lernte so den Geist des Missionshauses kennen. In Pfleiderers Haus wurde Werner auch mit dem pietistischen Gemeinschaftswesen vertraut, für das er zeitlebens ein warmes Herz behielt. Ebenso knüpfte er hier auch Kontakte zur Brüdergemeine über den Diasporabruder Weiz [114]. Bei seinen Studien schloß sich Werner eng an Joh. Albrecht Bengel an; Bengels Gnomon (Auslegung des Neuen Testaments), vom Vater ererbt, hatte er stets zur Hand. Der Vater hatte den Gnomon so wert gehalten, daß er die letzten leeren Blätter des Buches als Familienchronik benutzte. In die Blaubeurer Zeit fällt auch eine Ausarbeitung der Lebensbeschreibung seines Großvaters Israel Hartmann, des Waisenhauslehrers in Ludwigsburg, der ganz auf dem Boden des Bengelschen Pietismus stand.

Im Herbst 1829 konnte Karl Werner den lang gehegten Wunsch einer wissenschaftlichen Reise verwirklichen. Er erhielt Urlaub auf ein Jahr und eine staatliche Unterstützung. Den Winter verbrachte er in München, wo zu der Zeit sein jüngerer Bruder Hermann Medizin studierte. In München betrieb er philologische und Altertumsstudien bei dem hochverehrten Friedrich Thiersch (s. nachfolgenden Abschnitt) und arbeitete an einer Dissertation, sah es aber schließlich als unnötige Eitelkeit an, Doktor zu werden. Er seufzte: „Über dem Philologen geht der Mensch und vollends der Christ zu Grunde!" Thiersch riet seinen Schülern, sich einen Lieblingsschriftsteller auszuwählen; Werner wählte die Bibel. Sehr bildend war für ihn die Bekanntschaft mit den Exponenten des Protestantismus, besonders dem Naturwissenschaftler Gotthilf Heinrich Schubert (s. Anm. 55) mit dem er später durch Christian Gottlob Barth noch näher befreundet wurde, und dem Präsidenten Friedrich Roth [115], an dessen beißendes Urteil er sich allerdings schwer gewöhnen konnte. Von München reiste Karl Werner nach Nürnberg, Erlangen, Halle, an die sächsischen Fürstenschulen, nach Herrnhut zur Brüdergemeine, über Dresden, Leipzig, Wittenberg nach Berlin.

[113] Johann Jakob Weitbrecht aus Schorndorf, Konditor in Basel, 1829 Pilgermissionar in Wien und Schlesien, später wieder in Basel.

[114] Johann Konrad Weiz aus Frankfurt am Main, 1780–1857, Buchbinder in Königsfeld, hatte eine besondere seelsorgerliche Gabe.

[115] Carl Johann Friedrich Roth aus Stuttgart, 1780–1852, Jurist, Staatsrat, Konsistorialpräsident in München, Sohn von Christoph Fr. Roth, s. Amn. 106.

In Nürnberg lernte er den Gymnasialrektor Karl Ludwig Roth (s. Anm. 110) kennen. In Erlangen hörte er Vorlesungen des Theologen Joh. Chn. Gottlob Ludw. Krafft [116], einer führenden Gestalt der bayrischen Erwekkungsbewegung, und des Geologen und Pädagogen Karl von Raumer [117], der der Inneren Mission nahe stand. In Halle lernte er den berühmten Fr. Aug. Gotttreu Tholuck [118] kennen, der von der Erweckungsbewegung erfaßt (Schrift: Lehre von der Sünde und vom Versöhner oder die wahre Weihe des Zweiflers), seit 1826 hier lehrte. Zwischendurch arbeitete Werner in Dresden ein paar Monate an einer Neuauflage der Schulbücher seines Vaters. Auf seiner Reise besuchte Werner als Philologe viele höhere Schulen, doch war es ihm viel mehr darum zu tun, erweckte Prediger zu hören, das fällt vor allem bei den Vorlesungen auf, die er in Berlin besuchte. Von Berlin aus reiste er mit seinem älteren Bruder Ludwig, der sich ebenfalls auf einer wissenschaftlichen Reise befand, im Herbst 1830 über Lübeck, Kiel, Hamburg, Bremen, durch Westfalen, wo er seinen Freund Kölln besuchte, über Wuppertal durchs Rheinland, schließlich von Frankfurt nach Heidelberg und Heilbronn zurück ins Vaterland. Karl Werner bezeugt: „Es bleibt mir von dieser Reise, auch abgesehen von dem wissenschaftlichen Nutzen, mehr geistiger Gewinn, als ich in der Kürze sagen kann. ...Gottes Wort wurde mir über Alles wichtig, weil alle wahrhaft gottesgelehrten Männer darauf als auf ihre Quelle wiesen, und so manche da und dort bemerkte Glaubensverschiedenheiten hier allein ihre Entscheidung finden." Heimgekehrt begrüßte er, daß in Württemberg „das Wort Gottes noch reichlicher gehört wird und der gläubigen Christen noch mehr sind, als anderswo."

Nach seiner Rückkehr nach Stuttgart wurde Karl Werner im Dezember 1830 als Gehilfe des Wildbader Dekans Werner [119] berufen und trat damit erstmals ein geistliches Amt an. Aber bereits um Weihnachten erhielt er den Ruf, als Lehrer ins Basler Missionshaus einzutreten. Die Vereinigung von Unterricht mit dem geistlichen Beruf und die „wichtige Sache des Reiches Gottes" zogen ihn an, seine vermeintliche Untauglichkeit und der Wunsch der Familie, er möge im Land bleiben, ließen ihn zögern. Doch

---

[116] Johann Christian Gottlob Ludwig Krafft aus Duisburg, 1784–1845, Pfarrer in Weeze bei Cleve 1808, Professor und Prediger der reformierten Gemeinde in Erlangen.

[117] Karl von Raumer von Wörlitz in Anhalt, 1783–1865, Professor der Naturgeschichte in Erlangen.

[118] Friedrich August Gotttreu Tholuck aus Breslau, 1799–1877, Professor für Theologie Berlin 1823, Halle 1826.

[119] Christoph Gottlieb Werner aus Altensteig, 1779–1860, Pfarrer in Altensteig 1810, Dekan Wildbad 1823, Dekan Waiblingen 1835; nicht mit Karl Werner verwandt.

schon im April 1831, als seine Wildbader Konfirmanden eingesegnet waren, fuhr er nach Basel, freundlich begrüßt von Inspektor Blumhardt und Hausvater Büchelen. Drei Jahre wirkte Werner als Lehrer am Missionshaus. Mit dankerfülltem Herzen blickte er später auf die Basler Zeit zurück. Die christliche Gemeinschaft mit Brüdern und Lehrern, der Kontakt mit Gleichgesinnten in der Stadt, die Besuche zurückkehrender Missionare aus aller Herren Länder, das Miterleben in den Fortschritten der Mission waren ihm ein Beweis für das Wirken des Wortes Gottes. Die Arbeit mit den Zöglingen nahm Werner sehr ernst, oft drückten ihn seine Untüchtigkeit und seine Verantwortung. Die politischen Ereignisse ließen ihn unberührt, die Polenbegeisterung teilte er nicht. Besonders vertraut wurde er mit Adolf Sarasin (1802–1885), der als Pfarrer im Basler Landgebiet durch die Revolution vertrieben wurde und 1833 zusammen mit anderen „Exulanten“-pfarrern den „Christlichen Volksboten aus Basel“ gründete. Die Sommerferien benutzte Werner zu Besuchen bei Verwandten und Freunden in der Heimat. Der endgültige Abschied von Basel 1834 fiel ihm schwer, doch freute er sich darauf, ein Pfarramt zu übernehmen.

*Im Pfarramt, im Dienst der Mission und der pietistischen Gemeinschaften*

Erstmals während seines Basler Aufenthaltes traf Werner mit dem schwäbischen Pfarrer Christian Gottlob Barth (1799–1862) zusammen, der aus einer Stuttgarter Pietistenfamilie stammend, wegen seines lebendigen Christentums sowie seiner persönlichen Art in christlichen Kreisen viel von sich reden machte. Werner lernte ihn in Basel bei den Missionsfesten, die Barth regelmäßig besuchte, als einen leidenschaftlichen Freund der Mission und Herausgeber der Calwer Missionsblätter kennen. Ihre Freundschaft gestaltete sich mit der Zeit immer herzlicher und blieb es bis zum Tode Barths. Barth war es schließlich, der Werner den Weg auf die Pfarrei Effringen und Schönbronn im Schwarzwald ebnete. Die Gemeinden waren früher von Wildberg und Bulach aus versehen worden und erhielten 1814 eine eigene Pfarrei, die Barth selbst 1824–1825 versehen hatte. Einige Leute aus der Gemeinde, die mit Barth noch in Verbindung standen, erwirkten vom Konsistorium die Zusage, daß ein im Sinne Barths wirkender Geistlicher für Effringen-Schönbronn benannt wurde. So erging der Ruf an Werner, der freudig zusagte. Bis zum Aufzug Ende Juli 1834 leistete er seinem Freund Pfarrer Seeger [120] Amtshilfe in Strümpfelbach während dessen Badaufenthalt. Seegers Mutter war Werners Patin gewesen. Auch

[120] Joseph Karl August Seeger aus Mundelsheim, 1795–1864, Pfarrer in Hirsau 1820, Strümpfelbach 1828, Untersielmingen 1848.

später blieben Seeger und Werner in treuer Freundschaft verbunden; Seeger wurde bei Werners Kindern Pate.

Die seelsorgerliche Arbeit wurde Werner in seiner neuen Gemeinde dadurch sehr erleichtert, daß schon seit 1775 durch den damaligen Pfarrer Eytel [121] in Bulach das Gemeinschaftswesen lebendig war. Der Zeugmacher Joh. Georg Rothfuß in Schönbronn, Sohn eines der ersten Erweckten, hatte die Berufung Werners bewirkt. Auch in Effringen und in der Umgegend lebten Gleichgesinnte. So wurde bereits die Einsegnung des neuen Pfarrers zu einem großen Fest für die Gemeinde. In seiner neuen Eigenschaft als Gemeindepfarrer übte er sich ganz systematisch im Predigen, trug zunächst nur nach einem schriftlichen Manuskript vor, merkte aber bald, daß er seine Gemeinde unmittelbarer und ihrem Verständnis angemessen ansprach, wenn er nur mit einer Disposition redete. Dabei war er mit einer vollen und sicheren Stimme begabt und konnte durch seine eindringlichen Worte vielen zu Herzen reden.

Den Haushalt des jungen Pfarrers leiteten Werners Schwestern Wilhelmine und Charlotte. Alle drei Geschwister suchten neben den pastoralen Aufgaben äußere Not in der Gemeinde zu lindern, indem sie in beiden Orten Kleinkinderschulen gründeten, für die auch von dritter Seite, z. B. von Basel her Unterstützung kam. Zwei Jahre hatte Karl Werner sein Amt als Pfarrer versehen, als er sich 1836 ernsthaft um eine Hausfrau bemühte. Er dachte besonders an eine Tochter aus dem Haus Zeller-Siegfried in Beuggen, das ihm schon, als er noch in Basel war, durch die Art seiner Frömmigkeit einen tiefen Eindruck gemacht hatte. Die Frau des Hausvaters im Missionshaus Joh. Georg Chn. Büchelen vermittelte. Werner schrieb an Zeller: „Darf ich nun mit einer Bitte hervorrücken, bei der es mir darum zu tun ist, daß der Name des HErrn geehret und sein Reich gefördert werde? — Ich bitte Sie um das große Geschenk, mir — Ihre Tochter Therese zur Ehe zu geben. —" Er legte ein Briefchen an die Tochter selbst bei und seinen Investitur-Lebenslauf. Als Zeller den Brief gelesen hatte, reichte er seiner Frau die Hand und sagte: „Dein Liebstes und Bestes gib her!" Und als er hörte, daß Werner ein Enkel Israel Hartmanns sei, bemerkte er: „Das ist alter, echter Adel." Von den Eltern und der 22-jährigen Therese kam von Herzen das Jawort. Sobald er konnte, eilte Werner nach Beuggen; die persönliche Bekanntschaft und Verlobung der Brautleute, die sich kaum je gesehen hatten, im Oktober 1836 befestigte den Bund der Herzen. Die

121 Johann Jakob Eytel aus Eningen, † 1788, Mag. Tübingen 1759, Pfarrverweser Münsingen 1769, Pfarrer in Bulach 1775–1784, Freund des Herrnhuters und Pietisten Friedrich Christoph Steinhofer.

Trauung war ursprünglich in Effringen an Werners Wirkungsstätte vorgesehen, doch die damals verwickelten Ehegesetze hätten eine mehrmonatige Verzögerung bedingt. So fand die Hochzeit in Beuggen am 2. Februar 1837 statt. Der Hochzeitspredigt lag der 23. Psalm zugrunde. Die Hochzeitsreise fand wegen des kalten Wetters ihr natürliches Ziel im Effringer Pfarrhaus, wo die neue Pfarrfrau von den Schwägerinnen herzlich begrüßt wurde. 35 Jahre lebten Karl Werner und Therese Zeller in glücklichem Haus- und Ehestand. Die beiden Elternhäuser waren in ihrem Christenleben gleichgestimmt und schon 1881 rühmt der Sohn Samuel Werner, wie sich der Segen der Eltern auf Kinder und Enkel forterbt. Heute, nach weiteren 100 Jahren können wir dasselbe für viele Familien der 5. und 6. Generation bestätigen.

Auch nach dem Einzug der jungen Pfarrfrau blieben die beiden Werner-Schwestern in Effringen, die eine im Pfarrhaus, die andere zur Miete in einem befreundeten Bauernhaus. — Die älteste Schwester, Heinrike Plebst, die schon 1833 ihren Mann verloren hatte, führte das Geschäft ihres Gatten in Lauffen fort. Eine dritte ledige Schwester lebte zeitweise beim ältesten Bruder Ludwig, der damals Pfarrer in Erligheim bei Besigheim war und ein Jahr vor seinem Bruder die Ehe geschlossen hatte. Noch 1837 heiratete auch der jüngste Bruder Hermann, der sich in Ludwigsburg als praktischer Arzt niederließ und schon damals sein späteres Werk, die „Kinderheilanstalt" im kleinen begann.

Immer blieb Werner, auch von Effringen aus, in regem Gedankenaustausch mit seinem alten Freund Pfleiderer, der inzwischen Pfarrer in Blaubeuren geworden war; neu und besonders wertvoll waren ihm die Briefe, die er mit seinem Schwiegervater Zeller wechselte. Seinem durch schriftstellerische Arbeiten belasteten Freund Barth kam er zuhilfe, indem er ihm 1838 die Redaktion der „Basler Sammlungen" abnahm. Werner betreute diese die Mission begleitende Zeitschrift bis 1862. Er hat für die Basler Sammlungen vor allem zahlreiche Lebensläufe schwäbischer Gottesmänner aus alter und neuerer Zeit, meist nach handschriftlichen Quellen, bearbeitet. Barth hatte 1838 sein Möttlinger Pfarramt aufgegeben, um in Calw seine ganze Kraft dem „Calwer Verlagsverein", den hauptsächlich er gegründet hatte, zu widmen. Für die dort verlegten „Jugendblätter" arbeitete Werner wichtige Beiträge, Erzählungen, Gespräche, biblische Fragen, Worträtsel aus. Die Nähe zu Effringen erlaubte den engen, persönlichen Gedankenaustausch. Barth, der vielfach von der kirchlichen Gestaltung der Glaubenslehre abwich, verstand sich sehr gut mit Werner, der seinerseits sich bemühte, statt ein von Menschen gemachtes System in die Schrift hineinzutragen, Schrift mit Schrift zu vergleichen und so Gottes Wort aus seinem eigenen Licht zu verstehen. Werner sah sich nicht unter den Glaubensbekenntnissen stehen, sondern unter dem Wort Gottes, das er aus der Bibel schöpfte. Beide blieben auch durch ihr Engagement für die Mission verbunden. Über Barth erhielt Werner Neuigkeiten aus Basel, die er in Missionsstunden weitergab. Auf vielen Missionsfesten, die damals allenthalben in Württemberg aufkamen, traten beide gemeinsam als Redner auf. Auch wurde Werner ein eifriger Förderer des Nagolder Missionsvereins unter seinem rührigen Leiter, dem Nagolder Apotheker Heinrich Zeller [122]. Nach dem Tod des Inspektors Blumhardt war Werner sogar als dessen Nachfolger in der Leitung der Basler Mission ins Auge gefaßt. Nachfolger wurde aber dann Wilhelm Hoffmann [123], damals Pfarrer in Winnenden.

1841 trat die Gemeinde Großheppach im Remstal an Werner heran mit der Bitte, ihre Pfarrei zu übernehmen. Den Schwarzwald und die Nähe zu Calw und Barth zu verlassen, fiel Werner schwer, doch erhoffte er durch die verkehrsgünstigere Lage Großheppachs einen Ausgleich. Am Sonntag Misericordias Domini hielt er in der überfüllten Kirche in Schönbronn die Abschiedspredigt. Die Investitur in Großheppach mit den beiden Nachbargemeinden Kleinheppach und Gundelsbach war am Sonntag Rogate; hier wurde er mit seiner Familie von Anfang an mit großem Vertrauen und vieler Liebe empfangen. Zudem war nun die Entfernung zum Bruder Hermann in Ludwigsburg nicht weit, und Bruder Ludwig übernahm im gleichen Jahr die benachbarte Pfarrei Korb im Remstal. Die beiden unverheirateten Schwestern zogen von Effringen mit um und nahmen in Großheppach eine Wohnung. Auch in Großheppach hielt Werner Missionsstunden. Besonders der Schulunterricht und die Unterweisung der Konfirmanden machten ihm viel Freude, er fand lebhafte Resonanz. Seine Frau und seine Schwestern gründeten einen Arbeitsverein für die Mission. Das jährliche Missionsfest zog hunderte von Besuchern an. Von Jahr zu Jahr konnte er mehr Erweckungen und Bekehrungen unter den Gemeindegliedern erleben. Nach einem Gespräch mit dem Missionar Felician von Zaremba (s. Anm. 88) widmete er sich besonders wieder der Betreuung der Männer in der Gemeinde. Zahlreiche Besuche, die meist mit der Mission in Berührung standen, kamen nach Großheppach, so auch die Schwiegereltern

---

[122] Heinrich Zeller, 1794–1864, Apotheker in Nagold, s. Lit. Zeller § 261.

[123] Ludwig Friedrich Wilhelm Hoffmann, 1806–1873, Diakon Winnenden 1834, Inspektor der Basler Mission 1839, Professor und Stiftsephorus Tübingen 1850, Hofprediger Berlin 1852, Generalsuperintendent von Brandenburg, Sohn von Gottlieb Wilh. Hoffmann, s. Anm. 52.

aus Beuggen, der Schwager Bischof Gobat aus Jerusalem. Ebenso wurde Werner durch sein Interesse an der Missionssache zu Reisen veranlaßt. An der Gründung der Schullehrerbildungsanstalt Tempelhof [124] hatte er wesentlichen Anteil; in Lichtenstern (s. Ludwig Völter), Winnenden und Stammheim war er als Redner beim Anstaltsfest begehrt. Die Wellen der Politik suchte Werner von seinem Haus fern zu halten. Er wurde 1848 zwar auf die Wahlliste zum deutschen Parlament gesetzt, lehnte aber eine Wahl ab. Die Teuerung von 1847 gab viel Arbeit: Das Waschhaus im Pfarrgarten wurde zur Suppenküche; Berge von Obst wurden gesammelt für Armenanstalten.

Zu den beiden in Effringen geborenen Söhnen wurden den Eltern in Heppach noch zwei Söhne und zwei Töchter geschenkt. Dazu kamen später in Fellbach noch zwei Töchter. Alle acht Kinder durften am Leben bleiben und wurden eine Freude der Eltern. Werners Erziehungsweise hatte eine gewisse Härte und Strenge, doch fühlten die Kinder, daß der Vater vor Gott wandle; davon blieb der Segen nicht aus. Alle acht Kinder gründeten eine Familie. Die heute lebende Nachkommenschaft ist kaum überschaubar (s. den genealogischen Teil).

Im Jahr 1848 hatte Werner einen erneuten Ruf als Vorsteher der Basler Missionsanstalt erhalten, einen Ruf, den er im Grunde gern angenommen hätte; doch zerschlug sich die Sache durch seine Unentschlossenheit. Daher folgte er bereitwillig der kurz darauf ergangenen Aufforderung, als Pfarrer nach Fellbach zu kommen. Auch in Fellbach existierte bereits ein lebhaftes pietistisches Gemeinschaftsleben, vor allem durch die Bekanntschaft einiger Brüder mit dem Gründer der Hahnschen Gemeinschaft, dem Bauern und Theosophen Michael Hahn in Sindlingen. Als Werner mit seiner Familie am 23. 10. 1849 dem (Postkutschen-)Omnibus entstieg und herzliche Begrüßungsworte sprach, standen auf den Straßen, die zu der auf einer Insel stehenden Kirche führen, die Menschen dicht gedrängt voll freudiger Erwartung. Pfarrer Werner leitete sogleich ein vielgestaltiges Gemeindeleben; er wurde dabei inzwischen von einem Vikar unterstützt (Friedrich[?] Völter, später Inspektor in Tempelhof). Der zusammen mit dem Schulmeister Auberlen dreistimmig, nach dem Ziffersystem geübte Gesang der Schuljugend wurde zum wichtigen Bestandteil der Erziehung. Die Kinderstunden — mit mehreren hundert Kindern — fanden im Sommer auf der Höhe des Kappelberges statt, vielfach von Erwachsenen begleitet. Im August 1850 schrieb Werner an seinen Freund Barth: „Am

[124] Tempelhof, Anstalt der Inneren Mission in Marktlustenau bei Crailsheim.

Kirche und Schulhaus in Fellbach um 1860 (Stadtarchiv Fellbach)

Sonntag, wo ich 318 Kommunikanten hatte, ... hielt ich die Erntebetstunde am Abend auf dem Berg vor 1500–2000 Zuhörern. Es war herrlich. Die Kinder in der Mitte, mit denen ich zunächst redete, die reifen Erntefelder zu unseren Füßen, köstliche Luft, fröhliche Gesichter, Posaunenbläser spielten Loblieder. Ich sprach über: Suchet den Herrn, so werdet ihr leben." (Samuel Werner). Seine Sonntagspredigten waren gut besucht, auch von außerhalb. Zu den amtlichen Verrichtungen wie Hochzeitspredigten, Beerdigungen, kamen wie früher seine zahlreichen außeramtlichen Aufgaben — Basler Sammlungen, Missionsfestreden, Sitzungen für die Anstalt Tempelhof, Armengottesdienste, eine ausgedehnte Korrespondenz. Der Missionsgedanke hatte so festen Fuß gefaßt, daß im Februar ein jährliches Missionsfest gefeiert wurde. Abends hielt er an unterschiedlichen Tagen Erbauungsstunden für solche, die es wünschten. Dagegen nahm er an den Abendversammlungen der Gemeinschaftsgruppen (Hahnsche Gemeinschaft, Altpietisten, Herrnhuter) nicht regelmäßig teil; lange Zeit war am Sonntag Abend in 11 Häusern gleichzeitig Versammlung. Für die Armen wurde so reichlich gespendet, daß man 100 bis 150 Familien oder Personen aus der Umgegend mit Brot unterstützen konnte, für die Ortsarmen wurde eine Suppenanstalt gegründet.

Im Jahr 1860 können wir mit einer 15-jährigen Nichte, Marie Gobat, die in Jerusalem groß geworden war, einen Blick ins Fellbacher Pfarrhaus werfen [125]: „Der erste Eindruck, den mir das schlichte Pfarrhaus machte, war ein äußerst einfacher; aber ich hatte mir vorgenommen, mich freudig an alles zu gewöhnen. Die Kost war auch ganz anders, als ich sie bisher gewöhnt war. Beim ersten Tee glaubte ich, man hätte den Tee vergessen; ebenso schien mir bei der ersten Suppe die Fleischbrühe zu fehlen — es war eben eine Wassersuppe, in der Brotschnitten aufgekocht waren. Man sprach von "Erdbire", die dazu sollten gegessen werden. In meiner Unbedachtsamkeit wähnte ich, man spreche von Erdbeeren (es war aber erst April) und freute mich darauf. Bald merkte ich aber, daß von Kartoffeln die Rede gewesen war. Der Verkehr im Hause war aber ein so heimeliger und wohltuender, daß ich mich bald an alles gewöhnte, gerne half die Stuben kehren, Fenster und Bilder putzen. In der Küche lernte ich auch allerlei, und beim Wäschehängen, Zusammenlegen und Plätten konnte ich mich auch nützlich machen. Mit den englischen und französischen Stunden, die ich den Basen geben sollte, haperte es ein wenig; es wurde mir bald langweilig. Um von den einzelnen Bewohnern des Pfarrhauses etwas zu sagen, so nenne ich zuerst natürlich den Onkel. Er war ein großer, stattlicher Mann, mit sehr ernstem Gesichtsausdruck. Er konnte aber auch sehr humoristisch und witzig sein und liebte ein fröhliches Wesen bei uns jungen Leuten. Seine Predigten waren sehr tief, erwecklicher Natur, — und sonntags strömten viele Leute weit her in die Kirche; meist kamen dazu auch Bekannte, sogar von Stuttgart, die dann alle im Pfarrhaus bewirtet wurden. Da war der Mittagstisch oft sehr groß; das stereotype Essen: Reissuppe, Fleisch, geröstete Kartoffeln und Salat genügte aber immer; zum Dessert kam dann meist noch ein guter Kuchen dazu, bei dessen Zubereitung ich hatte helfen dürfen. Tante Therese — eine liebe, demütige, äußerst bescheidene Haus- und Pfarrfrau werde ich nie vergessen. Nie dachte sie an sich selbst; in stiller, anspruchsloser Weise ging sie ihren Weg. Sie war vielfach ausgelacht worden in ihrer Jugend, ihres unscheinbaren Äußern wegen schon und dann auch um ihrer etwas mangelhaften Ausbildung willen. Aber ihre tiefe, wahre Frömmigkeit ersetzte jeden Mangel und machte sie allen denen liebenswürdig, die näher mit ihr in Berührung kamen ..."

[125] Maria Kober-Gobat (s. genealogischer Teil G 6), Skizzen aus meiner Jugendzeit, Basel 1917.

Im Herbst 1852 konnte der älteste Sohn Samuel, — zusammen mit einem Sohn von Albert Knapp — ins Seminar Schöntal eintreten, die Söhne Gotthilf und Israel kamen zur weiteren schulischen Ausbildung in befreundete Häuser nach Esslingen (zu Oberamtsrichter Schmid) und Stuttgart (Kaufmann Friedrich Chevalier im Häringschen Haus). Die 50er Jahre brachten für Pfarrer Werner vermehrte Aufgaben, die mit seinem Amt in losem Zusammenhang standen, so die Vorstandschaft des Kinderrettungsvereins und des Missionsvereins im Cannstatter Bezirk; dazu kamen die monatlichen Gemeinschaftskonferenzen im Häringschen Haus in Stuttgart, deren Vorstand er 1857 wurde sowie die Herausgabe des pietistischen Gemeinschaftsblattes seit 1859. Die Gemeinschaftskonferenzen wurden ins Leben gerufen, um „in Lauterkeit, Einigkeit und Freiheit" den Zusammenhalt mit Gemeinschaften an anderen Orten zu pflegen und die Gemeinden zu stärken. Ein erster Bruder wurde ausgesandt, um verstreute Gemeinschaften im Schwarzwald zu besuchen. Dem Zusammenhalten diente auch das Gemeinschaftsblatt. Reisen führten Werner zum Basler Missionsfest, 1852 nach Bremen, 1853 nach Berlin aus Anlaß der Kirchentage und sonstiger Reichsgottesversammlungen. Eine erste Erholungsreise konnte er 1857 in die Schweiz auf den Rigi machen.

Inzwischen hatte ganz augenscheinlich der Ruf zur Heidenmission auch Werners Verwandte erfaßt. Zehn Töchter, Neffen und Nichten von Karl und Therese Werner wurden Missionare oder folgten als Ehepartner einem Missionar in die Ferne. Und in der Folgegeneration lassen sich leicht 15 Familienglieder finden, die in aller Welt im Dienst der Mission standen (s. Tabelle 2, S. 187).

Die anderen Kinder von Karl und Therese Werner verließen ebenfalls nach und nach das Haus. Der älteste Sohn Samuel war nach Ende seines Theologiestudiums Vikar zunächst bei seinem Onkel Christian Pfleiderer in Warmbronn, dann seit 1862 acht Jahre lang beim Vater in Fellbach, und wurde schließlich auf die Pfarrstelle seines Vaters in Effringen nominiert. Der zweite, Gotthilf hatte Naturwissenschaften studiert und als Lehrer am Polytechnikum in Stuttgart eine Stelle gefunden; er kam meist an Sonntagen heraus nach Fellbach. Der dritte Sohn, Israel war Kaufmann 1865 in Paris, 1868 in London geworden. Die Töchter waren zur Ausbildung in befreundeten Häusern. Sophie heiratete Karl Elsäßer, einen ehemaligen Vikar des Vaters; Tabitha den Pfarrer Paul Langbein in Enzklösterle; der Sohn Heinrich war für kurze Zeit Vikar bei seinem Vater und wurde dann Pfarrer in Vaihingen an der Enz.

1862 verlor Karl Werner seinen Herzensfreund Christian Gottlob Barth.

Ihm widmete er in den folgenden Jahren eine breit angelegte Biographie, in der er Barths vielfache Verflechtung mit der Erweckungsbewegung nachzeichnete. Wenig später verlor er seinen Nagolder Freund Dr. Heinrich Zeller, seinen Mitstreiter für die Sache der Mission und Freund der pietistischen Gemeinschaft. 1867 stand er am Sterbebett seines geliebten Freundes und Schwagers Christian Pfleiderer, der ihn während seiner Blaubeurer Zeit zu einem lebendigen Christentum geführt hatte.

Zu Beginn des Jahres 1869, kurz nachdem Barths Biographie abgeschlossen war, ereilte Werner ein leichter Schlaganfall, der mit einem Herzleiden in Verbindung stand und ihn zur Ruhe mahnte. In den folgenden Jahren fingen beengende Krampfanfälle in Brust und Hals an. Im Krieg gegen Frankreich begrüßte er nicht so sehr den Sieg der deutschen Waffen, vielmehr sah er das Heer der Toten und Verletzten, die er auf beiden Seiten forderte. Sein Sinnen war auf Versöhnung und tätige Liebe gerichtet; so schrieb er nach der Einnahme von Straßburg an die Buchhändler-Witwe Berger-Levrault, in deren Verlag zahlreiche christliche Schriften erschienen sind, und an deren Tochter Lucie Berger: „In den Tagen des Leidens fühlen wir uns Euch, teure Freunde, verbunden. ... Der Weltmensch sagt: Zweierlei Nationalitäten, zweierlei Interessen! Aber wir Christen denken anders, denn wir gehören einem Herrn und einem Volk an."

Aus Rücksicht auf seine Gesundheit mußte Werner immer mehr Amtsgeschäfte an seinen Vikar abgeben — 1871 war es der Sohn Heinrich. Trotz seiner Krampfanfälle konnte er aber immer wieder predigen bis in die Osterzeit 1872. Den Tod vor Augen ließ er im Gemeinschaftsblatt noch eine Mahnung an die Brüder und Schwestern zum Zusammenhalten ausgehen. Das war die Mainummer, in der dann seine Todesanzeige stand. Den Konfirmationstag (21. April) erlebte er noch tätig mit, hatte dienstags eine Hochzeitspredigt gehalten und für den Donnerstag eine weitere Hochzeit vorbereitet. Doch in der Nacht vom 23. zum 24. April entschlief Karl Werner mit dem Ausruf: O Jesu! auf den Lippen. Sein Freund und Bruder Pfarrer Carl Theurer [126] aus Stuttgart hielt die Leichenpredigt über den Text: Ich lebe, und ihr sollt auch leben! „Der Herr hat ihn, der im Leben viel geseufzt hat, hinziehen lassen zwischen Jubilate und Cantate." Sein noch heute erhaltener Grabstein in Fellbach trägt als Inschrift das Motto der Leichenpredigt.

Werners Frau Therese Zeller, die ein Menschenleben lang seine vielfältigen

[126] Carl Johann Wilhelm Theurer aus Waldenbuch, 1826–1882, Pfarrer in Mühlhausen bei Cannstatt und Stuttgart.

Aufgaben und Projekte in der Gemeinde, im Einsatz für die Mission und das Gemeinschaftsleben mitgetragen hat, blieb in dem Lebensbericht Karl Werners ganz im Hintergrund. Und doch können wir nachvollziehen, daß er seine ganze Persönlichkeit immer nur deshalb voll und überall einsetzen konnte, weil ihm seine gleichgesinnte, in Liebe verbundene Gattin zur Seite stand, sein Werk mittrug. Therese Werner zog im Alter nach Tübingen zu ihren Kindern Sophie und Karl Elsäßer und schloß erst 22 Jahre nach ihrem Gatten 1894 die Augen.

*Schriften von Karl Friedrich Werner*

- Chasida, Ein Gemälde nach der biblischen Geschichte, Für Christenkinder entworfen. Basel 1840.
- (Johann Albrecht Bengel), Gnomon oder Zeiger des Neuen Testaments. Eine Auslegung desselben in fortlaufenden Anmerkungen. In deutscher Sprache hrsg. von C. F. Werner. Mit Vorrede von Prälat Kapff. 2 Bde. Stuttgart 1853; 3. Auflage 1876.
- Johann Albrecht Bengel, Schatzkästlein zur Führung des geistlichen Amtes. Nach dessen Gnomon des Neuen Testaments. Aus den Papieren des sel. Pfarrers Flattich deutsch mitgeteilt von C. F. Werner. Ludwigsburg 1860.
- Harmonie der vier Evangelisten nach Bengels deutschem Neuen Testament. Ludwigsburg 1862.
- Christian Gottlob Barth, Doctor der Theologie. Nach seinem Leben und Wirken gezeichnet. 3 Bde. Calw, Stuttgart 1865/1869.
- Johann Albrecht Bengel, Auslegung des Neuen Testaments oder kleiner Gnomon. Auszug aus dem großen Werk, deutsch bearbeitet von Carl Fr. Werner. Basel 1866–1867; 3. Auflage Basel 1876.
- Johann Albrecht Bengel's Auslegung der Briefe Pauli an die Corinther. Aus dessen Gnomon in deutscher Sprache hrsg. von Carl Friedrich Werner. Basel 1875.
- Zahlreiche biographische Aufsätze in den „Sammlungen für Liebhaber christlicher Wahrheit und Gottseligkeit“ 1854–1861.

## Dienst an der Hausgemeinschaft in der Stille — Marie *Sophie* Luise Zeller, Hausmutter der Gebetsheilanstalt Männedorf

Familiendaten s. S. 201

Die vierte Tochter von Christian Heinrich Zeller und seiner Frau Sophie Siegfried war Marie *Sophie* Luise, geboren im Hungerjahr 1816 kurz vor dem Weihnachtsfest. Sie kam noch in Zofingen zur Welt. Als sie drei Jahre alt war, zog die Familie um nach Beuggen, als der Vater dort Inspektor der neu gegründeten Armenschullehrer- und Kinderrettungsanstalt wurde. Und Beuggen wurde ihre Heimat, hier fand sie ihre Aufgabe, bis sie 1863 ihrem Bruder Samuel als Hausmutter nach Männedorf folgte.

M. Sophie M. Zeller 1816–1899
(Archiv Andreas Zeller, Z 314)

Wie ihre Schwestern wurde Sophie zusammen mit den Anstaltskindern erzogen, ging mit ihnen zur Schule und wuchs hinein in eine von Gottvertrauen und Liebe zum Heiland geprägte Umgebung. Die Lebensführung war eher spartanisch, aber alle Hausgenossen wirkten in Liebe und Eifer für die Erziehungsaufgaben des Hauses zusammen. Sophie muß ein heiteres Kind gewesen sein, zu Streichen aufgelegt. Dabei war sie recht begabt. Als der Lehrer in der Schule anregte, jeder solle ein Lied dichten, schrieb sie ein „Hochzeitslied“:

> Nun, so teilet Freud und Schmerz, teilet Sorg' und Mühen,
> denn es ist fürwahr kein Scherz, Kinder zu erziehen!

Nach der Konfirmation kam Sophie für eine Zeit nach Zofingen zu Verwandten. Sie lernte dort Weißzeugnähen und konnte etwas weltlichere Luft schnuppern. Sogar in ihre erste und einzige Theateraufführung geriet sie dort. Sie sagte später: „Es mußte so sein, um mir für immer einen Abscheu davor zu geben." Nach ihrer Rückkehr nach Beuggen wurde Sophie als Arbeitslehrerin und Aufseherin einer Mädchengruppe von dreizehn Kindern eingesetzt. Als Arbeitslehrerin hatte sie vor allem die ihr anvertrauten Kinder bei Handarbeiten zu beaufsichtigen. Ihre heitere Art und ihr gesetztes Wesen machten sie schon in der Jugend dazu fähig. Damit mußte sie weitgehend aus dem Verbund der engeren Familie ausscheiden; ihr Stundenplan erlaubte nur noch wenig Freizeit:

5 Uhr (winters 6 Uhr) Aufstehen,
Aufsicht der Mädchen beim Lernen für die Schule,
7–8 Uhr Frühstück und Morgensegen,
8–11.30 Uhr Arbeitsschule mit den kleinen Mädchen,
11.30 Mittagessen und Aufsicht in der Freistunde,
1–4 Uhr während der Schule der Kleinen,
Arbeitsschule mit den Größeren,
4 Uhr Abendessen und Aufsicht in der Freistunde,
5–7 Uhr Arbeitsschule,
7 Uhr Nachtessen und Abendsegen,
8–9 Uhr gehen die Kinder zu Bett.

Sophie mußte auch bei den Mädchen schlafen. Dieser Dienst ist ihr sehr schwer geworden. Doch gewann Sophie die Anhänglichkeit ihrer Schützlinge, die sie ihr noch nach vielen Jahren bewiesen.

Als die Schwestern eine nach der anderen aus dem Haus gingen und sich verheirateten, wurde Sophie von ihrem Lehrerinnen- und Aufsichtsamt entbunden und zur Hilfe der Mutter bei der Leitung des Hauswesens herangezogen. Die Schwester Bertha hatte im Jahr 1840 den Marburger Professor Heinrich Thiersch geheiratet. In das Geschwisterhaus wurde Sophie in den Jahren 1848–1849 für sechs Monate eingeladen. Sie sollte bei der Kindererziehung behilflich sein — es waren im Haus Thiersch in rascher Folge drei Söhne und zwei Töchter angekommen. Sie machte natürlich in der Universitätsstadt Marburg viele Erfahrungen, die ihr in Beuggen verschlossen waren. Sie fühlte aber, daß sie für den freieren Geist des Studentenlebens nicht geschaffen war. Einen Ball hat sie natürlich nie besucht; sie versuchte ihre Freundin Marianne Stamm, die sie in Marburg kennenlernte, vom Ballbesuch abzuhalten: „Denke doch, wenn plötzlich der Herr Jesus käme, oder ich würde mitten im Ball sterben, wie schrecklich wäre es, so in die Ewigkeit gehen zu müssen!" Gern kehrte Sophie nach Beuggen zurück. Dort war sie zuhause, dort fühlte sie, daß sie gebraucht wurde. In

Beuggen war sie die Stütze der Eltern, von ihren Schwägern geliebt; besonders ihre Neffen — noch mehr als die Nichten — hingen mit Zärtlichkeit und Verehrung an ihr.

Offenbar hat es an Bewerbern um ihre Hand in jener Zeit nicht gefehlt, sie mußten aber unverrichteter Dinge wieder abziehen. Sophie war mit voller Überzeugung ledig geblieben. Im Vertrauen bekannte sie einmal, es müsse doch etwas Langweiliges sein, so viele Jahre beständig mit einem Mann leben zu müssen. Nun, später hat sie es 36 Jahre mit ihrem jüngsten Bruder Samuel ertragen und ihm treulich hausgehalten.

Sophies besondere Liebe gehörte den Vögeln. Eine Eule hielt sie im Zimmer, und im Vorfenster eine Menge kleiner gefiederter Gesellen. Ihr Bruder Reinhard, damals Student in Basel, fürchtete aber, die Liebe zu den Vöglein könne zwischen seine Schwester und den Herrn Jesus treten, und entließ eines Tages die kleinen Gäste.

Besonders wichtig war Sophies Hilfe in der letzten Krankheit der Mutter. Die Mutter war in den Jahren 1857 bis 1858 monatelang bettlägerig; sie hatte Wassersucht, und Sophie wurde in ihrer Pflege nie müde, bis die Mutter Ende Juli 1858 heimgehen durfte. Nach ihrem Tod übernahm Sophie das schwere Amt der Hausmutter. Nachdem nur zwei Jahre nach der Mutter auch der Vater gestorben war, wurde der Sohn Reinhard zum Nachfolger des Vaters im Amt des Inspektors bestimmt. Reinhard fand bald in Elise Bohn eine Gattin, die natürlich in die Aufgaben der Hausmutter in Beuggen hineinwuchs. Als Lehrer und Verwalter des Hauswesens fungierte der Bruder Nathan. So war es für Sophie naheliegend, sich einen anderen Wirkungskreis zu suchen.

Nun hatte im Jahr 1862 der Bruder Samuel die Gebetsheilanstalt der Jungfer Dorothea Trudel in Männedorf bei Zürich nach deren Tod übernommen und war dankbar, daß seine Schwester bereit war, hier die Aufgaben der Hausmutter zu übernehmen. Über die Ziele und Führung der Gebetsheilanstalt wird unten bei Samuel Zeller berichtet. Sophies Aufgaben in der Verwaltung waren Empfang und Betreuung der Gäste, die Kassenführung, Aufsicht in der Küche, Pflege der Wäsche. Daneben war ihr die seelsorgerliche Betreuung des Hauspersonals ein Herzensanliegen. In ihrer liebevollen Treuherzigkeit, ihrer ausgleichenden Herzlichkeit konnte sie niemand ernsthaft böse sein. Alle schloß sie in ihr tägliches Gebet ein, von ihrem Bruder bis zum jüngsten Mägdlein. Dabei hatte sie ihre Leute fest im Griff und duldete keine Unregelmäßigkeiten.

Von Beuggen hatte Sophie ein Magenleiden mitgebracht, das sie sich während der anstrengenden Pflege ihrer Mutter zugezogen hatte und das trotz Badekur nicht weichen wollte. Durch Gebet und Handauflegen wurde sie in Männedorf vom Herrn geheilt und durfte sich von Erkältungen abgesehen bis ins hohe Alter guter Gesundheit erfreuen. Der Umgangston im Haus war naturgemäß stark durch den erwecklichen Geist geprägt, in dem der Bruder Samuel die Anstalt leitete. Dennoch bewahrte sich Sophie ihre natürliche Art; ihre schlagfertigen Ausrufe, ihre handfesten und trockenen Bemerkungen blieben in Erinnerung. Eine Nichte bemerkte: „Ich denke oft an dich, auch wenn ich dir nicht schreibe!“ Die Tante meint: „Wobei soll ich das erkennen?“ Ein Gast am Tisch erlaubte sich anhand seiner phrenologischen Kenntnisse Bemerkungen über seine Mitgäste. Das paßte Tante Sophie nicht. Sie ließ den Gast wissen, es säße jemand am Tisch, der habe mit Hilfe der Physiognomik einen Zug in seinem Gesicht erkannt, der bedeute: „Dem Weibervolk in Unehren zugetan.“ Der Gast reiste sofort ab.

Tante Sophie erfreute sich eines ungewöhnlich guten Gedächtnisses. Nicht nur hatte sie einen reichen Schatz an Liedern und Bibelstellen parat, sie erinnerte sich auch an eine Fülle von Einzelheiten aus der Geschichte Beuggens und aus der Familie. Dabei lag ihr das Schönfärben keineswegs; bei ihren peinlich genauen Schilderungen kamen oft genug auch die Schattenseiten der Betroffenen zutage. Sie konnte besser vergeben als vergessen. So erhielt sie gelegentlich den Beinamen „drittes Buch der Chronik“; er paßte ebensogut wie der, den sie sich gelegentlich selbst gab: Ein lebendiges Gesangbuch, zwar ohne Goldschnitt, aber mit Rück- und Eckleder. Ihr Bruder beehrte sie manchmal mit dem Titel „Advokat“, weil sie es verstand für Menschen, die sie liebte, oder deren Not ihr zu Herzen ging, beim Bruder Fürsprache einzulegen.

Tante Sophie war nicht nur ein lebendes Gesangbuch, sie verfaßte auch selbst zahlreiche Lieder und Gedichte und hatte darin eine Gabe, womit sie auf erbauliche und liebliche Weise vielen eine Freude bereitete. Die Lieder spiegeln ihren natürlichen, einfältigen, kindlichfrommen Charakter. Von den Büchern, die sie las, lagen ihr die Schriften von Lavater lebenslang besonders am Herzen.

Als Sophie Zeller alt wurde, fiel es ihr immer schwerer, den zahlreichen Pflichten einer Hausmutter nachzukommen. Es war ihr aber auch schmerzlich, Verantwortung abgeben zu müssen, und es gab dabei immer einen Kampf mit ihrem 18 Jahre jüngeren Bruder, der mehr und mehr sah, daß seine Schwester überfordert wurde. Doch bis zu ihrem Ende blieb sie der seelische Zufluchtsort für viele der Hausgenossen. Dieses Amt konnte sie auch noch vom Lehnstuhl in ihrem Stübchen aus wahrnehmen. Als Tante Sophie fast 82 Jahre alt war, fesselte ein schlimmer Fall im November 1898 sie ganz ans Bett und den Lehnstuhl. Sie hatte sich das Handgelenk und die Hüfte schwer verletzt. Sie sah es als Züchtigung des Herrn an. Und noch im Leiden wirkte sie durch Fürbitte und Seelsorge. Schließlich wiederholten sich kleinere Schlaganfälle; und durch einen Schlaganfall wurde sie in der Nacht des 14. Juli 1899, kurz vor 12 Uhr, heimgeholt.

Abendlied von Sophie Zeller, in Beuggen seit 1841 oft gesungen:

Die Nacht ist nun hier,
und dankend geh'n wir
auch heute nun wieder zu Bette.
Dank sei dir auch heut
für Leid und für Freud';
denn beides schickt, Herr, deine Gnade.

Auch heute hast du
nach Arbeit uns Ruh',
du liebender Vater gegönnet.
Neig' zu uns dein Ohr;
es steigt noch empor
ein Seufzer, ein Wunsch, eine Bitte:

Du wollest, o Herr,
je länger je mehr
den heiligen Geist uns bescheren!
Er zeig' uns den Weg,
er führ' uns den Steg,
der endlich zur Seligkeit führet.

Besiege den Feind,
der's bös mit uns meint,
und immer nur sucht uns zu schaden.
Steh' selber heut Nacht
uns Schlafenden Wacht,
und lasse kein Unglück geschehen!

# Nathan Zeller, Verwalter der Armenschullehrer- und Armenkinderanstalt Beuggen

Familiendaten s. S. 202

Reinhard Zeller setzte über den Lebensbericht seines Bruders Nathan den Satz von Jung-Stilling: „Mehr Stiche der Sonne, mehr schwere Gewitter (habe ich gehabt), als mich des Lebens Wonne gelabt."

Nathanael J. H. Zeller 1823–1890
(Archiv Andreas Zeller, Z 314)

Am 3. September 1823 war Vater Zeller zur monatlichen Sitzung des Beuggener Komitees in Basel. Am andern Morgen überbrachte ihm der Zögling Wälli einen Brief seiner Frau, in dem sie ihm den Beginn der Geburtswehen ankündigte; der Bote brachte aber zugleich die mündliche Nachricht, daß schon alles überstanden sei, ein Söhnchen war geboren. Nach sechs Töchtern wurde dem Beuggener Zellerpaar als erster Sohn *Nathanael* Johann Heinrich (Nathanael = Gott hat gegeben) geschenkt. Er wurde später immer Nathan genannt und war nach Tabitha das zweite Zeller-Kind, das in Beuggen zur Welt kam. Die Taufe vollzog am 19. September Pfarrer Dr. Steinkopf (s. Anm. 6) aus London. Unter den Paten waren Missionsinspektor Blumhardt (s. Anm. 18) und Spittler (s. Anm. 7) der Sekretär der Christentumsgesellschaft. Nathan Zeller war ein stilles, zurückgezogenes Wesen eigen. Ein Licht auf seinen Charakter wirft ein Erlebnis aus seiner Jugendzeit: Als er einst an seinem Geburtstag vormittags vom Knabenaufseher und nachmittags vom Lehrer eine sehr harte Strafe erhalten hatte, ging er tieftraurig über den Hof. Das „Schinznacher Bäbeli", eine glaubens- und liebevolle Bauersfrau, die gerade zu Besuch war, sah ihm den Jammer an und fragte mit mütterlichem Herzen: „Nathan, was fehlt dir?" Unter

Tränen antwortete er: „'s hat mich niemand lieb!" „Doch, doch," rief 's Bäbeli, „Nathan, der Herr Jesus hat dich lieb!" Da knieten beide am Rheinufer und beteten aus inniger Jesusliebe. Das ging Nathan zu Herzen, und er kehrte getrost zurück.

Wie seine Geschwister absolvierte Nathan die Grundschule in der Anstalt im heimischen Beuggen. Als sich seine Schwester Helene 1840 mit Ludwig Völter verheiratete, der als Inspektor an die Lehrerbildungsanstalt Lichtenstern bei Heilbronn berufen war, konnte er als 17-jähriger seine Schwester begleiten und in Lichtenstern den Lehrerkurs absolvieren. Es hat sicher seinen Gesichtskreis erweitert, daß er in Lichtenstern und nicht zu Hause in Beuggen zum Lehrer ausgebildet wurde. Lichtenstern verließ er nach drei Jahren und studierte dann mit einigen Unterbrechungen weitere drei Jahre in Genf und Lausanne. Während dieser Zeit ergänzte er die bei seinem Schwager in Lichtenstern erworbenen Grundkenntnisse in den klassischen Sprachen, studierte Mathematik, Musik und Naturgeschichte und hatte Gelegenheit zum Studium moderner Sprachen.

Durch Verwendung seines Schwagers Samuel Gobat bekam Nathan 1846 eine interessante Anstellung an einer englischen Knabenerziehungsanstalt auf Malta. Hier blieb er zwei Jahre, während der er sich sehr wohl fühlte. 1848 rief ihn Gobat, der inzwischen anglikanischer Bischof in Jerusalem geworden war, zu sich als Hauslehrer seiner eigenen Kinder. Die vier Jahre in Jerusalem bis 1852 waren Höhe- und Glanzpunkte seines Lebens. Im Mai 1852 kehrte Nathan in die Heimat zurück und wurde zunächst für eine mehrmonatige Ausbildertätigkeit auf St. Chrischona verwendet. Im Herbst 1852 wurde er auf eine freiwerdende Lehrerstelle nach Beuggen berufen. Von der Zeit an bis zu seinem Tod arbeitete Nathan Zeller zunächst zusammen mit seinen Eltern, später mit seinen Geschwistern als Lehrer und in der Verwaltung der Anstalt Beuggen. Offenbar verstanden es Eltern und Geschwister, in liebevoller Zusammenarbeit zu wirken. Reinhard schrieb: „Als im Jahr 1855 auch unser jüngster Bruder Samuel als Lehrer hinzukam, hatten wir drei Brüder das seltene Glück, (zusammen mit unserer Schwester Sophie) fünf Jahre zuerst unter unseren Eltern, dann noch unter unserem Vater allein zu dienen. Vom Todestag unseres Vaters an arbeiteten wir zwei Brüder nebeneinander: er als Verwalter und ich als Inspektor der Anstalt. Unser aufrichtiger ... Wille war, unserm Herrn und Heiland ... jeder nach seiner Gemütsart und Geistesgabe zu dienen. Wenn es auch nach eines jeden stark ausgeprägten Eigentümlichkeiten und Fehlern öfters zu Reibungen und Störungen kam, so wurde durch die Gnade Gottes ... doch die herzliche Liebe und Einigkeit und ein aufrichtiger, treuer Friede nach kurzer Zeit wiederhergestellt, so daß die Hausgemeinde das Bild der dauerhaften Einigkeit und des treuen Friedens vor sich hatte." (Nachruf S. 10). 38 Jahre lang arbeiteten die beiden Brüder zusammen. In den langen Jahren der Krankheit Reinhards — er litt an Gicht — wurde Nathan in immer größerem Umfang Stütze und Ersatz für abnehmende Leistungen des Bruders. Reinhard war an den Rollstuhl gefesselt, darum mußte Nathan überall im Haus unterwegs sein und nach dem Rechten sehen, so daß sich für ihn der Name: „Das Auge des Gesetzes" einbürgerte. Daß es bei Nathan aber dabei an der treuen, wenn auch strengen Liebe nicht fehlte, beweist der andere, besonders unter den Brüdern, den Lehrerzöglingen gebräuchliche Titel „Onkel".

Im Jahr 1889 erwies es sich als notwendig, für Reinhard Zeller einen Nachfolger zu finden; seine Krankheit war so weit fortgeschritten, daß er sein Amt als Anstaltsleiter nicht mehr ausüben konnte. Damit war auch Nathans Stelle als Ökonomieverwalter verbunden, er sollte — nun 66 Jahre alt — zum 31. März 1890 in den Ruhestand versetzt werden. Schon seit Weihnachten bereitete er sich auf seinen Auszug vor, verschenkte seine ganze Habe an Verwandte und Hausgenossen. Nur Tisch, Bett, Stuhl und Leuchter wollte er mitnehmen. Seine Geschwister staunten. Mitte März wurde die älteste Klasse der Lehrerbrüder zum Examen nach Karlsruhe verabschiedet. Mit Liebe und Dankbarkeit schieden die jungen Leute von ihrem Lehrer und Mentor.

Auszug und Abschied von seiner Heimat und seiner jahrzehntelangen Wirkungsstätte muß Nathan sehr schwer gefallen sein; er gestand seinem Bruder, es sei ihm bange auf seinen Abschied. Todesahnungen mögen in ihm wach geworden sein. Es ist merkwürdig, daß er seinem Bruder schon Tage vor dessen Geburtstag, dem 21. März, durch die Kinder ein selbst geschriebenes Geburtstagslied singen ließ, so als ob er fürchtete, den Tag nicht mehr zu erleben. Am 18. März räumte er sein Zimmer aus und schlief, bereit zum Auszug, die Nacht schon anderswo. An seinem Todestag, dem 19. März hielt er noch die Morgenandacht, in der er den Psalm 91 mit der Überschrift: „Trost in Sterbensnot" las. Bis zum Nachmittag ging er seiner gewohnten Tätigkeit nach, als er plötzlich niedersank mit den Worten: „Haltet mich, es wird mir übel!" Wenig später — man hatte ihn ins Haus getragen — verschied er. Zur Beerdigung am Freitag, 21. März kamen die Geschwister und viele Freunde und Verwandte aus der Nähe und Ferne, ehemalige Schullehrer-Zöglinge, die Komiteemitglieder der Anstalt aus Basel und viele Leute aus den benachbarten Ortschaften. Pfarrer Preiswerk, Präsident des Anstaltskomitees, hielt die Grabrede. Im gemauerten Grab der Eltern in Beuggen wurde er bestattet.

Nathan Zeller stand während seines Lebens oft im Schatten seiner Geschwister und Schwäger, die als Anstaltsleiter, als Missionar, als Professor der Theologie einen breiten Wirkungskreis hatten. Nathan hat, ähnlich wie seine Schwester Sophie, viel mehr in der Stille gewirkt. Und dennoch war dieser schweigsame, bescheidene Mann wohl gekannt und bekannt, der bei Besuchen von Gästen und Zusammenkünften von Freunden und Kollegen immer im Hintergrund blieb und von dem man nie ein öffentliches Wort gehört oder etwas Gedrucktes gesehen hat. Ein Aargauer Pfarrer schrieb: „Ich habe diesen Mann nur selten gesehen und nur wenig mit ihm geredet, aber er ist mir durch sein ganzes stilles Wesen und durch seine aufrichtige Demut eine laute Predigt geworden."

# Apostolische Theologie und Verkündigung — *Heinrich* Wilhelm Josias Thiersch und *Bertha* Marie Zeller

Familiendaten s. S. 462

Zu Pfingsten 1838 wurde der gerade 20-jährige, soeben in München zum Doktor der Philosophie promovierte Heinrich W. J. Thiersch als Lehrer an die evangelische Missionsanstalt in Basel berufen. Von dort aus kam er in engeren Kontakt mit der Familie Zeller in Beuggen, dort fand er zwei Jahre später seine Lebensgefährtin.

Bertha M. Zeller 1818–1868 Heinrich W. J. Thiersch 1817–1885
(Photos von Georg Werner, W 141)

## *Heinrich Thierschs Elternhaus*

Heinrich Thiersch entstammte einer Münchner Gelehrtenfamilie. Seinem Vater Friedrich von Thiersch soll der älteste Sohn Heinrich im Äußeren sehr ähnlich gewesen sein: „Auf der hohen, gebieterischen Stirn die Würde, auf den starken Brauen der Ernst, im lichten Auge die Milde und Heiterkeit." Die äußere Ähnlichkeit hatte ihre Ursache wohl in einer Wesensübereinstimmung von Vater und Sohn.

Der Vater *Friedrich* Wilhelm Thiersch war der Sohn des Bäckers und Dorfschulzen, seine Mutter die Pfarrerstochter in Kirchscheidungen in der güldenen Aue. Die Grundlagen für seine große philologische Gelehrsamkeit hatte er auf dem berühmten Gymnasium Schulpforta gelegt. Auf der Universität Leipzig studierte er Theologie, wandte sich aber bald von der damals herrschenden rationalistischen Richtung ab und wurde ein eifriger Schüler des klassischen Philologen Gottfried Hermann [127]. Daneben trieb er Philosophie und Ästhetik, beendete aber seinen Leipziger Aufenthalt 1807 mit dem theologischen Examen. 1807–1809 studierte er in Göttingen bei dem Philologen Heyne [128], lehrte daneben am Gymnasium, wurde 1807 zum Dr. theol., 1808 zum Dr. phil. promoviert, habilitierte sich und begann mit philologischen Vorlesungen. Mit 25 Jahren erhielt er einen Ruf nach München ans Gymnasium, dann ans Lyzeum. Unter dem seit 1799 als Kurfürst, seit 1806 als König von Bayern in München regierenden Max Joseph von Pfalz-Zweibrücken waren bedeutende protestantische Gelehrte an die Münchner Akademie berufen worden, darunter die Philosophen Friedrich Jacobi [129] und Fr. Wilh. J. Schelling [130], der Rechtswissenschaftler Friedrich Roth (s. Anm. 115) sowie Niethammer [131] für das Schulwesen. In diesen Kreis trat Thiersch als Philologe ein. So entschieden kämpfte er für das Studium der alten Sprachen, daß er 1811 kaum einem Attentat auf sein Leben entging. Im selben Jahr gründete er das philologische Seminar, seine Hauptwirkungsstätte für fast 50 Jahre. Unzählige bayerische Gymnasiallehrer sind aus diesem Seminar hervorgegangen; so ging Friedrich Thiersch der Ruf des „praezeptor bavariae" vo-

---

[127] Gottfried Hermann aus Leipzig, 1772–1848, Prof. für klassische Philologie in Leipzig, bekannt durch seine kritischen Klassikerausgaben.

[128] Christian Gottlob Heyne aus Chemnitz, 1729–1812, klassischer Philologe in Göttingen, beschäftigte sich mit allen Fachrichtungen der Altertumswissenschaft.

[129] Friedrich Heinrich Jacobi aus Düsseldorf, 1743–1819, Prof. in München, befreundet mit Chr. M. Wieland, M. Claudius, Goethe, Herder, Begründer der Glaubensphilosophie (das Gemüt erfaßt die Realität der Welt und des Göttlichen), bedeutender Einfluß auf Sturm und Drang.

[130] Friedrich Wilhelm Joseph von Schelling aus Leonberg, 1775–1854, Philosoph und Theologe, Prof. in Jena, 1803 Würzburg, 1806 München, 1841 Berlin; Hauptvertreter des deutschen Idealismus.

[131] Friedrich Immanuel Niethammer aus Beilstein bei Heilbronn, 1766–1848, Theologe und Pädagoge, Prof. Jena, Würzburg, 1818 Oberkonsistorialrat in München, Vertreter des Neuhumanismus, bekannt für seine Planung des höheren Schulwesens in Bayern.

raus. Als Lehrer der königlichen Prinzessinnen, darunter die spätere Frau von König Friedrich Wilhelm IV. von Preußen, fand er das Vertrauen des Königs Max Joseph. Nach dem Friedensschluß von 1814/1815 gelang es ihm, in Paris die von den Franzosen geraubten Kunstschätze und Manuskripte für Bayern wiederzugewinnen. Als 1826 durch Verlegung der Universität Landshut die Münchner Akademie zur Universität erhoben wurde, blühte sie weiter auf. 33 Jahre hat hier Thiersch als Professor der klassischen Philologie und Altertumskunde gelehrt. Zahlreiche Reisen nach Griechenland und Italien sowie zu den Antikensammlungen von Paris und London machten ihm das Bücherwissen lebendig. Seine feurige Beredsamkeit, sein anschaulicher Vortrag auf der Basis seiner profunden philologischen Bildung machten ihn zu einem hoch angesehenen Lehrer und Altertumswissenschaftler. Thiersch war 1829 und 1848 Rektor der Universität, 1838 wurde er Präsident der von ihm gegründeten Phililogenversammlung, seit 1848 war er Präsident der Akademie der Wissenschaften. Mit dem Ritterkreuz des Verdienstordens der Bayerischen Krone (1850) war der persönliche Adel verbunden.

Ebensosehr wie Friedrich Thiersch als Philologe und Archäologe hervorragte, war er um das Unterrichtswesen bemüht, Mängel der höheren Lehranstalten zu beheben und die Gymnasialausbildung zu reformieren auf der Basis eines gründlichen Studiums der klassischen Sprachen in drei Stufen: Lateinschule, Gymnasium, Universität. Muster fand er in der württembergischen Lateinschule, dem Gymnasium von Schulpforta und der Universität zu Göttingen. Neben das Gymnasium sollten die Realschule und die polytechnische Anstalt treten. Für die Universität wurde von ihm die — bisher unübliche — Freiheit ohne Studienzwang und ohne regelmäßige Prüfungen sowie die freie Berufung akademischer Lehrer gefordert. Die Universität München wurde auf der Grundlage dieser Vorschläge für andere deutsche Hochschulen Vorbild. Mit seinen Bemühungen um ein ideales Bildungsziel stand er in heftigem Gegensatz zu den der 48er Revolution nahestehenden Realisten, die sich der christlichen Religion ebenso entfremdet zeigten wie dem Studium des Altertums. Hierin folgte ihm, wie wir später sehen werden, in gleichem Sinn sein Sohn Heinrich.

Ehe wir uns dem Sohn Heinrich Thiersch zuwenden, sei noch kurz die Rolle des Vaters im griechischen Befreiungskampf erwähnt. Nach jahrelangem Kampf der Griechen gegen die Türken, in den schließlich auch die europäischen Großmächte eingegriffen hatten, erkannte die Türkei im Frieden von Adrianopel 1828 die Forderung der Großmächte nach griechischer Unabhängigkeit an. Für und gegen den zum Präsidenten gewählten

Grafen Kapodistrias [132] bildeten sich zwei Parteien, ein Bürgerkrieg brach aus. Thiersch hatte von Anfang an Sympathie für den griechischen Befreiungskampf gehegt, er verglich ihn mit dem deutschen Befreiungskrieg. Am 10. 11. 1829 schlug er den Großmächten einen jungen europäischen Prinzen als Herrscher für Griechenland vor und verwies dabei auf Otto von Bayern. Kapodistrias, den Thiersch 1814 in Wien kennengelernt hatte, sollte unter ihm Präsident bleiben. 1831 reiste Thiersch als Privatmann und Gelehrter nach Griechenland. Als Philhellene wurde er aber sogleich politisch tätig. Aufgrund seiner genauen Kenntnis der Sprache und der politischen Verhältnisse konnte er seinem König einen wahren Bericht der Sachlage schicken. Während Thierschs Aufenthalt in Griechenland wurde Kapodistrias im Herbst 1831 ermordet. Der Bürgerkrieg entfesselte sich neu. Da baten die Residenten und Admirale der Großmächte Thiersch, der das Vertrauen der Griechen besaß, um einen Vermittlungsversuch. Durch seine sachgemäßen Vorschläge, sein persönliches Auftreten zwischen den feindlich anrückenden Parteien unter Kolettis und Kolokotronis bei Nauplia am 10. 4. 1832, durch seinen Mut und seine Beredsamkeit gelang es ihm, Gewalttaten zu vermeiden und eine friedliche Einigung herbeizuführen. Die ihm daraufhin von den Griechen angebotene Präsidentschaft lehnte Thiersch ab. Otto wurde von der griechischen Nationalversammlung als König bestätigt; Thiersch brachte die Urkunde nach München. Otto betrat am 6. 2. 1833 griechischen Boden. Thierschs Verdienste sind unvergessen, der Sohn Heinrich schrieb eine Geschichte Griechenlands jener Tage, der Sohn Ludwig schmückte die Nikodemuskirche in Athen mit Fresken, der Enkel Friedrich entwarf einen Rekonstruktionsplan für Olympia.

Friedrich Thiersch hatte 1816 in Nürnberg Amalie, die Tochter des Gothaer Generalsuperintendenten Josias Löffler geheiratet, die ihm von 1817 bis 1827 sieben Kinder schenkte. Sie blieb über Jahrzehnte der Mittelpunkt der Familie; sie starb 84-jährig 1878, von 60 Kindern und Kindeskindern betrauert. Heinrich war der Älteste. Tochter Lina verheiratete sich mit dem Erlanger Philosophen Prof. Emil August von Schaden, dem früh (1852) verstorbenen intimen Freund Heinrichs. Der Schadensche Enkel August von Parseval wurde später als der Erfinder des lenkbaren Luftschiffs bekannt. Friedrich von Thierschs Sohn Karl wurde als Chirurg Professor in Leipzig, er heiratete Johanna, Tochter des Chemikers Justus von Liebig, der später in München Thiersch im Präsidium der Akademie der Wis-

[132] Joannes Antonios Kapodistrias von Korfu, 1776–1831, 1809–1822 im russischen diplomatischen Dienst, unterstützte von Westeuropa aus den griechischen Befreiungskrieg.

senschaften nachfolgte. Der Sohn Ludwig ging als Historienmaler in die Kunstgeschichte ein; er wurde Professor der Kunstakademie Athen und lehrte in München. Die jüngste Tochter verheiratete sich mit dem Eisenbahnpräsidenten Friedrich Petri.

### *Jugend und Studienzeit*

Heinrich Thiersch erzählt selbst: „Ich wurde 1817 in der teuren Zeit, wenige Tage nach dem Reformationsjubiläum in München geboren. Paten waren der Philosoph Schelling (s. Anm. 130) und der Jurist Friedrich Roth (s. Anm. 115). Mit vier Jahren lernte ich von meiner zärtlich liebenden Mutter lesen und schreiben. Als ich sechs war, wurde ich durch eine Erkältung am rechten Fuß gelähmt (Kinderlähmung ?), und eine unheilbare Schwäche blieb zurück". (Wigand) — Der frühreife Junge studierte mit sechs Jahren die lateinische Grammatik, mit sieben besuchte er eine lateinische Privatschule; der Vater las mit ihm kleine Oden von Horaz und führte ihn ins Griechische ein. Als 10-jähriger trat er ins neu gegründete Ludwigsgymnasium ein. Besonders rühmend gedenkt er eines Aufenthaltes in der Lateinschule in Nürtingen 1829. „Ich hatte das Glück, eine Schule der trefflichen altwürttembergischen Art zu besuchen; Rektor Planck [133] legte allen Nachdruck aufs Lateinische. Mit wahrem Vergnügen lernte ich die Anfangsgründe des Hebräischen. Von der Quälerei und dem nichtigen Tand deutscher Aufsätze wußten wir nichts, und doch lernten wir Deutsch, indem wir die lateinischen Schriftsteller sorgfältig übersetzten. Nur eine düstere Erinnerung ist mir geblieben an die altwürttembergischen Tatzen." (Wigand). Nach seiner Rückkehr nach München besuchte er das alte Wilhelmsgymnasium. Entscheidend für seine spätere philologische Ausrichtung wurde der Unterricht des außerordentlich fordernden und dadurch fördernden Philologen Leonhard Sprengel. Seine theologische Bestimmung wurde durch das katechetische Talent, die väterliche Einwirkung des Oberkonsistorialrats Dr. Böckh entschieden, von dem Heinrich 1832 konfirmiert wurde, in dem Jahr, in dem sein Vater in Griechenland weilte. Als begeisterter Adept der antiken Ideale legte er 1833 mit 16 Jahren das Abitur ab, nachdem er im Gymnasium nebenher Italienisch und privatim Französisch gelernt hatte. Heinrich pries es als Glück, daß er gleich zu Beginn seines Universitätsstudiums in München Schelling, den Naturkundler Gotthilf Heinrich Schubert (s. Anm. 55) und seinen Vater zu hören bekam, und stürzte sich mit großem Elan in ein freies, breites Studieren. Sein

[133] Heinrich Planck, 1788–1839, Rektor der Lateinschule Nürtingen 1820, Pfarrer in Bempflingen bei Reutlingen 1834.

hauptsächlicher Leiter wurde dabei sein Vater. Seinen Anschluß an die Schellingsche Philosophie förderte sein Freund Emil von Schaden, der später als Philosoph in Erlangen sein Schwager wurde. 1834 legte Heinrich die philosophische Grundprüfung ab und ging 1835 zum Studium der Theologie nach Erlangen.

In Erlangen wurde Heinrich vor allem von dem Neutestamentler Hermann Olshausen [134] geprägt, bei dem er Dogmatik hörte sowie von Harleß [135], der ihn in die neutestamentliche Exegese einführte. Durch den damaligen Repetitor J. Chn. Konrad Hofmann [136], später Professor in Erlangen, lernte er die alttestamentliche Geschichte und ihre Prophetie als Vorbedeutung auf Christus zu betrachten. Auch Friedrich Rückert [137] und den Kirchenhistoriker Engelhardt [138] hörte er. Nach dem Verbot der Burschenschaften hatte sich unter Heinrichs Teilnahme die Uttenreuther Verbindung gebildet, die eine freie und bildende Geselligkeit ohne Trinkkonvent pflegte; Heinrich trat aber bald wieder aus, weil er eine Ablenkung von seinen theologischen Studien fürchtete. Die Erlanger Zeit prägte ihn in streng lutherischer Richtung; auch das Konkordienbuch (der Andreaesche Leitfaden für die lutherische Rechtgläubigkeit) las er mit Zustimmung. Schon im Herbst 1837 legte er in Ansbach mit glänzendem Ergebnis das Kandidatenexamen ab. Während eines weiteren Semesters in Tübingen berührte ihn der Gegensatz zwischen der kritischen Schleiermacherschen Richtung Ferd. Chn. Baurs (s. Anm. 73) und dem Bibeltheologen Chn. Fr. Schmid [139]. Im Stift schloß er sich den wenigen Pietisten in ihren Erbauungsstunden an. Im Frühjahr 1839 promovierte er in München zum Doktor der Philosophie mit Studien über die Septuaginta-Übersetzung des alten Testaments und ihr Verhältnis zum hebräischen Grundtext. Sein Pate Schelling opponierte in seiner Disputation.

---

[134] Hermann Olshausen aus dem Hannoverschen, 1796–1839, Prof. für Theologie in Königsberg 1821, Erlangen 1834.

[135] Adolf Gottlieb Christoph von Harleß aus Nürnberg, 1806–1879, lutherischer Theologe, Prof. in Erlangen, Leipzig 1845, Oberkonsistorialpräsident München 1852, formte die evang. Landeskirche Bayerns streng lutherisch.

[136] Johann Christian Konrad Hofmann aus Nürnberg, 1810–1877, Prof. für Theologie in Rostock, Erlangen, Exeget, Vertreter der Erlanger Schule, sah die Geschichte als Heilsgeschichte.

[137] Friedrich Rückert aus Schweinfurt, 1788–1866, Prof. für Orientalistik in Erlangen und Berlin, Nachdichter und Übersetzer zahlreicher Werke aus dem Arabischen, Persischen, Chinesischen sowie aus indischen Literaturen.

[138] Johann Georg Veit Engelhardt aus Neustadt an der Aisch, 1791–1855, Evang. Theologe, Prof. für Kirchengeschichte in Erlangen, Anhänger des Erlanger Konfessionalismus.

[139] Christian Friedrich Schmid von Bickelsberg bei Balingen, 1794–1852, Prof. für Theologie in Tübingen 1821.

## *Der Universitätslehrer*

Am Promotionstag erhielt Heinrich Thiersch einen Ruf als Lehrer für Religion, Griechisch und Deutsch an die Missionsanstalt in Basel; er hatte anläßlich eines Besuches im Missionshaus bei einer Aushilfspredigt einen besonders nachhaltigen Eindruck beim Inspektor hinterlassen. In Basel knüpfte er wichtige persönliche Beziehungen. Bei Joh. Tobias Beck [140] aus Württemberg, der eine Theologie des Reiches Gottes vertrat, hospitierte er an der Universität. Besuche in Beuggen brachten ihn dem Werk der inneren Missionsbestrebungen nahe. Gesundheitshalber mußte er den Posten in Basel nach einem Jahr wieder aufgeben. Dennoch absolvierte er im Herbst 1839 in München die philologische Staatsprüfung und ging als theologischer Repetent nach Erlangen und habilitierte sich dort. Im Herbst 1840 trat er im Alter von 23 Jahren mit Bertha Zeller aus Beuggen in eine überaus glückliche Ehe. Zum Glück in der Ehe trat das enge Verhältnis zu seinem Freund und Schwager Emil von Schaden, Extraordinarius für Philosophie in Erlangen. Heinrich Thiersch las über eine breite Palette theologischer Themen. Sein Einfluß war offenbar bedeutend. Es wird berichtet, daß er und Schaden die größten Hörsäle beanspruchten. Aus seiner Repetententätigkeit ging eine hebräische Grammatik hervor.

In Erlangen fühlte sich Thiersch durch die dogmatische Enge bedroht, die er dort bei der Übernahme einer Professur zu erwarten hatte. Er konnte den Papst nicht als den großen Antichrist verdammen (gemäß den Schmalkaldischen Artikeln). Er hätte sich verpflichten müssen, den Synkretismus, den Pietismus und den Chiliasmus zu verabscheuen. Er achtete aber den ersteren als die gediegenste wissenschaftliche, den Pietismus als die edelste religiöse Frucht des Protestantismus, den Chiliasmus als die Hoffnung der ersten Christen auf das 1000-jährige Reich Christi. So folgte er 1843 gerne einem Ruf nach Marburg als Extraordinarius; 1846 wurde er, nachdem er einen Ruf nach Rostock erhalten hatte, in Marburg zum ordentlichen Professor befördert. Einen Ruf nach Königsberg lehnte er ab, da er es mit seiner Überzeugung nicht vereinbaren konnte, in die evangelische Staatskirche Preußens einzutreten, deren Glaubensbekenntnis durch königliche Kabinettsorder bestimmt und ausgelegt wird. Schon damals war Thiersch ein feuriger Anhänger der Freiheit der Kulte.

Mit der Übersiedlung nach Marburg begann der bedeutendste und am reichsten gesegnete Abschnitt seines Wirkens als akademischer Lehrer und

---

[140] Johann Tobias Beck aus Balingen, 1804–1878, Pfarrer in Waldtann bei Crailsheim 1827, Mergentheim 1829, Prof. für Theologie Basel 1836, Tübingen 1843.

theologischer Schriftsteller. Er erkannte in seinem Beruf als Universitätslehrer die doppelte Aufgabe, die theologische Jugend dem Rationalismus zu entfremden und Christus völlig zuzuführen. Thiersch war ein Theologe des Herzens, nicht des Verstandes. Seine nach Inhalt und Form gleich anziehenden Vorlesungen sicherten ihm rasch einen beträchtlichen Einfluß auf die Studenten, während er gleichzeitig mit seiner konservativen Haltung auf der Kanzel in das kirchliche Leben Marburgs eingriff. In der Praxis ging er

Marburg von der Lahnseite, Zeichnung L. Rohbock, Stahlstich J. Poppel

hierin mit dem damaligen Gymnasialdirektor, später Professor der Theologie Aug. Fr. Chn. Vilmar [141] Hand in Hand, rief aber scharfe Konflikte mit der liberalen Gegenpartei unter seinem sozialdemokratischen Kollegen Bayrhoffer [142] hervor, die schließlich für ein Jahr zu einem Kanzelverbot führten. Auch wissenschaftlich setzte er sich mit der liberalen Richtung, vor

[141] August Friedrich Christian Vilmar, 1800–1868, Gymnasialdirektor in Marburg 1833, Prof. für Theologie in Marburg 1855, ursprünglich Rationalist, seit 1830 Führer der konservativ-restaurativen Kräfte; seine Anhänger bildeten freikirchliche Gruppen.

[142] Karl Theodor Bayrhoffer von Marburg, 1812–1888, Philosoph und Politiker, Prof. in Marburg, Führer der demokratischen Partei Hessens, später Farmer und Schriftsteller in USA.

allem mit Ferd. Chn. Baur (s. Anm. 73) auseinander. In „Vorlesungen über Protestantismus und Katholizismus" suchte er Großes und Berechtigtes am Katholizismus anzuerkennen, arbeitete aber doch die dogmatische und praktisch-religiöse Überlegenheit des evangelischen Standpunktes heraus. Mit vielen seiner Studenten stand er in engem persönlichen Kontakt, wurde von ihnen respektiert und verehrt. Thiersch gilt als der geistige Stifter des Marburger Wingolf, 1847 gegründet als Gegengewicht gegen die alleinige Herrschaft der Korps.

Gegen Ende der Marburger Zeit trat Thiersch den apostolischen Gemeinden Englands näher. Er hatte die Schrift eines schottischen Anhängers Irvings (s. Anm. 1), des Evangelisten William Caird gelesen. Ein Besuch des Evangelisten Charles Böhm in Marburg befreundete ihn weiter mit der prophetisch-eschatologischen Weltsicht dieser Glaubensgemeinschaft. Zum Durchbruch gelangte seine Sympathie mit dem „Irvingianismus" 1847, als Thomas Carlyle [143], als Apostel der katholisch-apostolischen Gemeinden Norddeutschlands, ihn besuchte und mit begeisterter Glut sein Zeugnis für die Notwendigkeit einer Erneuerung des prophetischen und apostolischen Amtes in der Christenheit ablegte.

In der katholisch-apostolischen Gemeinschaft war die Überzeugung gewachsen, daß neben den Evangelisten das Amt des Apostels treten müsse. Das gesamte apostolische Werk ist Zeugnis für die Sendung vom Himmel. Aus den prophetischen Büchern der Bibel wurde auf die bevorstehende Wiederkehr Christi geschlossen. Bengel hatte ja schon für das Jahr 1836 den Anbruch des 1000-jährigen Reiches vorhergesagt. Doch prophetische Gaben ohne apostolische Leitung reichen nicht aus. Apostel, Evangelist und Gemeinde binden sich in eine feste, „katholische" Ordnung. Christen aller Bekenntnisse waren aufgerufen, sich auf christliche Grundwahrheiten zu besinnen. Mit der römisch-katholischen Kirche bestand allerdings keine gemeinsame Basis. Für Thiersch bedeutete der Anschluß an diese Glaubensgemeinschaft eine Unterordnung seiner theologisch-wissenschaftlichen Überzeugung unter eine menschliche Autorität, die er indes als göttlich inspiriert betrachtete. Seine Theologie hatte weniger den paulinischen, sondern eher den johanneischen Typus. Die Rechtfertigung allein durch den Glauben genügte ihm nicht. Die Heiligung durch das Gesetz in seiner göttlichen Harmonie und Herrlichkeit trat für ihn stärker hervor als die Rechtfertigung. In der Abhängigkeit von äußeren Formen und Autoritäten

[143] Thomas Carlyle, 1795–1881, schottischer Evangelist, Historiker und Philosoph, verband Ideen des deutschen Idealismus mit der Tradition des Puritanismus, antidemokratisch-aristokratisches Geschichtsbild.

liegt aber auch etwas Katholisches, und mit der katholischen Kirche fühlte sich Thiersch in vielem verbunden.

*Der katholisch-apostolische Prediger*

Als Thiersch 1848 in der Stille in Frankfurt die apostolische Ordination erhalten hatte, seine Marburger Anhänger mit Wort und Sakrament bediente und schließlich die Aufsicht über die übrigen norddeutschen apostolischen Gemeinden übernahm, war seine Stellung in der theologischen Fakultät einer evangelischen Landeskirche unhaltbar. Schon im April 1849 war er in Berlin zum „Bischof" oder „Engel" konsekriert worden. Am 1. 8. 1849 bat er um Enthebung von seiner theologischen Professur. Seine Entlassung wurde beschleunigt durch seine Opposition gegen die Berufung des liberalen Eduard Zeller [144], des Schwiegersohnes Ferd. Chn. Baurs, seines früheren Opponenten in der Frage der historischen Bedeutung der neutestamentlichen Schriften. Sein Wunsch, als philologisch-historischer Dozent wirken zu können, wurde ihm, obwohl er sich 1853 bei der philosophischen Fakultät habilitierte, verwehrt. Erst 1858 wurde ihm nach einem Ministerwechsel gestattet, wieder Vorlesungen zu halten. In seiner Funktion als apostolischer Reiseprediger hatte Thiersch Einfluß auf weite Kreise, er hatte u. a. Gelegenheit, König Friedrich Wilhelm IV. in Berlin seine Glaubensgrundsätze vorzutragen. Regelmäßig besuchte er die Jahreskonferenzen seiner Gemeinschaft in England. Seit 1860 übernahm er die Pflege der apostolischen Gemeinden Süddeutschlands und der Schweiz und siedelte dazu 1864 nach München über. 1869 zog er nach Augsburg; seit 1875 wirkte er das letzte Jahrzehnt seines Lebens von Basel aus, nicht mehr als „Evangelist" oder Prediger, sondern als „Hirte", d. h. Oberhirte aller Gemeinden der Schweiz, Süddeutschlands und Österreichs.

Während der ganzen Zeit seines Amtes als apostolischer Hirte und Bischof, als Seelsorger, Prediger, Lehrer und Evangelist pflegte Thiersch einen regen Gedankenaustausch mit positiven Theologen der verschiedensten Glaubensrichtungen. Ebenso widmete er sich schriftstellerisch, in Vorträgen und durch seine Korrespondenz den verschiedensten Themen und wirkte in weiten Kreisen anregend. Dagegen gingen seine wissenschaftlichen Arbeiten zurück. Zu erwähnen ist die pragmatisch-historische Darstellung „Die Kirche im apostolischen Zeitalter und die Entstehung der neutestamentlichen Schriften", ferner der Beitrag zur Sozialethik „Über christliches

[144] Eduard Zeller aus Kleinbottwar, 1814–1908, Philosoph und evang. Theologe in Bern, Marburg, Heidelberg und Berlin, Vertreter des Neukantianismus, prägte die Bezeichnung „Erkenntnistheorie"; Lit. Zeller § 124.

Familienleben" (1854) und als Ergänzung dazu „Vom christlichen Staat" (1875). Seine Einstellung wird so beschrieben: „gleich sehr liberal, wo es sich um die Freiheit des göttlichen Rechts handelt, als streng konservativ, wo es göttliche Ordnungen zu schirmen und zu erhalten gilt" (Wigand). Selbst zu naturwissenschaftlichen Themen hat sich Thiersch zusammen mit seinem Sohn geäußert in einer Schrift über „Die Physiognomie des Mondes". Besondere Anerkennung fand Thiersch mit seinen biographischen Arbeiten über Luther, Gustav Adolf und Max I. von Bayern sowie Melanchthon, über J. Wesley und Lavater, besonders aber über seinen Freund und Schwager Emil August von Schaden, über seinen Vater Friedrich von Thiersch und seinen Schwiegervater Christian Heinrich Zeller.

Abgesehen von seiner Lähmung des rechten Fußes war Thiersch nie ernsthaft krank. Das Gemütsleiden seiner Tochter Mathilde 1882–1885 belastete ihn allerdings in seiner Gesundheit sehr. Im Laufe des Jahres 1885 befiel ihn die Tuberkulose, zu der eine Lungenentzündung trat. Schwer leidend konnte er die letzten Lebensmonate im Anwesen eines Freundes, des Kaufmanns Theodor Sarasin-Bischoff in Riehen, außerhalb Basel, mit zwei seiner Töchter verbringen. Dort hatte früher sein Schwager, Bischof Gobat einige Zeit gewohnt. Kinder und Schwiegersöhne vereinten sich an seinem Krankenlager. Seine letzte irdische Freude war, die Verlobung seines Sohnes Friedrich, des Architekten, mit Auguste Eibler zu erleben und das Paar zu segnen. Im Dezember 1885 erlag er in Basel seinen Leiden. Ein in Katechismusform nach seinem Tod erschienenes populärdogmatisches Lehrbuch „Inbegriff der christlichen Lehre" kann als sein geistliches Vermächtnis gelten.

### *Bertha Thiersch geb. Zeller und das Familienleben*

Als Heinrich Thiersch Lehrer am Basler Missionshaus war, kam er öfters zu Besuch nach Beuggen, lernte dort Bertha Zeller, die fünfte Tochter im Hause Zeller-Siegfried kennen und gewann sie lieb. Bertha war noch in Zofingen 1818 geboren. In der großen Gemeinschaft der engeren Familie, der Schullehrer-Zöglinge und Waisenkinder wurden die Töchter unter Anleitung der Mutter schon früh an eine nützliche und liebevolle Tätigkeit gewöhnt. „Sie blieben unberührt von der Vergnügungssucht, welche so leicht das Gemüt verödet und den Sinn für häusliches Glück zerstört" (Wigand). Bertha hatte ein ruhiges und wohlwollendes Gemüt, einen heiteren Sinn und fand viel Freude daran, andere zu beschenken. Thierschs Vater, der wünschte, sein Sohn möge sich bald verheiraten, kam selbst von

München, um für seinen Sohn um Bertha anzuhalten. Er sagte später, sie habe lieblich wie eine Madonna ausgesehen, mit ihrem kleinen Neffen Benoni Gobat auf dem Arm. Die beiden Väter Zeller und Thiersch verstanden sich vortrefflich, die erste Gewähr für die Harmonie ihrer Kinder, die Gott füreinander bestimmt hatte. Bertha fiel die Entscheidung nicht leicht; sie kannte Thiersch nur wenig und erschrak über den lahmen Fuß. Ein Brief der Mutter Thiersch über die Sinnesart ihres Sohnes half ihr, daß ihr Herz sich ganz für ihn entschied.

Die Trauung fand in Beuggen im September 1840 durch Pfarrer Hoch (s. Anm. 56) statt. In Erlangen bezog das junge Paar — er war noch nicht 23, sie beinahe 22 Jahre alt — eine kleine Wohnung. Heinrich bezeugte oft, wie segensreich die frühe Verbindung für ihn wurde: „Wäre ich einsam geblieben, so lebte ich wohl längst nicht mehr, ich hätte mich zu sehr in meine Studien vertieft oder wäre ganz schwermütig geworden. Meine Frau brachte mir alles mit, was zur Begründung eines glücklichen Familienlebens dienen konnte". Von 1841 bis 1846 wohnte Reinhard Zeller, Berthas jüngerer Bruder, während seiner Gymnasialjahre mit im Haus, zunächst in Erlangen, seit 1843 in Marburg. Bertha litt anfänglich unter Heimweh. Die befreundete Frau Selma Ranke, geb. Schubert stand der jungen Frau liebevoll bei, auch bei der Geburt des ersten Kindes 1841, das den Namen Bertha wie die Mutter erhielt. Auf Bertha folgten noch sechs Brüder und sechs Schwestern. Die Mehrzahl erbte von der Mutter die Gabe des Gesangs; die helle Stimme der Mutter erklang noch Kindern und Kindeskindern in der Erinnerung. „Am süßesten klingt ihre Stimme, wenn sie mit dem Kleinsten zärtlich scherzt, sparsam verwendet sie Liebkosungen und Lob bei den Größern. Erhält man Anerkennung, so wird sie umsomehr geschätzt". Bertha Thiersch wird als sehr schlicht und bescheiden und von zarter, verständiger Weisheit beschrieben. So schloß sie sich auch ganz ihrem Mann an, als er 1850 die Marburger Professur aufgab und sich als Prediger den apostolischen Gemeinden widmete. Die große Familie brachte, vor allem während der längeren Abwesenheit des Ehemannes auf amtlichen Reisen, manche Mühe und Entbehrung. Doch wurde Frau Thiersch durch das Gedeihen der Kinder beglückt. Ihre Gastfreiheit und Mildtätigkeit ist bei vielen in Hessen in liebevollem Andenken. Der Umzug nach München 1864 brachte Bertha Thiersch dem großen Familienkreis ihres Mannes nahe.

Ganz unerwartet erkrankte Bertha Thiersch 1867 während der Abwesenheit ihres Mannes an einer Halsentzündung. Dazu kam im Dezember eine Herzbeutelentzündung, aus der sich die Wassersucht entwickelte. Vom Bett aus nahm sie, gepflegt von den Töchtern, noch am Familienleben, an den Hausandachten teil. Nach siebenmonatigem Krankenlager verstarb sie am 12. Juli 1868 und wurde am 14. auf dem neuen Kirchhof in München im Grab der Familie Thiersch bestattet.

Mit dem Tod seiner Frau sah Thiersch den schönsten Teil seines Lebens zu Ende gehen. Der Segen der Mutter ruhte auf ihren Kindern. Beide Eltern hatten es als ihre erziehende Aufgabe erkannt, dem in ihren Kindern zur Entfaltung zu verhelfen, was Gott in sie gelegt hatte. Thiersch waltete im eigenen Haus wie ein Patriarch und befolgte die Grundsätze, die er in seinen Schriften über Familie und Erziehung ausgesprochen hatte, doch er erklärte: „Es ist das größte Wunder der Gnade Gottes, wenn ein Kind wohl gerät.“

Heinrich Thiersch durfte es erleben, daß sechs seiner neun Kinder in den Dienst der katholisch-apostolischen Gemeinden traten. Der älteste Schwiegersohn Emil Geering, Prediger seit 1865 in Augsburg, unterstützte seinen Schwiegervater. Der Sohn Wilhelm wurde 1876 Prediger der Gemeinde in Basel. Der Sohn Ludwig wurde Nachfolger seines Vaters im Predigeramt in Deutschland und der Schweiz und hatte schließlich seinen Sitz in Albury bei London, dem Ausgangspunkt der katholisch-apostolischen Bewegung. Der Schwiegersohn Ludwig Scholler wurde 1869 aus dem pfälzischen Kirchendienst entlassen und war seit 1875 Prediger der katholisch-apostolischen Gemeinde in Augsburg. Die Schwiegersöhne Paul Wigand und Paul Tappolet schließlich wurden Evangelisten in Frankfurt und Kassel bzw. in Basel und Zürich. Die Tochter Mathilde wurde, vermutlich durch einen Stoß am Kopf, nervenleidend und starb in Schwermut. Zwei Söhne, August und Friedrich, erwarben sich als Architekten bedeutende Verdienste. Durch sie wurde die künstlerische Tradition der Familie bis in unsere Zeit weitergetragen.

Der Schwiegersohn Paul Wigand verfaßte eine sehr ausführliche, einfühlsame Biographie Heinrich Thierschs, in der neben dem Lebensgang besonders seine Wirksamkeit als akademischer Lehrer, als Schriftsteller und Prediger der katholisch-apostolischen Bewegung geschildert ist. Sie ist ergänzt durch Auszüge aus seinen wichtigsten Schriften und seinem ausgedehnten Briefwechsel sowie durch Lebensbeschreibungen von Freunden und Weggenossen: Paul Wigand, Heinrich W. J. Thierschs Leben, Basel 1888.

*Schriften von Heinrich Thiersch*

- De Pentateuchi versione alexandrina libri III. Augsburg 1841; erweiterte Fassung der Dissertationen von 1839 und 1840.
- Grammatisches Lehrbuch für den ersten Unterricht in der hebräischen Sprache auf Gymnasien und Universitäten. Erlangen 1842.
- Hebräische Grammatik für Anfänger, welche des Lateinischen und Griechischen kundig sind. 2. Ausgabe Erlangen 1858.
- Versuch zur Herstellung des historischen Standpunkts für die Kritik der neutestamentlichen Schriften. Eine Streitschrift gegen die Kritiker unserer Tage. Erlangen 1845.
- Vorlesungen über Katholizismus und Protestantismus, 1. und 2. Abteilung. Erlangen 1846; 2. Auflage. Erlangen 1848.
- Einige Worte über die Echtheit der neutestamentlichen Schriften und ihre Erweisbarkeit aus der ältesten Kirchengeschichte gegenüber den Hypothesen der neuesten Kritiker. Zur Erwiderung auf die Schrift von Herrn Prof. Dr. F. Chr. Baur: „Der Kritiker und der Fanatiker usw.“. Erlangen 1846.
- De epistola ad Hebraeos commentatio historica. Marburg 1847.
- De Stephani protomartyris oratione commentatio exegetica. Marburg 1849.
- Die Geschichte der christlichen Kirche im Altertume, 1. Teil: Die Kirche im apostolischen Zeitalter und die Entstehung der neutestamentlichen Schriften. Frankfurt am Main 1852; 3. Auflage. Frankfurt am Main 1879.
- Politik und Philosophie in ihrem Verhältnis zur Religion unter Trajanus, Hadrianus und den beiden Antoninen, ein geschichtlicher Vortrag. Marburg 1853.
- Erinnerungen an Emil August von Schaden. Frankfurt am Main 1853.
- Über christliches Familienleben. Frankfurt am Main 1854; 8. Auflage. Augsburg 1889.
- Zurückführung des Gymnasialunterrichts zur Einfachheit, Marburg 1857
- Hrsg.: Beiträge zum Verständnis der christlichen Lehre. Eine Erbauungsschrift, Heft 1. Frankfurt am Main 1858.
  Heft 2: Andeutungen über den Weg zum inneren Frieden. Aus dem Englischen des Will Dow. 1858; 2. Auflage 1879.
- Döllingers Auffassung des Urchristentums beleuchtet. Frankfurt am Main 1861.

- Griechenlands Schicksale, vom Anfang des Befreiungskrieges bis auf die gegenwärtige Krisis, in kurzer Übersicht dargestellt. Frankfurt am Main 1863.
- Rätselkurzweil für Jung und Alt, Basel 1863.
- Über vernünftige und christliche Erziehung der Kinder. Ein pastoraler Vortrag. Basel 1864; 2. Auflage Basel 1889.
- Friedrich von Thiersch's Leben. Leipzig und Heidelberg 1866.
- Die Bergpredigt Christi und ihre Bedeutung für die Gegenwart, Meditationen. Basel 1867; 2. Auflage Basel 1878.
- Die Gleichnisse Christi, nach ihrer moralischen und prophetischen Bedeutung betrachtet. Frankfurt am Main 1867; 2. Auflage Frankfurt am Main, Augsburg 1875.
- Die Strafgesetze in Bayern zum Schutze der Sittlichkeit, den neuesten Abschwächungsanträgen gegenüber verteidigt. Nördlingen 1868.
- Das Verbot der Ehe innerhalb der nahen Verwandtschaft, nach der heiligen Schrift und nach den Grundsätzen der christlichen Kirche dargestellt. Nördlingen 1869.
- Luther, Gustav Adolph und Maximilian I. von Bayern, Biographische Skizzen. Nördlingen 1869.
- Die Genesis nach ihrer moralischen und prophetischen Bedeutung betrachtet. Basel 1869; Neue Bearbeitung, Augsburg 1878.
- Die Pflicht der Christen zur Zeit der Kriegsgefahr, Augsburg 1870.
- Am Anfang und am Ende des Krieges, 3 Predigten. Nördlingen 1871.
- Homilien über die Sonntags-Evangelien der Fastenzeit. Basel 1874.
- Über das Diakonenamt, Berlin 1874.
- Über den christlichen Staat. Basel 1875.
- Christian Heinrich Zeller's Leben, 1779–1860. 2 Bände. Basel 1876.
- Die Anfänge der heiligen Geschichte, nach dem 1. Buch Mosis betrachtet. Neue Ausgabe der Schrift: „Die Genesis". Basel 1877; 4. Auflage Basel 1935.
- Über die Gefahren und Hoffnungen der christlichen Kirche, 5 Vorträge. Basel 1877; 2. Auflage 1878.
- Melanchthon, ein Vortrag. Augsburg 1877.
- John Wesley. Augsburg 1879.
- Theologisches Gutachten über den Impfzwang. Basel 1879.

- mit August Thiersch, Die Physiognomie des Mondes, Versuch einer Deutung derselben im Anschluß an die Arbeiten von Mädler, Nasmyth und Carpenter. Nördlingen 1879; 2. Auflage Augsburg 1883.
- Ursprung und Entwicklung der Colonieen in Nordamerica 1496–1776. Augsburg 1880.
- Aufgaben des geistlichen Amtes. Basel 1880.
- Über Johannes von Müller, den Geschichtschreiber, und seinen handschriftlichen Nachlaß. Augsburg 1881.
- Lavater, ein Vortrag. Augsburg 1881.
- Edmund Ludlow und seine Unglücksgefährten als Flüchtlinge an dem gastlichen Herde der Schweiz. Vortrag Basel 1881.
- Blicke in die Lebensgeschichte des Propheten Daniel. Augsburg 1884.
- Inbegriff der christlichen Lehre. Basel 1885; 3. Auflage Basel 1896.
- Heinrich W. J. Thiersch's Leben (zum Teil von ihm selbst erzählt). Hrsg. von Dr. Paul Wigand, mit Portrait in Stahlstich. Basel 1887.
- Briefe an einen evangelischen Geistlichen. Hrsg. von F. Oehninger. Augsburg 1888.
- Das Gebet des Herrn, nach der heiligen Schrift ausgelegt, Sonderausgabe aus der „Christenlehre“. Mit Vorwort von C. Orelli. Basel 1889.

# Mäzen aus sozialer Verantwortung — Jakob Ludwig-*Louis* Schmuziger und *Tabitha* Salome Marie Zeller

Familiendaten s. S. 518

Louis Schmuziger, Seidenfabrikant in Aarau in der Schweiz, wurde mit den Schriften Christian Heinrich Zellers bekannt. Er reiste nach Beuggen, um sich mit dem Autor persönlich bekannt zu machen. Im Zellerschen Haus lernte er die Tochter Tabitha kennen und durfte sie 1850 als seine Frau heimführen.

Jakob Ludwig (Louis) Schmuziger 1804–1864 Tabitha S. M. Zeller 1821–1887
(Archiv Andreas Zeller, Z 314)

Die Familie Schmuziger / Schmutziger ist eine der alten, seit 1509 in Aarau nachgewiesenen Bürgerfamilien. Sie leitet ihren Namen — ursprünglich Schmitzinger — von dem Dorf Schmitzingen bei Waldshut her. Louis' Vorfahren waren Kaufleute und Wirte in Aarau. Einige sind als Stadtschultheißen bekannt geworden. Der Urgroßvater Joseph Vaucher aus Fleurier NE hatte in Niederlenz bei Lenzburg zur Zeit der aufkommenden Industrialisierung im 18. Jhd. eine Baumwolldruckerei betrieben, die im 19. Jhd. mehrmals den Besitzer wechselte und heute als Hetex AG vor allem Kunstfasergarne herstellt. Ahnenliste Schmuziger S. 580.

Louis' Vater *Marx* Daniel Schmuziger war Kaufmann in Aarau. Er war besonders im Seidenhandel tätig. Marx Schmuziger verstarb schon 1817, als Louis erst 13 Jahre alt war. Wie sein Vater wurde Louis zur Kaufmannschaft bestimmt, die er in Aarau erlernte. Er hatte im Dienst seines Prinzipals regelmäßig alle Jahre, vor allem zu Messezeiten, einige Zeit in Frankfurt zuzubringen. Später trat er in eine große Seidenhandlung in Marseille ein. Im Auftrag dieses Hauses führte er zweimal Geschäftsreisen in den Vorderen Orient durch, zunächst nach Konstantinopel, dann nach dem für seine Seidenindustrie und wegen seiner heißen Quellen bekannten Bursa, am Fuß des kleinasiatischen Olymps nicht weit von der Südküste des Marmarameeres gelegen. Fern der Heimat in Konstantinopel fand Louis Schmuziger durch Missionar Schaufler den Weg zu persönlichem, lebendigem Christentum. Mit Schauflers Familie pflegte er herzlichen Verkehr.

Louis' Brüder hatten sich alle im Ausland etabliert. Darum bat die Mutter Louis, nach Aarau zurückzukehren und das väterliche Geschäft weiterzuführen. In Aarau lebte Louis Schmuziger mit seiner Mutter zusammen, bis diese im Jahr 1848 76-jährig verstarb. Louis hatte inzwischen in Aarau eine eigene Seidenfabrik gegründet, in der er zwischen 80 und 100 Arbeiter beschäftigte. Seiner religiösen Einstellung entsprechend pflegte er ein harmonisches Miteinander mit seinen Arbeitern; er versuchte, ihnen ein treuer Ratgeber und Freund zu sein.

Nach dem Tod seiner Mutter war Louis Schmuziger recht vereinsamt. Er hatte die Schriften von Christian Heinrich Zeller kennen gelernt und wünschte den Autor und sein Werk persönlich zu sehen. So suchte er Zeller in Beuggen auf. Zellers Erziehungswerk machte auf ihn einen ganz tiefen Eindruck. So kam er auch in persönlichen Kontakt zu Zellers Familie und er erbat sich Zellers Tochter Tabitha als Gattin. Er fand eine Frau, die seine Auffassung eines erweckten Christentums teilte. Tabitha (Tabja hebräisch Gazelle) war die sechste Tochter aus dem Zellerhaus in Beuggen. Wie ihre Schwestern hatte sie ihre Schulbildung in der Anstalt Beuggen genossen, bei der, wie wir wissen, das Schwergewicht auf der religiösen Persönlichkeitsbildung lag. Das Ansammeln von Bücherwissen war nebensächlich. Nach der Konfirmation hatte sie ihre Aufgaben im Anstaltsbetrieb, bei der Kinderbetreuung, als Hilfe der Hausmutter, als Mitarbeiterin bei der Erziehung der Mädchengruppen erhalten.

Tabitha Zeller und Louis Schmuziger wurden am 14. Juni 1850 in Veltheim bei Aarau von Pfarrer Friedrich Haller, einem Neffen von Sophie Zeller-Siegfried, getraut. Louis war 46 Jahre alt, 17 Jahre älter als seine Frau.

Die Seidenfabrik produzierte mit Gewinn, Schmuziger hatte geschäftlichen Erfolg. Er und sein inzwischen aus Italien zurückgekehrter Bruder, der nun Stadtammann von Aarau geworden war, wollten ihrer Dankbarkeit gegen Gott, dem sie das Gedeihen ihrer irdischen Unternehmungen verdankten, und ihrer Verbundenheit mit dem Arbeiterstand und mit den Armen sichtbaren Ausdruck geben. Sie planten, eine Erziehungsanstalt für arme Kinder einzurichten. Zu diesem Ziel kauften sie aus eigenen Mitteln das am östlichen Abhang in einem Seitental des Jura gelegene, gut erhaltene Schloß Kasteln oberhalb Schinznach. Das Schloß war 1643 durch den General Ludwig von Erlach wieder aufgebaut worden. Später war es Sitz des Berner Landvogts. Die Brüder übergaben das Schloß der Gemeinde Aarau, die dann als Betreiberin der Erziehungsanstalt auftrat. Mit Sicherheit hat bei der Errichtung der Anstalt in Kasteln das in Beuggen praktizierte Prinzip Pate gestanden. So hat man sich bei der Berufung des ersten Lehrers und Hausvaters naturgemäß auch nach Beuggen gewandt. Und Zeller empfahl einen seiner liebsten Lehrerzöglinge, Aaron Witzemann aus Tailfingen bei Ebingen. Im Oktober 1855 begann Witzemann seine Arbeit in Kasteln.

Schmuziger war ein Mann des Friedens und der Bescheidenheit. In seiner 14-jährigen Ehe wurden ihm drei Töchter und ein Sohn geboren. Marie ehelichte den Arzt Johann Lehmann aus Südafrika, der später als homöopathischer Arzt in Herrnhut arbeitete. Sophie heiratete ebenfalls einen Mediziner, Johann Peter Nelson aus Schweden; er gründete eine homöopathische Heilanstalt, die Villa Wartheim bei Heiden AR, trennte sich aber wohl 1893 von seiner Frau und verkaufte seinen Besitz Wartheim. Sophie Nelson-Schmuziger war später, nach dem Tod ihrer Tante Monika Witzemann, als Hausmutter der Anstalt Kasteln tätig. Die Tochter Tabitha wurde Korrespondentin bei ihrem Onkel Samuel Zeller in der Gebetsheilanstalt Männedorf am Zürichsee. Der Sohn Louis Reinhard Schmuziger ging zunächst als Prediger in die französische Schweiz, später wurde er Pfarrer in seiner Heimatstadt Aarau. Seine Frau Emma Dietrich war die Tochter des Lichtensterner Hausvaters Christian Dietrich (s. Ludwig Völter). Sie entfaltete eine umfangreiche soziale und seelsorgerliche Tätigkeit in der ganzen Schweiz in der Frauenhilfe, in Kinderkrippen und bei den Pfarrfrauentagungen. Die Nachkommenschaft blüht noch heute.

Jakob Ludwig Schmuziger erreichte ein Alter von 60 Jahren; er entschlief sanft im März 1864. Seine Frau Tabitha überlebte ihn um 23 Jahre. Sie lebte im Alter in Männedorf bei ihrem Bruder Samuel und starb 1887.

# Pädagogisches Erbe in Beuggen — *Reinhard* Jonathan Friedrich Zeller und *Elise* Katharina Bohn

Familiendaten s. S. 529

Reinhard J. F. Zeller 1826–1891 Elise K. Bohn 1834–1909
(Archiv Andreas Zeller, Z 314)

Im Jahr 1824 war den Eheleuten Christian Heinrich Zeller und Sophie Siegfried das Söhnlein Renatus schon nach zwei Monaten gestorben. Doch bereits am 21. März 1826 durften sie wieder einen Sohn begrüßen. Der Freund Pfarrer Spleiß (s. Anm. 54) aus Buch bei Schaffhausen sollte ihn am 9. April taufen. Noch im letzten Augenblick waren die Eltern unschlüssig, wie das Kind heißen solle. Da zog sich Antistes Spleiß in sein Zimmer zurück und ließ die Taufgesellschaft warten. Plötzlich trat er mit einem Freudensprung hervor und rief: „Der Knabe soll Reinhard heißen — der Herr gebe ihm ein reines Herz!"

*Reinhard Zellers Jugend und Ausbildung*

Reinhard Zeller besaß eine gute Auffassungsgabe und hatte keine Mühe mit dem Lernen. Er kam zu Ostern 1841, als er 15 Jahre alt war, nach Erlangen zu seiner Schwester Bertha, deren Gatte Heinrich Thiersch dort als Universitätsdozent lehrte. In Erlangen besuchte Reinhard das Gymnasium. Im folgenden Jahr wurde er in München im Kreis der Familie Thiersch von Dekan Böckh konfirmiert. 1843 siedelte er mit nach Marburg über, wo Thiersch eine Professur erhalten hatte. Hier besuchte er drei Jahre das Gymnasium, das damals unter Vilmars Leitung stand. Die Unruhen unter den Studenten, die dann zwei Jahre später zum offenen Aufstand führten, ließen den fleißigen Gymnasiasten offenbar unberührt. Das Maturitätsexamen bestand er 1846 in Aarau in der Schweiz. Sogleich begann er sein Universitätsstudium in Basel unter Wilhelm Hoffmann (s. Anm. 123). Der Vater erlebte die große Freude, daß der junge Mann sich mit ganzem Herzen dem Herrn hingab, um ihm zu dienen. Als ihn sein Vater einst zu Beginn des Studiums aufforderte, regelmäßig die Bibel zu lesen, traf ihn das Wort des Vaters im Innersten, und er trieb von da an regelmäßige Bibelstudien. 1848 siedelte Reinhard von Basel nach Tübingen über. Sein Mentor war dort Joh. Tobias Beck (s. Anm. 140), ein Württemberger, der 1843 von Basel nach Tübingen gekommen war; er galt als Supranaturalist. Eng den Kirchenvätern Bengel, Oetinger, Phil. Matth. Hahn und Roos verbunden, beschritt er doch eigene Wege. In Basel hatte er die vom „Verein zur Beförderung christlich-theologischer Wissenschaft und christlichen Lebens“ begründete Dozentenstelle, die seither öfters Schwaben als Sprungbrett ins akademische Lehramt diente. Beck stand allerdings in Distanz zum Missionshaus, indem er die damals betriebene gefühlvolle, nach außen gerichtete Frömmigkeit kritisierte.

Reinhard Zeller erhielt 1851 in Aarau die Ordination. Seine erste Stelle war die eines Amtsgehilfen seines Vaters in Beuggen, der ja nicht ordinierter Theologe war. Reinhard übernahm die geistlichen Amtshandlungen, die Seelsorge und einen Teil der Predigten und Katechesen. Daneben arbeitete er die neun Jahre bis zu des Vaters Tod als dessen Lehrgehilfe. Er gab den Kindern Unterricht im Rechnen und in der Geographie, den Schullehrerzöglingen im Rechnen und Singen, in Physik und Algebra. So war er eine besondere Stütze seines Vaters im Alter, als dieser mehr und mehr Pflichten und Aufgaben auf andere verteilen mußte. Als dann 1852 der Bruder Nathan aus Jerusalem zurückkam, um als Lehrer in Beuggen einzutreten, und 1855 Samuel seine Lehrerausbildung abgeschlossen hatte, durften die Eltern mit der Tochter Sophie also mit vier ihrer Kinder in

Beuggen zusammenarbeiten. So war dem Beuggener Werk auch nach dem allmählichen Ausscheiden der Eltern die Kontinuität garantiert. Als Vater Zeller 1860 starb, wollte das Komitee sogleich den Sohn Reinhard zum Nachfolger bestimmen. Reinhard zögerte; die Patriarchengestalt des Vaters stand ihm vor Augen. Er fühlte, wie schwer es ist, eines großen Mannes Nachfolge anzutreten. Mit Gottvertrauen nahm Reinhard dann die Herausforderung an.

Seit Mutter Zellers Tod 1858 hatte die Tochter Sophie das Hausmutteramt verwaltet. Die Geschwister Reinhard und Sophie verstanden und ergänzten sich gut. Aber der junge Hausvater hatte doch das Bedürfnis, einen eigenen Hausstand zu gründen. Die Lebensgefährtin, die er suchte, mußte natürlich auch das Geschick und die Fähigkeit mitbringen, das Amt einer Anstaltsmutter zu übernehmen. Reinhard fand sie in Elise Bohn, die damals Lehrerin in einem Mädchenpensionat in Straßburg war.

*Elise Bohn*

Elise Bohn stammte aus Mülhausen im Elsaß. Dort wurde sie im Oktober 1834 geboren. Ihr Vater Jacques Bohn war Walzengraveur für Textildruckmaschinen. Jacques, oder wie er eigentlich getauft war Jakob Bohn war aus Meisenheim in der Kurpfalz in das Textilzentrum Mülhausen gekommen, weil er dort gute Arbeit finden konnte. 1746 hatten in Mülhausen Jean-Jacques Schmaltzer, Samuel Koechlin und Jean-Henri Dollfus die erste Stoffdruck-Manufaktur gegründet. Zahlreiche Spinnereien und Webereien folgten. Mülhausen wuchs zu einem Zentrum der Textilindustrie, die noch heute dort blüht. Jacques Bohn kam in seinem Metier allmählich zu Wohlstand und betrieb zusammen mit seinem Schwager Keller eine Stoffdruckerei. Die Familien Bohn und Keller wohnten im selben Haus bei der Fabrik. Als der Gang des Geschäfts eine Erweiterung erforderte und das Wohnhaus für beide Familien zu eng wurde, trennte man sich in Frieden; jeder gründete ein eigenes Geschäft.

1833 hatte Jacques Bohn Marguerite Keller, die Tochter eines Walzengraveurs in Mülhausen geheiratet; ein Jahr später wurde das Töchterchen Elise geboren, aber schon fünf Monate nach der Geburt mußte Jacques Bohn seine erst 23 Jahre alte Frau zu Grabe tragen. Zwei Tanten zogen die kleine Elise im Haus des Großvaters auf. Zwei Jahre nach dem Tod seiner ersten Frau heiratete Jacques Bohn Julie Bühler. Die zweite Mutter schenkte ihrer Stieftochter alle Liebe und zog sie wie ihr eigenes Fleisch und Blut auf, es bildete sich ein inniges Freundschaftsverhältnis. So war das Zusammenleben mit den Geschwistern aus der zweiten Ehe — es wurden mit der Zeit sieben — harmonisch, vollends, da die Familien der beiden Ehefrauen eng befreundet waren.

Elise erhielt den ersten Schulunterricht von einer Verwandten. Nach der Konfirmation 1850 kam sie für ein Jahr in eine Höhere Töchterschule nach Morges VD, am Genfer See. Fächer waren Religion, Literatur, Pädagogik. Mit Frau Cartier, bei der sie mit fünf anderen Mädchen in Pension war, blieb Elise bis an deren Ende in Freundschaft verbunden. Nach der Rückkehr wurde ihr der Unterricht zweier jüngerer Schwestern übertragen. Elise führte ein striktes Regiment; vormittags war Unterricht nach einer genauen Einteilung, nachmittags wurden Handarbeiten gemacht. Nebenher bereitete sie sich auf das Lehrerinnenexamen vor, das sie gut bestand. Kurz danach wurde Elise die Stelle einer Lehrerin am Töchterinstitut von Fräulein Fanny Friedel in Straßburg angeboten. Der Vater zögerte, er wollte keinen Blaustrumpf als Tochter haben, ließ Elise aber dann doch ziehen, zumal die Schwestern inzwischen soweit gefördert waren, daß sie als Pensionärinnen mit nach Straßburg gehen konnten. Mit Frl. Friedel verstand sich Elise gut, sie durfte frei schalten im Haus. Nicht immer einfach war es, mit den Mädchen des Instituts, die sich ja aus ganz unterschiedlichen Elternhäusern rekrutierten, zurechtzukommen.

Ans Heiraten dachte Elise nicht, denn sie hatte den Tod eines jungen Mannes erleben müssen, zu dem sie eine stille Neigung trug, die auch erwidert wurde. Sie wollte sich Gottes Leitung überlassen, bat aber, wenn sie zur Ehe bestimmt sei, der Herr möge ihr doch ja auch eine rechte Arbeit dazu geben. Da kam im Sommer 1861 die Frage des Inspektors Reinhard Zeller, ob sie seine Gehilfin und Mutter seines „kinderreichen" Hauses werden wolle. Nach einem Besuch in Beuggen überließen die Eltern Bohn der Tochter die Entscheidung. Elise war glücklich. Elise und Reinhard verlobten sich am 5. September 1861; die Hochzeit fand in Mülhausen am 16. Januar 1862 statt.

### *Junge Hauseltern in Beuggen*

Für Elise war es nicht leicht, sich in das Amt der Hausmutter in Beuggen einzuleben; sie hatte ja keine Lücke auszufüllen. Vielmehr mußte sie sich mit ihrer Schwägerin Sophie einigen, die in Beuggen groß geworden war und nach dem Tod der Mutter als Hausmutter waltete. Auch die Dienstboten waren nicht geneigt, sich von einer jungen, unerfahrenen Frau anweisen zu lassen. Doch Reinhard stand seiner Frau zur Seite. Als dann im Jahr 1863 Sophie ausschied, um in Männedorf bei ihrem Bruder Samuel einzutreten, waren klare Verhältnisse geschaffen. Elises ruhige, energische

Art, ihre hervorragende Organisationsgabe sowie ihre nie sentimentale, aber gefühlswarme Mütterlichkeit machten sie für ihre Doppelaufgabe als Anstalts- und Familienmutter besonders geeignet. Sie hat 40 Jahre das Amt der Hausmutter in Beuggen geführt.

Nun zeigten sich bei Reinhard Zeller schon im zweiten Jahr seiner Ehe — er war noch nicht 40 Jahre alt — die ersten Anzeichen der so überaus schmerzhaften Gichterkrankung, die ihn bis zu seinem Tod nicht losließ. Man kann kaum ermessen, was es für den Anstaltsbetrieb bedeutete, daß der Leiter im Lauf der Jahre immer unbeweglicher wurde, jahrelang konnte er sein Amt nur vom Rollstuhl aus führen. In der Anfangszeit des Leidens, als er noch gehen konnte, war er für Monate nachts stundenlang von Schmerzen geplagt im Zimmer auf und ab gegangen. Mehrfach dachte er an Rücktritt von seinem Posten. Das Bemühen seiner Hausgenossen, ihm die Krankheit tragen zu helfen, gab ihm Kraft, sein Amt weiterzuführen. 28 Jahre lang hat Reinhard Zeller bis kurz vor seinem Tod als Gichtkranker das Inspektorat verwaltet. In dieser Lage kamen die vorzüglichen Begabungen seiner Frau als Anstaltsmutter besonders zur Geltung. Ungewöhnlich selbständig war sie; Verstand, Energie und Wille waren bei ihr stärker ausgeprägt als Gefühl und Phantasie. Sentimentalität war ihr fremd; sie behielt einen nüchternen Blick für die Wirklichkeit, so durchschaute sie unlautere Menschen sehr schnell. Sie packte ihre Aufgaben mit Umsicht und Entschlossenheit an, ruhte nur, um umso besser arbeiten zu können. Dennoch spürten die Hausgenossen hinter ihrem starken Willen ihr warmes Herz und die treue Liebe der Hausmutter. Aufrichtige Anhänglichkeit und Dankbarkeit wurden ihr von ihren Pflegekindern und Lehrerzöglingen entgegengebracht. Noch nach Jahren und Jahrzehnten durfte sie erfahren, wie sehr ihr die ehemaligen Schutzbefohlenen zugetan waren.

Inzwischen war im Kriegsjahr 1870 die Anstalt 50 Jahre alt geworden. Aber noch immer hing ihr Weiterbestehen vom Wohlwollen der Badischen Domänenkammer ab, von der die Anlage ja noch immer gemietet war. 1870 bot die Domänenkammer tatsächlich das Beuggener Schloß zur öffentlichen Versteigerung an. Glücklicherweise fanden sich keine Kaufinteressenten; doch die Pacht wurde um über 60 % auf 840 Gulden erhöht. Man fühlte sich also in Beuggen noch immer wie der Vogel, der kein Nest gefunden hat. Es war auch gar nicht verlockend, an dem alten Gemäuer dringend notwendige bauliche Verbesserungen vorzunehmen, solange die Aussicht bestand, bald an die Luft gesetzt zu werden. Schließlich entschloß sich das Basler Komitee, das Anwesen zu erwerben. Die maßgebenden Leute im Komiteee waren damals:

Pfarrer Wilhelm Legrand (s. Anm. 61), 54 Jahre lang Komiteemitglied; er war zugleich Präsident des Komitees der Pilgermission und Hausvater des Theologischen Alumneums in Basel;

Hieronymus Bischoff-Respinger, Bankier in Basel, er war der Gründer der Diakonissenanstalt in Riehen;

Johannes Schnell, Professor für Zivil- und Strafrecht in Basel und Zivilgerichtspräsident;

Karl Felix Burckhardt, Altbürgermeister von Basel;

Rudolf Sarasin-Stähelin;

Komiteepräsident war Christoph Johann Riggenbach, Professor für Theologie in Basel, zugleich Präsident der Basler Missionsanstalt;

Spittler war 1868 hochbetagt gestorben.

Die treibende Kraft für den Kauf Beuggens war das Komiteemitglied Karl Felix Burckhardt; er führte die Verhandlungen mit der Badischen Domänenkammer, und am 25. Mai 1877 gingen die Anstaltsgebäude für 50 000 Gulden (107 000 Franken) in den Besitz des Komitees über. Bis 1878 waren schon 70 000 Franken beisammen; Reich und Arm spendete, Freunde des Hauses in Basel und anderwärts, auch ehemalige Zöglinge. Nun konnte man an den Umbau der Anlage und eine Modernisierung gehen. Bisher war noch alles Wasser am Brunnen geholt worden, viele Schlafkammern hatten keine Fenster. Die Zahl der Lehrsäle wurde erweitert. Ein eigenes Wirtschaftsgebäude entstand für die Bäckerei, Waschküche und Plätterei. In acht Monaten wurden 58 000 Franken verbaut.

Reinhard Zellers Bemühen war es, an den Erziehungsgrundsätzen der Anstalt festzuhalten, wie sie von seinem Vater 1820 festgelegt worden waren: Ausbildung von Lehrern für Arme und Minderbemittelte. Es wurden wenige Fächer gründlich gelehrt. Das Schwergewicht lag auf einer christlichen Gesinnung. Neben die Lernarbeit trat die Handarbeit; jeder sollte Erfahrungen in einem Beruf in den Werkstätten des Hauses erwerben. Die Absolventen mußten sich verpflichten, dorthin zu gehen, wo das Komitee sie hinschickte. Wer seine spätere Stelle selbst wählen wollte, zahlte ein jährliches Kostgeld von 200 Franken. Die jungen Lehrer fanden Verwendung in öffentlichen und privaten Schulen, in Armenanstalten und als Hausväter.

Mit der Zeit wurde es immer schwerer, am ursprünglichen Bildungsprinzip festzuhalten, da der Staat die Anforderungen an die Lehrer steigerte und keine Lehrer mehr anstellen wollte, die nicht die staatliche Prüfung absolviert hatten. So entschloß sich Zeller notgedrungen, wenigstens die für den Staatsdienst geforderten Mindestkenntnisse in seinen Lehrplan aufzunehmen, um den Zöglingen die Teilnahme am Staatsexamen zu ermöglichen. Immerhin hielt die Nachfrage nach Beuggener Lehrern unvermindert an, und Zeller hielt am Grundprinzip fest: „An Lehrern fehlt es uns nicht mehr, aber an wahrhaft christlichen, und solche müssen wir haben. Eine Verbesserung unseres Unterrichts in qualitativer Beziehung ist wünschbar, sofern sie zu noch größerer Gründlichkeit führt. Ein Volksschullehrer hat nicht so viele Fächer nötig und braucht kein so gelehrter Mann zu sein." Entsprechend den geänderten Erfordernissen wurde festgelegt: Aspiranten sollten mindestens 19 Jahre alt sein und ordentliche Vorkenntnisse und ausreichende Begabung mitbringen. Der dreijährige Ausbildungsgang wurde auf vier Jahre ausgedehnt, die völlige Unentgeltlichkeit aufgegeben, ebenso die Pflicht, sich versenden zu lassen nach Abschluß der Ausbildung. Der Stoff der Wissensfächer wurde verbreitert; es wird von 32 Fächern des staatlichen Prüfungsreglements gesprochen. Die Furcht blieb, daß neben der Anhäufung von Kenntnissen die Charakterbildung zu kurz komme.

*Leidenstage in Beuggen*

Eine so große, auf engem Raum zusammenlebende Gemeinschaft wie die Anstalt in Beuggen ist natürlich gesundheitlichen Gefahren ausgesetzt. So wurden, als 1873 Typhus ausbrach, gleich 13 Personen erfaßt, dazu zwei Kinder der Hauseltern. Ein Seminarist starb. Auch im Jahr 1879/1880 grassierte Typhus, die Hausmutter selbst und das zehnjährige Töchterchen Bertha lagen krank. Schließlich schickte man die Patienten ins Spital nach Basel. 1885 starb einer der Knabenaufseher an Lungenentzündung, die schon zehn Personen erfaßt hatte. Ein paar Jahre vorher war einer der Knaben durch den Sturz von einem Holzstoß zu Tode gekommem. Auch Badeunfälle creigneten sich immer wieder. Zwei Mädchen ertranken im Rhein in der gerade bei Beuggen reißenden Strömung. Für die Hinterbliebenen war es ein Trost, daß der himmlische Vater die Verunglückten in ein besseres Land holte.

*Ausbreitung der Familie*

Reinhard und Elise Zeller wurden fünf Kinder geschenkt. Die Tochter Frieda folgte 1885 Ernst Zaeslin in die Ehe. Er war damals Pfarrer in Bözberg bei Brugg. Ein Jahr danach wurde er nach Beuggen geholt als Hilfe des Hausvaters in Unterricht, Erziehung und Seelsorge; 1890 wurde er ans Diakonissenhaus in Straßburg berufen. Der Sohn Eugen wurde als

Pfarrer ausgebildet. Er trat 1907, lange nach des Vaters Tod, in die Nachfolge als Inspektor der Anstalt Beuggen ein bis zu deren Zwangsauflösung in der nationalsozialistischen Zeit 1937. Heinrich wurde schon 1888 Sekundarlehrer in Beuggen, dazu 1890 auch Ökonomieverwalter, ein Amt das er bis zum Jahr 1938 verwaltete. Bertha war seit 1907 die Partnerin ihres Bruders als Hausmutter in Beuggen, so daß lange Zeit drei Geschwister Zeller die Anstalt Beuggen leiteten. Der jüngste Sohn Alfred übernahm von seinem Onkel Samuel die Leitung der Zellerschen Anstalten Männedorf. Seine drei Kinder Hanny, Elisabeth und Reinhard, die alle unverheiratet geblieben sind, haben gemeinschaftlich in Männedorf bis zu ihrem Tod Ende der 1980er Jahre gewirkt.

Reinhard Zeller mit seinen Zöglingen

Reinhard Zeller und seine Umgebung hatten sich im Laufe der Jahre mit seiner körperlichen Behinderung abgefunden. Keines seiner fünf Kinder hat den Vater je gesund gesehen. Seine Schutzbefohlenen konnte er, der früher ein froher Wanderer war, schon seit den 60er Jahren nicht mehr auf ihren Ausflügen zu Fuß begleiten; er fuhr im Wagen mit. Mit der Zeit wurden ihm auch Schreiben und Essen immer mühsamer. Kuren in den verschiedensten Bädern schafften Erleichterung, aber keine Besserung. Die Seminaristen trugen ihn auf einem Tragsessel in den Unterricht oder in den Speisesaal. Schließlich mußte er gefüttert werden. Er selbst litt am meisten darunter, daß er sein Amt nicht so führen konnte, wie er es wünschte. Im Winter 1888 feierte er sein „Krankenjubiläum“: „Ich jubiliere, daß keine Kreatur, auch keine Krankheit mich scheiden wird von der Liebe Gottes, die in Christo Jesu ist.“ Mitte der 80er Jahre nahm seine Sehkraft ab, es war wohl der graue Star. War Zeller nun körperlich gebunden, so führte er doch die Anstalt mit Gottes Wort und Gebet, und es blieb ihm seine große Liebe zu Groß und Klein, die aus ihm strahlte und mit der er seine Hausgemeinde in eine große Familie band. Er sagte: „Den ganzen Tag werde ich bedient wie ein König, wer könnt’s besser haben?“ Und jeder, der einen Kummer hatte, konnte bei ihm sein Herz ausschütten, konnte bei ihm Rat und Hilfe finden. Auch nach ihrem Ausscheiden blieb er mit seinen Zöglingen in Kontakt, nahm an ihrem Werdegang Anteil.

1889 schließlich wurde als Nachfolger für Zeller Bernhard Beck, damals Lehrer an der Predigerschule in Basel berufen. Der Schwiegersohn Zaeslin kam nach Straßburg. Bruder Nathan sollte ebenfalls ausscheiden, starb aber im März 1890 mitten im Umzug. Reinhard Zeller wurde im Winter 1890/1891 von Schlaganfällen heimgesucht. Am Sonntag, 5. Juli 1891 erlöste der Herr den müden Streiter.

Bertha Zeller 1868–1954

Nach Zellers Tod erwog das Komitee, das Lehrerseminar aufzugeben und nur die Kinderanstalt weiterzuführen. Beck war zurückgetreten. Doch entschloß sich das Komitee zur Weiterführung in der früheren Art. So wurde der Sohn Eugen Zeller, damals Vikar im badischen Kirchendienst, berufen und nahm im November 1891 die Berufung an. Erleichtert wurde ihm die Arbeit durch die Mutter, die ja schon seit 30 Jahren als Hausmutter waltete, durch den Bruder Heinrich, der seit 1888 Vaters Gehilfe und Mitarbeiter war, durch die Schwester Bertha, die jahrelang den Vater gepflegt hatte, schließlich durch den Freund Rudolf Hunziker, der mit dem Bruder Eugen in Beuggen groß geworden war und als Lehrer wirkte.

Mutter Elise Zeller führte nach dem Tod ihres Mannes das Hausmutteramt noch zehn Jahre, unterstützt von ihren Kindern. 1903 übergab sie ihre Arbeit an ihre Tochter Bertha und zog mit dem Sohn Eugen nach Windisch im Aargau, wo dieser Pfarrer geworden war. Sie sehnte sich aber danach, in Beuggen zu sterben und kam mit Eugen gerne zurück, als er das Beuggener Inspektorat wieder übernahm. Im Juli 1908 erkrankte sie schwer, zu Herzbeklemmungen und Erstickungsanfällen kamen Depressionen. Nach einer mehrmonatigen Leidenszeit verschied sie am 16. März 1909.

Die Brüder Heinrich 1866–1940, Alfred 1872–1948 und Eugen Zeller 1864–1941 (v.l.n.r.) (Archiv Andreas Zeller, Z 314)

Eugen Zeller leitete die Anstalt Beuggen mit einer vierjährigen Unterbrechung, während der er im Pfarramt war, bis die Anstalt 1937 in ein Kinderheim umgewandelt wurde. Er wurde dabei in treuer Liebe unterstützt von seinen Geschwistern.

*Schriften von Reinhard Zeller*

- Monatsblatt von Beuggen. Hrsg. von dem Verein der freiwilligen Armen-Schullehrer-Anstalt daselbst. Jhrg. 31 (1859) bis 62 (1890) Basel. Redakteur Reinhard Zeller.
- Anton Hippin: Ein verborgenes Leben. Basel 1876.
- Lieder der freiwilligen Armen-Schullehrer-Anstalt Beuggen. Basel 1871; 2. Auflage Basel 1887.
- Anleitung und Aufmunterung zum Bibellesen. Aus „Beuggenblatt“. Basel 1878.
- Mutter Zeller (geborene Sophie Siegfried 1791–1858) in Beuggen. Basel 1882; 4. Auflage Basel 1901.
- Brauchet eure Bibel! Ein Mahnwort. 6. Auflage Basel 1888; 17. Auflage Basel 1928.
- Frühe! Täglich! Heute! Immer wieder! Ein Mahnwort. Basel 1888; 7. Auflage Basel 1920.
- Zur Erinnerung an Nathanael Zeller, Verwalter und Lehrer in Beuggen, geboren 1823, gestorben den 19. März 1890. Basel 1890.
- Seligkeit ohne Verdienst, aber nicht ohne Arbeit. Ein Mahnwort. Basel 1891; 4. Auflage Basel 1928.
- Ein seliges Haus. Eine Betrachtung über Johannes Kap. 2, V. 1–11. Aus dem Monatsblatt von Beuggen. Basel o. J.

## Armenkinderanstalt in Kasteln — Aaron Witzemann und *Monika* Katharina Dorothea Zeller

Familiendaten s. S. 543

Als der Aarauer Seidenfabrikant Louis Schmuziger 1855 im Schloß Kasteln bei Brugg, das er zu diesem Zweck zusammen mit seinem Bruder gekauft hatte, eine Erziehungsanstalt für arme Kinder einrichten wollte, wandte er sich an seinen Schwiegervater Christian Heinrich Zeller mit der Bitte um einen geeigneten Lehrer. Zeller empfahl Aaron Witzemann, der in Beuggen groß geworden war und dort schon seit Jahren als Lehrer wirkte.

Monika K. D. Zeller 1829–1893 Aaron Witzemann 1827–1909
(Photos Georg Werner, W 141)

Aaron Witzemann stammte aus Tailfingen bei Ebingen auf der Schwäbischen Alb. Seine Vorfahren waren, soweit man zurückdenken kann, Bauern und Handwerker in Tailfingen und der Umgegend gewesen. Viele Weber waren darunter, schon früh hatte sich in Tailfingen die Textilmanufaktur ausgebreitet. Tailfingen wird das „ABC-Städtchen“ genannt; und tatsächlich hieß ein Gutteil der Bevölkerung damals Ammann, Bitzer oder Blickle und Conzelmann. So finden wir diese Namen auch auf Aaron Witzemanns Ahnentafel. Sein mütterlicher Großvater, der Wagner Johann Georg Maute, genannt der Speidelhansjörg, war der Gründer der pietistischen Gemeinschaft in Tailfingen. Ahnenliste Witzemann S. 585.

Als Aaron noch nicht zwölf Jahre alt war, starb 1839 der Vater, der Maurermeister Martin Witzemann, und hinterließ seine Witwe nach einer nicht einmal 14-jährigen Ehe mit neun Kindern. Zwei waren schon als Säugling gestorben. Aaron war der Älteste. Treue Freunde nahmen sich der bedrängten Mutter an. Es war gewiß für die Witwe mit ihren neun Kindern ein Geschenk des Himmels, daß Aaron in die Kinderanstalt in Beuggen aufgenommen wurde. Von den übrigen Geschwistern verheirateten sich sechs in Tailfingen; zwei Brüder wanderten, als sie erwachsen waren, nach Amerika aus.

Nach der Konfirmation durfte Aaron in der Beuggener Anstalt bleiben, er arbeitete zwei Jahre lang als Gärtner. Er war ein aufgeweckter Junge; so wurde er für den Kursus zur Ausbildung als Armenschullehrer ausgewählt. Auch in der Lehrerausbildung bewies er in seiner christlichen Gesinnung und seiner Einsatzfreudigkeit, daß er entsprechend den Erziehungszielen der Anstalt bereit war, als Lehrer dem Herrn zu dienen. Nach Ende seiner Ausbildung wurde Aaron Witzemann schließlich von den Vorstehern in Beuggen 1849 als Anstaltslehrer und Erziehungsgehilfe für Zeller angestellt. In dieser Stellung erwarb er sich das besondere Vertrauen Zellers. Als im Jahr 1855 die Brüder Schmuziger (s. Louis Schmuziger) für ihre soeben gegründete Erziehungsanstalt für arme Kinder einen fähigen Lehrer und Anstaltsleiter suchten, wandten sie sich an Zeller in Beuggen und dieser empfahl seinen treuen Adlatus Aaron Witzemann. Am 15. Oktober 1855 folgte Witzemann dem Ruf nach Kasteln.

Die ersten Knaben rückten Anfang November in die neue Anstalt ein. Witzemann leitete sie zunächst allein mit Hilfe der Familie des früheren Besitzers Käser. Doch es mußte notwendig auch eine geschickte Hausmutter gewonnen werden. Zeller berichtete in den „Monatsblättern“: „Witzemann wurde von seinen neuen Vorstehern ermuntert, sich eine tüchtige Hausmutter für die armen Kinder in Kasteln zu suchen und zu diesem Zwecke sich nach Beuggen zu wenden. So wandte er sich denn, nach einer vorangegangenen schriftlichen Anfrage eines seiner Vorsteher, hierher und hielt im März 1856 um die Hand unserer Tochter Monika an und erhielt von ihr und uns Eltern das Jawort.“ Im November desselben Jahres traute der Bruder Reinhard Zeller Monika und Aaron Witzemann, und so wurde Kasteln in mehr als einem Sinne eine Tochteranstalt von Beuggen.

Monika Zeller war die jüngste Tochter des Paares Zeller-Siegfried. Der Name Monika, wie die Mutter des Heiligen Augustinus, die den Sohn zum Christentum bekehrte, war sicher mit Bedacht gewählt. Nach ihr folgte nur noch ihr Bruder Samuel. Monika war, als sie in die Ehe trat, fast 28 Jahre alt und bis dahin eine treue Stütze ihrer Mutter im Beuggener Anstaltsbetrieb gewesen. Ihre Aufgabe war es, in der Haushaltsführung mitzuwirken, während Sophie die Arbeitsschule für Mädchen leitete. Monika war daher bestens vertraut mit den Erwartungen und Anforderungen, die an eine Anstaltsmutter gestellt wurden. Gerne hätte Monika nach der Schulzeit noch eine höhere Bildung genossen, der Vater meinte aber: „Es ist mir lieber, wenn du den armen Kindern die Kleider flickst."

Monika Zeller und Aaron Witzemann kannten sich ja von früher Jugend an: sie war zehn Jahre alt, als Aaron nach Beuggen kam. So lebten sie auch eines Sinnes, geprägt durch die Beuggener Erziehungsgrundsätze mit dem Ziel einer bewußt christlichen Lebensführung. Über 36 Jahre lang leiteten sie die Armenkinderanstalt Kasteln gemeinsam mit Freudigkeit und Hingabe. Die Wohnverhältnisse in dem geräumigen Schloß waren angenehm. Dennoch war der Lebensstil der Anstaltsgemeinschaft bescheiden. Mit dem Kauf des Schlosses war nur ein Jauchart Acker an die neuen Besitzer gekommen; die große Domäne war früher stückweise verkauft worden. Erst allmählich konnten die Brüder Schmuziger — zu damals hohen Preisen — Land dazuerwerben. Nach dem Tod der Brüder setzte Witzemann mit Hilfe seiner Ersparnisse die Grundstückskäufe fort und verpachtete das dazugewonnene Land der Anstalt. Das Leben auf Burg Kasteln wurde zu Anfang sehr dürftig geführt: nur eine Kuh und eine Ziege waren im Stall. 25 Jahre lang hatte man kein eigenes Fuhrwerk. Ein befreundeter Bauer mußte beim Heu- und Korneinfahren helfen. Das tägliche Viehfutter oder Waren aus dem Ort Schinznach zogen die Knaben selbst mit einem Handwagen den Berg hinauf. Oft kippte der Wagen um; die Buben verletzten sich oft schwer, die Hausmutter mußte die Verletzten verbinden. Erst 1882 konnte man eine eigene Scheune erwerben, 1892 kamen zwei Pferde in den Stall. Mit ihrem praktischen Sinn fand die Anstaltsmutter immer wieder Wege, wie die Anstaltskinder selbst zu ihrem Unterhalt beitragen konnten. Bei einem Besuch der Wernerschen Anstalten in Reutlingen sah sie, wie die Kinder Seile flochten. Das führte sie auch in Kasteln ein; sie fand auch Gelegenheit, die Seile bei Freunden und Bekannten an den Mann zu bringen. Es gelang ihr, mit einer Spende von 100 Fr. eine Krankenkasse für austretende Pflegekinder einzurichten, in die dann auch diese Ausgetretenen freiwillige Beiträge entrichteten.

Kasteln um 1871, nach einer Zeichnung von Friedrich Thiersch, T 7
Stammbuch Monika Witzemann

Ihre Erziehungsarbeit machten sich die Hauseltern nicht leicht. Unter den armen Kindern, die ins Haus kamen, waren naturgemäß viele Schwererziehbare. Ihre unerschütterliche christliche Grundhaltung gab Monika und Aaron Witzemann die Basis, auch solche Kinder in der rechten Weise zu erziehen, die in scheinbar aussichtsloser Verfassung nach Kasteln kamen. Ein früherer Zögling, der selbst Lehrer wurde, schrieb 1905 etwa: Kasteln ist ein Segenshaus! Mir schwebt im Geist ein Bild von vor 20 Jahren vor Augen: Wir betrachteten in der Morgenandacht die Reise Israels durch die Wüste. Wie waren wir alle gefesselt! Und dann am Abend draußen auf der Terrasse unter dem klaren Sternenhimmel, als wir den Vorsatz faßten: „Jetzt muß es besser mit uns werden!“ Für mich stand fest: Die Bibelbetrachtungen waren nicht nur interessant, sie bildeten das Gemüt, den sittlichen Charakter und waren Nahrung für die Seele.

Den Kontakt mit ausgetretenen Pflegekindern behielt vor allem die Anstaltsmutter in schriftlichem Verkehr; und von vielen wurde sie noch nach Jahrzehnten als Mutter verehrt. Wenig Zeit blieb ihr, außerhalb des Hauses zu wirken. Fast 30 Jahre lang leitete sie die Sonntagsschule in dem am Fuße von Kasteln gelegenen Oberflachs. Von Veltheim kamen an Sonntagen regelmäßig Frauen und Mädchen zu Andacht und Gesang. Eine große Freude war es für die Witzemanns, daß sie vor allem im Sommer mit ihren Geschwistern Schmuziger aus Aarau und den Zellers von Beuggen bei regelmäßigen Besuchen zusammen sein konnten. Die Familie Schmuziger verbrachte oft die ganzen Sommerferien auf Kasteln.

Um die Jahreswende 1892/1893 wurde Monika Witzemann von Gelenkrheumatismus heimgesucht. Im April wurde auch das Herz angegriffen, darauf die Lungen. Von ihren Leiden wurde sie, gerade 64 Jahre alt, am 23. Mai 1893 erlöst. Aaron Witzemann verlor mit seiner lieben Frau seine treue Mitarbeiterin im Amt der Hausmutter. Sie fand ihre letzte Ruhe auf dem Friedhof in Schinznach. Nun war die Stelle der Anstaltsmutter verwaist. Es war für die Anstalt ein großer Segen, daß die Nichte Sophie Schmuziger von Aarau für sieben Jahre in die Leitung als Hausmutter eintreten konnte bis zu dem Tag, da auch Aaron Witzemann sein Amt als Anstaltsleiter niederlegen mußte.

Aaron Witzemann hatte im Schinznacher Tal und den umliegenden Städtchen viele Freunde gewonnen. Jahrelang war er Aktuar der Schulpflege in Oberflachs unterhalb Kasteln und Mitglied der Schulpflege der Bezirksschule des nahen Schinznach. Bis ins hohe Alter blieb er im Vorstand des Armenerziehungsvereins Brugg. Als Vorstand und Lehrer der Armenkinderanstalt in Kasteln hat Witzemann 45 Jahre lang bis 1900 gewirkt. Er hatte sich immer gewünscht, im Amt sterben zu dürfen. Doch im Januar 1900, als er fast 73 Jahre alt war, traf ihn ein Hirnschlag und lähmte seine linke Seite. Der Sohn Gotthilf, der in Gebenstorf im Aargau Pfarrer war, nahm ihn zu sich. 1905, als die Pflege schwerer wurde, konnte Vater Witzemann nach Männedorf übersiedeln zu Schwager Samuel und Schwägerin Sophie Zeller; dort wurde er liebevoll gepflegt. Männedorf wurde immer mehr zu einem Sammelpunkt für Zeller-Verwandte. In Männedorf hatte ja auch die Schwägerin Tabitha Schmuziger, geb. Zeller ihren Lebensabend verlebt. In Männedorf starb Aaron Witzemann 82 Jahre alt im April 1909 an einem Hirnschlag. Die Kinder erfüllten seien Wunsch und ließen ihn in Schinznach an der Seite seiner Frau beisetzen.

Aaron und Monika Witzemann hatten zusammen sieben Kinder. Sie mußten aber erleben, daß vier schon am Tag der Geburt starben, das Töchterchen Sophie mußten sie als Vierjährige begraben. Der nach dem Onkel in Beuggen benannte Sohn Nathanael war in seiner Jugend Lehrer in Genua und wirkte dann jahrzehntelang als Lehrer in Zürich. Der Sohn Gotthilf wurde Pfarrer zunächst in Gebenstorf im Aargau, dann in Holderbank nicht weit von Kasteln, schließlich in Rothrist im Aargau. Nachkommen leben vor allem in der Schweiz.

Das Schloß Kasteln wurde am 27. 8. 1907 durch einen Brand zerstört.

## Gebetsheilanstalt in Männedorf — *Samuel* Heinrich Ansgar Zeller, ein Knecht Jesu Christi

Familiendaten s. S. 202

„Samuel Zeller, ein Knecht Jesu Christi", so lautet der Titel einer Schrift, die vom Neffen und Nachfolger im Amt Alfred Zeller verfaßt worden ist und schon viele Auflagen erlebt hat. Noch 1978 wurde das Büchlein verlegt; so wirkt der Knecht Jesu Christi bis in unsere Tage als Seelsorger der Müden und Kranken. Durch seine Gebetsheilanstalt in Männedorf am Zürichsee gewann er nachhaltigen Einfluß auf die pietistischen Kreise der gesamten Ostschweiz. Doch eine Biographie sollten die von Alfred Zeller zusammengetragenen „Züge aus seinem Leben" nicht sein; das hatte sich Samuel Zeller ausdrücklich verbeten. Er fürchtete, ein Freund, ein naher Verwandter würde in einem Lebensbild nur die lichten Seiten hervorheben, könne kein unparteiisches Bild zeichnen. Heute, nach 100 Jahren, sind wir noch viel mehr in Gefahr, gerade einem Mann wie Samuel Zeller nicht gerecht zu werden: Wir konnten ihn nicht persönlich kennen lernen, müssen uns auf gefärbte Zeugnisse stützen und betrachten sein Leben, seine Zeit mit den Augen des aufgeklärten Spätgeborenen.

Samuel H. A. Zeller 1834–1912
(Photo Georg Werner W 141)

### *Entwicklungs- und Wanderjahre*

Samuel Zeller war das zehnte und jüngste Kind aus dem Beuggener Zellerhaus. Er wurde 1834 geboren, als seine Eltern schon 55 und 43 Jahre alt waren. Sechs Wochen nach seiner Geburt verheiratete sich seine Schwester

Marie mit dem Missionar Samuel Gobat. Wenige Wochen vor der Hochzeit wurde Samuel in Beuggen getauft (Samuel = erhört von Gott). Gobat war der Pate; er reiste kurz danach mit seiner jungen Frau zu einer zweiten Missionsreise nach Abessinien. Als Samuel 6 Jahre alt war, ging die Ruhr um in Beuggen, und auch er erkrankte. Als der Arzt die Hoffnung auf Genesung schon aufgegeben hatte, wurden die Gebete der Eltern erhört und er durfte genesen. Als Kind schon zeigte Samuel handwerkliches Geschick, schreinerte, baute mit selbstgebrannten Ziegeln; als er größer wurde, war ihm die Aufsicht über den Hühnerhof anvertraut. Aus den Erfolgen, die Samuel in der Behandlung der Tiere hatte, erwuchs sein Interesse für die menschliche Heilkunst. Er studierte das Kräuterbuch seines Vaters und äußerte schließlich den Wunsch, Arzt zu werden, das aber lehnte der Vater ab. Schon vor der Konfirmation durfte er am Unterricht der Lehrerzöglinge teilnehmen und konnte schon früh pädagogische Kenntnisse erwerben. Wie seine Brüder wurde auch Samuel nach der Konfirmation zur weiteren Ausbildung außer Haus geschickt. Er kam in das Institut eines Freundes des Vaters, des Pfarrers Christoph Möhrlen in Payerne VD, um sich vollends auf das Lehramt vorzubereiten. Das Schwergewicht lag auf Französisch, daneben studierte er aber auch Deutsch, Mathematik, Musik und naturkundliche Fächer. In Payerne wurden junge Männer verschiedener Nationalität und unterschiedlicher Glaubensbekenntnisse, faule und strebsame, ausgebildet. Der Geist, der im Haus herrschte, war für Samuel neu, es fiel ihm bei manchen Aktivitäten der Kameraden schwer mitzumachen; denn es wurden im „Deutschen Club" nicht nur Theaterstücke deutscher Klassiker mit verteilten Rollen gelesen, man versuchte sich auch sonntags im Theaterspielen. Später hat es Samuel sehr bedrückt, an diesem als sündig angesehenen Spiel teilgenommen, sogar gern teilgenommen zu haben. Nach fast zwei Jahren, am Heiligabend des Jahres 1852 kehrte Samuel nach Beuggen zurück.

Im Frühjahr des folgenden Jahres wurde Samuel als Seminarlehrer nach Schiers in Graubünden gerufen. Mit 19 Jahren empfand er sich als jung und unerfahren; seine Studenten waren meist älter als er. So nützte er die Abende und Nächte, um sich in Fächern fortzubilden, in denen er sich schwach fühlte. Andere Schwierigkeiten erwuchsen ihm und seinem Lehrerkollegen Lutz, dem späteren Basler Stadtmissionar, durch einen anderen Kollegen, der die Studenten gegen ihre jungen Lehrer aufbrachte, um die beiden zu vertreiben. Samuel Zeller wollte schon abreisen, doch der Vater empfahl ihm, die Sache durchzustehen: „Was du in Schiers lernst, lernst du für Beuggen!" Die Attacken des Kollegen hörten auf. Samuel fand sogar Muße für Liebhabereien: er konstruierte eine Dampfwaschmaschine, erntete aber bei den Waschfrauen wenig Dank; sie fürchteten um ihr tägliches Brot. 1855 wurde Samuel nach Beuggen zurückgeholt, um die Stelle von Aaron Witzemann einzunehmen, der als Leiter an die neue Erziehungsanstalt in Kasteln berufen worden war.

Dorothea Trudel 1813–1862

In dieser Zeit wurde Samuel oft geplagt von dem Gedanken, er habe als Kind und Heranwachsender und noch als Lehrer in Schiers sich Unaufrichtigkeiten, unehrlicher Aussagen, vom Zorn diktierter Handlungen schuldig gemacht und gegen seinen Herrn versündigt. In seinem Grübeln fühlte er immer mehr, daß er geistlich erstorben sei. Er versuchte sich abzulenken indem er hoffte, im Gebet, in der Fürsorge für andere Erlösung zu finden. Er verlegte sich auf die Arzneikunst und hatte damit auch Erfolge. Da stellte sich eine körperliche Krankheit, ein Leberleiden mit einem Flechtenausschlag bei ihm ein; es quälte ihn monatelang. Er brachte seine körperliche Verfassung mit seiner seelischen Not in Zusammenhang und stürzte sich in Schwermut. Samuel erhoffte sich von einem Urlaub am Genfer See Besserung. Unterwegs in Aarau bei der Schwester Tabitha Schmuziger wurde er vom Arzt nach Bad Schinznach geschickt; der Arzt dort konnte ihm nicht helfen. Eine Frau, die früher als Waise in Beuggen gewesen war, wies ihn zu Jungfer Trudel. Fräulein Dorothea Trudel [146] führte in Männedorf am Züricher See ein Haus in streng pietistischem Sinn, in dem von seelischen und körperlichen Leiden geplagte Menschen Zuflucht suchten. Jungfer Trudel betete mit ihren Gästen und erbat durch Handauflegen Hilfe vom Herrn für die Hilfesuchenden. Jungfer Trudel sah

[146] Dorothea Trudel, 1813–1862, Lit. L. Locher, Dorothea Trudel, 1939

Zeller mit ihren durchdringenden Augen ins Herz und sagte: „Wenn einmal der Aussatz der Sünde weg ist, dann wird wohl diese Krankheit auch verschwinden.“ Er wurde durch Handauflegen gepflegt, hörte die Andachten; in seinem Innern tobte ein schwerer Kampf. Er bekannte offen seine Not, schrieb denen, die er früher glaubte verletzt oder angeschwindelt zu haben. Er litt Höllenqualen, doch er wurde erlöst und in seinem Herrn neu geboren. Wir können heute schwer nachvollziehen, was in Zeller damals vorging; wir müssen aber erkennen, daß er ein in seinem Charakter gewandelter Mensch geworden ist. Seine Ungeduld, sein Jähzorn, seine Selbstgerechtigkeit schwanden, er fand seine Sicherheit im Glauben an seinen Herrn Jesus. Eltern und Geschwister in Beuggen freuten sich mit Samuel, als sie von seiner inneren Verwandlung hörten. Der weise Vater aber riet: „Samuel, bleib nüchtern, prüfe den Geist!“ Ein neuer Sohn, ein neuer Lehrer kam nach Hause.

1860 folgte Samuel einem Ruf als Hauslehrer nach Elberfeld. In der Elberfelder Zeit ist Zellers häufiges Losen von Bibelsprüchen bezeugt, eine Sitte, die schon damals durch das Losungsbüchlein der Brüdergemeine weit verbreitet war: Er erbat sich täglich zusätzlich zum morgendlichen und abendlichen Bibellesen vom Herrn durch ein Los ein persönliches Gotteswort. Besuchten ihn Freunde, so zog er auch für diese ein Los, und Briefen legte er ein Bibellos bei. War eine Entscheidung zu treffen, so brachte ein Los Klarheit. Aber immer mehr durchdrang ihn die ganze Schriftwahrheit, er hörte auf, bei jedem kleineren Ereignis seinen Herrn im Gebet anzurufen.

### *Wirken in Männedorf*

Auch nach Samuel Zellers Weggang von Männedorf blieb das Vertrauensverhältnis mit Dorothea Trudel bestehen. Zeller verehrte sie in kindlicher Liebe. Nach dem Tod seiner eigenen Mutter hatte er sich angewöhnt, alle wichtigen Lebensfragen brieflich mit dem „Müetterli“ zu besprechen. So verstehen wir sehr gut, daß Zeller im Jahr 1860, wenige Monate, nachdem er nach Elberfeld gegangen war, von Dorothea Trudel als Gehilfe in ihre Gebetsheilanstalt nach Männedorf berufen wurde. Schon zwei Jahre später verstarb die Gründerin und Seele der Anstalt. Zeller übernahm die Nachfolge, zusammen mit seiner Schwester Sophie, die er sich als Hausmutter und Gehilfin von Beuggen holte (s. dort). Damit die aufblühende Anstalt im gleichen Sinn weitergeführt werden konnte, hatte Dorothea Trudel zu Lebzeiten den ganzen Besitz an Samuel Zeller geschenkt. Zeller hat dann 50 Jahre lang bis zu seinem Tod 1912 diese Anstalt geleitet und ihr seinen besonderen Charakter aufgeprägt, der noch heute nachwirkt. Sein Neffe Alfred Zeller, der nach seinem Tod die Leitung übernahm, hat die Gebetsheilanstalt im Sinne seines Onkels weitergeführt, bis er 1948 starb. Zeller hat übrigens nie, wie etwa Bodelschwingh um Gaben für sein Unternehmen gebeten. Was er bedurfte, wurde ihm immer aus freien Stücken von Freunden des Hauses zuteil.

Männedorf, im Vordergrund Häuser und Garten der Anstalt, hinten links Haus Bethel und Kapelle (Archiv Andreas Zeller, Z314)

Worin lag das Geheimnis, die Ausstrahlungskraft der Anstalt in Männedorf? Wie kam es, daß ein bescheidener Lehrer des Gotteswortes in unserer aufgeklärten Zeit Einfluß auf die pietistischen Kreise in der Ostschweiz und Süddeutschland gewinnen konnte? Einflußreiche Leute des öffentlichen Lebens saßen zu seinen Füßen; unter anderen war Herzogin Vera von Württemberg dort und lud ihn zu sich ein, als er zu Evangelisationsabenden in Stuttgart weilte.

Zellers Art muß anziehend gewirkt haben. Er verstand es, seine Freude über Gottes Wirken in der Natur, seine Heilsgewißheit andern mitzuteilen. Er konnte für kleine Erfolge in seinen Bemühungen um das seelische Heil und das leibliche Wohl seiner Gäste seinen Schöpfer preisen und sie als Geschenke annehmen. Ebensosehr wie er sich mühte, andere durch Gebet auf den Weg der Erlösung zu führen, rang er lebenslang für sich selbst um den rechten Weg zu einem gottseligen Leben. Dazu war ihm unbedingte Wahrhaftigkeit und Ehrlichkeit gegen sich selbst und seinen Gott ganz besonders wichtig. Aus seiner festen Grundhaltung konnte er mit großem Ernst, aber gleichzeitig mit heiterer Warmherzigkeit seinen Gästen den Weg zeigen, in ihren seelischen Nöten und körperlichen Schwächen festen Grund zu finden. Nie ließ er dabei Zweifel aufkommen, wohin der Weg führen muß: zur Erlösung der Seele. Immer konnte er sich mit seinen Schutzbefohlenen freuen über kleine und große Fortschritte auf dem Weg zum Herrn, über den Sünder, der Buße tut.

Für Zeller waren Leib und Seele eine Einheit. Nie können körperliche Leiden geheilt werden, ohne daß die Seele gesundet. Der Patient muß seinen Seelenzustand, seinen Bezug zu seinem Gott erkennen. Doch war Zeller nie bemüht, ein Bekenntnis zu erzwingen als Voraussetzung für eine Heilung durch Handauflegen. Er wußte, Gott richtet sich nicht nach einer Schablone. Zeller konnte warten. Er äußerte: „Zu echter Seelsorge gehört der heilige Grundsatz: Nichts für sich suchen, sondern für den Herrn."

Wer waren die Hilfesuchenden, die vom frühen Morgen bis zum späten Abend sein Seelsorgerstübchen aufsuchten? Es müssen Gemütskranke gewesen sein, Nervenleidende, ja sogar Leute, die sich vom Bösen besessen glaubten, aber auch Magenkranke und Patienten mit eindeutig körperlichen Leiden. Von Zeller wird gerühmt, er habe eine scharfe Beobachtungsgabe besessen, er konnte durch seine Patienten hindurchsehen. Das half ihm sicher, in kritischen Fällen das rechte Wort zu finden, eine helfende Maßnahme zu ergreifen. Methoden und Erkenntnisse der modernen Psychoanalyse und Psychotherapie wendete er intuitiv an und hatte manchen erstaunlichen Heilungserfolg. Er wußte, daß dem Patienten selbst seine wunde Stelle bewußt sein muß, um dem innerlich Leidenden zu helfen. Der Patient muß den Willen zur Umkehr, zum Kampf mit seinen Problemen mitbringen. Dabei wollte Zeller nie mit einem Magnetiseur verwechselt werden: „Sie suchen ihre Kranken unter den Einfluß ihres Willens zu bringen und so zu heilen. Ich gehorche meinem Heiland, der mir befohlen hat, den Kranken die Hand aufzulegen und über ihnen zu beten. So suche ich die Kranken unter den Einfluß Gottes zu bringen, der dann mit ihnen handeln soll, wie *Er* will." (Lit. Alfred Zeller).

Durch Erfolge bei der Behandlung körperlicher Krankheiten kam schon Jungfer Trudel, später auch Zeller mit dem Gesetz in Konflikt. Er war klug genug, eiternde Wunden, eine Mittelohrentzündung zum Arzt zu verweisen, erlebte aber auch, daß Patienten von Zitterlähmung, von Magenleiden, einer Herzkrankheit bei ihm genasen. Dorothea Trudel war 1856, lange bevor Zeller in Männedorf war, wegen Übertretung des Medizinalgesetzes (§1. Niemand darf heilen, ohne patentierter Arzt zu sein.) zu einer Geldstrafe verurteilt worden und mußte alle Kranken entlassen. Doch schnell hatte sie wieder Zulauf. 1861 stand derselbe Vorgang mit noch höherer Geldstrafe ins Haus. Diesmal wollte Zeller nicht gehorchen. Zeller berief sich auf das Wort Gottes. Eine Apellation des Freundes der Anstalt, Fürsprech (Rechtsanwalt) Spöndlin am Bezirksgericht und schließlich am Obergericht in Zürich war erfolgreich. Das Urteil lautete auf völligen Freispruch: Es entspreche weder dem Geist der Zeit noch dem Charakter eines Freistaates, die Bestrebungen der Anstalt durch polizeiliche Strafen zu unterdrücken. Auch einen erneuten Prozess im Jahr 1869 konnte Fürsprech Spöndlin für das Haus gewinnen. Das endgültige Aus für die Behandlung von Geisteskranken, deren es bis dahin in Männedorf eine große Zahl gegeben hatte, brachte 1899 der §17 einer Verordnung des Regierungsrates: Jede Privatanstalt, in welcher Geisteskranke aufgenommen werden, hat deren ärztliche Behandlung einem diplomierten Arzt zu übertragen. Eingaben hochgestellter Freunde halfen nichts, die Geisteskranken mußten entlassen werden.

Ein besonderes Kapitel war Zellers Auseinandersetzung mit dem Exorzismus. Es ergab sich ganz automatisch, daß bei seiner Beschäftigung mit seelischen Problemen und der Betreuung von Geisteskranken auch Leute zu ihm kamen, die sich selbst für Besessene hielten oder für nahe Angehörige Zellers Fürbitte, ja seine direkte Einwirkung auf den bösen Geist erflehten. Hier verhielt sich Zeller sehr vorsichtig. Doch erlebte er Situationen, die von Außenstehenden als die Befreiung von bösen Geistern gedeutet wurden.

Zeller trat nicht sehr oft als Evangelist außerhalb von Männedorf auf. Er wurde zwar oft darum gebeten, zog es aber in aller Regel vor, in der persönlichen Seelsorge in Männedorf zu wirken. Wo er aber als Redner hinkam, strömten nicht nur die Zuhörer von weit her, auch die Herzen wurden durch seine Worte bewegt. Vielen Gästen von Männedorf waren Kernaussagen seiner Andachten noch nach Jahrzehnten gegenwärtig. Seine Predigten waren direkt, bildhaft und leicht faßbar, gewürzt mit Gleichnissen aus dem täglichen Leben, und führten leicht zu einem Gespräch mit seinen Zuhörern, ja zum Examinieren. So blieben sie immer lebendig bis zum Schluß.

Bis zu seinem Ende — er starb 1912 im Alter von 78 Jahren — blieb Samuel Zeller die Fähigkeit erhalten, in Ruhe Entscheidungen für sich und seine Schutzbefohlenen seinem Gott anheim zu stellen. Er konnte feindlich Gesinnten immer vergeben. Noch auf dem Sterbebett rief er aus: „Wie gerne möchte ich anderen helfen!"

So kann man unter sein Leben das Motto schreiben: Die Liebe höret nimmer auf.

*Schriften von Samuel Zeller*

- Aus dem Leben und Heimgang der Jungfrau Dorothea Trudel von Männedorf († 1862). Stuttgart 1862; 11. Auflage Basel 1899.
- Hausandachten, gehalten in Männedorf 1871; 8. Auflage Basel 1903.
- Acht Betrachtungen über Bibelabschnitte. 2. Auflage Basel 1873; 7. Auflage 1909.
- Bibelbetrachtungen und Hausandachten. Basel 1881.
- Strafe und Trost, sechs Betrachtungen über Bibelabschnitte. Basel 1886; 8. Auflage Basel 1912.
- Eine Mutter. Eine wahre Geschichte (Erinnerungen an die Mutter der Dorothea Trudel). 6. Auflage Basel 1887; 13. Auflage Basel 1900.
- Mitteilung an Freunde und Wohltäter der Gebetsheilsanstalt Männedorf, offene Darlegung der Schwierigkeiten, die unsere Anstalt infolge des neuen Irrengesetzes durchgemacht, bestimmt für teilnehmende Freunde der Gemütskranken und Antwort auf Aufnahmegesuche für Geisteskranke. Wädenswil 1901.
- Ein neues Jahr, Betrachtungen über 1. Sam. 1, 1–20. Männedorf 1903; 2. Auflage 1926.
- Gern will ich sie lieben, Betrachtungen über Hosea 14. Männedorf 1903; 3. Auflage Männedorf 1921.
- Etwas zum Nachdenken für unsere Kranken. 2. Auflage Männedorf 1904.
- Rechnen — Vergeben, Betrachtungen über Matthäus 18, 21–35. Männedorf 1907; 3. Auflage Männedorf 1922.
- Die Vergebung der Sünde, in: Der Kampf wider die Sünde! drei Vorträge. Zürich 1907.
- Was ist die Sünde wider den Heiligen Geist? Eine Frage, beantwortet von Samuel Zeller. Männedorf 1909; 8. Auflage Berlin 1958.
- Wollen, wägen, wählen, wagen, Betrachtungen über Hebräer 11, 24–27. Männedorf 1909; 3. Auflage Lahr-Dinglingen 1955.
- Der Herr segne dich und behüte dich! Betrachtungen über 4. Mose 6, 22–27; 5. Auflage Männedorf 1955.

- Kommet, nehmet, lernet, Betrachtungen über 1. Mose 45, 4 und Matth. 11, 28–30. 2. Auflage 1912.
- Feuer vom Himmel, Betrachtungen über 1. Könige 18, 19–40. Männedorf 1934.
- Arzneien aus Gottes Apotheke.
- Trost unter dem Wort, ausgewählte Betrachtungen über das Leben Josephs.

# Familie und Berufswahl

## Die Beuggener Zeller und ihre Nachkommenschaft ein Sonderfall?

### Berufswahl und Berufung der Zeller-Nachkommen und anderer Goßfamilien

Aus den vorangegangenen biographischen Notizen war zu erkennen, daß missionarische und diakonische Aufgaben bestimmender Lebensinhalt des Paares Zeller-Siegfried und ihrer Kinderfamilien waren. Wie ausschließlich das in der Kindergeneration geschah und in welchem Umfang das Erbe der Väter auf Enkel und Urenkel fortwirkte, geht aus Tabelle 1 (S. 186) hervor, in der Hauseltern von diakonischen Einrichtungen, Missionare und Prediger der inneren Mission unter den nächsten Nachkommen des Paares Zeller-Siegfried zusammengestellt sind.

Ähnliche Übersichten lassen sich auch für andere im genealogischen Teil besprochene Familien aufstellen. Beispiele sind die Tabellen 2 (S. 187) und 3 (S. 188) , in denen Ausschnitte der Familien Werner und Rappard dargestellt sind. Die Werner-Übersicht macht deutlich, wie intensiv diese Familie mit der Heidenmission verwachsen war. Indem man Nichten und Neffen des Paares Werner-Zeller und deren Kinder einbezieht, kann man 31 miteinander eng verwandte Familien finden, die im Dienst der Mission standen. Eine ähnliche Übersicht für die Nachkommen des Paares Carl August Rappard — Marie de Rham in Tabelle 3 führt zu über 20 Familien, die als Prediger, Missionare und Pädagogen vor allem in enger Verbindung mit der Pilgermission von St. Chrischona und anderen Predigerschulen missionarische und diakonische Aufgaben erfüllten.

*Wandel der beruflichen Lebensinhalte im Laufe der Zeit*

Im Verlauf der letzten 200 Jahre hat sich in weiten Kreisen unserer Gesellschaft die Lebensauffassung von einer religiös bezogenen Weltsicht zu einer diesseitigen, materialistisch-aufgeklärten gewandelt. Um festzustellen, wie sich dieser Wandel in den Berufsbildern der Nachfolgegenerationen des Paares Zeller-Siegfried spiegelt, wurde eine Berufsübersicht angefertigt, s. Tabelle 4 (S. 190). Eine solche tabellarische Aufstellung bedingt naturgemäß eine Reihe von verallgemeinernden Einschränkungen. Folgende Punkte sind besonders zu beachten:

**Tabelle 1: Hauseltern (HV,HM), Anstaltsleiter (Insp), Missionare (Miss) und kath.-apost. Prediger (kaP) in der Familie Zeller**

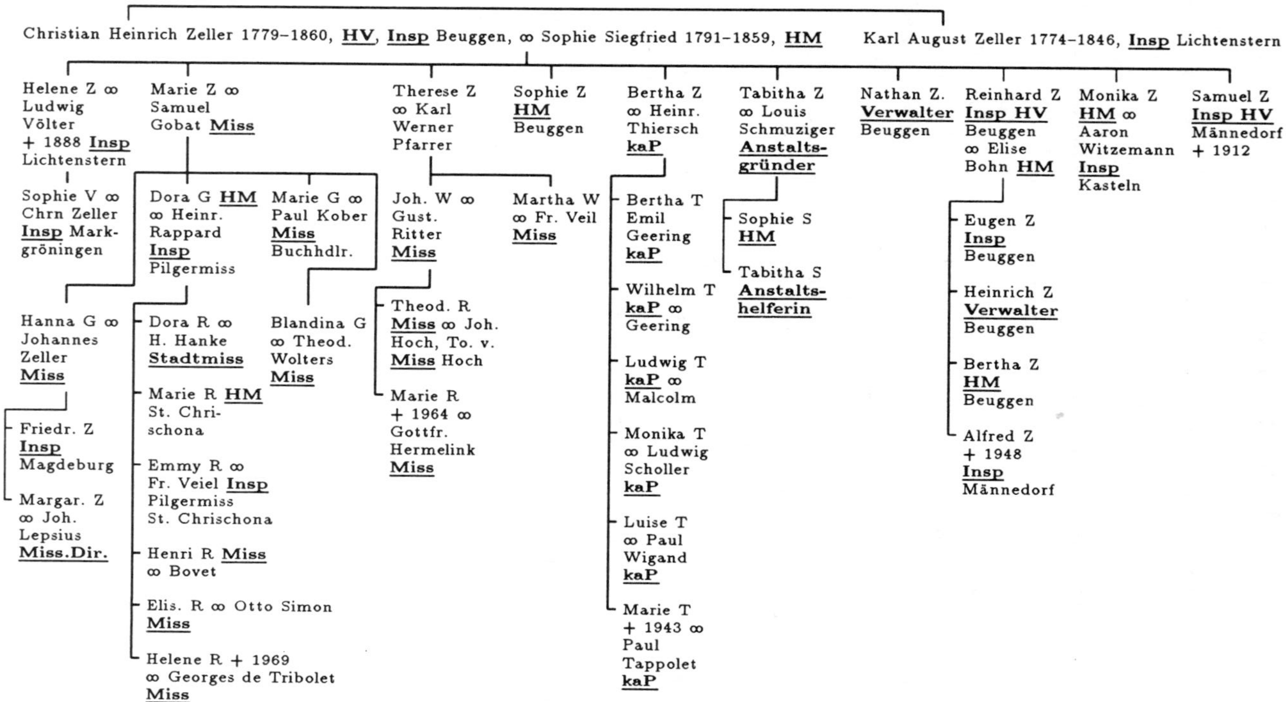

## Tabelle 2: Familie Werner und die Mission

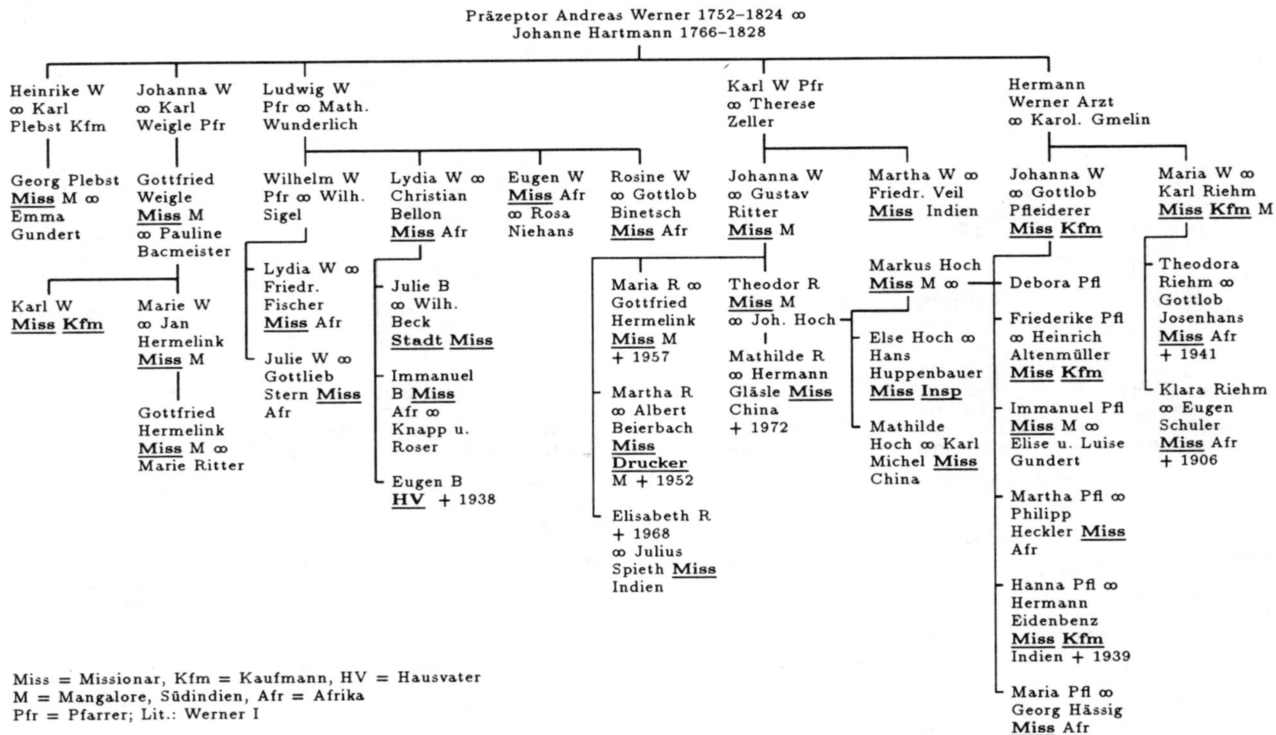


Miss = Missionar, Kfm = Kaufmann, HV = Hausvater
M = Mangalore, Südindien, Afr = Afrika
Pfr = Pfarrer; Lit.: Werner I

## Tabelle 3: Familie Rappard und die Evangelisation

Carl August Rappard 1802–1866, Pfarrer und Landwirt, ∞ Marie de Rham-Doxat

- A. Rappard Diakonisse
- Heinrich R. Insp St. Chrischona ∞ Dora Gobat
  - Dora R. ∞ Hermann Hanke Lehrer St. Chrischona
    - Gerhard H. Evangelist + 1978
    - Paul H. Zögling St. Chrischona + 1949
    - Ruth H. ∞ Karl Hoever Pfr
  - Marie R. HM St. Chrischona + 1933
  - Emmy R. HM ∞ Friedr. Veiel Insp St. Chrischona
    - Edith V. ∞ Friedhelm Rudersdorf Pfr.
  - Henri R. Pfr. Miss Algerien + 1947
  - Hildegard R. Evangelistin + 1921
  - Elisabeth R. Lehrerin, HM ∞ Otto Simon Miss Afr., Insp St. Chrischona
    - Ottheinrich S. Schulrat + 1976 ∞ Dorite de Tribolet
    - Hildegard S. ∞ Karl Falkenroth Pfr. + 1970
    - Helene S. Fürsorgerin ∞ Karl Falkenroth Pfr. + 1970
    - Eberhard S. Pfr.
  - Helene R. ∞ Georges de Tribolet Miss Afr.
    - Dorite de Tribolet
- Lina Rappard ∞ Wilh. Arnold Dir Predigerschule Basel
- Hanna Rappard ∞ Theod. Haarbeck Insp St. Chrischona Dir Johanneum Barmen
- Julie R. ∞ Israel Werner Präs Brit. Bible Soc. Präs CVJM
- Adèle R. ∞ Joh. Hermann Miss Kfm Kassierer Komitee Pilgermiss.
- Charlotte R. Mitarbeiterin St. Chrischona

Insp = Inspektor
Dir = Direktor
Präs = Präsident
Miss = Missionar
Kfm = Kaufmann
HM = Hausmutter
Pfr. = Pfarrer
Afr. = Afrika

- Bei der Berechnung der Kindersterblichkeit wurde als Grenzalter das 17. Lebensjahr gewählt, um die Kriegstoten auszuschließen.
- Es ist nicht ohne Willkür möglich, das aktive Berufsleben einer Persönlichkeit in eine einfache Berufsbezeichnung zu pressen.
- Die gewählten Berufsklassen sind ebenso willkürlich. Missionare wurden absichtlich in einer eigenen Rubrik erfaßt. „Angestellte" und „Beamte" findet man heute in allen Berufen. Architekten könnten ebenso gut mit Künstlern gezählt werden (s. Lit. Thieme-Becker).
- In den verwendeten Familienbüchern sind die Berufsangaben nicht in gleicher Weise ausführlich.
- Bei Berufswechsel oder Doppelangaben wurde der vermutlich überwiegend ausgeübte Beruf eingetragen (z. B. Landwirt und Prediger, Missionar und Pfarrer, Missionskaufmann, Musiklehrer).
- Es ist gefährlich, eine Eigenschaft, ein Verhalten als „typisch" einer Familie zuzuordnen. Ebenso, wie ein Ururenkel der 4. Generation seine körperlichen Merkmale von 16 Urgroßeltern bezieht, verhält es sich auch mit geistigen und berufsbezogenen Traditionen.

Für die Zählung der Berufe selbst gilt:

- Direkte Nachkommen der Stammeltern und deren Ehepartner wurden ohne Unterschied gezählt. Somit stimmt die Gesamtzahl der Nachkommen in einer Generation, die 18 Jahre alt geworden sind, nicht überein mit der Gesamtzahl der Berufsangaben.
- In einer — in der Übersicht weggelassenen — Klasse „ohne Beruf" würden sich viele finden, die tatsächlich keinen Beruf ausgeübt haben, und eine unterschiedliche Anzahl solcher, deren Berufsangabe fehlt.
- Missionarsfrauen, Pfarrfrauen und Bauersfrauen wurden nicht mitgezählt, obwohl sie vielfach als Lehrerinnen oder in der Gemeindediakonie, bzw. im Familienbetrieb eine wesentliche Rolle gespielt haben.
- Die in der 3. und 4. Generation gezählten Soldaten enthalten vor allem die Kriegstoten des 1. und 2. Weltkriegs, die noch keinen Beruf ausgeübt hatten.
- Eine eigene Spalte ist den Schwiegereltern der direkten Nachkommen gewidmet.

Trotz der angeführten Bedenken können wir aus der Übersicht der Tabelle 4 eine Reihe von Schlüssen ziehen:

- Die Zeller-Siegfried-Nachkommenschaft ist, auch wenn man die als Kind Gestorbenen abzieht, zahlreich. Damit eine Bevölkerungszahl gerade eben konstant bleibt, muß jeder Mensch statistisch so viele Kinder wie Eltern — nämlich 2 —, so viele Enkel wie Großeltern — nämlich 4 — haben. Unsere Familie liegt weit darüber; mit 256 erwachsenen Ururenkeln hat sie das 16fache der Minimalnorm erreicht.

**Tabelle 4: Berufe der Familie Zeller-Siegfried**

| | Stamm-eltern | | 1. Gen. Kinder | | 2. Gen. Enkel | | 3. Gen. Urenkel | | 4. Gen. Ururenkel | |
|---|---|---|---|---|---|---|---|---|---|---|
| Anzahl der direkten Nachkommen | 2 | | 11 | | 58 | | 176 | | 266 | |
| davon als Kind gestorben | | | 1 | | 16 | | 29 | | 10 | |
| | | S | K | S | K | S | K | S | K | S |
| Berufsangaben insgesamt der Nachkommen mit Ehepartnern | 2 | 2 | 13 | 8 | 43 | 33 | 149 | 71 | 333 | 135 |
| Theologen | | 1 | 3 | | 17 | 11 | 19 | 17 | 31 | 12 |
| Missionare | | | 1 | | 4 | | 14 | | 2 | |
| Erzieher, Hauseltern, Professoren allgemein | 2 | | 8 | 3 | 10 | 3 | 34 | 4 | 69 | 21 |
| Ärzte, Apotheker | | | | | 4 | 9 | 10 | 7 | 34 | 10 |
| Medizinische Hilfsberufe | | | | | 1 | 2 | 11 | 7 | 29 | 9 |
| Kaufleute, Fabrikanten, Bankiers | | | 1 | 2 | 2 | 8 | 10 | 11 | 20 | 28 |
| Juristen, Beamte | | 1 | | 1 | 1 | 3 | 2 | 7 | 10 | 15 |
| Naturwissenschaftler, Ingenieure, Förster, Architekten | | | | | 3 | | 22 | 6 | 53 | 14 |
| Landwirte, Gärtner, Gutsbesitzer | | | | 1 | | | | 7 | 6 | 4 |
| Handwerker, Wirte | | | | 1 | | 3 | 2 | 6 | 16 | 12 |
| Angestellte | | | | | 1 | 1 | 7 | 2 | 7 | 10 |
| Künstler, Musiker, Schriftsteller, Journalisten | | | | | | | 10 | 1 | 33 | 3 |
| Soldaten | | | | | | | 8 | 2 | 23 | 1 |

K = Nachkommen und Ehegatten
S = Schwiegereltern

- Wie sehr die Glieder der ersten Generationen dem christlichen Anstaltswesen und der Mission verbunden waren, geht aus Tabelle 1 hervor.
- Von den Enkeln an hat dann eine große Personenzahl den Pfarrerberuf ergriffen. Bereits die Enkel holten vielfach auch ihre Ehepartner aus Pfarrhäusern.
- Ebenso hoch, ja bis heute stark ansteigend, ist der Anteil der Lehrer und Erzieher.

- Heilberufe nehmen stark, nahezu exponentiell zu.
- Der hohe Anteil von naturwissenschaftlichen Berufen in den jüngeren Generationen entspricht den Aufgaben unseres technischen Zeitalters.
- Auffällig wenig sind Handwerker und Landwirte vertreten. Immerhin gewannen einige Zeller-Nachkommen ihre Ehepartner aus Familien dieses Standes.
- Der hohe Anteil von Künstlern ist vor allem dem Erbe der Familie Thiersch zuzuschreiben.

Unter den Nachkommen der Familie Zeller-Siegfried haben also noch heute theologische und besonders erzieherische Berufe ein Schwergewicht. Medizinische Berufe der verschiedensten Art sind stark ansteigend. Wir sehen daraus, daß sich bis in unsere Tage große Teile der Nachkommenschaft dem christlich-sozialen Gedankengut der Väter verbunden fühlen, daß sich aber die Fürsorge für die Mitmenschen zunehmend vom seelischen aufs leibliche Wohl verlagert. Außerdem lassen sich Veränderungen in den Aufgaben von Wohlfahrtseinrichtungen in den Berufen verfolgen, die spätere Generationen ergriffen haben.

*Berufliche Entwicklung in anderen Großfamilien der gleichen Epoche*

Um zu sehen, ob die Familie Zeller-Siegfried in beruflicher Hinsicht einen Ausnahmefall bildet, wird sie nachfolgend einer Reihe von Familien gegenübergestellt, die im selben Zeitraum, also im 19. und der 1. Hälfte des 20. Jahrhunderts gelebt haben. Es wurden Familien gewählt, die hinsichtlich der Familienverhältnisse wenigstens über 4 Generationen gut dokumentiert sind. Sie sollten zumindest in der ersten Generation kinderreich sein, um in den Folgegenerationen in einem gewissen Grad eine statistische Aussage machen zu können. Sie sollten außerdem dem christlich-gebildeten Mittelstand angehören, dem auch die Familie Zeller-Siegfried entstammt.

Folgende Familien wurden bis zur 4. Kindergeneration (Ururenkel) einander gegenübergestellt:

- Christian Heinrich Zeller, 1779–1860, Inspektor in Beuggen, ∞ 1811 Sophie Siegfried, 1791–1858, Hausmutter (Einzelheiten s. genealogischer Teil).
- Andreas Werner, 1752–1824, Präzeptor in Stuttgart, ∞ I: 1779 Benedikta Haakh, 1748–1786, ∞ II: 1786 Johanna Hartmann, 1766–1828 (Lit. Werner I, II).
- Erhard Völter, 1772–1849, Schulmeister in Metzingen, ∞ I: 1792 Regine Flamm, ∞ II: 1802 Katharine Barner, 1782–1867 (Lit. Völter).

- Johann Christoph Friedrich Lechler, 1744-1851, Pfarrer in Pfeffingen bei Balingen, ∞ I: 1777 Anna Luise Bührer, 1752–1785, ∞ II: 1785 Johanna El. Heinr. Steck, 1761–1802 (Lit. Lechler).

- Isaak Dorner, 1765–1849, Pfarrer in Neuhausen ob Eck bei Tuttlingen, ∞ I: 1798 Karoline Wucherer, 1778–1799, ∞ II 1802 Henriette Wucherer, 1786–1873 (Lit. Dorner).

- Karl Friedrich Paulus, 1763–1828, Pfarrer in Klosterreichenbach, Ostelsheim und Talheim, ∞ 1800 Beate Eleutherie Hahn, 1778–1842 (Lit. Paulus, Paulus II).

- Paul Wolfgang Merkel, 1756–1820, Kaufmann, Marktvorsteher in Nürnberg,∞ 1784 Margarete Elisabeth Bepler, 1765–1831 (Lit. Merkel 1972).

In drei der untersuchten Familien waren die Stammväter Erzieher, in dreien Pfarrer. Dazu kommt die dem Großbürgertum entstammende Kaufmannsfamilie Merkel.

Die folgenden Betrachtungen sind Gegenüberstellungen. Ein direkter schematischer Vergleich der untersuchten Familien wäre wenig hilfreich: Traditionen vererben sich wie geistige und körperliche Merkmale über beide Elternteile. In der 4. Generation sind das 16 verschiedene Quellen, aus denen die Entscheidungen eines Individuums gespeist werden können. Dazu addieren sich die durch die gewandelte Umwelt bedingten Einflüsse. Dennoch sind einige interessante Feststellungen möglich.

Tabelle 5 (S. 193) gibt eine Übersicht über die Anzahl der Nachkommen der sieben Familien in den einzelnen Generationen und den Anteil der als Kind Gestorbenen. Die Gegenüberstellung der sieben untersuchten Familien zeigt:

- Der Kinderreichtum der wegen ihrer relativ hohen Kinderzahl in der ersten Generation ausgewählten Familien setzt sich in den Folgegenerationen in allen Familien in ähnlicher Weise bis ins 20. Jahrhundert fort.

- Die Kindersterblichkeit nimmt in allen Familien in ähnlicher Weise ab; die Abnahme folgt dem allgemeinen Trend der Bevölkerungsstatistik im 19. Jahrhundert. Unterschiede mögen mit dadurch begründet sein, daß die untersuchten Familien nicht alle genau gleich „alt“ sind, d. h. noch unterschiedlich lange in der Zeit der hohen Kindersterblichkeit gelebt haben.

**Tabelle 5: Familienstruktur, Kinderzahl pro Generation, Kindersterblichkeit (Kinder unter 18 J.)**

| | Zeller ∞ 1811 | Werner ∞ I: 1779 | Völter ∞ I: 1792 | Lechler ∞ I: 1777 | Dorner ∞ I: 1798 | Paulus ∞ 1800 | Merkel ∞ 1784 |
|---|---|---|---|---|---|---|---|
| Kinder der 1. Generation geboren von – bis | 1812-1834 | 1780-1808 | 1794-1831 | 1779-1802 | 1799-1825 | 1801-1820 | 1785-1820 |
| 1. Generation Kinder | 11 | 16 | 20 | 17 | 14 | 12 | 13 |
| davon als Kind gestorben | 1 = 9% | 7 = 44% | 6 = 30% | 7 = 41% | 2 = 14% | 3 = 25% | 3 = 23% |
| 2. Generation Enkel | 58 | 41 | 104 | 85 | 75 | 52 | 51 |
| davon als Kind gestorben | 16 = 28% | 10 = 24% | 36 = 35% | 35 = 41% | 17 = 23% | 15 = 29% | 12 = 24% |
| 3. Generation Urenkel | 176 | 143 | 256 | 198 | 175 | 121 | 102 |
| davon als Kind gestorben | 29 = 16% | 18 = 13% | 58 = 23% | 55 = 28% | 25 = 14% | 13 = 11% | 25 = 25% |
| 4. Generation Ururenkel | 266 | 283 | 297 | 347 | 277 | 272 | 176 |
| davon als Kind gestorben | 10 = 4% | 15 = 5% | 21 = 7% | 38 = 11% | 25 = 9% | 13 = 5% | 14 = 8% |

- Auch Familien wie die Zeller und Werner, die unverhältnismäßig viele Missionare gestellt haben (s. nachfolgende Berufsübersicht Tabelle 6) und berufsbedingt sehr harten hygienischen Bedingungen ausgesetzt waren, liegen in der Kindersterblichkeit nicht höher als die Familie Merkel, deren Angehörige in gesicherten Lebensumständen in Mitteleuropa lebten. Vergleiche dazu auch Liesel Reichle-Zeller, Zeller SV 9, S. 21 ff.

In einer Berufsübersicht (Tabelle 6) wurde versucht, die Familie Zeller den anderen untersuchten Familien hinsichtlich ihrer Berufswahl gegenüberzustellen. Hier haben natürlich dieselben Einschränkungen zu gelten, wie sie oben für die Familie Zeller-Siegfried bereits gemacht wurden. Trotz dieser zahlreichen Einschränkungen kann man für die sieben dargestellten Familien bei ihren Berufen ein bestimmtes Profil erkennen:

- In den beiden „Missionarsfamilien“ Zeller und Werner sind heute kaum noch Missionare zu finden. Die Aufgaben des Missionswesens haben sich verlagert; aus den ehemaligen „Missionsfeldern“ sind junge Partnerkirchen geworden.

**Tabelle 6: Übersicht Berufe**

Zahlenangaben in % je Generation

| | Zeller ∞ 1811 | | | | Werner ∞ I: 1779 | | | | Völter ∞ I: 1792 | | | | Lechler ∞ I: 1777 | | | | Dorner ∞ I: 1798 | | | | Paulus ∞ 1800 | | | | Merkel ∞ 1784 | | | |
|---|---|---|---|---|---|---|---|---|---|---|---|---|---|---|---|---|---|---|---|---|---|---|---|---|---|---|---|---|
| Nachkommensgeneration | 1 | 2 | 3 | 4 | 1 | 2 | 3 | 4 | 1 | 2 | 3 | 4 | 1 | 2 | 3 | 4 | 1 | 2 | 3 | 4 | 1 | 2 | 3 | 4 | 1 | 2 | 3 | 4 |
| Theologen | 23 | 40 | 13 | 9 | 67 | 25 | 15 | 15 | 33 | 20 | 13 | 5 | 63 | 33 | 18 | 11 | 42 | 25 | 12 | 8 | 13 | 22 | 23 | 5 | 20 | 11 | 10 | 12 |
| Missionare | 7 | 9 | 9 | 1 | – | 25 | 14 | 2 | – | – | 1 | – | – | 5 | 2 | – | – | – | 1 | – | – | – | 4 | <1 | – | – | – | – |
| Erzieher, Hauseltern Professoren allg. | 62 | 23 | 23 | 21 | – | 4 | 15 | 18 | 25 | 8 | 14 | 11 | – | 7 | 10 | 8 | – | 4 | 10 | 14 | 50 | 33 | 11 | 16 | – | 14 | 12 | 14 |
| Ärzte, Apotheker | – | 9 | 7 | 10 | 17 | 11 | 5 | 6 | 17 | 14 | 11 | 13 | 13 | 26 | 10 | 9 | – | – | 9 | 5 | 38 | 11 | 10 | 8 | 20 | 21 | 13 | 15 |
| Medizinische Hilfsberufe | – | 2 | 7 | 9 | – | 4 | 6 | 13 | – | – | 5 | 7 | – | – | 1 | 6 | – | 4 | 2 | 10 | – | – | 1 | 7 | – | 4 | – | 3 |
| Kaufleute, Fabrikanten, Bankiers | 7 | 5 | 7 | 6 | – | 25 | 21 | 9 | 17 | 20 | 20 | 17 | – | 12 | 31 | 25 | 42 | 49 | 28 | 19 | – | 4 | 19 | 14 | 40 | 18 | 20 | 13 |
| Juristen, Volkswirte, Beamte | – | 2 | 1 | 3 | 17 | – | 5 | 2 | – | 14 | 11 | 9 | 13 | 7 | 3 | 7 | – | 2 | 5 | 4 | – | 4 | 4 | 8 | 20 | 18 | 17 | 12 |
| Naturwissenschaftl., Förster, Architekten, Ingenieure | – | 7 | 15 | 16 | – | 7 | 8 | 13 | – | 4 | 10 | 11 | – | 2 | 7 | 7 | – | 2 | 9 | 14 | – | 7 | 4 | 11 | – | 11 | 15 | 18 |
| Landwirte, Gärtner, Gutsbesitzer | – | – | – | 2 | – | – | 2 | 4 | – | 2 | 2 | 3 | – | 5 | 3 | 6 | – | – | 6 | 2 | – | 7 | 8 | 3 | – | – | – | – |
| Handwerker, Wirte | – | – | 1 | 5 | – | – | – | 3 | 8 | 8 | 2 | 6 | – | – | 5 | 6 | 8 | – | 8 | 8 | – | – | 5 | 9 | – | – | 2 | 3 |
| Angestellte | – | 2 | 5 | 2 | – | – | 4 | 3 | – | 8 | 4 | 4 | 13 | 5 | 5 | 6 | 8 | 12 | 3 | 9 | – | 4 | 6 | 9 | – | 4 | 2 | 3 |
| Künstler, Musiker, Journalisten, Schriftsteller | – | – | 7 | 10 | – | – | 1 | 5 | – | 2 | 2 | 3 | – | – | 3 | 4 | – | 2 | 2 | 3 | – | 4 | 5 | <1 | – | – | 2 | 1 |
| Soldaten | – | – | 5 | 7 | – | – | 3 | 5 | – | – | 5 | 11 | – | – | 3 | 5 | – | – | 5 | 3 | – | 4 | 1 | 10 | – | – | 8 | 6 |
| Gesamtzahl der Berufsangaben (= 100%) | 13 | 43 | 149 | 333 | 6 | 28 | 136 | 295 | 12 | 51 | 150 | 222 | 8 | 43 | 117 | 284 | 12 | 51 | 136 | 292 | 8 | 27 | 83 | 245 | 10 | 28 | 60 | 153 |

- Die Zahl der Theologen ist in den ursprünglichen Pfarrerfamilien (Lechler, Dorner) ebenso hoch wie in den Familien, deren Stammväter Erzieher waren.
- Der Theologenanteil nimmt in allen Familien gleichmäßig im Lauf der Generationen ab, mit Ausnahme der Merkel, die eigentlich kaufmännische Berufe bevorzugten. Die Abnahme entspricht einem allgemein nachgewiesenen Trend.
- Neben den Theologen sind bis in die jüngsten Generationen Erzieher und Lehrer in allen Familien, zum Teil steigend, vertreten.
- Hoch, z. T. steigend ist der Anteil medizinischer Berufe. In der Familie Zeller setzt sich dieser Trend in der 5. Generation fort. Man mag darin eine Verlagerung des sozialen Engagements für den Mitmenschen in den letzten hundert Jahren von der seelischen auf die leibliche Fürsorge sehen.
- Auffällig ist die Dominanz kaufmännischer Berufe, auch in Familien, die nicht wie die Merkel ursprünglich dem Kaufmannsstand entstammten.
- Dem Zug der Zeit folgend nehmen in allen Familien die naturwissenschaftlichen Berufe stark zu.
- Da in die Berufsstatistik nicht nur die direkten Nachkommen der Stammeltern, sondern auch die jeweiligen Ehepartner einbezogen sind, deutet der Anteil von Handwerkern und Landwirten auf das Umfeld aus dem die jeweiligen Ehepartner stammten. Das wird besonders bei den Familien Völter und Dorner deutlich, wenn man in die Betrachtung die Berufe der Schwiegereltern (hier nicht dargestellt) mit einbezieht.

*Familie Werner und die Mission*

Besonderes Augenmerk verdienen in unserer Gegenüberstellung die Familien Werner und Paulus. Wir haben gesehen, wie ausschließlich sich die Familie Zeller-Siegfried dem Rettungshauswesen sowie der inneren und äußeren Mission verschrieben hatte (Übersicht in Tabelle 1). In der bereits oben erwähnten Übersicht der Familie Werner (Tabelle 2) wird deutlich, wie hier der Einsatz zur Verbreitung des Evangeliums durch die äußere Mission für Generationen in gleichem Ausmaß ein Herzensanliegen war. Bei den in der Übersicht enthaltenen 31 Werner-Verwandten, die in der Mission gearbeitet haben, muß man richtigerweise von 31 Familien sprechen, denn in der Mission waren die Ehefrauen mehr als in anderen Berufen in das Aufgabenfeld des Ehemanns integriert; und das Familienleben erhielt seine besondere Ausprägung dadurch, daß die Kinder, sobald sie das schulfähige Alter erreicht hatten, bei Verwandten in Europa aufwuchsen oder im Missionshaus in Basel in der Missionsschule familiengemäß betreut wurden.

Es mag auffällig sein, daß unter den Missionaren der Werner-Übersicht in Tabelle 2 die wenigsten den Familiennamen Werner tragen. Ganz offensichtlich hängt das damit zusammen, daß das Basler Missionshaus bevorzugt solche jungen Männer zur Ausbildung aufnahm, die einen manuellen Beruf erlernt hatten, sich also meist aus dem Handwerkerstand rekrutierten. Die angehenden Missionare wählten ihrerseits gerne Missionarstöchter zu Ehefrauen, von denen sie erwarten konnten, sie seien auf die physischen und psychischen Anforderungen vorbereitet, die auf sie zukamen. So wurde also die missionarische Tradition in den Familien vielfach durch die weibliche Linie weitergetragen.

Hier sei daran erinnert, wie das ganze pietistische Missionswesen des 19. und 20. Jahrhunderts seine eigene Ausprägung und seine pädagogische Ausstrahlung dadurch erhielt, daß immer ganze Familien als Träger der Mission wirkten. Das war nicht selbstverständlich. Die Missionare vom 16. bis zum 18. Jahrhundert waren Einzelstreiter in der Verkündung ihrer Botschaft. Und das Basler Missionshaus zögerte noch, als die ersten Missionare ausgesandt wurden, generell zu einer Heirat vor der Ausreise zu raten. Ja, bis zum Ende des 19. Jahrhunderts war es weit verbreitet, daß ein junger Missionar erst, nachdem er sich in seiner Missionsstation eingelebt hatte, eine ihm vom Missionskomitee ausgewählte, bis dahin unbekannte Braut nachkommen ließ.

### *Familie Paulus-Hoffmann, Korntal, der Salon und die Tempelgesellschaft*

In die Betrachtung von Familien, die sich mit weitgehender Ausschließlichkeit in den Dienst der pietistisch fundierten Diakonie und der Verkündigung des Wortes Gottes gestellt haben, ist auch die Familie Paulus-Hoffmann einzuschließen. Auch hier ist das christlich-pädagogische Werk nicht vorstellbar ohne das selbstlose Engagement und die Kooperation einer Großfamilie (Tabelle 7, S. 198). Die zentrale Persönlichkeit in dieser Familie ist Beate Eleutherie Paulus geb. Hahn (1778–1842), Tochter des Pfarrers und Mechanikers Philipp Matthäus Hahn (1739–1790), Enkelin des als Erzieher wohlbekannten Pfarrers Johann Friedrich Flattich (1713–1797). Vom Vater sowie vom Großvater, der unter Bengel in Denkendorf studiert hatte, war Beate Hahn im pietistischen Sinn geprägt, hatte zudem nach dem Tod des Vaters im Haus des Großvaters eine solide humanistische Bildung genossen. Im Jahr 1800 wurde sie durch Vermittlung ihres

Onkels, des Kirchenratssekretärs Christoph Matth. Dan. Hahn, der mit Ulrike Paulus verheiratet war, die Frau von Ulrikes Bruder, des 15 Jahre älteren Pfarrers Karl Friedrich Paulus (1763–1828). Paulus war Rationalist in der Tradition seines Vetters und Schwagers, des Orientalisten Heinrich Eberhard Gottlob Paulus (1761-1851). Für ihn war Jesus der große moralische Lehrer, der für seine Ideen in den Tod ging, Beate aber sah in Jesus den Erlöser, der für die Sünden der Menschen stellvertretend am Kreuz starb; Bibel und Gebet stellten für sie die persönliche Verbindung zum himmlischen Vater dar. In diesem Spannungsfeld wuchs die Familie Paulus-Hahn heran. Karl Friedrich Paulus versah schlecht besoldete Pfarrstellen. Aber der Energie und dem Gottvertrauen seiner Frau Beate ist es zu verdanken, daß alle sechs Söhne eine gute Berufsausbildung erhielten. Besonders bemerkenswert ist es, daß alle acht Kinder des Paares, die eine Familie gründeten, das pietistische Erbe der Mutter weiter trugen. Sechs der acht Kinder sind eng verbunden mit der Gründung und der Blüte der unter der Bezeichnung „Salon" bekannt gewordenen höheren Erziehungsanstalt in Ludwigsburg. Ein Schwiegersohn, Gottl. Christoph Jonath. Hoffmann (1815–1885) war der Gründer der Tempelgesellschaft in Jerusalem (s. Anm. 51).

Nach dem Tod ihres Mannes war Beate Paulus 1829 nach Korntal gezogen, das 10 Jahre zuvor vom Leonberger Schultheißen und Notar Gottlieb Wilhelm Hoffmann, dem Vater Christophs (s. Anm. 50), als freikirchliche Siedlung gegründet worden war. Nach und nach folgten Beates Söhne nach Korntal: Der Sohn Fritz wurde dort Arzt; Wilhelm eröffnete eine Apotheke, später einen Verlagsbuchhandel, er heiratete nacheinander zwei Töchter des Korntal-Gründers Hoffmann; Gottlob Paulus, der jüngste der Geschwister, trat in die Erziehungsanstalt von Johannes Kullen (s. Anm. 53) in Korntal ein; diese Schule übernahm 1835 nach einer Typhusepidemie der Bruder Philipp; Christoph Ludwig und Immanuel Paulus wirkten an dieser Schule seit 1836 als Lehrer. Johannes Kullen leitete dann das Töchterinstitut.

Die Paulussche Knabenanstalt wurde 1837 wegen räumlicher Enge in Korntal verlegt auf den „Salon", eine Gebäudegruppe bei Ludwigsburg, die ursprünglich den Namen „Katharinen-Pläsier" trug. Kapitalgeber in Basel und Ludwigsburg machten den Erwerb möglich. Die „wissenschaftliche Knabenerziehungsanstalt" auf dem Salon, die natürlich ganz im pietistischen Sinn geführt wurde, bereitete ihre Zöglinge auf die Hochschulreife vor. Alle Geschwister Paulus, bis auf den jüngsten Bruder Gottlob, der sich als Arzt in Marbach niederließ, übernahmen Aufgaben in der

## Tabelle 7: Familie Paulus-Hoffmann, Korntal, der Salon und die Tempelgesellschaft

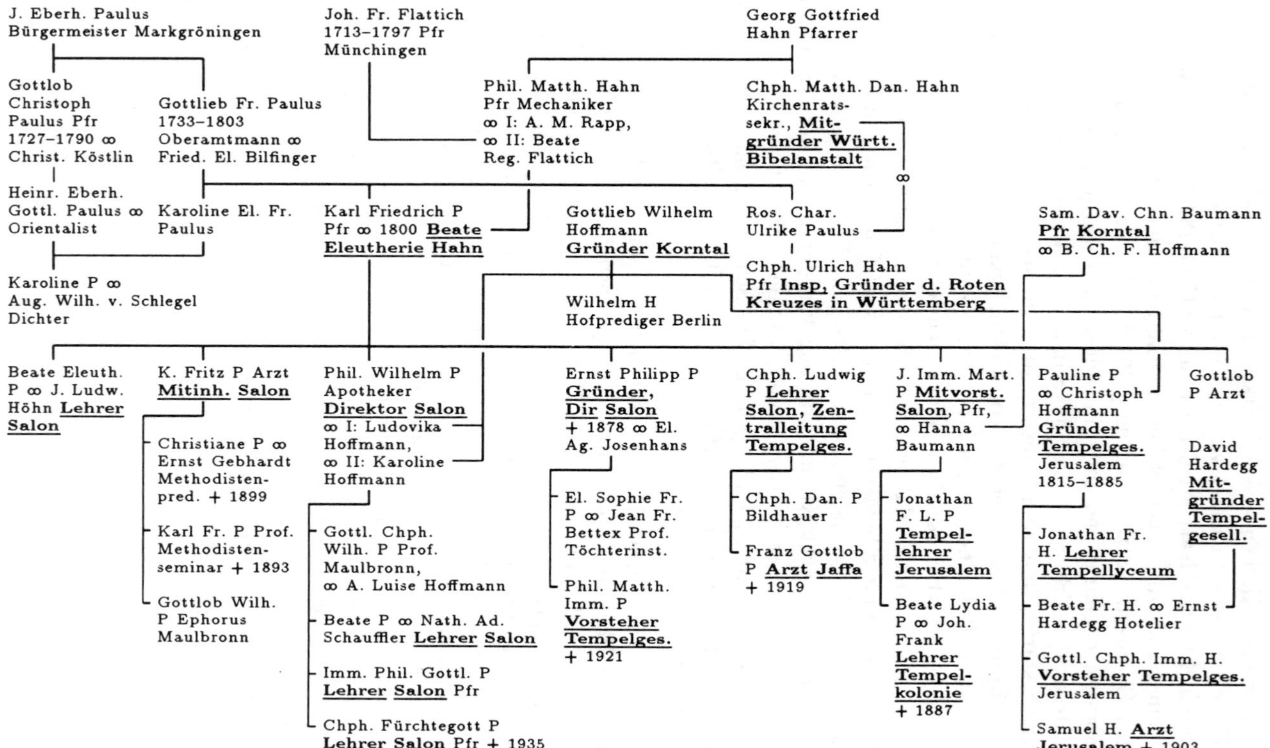

Anstalt auf dem Salon: Gleich 1837 zogen die unverheirateten Brüder Fritz, Philipp, Immanuel und Christoph Ludwig in die gerade eben renovierten Räume, Philipp als Direktor, die Brüder als Lehrer. Fritz hatte seine Arztpraxis in Korntal aufgegeben. Die drei Schwestern Beate, Friederike und Pauline folgten mit der Mutter Beate Paulus-Hahn, die als Mutter und Seele der ganzen Anstalt verehrt wurde. Als Lehrer wurden dazugeholt Ludwig Höhn, der sich mit Beate Paulus verheiratete, und Christoph Hoffmann von Korntal, seit 1841 Ehemann von Pauline Paulus. Wilhelm, der Apotheker und Verleger, kam erst 1859 auf den Salon als Mitinhaber.

Daß die Geschwister Paulus trotz ihrer pietistischen Grundhaltung voll Realitätssinn im Leben standen, zeigten sie in den Jahren um 1848, als sie aktiv in die Politik eingriffen. Sie waren gegen die Hegelianer, gegen David Friedrich Strauß und Friedrich Theodor Vischer publizistisch tätig. Christoph Hoffmann ließ sich gegen Strauß im Wahlkreis Ludwigsburg zum Paulskirchenparlament aufstellen und wurde gewählt. In der Folge der Revolution kamen Hoffmann und drei Geschwister Paulus zur Überzeugung, daß das „Volk Gottes" in den von weltlichen Landesherren geführten Landeskirchen keine Heimat finde und sich in Jerusalem sammeln müsse. 1861 wurde von Christoph Hoffmann zusammen mit seinem Freund David Hardegg die „Tempelgesellschaft" gegründet, die 1868 in Palästina Fuß faßte (Lit. Lange und Sauer). Hoffmann wurde der Leiter. Hardeggs Sohn Ernst heiratete Hoffmanns Tochter Beate; und zahlreiche Verwandte aus den Familien Paulus und Hoffmann übernahmen Aufgaben und Funktionen in der Tempelgesellschaft.

## Der Pietismus als tragendes Element

Die Beispiele der Familien Zeller, Werner, Rappard und Paulus im 19. Jahrhundert lassen sich leicht vermehren. Sie zeigen, wie es zumindest in pietistisch ausgerichteten Kreisen keineswegs einmalig war, daß sich eine ganze Großfamilie in den Dienst einer Sendung und einer diakonischen Aufgabe stellte. Sie zeigen aber auch, wie der Erfolg mitbestimmt wurde durch das unter das Wort eines persönlichen Gottes gestellte Zusammenwirken einer Großfamilie.

Ganz allgemein beobachtet man am Beispiel der dargestellten Familien für den gewählten Zeitraum des 19. bis zum ersten Drittel des 20. Jahrhunderts, daß Aufgaben, die früher in der Familie wahrgenommen wurden, ja eine Lebensaufgabe für die ganze Familie bedeuteten, eine starke berufliche Institutionalisierung erfahren haben. Die Familienstruktur lockert sich allmählich im 20. Jahrhundert. Die soziale Tätigkeit wird außer Haus gegen Geld ausgeübt. Dem folgen neue Berufsbilder im Sozialwesen und in der Persönlichkeitsbetreuung, z. B. Psychologen, Säuglingsschwestern, Altenpfleger. Durch Ausbildung, Prüfungen, Diplome und Vorschriften schiebt sich der Staat in den Vordergrund. Er wird andererseits vom Bürger stärker finanziell gefordert, indem die Familie traditionelle Aufgaben an den Staat abgibt.

Nicht nur das Berufs-, sondern das ganze Weltbild der in der Erweckungsbewegung wurzelnden pietistischen Familie hat sich wesentlich gewandelt. Die Vertreter der ersten Generationen unserer Untersuchung schöpften ihre Kraft, ihre Lebensfreude aus dem Vertrauen auf den persönlichen Gott. Vielfach war der entscheidende Wendepunkt in ihrem Leben ein dramatisches Erweckungserlebnis. Ihr religiöses Engagement für den Glauben machte die Erweckten unempfindlich und unbekümmert gegenüber materiellen Notwendigkeiten. Sie konnten Nächstenliebe bis zur Selbstaufgabe üben. Allerdings konnte aus dieser Haltung manchmal eine innere Überheblichkeit gegenüber den vom Herrn nicht Erwählten erwachsen. Diese Haltung schuf andererseits aber auch ein ungewöhnliches Erlebnis der Gemeinschaft und der Zusammengehörigkeit mit Gleichgesinnten.

Entsprechend der Wichtigkeit des Erweckungserlebnisses für das eigene Leben bestand ein großes Bedürfnis, Mitchristen den besonderen Weg zu zeigen, auf dem man den Erlöser gefunden hat. Diesem Bedürfnis, die wunderbare Führung zum Glauben anderen mitzuteilen, verdanken wir eine große Zahl von biographischen Schriften über das eigene Leben und das anderer Mitchristen, die ein beispielhaftes Leben geführt haben. In all diesen Schriften erhält den meisten Raum das persönliche Gotteserlebnis und wie es gelang, Mitmenschen zum Glauben zu bringen. Dennoch, oder vielleicht gerade deshalb standen und stehen pietistisch ausgerichtete Menschen mitten im Leben und tragen fern von einem schwärmerischen Glaubensegoismus tätige Verantwortung für ihre Mitmenschen in Familie und Gesellschaft.

# Das Paar Zeller – Siegfried und seine Nachkommen

## Stammeltern

Christian *Heinrich* **Zeller**
∗ 29. 3. 1779 Hohenentringen bei Tübingen, † 18.5.1860 Beuggen bei Rheinfelden
Stud. Jur. Tübingen 1796, Kanzleiadvokat Ludwigsburg 1800, Erzieher Augsburg 1801, St. Gallen 1803, Schuldirektor in Zofingen AG, Schweiz 1809, Inspektor der freiwilligen Armenschullehrer- und Kinderrettungs-Anstalt Beuggen 1820; seine Schriften s. S. 56 f.

Lit.: ADB **45**, S. 25–26; Faber 42 B a, 2; Thiersch I und II; Zeller § 427; Beuggen S. 167–276; Prof. Jur. Schnell, Zeller und Beuggen, Basel 1878; RPTK **21** (1908) 652–655 (Palmer); K. A. Schmid, W. Schrader, Enzyklopädie des gesamten Erziehungs- und Unterrichtswesens, Leipzig, 2. Aufl. 1876–1887, **10**, 621–636 (V. Strebel)

Eltern: Christian David **Zeller**, Herzogl. Württ. Hofrat in Ludwigsburg
Christiana Heinrika **Schneck**;
weitere Vorfahren s. Ahnenliste Zeller, S. 552

∞ 7. 10. 1811 Entfelden AG, Schweiz
Charlotte Dorothee *Sophie* **Siegfried**
∗ 23. 3. 1791 Leutwil AG, † 27. 7. 1858 Beuggen
1805 in St. Imier BE bei einer Pfarrerswitwe, um Französisch zu lernen, Lehrerin an der oberen Töchterschule in Zofingen bis 1820.

Lit.: Reinhard Zeller, Mutter Zeller in Beuggen, Basel 1882; Sophie Schweickhardt, Sophie Zeller-Siegfried, die Mutter von Beuggen, Stuttgart 1960; Scheffbuch II, S. 47 ff.

Eltern: *Friedrich* Sigmund **Siegfried**, Pfarrer in Auenstein BE
Maria Anna **Salchli**
weitere Vorfahren s. Ahnenliste Siegfried, S. 558

Kinder:

1. *Helene* Marie, ∗ 16. 8. 1812 Zofingen — ***Stamm Völter*** – **V**
2. *Marie* Christine Regine, ∗ 19. 11. 1813 Zofingen — ***Stamm Gobat*** – **G**
3. *Therese* Dorothee Marie, ∗ 18. 1. 1815 Zofingen — ***Stamm Werner*** – **W**
4. Marie *Sophie* Luise, ∗ 20. 12. 1816 Zofingen, † 14. 7. 1899 Männedorf; Arbeitslehrerin in Beuggen 1834, Stütze der Hausmutter in Beuggen 1856, Hausmutter in der Gebetsheilanstalt Männedorf 1863 bis zu ihrem Tod.

   Lit.: (Alfred Zeller), Tante Sophie, Erinnerungen an Jungfrau Sophie Zeller, aufgeschrieben von einem dankbaren Neffen, St. Chrischona 1900.

5. *Bertha* Marie, * 7. 10. 1818 Zofingen **Stamm Thiersch – T**
6. *Tabitha* Salome Marie,
 * 11. 9. 1821 Beuggen **Stamm Schmuziger – S**
7. *Nathanael* Johann Heinrich, * 3. 9. 1823 Beuggen, † 19. 3. 1890 Beuggen; Lehrerseminar Lichtenstern 1840–1843, Stud. Genf, Lausanne bis 1846, Lehrer an einer englischen Erziehungsanstalt für Knaben auf Malta 1846–1848, Hauslehrer bei Bischof Gobat (s. Stamm Gobat) in Jerusalem 1848, Lehrer auf St. Chrischona bei Basel, Lehrer 1852 und Ökonomieverwalter 1860 in Beuggen bis 1890.
 Lit.: Reinhard Zeller, Zur Erinnerung an Nathanael Zeller, Basel 1890
8. *Renatus* C. Ernst, * 19. 10. 1824 Beuggen, † 8. 12. 1824 Beuggen
9. *Reinhard* Jonathan Friedrich,
 * 21. 3. 1826 Beuggen **Stamm Zeller – Z**
10. *Monika* Katharina Dorothea,
 * 31. 1. 1829 Beuggen **Stamm Witzemann – Wi**
11. *Samuel* Heinrich Ansgar,
 * 9. 4. 1834 Beuggen, † 18. 4. 1912 Männedorf;
 Ausbildung im Institut Payerne VD, (Pfarrer Christoph Möhrlen) 1850, Seminarlehrer in Schiers GR 1852, Lehrer in Beuggen als Nachfolger von Aaron Witzemann 1855, Hauslehrer in Elberfeld 1860, Gehilfe bei Dorothea Trudel in ihrer Gebetsheilanstalt Männedorf bei Zürich 1860, dann nach ihrem Tod 1862 als ihr Nachfolger Hausvater und Leiter der Gebetsheilanstalt; „gewann nachhaltigen Einfluß auf die pietistischen Kreise der gesamten Ostschweiz"; seine Schriften s. S. 183.
 Lit.: Alfred Zeller, Samuel Zeller, ein Knecht Jesu Christi. Züge aus seinem Leben. 7. Auflage Lahr 1978; Marie Kober-Gobat, Samuel Zeller in Männedorf, Basel 1912.

## Stamm Völter

2. – 3. – 4. – 5. – 6. Generation

- V Ludwig Völter
  - V 3 Johannes Roos
    - V 32 Paur
    - V 36 Hermann Roos
      - V 361 Otto Zeller
        - V 3611 Martin Z.
        - V 3612 Reinke
        - V 3613 Rauber
        - V 3614 Korn
        - V 3615 Diethelm Z.
      - V 362 Walter Neubronner
        - V 3621 Kennan
        - V 3622 Pancratz/Wenzel
        - V 3623 Eberhard N.
      - V 365 Ulrich Paret
        - V 3651 Friedhelm P.
    - V 37 Martin Roos
      - V 371 Wolfgang Roos
        - V 3712 Conrad
        - V 3713 Bayer
        - V 3714 Reinhard R.
        - V 3715 Wolf
  - V 4 Christian Zeller
    - V 41 Johannes Zeller
      - V 411 Werner Zeller
        - V 4111 Kröger
      - V 412 Eberhard Zeller
        - V 4121 Dietrich
        - V 4122 Konradin Z.
        - V 4123 Letz
        - V 4124 Grosch
        - V 4126 Bernward Z.
        - V 4127 Frank Z.
  - V 7 Eugen Völter

**V** *Helene* Marie **Zeller** (Eltern: Stammeltern)
∗ 16. 8. 1812 Zofingen AG, Schweiz,
† 28. 1. 1856 Stuttgart-Zuffenhausen
1828–1831 zur Ausbildung in Le Locle NE bei „Jungfrau Calame“, seit 1831 Unterstützung der Eltern in Beuggen bei der Kindererziehung und in Hausgeschäften, Hausmutter in Lichtenstern 1840–1850.
∞ 12. 5. 1840 Metzingen
Johann *Ludwig* **Völter**
∗ 16. 2. 1809 Metzingen, † 27. 8. 1888 Stuttgart
Stud. Theol. Tübingen 1826, studierte zusammen mit David Friedrich Strauß, Vikar in Dürrmenz 1830, Lehrer am Privatschullehrer-Seminar von Pfarrer Heim in Winnenden 1833, daneben Vikar an den dortigen Anstalten, Pfarrverweser in Winnenden 1835, Inspektor der Armenschullehrer- und Kinderrettungsanstalt Lichtenstern bei Löwenstein 1839, Pfarrer Stuttgart-Zuffenhausen 1850, pensioniert 1880; Redakteur des Süddeutschen Schulboten Stuttgart 1842–1871, Abgeordneter für

Ludwigsburg zur 2. Landessynode 1876, Friedrichsorden 1. Kl. 1880; Korrespondierendes Mitglied des Vereins für Vaterlandskunde 1842; seine Schriften s. S. 70.

Lit.: Zeller § 135, 428; Völter S. 176; Lichtenstern einst und jetzt S. 84–92, Thiersch I S.317–318; Zeller-Nachr. Nr. 6, S. 8 ff. (1982); Zeller II 428; Zeller-Siegfried S. 16–18; ADB **40**, 404–407

J. *Ludwig* **Völter** ∞ II: 19. 11. 1857 Stuttgart-Bad Cannstatt Christiane Elisabeth *Wilhelmine* Zeller, 1819–1889, Tochter von Jeremias *Gottlob* Zeller, Amtmann in Mühlhausen am Neckar, und Christiane *Friederike* Moser.

Eltern: Christoph *Erhard* Michael **Völter**, Mädchenschulmeister in Metzingen
∞ II: Justine *Katharine* **Barner**

Weitere Vorfahren s. Ahnenliste Völter, S. 561

Kinder:

1. *Ernst* Theophil, * 1. 4. 1841 Lichtenstern, † 17. 3. 1906 Esslingen; Apothekengehilfe in Esslingen in der Mauzschen Apotheke.
2. *Eugen* Hananja, * 1. 8. 1842 Lichtenstern, † 29. 8. 1842 Lichtenstern
3. Helene, * 28. 9. 1843 Lichtenstern V 3
4. Sophie, * 25. 11. 1844 Lichtenstern V 4
5. Klara *Tabitha*, * 10. 3. 1846 Lichtenstern, † 18. 4. 1847 Lichtenstern
6. Monika *Berta*, * 15. 2. 1848 Lichtenstern, † 16. 12. 1922 Schorndorf, lebte in Nürtingen
7. Gottlob *Eugen*, * 2. 8. 1849 Lichtenstern V 7
8. Maria *Klara*, * 24. 7. 1851 Zuffenhausen, † 23. 12. 1852 Zuffenhausen
9. Maria *Selma*, * 3. 12. 1853 Zuffenhausen, † 27. 10. 1944 Winterbach bei Schorndorf, lebte in Schorndorf
10. Immanuel, * 27. 12. 1855 Zuffenhausen, † 5. 1. 1856 Zuffenhausen

aus der Ehe Ludwig **Völter** — Wilhelmine **Zeller**:

11. Klara, * 27. 7. 1862 Zuffenhausen, † 11. 3. 1863

**V 3** Helene **Völter** (Eltern: Stamm Völter)

* 28. 9. 1843 Lichtenstern bei Löwenstein,
† 19. 12. 1904 Mötzingen bei Herrenberg
Ausbidung in einem Pensionat in Moutier BE, Schweiz 1860.

∞ 24. 9. 1868 Stuttgart-Zuffenhausen
*Johannes* Immanuel Gottlob **Roos**
∗ 15. 6. 1837 Steinenbronn bei Waldenbuch,
† 14. 12. 1910 Tübingen
Pfarrer Schöckingen bei Leonberg 1868, Weil im Schönbuch 1879, Mötzingen bei Herrenberg 1891, pensioniert 1907.

Lit.: Zeller § 428,3; Völter S. 177; DGB **4** S. 171; Faber 3, 633; Zeller II 428.3

Eltern: *Wilhelm* Friedrich **Roos**, Pfarrer
in Ditzingen bei Leonberg
*Johanna* Elisabeth **Klemm**

Kinder:

1. *Helene* Elisabeth, ∗ 13. 7. 1869 Schöckingen, † 25. 7. 1910 Schussenried
2. *Agnes* Johanna, ∗ 8. 1. 1871 Schöckingen V 32
3. *Friedrich* Ludwig Johannes, ∗ 22. 2. 1872 Schöckingen, † Göppingen
4. *Clara* Sophie, ∗ 27. 5. 1873 Schöckingen, † 20. 6. 1891 Weil im Schönbuch
5. *Ludwig* Siegfried, ∗ 29. 1. 1875 Schöckingen, † 19. 11. 1898 Mötzingen, Stud. Theologie Tübingen 1896
6. *Hermann* Wilhelm, ∗ 4. 2. 1876 Schöckingen V 36
7. Paul *Martin*, ∗ 28. 2. 1877 Schöckingen V 37
8. Marie *Elisabeth*, ∗ 6. 7. 1878 Schöckingen, † 4. 8. 1878 Schöckingen
9. Sophie, ∗ 7. 9. 1879 Weil im Schönbuch, † 21. 8. 1958 Stuttgart, Lehrerin in Mötzingen, Heidenheim 1905, Esslingen 1907, Stuttgart 1910, pensioniert 1933, wohnte in Vomperberg in Tirol 1933, Allensbach am Bodensee 1948, Stuttgart-Degerloch 1950.
10. *Johanna* Maria, ∗ 15. 11. 1880 Weil im Schönbuch, † 26. 2. 1931 Kirchheim unter Teck, Handarbeitslehrerin in Stuttgart 1912, Stuttgart-Möhringen 1922, pensioniert 1926, lebte in Kirchheim unter Teck.
11. *Lydia* Theodora, ∗ 4. 12. 1881 Weil im Schönbuch, † 23. 12. 1900 Endersbach
12. Johannes, ∗ 28. 11. 1883 Weil im Schönbuch, † 6. 5. 1884 Weil im Schönbuch
13. Elisabeth, ∗ Weil im Schönbuch 30. 12. 1889, † 26. 12. 1890 Weil im Schönbuch

**V 32** *Agnes* Johanna **Roos** (Eltern: V 3)
∗ 8. 1. 1871 Schöckingen, † 22. 12. 1959 Herrenberg
lebte im Alter im Haus Abendruhe in Herrenberg
Lit.: Völter S. 178; Zeller II 428.32
∞ 3. 12. 1918 Stuttgart
Karl **Paur**
∗ 8. 10. 1864 Stuttgart, † 22. 5. 1931 Freudenstadt
Redakteur in Nagold, Buchhändler in Freudenstadt
Vater: Karl Gustav **Paur**, Hofhutmacher in Stuttgart

**V 36** *Hermann* Wilhelm **Roos** (Eltern: V 3)
∗ 4. 2. 1876 Schöckingen, † 30. 9. 1936 Allensbach
Oberingenieur AEG Berlin 1902, Thyssen Mülheim/Ruhr 1917, Direktor der Maschinenfabrik Esslingen, Werk Stuttgart-Bad Cannstatt 1922, im Ruhestand in Allensbach am Bodensee 1930.
Lit.: Völter S. 178; Zeller II 428.36
∞ 26. 9. 1905 Weil im Schönbuch
Paula **von Biberstein**
∗ 30. 3. 1880 Weil im Schönbuch, † 22. 6. 1964 Allensbach
Eltern: Maximilian **von Biberstein**, Oberförster in Weil
*Pauline* Karoline **Feuerbach**
Kinder:
1. *Clara* Pauline, ∗ 11. 8. 1906 Berlin V 361
2. *Eva* Gabriele, ∗ 2. 12. 1910 Berlin V 362
3. *Ursula* Renate, ∗ 6. 2. 1912 Berlin, † 15. 9. 1992 Ulm; Kindergärtnerin 1939, Sozialpädagogin, Werk- und Zeichenlehrerin am Fröbel-Seminar in Stuttgart 1946, pensioniert 1972, Ulm 1976.
4. *Peter* Martin, ∗ 8. 5. 1914 Berlin, † 28. 6. 1932 Allensbach, ertrunken im Bodensee
5. Margarete *Lotte*, ∗ 23. 1. 1917 Berlin V 365

**V 361** *Clara* (Cläre) Pauline **Roos** (Eltern: V 36)
∗ 11. 8. 1906 Berlin, † 17. 2. 1997 Korntal bei Stuttgart
Kindergärtnerin
Lit.: Zeller § 155; Werner I S. 80, 118; Werner II S. 7; Werner III S. 40; Völter S. 179, Zeller II 155; Zeller-Nachr. 3, 12; Zeller-Nachr. 26, 41 (Nachruf)
∞ 25. 6. 1929 / 11. 7. 1929 Stuttgart-Bad Cannstatt
*Otto* Wilhelm **Zeller**
∗ 1. 8. 1898 Backnang, † 17. 12. 1991 Korntal bei Stuttgart

Ausbildung bei Fa. Voith in Heidenheim, Stud. Maschinenbau Esslingen, Maschinenbauingenieur Maschinenfabrik Esslingen 1928, Fotoatelier und Ingenieurbüro Allensbach 1931, seit 1933 Beamter des Gewerbeaufsichtsamtes Stuttgart, zuletzt als Regierungs-Gewerbeoberamtmann, dazwischen 1945–1948 in französischer Gefangenschaft, 1948–1954 Angestellter der Fa. Lotter in Ludwigsburg, seit 1963 im Ruhestand in Korntal.
Lit.: Zeller-Nachr. 19, 12 (Nachruf); Zeller SV 13, 41
Eltern: Dr. Eberhard *Heinrich* **Zeller**, 1863–1927
Sanitätsrat in Backnang
*Felicitas* Antonie **Werner**, 1867–1947
Kinder:
1. *Martin* Heinrich Hermann, * 20. 4. 1930 Stuttgart-Bad Cannstatt V 3611
2. *Susanne* Renate, * 12. 6. 1932 Allensbach V 3612
3. *Sibylle* Eva Ursula, * 17. 8. 1933 Allensbach V 3613
4. *Ute* Elisabeth, * 31. 8. 1937 Korntal bei Stuttgart V 3614
5. *Diethelm* Peter, * 25. 9. 1942 Korntal V 3615

**V 3611** *Martin* Heinrich Hermann **Zeller** (Eltern: V 361)
* 20. 4. 1930 Stuttgart-Bad Cannstatt
Stud. Philologie Tübingen 1951, Repetent am Seminar Maulbronn 1959, Dr. phil. Tübingen 1962, Studienassessor am Gymnasium Waiblingen 1961, Studienrat, dann Oberstudienrat am Gymnasium in Waiblingen, Oberstudiendirektor am Schickhardt-Gymnasium Herrenberg 1971, pensioniert 1992; Ehrenmitglied des Martinszeller Verbandes 1994.
Lit.: Zeller § 169; Werner I S. 118; Werner III S. 40; Zeller II 155.1
∞ 29. 12. 1959 Mülheim/Ruhr-Heißen
*Ilse* Doris **Beekmann**
* 27. 10. 1934 Berlin
Stud. Mathematik, Assessorin des Lehramts am Gymnasium Waiblingen 1964–1965, Studienrätin, Lehrerin an der Berufsschule Herrenberg 1972–1992.
Eltern: Dr.-Ing. Hermann **Beekmann**
Ruth **Schütz**, Oberstudiendirektorin in Mülheim/Ruhr
Kinder:
1. Thomas, * und † 7. 3. 1963 Waiblingen
2. *Sabine* Ursula, * 7. 7. 1965 Waiblingen V 361 12

3. *Susanne* Elisabeth, * 24. 8. 1967 Winnenden V 361 13
4. Ilse *Renate*, * 12. 11. 1968 Winnenden, Stud. Sozialpädagogik Heidelberg, Sonderschullehrerin in Schwarzach 1997.

**V 361 12** *Sabine* Ursula **Zeller** (Eltern: V 3611)
* 7. 7. 1965 Waiblingen
Gemüsegärtnerin mit Ökobetrieb in Emmerthal bei Hameln in Westfalen
∞ 27. 6. 1998 Emmerthal
beide Eheleute behalten ihre Familiennamen bei
Heinz-*Helmut* **Sobottka**
* 9. 9. 1957 Hameln
Diplomlandschaftsplaner, Landwirt mit Ökobetrieb in Emmerthal
Eltern: Heinz **Sobottka**, Landwirt
Carla **Lemke** vom Meierhof in Esperde bei Emmerthal

**V 361 13** *Susanne* Elisabeth **Zeller** (Eltern: V 3611)
* 24. 8. 1967 Winnenden
Stud. Mathematik Tübingen, Diplommathematikerin 1993, Systemberaterin in Böblingen 1995, Bonn 1998.
Lit.: Zeller II 155.13
∞ 29. 12. 1993 Nufringen bei Herrenberg,
beide Eheleute behalten ihre Familiennamen bei
*Volker* Peter **Schöppe**
* 13. 2. 1966 Kirchheim an der Sieg
Stud. Pädagogik Ludwigsburg, Grund- und Hauptschullehrer in Mendig bei Mayen, Eifel 1997.
Eltern: Werner **Schöppe**, Kaufmann
*Christa* Else **Berger**, Heilerziehungspflegerin

**V 3612** *Susanne* Renate **Zeller** (Eltern: V 361)
* 12. 6. 1932 Allensbach
Hauswirtschaftslehrerin Schwieberdingen bei Vaihingen/Enz 1955, Kuppingen bei Herrenberg 1958, Leinfelden 1959, Freiberg-Beihingen 1965, pensioniert 1994.
Lit.: Zeller § 170; Werner I S. 118; Werner III S. 40, Zeller-Nachr. 6, 33 (1982); Zeller II 155.2

∞ 31. 3. 1959 Korntal
*Hans* Joachim **Reinke**
∗ 1. 11. 1933 Berlin,
† 14. 10. 1981 Freiberg-Beihingen bei Ludwigsburg
Lehrer Schwieberdingen 1955, Hauptlehrer Leinfelden 1958, Konrektor Beihingen 1966, Rektor der Grund- und Hauptschule Freiberg-Beihingen 1974.
Eltern: Otto Peter **Reinke**, Stadtobersekretär in Stuttgart
∞ II: Ida **Labod**
Kinder:
1. *Christoph* Andreas, ∗ 22. 8. 1960 Stuttgart V 361 21
2. *Martin* Michael, ∗ 23. 4. 1962 Stuttgart V 361 22
3. *Markus* Joachim, ∗ 6. 7. 1965 Stuttgart; Stud. Umweltschutz, Elektronisch-technischer Assistent 1990.
4. *Georg* Matthias, ∗ 5. 10. 1967 Stuttgart; Diplomdokumentar (FH) 1992, Stadtverwaltung Korntal-Münchingen 1993.

**V 361 21** *Christoph* Andreas **Reinke** (Eltern: V 3612)
∗ 22. 8. 1960 Stuttgart
Diakon / Sozialarbeiter im Berufsbildungswerk Waiblingen 1988, Esslingen 1996.
∞ 6. 12. 1995 Stuttgart
Monika **Patzak**
∗ 15. 7. 1965 Stuttgart-Bad Cannstatt
Kinderkrankenschwester, Stud. Medizin
Eltern: Anton **Patzak**, Schuhmacher
Franziska Philomena **Überaller**

**V 361 22** *Martin* Michael **Reinke** (Eltern: V 3612)
∗ 23. 4. 1962 Stuttgart
Diplomingenieur Technischer Umweltschutz 1990, Assistent Technische Universität Berlin.
Lit.: Zeller II 155.22
∞ 19. 5. 1995 Tübingen
*Hildegard* Paula Johanna (Hille) **Haker**
∗ 9. 1. 1962 Cloppenburg
Diplomtheologin 1989, Dr. theol. 1998, Assistentin am Ethik-Institut der Universität Tübingen.

Eltern: Richard **Haker**, Landwirtschaftlicher Berufsschullehrer
Gertrud **Dreyer**, Kindergärtnerin
Kind:
1. *Lena* Franziska, * 12. 8. 1995 Tübingen

**V 3613** *Sibylle* Eva Ursula **Zeller** (Eltern: V 361)
* 17. 8. 1933 Allensbach am Bodensee
Ausbildung als Kinderkrankenschwester Stuttgart-Berg 1953, Säuglingspflegerin 1955, Krankenschwester in Ulm 1957 und Leonberg 1958, Stationsschwester in Frankfurt/Main-Höchst 1962–1969.

Lit.: Zeller § 171; Werner I S. 118; Werner III S. 40; Zeller II 155.3

∞ 2. 5. 1969 Naunheim bei Wetzlar / 17. 5. 1969 Korntal
Heinz **Rauber**
* 9. 10. 1927 Waldgirmes bei Wetzlar
Militärdienst 1945, Arbeiter in Gießerei 1948, Kaufmännische Lehre 1949, Industriekaufmann bei Fa. Buderus, Buchhalter 1959; Geschäftsführer und Prokurist bei der Wetzlarer Wohnungsbaugesellschaft 1971, pensioniert 1992; Stadt- und Kreistagsabgeordneter 1956; wohnt in Naunheim.
Eltern: Wilhelm **Rauber**
Katharina **Koch**

∞ I: 28. 9. 1951 Naunheim Elfriede Schäfer (* 7. 10. 1927 Naunheim, † 7. 9. 1967 Gießen), Kinder aus der Ehe Rauber-Schäfer: Sigrid, * 27. 1. 1952 Waldgirmes, ∞ Müller; Viola, * 22. 11. 1953 Waldgirmes, ∞ Könicke; Cornelia, * 22. 11. 1953 Waldgirmes, ∞ Hohndorf; Heidrun, * 5. 3. 1961 Wetzlar, ∞ Ferber; Gudrun, * 5. 3. 1961 Wetzlar, ∞ Filler.

**V 3614** *Ute* Elisabeth **Zeller** (Eltern: V 361)
* 31. 8. 1937 Korntal bei Stuttgart
Pädagogisches Institut, Kunstakademie Stuttgart 1958–1961, Hauptlehrerin in Knittlingen 1961, Rheine 1964, Münster/Westfalen 1974.

Lit.: Zeller § 172; Werner I S. 118; Werner III S. 40; Zeller II 155.4; Die Familie Korn, Berlin 1938, S. 203

∞ 3. 1. 1964 / 14. 3. 1964 Korntal
*Ulf-Dietrich* Johannes Gotthilf **Korn**
* 8. 10. 1936 Magdeburg

Stud. Architektur und Kunstgeschichte, Klassische Archäologie, Historische Hilfswissenschaften Stuttgart, Hamburg, Rom, Münster 1957–1966, Dr. phil. 1966, Referent am Westfälischen Amt für Denkmalpflege in Münster 1968, Hauptkonservator.
Eltern: Dr. Johannes Gotthilf Erich *Otto* **Korn**,
Staatsarchivrat in Marburg, Magdeburg und Düsseldorf
*Elisabeth* Margarete **Hibben**, Genealogin
Kinder:
1. *Lorenz* Diethelm Johannes Gotthilf,
∗ 21. 7. 1966 Ibbenbüren V 361 41
2. *Johannes* Gotthilf Ulrich Otto, ∗ 9. 12. 1968 Ibbenbüren; Stud. Biologie Freiburg i. Br. 1990, Diplombiologe 1997.

**V 361 41** *Lorenz* Diethelm Johannes Gotthilf **Korn** (Eltern: V 3614)
∗ 21. 7. 1966 Ibbenbüren
Stud. Islamistik, Kunstgeschichte, Politische Wissenschaften Tübingen, Oxford 1989, M. A. 1994.
∞ 6. 10. 1995 Tübingen / 20. 7. 1996 Bebenhausen
Gerlinde **Bäuerle**, Familienname **Bäuerle**
∗ 27. 2. 1962 Hornberg im Schwarzwald
Krankenschwester, Stud. Pädagogik Tübingen, Diplompädagogin in Balingen 1997.
Eltern: Hans **Bäuerle**, Landwirt in Hornberg bei Altensteig
Clara **Bauer**
Kind:
1. *Clara* Elisabeth, ∗ 28. 12. 1996 Münster/Westfalen

**V 3615** *Diethelm* Peter **Zeller** (Eltern: V 361)
∗ 25. 9. 1942 Korntal bei Stuttgart
Stud. Phys. Marburg, Karlsruhe und Hamburg 1962–1969, Dipl. Physiker, Dr. rer. nat. Hamburg 1974, Studienreferendar 1974, Studienrat Hamburg 1976, Oberstudienrat.
Lit.: Zeller § 155.5; Werner III S. 40; Zeller II 155.5
∞ 20. 11. 1984 Hamburg
Gisela **Breyer**
∗ 16. 4. 1942 Berlin
Oberstudienrätin in Hamburg
Eltern: Dr.-Ing. Felix **Breyer**, Diplomingenieur
Marialuise **Weniger**

Kinder:
1. *Lena* Mareike, ∗ 25. 1. 1979 Hamburg
2. Svenja *Henrike* Laura, ∗ 21. 8. 1983 Hamburg

**V 362** *Eva* Gabriele **Roos** (Eltern: V 36)
∗ 2. 12. 1910 Berlin
Geschäftsführerin und Sozialbetreuerin im Deutschen Paritätischen Wohlfahrtsverband 1958–1976, Diplomgraphologin in Ulm 1970.
Lit.: Völter S. 179; Zeller II 428.362; Dieterich S. 108
∞ 23. 5. 1933 Allensbach
*Walter* Wolfgang **Neubronner**
∗ 20. 3. 1899 Heufeld bei Rosenheim, † 21. 3. 1972 Ulm
Kaufmann in Ulm, Wielandwerke 1916, selbständig 1939, Rentenberater 1959.
Eltern: *Friedrich* Wolfgang **Neubronner**, Fabrikant in Augsburg
Mathilde **Dieterlen**
Kinder:
1. Regine, ∗ 23. 3. 1934 Ulm V 3621
2. *Dietlinde* Ursula, ∗ 12. 1. 1937 Ulm V 3622
3. *Eberhard* Hermann, ∗ 20. 9. 1942 Ulm V 3623

**V 3621** Regine **Neubronner** (Eltern: V 362)
∗ 23. 3. 1934 Ulm
Kontoristin, Medizinisch-technische Assistentin München 1956–1962, USA 1970.
Lit.: Zeller II 428.3621
∞ 11. 5. 1962 Ulm
*Thomas* Floyd **Kennan**
∗ 22. 8. 1929 Raphine VA, USA
Flugzeugführer, Captain der Luftwaffe, Major, zivile Luftfahrt 1969, Testpilot und Fluglehrer 1979.
Eltern: Floyd **Kennan**, Arzt
Helen . . . , Lehrerin
Kinder aus 1. geschiedener Ehe:
Marty, ∗ 11. 9. 1955; Tom, ∗ 15. 8. 1957
Kinder:
1. *Silja* Angela, ∗ 24. 11. 1964 El Paso TX, USA V 362 11
2. *Sean* Christopher,
∗ 17. 1. 1968 Hamilton Air Force Base CA, USA V 36212

**V 362 11** *Silja* Angela **Kennan** (Eltern: V 3621)
∗ 24. 11. 1964 El Paso TX, USA
Heilgymnastikerin
Lit.: Zeller II 428.36211
∞ 27. 2. 1993
*Eric* George **Shjarback**
Ingenieur
Eltern.: Thomas **Shjarback**
Aan **Holliv**

**V 362 12** *Sean* Christopher **Kennan** (Eltern: V 3621)
∗ 17. 1. 1968 Hamilton Air Force Base CA, USA
Fluglehrer
Lit.: Zeller II 428.36212
∞ 27. 10. 1994
*Catherine* Ann **Hamilton**
∗ 25. 7. 1969
Kindergärtnerin
Eltern: James Edward **Hamilton**, Pilot
Barbara ...
Kind:
1. Emma Gabriele, ∗ 1. 8. 1996

**V 3622** *Dietlinde* Ursula **Neubronner** (Eltern: V 362)
∗ 12. 1. 1937 Ulm
Lit.: Zeller II 428.3622
Grafikerin
∞ I: 4. 7. 1958 Ulm, Ehe geschieden
*Herwig* Walter **Pancratz**
∗ 10. 7. 1923 Hermannstadt
Grafiker, Merzschule Stuttgart
Eltern: Wilhelm **Pancratz**
Elisabeth ...
∞ II: 11. 4. 1968 Ulm
Karl **Wenzel**
∗ 14. 5. 1938 Oberhausen
Bühnenbildner Ulm, Regensburg 1970, Strafvollzugsbeamter in Bremen 1973, Beamter am Jugendamt Bremen
Eltern: *Wilhelm* Franz **Wenzel**, Bodenleger
*Elisabeth* Wilhelmine ...

Kind aus ∞ I:
1. *Corinna* Iduna **Pancratz**, * 23. 2. 1962 Stuttgart V 362 21
Kind aus ∞ II:
2. Mirjam **Wenzel**, * 9. 9. 1971 Ulm, Stud. Völkerkunde in Amsterdam

**V 362 21** *Corinna* Iduna **Pancratz** (Eltern: V 3622)
* 23. 2. 1962 Stuttgart
Architektin
∞ 8. 8. 1996
Stephan **Bartke**
* 19. 2. 1962
Baudirektor

**V 3623** *Eberhard* Hermann **Neubronner** (Eltern: V 362)
* 20. 9. 1942 Ulm
Kameramann beim Bayrischen Fernsehen 1963–1974, Werbetexter Ulm 1975–1977, Südwestpresse Ulm 1978, Redakteur 1979, freier Journalist und Schriftsteller 1990.
Lit.: Zeller II 428.3623
∞ I: 16. 9. 1974 Ulm, Ehe geschieden
Roswita **Reichle**
* 28. 3. 1949 Kirchheim unter Teck
Krankenschwester in München
Vater: ...**Reichle**, Kaufmann in Kirchheim unter Teck und Hamburg
∞ II: 2. 7. 1987 Ulm
Brigitte **Vogel**
* 17. 1. 1953 Ulm
Lehrerin
Kind aus ∞ I:
1. Jonas **Neubronner**, * 24. 3. 1975 München

**V 365** Margarete *Lotte* **Roos** (Eltern: V 36)
* 23. 1. 1917 Berlin
Kindergärtnerin Markelfingen 1943, Friedrichshafen 1946–1948.
Lit.: Völter S. 180; Zeller § 416,4; Zeller II 428.365
∞ 29. 12. 1948 Korntal bei Stuttgart
Ulrich **Paret**
* 10. 3. 1905 Markgröningen, † 22. 3. 1993 Friedrichshafen

Lehrer in Friedrichshafen 1936, Studienrat 1942, Oberstudienrat 1959, pensioniert 1970.
Eltern: Friedrich **Paret**, Oberschulrat in Tübingen
Pauline **Wächter**
Kinder:
1. *Friedhelm* Ulrich, * 24. 12. 1950 Friedrichshafen V 3651
2. Eva, * 30. 1. 1952 Friedrichshafen, Marienschwester in Darmstadt-Eberstadt 1974
3. *Margarete* Ursula, * 21. 2. 1954 Friedrichshafen, Altenpflegerin in Dornstadt bei Ulm 1980, Friedrichshafen 1982.
4. Hans *Ulrich*, * 17. 10. 1955 Friedrichshafen, Stud. Psychologie Berlin 1980

**V 3651** *Friedhelm* Ulrich **Paret** (Eltern: V 365)
* 24. 12. 1950 Friedrichshafen
Studienassessor in Schwäbisch Hall 1980, Studienrat 1984.
Lit.: Zeller II 428.3651
∞ 9. 7. 1982 Kreuztal bei Siegen
Annegrete **Müller**
* 21. 2. 1957 Kreuztal
Eltern: Günther **Müller**, Verwaltungsangestellter in Leverkusen
Irmgard **Wunderlich**
Kinder:
1. Michael Christian, * 11. 7. 1984, † 11. 7. 1984
2. *Christoph* Matthias, * 17. 8. 1985 Schwäbisch Hall
3. *Martin* Johannes, * 8. 11. 1986 Schwäbisch Hall
4. *Katharina* Elisabeth Tabea, * 20. 11. 1988 Schwäbisch Hall
5. *Hanna* Charlotte Maria, * 12. 12. 1990 Schwäbisch Hall
6. *Hedwig* Christine Dorothea, * 12. 12. 1990 Schwäbisch Hall

**V 37** Paul *Martin* **Roos** (Eltern: V 3)
* Schöckingen bei Leonberg 28. 2. 1877, † Wuppertal 19. 1. 1936
Oberlehrer in Bergisch-Gladbach 1906, Studienrat Wuppertal-Elberfeld 1910–1935.
Lit.: Völter S. 180; Zeller II 428.37
∞ 18. 8. 1907 Wiesenbach bei Blaufelden,
getraut Esslingen, St.Bernhard 26. 8. 1907
Hildegard **Baier**
* 1. 12. 1878 Wachbach bei Bad Mergentheim,
† 19. 6. 1974 Tübingen

Lehrerin Aalen 1897, Mötzingen bei Herrenberg 1898, Ulm 1901.
Eltern: *Karl* Johann **Baier**, Lehrer in Wachbach
bei Bad Mergentheim und Wiesenbach
*Sofie* Barbara **Oehm**
Kinder:
1. *Wolfgang* Ludwig, * 23. 6. 1908 Bergisch-Gladbach V 371
2. Irmela, * 24. 7. 1913 Wuppertal-Elberfeld, Lehrerin in Wuppertal-Barmen 1947, Sudienrätin 1949, Oberstudiendirektorin 1962, pensioniert 1977.

**V 371** *Wolfgang* Ludwig **Roos** (Eltern: V 37)
* 23. 6. 1908 Bergisch-Gladbach,
† 5. 10. 1996 Langenau bei Günzburg
Dr. phil., Physiker Carl Zeiss Jena 1934, Oberkochen 1947, pensioniert 1973.
Lit.: Völter S. 180; Zeller.-Nachr. Nr. 15, S. 21; Zeller II 428.371
∞ 6. 9. 1935 Kornwestheim
Hildegard **Eipper**
* 16. 12. 1908 Kornwestheim, † 31. 1. 1989 Sindelfingen
Kindergärtnerin Mühlacker 1928, Oberstdorf 1932.
Eltern: Dr. med. Otto **Eipper**, Arzt in Kornwestheim
Eugenie **Märklin**, Sprachlehrerin
Kinder:
1. *Dietrich* Otto Martin, * 10. 7. 1936 Jena, † 15. 5. 1967 Kornwestheim, Archivinspektor in Ulm 1965
2. Gunhild, * 11. 7. 1938 Jena V 3712
3. Almut, * 23. 4. 1941 Jena V 3713
4. Reinhard, * 17. 4. 1944 Jena V 3714
5. Gerlinde, * 20. 11. 1950 Oberkochen V 3715

**V 3712** Gunhild **Roos** (Eltern: V 371)
* 11. 7. 1938 Jena
Medizinisch-technische Assistentin in Stuttgart-Bad Cannstatt 1960, Tübingen 1964, München 1967.
Lit.: Zeller II 428.3712
∞ 13. 9. 1984 München
*Ferdinand* Ludwig **Conrad**
* 23. 1. 1912 Saarburg, Lothringen, † 24. 2. 1992 München
Dozent für Blockflöte und Kammermusik 1953, Professor und

Lehrbeauftragter für Blockflöte und Aufführungspraxis alter Musik in Saarbrücken und an der Musikhochschule Hannover, 1. Flötist am Saarländischen Rundfunk, Leiter des Kammermusikkreises Ferdinand Conrad 1955, Konzertreisen, Leiter von Musikwochen, Verfasser von musikwissenschaftlichen und musikpädagogischen Fachaufsätzen.

Lit.: Frank/Altmann, Kurzgefaßtes Tonkünstlerlexikon 1974

Eltern: *Willibald* Hermann **Conrad**, Oberregierungsrat, Ingenieur bei der Bundesbahn
*Caroline* Charlotte **Haas**, Lehrerin

**V 3713** Almut **Roos** (Eltern: V 371)
∗ 23. 4. 1941 Jena
Diplombibliothekarin Tübingen 1964, Kairo 1968, Reutlingen 1970.
Lit.: Zeller II 428.3713
∞ 24. 10. 1969 Oberkochen
Christoph **Bayer**
∗ 18. 8. 1941 Schleswig
Dr. med., Internist, Kardiologe Nigeria 1968, Tübingen 1971, Leitender Arzt Sindelfingen 1978.
Eltern: *Wilhelm* Gustav **Bayer**, Pastor in Kropp bei Schleswig
Anni **Kruska**, Kinderpflegerin
Kinder:
1. Tilman, ∗ 7. 10. 1971 Tübingen
2. Lutz, ∗ 26. 2. 1974 Tübingen
3. Arend, ∗ 31. 8. 1976 Tübingen
4. Gerold, ∗ 23. 1. 1978 Tübingen

**V 3714** Reinhard **Roos** (Eltern: V 371)
∗ 17. 4. 1944 Jena
Dr. med., Dr. med. habil., Kinderarzt Tübingen 1972, München 1974, Chicago 1976, Universitäts-Kinderklinik München 1977, Professor 1988, München-Großhadern 1992, Leitender Arzt München-Harlaching 1994, Fachgebiet Kinderheilkunde, Infektiologie, Neonatologie.
Lit.: Zeller II 428.3714; Kürschner 1992
∞ 6. 4. 1973 Tübingen
Hildegard **Pfeiffer**
∗ 20. 5. 1942 Heidenheim an der Brenz

Medizinisch-technische Assistentin Stuttgart 1963, München 1964, Tübingen 1968, Lehrassistentin München 1973–1974, Familien- und Eheberaterin in München 1990.

Eltern: Karl **Pfeiffer**, Prediger und Hausvater Altenheim Stuttgart-Bad Cannstatt
Magdalene **Hartwig**, Wirtschaftsleiterin

Kinder:
1. Johannes, * 20. 8. 1974 München
2. Heiner, * 30. 4. 1976 Chicago IL, USA
3. Friedemann, * 19. 1. 1980 München

**V 3715** Gerlinde **Roos** (Eltern: V 371)
* 20. 11. 1950 Oberkochen
Medizinisch-technische Asistentin Tübingen 1973–1978
Lit.: Zeller II 428.3715
∞ 31. 3. 1978 Oberkochen
*Dieter* Gerhard **Wolf**
* 19. 9. 1942 Geislingen an der Steige
Dr. med. Tübingen 1970, Nigeria 1972, Tübingen 1975, Bad Mergentheim 1977, Kinderarzt Geislingen an der Steige 1978.

Eltern: Dr.-Ing. *Friedrich* Wilhelm **Wolf**, Ingenieur bei WMF in Geislingen
*Johanna* Elisabeth **Weitbrecht**, Kinderkrankenschwester

Kinder:
1. Gunda, * 16. 11. 1979 Geislingen an der Steige
2. Felix, * 17. 2. 1981 Geislingen an der Steige

**V 4** Sophie **Völter** (Eltern: Stamm Völter)
* 25. 11. 1844 Lichtenstern bei Heilbronn,
† 21. 6. 1912 Stuttgart-Bad Cannstatt
Ausbildung in einem Pensionat in Moutier BE, Schweiz 1860
Lit.: Völter S. 181, Zeller § 428, Zeller II 428.4
∞ 28. 1. 1875 Stuttgart-Zuffenhausen
Julius *Christian* Johannes **Zeller**
* 24. 6. 1822 Mühlhausen am Neckar,
† 31. 5. 1899 Stuttgart-Bad Cannstatt
Stud. Theol. Tübingen, bis 1844 im Stift, Repetent (Seminarlehrer) Schöntal 1848, Pfarrer in Schöckingen bei Leonberg 1854, Weiler bei Schorndorf 1868, zugleich Bezirksschulinspektor, Vorstand des Waisenhauses und Lehrerinnenseminars in Markgrö-

ningen mit dem Titel Rektor 1874, tit. Oberschulrat 1895, pensioniert 1898, wohnte dann in Cannstatt.

Lit.: Zeller § 136; DGB 136 S. 162 und 176; Heyd IV, 86; Zeller-Nachrichten 5, S. 5

Christian Zeller ∞ I: 5. 9. 1854 Stuttgart *Katharine* Christiane Friederike (Käthe) Roth, * 2. 6. 1827 Nürnberg, † 25. 7. 1873 Weiler bei Schorndorf, Tochter von Dr. Karl Ludwig Roth, Prälat in Stuttgart, und Elisabeth Merkel, 8 Kinder aus dieser Ehe s. Zeller §139–143.

Lit.: ADB **29**, 222

Eltern: Jeremias *Gottlob* **Zeller**, Rentamtmann in Mühlhausen am Neckar
Christiane *Friederike* **Moser**

Kind:
1. Eugen Hermann *Johannes*, * 4. 1. 1877 Markgröningen V 41

V 41 Eugen Hermann *Johannes* **Zeller** (Eltern: V 4)
* 4. 1. 1877 Markgröningen, † 30. 6. 1964 Stuttgart
Stud. Bauingenieur Technische Hochschule Stuttgart 1896–1901, Reg.-Bauführer beim Bahnhofsumbau Aalen 1901, Regierungs-Baumeister beim Rangierbahnhof Ulm 1905, Abteilungs-Ingenieur bei der Generaldirektion der württ. Staatseisenbahnen in Stuttgart 1908, Eisenbahnbauinspektor Stuttgart 1911, Vorstand der Eisenbahnbausektion Spaichingen 1911–1919, Baurat bei der Generaldirektion in Stuttgart 1919, Oberregierungsbaurat 1921, Reichsbahnoberrat 1924, Reichsbahndirektor 1938, Ruhestand 1945.

Lit.: Zeller § 144; Völter S. 182; Werner I S. 81, II S. 5, III S. 39

∞ 21. 9. 1905 Markgröningen
*Antonie* Johanna Friederike (Toni) **Werner**
* 12. 1. 1879 Markgröningen,
† 24. 9. 1971 Friedrichshafen-Fischbach

Lit.: Zeller SV Heft 1, 1979; DGB **43**, S. 29

Eltern: Dr. med. Hermann **Werner**, Sanitätsrat in Markgröningen
Emma **von Schlümbach**

Kinder:
1. Werner, * 25.6.1906 Ulm V 411
2. Eberhard, * 3. 9. 1909 Stuttgart V 412

3. Hans, * 1. 3. 1920 Stuttgart, gefallen bei Aprilia südlich von Rom 16. 2. 1944, Wehrdienst ab 1937 Inf.-Reg. 13 in Ludwigsburg, im Krieg in Frankreich, 1942 Kompagniechef beim Inf.-Reg. 735, in Italien 1943, begraben auf dem Soldatenfriedhof Pomezia.

**V 411** Werner **Zeller** (Eltern: V 41)

* 25. 6. 1906 Ulm

Diplomingenieur 1928 (Physik, TH Stuttgart), Dr.-Ing. 1930 (Bauingenieurwesen TH Hannover), Dr. rer. nat. 1933 (Mathematik und Physik, TH Braunschweig); Beratender Ingenieur ab 1934, Berlin (Lärmschutz, Akustik); Dr.-Ing. habil. 1943 (Bauingenieurwesen, TH Dresden); Privatdozent TH Stuttgart 1950; Präsident des Berufsverbandes der freischaffenden Ingenieure Deutschlands 1950–1966. Freiberufliches Beratungs-Unternehmen mit Institut für Schall- und Wärmeschutz in Essen ab 1950; apl. Professor TH und Universität Stuttgart 1963; Mitglied des Beratungs-Unternehmens Zeller und Partner in Essen ab 1971. Allerlei Ehrungen. 1988 Stifter der Werner Zeller Stiftung für gesellschaftsbezogene Familienforschung mit öffentlichem Archiv im Zellerhaus in Leonberg, Vorsitzender des Vorstandes.

Verf.: Zahlreiche Buch- u. a. Publikationen, Hrsg. der technisch-wissenschaftlichen Zeitschrift für Lärmbekämpfung 1956–1973.

Lit.: Zeller § 158; Werner I S. 81, III S. 41; Zeller-Nachr. Nr.5 S. 24, Nr. 15 S. 18; Völter S. 182; Zeller II 158; Wer ist Wer 1996

∞ I: 15. 12. 1937 Berlin / 22. 12. 1937 Eisenach

*Gertrud* Betty Mina Maria **Oestereich**

* 24. 4. 1908 Berlin,

† 24. 5. 1968 Zusmarshausen bei Augsburg (Unfall)

Eltern: Paul **Oestereich**, Juwelier in Berlin
Berta **Hass**

∞ II: 1. 10. 1969 Berlin / 30. 11. 1969 Leonberg

Lisa **Lotzin**

* 17. 4. 1904 Danzig, † 18. 5. 1989 Leonberg

Stud. Physik und Medizin, Dr. med. 1936, praktische Ärztin in Berlin 1936–1965.

Lisa Lotzin ∞ I: 1936 Dr. med. Sigwald Bommer, * 23. 6. 1893 Dresden, † 1963 (Autounfall), Arzt in Berlin, Professor für Dermatologie an der Universität Greifswald.

Lit.: Kürschner 1961

Eltern: William **Lotzin**, Werftdirektor in Danzig
Frieda **Strießling**
Kind:
1. Adoptivtochter Christel **Zeller**, * 14. 12. 1935 Berlin V 4111

**V 4111** Christel **Zeller** (Eltern: V 411)
* 14. 12. 1935 Berlin
Medizinisch- und Physikalisch-technische Assistentin in Stuttgart 1955, Freiburg 1960, Essen 1961.
Lit.: Zeller § 177; Zeller II 158.1
∞ 28. 2. 1969 / 1. 3. 1969 Leonberg
*Henning* Karl Ernst **Kröger**
* 22. 5. 1937 Stralsund
Diplommathematiker und Physiker, Institut für Schall- und Wärmeschutz in Essen 1964, Partner der Ingenieurgemeinschaft Zeller & Partner 1971; Übernahme des Prüfinstituts als beratender Ingenieur 1986.
Eltern: Dr. Paul **Kröger**, Geschäftsführer in Stralsund
Lina **Drinkuth**
Kinder:
1. Kristin, * 17. 6. 1970 Essen; Stud. Universität Essen, Lehramtsanwärterin für die Primarstufe in Kleve (Niederrhein).
2. Silke, * 13. 7. 1973 Essen; Stud. Universität Dortmund, cand. paed.
3. Sören, * 8. 1. 1980 Essen

**V 412** Eberhard **Zeller** (Eltern: V41)
* 3. 9. 1909 Stuttgart
Dr. med. 1933, seit 1938 Arzt in Friedrichshafen-Fischbach, 1939–1942 und 1945 Kriegsteilnehmer als Stabsarzt der Reserve im Truppen- und Lazarettdienst, 1942–1944 beurlaubt für das Auswärtige Amt als Abteilungsleiter und Generalsekretär zum Deutschen Wissenschaftlichen Institut in Athen, 1945–1980 Arzt in Friedrichshafen-Fischbach.
Verf.: Geist der Freiheit, Der 20. Juli, München 1953, 1963; Oberst Claus Graf Stauffenberg, 2. Auflage Paderborn 1994
Lit.: Zeller § 159; Werner I S. 81, III S. 41; Völter S. 182; Zeller II 159
∞ 19. 6. 1943 Athen
*Diana* Auguste **Hildebrandt**
* 18. 2. 1916 Berlin-Tegel

Eltern: Dr. med. und phil. Kurt **Hildebrandt**, o. ö. Professor für Geistesgeschichte in Kiel
Sophie **Reinhardt**
Lit.: Kürschner 1950
1. Cornelia, * 18. 1. 1946 Friedrichshafen-Fischbach V 4121
2. Hans *Konradin*, * 21. 9. 1947 Friedrichshafen-Fischbach V 4122
3. Stefanie, * 25. 6. 1949 Friedrichshafen-Fischbach V 4123
4. Regina, * 16. 7. 1952 Friedrichshafen-Fischbach V 4124
5. Reginald, * 16. 7. 1952, Friedrichshafen-Fischbach † 18. 7. 1952 Friedrichshafen-Fischbach
6. Bernward, * 30. 4. 1954 Friedrichshafen-Fischbach V 4126
7. *Frank* Urban, * 18. 12. 1959 Friedrichshafen-Fischbach V 4127

**V 4121** Cornelia **Zeller**, Familienname **Zeller-Dietrich** (Eltern: V 412)
* 18. 1. 1946 Friedrichshafen-Fischbach
Stud. Französisch, Russisch, Studienrätin am Werkgymnasium Heidenheim 1976, Oberstudienrätin 1983.
Lit.: Zeller II 159.1
∞ 12. 5. 1989 Heidenheim
Peter **Dietrich**
* 5. 4. 1961 Heidenheim
Meister des Orthopädie-Schuhmacher-Handwerks
Eltern: Benno **Dietrich**, Elektriker
Maria **Sing**

**V 4122** Hans *Konradin* **Zeller** (Eltern: V 412)
* 21. 9. 1947 Friedrichshafen-Fischbach,
† 31. 5. 1981 Vizzavona, Korsika
Dr. phil., Verlagslektor in München beim C. H. Beck-Verlag; bei einer Hochgebirgswanderung in Korsika eine Woche vor Pfingsten 1981 abgestürzt.
Lit.: Zeller II 159; Zeller-Nachr. 5 S. 27
∞ 21. 5. 1971 München
Ines **Schneider**
* 12. 10. 1946 Weinheim an der Bergstraße
Studienrätin (Realschule) München
Ines Schneider ∞ II: Eric Bass, in Putney VT, USA, Tochter Shoshana

Eltern: Dr. Fritz **Schneider**, Bürgermeister in Herborn
Erna **Fils**
Kinder:
1. *Johanna* Verena (Jana), * 6. 10. 1972 München; Kunstmalerin in San Francisco CA, USA
2. Julia, * 15. 8. 1976 Friedrichshafen-Fischbach

**V 4123** Stefanie **Zeller**, Familienname **Zeller** (Eltern: V 412)
* 25. 6. 1949 Friedrichshafen-Fischbach
Stud. Medizin Freiburg 1969, Leeds, England, München, gefördert von der Studienstiftung des Deutschen Volkes, Dr. med. 1976, Assistenzärztin am Kreiskrankenhaus Landsberg am Lech 1977, medizinische Poliklinik München 1978, Übernahme der väterlichen Praxis 1980.
Lit.: Zeller II 159.3
∞ 5. 9. 1986 Friedrichshafen
Hans Peter **Letz**, Familienname **Letz-Zeller**
* 23. 5. 1944 München
Diplomingenieur (Architektur) 1973, Ausbildung zum Heilpraktiker 1976–1977, Praxis als Heilpraktiker in München 1978, Friedrichshafen 1980, eigene Heilpraktikerschule 1981.
Eltern: Hans **Letz**, Diplomingenieur
Elisabeth **Krämer**
Kinder:
1. Anna *Nicola* **Zeller**, * 5. 1. 1979 München
2. Mona *Verena* **Zeller**, * 26. 8. 1982 Weingarten
3. *Sarah* Diana **Zeller**, * 17. 6. 1986 Weingarten

**V 4124** Regina **Zeller** (Eltern: V 412)
* 16. 7. 1952 Friedrichshafen-Fischbach
Stud. Biologie und Chemie Landwirtschaftliche Hochschule Stuttgart-Hohenheim und Hannover, Studienassessorin Hannover 1978.
Lit.: Zeller II 159.4
∞ 2. 5. 1975 Friedrichshafen-Fischbach
Peter **Grosch**
* 7. 8. 1946 Tauberbischofsheim
Diplom-Agrarökonom in Hannover 1973, Assistent 1973, Bundesgeschäftsführer der Fördergemeinschaft für organisch-biologischen Landbau (Bioland) in Heiningen bei Göppingen 1978, Ge-

schäftsführer der Arbeitsgemeinschaft Demeter-Produkte 1988, eigenes Unternehmen (Bio Control System Peter Grosch GmbH, Nürnberg) 1990.
Eltern: Dr. Walter **Grosch**, Bürgermeister in Tauberbischofsheim
Hilde **Wagner**, Gewerbelehrerin
Kinder:
1. Inga *Katharina*, * 7. 8. 1978 Friedrichshafen-Fischbach
2. Philipp *Sebastian*, * 20. 3. 1981 Filderstadt (Filderklinik)
3. Laura *Carmen*, * 14. 11. 1983 Filderstadt (Filderklinik)

**V 4126** Bernward **Zeller** (Eltern: V 412)
* 30. 4. 1954 Friedrichshafen-Fischbach
Stud. Medizin in München und Bergen, Norwegen, gefördert von der Studienstiftung des Deutschen Volkes, Assistenzarzt am Krankenhaus Gravdal, Norwegen 1981, chirurgischer Assistenzarzt in Praxis Dr. Isernhagen Neumünster 1984–1985, Assistenzarzt an der Kinderabteilung des Städtischen Krankenhauses Friedrichshafen, Facharzt für Kinderheilkunde Friedrichshafen 1991, dann 4 Jahre Rikshospitalet-Universitätsklinik Oslo, Oberarzt am Sentralsykehuset Akershus 1995.
Lit.: Zeller II 159.6
∞ 24. 8. 1983 Svolvær (Lofoten), Norwegen
*Brita* Christel **Stensen**
* 26. 6. 1952 Gravdal, Norwegen
Schneidergesellin 1972, Krankenschwester 1975, mit Intensivpflege 1978, Hebamme 1982.
Eltern: Erling **Stensen**, Fischer
Aud **Valle**
Kinder:
1. *Lisa* Jenny, * 3. 8. 1983 Gravdal
2. *Daniel* Stefan, * 20. 5. 1985 Neumünster
3. *Fanny* Kristina, * 19. 9. 1989 Friedrichshafen

**V 4127** *Frank* Urban **Zeller** (Eltern: V 412)
* 19. 12. 1959 Friedrichshafen-Fischbach
Freischaffender Kameramann Berlin 1988, Hamburg 1993
Lit.: Zeller II 159.7

∞ 24. 6. 1994 Hamburg
Ariane **Knauf**
∗ 5. 7. 1958 Kassel
Regisseurin
Eltern: Dieter **Knauf**, technischer Instruktor
Gisela **Knappe**
Kind:
1. *Carla* Sophie, ∗ 22. 12. 1994 Hamburg

**V 7** Gottlob *Eugen* **Völter** (Eltern: Stamm Völter)
∗ 2. 8. 1849 Lichtenstern bei Heilbronn,
† 5. 6. 1933 Stuttgart-Degerloch
Kameralbuchhalter in Güglingen bei Bietigheim 1875, Revisor in Stuttgart 1883, Kameralverwalter Freudenstadt 1887, Stuttgart 1900, pensioniert 1912, tit. Regierungsrat, Inhaber des Charlottenkreuzes, wohnte in Stuttgart-Degerloch.
Lit.: Zeller § 428,7 und 140; Völter S. 183
∞ 8. 11. 1883 Markgröningen
*Helene* Elisabethe **Zeller**
∗ 4. 3. 1857 Schöckingen bei Leonberg,
† 12. 9. 1937 Stuttgart (Unfall)
Eltern: Julius *Christian* Johannes **Zeller**, Seminarrektor in Markgröningen (s. V 4)
*Katharine* Christiane Friederike (Käthe) **Roth**
Kinder:
1. Gertrud, ∗ 30. 9. 1884 Stuttgart, † 17. 6. 1973 Kaiserswerth bei Düsseldorf; Diakonisse in Kaiserswerth
2. Wilhelmine, ∗ 30. 10. 1885 Stuttgart, † 27. 5. 1972 Stuttgart-Sonnenberg; Lehrerin am Mädchenpensionat Bon-Pasteur in Straßburg 1907, Backnang 1919, in Stuttgart-Degerloch 1920, zuletzt Oberlehrerin, im Ruhestand 1952.
3. Otto, ∗ 29. 7. 1887 Stuttgart, gefallen bei St.Dié in Frankreich 29. 8. 1914 als Leutnant der Reserve, Forstassessor in Schlesien.

# Stamm Gobat

| 2. | 3. | 4. | 5. | 6. Generation |
|---|---|---|---|---|
| G Samuel Gobat | G 2 Benoni Gobat | G 21 Theodor Gobat | G 211 Barrett | |
| | | | G 213 Geoffrey Gobat | G 2132 Theodore G. |
| | | | | G 2133 Hall |
| | | | | G 2134 Adrian G. |
| | | | G 214 Arthur Cummings | G 2141 John C. |
| | | | | G 2142 Stephen C. |
| | | | | G 2143 Phillips |
| | | | | G 2144 Phillip C. |
| | G 3 Johannes Zeller | G 31 Friedrich Zeller | G 311 Magnus Zeller | G 3111 Schneider |
| | | | | G 3112 Helm |
| | | | G 312 Heine | |
| | | | G 313 Wilfried Zeller (= G 344) | |
| | | | G 314 Wolfgang Zeller | G 3141 Peter Z. |
| | | G 34 Johannes Lepsius | G 342 Horst Helbing | G 3421 Urban H. |
| | | | G 343 Alfred Lepsius | G 3431 Braun |
| | | | | G 3432 Tilwin L. |
| | | | G 344 Wilfried Zeller (= G 313) | |
| | | G 35 Theodor Zeller | G 351 Edgar Zeller | |
| | | G 36 Luise Zeller | G 362 Benet McKenzie | G 3621 Elisabeth M. |
| | | | | G 3622 Christopher M. |
| | | | | G 3623 Roland M. |
| | | ↑ | G 363 Douglas Richardson | G 3631 Smith/Pigou |
| | | | | G 3632 Thomas/Dobbs |
| | | | | G 3633 Britton |
| | | (∞ I) | G 364 August Campbell MacInnes | G 3641 John M. |
| | | | | G 3642 David M. |
| | | Ernest Masterman | | G 3643 Salmon |
| | | | | G 3644 Davis |
| | | (∞ II) | G 365 Thomas Smith | G 3651 Richard S. |
| | | | | G 3652 Thomson |
| | | ↓ | | G 3653 Ian S. |
| | | | | G 3654 Roger S. |
| | | G 37 Johanna Zeller | G 371 Bertram Masterman | G 3711 Timothy John M. |
| | | | | G 3712 Lees |
| | | | | G 3713 Morgan |
| | | | G 372 Harold Brodribb | G 3721 Waller |
| | | | | G 3722 John B. |
| | | | | G 3723 Peter B. |
| | | G 38 Albert Zeller (= T 71) | G 381 Scheid/Seydel | G 3811 Gruber |
| | G 5 Heinrich Rappard | G 51 Hermann Hanke | G 511 Erwin Ruck | G 5111 Gyökössy |
| | | | | G 5112 Salathé |
| | | | | G 5113 Sollberger |

## **Stamm Gobat** (Fortsetzung)

2. | 3. | 4. | 5. | 6. Generation

- G Samuel Gobat
  - G 5 Heinrich Rappard
    - G 51 Hermann Hanke
      - G 512 Gerhard Hanke
        - G 5123 Kurt H.
        - G 5124 Heinrich H.
        - G 5125 Junger
        - G 5126 Gasser
      - G 513 Paul Hanke
        - G 5131 Søren H.
        - G 5132 Claus H.
        - G 5133 Lose
      - G 514 Karl Fr. Hoever
        - G 5141 Bruno H.
        - G 5142 Gritzfeld
    - G 53 Friedrich Veiel
      - G 531 Friedhelm Rudersdorf
        - G 5311 Friedemann R.
        - G 5312 Karl-Heinrich R.
        - G 5314 Nadelhofer
        - G 5315 Kania
    - G 55 Henri Rappard
      - G 551 Marc Chavannes
        - G 5512 Maurice C.
      - G 552 Bernard Rappard
        - G 5521 Philippe R.
        - G 5522 Jean R.
        - G 5523 Benoit
    - G 57 Otto Simon
      - G 571 Karl Falkenroth
        - G 5711 Arnold F.
        - G 5712 Forck
        - G 5713 Ulrich F.
      - G 572 Eberhard Simon
      - G 573 Karl Falkenroth
        - G 5731 Hermann F.
        - G 5733 Richard F.
        - G 5734 Rudolf F.
        - G 5735 Christoph F.
      - G 574 Ottheinrich Simon
        - G 5741 Roland S.
        - G 5742 Hoffmann
    - G 5A de Tribolet-Hardy
  - G 6 Paul Kober
    - G 62 Müller
    - G 63 Alfred Kober
      - G 631 Heinrich F. Pfeifer
        - G 6311 Michael P.
      - G 632 Ernst K.
        - G 6321 Lorenz K.
      - G 633 Horst Kepka
        - G 6331 Sudra
    - G 64 Emil Schwaab
      - G 643 Grube
  - G 7 Timotheus Gobat
  - G 9 Theodor Wolters
    - G 93 Frederick Carpenter
      - G 931 Frederick Carpenter
        - G 9311 Gatteril
      - G 932 William Vellacott
        - G 9321 Banks
        - G 9322 John V.
        - G 9323 Thompstone
        - G 9324 Jamieson
        - G 9325 Michael V.
      - G 933 Rex Carpenter
        - G 9332 Gilmour
      - G 934 Cyril Nelson Carpenter
      - G 935 Whelan
        - G 9351 Riches
        - G 9352 Nicholas W.
    - G 94 Karl Olmesdahl

G *Marie* Christine Regine **Zeller** (Eltern: Stammeltern S. 201)
∗ 9. 11. 1813 Zofingen, † 1. 8. 1879 Jerusalem
1828–1831 zur Ausbildung in Le Locle NE, Schweiz bei „Jungfrau Calame“, 1831–1839 zur Unterstützung der Eltern in Beuggen.
Lit.: Zeller § 429; Zeller-Siegfried S. 20–22
∞ 25. 5. 1834 Grandval bei Moutier, Jura (reformiert), 6. 6. 1834 Beuggen bei Rheinfelden (lutherisch)
Samuel **Gobat**
∗ 26. 1. 1799 Crémines BE, † 11. 5. 1879 Jerusalem
Lehrer in Crémines 1819, Ausbildung als Schriftsetzer in Basel 1820, Eintritt ins Basler Missionshaus 1821, ordiniert Auggen 1825, Missionar der Church Missionary Society auf Malta, in Palästina und Ägypten 1826, in Abessinien 1829, in Europa 1832, wieder in Abessinien 1834, in der Schweiz 1837, Lehrer am Missionshaus in Basel 1838, Leiter der Missionsdruckerei auf Malta 1840, Reisen im Libanon und bei den Drusen in Syrien 1841, Reiseprediger in der Schweiz 1843–1845, ordiniert als anglikanischer Geistlicher 1845, Leiter einer protestantischen Erziehungsanstalt auf Malta 1846, zum Bischof von St. Jacques in Jerusalem berufen 1846, Bischofsweihe 5. 7. 1846 durch Erzbischof Howley in London, Kapelle des Lambeth Palace; seine Schriften s. S. 99.
Lit.: Jugendgeschichte von Samuel Gobat, von ihm selbst erzählt, aus den Basler Bibelblättern, Hamburg 1880; Samuel Gobat, evangel. Bischof von Jerusalem, sein Leben und Wirken, meist nach seinen eigenen Aufzeichnungen, Basel Verl. C. S. Spittler 1884, englische Übersetzung 1884; Samuel Gobat, missionaire en Abyssinie et évèque á Jérusalem. Sa vie et son œuvre. Traduit librement de l'allemand par Auguste Rollier. Bâle 1885; Alfred Kober, Samuel Gobat, vom Juradorf nach Jerusalem, (Gute Schriften Basel 1968); T. Schölly, Samuel Gobat, evangelischer Bischof von Jerusalem, 1900; Friedrich Schick, Samuel Gobat, der Bischof von Jerusalem, Giessen – Basel 1958, RPTK **6**, 738–740 (Schäfer); Theolog. Realenzyklopädie **16**, 631 ff.

Eltern: David **Gobat**, Landwirt in Crémines
Susanne **Gobat**
weitere Vorfahren s. Ahnenliste Gobat, S. 567

Kinder:
1. *Sophie* Julie Henriette, ∗ 2. 8. 1835 Adua, Abessinien, † 18. 11. 1836 auf dem Nil bei Kairo; Pate der abessinische Prinz Georg, Sohn Ubieh's.
2. Samuel *Benoni*, ∗ 31. 12. 1836 Kairo G 2
3. *Hanna* Maria Sophie, ∗ 9. 11. 1838 Beuggen G 3
4. *Paul* Asarja, ∗ 2. 11. 1840 St. Juliano auf Malta, † 7. 11. 1841 St. Juliano

5. Sophie Rosine *Dorothea* (Dora),
   ∗ 1. 9. 1842 St. Juliano auf Malta G 5
6. *Maria* Sophie Elisabeth, ∗ 21. 9. 1844 Wiedlisbach BE G 6
7. James *Timotheus*, ∗ 22. 5. 1846 Malta G 7
8. *Samuel* Agenor, ∗ 4. 5. 1848 Jerusalem, † 29. 10. 1886 Overton in England; 1858 in Pension in Korntal, Stud. Theol. England 1864, Vikar in Jerusalem 1875, Pfarrer in Overton 1879, Trinker.
9. *Blandina* Marianne, ∗ 29. 6. 1850 Jerusalem G 9
10. *Friedrich* Wilhelm, ∗ 18. 8. 1852 Jerusalem, † 12. 6. 1853 Jerusalem; Patensohn des Königs Friedrich Wilhelm von Preußen.

**G 2** Samuel *Benoni* **Gobat** (Eltern: Stamm Gobat)

∗ 31. 12. 1836 Kairo, † 8. 8. 1873, Patensohn von Prof. Gotthilf Heinrich von Schubert in München (s. Anm. 55).

1850 in einer boarding school in England, Stud. Theol. Universität Oxford 1854, ordiniert 1860, Pfarrer (curate) in Romsey bei Southampton 1860, Isycoed, Wales 1862, nach Staforth berufen 1873.

Lit.: Zeller § 429,2

∞ 23. 6. 1863

Dorothea **Arnott**

∗ 30. 9. 1840 Edinburgh, † 1905

Eltern: James Arthur **Arnott**, Writer to the Signet (Jurist) in Edinburgh
Emily **Fletcher**

Kinder:

1. *Theodore* Crombie, ∗ 31. 8. 1864 Schottland G 21
2. Emily Marie, ∗ 7. 4. 1866, † zwischen 1940 und 1954; Lehrerin
3. Helene Caroline, ∗ 28. 6. 1868, † 10. 5. 1889 Overton

**G 21** *Theodore* Crombie **Gobat** (Eltern: G 2)

∗ 31. 8. 1864 Schottland, † 1937

Pfarrer in Darlington, GB (Rector of Darlington Church), Durham bei Newcastle, später in Gedney, Lincolnshire.

∞ 28. 8. 1901

Jeanie May (Maisie) **Stephenson**

∗ 1878 Hartepool, GB, † 16. 9. 1956 Hopesey, Shropshire

Vater: ...**Stephenson**, Farmer in West Hartepool, Durham
Kinder:
1. Helena Mary (Molly), * 28. 6. 1902 Darlington G 211
2. William Samuel, * 9. 7. 1904 Darlington, † zwischen 1949 und 1952, Lehrer, Künstler
3. Geoffrey Theodore, * 7. 10. 1906 Darlington G 213
4. Jean Dorothea, * 29. 1. 1912 Darlington G 214

**G 211** Helena Mary (Molly) **Gobat** (Eltern: G 21)
* 28. 6. 1902, † 1982
∞ 1. 5. 1946 Alnick, Northumberland
Tufnell Sealy Douglas **Barrett**
Priest – Pfarrer in Hopesey, Shropshire und Lochilphead, Schottland

**G 213** Geoffrey Theodore **Gobat** (Eltern: G 21)
* 7. 10. 1906, † 1989
Chartered Accountant – Buchhalter in Hereford, Worcester
∞ 1. 9. 1935
Esther **Bailey**
* 18. 1. 1914
Vater: Thomas Holden **Bailey**, Pfarrer – priest in Stanford
Kinder:
1. *Christine* Ruth, * 18. 6. 1936 London
2. Anthony *Theodore*, * 22. 2. 1939 Chester G 2132
3. *Penelope* Esther Faith, * 14. 3. 1943 Gresford G 2133
4. *Adrian* Geoffrey, * 30. 1. 1947 Hereford G 2134

**G 2132** Anthony *Theodore* **Gobat** (Eltern: G 213)
* 1939
Accountant – Buchhalter, Geschäftsmann, Direktor einer Hotelkette.
∞ 196...
Helen **Turnbull**
* 1947 Melbourne, Australien
Vater: ...**Turnbull**, Company Director
Kinder:
1. Rufus Theodore Matthew, * 30. 10. 1969 London, Degree in Computer Science

2. Adam, * 1973 St. Lucia, Kleine Antillen, Stud. Französisch, B.A.
3. Oliver, * 1975 St. Lucia, Kleine Antillen, Stud. Französisch

**G 2133** *Penelope* Esther Faith **Gobat** (Eltern: G 213)
* 14. 3. 1943 Gresford bei Wrexham
Lehrerin
∞ 17. 8. 1973
Robert Inglise **Hall**
* 30. 1. 1947 Hereford, Worcester
Schulleiter – schoolmaster
Kinder:
1. Anthony, * 1974 Lancaster, Stud. Geologie, B.Sc. 1997, Lehrerausbildung
2. Tom, * 1976 Hereford, Stud. Sportwissenschaft Salford University
3. Heather, * 1979 Hereford

**G 2134** *Adrian* Geoffrey **Gobat** (Eltern: G 213)
* 30. 1. 1947 Hereford
Stud. University Dundee und Oxford B.Sc., P.G.C.E. (Postgraduate Certificate of Education) Lehrer, Headmaster of St. Aubyns Preparatory School, Sussex.
∞ 16. 8. 1973 Linton
Mary Nesta **Barter**
* 7. 6. 1952 Cheltenham, Gloucestershire
Vater: Kenneth **Barter**, Farmer in Ross on Wye, Worcester
Kinder:
1. Nicola Maisie, * 30. 10. 1974 Ashbourne, Derbyshire, Stud. Kunst, B.A.
2. Sophie Florence, * 25. 10. 1976 Ashbourne, Stud. Französisch und Anthropologie Swansea University
3. Harry Crombie, * 3. 6. 1979 Cheltenham
4. Giles Samuel, * 4. 8. 1988 Derby

**G 214** Jean Dorothea **Gobat** (Eltern: G 21)
* 29. 1. 1912 Darlington, Co. Durham, St. James Vicarage
Educational psychologist – Jugendpsychologin

∞ 21. 8. 1937 Gedney Lincs.
Arthur **Cummings**
∗ 31. 7. 1900 Sunderland, Co. Durham, † 5. 5. 1986
University Lecturer – Universitätslehrer, Universität von Nottingham
Eltern: Ernest Windle **Cummings**, Angestellter – clerk
in Sunderland, Newcastle
Frances **Dickinson**, Telephonistin in Sunderland
Kinder:
1. *John* Michael, ∗ 25. 8. 1939 Sheffield G 2141
2. *Stephen* Robert, ∗ 6. 3. 1941 G 2142
3. Susan *Jane*, ∗ 12. 2. 1944 G 2143
4. Charles *Phillip*, ∗ 26. 1. 1946 G 2144

**G 2141** *John* Michael **Cummings** (Eltern: G 214)
∗ 25. 8. 1939 Sheffield
Market researcher – Marktforscher
∞ 1967 (?) Marylebone, USA
Ilene **King**
Hospital visitor – Krankenbetreuerin
Eltern: Charles **King**, Zeitungsverleger – newspaper editor
in Bellingham, USA
Bertha …
Kinder:
1. Christopher, ∗ 1969; Stud. (Film) 1997
2. Anne, ∗ 1972; Stud. Canadische Geschichte 1997

**G 2142** *Stephen* Robert **Cummings** (Eltern: G 214)
∗ 6. 3. 1941
Ingenieur
∞ in Frankreich
Josianne **Boeri**
Kinder:
1. Catherine, ∗ 1970
2. Laura, ∗ 1973
3. Joanna, ∗ 1975

**G 2143** Susan *Jane* **Cummings** (Eltern: G 214)
∗ 12. 2. 1944
Social worker – Sozialarbeiterin

∞ Januar 1967 Mottisfont, Hampshire
Ian **Phillips**
Marketing director
Vater: William **Phillips**
Kinder:
1. Sally, * 1969, Lehrerin – teacher, Sohn Jens Agda * 1995
2. Stephen, * 1970, Künstler – artist
3. Robert, * 1975, Student 1997

**G 2144** Charles *Phillip* **Cummings** (Eltern: G 214)
* 26. 1. 1946 Nottingham
Mechanical engineer – Ingenieur
∞ 1980 Bourne End, Bucks.
Barbara **Phillipson**
Social worker – Sozialarbeiterin
Vater: William **Phillipson**, Ingenieur
Kinder:
1. Alice, * 1982
2. Harriet, * 1984

**G 3** *Hanna* Maria Sophie **Gobat** (Eltern: Stamm Gobat)
* 9. 11. 1838 Beuggen bei Rheinfelden,
† 20. 4. 1922 Stuttgart-Bad Cannstatt (Villa Seckendorff)
Ausbildung in Montmirail NE im Pensionat der Brüdergemeine bis 1856, zog schon 1899 wegen eines Gelenkleidens von Jerusalem weg nach Wernigerode im Harz; gute Klavierspielerin.

Verf.: Feldblumen aus dem Heiligen Land, Spittler 1875 (54 chromlithogr. Tafeln)

Lit.: Zeller § 56 u. 429,3; Zeller-Siegfried S. 20, L. Reichle, Zeller SV Nr. 7 (1988)

∞ 23. 6. 1859 Jerusalem
Johannes **Zeller**
* 15. 10. 1830 Besigheim, † 19. 2. 1902 Wernigerode
Ausbildung als Schreiber in Gaildorf 1844, Freudental bei Heilbronn 1845, Gehilfe am Oberamt Neckarsulm 1847, Büchsenmacherlehre in Leonberg 1848, Eintritt ins Basler Missionshaus 1850, ordiniert London 1856, Missionar im Dienst der Church Missionary Soc. in Nablus in Palästina 1855, Ramleh 1857, Nazareth 1858, Jerusalem 1876, zugleich Sekretär der Church Mission-

ary Soc. für Palästina, Leiter der von Samuel Gobat gegründeten Zionsschule 1879, Einweihung der evangelischen Erlöserkirche in Jerusalem durch Kaiser Wilhelm II. 1898, pensioniert 1901, lebte in Wernigerode.
Eltern: Magnus Friedrich **Zeller**, Dekan in Besigheim
*Friederike* Dorothea **Herwig**
Kinder:
1. Samuel *Friedrich*, * 18. 7. 1860 Nazareth G 31
2. *Alfred* Fortunatus, * 15. 4. 1863 Nazareth, † 19. 11. 1868 Jerusalem
3. *Kornelia* Auguste Sophie, * 1. 2. 1865 Nazareth, † 11. 11. 1866 Nazareth
4. Maria Hannah *Margarete*, * 29. 7. 1867 Nazareth G 34
5. Karl *Theodor*, * 30. 6. 1870 Nazareth G 35
6. *Luise* Maria Nazarena, * 29. 10. 1872 Nazareth G 36
7. *Johanna* Hermine Charlotte, * 27. 9. 1876 Riehen bei Basel G 37
8. *Albert* Heinrich, * 10. 7. 1880 Jerusalem G 38

**G 31** Samuel *Friedrich* **Zeller** (Eltern: G 3)
* 18. 7. 1860 Nazareth, Palästina,
† 25. 4. 1909 Berlin-Zehlendorf
Pastor in Biesenrode bei Mansfeld 1887, Inspektor in Magdeburg 1898, Direktor des Evang. Diakonievereins in Berlin-Zehlendorf 1906; guter Klavierspieler.
Lit.: Zeller § 61; Zeller II 61
∞ 26. 9. 1887 Stuttgart
*Emma* Helene **Breuning**
* 3. 3. 1866 Stuttgart, † 11. 10. 1958 Berlin-Nikolassee
Ausbildung als Opernsängerin
Eltern: *Hermann* Otto **Breuning**, Bankier in Stuttgart
Mary Anne (Polly) **Barrell**
(Eltern von Agnes Günther, Verf. „Die Heilige und ihr Narr“ SWDBl.FWK 1986, 285–286; Schwäb. Lebensbilder VIII, 363 ff.)
Kinder:
1. *Magnus* Friedrich Herbert, * 9. 8. 1888 Biesenrode G 311
2. Johanna *Cornelia*, * 6. 12. 1889 Biesenrode G 312
3. Heinrich *Wilfried* Reinhard, * 18. 9. 1891 Berlin G 313
4. *Wolfgang* Friedrich, * 12. 9. 1893 Biesenrode G 314

**G 311** *Magnus* Friedrich Herbert **Zeller** (Eltern: G 31)
∗ 9. 8. 1888 Biesenrode bei Mansfeld, † 25. 2. 1972 Berlin-Ost
Stud. Kunst, Schüler von Lovis Corinth 1908–1911, in Paris 1912–1913, Mitglied der Berliner Sezession 1911–1936, Kunstmaler in Berlin, Professor an der Kunstakademie Pallas in Dorpat 1923, dann wieder in Berlin, wohnte später in Caputh bei Potsdam; ausdrucksvoller Farbensymphoniker, wurde als „der E. T. A. Hoffmann der Farben“ bezeichnet.

Lit.: Zeller § 83; Zeller II 61.1; Zeller-Nachr. H. 2, S. 16; Zeller-Festschrift 1988, S. 97–102; Thieme-Becker **36** (1947), Vollmer, Künstler-Lex. des 20. Jhd. **5**, 202

∞ I: 23. 11. 1915
Marie **Zimmermann**
∗ 25. 6. 1890 Blomberg, Lippe, † 18. 7. 1926 Paris
Eltern: Karl **Zimmermann**, Amtsgerichtsrat in Blomberg
Elisabeth **Nieländer**

∞ II: 24. 5. 1929 Hamburg
Helga **Bagge**
∗ 19. 11. 1902 Hamburg,
† 26. 7. 1996 Eutin, begr. Caputh bei Potsdam
Ging 1948 mit dem Sohn Conrad nach Hamburg, 1987 in Eutin.
Eltern: Dr. Hermann **Bagge**, Rechtsanwalt in Hamburg
Thora **Hertz**

Kind aus ∞ I:
1. *Susanne* Elisabeth, ∗ 12. 10. 1918 Blomberg G 3111

Kinder aus ∞ II:
2. *Helga* Marianne, ∗ 15. 3. 1931 Berlin G 3112
3. *Conrad* Magnus, ∗ 19. 11. 1939 Caputh bei Potsdam; Kaufmann in Hamburg, 1987 in Mölln.

**G 3111** *Susanne* Elisabeth **Zeller** (Eltern: G 311)
∗ 12. 10. 1918 Blomberg, Lippe
Sekretärin in München, im Ruhestand 1978.

Lit.: Zeller § 106; Zeller II 61.11

∞ 28. 3. 1942 Berlin, 1947/1948 geschieden; hat den Mädchennamen wieder angenommen
*Werner* Helmuth **Schneider**
∗ 24. 4. 1914 Frankfurt am Main
Ingenieur, Kaufmann und Vertreter in Arnsberg in Westfalen, im Ruhestand 1974.

Eltern: Reinhard **Schneider**, Stadtsekretär in Frankfurt
Margarete **Winkels**

Kinder:
1. *Christian* Magnus, * 7. 10. 1944 Detmold G 311 11
2. *Manfred* Michael, * 4. 1. 1947 Blomberg G 311 12

**G 311 11** *Christian* Magnus **Schneider** (Eltern: G 3111)
* 7. 10. 1944 Detmold, Lippe
Wehrdienst 1965, Offsetdrucker bis 1974, 1974–1976 Ausbildung zum Drucktechniker, seit 1978 als Grafiker und Produktioner in der Werbeabteilung einer Versicherungsgesellschaft.
Lit.: Zeller II 61.111
∞ 25. 7. 1977 München
*Edeltraud* Brunhilde **Althaus**
* 16. 2. 1947 Altusried im Oberallgäu
1961–1964 Ausbildung als Köchin, Auslandsaufenthalte in England und Frankreich, 1970 in München Bürotätigkeit, Fachabitur 1978, Stud. Sozialwesen, Diplomsozialpädagogin (FH) 1983, in München.
Eltern: Josef **Althaus**, Käsermeister
Philomena **Gmeinder**, Schneidermeisterin in Altusried

Kinder:
1. *Barbara* Susanne, * 17. 5. 1979 Starnberg
2. *Katharina* Maria, * 21. 4. 1981 München

**G 311 12** *Manfred* Michael **Schneider** (Eltern: G 3111)
* 4. 1. 1947 Blomberg, Lippe
Dipl.-Psychologe, Arzt an der Universitätsklinik München (Fachgebiet Hämophilie und Psychotherapie) 1987.
Lit.: Zeller II 61.112
∞ 8. 8. 1987 Coburg
*Christine* Gertrud **Rau**
* 7. 3. 1951 Cuxhaven
Ärztin
Eltern: Friedrich **Rau**, Bauunternehmer in Coburg
Gerda ...

Kind:
1. Tochter, * Februar 1988

**G 3112** *Helga* Marianne **Zeller** (Eltern: G 311)
∗ 15. 3. 1931 Berlin
Stud. Psychologie 1949, Diplompsychologin 1953, Arbeitspsychologin in der Industrie 1953–1957, Hausfrau 1958, Psychotherapeutin (Fachpsychologin der Medizin) am Bezirkskrankenhaus in Potsdam 1964; nebenberuflich Pflege des künstlerischen Nachlasses des Vaters, wohnt in Caputh bei Potsdam.
Verf.: Biografie ihres Vater, s. dort
Lit.: Zeller § 107; Zeller II 61.12
∞ Caputh 17. 10. 1953, Ehe geschieden 16. 3. 1973
*Johannes* Kurt Günther **Helm**
∗ 10. 3. 1927 Schlawa
Stud. Psychologie 1949–1953, Diplompsychologe, Dr. sc. nat. 1957, wissenschaftlicher Assistent, Professor für klinische Psychologie an der Sektion Psychologie der Humboldt-Universität in Berlin, 1976 erneut verheiratet, außer Dienst 1987.
Eltern: Paul **Helm**, Bürgermeister in Bobersberg bei Crossen
Else **Zerndt**
Kinder:
1. Thomas, ∗ 1. 1. 1958 Berlin G 311 21
2. *Kathrin* Andrea, ∗ 18. 6. 1959 Potsdam G 311 22

**G 311 21** Thomas **Helm** (Eltern: G 3112)
∗ 1. 1. 1958 Berlin
Berufskraftfahrer in Potsdam, kunstgewerblich tätig.
Lit.: Zeller II 61.121
∞ 3. 6. 1988
Andrea **Weise**
∗ 4. 1. 1961
Facharbeiterin für Plastverarbeitung, Serviererin in Caputh bei Potsdam 1989 (Sohn Philipp Weise, ∗ 15. 10. 1984, aus anderer Verbindung)

**G 311 22** *Kathrin* Andrea **Helm** (Eltern: G 3112)
∗ 18. 6. 1959 Potsdam
Ausbildung als Restauratorin an der Kunsthochschule Dresden, Diplomrestauratorin (Fachrichtung Holzskulptur) 1987, Mitglied im Verband Bildender Künstler der DDR (freischaffend).
Lit.: Zeller II 61.122

∞ 13. 10. 1983 Berlin
*Werner* Bodo **Ziems**
∗ 3. 11. 1956 Berlin
Ausbildung als Restaurator Kunsthochschule Dresden, Diplomrestaurator (Gemälde) 1982, in der Denkmalpflege tätig beim Brandenburgischen Amt für Denkmalpflege 1987.
Eltern: Albert **Ziems**, Kaufmann
Gertraude **Simoneit**, Wissenschaftlich-technische Mitarbeiterin
Kinder:
1. *Johanna* Helene, ∗ 16. 1. 1984 Berlin
2. *Friedemann* Albert, ∗ 27. 3. 1989 Berlin

**G 312** Johanna *Cornelia* **Zeller** (Eltern: G 31)
∗ 6. 12. 1889 Biesenrode bei Mansfeld, † 12. 5. 1966 Berlin
Lehrerin in Berlin, Dozentin an der Fachhochschule für Sozialarbeit und Sozialpädagogik 1921–1931 und 1957–1966, 1933 in Locarno (Schweiz) im Exil, 1957 zurück in Deutschland.
Lit.: Zeller § 84; Zeller II 61.2; Zeller-Nachr. 4, 15
∞ 27. 12. 1926 Hamburg-Blankenese
*Wolfgang* Karl Wilhelm **Heine**
∗ 3. 5. 1861 Posen, † 9. 5. 1944 Ascona TI, Schweiz
Dr. iur., Rechtsanwalt in Berlin-Charlottenburg, Mitglied des Reichstages 1898–1912 für die Sozialdemokratische Partei, Mitglied des Landtages in Anhalt 1918, Preußischer Justizminister November 1918 bis März 1919, Preußischer Minister des Innern März 1919 bis April 1920, seit 1933 in Ascona-Ponte Brolla, Schweiz.
Eltern: Dr. Otto **Heine**, Geheimer Regierungsrat und Gymnasialdirektor, zuletzt Direktor der Ritterakademie in Blankenburg im Harz
Meta **Bornmann**

**G 313** Heinrich *Wilfried* Reinhard **Zeller** (Eltern: G 31)
∗ 18. 9. 1891 Berlin, † 31. 12. 1960 Berlin
Dr. med. 1920, Arzt in München, Psychiater an der Städtischen Anstalt Berlin-Wuhlgarten, Assistenzarzt am Stadtkrankenhaus Moabit, 1952 Magistrats-Medizinalrat und Dozent für Jugendanthropologie an der Freien Universität Berlin.

Lit.: Zeller § 85; Zeller II 61.3; Nachruf von Gerhart Zeller in Zeitschr. für menschliche Vererbungs- und Konstitutionslehre **36** (1962), 307–313

oo 24. 6. 1920 Potsdam

*Eleonore* Margarethe (Lore) **Lepsius**

* 13. 8. 1892 Friesdorf bei Mansfeld, Harz,

† 5. 1. 1977 Kassel, begr. Nieste bei Kassel

lebte 1974 in Kassel-Harleshausen

Lit.: Zeller § 62,4

Eltern: Dr. Ernst Richard *Johannes* **Lepsius**, Missionsdirektor in Potsdam
Maria Hannah *Margarethe* **Zeller** (Maggy), s. G 34

Kind:

1. Eleonore Juliane *Candida*, * 16. 9. 1923 Berlin-Chartottenburg, Berlin-Charlottenburg † 2. 8. 1986 Kaufungen, begr. Nieste; durch Enzephalitis behindert, lebte 1974 in Kassel-Harleshausen, später bei ihrer Tante Viola Aschke geb. Lepsius in Nieste bei Kassel (s. G 34).

**G 314** *Wolfgang* Friedrich **Zeller** (Eltern: G 31)

* 12. 9. 1893 Biesenrode bei Mansfeld, † 11. 1. 1967 Berlin

Stud. Musik Berlin, München, Musiker in Biesenrode, dann Kapellmeister und Komponist in Berlin, 1921–1929 Leiter der Volksbühne Berlin; Werke: Bühnenmusik, zahlreiche Filmmusiken, Orchesterstücke, Kammermusik, Lieder.

Lit.: Zeller § 86; Zeller II 61.4; Frank/Altmann, Kurzgefaßtes Tonkünstlerlexikon 15. Aufl., Wilhelmshaven 1978

oo 20. 6. 1917 Berlin

*Helene* Elisabeth Maria **Richter**

* 24. 12. 1889 Berlin, † 23. 2. 1954 Berlin

Eltern: Dr. Karl Friedrich **Richter**, Geheimer Medizinalrat in Berlin
Elisabeth **Martens**

Kind:

1. Johann Friedrich *Peter*, * 22. 3. 1918 Bad Tölz G 3141

**G 3141** Johann Friedrich *Peter* **Zeller** (Eltern: G 314)

* 22. 3. 1918 Bad Tölz, † 11. 8. 1991 Ortenburg bei Vilshofen

Kameramann und Filmproduzent, früher in West-Berlin, 1974 in Puchheim bei München, Chefkameramann in freier Mitarbeit beim Zweiten Deutschen Fernsehen 1965.

Lit.: Zeller § 108; Zeller II 61.41; Nachruf Zeller-Nachr. Nr. 22, S. 18
∞ I: 23. 4. 1946 Berlin, Ehe 1951 geschieden
Ursula Erna Käthe Emmeline **Freiin von der Goltz**
∗ 12. 11. 1920 Heilsberg, Ostpreußen
Eltern: Joachim *Cuno* Leo Friedrich **Freiherr von der Goltz**, Hauptmann
Erna **Helwich**
∞ II: 25. 2. 1964 Fürstenfeldbruck
*Gisela* Eva **Will**
∗ 9. 2. 1926 Königsberg, Ostpreußen
Eltern: Emil **Will**, Postinspektor in Königsberg
Charlotte **Jakobeit**
Kind aus ∞ II:
1. *Martina* Eva, ∗ 24. 11. 1963 Fürstenfeldbruck, Diplombetriebswirtin 1995

**G 34** Maria Hannah *Margarete* (Maggy) **Zeller** (Eltern: G 3)
∗ 29. 7. 1867 Nazareth, Palästina, † 17. 10. 1898 Berlin
Ausbildung in Montmirail NE im Pensionat der Brüdergemeine.
Lit.: Zeller § 62; Zeller II 62; DGB **4**, 225; **10**, 336; Zeller-Festschr. 1988, S. 87–92, Zeller SV Nr. 7, S. 42–44
∞ 29. 6. 1886 Jerusalem
Ernst Richard *Johannes* **Lepsius**
∗ 15. 12. 1858 Berlin, † 3. 2. 1926 Meran
Stud.Theol., Dr. phil., Hilfsprediger in Jerusalem 1884, Pastor in Friesdorf bei Wippra Kreis Mansfeld 1887, Gründer des armenischen Hilfswerks Berlin 1896, Mitbegründer der Deutschen Orient-Mission 1897, Berlin-Großlichterfelde 1899, Missionsdirektor in Potsdam 1908, Deutsche Armeniengesellschaft, D. theol. h. c. 1917, Anwalt des verfolgten armenischen Volkes bis zu seinem Tod 1926.
Schrift: Der Todesgang des armenischen Volkes (4. Aufl. Potsdam 1930)
Lit.: NDB **14**, 308

Johannes Lepsius: ∞ II: 24. 5. 1900 Berlin Alice Breuning, ∗ 5. 10. 1871 Stuttgart, † 13. 3. 1969 Berlin-Zehlendorf, Tochter von *Hermann* Otto Breuning, Bankier in Stuttgart und Mary Anne (Polly) Barrell, s. G 31.
6 Kinder aus der Ehe Lepsius - Breuning:
Brigitte Dorothea Alice, ∗ 28. 12. 1901 Berlin-Großlichterfelde, † 2. 8. 1976

Veronika, * 5. 5. 1904, † 18. 2. 1981
Manfred, * 25. 11. 1905, † 4. 4. 1907
Viola, * 14. 5. 1907, ∞ ... Aschke, † 1993 in Nieste bei Kassel
Angela, * 20. 11. 1909, ∞ ... Wakefield, † 1987 in Australien
Corinna, * 5. 12. 1911, † 31. 3. 1987 Berlin, ∞ ... Lattermann

Eltern: Richard **Lepsius**, Ägyptologe, Mitbegründer des ägyptischen Museums Berlin, Prof. an der Humboldt-Universität, Oberbibliothekar an der kgl. Bibliothek
Elisabeth (Lilly) **Klein**

Lit.: DGB **4**, 225; **10**, 336; Gen. **33** (1984) 337–345, ADB **51**, 659

Kinder aus ∞ I:

1. Hannah Margarethe *Renate*, * 12. 5. 1887 Friesdorf, † 17. 5. 1979 Kassel, begr. Nieste bei Kassel; Oberlehrerin 1914–1917 in Berlin, Mitarbeiterin der Sozialen Arbeitsgemeinschaft Berlin-Ost e. V., 1920–1940 in sozialen, pädagogischen und Sekretariatsbereichen tätig, ab 1945 weiterhin Nachbarschafts- und Verwaltungsarbeit, lebte seit 1974 in Kassel.
2. Elisabeth Margarethe *Evangeline* (Evelin), * 22. 1. 1889 Friesdorf G 342
3. *Alfred* Johannes, * 23. 1. 1890 Friesdorf G 343
4. *Eleonore* Margarete (Lore), * 13. 8. 1892 Friesdorf s. G 313
5. *Gerhard* Johannes, * 5. 11. 1894 Friesdorf, Stud. Theol. und Phil., gefallen als Leutnant 20. 7. 1915 zwischen Bug und Weichsel.
6. *Josua* Johannes, * 16. 6. 1898 Berlin, † 8. 4. 1904 Berlin-Großlichterfelde

**G 342** Elisabeth Margarethe *Evangeline* (Evelin) **Lepsius**
(Eltern: G 34)

* 22. 1. 1889 Friesdorf Kr. Mansfeld,
† 14. 7. 1974, begr. Bingenheim bei Friedberg in Hessen

Stud. Kunsttöpferei und Handweberei Kunstgewerbeschule Burg Giebichenstein bei Halle an der Saale, dort Dozentin nach Meisterprüfung, 1950 Lehrwerkstätte für Handweberei Pestalozzi-Siedlung Wahlwies am Bodensee, 1964 Kassel-Wilhelmshöhe, 1972 Bingenheim, entwarf vor allem Bildteppiche.

Lit.: Zeller § 62,2; Zeller II 62.2; Lepsius S. 130 ff.

∞ 18. 8. 1926 Hagen, Westfalen
Horst **Helbing**
* 27. 8. 1898 Arnsberg, † 23. 10. 1943 Bremen

Stud. Iur., Referendar, Textilkünstler, 1926 Gründer und Leiter der Handweberei Hohenhagen in Bremen (größte deutsche Handweberei 1930), abgebrannt 1944.

Lit.: Weltkunst **17** (1943), H. 44/48, S. 4

Eltern: Dr. iur. Otto Erdmann Agathon **Helbing**, Ministerialrat in Berlin
Else **Koch**

Kind:
1. Urban, * 5. 5. 1927 Hagen, Westf. G 3421

**G 3421** Urban **Helbing** (Eltern: G 342)
* 5. 5. 1927 Hagen in Westfalen

Stud. Architektur Kunstschule Bremen, dann am Eurythmischen Konservatorium in Köngen am Neckar, Heilpädagoge für spastische Kinder in Island 1953–1956, Praktikum im Kinderdorf Wahlwies, im Heilpädagogischen Therapeutikum Berlin-Zehlendorf 1957–1958, Psychotherapeut in Thornbury Park, Gloucestershire, GB in Zusammenhang mit den Camphill Instituten 1959–1963, Therapeut am Heil- und Erziehungsinstitut für seelenpflegebedürftige Kinder auf anthroposophischer Grundlage in Schloß Bingenheim bei Echzell, Nähe Bad Nauheim, mit seiner Frau Hauseltern des Ulmenhauses dort.

Lit.: Lepsius S. 131; Zeller II 62.21

∞ 1961 Thornbury Park
Margret **Hackenberg**
* 25. 8. 1933 Wuppertal

Kinderschwester in der Schweiz, 1954 in Bingenheim in Hessen, 1960–1963 Thornbury Park in England, seither in der anthroposophisch-heilpädagogischen Bewegung mit ihrem Mann tätig, Hausmutter des Ulmenhauses in Schloß Bingenheim.

**G 343** *Alfred* Johannes **Lepsius** (Eltern: G 34)
* 23. 1. 1890 Friesdorf Kr. Mansfeld,
† 3. 4. 1947 Berlin (Tuberkulose)

Stud. Architektur Technische Universität Berlin und Dresden, Diplomingenieur 1915, beim Städtischen Hochbauamt in Berlin 1918, Magdeburg 1924, Brückenbauamt Berlin 1926, Leitung der Bauabteilung beim Hotel- und Gaststättenverband Posen 1942,

(Wohnung Neufährdorf, Warthe), Flucht 1945, an deren Folgen er 1947 starb.

Lit.: Zeller § 62,3; Zeller II 62.3; Lepsius S. 133

∞ 9. 3. 1927 Berlin

*Elisabeth* Johanna Wilhelmine **Eckart**

∗ 14. 1. 1906 Urfa, Mesopotamien,

† 4. 12. 1949 Berlin (Hepatitis)

Ausbildung in Gymnastik und Massage Universitätsklinik Berlin, Physiotherapeutin in Berlin, 1942 Neufährdorf bei Posen (Warthegau), 1945 Pröttlin bei Berlin, 1946 Berlin.

Eltern: Franz **Eckart**, Lehrer in Friesdorf, dann Leiter des Waisenhauses für armenische Kinder und der Teppichmanufaktur für armenische Witwen und Waisen in Urfa
Margarete **Jacobi**

Kinder:

1. *Cordula* Maria, ∗ 20. 5. 1935 Berlin G 3431
2. *Tilwin* Degino, ∗ 16. 8. 1941 Berlin G 3432
3. *Anja* Christina Barbara, ∗ 16. 3. 1944 Zirke bei Birnbaum, Polen, † 1. 1. 1946 Berlin an den Folgen der Flucht.

**G 3431** *Cordula* Maria **Lepsius** (Eltern: G 343)

∗ 20. 5. 1935 Berlin

Stenotypistin bei Daimler-Benz in Stuttgart-Untertürkheim 1952, seit 1955 in Beirut in der Familie von Sheikh Najib Alamuddin und dessen Frau Dr. med. Ida Künzler bis 1970, mit Unterbrechung 1964/1965, als sie bei IBM Sindelfingen arbeitete, Privatsekretärin von Sheikh Najib Alamuddin, Chairman und Präsident der Middle East Airlines.

Lit.: Zeller II 62.31

∞ 5. 3. 1971 Sindelfingen

*Günther* Erich **Braun**

∗ 29. 8. 1928 Saarbrücken

Soldat 1944, englische Gefangenschaft 1945, technische und kaufmännische Ausbidung bei Büssing in Braunschweig, 1956–1958 für Klöckner-Humboldt-Deutz in Jordanien, 1961 für Bosch in Beirut, 1971 Teheran, 1975 Mittelost-Beauftragter der Bosch-Gruppe in Stuttgart.

Eltern: Alexander **Braun**, Privatbankier in Saarbrücken, Kaufmann in Canada und Berlin
Hedwig **Lanz**

Kinder:
1. *Anja* Tamina, * 10. 2. 1973 Beirut, Libanon, Abitur Bangkok, Stud. Heidelberg
2. *Sebastian* Hannes, * 29. 6. 1974 Beirut, Libanon

**G 3432** *Tilwin* Degino **Lepsius** (Eltern: G 343)
* 16. 8. 1941 Berlin
Technisch-kaufmännische Lehre bei Zeiss Oberkochen und Zeiss-Ikon Stuttgart, Stud. Betriebswirtschaft Berlin 1963, Diplomkaufmann 1969, Produkt Manager für Klebstoffe Henkel Düsseldorf 1969, Hauptabteilungsleiter 1978.
Lit.: Lepsius S. 137; Zeller II 62.32
∞ 1969 (Ehe geschieden)
Ingrid **Bellin**
* 20. 10. 1943 Ketzür, Brandenburg
Stud. Pädagogik Münster und Berlin, Lehrerin Krefeld 1970–1976, Hauptschullehrerin Düsseldorf 1980 (Deutsch, Geschichte, Kunsterziehung).
Vater: ... **Bellin**, Landwirt in Ketzür, später Istrup bei Detmold
Kinder:
1. *Nina* Elisabeth, * 7. 9. 1975 Hilden bei Düsseldorf
2. *Frederick* Leonard, * 18. 12. 1977 Hilden

**G 35** Karl *Theodor* **Zeller** (Eltern: G 3)
* 30. 6. 1870 Nazareth, Palästina,
† 21. 5. 1918 als Stabsarzt im Lazarett Herford
Dr. med., Arzt in Gatersleben bei Halberstadt, in Halle 1905, Chefchirurg eines Krankenhauses in Dortmund 1909, Stabsarzt 1918; sehr guter Violinspieler.
Lit.: Zeller § 63; Zeller II 63
∞ 11. 6. 1901 Raguhn, Anhalt
Leonie **Zeyen**
* 23. 9. 1880 Raguhn
Eltern: Leopold **Zeyen**, Kommerzienrat in Raguhn
Luise **Heerbrandt**
Leonie Zeyen: ∞ II: 15. 6. 1933 New York Dr. F. F. Rascher, Professor in Pittsburgh PA († Ende Mai 1958)
Kind aus ∞ I:
1. *Edgar* Johannes Leopold, * 19. 4. 1904 Gatersleben G 351

**G 351** *Edgar* Johannes Leopold **Zeller** (Eltern: G 35)
∗ 19. 4. 1904 Gatersleben bei Halberstadt,
gefallen in Rußland 6. 1. 1942
Kaufmann in Hamburg
Lit.: Zeller § 87; Zeller II 63.1
∞ 29. 5. 1925 Hamburg, Ehe 1928 geschieden
*Hanna* Klara Emma **Borbis**
∗ 25. 7. 1905, † zwischen 24. 7. und 3. 8. 1943 Hamburg durch Luftangriff
Kind:
1. Maike Irmela Dagmar, ∗ 19. 10. 1925 Hamburg, † zwischen 24. 7. und 3. 8. 1943 durch Luftangriff

**G 36** *Luise* Maria Nazarena, (Lucy) **Zeller** (Eltern: G 3)
∗ 29. 10. 1872 Nazareth, Palästina, † 27. 4. 1908 Jerusalem
Ausbildung in Montmirail NE im Pensionat der Brüdergemeine.
Lit.: Zeller § 64; Zeller II 64; Zeller SV Nr. 7, S. 48–49
∞ 23. 5. 1894 Jerusalem
*Ernest* William Gurney **Masterman**
∗ 2. 1. 1867 Rotherfield Hall, Sussex GB,
† 29. 3. 1943 Jerusalem, begr. Jerusalem
Dr. med., F.R.C.S. (Fellow of the Royal College of Surgeons), Arzt in Jerusalem 1893 im Dienst der London Jews Society, Damaskus 1896, Jerusalem 1900, Medical Superintendent Camberwell, St. Giles Hospital London S.E. 5 1914.
Lit: Zeller § 64 und 65
seine 2. Gattin s. G 37
Eltern: Thomas William **Masterman** in Rotherfield Hall, Sussex
Margaret Hanson **Gurney**
Kinder:
1. Lucy *Margaret* Theodora (Meta), ∗ 5. 7. 1896 Bludan, Antilibanon, Syrien, † 6. 1. 1971 Little Baddow, Essex GB; M.B., B.S. (Med.) 1924, Ärztin in Birmingham 1928.
2. Grace *Winifred* Granta, ∗ 8. 12. 1898 Cambridge G 362
3. *Gladys* Muriel, ∗ 12. 9. 1900 Jerusalem G 363
4. Florence Isabella *Joy*, ∗ 2. 7. 1902 Jerusalem G 364
5. *Sylvia* Rosalind, ∗ 18. 2. 1906 Jerusalem G 365

**G 362** Grace *Winifred* Granta **Masterman** (Eltern: G 36)
∗ 8. 12. 1898 Cambridge GB, † 19. 2. 1984 Hindhead, Surrey

Kindergärtnerin in Jerusalem
Lit.: Zeller § 64,2; Zeller II 64.2
∞ 4. 8. 1926 St. Giles Camberwell (London)
*Benet* Christopher **McKenzie**
∗ 23. 8. 1900 Birmingham, † 1984
Geistlicher, Reverend of the English College in Jerusalem, später in Lincolnshire, GB
Eltern: Frederick **McKenzie**, Clergyman (Canonicus) in Birmingham
Hde. **Lenconshire**
Kinder:
1. Elisabeth (Nancy), ∗ 1928 G 3621
2. *Christopher* Gurney, ∗ 3. 1. 1930 G 3622
3. *Roland* Francis Michael, ∗ 28. 9. 1936 Jerusalem G 3623

**G 3621** Elisabeth (Nancy) **McKenzie** (Eltern: G 362)
∗ 1928
∞ I:
Raymond ...
∞ II:
Gary ...
Kinder aus ∞ I: 2 Söhne
Kinder aus ∞ II: Zwillinge, Sohn und Tochter

**G 3622** *Christopher* Gurney **McKenzie** (Eltern: G 362)
∗ 3. 1. 1930
Arzt; M.B., B.S. Douai School, University of London; National Service in Dental Branch der Royal Air Force (Flt.Lt.) 1953–1955, Major R.A.M.C. (Royal Army Medical Corps — senior specialist surgery) 1967–1970, consultant in clinical oncology Hammersmith Hospital, senior lecturer Royal Postgraduate Medical School 1974, honorary consultant St. Mary's Hospital Paddington, The Central Middelsex Hospital; L.D.S.R.C.S. (Licentiate in Dental Surgery of the Royal College of Physicians and Surgeons) 1951, F.R.C.S. (Fellow of the Royal College of Surgeons) 1962, D.M.R.T. 1972, F.R.C.R. (Fellow of the Royal College of Radiologists) 1974.
Veröff.: zahlreiche Arbeiten über medizinische Themen
Lit.: Zeller II 64.21

∞ 12. 10. 1963
*Barbara* Mary Kinsella **Quirk**
Vater: James **Quirk**
Kinder:
1. Caroline, * 1964, †
2. James, * 1966, Wirtschaftsprüfer; grad. Imperial College London (engineering), chartered accountant, working in finance in the City of London.
3. Richard, * 1972, grad. Oxford University (philosophy, politics, economics)

**G 3623** *Roland* Francis Michael **McKenzie** (Eltern: G 362)
* 28. 9. 1936 Jerusalem
Arzt; Stud. Med. University of London, M.R.C.P. (Member of the Royal College of Physicians) 1966, ausgewandert nach Canada 1967, M.R.C.P. (C) University of Alberta, Director of Intensive Care Red Deer Regional Hospital.
Lit.: Zeller II 64.23
∞ 20. 6. 1964 Nottingham, GB
Hillary Vivienne **Storr**
* 9. 6. 1943 Swarby, Lincolnshire GB
Krankenschwester; S.R.N. (State Registered Nurse) 1964 Nottingham City Hospital, seit 1978 in der Praxis des Ehemanns.
Eltern: Morton Clive Drummond **Storr**
Annie **Birch**
Kinder:
1. Rachel Elizabeth Clara,
* 1965 Epping Essex GB G 362 31
2. Jonathan Michael Benet,
* 1967 Grande Prairie ALB CD G 362 32
3. Andrew Christopher Storr, * 1969 Red Deer ALB, B.A. Engineering R.M.C.O.I Canada, Pilot, Kapitän, Ausbilder (Instructor).
4. Katherina Alison Ruth, * 1972 Red Deer ALB, Diplom in Herztechnik (Cardic Technology), Herztechnikerin (Cardiology Technician) im Calgary Childrens Hospital.

**G 362 31** Rachel Elizabeth Clara **McKenzie** (Eltern: G 3623)
∗ 1965 Epping Essex GB
B.A. in English, B.A. in Education, Lehrerin für Französisch
∞

**G 362 32** Jonathan Michael Benet **McKenzie** (Eltern: G 3623)
∗ 1967 Grande Prairie ALB, CD
B.A. Economics, B.A. Commerce, Accountant – Buchhalter in Fa. Arthur Anderson Assoc.
∞

**G 363** *Gladys* Muriel **Masterman** (Eltern: G 36)
∗ 12. 9. 1900 Jerusalem
Lit.: Zeller § 64,3
∞ 15. 9. 1925 St. Giles Camberwell (London)
John *Douglas* **Richardson**
∗ 25. 8. 1899 Neuseeland,
† 3. 3. 1991 Little Baddow, Essex GB
Regierungsbeamter des New Zealand Survey Departments auf Samoa, 1926 in Wellington, Neuseeland, 1929 in Malaya.
Eltern: George Stewart **Richardson**, in Swansea, 1899 nach Neuseeland ausgewandert
Florence Carlotta **Brooke**
Kinder:
1. Joan *Margaret* (Meg), ∗ 12. 10. 1926 Wellington, NS G 3631
2. *Corinne* Joy, ∗ 4. 10. 1928 Wellington G 3632
3. Patricia *Anna*,
∗ 13. 9. 1931 Batu Gajah, Perak, Malaya G 3633

**G 3631** Joan *Margaret* (Meg) **Richardson** (Eltern: G 363)
∗ 12. 10. 1926 Wellington NS
Stud. New Zealand University, M.A. 1948, Education Officer Colonial Service Malaya und Singapore 1951–1959, Suva (Fiji) 1962–1973 Lecturer Grammar School and University of South Pacific, 1973 Lehrerin Queensgate School London, GB, 1979–1982 B.A. in Art History London University, seit 1983 hauptberuflich Malerin.
Lit.: Zeller II 64.31
∞ I: 6. 4. 1953 Singapore Cathedral, geschieden April 1965
John Cornish **Smith**
∗ 23. 2. 1920 Bolton, GB, † 1985 Ashburton, Devon GB

Stud. Wellington College Wrekin, Shopshire, GB, Wehrdienst Grenze Indien-Burma 1940–1945, arbeitete in Import-Export-firma (McAlistair & Co.) in Singapore und Penang.
Eltern: James **Smith**
Mary **Lennox**
∞ II: 19. 8. 1982 London
Hugo Charles **Pigou**
∗ 18. 3. 1927 London
Stud. Beaumont College Windsor 1940–1945, Sandhurst (Military College), Commissioned in the „Buffs" (West Kent Regiment) 1945–1948, Mittlerer und Ferner Osten, Oxford University 1948–1950, arbeitet für Fa. Bowsteads Co. Ltd. 1950–1964, Ferner Osten 1965, Export Firma in GB.

Aus seiner 1. Ehe 2 Kinder: Susan Clare Pigou, * 17. 9. 1960, Modeeinkäuferin in Dublin, Irland, ∞ Rothschild; und Mark Richard Pigou, * 27. 7. 1962, Betriebsleiter in New York, USA, ∞ .

Eltern: Frederick Arthur **Pigou**
Joy Beatrice **Pollard**
Kind aus I:
1. Jaqueline Ann **Smith**, ∗ 29. 7. 1953 Singapore, B.A. (Bristol) in Russisch 1976, B.A. (Macquarie University, Sidney, Australien) in Psychologie 1985, Master in Business Studies and Management, leitet das Training Centre der Fa. Harrison & Crosfield (GB) in Hull.

**G 3632** *Corinne* Joy **Richardson** (Eltern: G 363)
∗ 4. 10. 1928 Wellington NS
Ärztin; Stud. Marsden School Wellington, Neuseeland, London University GB; M.B., B.S., L.R.C.P. (Licentiate Royal College of Physicians), L.R.C.O. (Licentiate Royal College of Obstetricians), M.R.C.S. (Member Royal College of Surgeons), Guy's Hospital 1954.
Lit.: Zeller II 64.32
∞ I: 11. 10. 1955 St. Albans, Ehe geschieden 1963
Henry Alun **Thomas**
∗ Mai 1924 Wales, † Januar 1981 London
Arzt; Stud. University of London, St. Bartholomew's Hospital, Qualified M.B., B.S. 1950, worked in orthopaedic surgery.

Eltern: Archibald **Thomas**, Civil Engineer in Wales GB
Eleanor **Sparks**
∞ II: 1969 London
*Michael* Conway **Dobbs**
* 26. 7. 1924 Zomba, Malawi
Anwalt; Stud. R.N.C. (Royal Navy College) Dartmouth; Naval Officer 1941–1955; patent agent/solicitor; yachtsman.
Eltern: Richard Conway **Dobbs**, Lt. Colonel Royal Irish Fusiliers, Northern Ireland
Marion Bowen **Powell**
Kind aus ∞ I:
1. *Simon* Richard **Thomas**,
* 27. 2. 1957 Isle of Wight GB G 363 21
Kind aus ∞ II:
2. *Patrick* Conway **Dobbs**, * 7. 6. 1970 Essex GB; Stud. Brentwood School, University of Wales, Bangor, B.Sc. 1994.

**G 363 21** *Simon* Richard **Thomas** (Eltern: G 3632)
* 27. 2. 1957 Isle of Wight, GB
Wirtschaftsprüfer; Stud. University of Wales Cardiff, B.A. 1979, chartered accountant.
Lit.: Zeller II 64.321
∞ 26. 3. 1990 London
Chantal Aline **Holland**
* 10. 7. 1960 Ireland
Eltern: *Patrick* Columban **Holland**, Anwalt – barrister in Dublin
Aline **Duchesne de Lamotte** aus Paris, Frankreich
Kinder:
1. Pierre, * 21. 9. 1990 London
2. Marina, * 18. 5. 1992 London
3. Robin, * 10. 11. 1993 London

**G 3633** Patricia *Anna* **Richardson** (Eltern: G 363)
* 13. 9. 1931 Batu Gajah, Perak, Malaya
Schauspielerin, Autorin; educated in Malaya, New Zealand, England, trained for stage at London Academy of Music — Dramatic Art (LAMDA); acted on stage (television), joined BBC as announcer/presenter; returned to Far East for BBC Far Eastern Service in Singapore, Hongkong, TV mit Hongkong Rc-Diffusion,

first novel published 1979, writes and lives in Tuscany, Italy (Toscana, Italien) since 1984, also converts old Italian buildings.
Lit.: Zeller II 64.33
∞ Januar 1953 Singapore, (Ehe geschieden)
Roy **Britton**
* 21. 6. 1929 London
Regular soldier in the Royal Artillery (Gunners), served in Singapore in emergency as air OD pilot, also in Hongkong; left Army as Captain; joined Condé Nast Publications, left 1980 as director, later remarried, works in USA in publishing and distribution.
Adoptivvater: Frederick **Britton**
Kinder:
1. Caroline Jane, * 1. 8. 1955 Hongkong; Englischlehrerin und Fernsehproduzentin; Stud. Art School London, B.A. (Education), taught English in London schools, re-trained for television, television producer-director in London.
2. *Clive* Richard, * 27. 7. 1957 GB G 363 32
3. *Michael* John, * 29. 3. 1959 GB G 363 33

G 363 32 *Clive* Richard **Britton** (Eltern: G 3633)
* 27. 7. 1957 GB
Pianist; studied Piano under Ruth Nye, Raphael de Silva in Munich, Claudio Arrau; performs in GB, Europe and USA; lectures, gives masterclasses in Florence and at Sorbonne, Paris; lebt in Florenz, Italien.
Lit.: Zeller II 64.332
∞
Jane **Carter**
Kinder:
1. Jake
2. Cordelia

G 363 33 *Michael* John **Britton** (Eltern: G 3633)
* 29. 3. 1959 GB
Philologe; studied history at Cambridge Institute of Linguists, diploma in Spanish, taught 4 years in Madrid; senior editor at Oxford University Press – Spanish Dictionary Division, lebt in London, Violinspieler.
Lit.: Zeller II 64.333

∞ 1994
*Francesca* Claire **Thompson**
* 12. 4. 1960 Paisley, Schottland
Geigerin; Stud. Wells Cathedral School (violin scholarship); violinist; works for social services in London.
Eltern: Geoffrey Pinder **Thompson**
Sheila **John**
Kind:
1. * Mai 1994

**G 364** Florence Isabella *Joy* **Masterman** (Eltern: G 36)
* 2. 7. 1902 Jerusalem,
† 9. 4. 1982 Atlow, Ashbourne, Derbyshire, GB
Ärztin, M.B., B.S., Royal Free Hospital London 1926, Schulärztin in Jerusalem 1939–1945.
Lit.: Zeller § 64,4
∞ 1. 8. 1928 St. Giles Camberwell (London)
Angus Campbell **MacInnes**
* 18. 4. 1901 Kairo, Ägypten, † 29. 4. 1977 Salisbury GB
Right Reverend, Erster Anglikanischer Erzbischof von Jerusalem 1957–1968; Stud. Trinity College Cambridge, B.A. 1923, M.A. 1927, Teacher Jerusalem Mens College 1923–1925, Westcott House Cambridge 1925–1926, Deacon 1926, Curate St. Mary Magdalene Peckham, Priest 1927, im Dienst der CMS (Church Missionary Society) in Palästina 1928, Principal Bishop Gobat School Jerusalem 1930–1944, Secretary der CMS Palestine Mission 1940–1950, Archdeacon für Palästina und Transjordanien und Exam. Chaplain to the bishop in Jerusalem 1943–1951, Vicar of St. Michael's, St. Albans 1951–1954, Rural Dean of St. Albans 1953–1957, zugleich Residentiary Canon St. Albans Abbey und Bishop Suffragan of Bedford 1953–1957, D.D. (Doctor of Divinity) Lambeth 1957, Archbishop in Jerusalem and Metropolitan 1957–1968, Assistant Bishop of Salisbury 1968–1973; Coronation Medal 1937, Sub-Prelate and Chaplain, Order of St. John of Jerusalem 1957, CMG (Companion of St. Michael and St. George) 1961, Master of St. Nicholas Hospital, Salisbury 1968.
Lit.: Who is who 1977
Eltern: Rennie **MacInnes**, Reverend D.D., Anglikanischer Bischof in Jerusalem 1914–1931
Dr. *Janet* Waldegrave **Carr**, M.D., Ärztin

Kinder:
1. *John* Campbell, * 28. 4. 1929 Jerusalem G 3641
2. *David* Rennie, * 6. 2. 1932 Jerusalem G 3642
3. *Monica* Grace, * 22. 12. 1934 Jerusalem G 3643
4. Janet *Elizabeth* Joy,
   * 3. 7. 1938 Burgh-by-Sands, Cumberland G 3644

**G 3641** *John* Campbell **MacInnes** (Eltern: G 364)
* 28. 4. 1929 Jerusalem
Arzt; M.B., Ch.B. Edinburgh University 1956, M.F.C.M. (Member Faculty of Community Medicine) 1972, Principal School Medical Adviser Sheffield 1967, Employment Medical Advisor 1973–1975, Specialist in Community Medicine Derbyshire 1975–1982, District Medical Officer, Grimsby 1982–1989, pensioniert 1989.
Zeller II 64.41
∞ 14. 11. 1966 Østbirk, Dänemark
Inge Peülicke **Nielsen**
* 20. 5. 1941 Gentofte Kopenhagen, Dänemark
Krankenschwester (Danish Registered Nurse) 1964, Staff Nurse Spaffort Hospital Jerusalem 1964–1965, Nurse in Charge Princess Basma Centre Jerusalem 1965–1966.
Eltern: Erland Peülicke **Nielsen**, Apotheker in Østbirk
Inge Margrethe **Lauritzen**
Kinder:
1. Chriscelle, * 22. 8. 1967 Great Houghton, Northamptonshire G 364 11
2. Neil Rennie, * 14. 9. 1968 Grindleford, Derbyshire, Video Editor, Video Produzent
3. Jan Miles, * 26. 2. 1970 Grindleford; Stud. Teesside University
4. Joy Anne, * 13. 1. 1973 Grindleford; Stud. Sheffield University

**G 364 11** Chriscelle **MacInnes** (Eltern: G 3641)
* 22. 8. 1967 Great Houghton, Northamptonshire
Occupational Therapist – Beschäftigungstherapeutin London 1989, arbeitete in Oxford und Sheffield.
Lit.: Zeller II 64.411
∞ 3. 4. 1993 Sheffield
Andrew (Mal) **Calladine**
* 11. 8. 1968 Tunbridge Wells GB
Co-ordinator Church Planting St. Andrews Chorley Wood

Eltern: Cliff **Calladine**, Optiker in Tunbridge Wells
Brenda ...

**G 3642** *David* Rennie **MacInnes** (Eltern: G 364)
∗ 6. 2. 1932 Jerusalem, Palästina
Geistlicher; M.A. Cambridge University 1956, Reverend, Rector von St. Aldates, Oxford 1986.
Lit.: Zeller II 64.42
∞ Juli 1964
Clare **Copeland**
Kinder:
1. Harry Campbell, ∗ 31. 1. 1967 Birmingham G 364 21
2. Bruce, ∗ November 1968 Birmingham
3. Tamsin, ∗ 22. 5. 1970 Birmingham

**G 364 21** Harry Campbell **MacInnes** (Eltern: G 3642)
∗ 31. 1. 1967 Birmingham
Geistlicher der Anglikanischen Kirche; Ordinand for the Ministry (Theologe), Church of England Okt. 1994.
Lit.: Zeller II 64.421
∞ 16. 12. 1992 Oxford
Merissa **Hill**

**G 3643** *Monica* Grace **MacInnes** (Eltern: G 364)
∗ 22. 12. 1934 Jerusalem
State Registered Nurse – Krankenschwester 1957
Lit.: Zeller II 64.43
∞ August 1959 St. Albans, GB
*Andrew* Meredith Bryant **Salmon**
Geistlicher; M.A. Cambridge University 1956, Vicar of Litton Cheney, Dorset (Theologe) 198...
Kinder:
1. Alison, ∗ 6. 6. 1960 Bath GB G 364 31
2. Peter, ∗ 18. 7. 1962 Bath G 364 32
3. Jennifer, ∗ 27. 4. 1965 Bath G 364 33
4. Richard, ∗ 17. 4. 1967 Bath; Lehrer

**G 364 31** Alison **Salmon** (Eltern: G 3643)
∗ 6. 6. 1960 Bath, GB
State Registered Nurse – Krankenschwester und State Certified Midwife – Hebamme

Lit.: Zeller II 64.431
∞ Juli 1985(?) Milton Abbey
Hugh **Sturdy**
∗ Birmingham
British Telecom Engineer
Vater: Dr. ... **Sturdy**
Kinder:
1. David, ∗ 1990
2. Jonathan, ∗ 1992

**G 364 32** Peter **Salmon** (Eltern: G 3643)
∗ 18. 7. 1962 Bath, GB
Lit.: Zeller II 64.432
∞ Juni 1993 (?) Wareham
Catherine ...
Kind:
1. ∗ 1994

**G 364 33** Jennifer **Salmon** (Eltern: G 3643)
∗ 27. 4. 1965 Bath, GB
Lit.: Zeller II 64.433
∞ Juli 1988 Milton Abbey
David **Sunderland**
Kinder:
1. Benjamin, ∗ 1992
2. ∗ 1994

**G 3644** Janet *Elizabeth* Joy **MacInnes** (Eltern: G 364)
∗ 3. 7. 1938 Burgh-by-Sands, Cumberland
M.A. University of Cambridge 1961, Lehrerin in Amman, Jordanien, dann South London, Beraterin eines Schulbuch-Verlags – Adviser to Educational Publisher.
Lit.: Zeller II 64.44
∞ II: 17. 10. 1986 Birmingham
Jim **Davis**
∗ 22. 12. 1940 Newport, Wales
Erziehungsberater – Educational Adviser, pensioniert 1991.
Eltern: Frederick **Davis**
Nora (Joe) **Verney**

**G 365** *Sylvia* Rosalind **Masterman** (Eltern: G 36)
∗ 18. 2. 1906 Jerusalem, Palästina,
† 20. 1. 1985 Wellington, Neuseeland
Stud. Philologie, Lehrerin an einer Schule in Neuseeland, Journalistin, schrieb eine Geschichte Samoas.
Lit.: Zeller § 64,5; Zeller II 64.5
∞ 14. 2. 1933 Wellington, Neuseeland
*Thomas* Richard **Smith**
∗ 8. 6. 1904 Blackburn, GB, † 18. 11. 1979 Wellington, NS
Regierungsbeamter in Christchurch, Neuseeland, dann Wellington NS und Samoa, schließlich Secretary South Pacific Commission, New Caledonia.
Eltern: Frederick James **Smith**, Farmer in Wai-O-Te Marc ma, Neuseeland
Jane **Sharpe**
Kinder:
1. *Richard* Gurney Masterman, ∗ 13. 4. 1934 Christchurch, Neuseeland G 3651
2. Jane, ∗ 14. 6. 1936 Christchurch G 3652
3. *Ian* Ernest Masterman, ∗ 14. 12. 1943 Wellington, Neuseeland G 3653
4. *Roger* Douglas Masterman, ∗ 23. 4. 1945 Wellington G 3654

**G 3651** *Richard* Gurney Masterman **Smith** (Eltern: G 365)
∗ 13. 4. 1934 Christchurch, Neuseeland
Elementarschullehrer und Schulleiter, Stud. am Kaori West Primary Wellington College, New Plymouth Boys High School, Wellington Teacher's College, Victoria University, primary school teacher, headmaster, has taught in New Zealand, Niue Islands, Cook Islands, Kingdom of Tonga.
Lit.: Zeller II 64.51
∞ 27. 9. 1958 Alofi, Niue Islands, NS
Matafetu **Togakilo**
∗ 1. 3. 1934 Mutalau, Niue Islands
Lehrerin, Stud. Auckland Teacher's College, teacher.
Eltern: Isaako **Togakilo**
Fa'asa **Togakilo**
Kinder:
1. *Lynne* Lapati, ∗ 11. 2. 1959 Niue Island NS G 365 11

2. *Thomas* Richard (Tom),
   * 21. 12. 1960 Tauhunu Village, Cook Islands G 365 12
3. *Shirley* Ester Tiowe, * 21. 3. 1962 Auckland NS G 365 13

**G 365 11** *Lynne* Lapati **Smith** (Eltern: G 3651)
* 11. 2. 1959 Niue Islands, New Zealand
Lehrerin und Flugbegleiterin; 5 years primary school teaching, 10 years flight attendant with Air New Zealand.
Lit.: Zeller II 64.511
∞
Paul Randall **Newcombe**
* 10. 5. 1955 Auckland NS
Lehrer, Brandbekämpfer im Katastrophenschutz; Stud. New Zealand University, primary school teacher; professional fire fighter New Zealand Territorial Army.
Eltern:Verne und Marie **Newcombe** in Auckland
Kinder:
1. *Kelly* Rosalind, * 7. 11. 1988 St. Helens Hospital, Auckland
2. *Sean* Verne, * 20. 10. 1994 Waitakere Hospital, Auckland

**G 365 12** *Thomas* Richard (Tom) **Smith** (Eltern: G 3651)
* 21. 12. 1960 Tauhunu Village, Manihiki, Cook Islands, NS
Cub Board Stopper (type of plasterer), touch football player, Teilnehmer Niue Islands beim World Touch Cup 1991.
Lit.: Zeller II 64.512
∞ 7. 4. 1984 Auckland, NS
Elisabeth **Tittelton**
* 18. 1. 1964 Auckland
Angestellte – clerk
Eltern: Jack und Mary **Tittelton**
Kinder:
1. Gabrielle Anne, * 6. 8. 1984 Auckland
2. *Reuben* Thomas, * 6. 12. 1986 Auckland
3. *Eli* Richard, * 10. 12. 1990 Auckland

**G 365 13** *Shirley* Ester Tiowe **Smith** (Eltern: G 3651)
* 21. 3. 1962 Auckland NS
Sekretärin, Flugbegleiterin; Secretary, worked for the Government 9 years at technical institute; flight attendant Air New Zealand 1987–1993.
Lit: Zeller II 64.513

∞ 30. 6. 1990 Titirangi bei Auckland
William David **White**
* 4. 11. 1954 Christchurch NS
Lehrer, Flugbegleiter; Primary school teacher; flight attendant for Air New Zealand 1987.
Eltern: John Duncan und Eva Amy **White**
Kind:
1. *Samuel* Isaako John, * 12. 2. 1994 Auckland

**G 3652** Jane **Smith** (Eltern: G 365)
* 14. 6. 1936 Christchurch, Neuseeland,
† 17. 11. 1991 Wellington
Lehrerin, Regierungsbeamtin, Secondary School Teacher, Historical Researcher, Executive Officer Committee for Children, Civil Servant in Policy Section, Social Welfare Dept.
Lit.: Zeller II 64.52
∞ 30. 7. 1960 Little Baddow, Essex GB
John Edward Palmer **Thomson**
* 8. 1. 1936 Masterton, Neuseeland
Universitätsdozent, University Lecturer in Otago, Neuseeland und Victoria University Wellington.
Eltern: Harold Ralph **Thomson**
Margret Elizabeth **Andrews**
Kinder:
1. Richard, * 27. 11. 1965 Dunedin, New Zealand
2. Roger, * 31. 3. 1968 Oxford, GB
3. Hamish (männl.) * 7. 7. 1970 Wellington,
† 22. 2. 1992 Wellington

**G 3653** *Ian* Ernest Masterman **Smith** (Eltern: G 365)
* 14. 12. 1943 Wellington, Neuseeland
Universitätsprofessor (Geologie); Stud. Victoria University Wellington NS, B.Sc., Ph.D. Australian National University 1976, volcanologist, university professor in geology at the University of Auckland.
Lit.: Zeller II 64.53
∞ 9. 12. 1967 Masterton, NS
*Lydia* Mary **Stannard**
* 14. 11. 1945 Wellington
Universitätsdozentin (Biologie); Stud. Victoria University Wel-

lington, B.Sc. 1968, M.A. (education) University of Auckland 1985; lecturer, School of Communication Studies, Auckland Institute of Technology.
Eltern: Peter Charles **Stannard**
Betty Gordon **Quaife**
Kinder:
1. *Nicholas* Peter (Nic), ∗ 30. 11. 1970 Canberra, Australien; Ingenieur; B.Sc. (engineering) University of Auckland 1993.
2. *Megan* Anna (Meg), ∗ 28. 2. 1973 Canberra; Kinderkrankenschwester; Diploma of Nursery, Auckland Institute of Technology 1995, pediatric nurse.

G 3654 *Roger* Douglas Masterman **Smith** (Eltern: G 365)
∗ 23. 4. 1945 Wellington, New Zealand
Ministerialbeamter; Stud. Wellington College, Wellington, B.A. in History and Economics, Victoria University of Wellington, B.A. in History, seit 1968 tätig beim Finanzministerium (The Treasury, Ministry of Finance), 1994 Directorate of Budget Management Branch, 1970–1972 beim Cabinet Office, 1976–1978 bei der Weltbank in Washington DC, USA, 1982–1986 bei der Asian Development Bank auf den Philippinen, Militärdienst als Sergeant bei der 22 (D) Battery, 16 Field Regiment, Royal New Zealand Artillery 1967–1969 und 1973–1975.
Lit.: Zeller II 64.54
∞ 1. 12. 1979
*Christine* Joan **Guild**
∗ 20. 3. 1947 Dannevirke, New Zealand
Journalistin; Stud. Canterbury University, Christchurch, New Zealand, B.Sc. in Botanik, Diplom in Journalismus, Tätigkeit bei The Dominion Newspaper (Wellington, NZ) 1971–1972, The Kentish Times (London, GB) 1973–1974, beim Ministry of Agriculture (Wellington, NZ) 1976–1980.
Eltern: Alastair Ian **Guild**
Joan Guthrie **Hay**
Kinder:
1. *Annabel* Rosalind, ∗ 11. 10. 1980 Wellington, New Zealand
2. *Alastair* Thomas Guild, ∗ 15. 6. 1983 Manila, Philippinen
3. *Timothy* Ian Guild, ∗ 25. 8. 1985 Manila
4. *David* Roger Guild, ∗ 5. 9. 1987 Wellington

**G 37** *Johanna* Hermine Charlotte, (Hansi) **Zeller** (Eltern: G 3)
∗ 27. 9. 1876 Riehen bei Basel,
† 14. 7. 1961 Nottingham, GB
Ausbildung in Montmirail NE im Pensionat der Brüdergemeine.
Verf.: verschiedene Jugendbücher unter dem Pseudonym Johanna Siegfried, Basel 1900, 1902.
Lit.: Zeller § 65; Zeller II 65
∞ 6. und 8. 6. 1909 Tunbridge Wells, GB
*Ernest* William Gurney **Masterman**
∗ 2. 1. 1867 Rotherfield, Sussex,
† 29. 3. 1943 Jerusalem, Palästina
Einzelheiten s. G 36 (1. Ehe *Luise* Maria Nazarena **Zeller**)
Kinder:
1. Ernest *Bertram*, ∗ 5. 3. 1910 Jerusalem G 371
2. *Renée* Lucy Irene, ∗ 9. 8. 1915 Coventry, GB G 372

**G 371** Ernest *Bertram* Zeller **Masterman** (Eltern: G 37)
∗ 5. 3. 1910 Jerusalem
Dr. med., Arzt, Chirurg; Stud. Cambridge University 1928 und St. Bartholomew's Hospital, M.R.C.S. (Member Royal College of Surgeons) 1934, L.R.C.P. (Licentiate Royal College of Physicians) London, B.C.L. (Bachelor of Civil Law), M.A., M.D. Cambridge, F.R.C.S. (Fellow Royal College of Surgeons) Edinburgh, Kriegsdienst im R.A.M.C. (Royal Army Medical Corps) in Westafrika, Palästina, Malta und Europa, Chirurg in Nottingham, Ruhestand 1975 in Derbyshire.
Lit.: Zeller § 65,1; Zeller II 65.1
∞ 10. 4. 1946 Goring by Sea, Sussex
*Mary* Kathleen **Davis**
∗ 1. 1. 1915 London
Krankenschwester; Stud. Univ. College Hospital London S.R.N. (State Registered Nurse), S.C.M. (State Certified Midwife), Nursing Office War Service Q.A.I.M.N.S. (Queen Alexandras Imperial Military Nursing Service) im Mittleren Osten, Mittelmeer, auf einem Hospital-Schiff, in England; J.P. (Justice of Peace Magistrate, Friedensrichterin).
Kinder:
1. Timothy John, ∗ 6. 5. 1947 Nottingham G 3711
2. Joanna Mary, ∗ 1. 9. 1948 Nottingham G 3712
3. Sally Margaret, ∗ 23. 10. 1950 Nottingham G 3713

4. Lucy Jane, * 8. 10. 1957 Nottingham; Ausbildung als Krankenschwester St. Bartholomew's Hospital London, S.R.N. (State Registered Nurse) 1980, Staff Nurse Bristol Royal Infirmary, A.T.C.M. (Associate Trinity College of Music).

**G 3711** Timothy John **Masterman** (Eltern: G 371)
* 6. 5. 1947 Nottingham, GB
Ausbildung als Surveyor (Landvermesser) bei Fa. Walker, Walton, Hanson, A.R.I.C.S. (Associate of the Royal Institution of Chartered Surveyors), arbeitete in Nottingham, Südafrika, Bristol und London, dann F.R.I.C.S. (Fellow of the Royal Institution of Chartered Surveyors) bei Gooch, Wagstaff, London.
Lit.: Zeller II 65.11
∞ 9. 1. 1981 Chelsea/London
Helga **Reiken**
* 1. 10. 1945 in Westdeutschland

**G 3712** Joanna Mary **Masterman** (Eltern: G 371)
* 1. 9. 1948 Nottingham
Sprechstundenhilfe; Ausbildung im Hartwell House als Medical Secretary, arbeitete in Neuseeland, London und Bristol.
Lit.: Zeller II 65.12
∞ 20. 9. 1979 Thorpe, Derbyshire
David Charles **Lees**
* 25. 11. 1947 London
Sozialarbeiter mit Kindern in Bristol
Kinder:
1. Jennifer Mary, * 13. 12. 1981 Bristol, GB
2. Robert Charles, * 6. 11. 1983 Bristol
3. Jeremy, * 19. 9. 1988 Chesham, GB

**G 3713** Sally Margaret **Masterman** (Eltern: G 371)
* 23. 10. 1950 Nottingham, GB
Stud. Royal College of Music Oboe und Piano, A.R.C.M. (Associate Royal College of Music), organisiert Jugendmusik in Yorkshire, Social Secretary für Fa. John Lewis.
∞ 20. 7. 1985 Complin Dando bei Bristol
Gareth Peregrine **Morgan**
* 14. 11. 1944

Kinder:
1. Emma Jane, * 15. 12. 1985
2. George, * 21. 9. 1988

**G 372** *Renée* (Renate) Lucy Irene **Masterman** (Eltern: G 37)
* 9. 8. 1915 Coventry, GB
B.Sc. London 1936, Medizinische Sozialarbeiterin
Lit.: Zeller § 65,2; Zeller II 65.2
∞ 9. 7. 1935 Bournville bei Birmingham
*Harold* Swainson **Brodribb**
* 28. 4. 1910 St. Leonards-on-Sea,
† 25. 12. 1986 St. Leonards-on-Sea
Arzt; Stud. Oxford Univ. und St. Bartholomew's Hospital London, M.A., M.D. 1938, B.M., B.Ch. 1934, M.R.C.S. (Member Royal College of Surgeons), L.R.C.P. (Licentiate Royal College of Physicians) 1934, R.A.M.C. (Royal Army Medical Corps) 1940–1945, Arzt in St. Leonards-on-Sea, Leitender Arzt (Consultant Physician) im Hastings Hospital, Justice of Peace (Friedensrichter) 1949.
Eltern: Arthur William **Brodribb**, M.D., Arzt
in St. Leonards-on-Sea
Violett **Swainson**
Kinder:
1. *Anne* Sylvia, * 11. 5. 1939 St. Leonards-on-Sea G 3721
2. Arthur *John*, * 2. 9. 1942 Buxton G 3722
3. *Peter* Francis, * 2. 9. 1947 St. Leonards-on-Sea G 3723

**G 3721** *Anne* Sylvia **Brodribb** (Eltern: G 372)
* 11. 5. 1939 St. Leonards-on-Sea
Ärztin; M.B., M.S., M.R.C.S. (Member Royal College of Surgeons), L.R.C.P. (Licentiate Royal College of Physicians), D.R.C.O.G. (Diploma of the Royal College of Obstetricians and Gynaecologists) London, St. Bartholomew's Hospital, Ärztin für Allgemeinmedizin (General Practitioner) und Klinische Assistentin in Gynäkologie.
Lit.: Zeller II 65.21
∞ 19. 8. 1961 St. Leonards-on-Sea
James Otway De Warrenne **Waller**
* 6. 4. 1935 Folkestone, GB

Arzt für Allgemeinmedizin; M.B., B.S., M.R.C.S.(Member Royal College of Surgeons), L.R.C.P. (Licentiate Royal College of Physicians), M.R.C.P. (Member Royal College of Physicians) London, St. Bartholomew's Hospital, General Practitioner in St. Leonards-on-Sea.
Eltern: Otway und Margaret **Waller**
Kinder:
1. Elizabeth Grace, * 4. 5. 1965 London, B.Sc. 1988 (nutrition), State Registered Nurse in Dietetics (pediatric nutrition and eating; Diätetikerin).
2. Stephen David, * 11. 5. 1968 St. Leonards-on-Sea, B.A. (Soziologie, Geschichte) 1990, Sozialarbeiter in der Obdachlosenhilfe in London (community worker).

**G 3722** Arthur *John* Masterman **Brodribb** (Eltern: G 372)
* 2. 9. 1942 Buxton, GB
Arzt, Chirurg; B.Sc., M.B., B.S. London, M.R.C.S. (Member Royal College of Surgeons), L.R.C.P. (Licentiate Royal College of Surgeons), F.R.C.S. (Fellow of the Royal College of Surgeons), M.S. London St. Bartholomew's Hospital, Consultant Surgeon in Plymouth.
Lit.: Zeller II 65.22
∞ 6. 6. 1970 Northwood, Middlesex
*Carolyn* Anne **Woodhams**
* 26. 8. 1948 Guildford, GB
Ausbildung St. Bartholomew's Hospital London, 1969 Medizinische Sozialarbeiterin.
Eltern: Stuart **Woodhams**
Eleanor **Robertson**
Kinder:
1. *David* Stuart, * 6. 11. 1971 London; Stud. Agr., Stud. Land Management 1993.
2. *Timothy* John, * 6. 11. 1973 Reading, GB, Stud. Med., Duke of Edinburgh Award.
3. Catherine Grace, * 15. 7. 1976 Oxford

**G 3723** *Peter* Francis **Brodribb** (Eltern: G 372)
* 2. 9. 1947 St. Leonards-on-Sea
Arzt für Allgemeinmedizin; Stud. London, St. Bartholomew's

Hospital, M.B., B.S. London, M.R.C.S. (Member Royal College of Surgeons), L.R.C.P. (Licentiate Royal College of Physicians), D.R.C.O.G. (Diploma of the Royal College of Obstetricians and Gynaecologists), D.C.H. (Diploma in Child Health), M.R.C.P. (Member of the Royal College of Physicians), General Practitioner in Chertsey, Surrey.
Lit.: Zeller II 65.23
∞ 5. 7. 1975 Ewell, Surrey, GB
Inderdal **Singh**
∗ 15. 9. 1950 George Town, Guayana, Südamerika
Krankenschwester (State Registered Nurse) 1972, Diplom in Intensivpflege.
Eltern: Khaen und Sonia **Singh**
Kinder:
1. *Sonia* Jane, ∗ 21. 12. 1976 Oxford
2. *Susanna* Renée, ∗ 26. 12. 1978 Chertsey, London
3. *Lucy* Anne, ∗ 14. 6. 1981 Chertsey

**G 38** *Albert* Heinrich **Zeller** (Eltern: G 3)
∗ 10. 7. 1880 Jerusalem,
† 14. 11. 1918 München als Stabsarzt der Landwehr
Dr. med. 1907, Assistenzarzt in München, Distriktarzt in Weil der Stadt, Württemberg 1907, Chefarzt am Deutschen Krankenhaus in Kairo 1913.
Lit.: Zeller § 66; Zeller II 66
∞ 7. 3. 1908 München
*Emma* Auguste **Thiersch**
∗ 18. 1. 1887 München, † 21. 4. 1968 München
Eltern: *Friedrich* Maximilian Heinrich **von Thiersch**,
Professor in München
Auguste **Eibler**, siehe T 7
Emma Thiersch ∞ II: Dr. Karl Voßler, siehe T 71
Kind:
1. Charlotte (Lotte), ∗ 6. 9. 1914 München G 381

**G 381** Charlotte (Lotte) **Zeller** (Eltern: G 38)
∗ 6. 9. 1914 München
Lit.: Zeller § 88; Zeller II 66.1
∞ I: 5. 7. 1937 München
Karl *Friedrich* Wilhelm (Fritz) **Scheid**

∗ 22. 6. 1906 Solingen,
† 4. 5. 1945 Tegernsee, durch SS erschossen
Dr. med., Dozent an der Universität München, Neurologe und Psychiater, nach ihm ist der Scheid-Platz in München benannt.
Lit.: Zeller-Nachr. Nr.7, S. 14
Eltern: Friedrich *Adolf* **Scheid**, Regierungsbaumeister
*Klara* Josephine Amalie Fernanda **Velten**
∞ II: 20. 7. 1950
Hans-Jakob **Seydel**
∗ 22. 1. 1917 Halle an der Saale, † 7. 10. 1963 München
Flötist und Musikerzieher in München
Eltern: *Hans* Karl Ludwig **Seydel**
Therese **Herold**
Kind aus ∞ II:
1. Maria *Christine* **Seydel**, ∗ 22. 9. 1953 München G 3811

**G 3811** Maria *Christine* **Seydel** (Eltern: G 381)
∗ 22. 9. 1953 München
Hebammenexamen München, Hebamme, 3 1/2 Jahre in Mexico bzw. Brasilien (Entwicklungshilfe mit dem Deutschen Entwicklungsdienst), 1 Jahr Bangladesh (Entwicklungshilfe in der Arbeitsgemeinschaft Entwicklungshilfe), 1985 am Kreiskrankenhaus Simbach bei Pfarrkirchen, Bayern.
Lit.: Zeller II 66.11
∞ 1. 10. 1983 Kirchberg am Inn-Simbach
Josef **Gruber**
∗ 20. 3. 1956 Simbach am Inn
In der elterlichen Landwirtschaft tätig, Stud. Theologie Passau, Tübingen, Paris, Zivildienst in Bangladesh, landwirtschaftliche Gesellenprüfung, Entwicklungsdienst Bangladesh, Bäuerlicher Familienberater der Diözese Passau, Biologischer Landbau und Bauen aus Holz.
Eltern: Ludwig **Gruber**, Landwirt in Simbach
Maria **Weidinger**
Kinder:
1. Josef *Michael*, ∗ 17. 6. 1985 Bangkok, Thailand
Dauerpflegekind seit 1988:
Lothar *Sebastian* **Rudolph**, ∗ 23. 9. 1984

**G 5** Sophie Rosine *Dorothea* (Dora) **Gobat** (Eltern: Stamm Gobat)
∗ 1. 9. 1842 St. Juliano auf Malta,
† 10. 10. 1923 St. Chrischona bei Basel

Zur Ausbildung in Montmirail NE, im Pensionat der Brüdergemeine 1852–1856, führte 1860 den Haushalt des Bruders Benoni in England und war als Gemeindehelferin tätig, Lehrerin an der Missionsschule in Jerusalem 1862–1866, Missionsfrau in Alexandrien und Kairo, später Hausmutter in St. Chrischona bei Basel, Frauenarbeit in der Gemeinschaftsbewegung.

Verf.: Geistliche Lieder, Erbauungsschriften, Andachten, Gedichte; Hrsg. des „Glaubensboten"; Schriften s. S. 112.

Lit.: Zeller § 429,5; Friedhelm Rudersdorf: Dora Rappard, Die Mutter von St. Chrischona, Brunnenverlag Gießen und Basel; Emmy Veiel-Rappard: Mutter, Bilder aus dem Leben von Dora Rappard-Gobat, Brunnen-Verlag 1925; Zeller-Festschrift 1988, S. 77–81; Zeller-Siegfried S. 22; Evang. Lexikon für Theologie und Geschichte **3**, 1649–1650 (Brockhaus 1994)

∞ 28. 11. 1867 Beuggen nach anglikanischem Ritus durch Bischof Gobat
Johann Carl *Heinrich* **Rappard**
∗ 26. 12. 1837 Giez VD, † 21. 9. 1909 Gießen

Zögling der Pilgermission in St. Chrischona unter Inspektor Spittler 1861–1864, eingesegnet 14. 8. 1864, Studienaufenthalt Edinburgh 1864–1865, daneben in der Inneren Mission tätig, Ordination Leonberg durch Dekan Wächter 27. 8. 1865, Missionar und Schulleiter in Alexandrien 1866, Kairo 1868, Inspektor in St. Chrischona bei Basel 1868, Leitung der Pilgermission; durch ihn erhielt die Schule ihr eigentliches Gepräge; er gestaltete sie zur 1. Evangelistenschule im deutschen Sprachgebiet und stellte die Pilgermission in den Dienst der Evangelisation und Gemeinschaftspflege, 1883–1890 in Basel.

Verf.: 50 Jahre der Pilgermission auf St. Chrischona, 1890

Lit.: Eva Rappard: Carl Heinrich Rappard, ein Lebensbild, 1910; C. H. Rappard, ein Lebensbild, von seiner Gattin, Verl. Pilgermission 1911; E. Bunke, Carl Heinrich Rappard, ein Zeuge Jesu Christi, Brunnen-Verlag Gießen, Basel; BBK VII, 1361–1362

Eltern: Carl August **Rappard**, Theologe und Gutsbesitzer in Giez bei Grandson, VD und in Löwenstein, später Iben bei Schaffhausen
Marie Antoinette **de Rham**, † 1902
Familie Rappard stammt aus Neukirchen bei Moers, Rheinland (Terstegens Geburtsort).

Kinder:

1. *Theodora* Marie (Dora), * 30. 5. 1869 Hauptwil TG G 51
2. *Marie* Julie (Mia), * 27. 5. 1870 St. Chrischona, † 30. 12. 1933, Lehrerin der jüngeren Geschwister, dann 1897 in Verbindung mit der Mildmay-Mission, Stadtmissionarin in London, 1909 Hausmutter im Bibel- und Erholungshaus „Zu den Bergen" in St. Chrischona.

Lit.: Mia Rappard von St. Chrischona 1870–1933, Gießen 1934

3. *Emmy* Edith, * 8. 3. 1872 St. Chrischona G 53
4. *August* Samuel, * 22. 5. 1873 St. Chrischona, † 25. 5. 1894 Göttingen; Stud. Theol. Neuchâtel 1891, Basel, Göttingen.
5. *Heinrich* Carl, * 7. 8. 1874 St. Chrischona G 55
6. *Hildegard* Louise, * 17. 5. 1876 St. Chrischona, † 27. 2. 1921 Valentigney bei Montbéliard, begr. Riehen bei Basel auf dem St. Chrischona-Friedhof; im Pensionat Bon-Pasteur in Straßburg 1893, Diakonisse in Bern 1894, Krankenschwester im Kantonspital St. Imier BE, später Hérimoncourt bei Montbéliard in einem kleinen Krankenhaus, 1898 in Valentigney im Haus von Mlle. Peugeot als Krankenpflegerin und Evangelistin; Vizepräsidentin des französischen nationalen Jungfrauenbundes.

   Verf.: Geduld, Gießen 1931

7. Elisabeth, * 15. 2. 1878 St. Chrischona G 57
8. Johannes, * 22. 11. 1879 St. Chrischona, † 24. 11. 1879
9. Paul * 16. 4. 1881. St. Chrischona, † 16. 4. 1881
10. *Helene* Charlotte Julie, * 16. 9. 1882 G 5A

**G 51** *Theodora* Marie (Dora) **Rappard** (Eltern: G 5)

* 30.5.1869 Hauptwil TG,
† 3. 7. 1952 St. Chrischona
Zum Sprachstudium in der französischen Schweiz und in England.
∞ 26. 6. 1894 St. Chrischona
Ernst *Hermann* Karl **Hanke**
* 12. 6. 1865 Berlin,
† 23. 2. 1920 St. Chrischona an einer Gehirngrippe
Stadtmissionar in Frankfurt am Main, 1899 Lehrer in St. Chrischona.
Eltern: Ernst Heinrich **Hanke** in Berlin
Johanna **Knabel** oder **Knebel**

Kinder:
1. Theodora Marie (Doris), * 10. 12. 1895 Frankfurt G 511
2. Gerhard (Geri), * 14. 5. 1897 Frankfurt a. M. G 512
3. *Paul* Hermann, * 8. 2. 1900 St. Chrischona G 513
4. *Ruth* Margret, * 2. 2. 1906 Basel G 514

**G 511** Theodora Marie (Doris) **Hanke** (Eltern: G 51)
* 10. 12. 1895 Frankfurt am Main,
† 4. 3. 1970 Brissago, Schweiz
Ausbildung im Lehrerinnenseminar, Liederdichterin und Komponistin.
∞ 16. 10. 1917 St. Chrischona
*Erwin* Oskar Konradin **Ruck**
* 10. 8. 1882 Bibersfeld bei Schwäb. Hall,
† 25. 7. 1972 Brissago, Schweiz
Dr. iur., Aufenthalt in Straßburg, Professor der Rechte in Basel; schrieb u. a. das erste Elektrizitätsrecht für die Schweiz.
Eltern: Konrad Johann Jakob Leonhardt **Ruck**, Revierförster
Johanna Christiane **Diemer**
Kinder:
1. Reinhild, * 22. 10. 1921 Basel G 5111
2. Roswit, * 22. 10. 1921 Basel G 5112
3. Rotraut, * 8. 9. 1924 Basel G 5113

**G 5111** Reinhild **Ruck** (Eltern: G 511)
* 22. 10. 1921 Basel
Musikstudium, Pfarrfrau, Mitarbeiterin der Schweizerischen Botschaft in Budapest.
∞ 12. 7. 1941 Basel
Endre **von Gyökössy**
* 17. 2. 1913 Ràkospalota, Ungarn
Stud. Theologie und Psychologie, teils in Ungarn, teils in der Schweiz, Pfarramt in Budapest, später Privatdozent und Professor für Psychologie, Mitglied der psychiatrischen Gesellschaft in Budapest.
Eltern: Endre **Gyökössy**
Aloizia **Süveggyàrtó**
Kinder:
1. Kinga, * 22. 4. 1942 Budapest s. G 5312
2. Dorottya (Dora), * 18. 12. 1943 Budapest G 511 12

3. Imola, * 27. 8. 1945 mit einem Herzklappenfehler,
   † 9. 6. 1950 nach einer Operation
4. Endre junior, * 14. 5. 1948, † 21. 4. 1965
5. Martin Bence, * 29. 11. 1951 Budapest G 511 15

**G 511 12** Dorottya (Dora) **Gyökössy** (Eltern: G 5111)
* 18. 12. 1943 Budapest
Ausbildung im Gesundheitswesen, Leiterin eines Labors, später Mitarbeiterin des Lutherischen Weltkirchen-Informationsdienstes LDL in Budapest.
∞ 22. 8. 1964 Budapest
Attila **Székely**
* 15. 7. 1936 Budapest
Stud. Technische Hochschule, Maschineningenieur, Technischer Direktor beim Hotelbau in Budapest.
Eltern: Alajos **Székely**
Rózsa **Jedlicska**
Kinder:
1. Imola, * 15. 6. 1965 Budapest G 511 121
2. Szabolcs, * 14. 2. 1973 Budapest

**G 511 121** Imola **Székely** (Eltern: G 511 12)
* 15. 6. 1965 Budapest
Abitur 1984, Geschäftsführerin der Verkaufsstelle im Hotel Kempinsky in Budapest.
∞ 6. 10. 1990
Gabor **Jurmann**
* 19. 4. 1961
Beschäftigt im Fremdenverkehr
Eltern: Oskár **Jurmann**, * 1929
Mária **Németh**, * 1938
Kind:
1. Alexandra, * 14. 3. 1991 Budapest

**G 511 15** Martin Bence **Gyökössy** (Eltern: G 5111)
* 29. 11. 1951 Budapest
Absolvent des Gastgewerbetechnikums, Arbeit in verschiedenen Hotels und Restaurants, dann Leiter des Lebensmittelgeschäfts „Szatocs“.

∞ I: 29. 3. 1975 Budapest
Agnes **Antal**
∗ 6. 9. 1954 Jászapáti
Arbeit im Gastgewerbe in Budapest, Ausbildung zur Gastgewerbetechnikerin, Leiterin eines kleinen Buffets, lebt in Latina.
Eltern: Balázs **Antal**, Jászszentandrás, Landwirt
Amália **Antal**
∞ II: 1. 7. 1991
Ilona **Nagy**
∗ 14. 2. 1949
Chefsekretärin in der Stadtverwaltung Budapest, 12. Bezirk
Kind aus ∞ I:
1. Krisztina, ∗ 3. 12. 1975 Budapest, Ausbildung im Fremdenverkehrsgewerbe 1998

**G 5112** Roswit **Ruck** (Eltern: G 511)
∗ 22. 10. 1921 Basel
Ausbildung als Schauspielerin, Engagements an den Schauspielhäusern Zürich, Luzern und Basel.
∞ 14. 9. 1946 Basel
Paul **Salathé**
∗ 18. 9. 1916 Basel
Dr. jur., Rechtsanwalt
Eltern: Ernst **Salathé**, Kaufmännischer Direktor
Bertha **Meister**
Kind:
1. *Claude* Bernard, ∗ 19. 3. 1950 G 511 21

**G 511 21** *Claude* Bernard **Salathé** (Eltern: G 5112)
∗ 19. 3. 1950
Handelsdiplom, Anlageberater
∞ 1. 3. 1985
Katharina **Roth**
∗ 15. 7. 1952
Kind:
1. Stephanie, ∗ 19. 7. 1985

**G 5113** Rotraut **Ruck** (Eltern: G 511)
∗ 8. 9. 1924 Basel
Dr. phil., Schuldirektorin, Fächer Literatur, Philosophie, Geschichte.

∞ 12. 7. 1960 Basel
Peter (Pierre) **Sollberger**
∗ 14. 1. 1925 Basel, † 9. 8. 1984
Stud. Philologie, Ausbildung als Pianist, Lehrer, Fächer Musik, Philosophie und Literatur; Versicherungsmathematiker.
Eltern: Rudolf **Sollberger**, Bankdirektor
Margrit **Muser**

**G 512** Gerhard (Geri) **Hanke** (Eltern: G 51)
∗ 14. 5. 1897 Frankfurt am Main, † 8. 1. 1978 Goldswil, Schweiz
Landwirt, Evangelist, Prediger der Evangelischen Gesellschaft des Kantons Bern, Synodalratsvikar der Berner Landeskirche.
∞ 4. 1. 1921 Bern
Renée **de Neufville**
∗ 20. 2. 1902 Frankfurt am Main, † 2. 12. 1982 Kandersteg
Eltern: Robert **de Neufville**, 1875–1939
Alice **Eisenmann**, 1877–1960
Kinder:
1. Heinrich, ∗ 1923, † 1925
2. *Heidy* Alice, ∗ 1. 1. 1925 Belp BE; Krankenschwester
3. *Kurt* Alexander, ∗ 2. 7. 1926 Belp G 5123
4. *Heinrich* Robert, ∗ 11. 9. 1929 Bern G 5124
5. *Ruth* Renée, ∗ 14. 9. 1934 Thun BE G 5125
6. *Irene* Dora, ∗ 30. 7. 1942 Thun G 5126

**G 5123** *Kurt* Alexander **Hanke** (Eltern: G 512)
∗ 2. 7. 1926 Belp BE, Schweiz
Musiker, Hornist, Professor am Konservatorium Bern
∞ 25. 4. 1955
Cécile **Hoby**
∗ 9. 5. 1920
Vater: Florian **Hoby**
Kinder:
1. Thomas, ∗ 21. 6. 1956; Advokat
2. Hubert, ∗ 1. 7. 1957 G 512 32
3. Gabriella, ∗ 22. 8. 1959

**G 512 32** Hubert **Hanke** (Eltern: G 5123)
∗ 1. 7. 1957
Arzt

∞ 25. 10. 1983
Cornelia **Fehlmann**
∗ 21. 11. 1954
Ärztin
Kinder:
1. Lukas, ∗ 29. 6. 1984
2. Tobias, ∗ 5. 3. 1986
3. Markus ∗ 31. 12. 1988

**G 5124** *Heinrich* Robert **Hanke** (Eltern: G 512)
∗ 11. 9. 1929 Bern
Pfarrer
∞ 6. 7. 1957
Elisabeth Margit **Allemann**
∗ 7. 10. 1932 Welschenrohr SO

**G 5125** *Ruth* Renée **Hanke** (Eltern: G 512)
∗ 14. 9. 1934 Thun BE
Sekretärin
∞ 30. 9. 1957
Ulrich **Junger**
∗ 21. 6. 1927 Wolhusen LU
Pfarrer in Kandersteg, Mitglied der Kantonalsynode
Eltern: Walther **Junger** , 1897–1972
Marguerite Theodora **von Lerber**, 1899–1990
Schweiz. Geschlechterbuch III, 243
Kinder:
1. Andreas, ∗ 2. 11. 1958 G 512 51
2. Susanna, ∗ 22. 7. 1960 G 512 52
3. Stefan, ∗ 1. 7. 1967 G 512 53

**G 512 51** Andreas **Junger** (Eltern: G 5125)
∗ 2. 11. 1958, † 17. 5. 1992
∞ 21. 12. 1979
Lea **Schürch**
∗ 28. 2. 1958
Kind:
1. Michael, ∗ 11. 5. 1980

**G 512 52** Susanne **Junger** (Eltern: G 5125)
∗ 22. 7. 1960

∞ 31. 5. 1991
Thomas **Baur**
∗ 4. 4. 1956
Kinder:
1. Florian David, ∗ 3. 8. 1991
2. Lukas Manuel, ∗ 2. 1. 1993

**G 512 53** Stefan **Junger** (Eltern: G 5125)
∗ 1. 7. 1967
∞ 12. 10. 1991
Sylvia **Schwarzel**
∗ 12. 8. 1966
Kinder:
1. Jonas, ∗ 25. 8. 1996
2. Timo, ∗ 15. 4. 1998

**G 5126** *Irene* Dora **Hanke** (Eltern: G 512)
∗ 30. 7. 1942 Thun BE
Angestellte
∞ 3. 4. 1977
Hans Peter **Gasser**
∗ 13. 7. 1939
Jurist
Vater: Eduard **Gasser**
Kinder:
1. Philipp, ∗ 28. 11. 1972
2. Urs, ∗ 30. 7. 1974

**G 513** *Paul* Hermann **Hanke** (Eltern: G 51)
∗ 8. 2. 1900 St. Chrischona, † 20. 1. 1949 Zürich
Ausbildung in der Missionsschule St. Chrischona, Kaufmann bis 1931, Stud. Zahnmedizin Zürich, Dr. med. dent. 1937, Praxis in Steffisburg BE und Zürich.
∞ 1. 11. 1930 Zürich
Gertrude **Dambæk**
∗ 11. 4. 1902 Præstø, Dänemark
Diplom als Zahnärztin 1924 in Kopenhagen, Zahnarztassistentin in verschiedenen Städten der Schweiz, nach dem Tod des Gatten 1949–1968 Schulzahnärztin in Kopenhagen, im Ruhestand in Præstø.

Eltern: Søren **Dambæk** , Rechtsanwalt in Præstø
Ida **Pauli**

Kinder:
1. Søren Herman, * 20. 10. 1933 Baden AG G 5131
2. *Claus* Christian, * 11. 8. 1937 Steffisburg BE G 5132
3. *Helle* Maria, * 12. 3. 1942 Steffisburg BE G 5133

**G 5131** Søren Herman **Hanke** (Eltern: G 513)
* 20. 10. 1933 Baden AG
Zivilingenieur Technische Hochschule Kopenhagen 1957, 1961–1969 als Chemieingenieur in einer Speiseölraffinerie in Casablanca, seit 1969 bei Ciba-Geigy, Abteilung Kunststoffe in Monthey VS, Schweiz.
∞ 30. 3. 1958 Søborg, Dänemark
Grethe **Stenland**
* 15. 5. 1935 Kopenhagen
Telephonistin und Sekreträrin in Kopenhagen, Hausfrau
Eltern: Georg **Carlsen**
Hilda **Stenland**, Gemüsehändlerin

Kinder:
1. Annemette, * 5. 11. 1960 Casablanca, Handelsschule in Monthey
2. Christian, * 19. 11. 1962 Casablanca, Lehre als Zeichner, Geometer

**G 5132** *Claus* Christian **Hanke** (Eltern: G 513)
* 11. 8. 1937 Steffisburg bei Thun BE
Stud. Physik Universität Kopenhagen bis 1961, 1961–1962 als Physiker in Grönland, 1962–1966 bei der Dänischen Atomenergiekommission in Risø, 1966–1968 an der University of Southern California in Los Angeles, 1968 Lektor an der Technischen Hochschule Kopenhagen; tätig in der Organisation von dänischen Amateur-Sängerchören.
∞ 12. 3. 1960 Humlebæk, Dänemark
Bente **Holmslykke**
* 5. 7. 1934 Hillerød, Dänemark
Bis 1956 Lehrerseminar Kopenhagen, 1956–1961 Lehrerin an verschiedenen Schulen in Kopenhagen, 1961–1962 Lehrerin in Grönland, 1962–1965 Ausbildung am Königlich Dänischen Konservatorium Kopenhagen, 1966–1968 Organistin an der Lutherischen

Kirche in Whittier CA, USA, seit 1970 Lehrerin am Seminar in Kopenhagen, organisierte eigene Musikschule in Ballerup.
Eltern: Kai **Hansen**, Oberlehrer in Humlebæk
Erna **Breiting**
Kinder:
1. Peter, * 17. 3. 1962 Grönland G 513 21
2. Elisabeth, * 19. 3. 1963 Roskilde, Dänemark G 513 22
3. Maria, * 15. 12. 1967 Los Angeles
4. Thomas, * 15. 3. 1968 Los Angeles, adoptiert

**G 513 21** Peter **Hanke** (Eltern: G 5132)
* 17. 3. 1962 Grönland
Stud. Musik Universität Kopenhagen
∞ 11. 6. 1988
Tine **Vind**
* 15. 6. 1961
Kind:
1. Amalie Vind **Hanke**, * 15. 6. 1990

**G 513 22** Elisabeth **Hanke** (Eltern: G 5132)
* 19. 3. 1963 Roskilde, Dänemark
Stud. Gesang Konservatorium Kopenhagen
∞
Neils **Burksand**
* 1960
Kind:
1. Jonathan, * 21. 8. 1992

**G 5133** *Helle* Maria **Hanke** (Eltern: G 513)
* 12. 3. 1942 Steffisburg bei Thun BE
Ausbildung als Hebamme 1960–1965, seit 1965 als Hebamme Landpraxis und im Spital in Jütland, Otterup und auf Fünen, seit 1969 im Krankenhaus Nykøbing, Wohnung in Holeby, Lolland.
∞ 11. 3. 1972 Holeby
Carl Viggo **Lose**
* 12. 5. 1924 Nykøbing, Falster
Seemann 1939–1941, Maurer 1945, Architekt 1949, künstlerische Ausbildung auf einer Malerschule, Angestellter am Storstrømsamt (Straßenbauamt).

Eltern: Robert **Lose**, Architekt in Nykøbing
Karen Louise **Jørgensen**
Kind:
1. Søren, * 26. 4. 1972 Nykøbing

**G 514** *Ruth* Margret **Hanke** (Eltern: G 51)
* 2. 2. 1906 Basel, † 21. 5. 1979 Regina, Saskatchewan CD
Nurse – Krankenschwester
∞ 4. 10. 1928
Karl Friedrich **Hoever**
* 19. 2. 1897 Liège, Belgien, † 24. 10. 1942 Regina
Pfarrer; Lutheran Minister in Leader, Sask. 1927, Herbert, Sask. 1931, Jansen, Sask. 1939–1942.
Kinder:
1. *Bruno* Edelfried, * 22. 7. 1932 Herbert G 5141
2. Karla Sieglind, * 2. 3. 1935 Herbert G 5142

**G 5141** *Bruno* Edelfried **Hoever** (Eltern: G 514)
* 22. 7. 1932 Herbert, Sask. CD
Ingenieur, President and General Manager Midwest Surveys (Sask.) Ltd. in Regina, Saskatchewan, Canada.
∞ I: 27. 3. 1957 Regina
Shirley Grace **Love**
* 26. 9. 1935 Indian Head, Sask. CD
Hausfrau
∞ II: 10. 7. 1978 Regina
Ione Elaine **Brown**
* 1. 10. 1949 Cutknife, Sask. CD
Buchhalterin – Accountant
Kinder aus ∞ I:
1. Dana Broderick, * 6. 1. 1958 Regina G 514 11
2. Perry Trent, * 26. 9. 1960 Regina G 514 12
3. Rene Kim, * 19. 10. 1962 Regina G 513 13
4. Alana Raye, * 6. 7. 1971 Regina (adoptiert) G 514 14

**G 514 11** Dana Broderick **Hoever** (Eltern: G 5141)
* 6. 1. 1958 Regina, Sask. CD
Kaufmann für Sportartikel – Salesman Sporting Goods
∞ I: 16. 9. 1989 Toronto ONT, CD
Heather **Sawyer**
* 17. 11. 1963 Toronto

Sporttrainerin – Professional Sports Coach
∞ II: 4. 7. 1997 Vernon BC, CD
Lynne **Wake**
∗ 1. 12. 1956 Saskatoon, Sask. CD
Büromanagerin – Office Manager

**G 514 12** Perry Trent **Hoever** (Eltern: G 5141)
∗ 26. 9. 1960 Regina, Sask. CD
Lagerverwalter – Warehouse Foreman
Partnerin: Audrey **Hipfner**
∗ 18. 7. 1967 Regina
Floristin – Florist Shop Clerk

**G 514 13** Rene Kim **Hoever** (Eltern: G 5141)
∗ 19. 10. 1962 Regina, Sask. CD
Hausfrau
∞ 16. 5. 1981 Regina
Tim **Damm**
∗ 25. 2. 1961 Regina
Manager einer Firma für Veterinärbedarf – Manager Veterinarian Supply House
Kinder:
1. Steven Andrew, ∗ 7. 9. 1984 Regina
2. Terry, ∗ 5. 11. 1987 Regina

**G 514 14** Alana Raye **Hoever** (Eltern: G 5141)
∗ 6. 7. 1971 Regina, Sask. CD
Polizeiangestellte – Police Office, Royal Canadian Mounted Police
Partner: Robert **Lidgett**
∗ 25. 3. 1965 Edmonton ALB, CD
Polizeiangestellter – Police Office, Royal Can. Mounted Police

**G 5142** Karla Sieglind **Hoever** (Eltern: G 514)
∗ 2. 3. 1935 Herbert, Sask. CD
Krankenschwester – Nurse
∞ 4. 7. 1959 Regina, Sask. CD
Elton **Gritzfeld**
∗ 6. 4. 1930 Duval, Sask. CD
Rechtsanwalt – Lawyer

Kinder:
1. Robin, * 12. 4. 1961 Regina, Angestellter; Partnerin Garry Mickeljohn.
2. Jade, * 27. 6. 1962 Regina, Informatiklehrerin – Computer Instructor
3. Lynn Marie, * 21. 9. 1963 Regina G 514 23
4. Carolee Beth, * 22. 7. 1965 Regina, Menü-Beraterin – Catering Consultant; Partner Robert Evans.

**G 514 23** Lynn Marie **Gritzfeld** (Eltern: G 5142)
* 21. 9. 1963 Regina, Sask. CD
Lehrerin – Teacher
∞ 1. 7. 1997 Kelowna BC, CD
Barry **Cullen**

**G 53** *Emmy* Edith **Rappard** (Eltern: G 5)
* 8. 3. 1872 St. Chrischona bei Basel,
† 20. 8. 1935 St. Chrischona
Sekretärin ihres Vaters auf St. Chrischona seit 1892, 1899 Hausmutter im „Haus zu den Bergen".

Verf.: Biographie ihrer Mutter (s. oben G 5)

∞ 8. 5. 1900 St. Chrischona, Verlobung 3. 1.
Georg Gottlieb *Friedrich* **Veiel**
* 29. 4. 1866 Calw, Württemberg, † 22. 9. 1950 Heidenheim, begraben in Riehen bei Basel 26. 9. 1950
Uhrmacherlehre in Murrhardt 1880, seit 1883 Uhrmacher in Herrenberg, Ludwigsburg, Biberach, Ausbildung in der Pilgermission St. Chrischona bei Basel 1886–1891, Militärdienst 1887 Karlsruhe beim 1. Badischen Leibgrenadier-Regiment 109, Stadtmissionar in Frankfurt am Main 1891, Vorsteher des Bibel- und Erholungshauses „Zu den Bergen" in St. Chrischona 1900–1909, Inspektor, Missionsdirektor (Pilgermission) St. Chrischona 1909–1946 als Nachfolger seines Schwiegervaters C. H. Rappard, Ruhestand 1949–1950 in Heidenheim.

Verf.: Der Christ und die Gemeinschaft, 1912; Die Pilgermission von St. Chrischona, 1840–1940, Brunnen-Verlag Gießen-Basel

Lit.: Friedhelm Rudersdorf, Friedrich Veiel, Hüter und Mehrer des Vätererbes, Basel 1964

Eltern: Friedrich **Veiel**, Schlossermeister
Johanne Christiane **Heizmann** in Calw

Kind:
1. *Edith* Helen, * 3. 10. 1914 St. Chrischona G 531

G 531 *Edith* Helen **Veiel** (Eltern: G 53)
* 3. 10. 1914 Riehen bei Basel
Aufgewachsen in St. Chrischona, führte nach dem Tod der Mutter seit 1935 den väterlichen Haushalt.
∞ 5. 8. 1937 Basel
*Friedhelm* Erich **Rudersdorf**
* 24. 11. 1906 Düsseldorf, † 5. 4. 1970 Heidenheim
Als Kandidat im Lehramt ca. 1935 auf St. Chrischona, 1937 Pfarrer in Sachsenburg, Sachsen, 1945–1970 Pfarrer und Oberstudienrat in Heidenheim an der Brenz, Militärdienst als Sanitäter in Heidenheim, Ruhestand 1965.
Verf.: Dora Rappard, die Mutter von St. Chrischona, Brunnen-Verlag; J. Hudson Taylor, sein Werk und seine Missionsmethoden, Brunnen-Verlag; Friedrich Veiel, Hüter und Mehrer des Vätererbes, Brunnen-Verlag 1964
Eltern: *August* Carl **Rudersdorf**
Maria *Pauline* **Printz** in Düsseldorf
Kinder:
1. *Friedemann* August, * 5. 8. 1938 Sachsenburg G 5311
2. Karl-Heinrich, * 10. 7. 1940 Sachsenburg G 5312
3. *Hildegard* Emmy, * 21. 9. 1942 Sachsenburg; Diakonisse im Diakonissenmutterhaus St. Chrischona bei Basel seit 1966, 1997 Altenpflegedienst in der Villa Seckendorff in Stuttgart-Bad Cannstatt.
4. *Dora* Edith, * 7. 3. 1947 Heidenheim G 5314
5. Margrit Christa, * 25. 12. 1949 Heidenheim G 5315

G 5311 *Friedemann* August **Rudersdorf** (Eltern: G 531)
* 5. 8. 1938 Sachsenburg, Sachsen
Stud. Bauingenieur Technische Hochschule Stuttgart, Diplomingenieur 1964, Technischer Geschäftsleiter und Prokurist, Ruhestand 1998.
∞ 22. 9. 1967 Basel
*Dagmar* Ingeborg **Knorr**
* 11. 11. 1942 Beuthen, Oberschlesien
Ausbildung als Industriekauffrau, mehrere Jahre als Sekretärin tätig, aktiv in der Kommunalpolitik.
Eltern: Karl **Knorr**
Elfriede **Runge**

Kinder:
1. *Bettina* Edith Elfriede, * 22. 2. 1969 Oberhausen G 531 11
2. Oliver, * 23. 1. 1971 Bensberg bei Bergisch-Gladbach, wohnt in Dorsten, ∞ Andrea ...

**G 531 11** *Bettina* Edith Elfriede **Rudersdorf** (Eltern: G 5311)
* 22. 2. 1969 Oberhausen
Ausbildung als Altenpflegerin
∞ März 1989 Dorsten an der Lippe, geschieden 1995
Reimund **Blumberg**
* 1965
Eltern: Heinz und Inge **Blumberg** in Dorsten
Kinder:
1. Benjamin, * 26. 10. 1989
2. Nina, * 17. 4. 1993

**G 5312** Karl-Heinrich (Heiner) **Rudersdorf** (Eltern: G 531)
* 10. 7. 1940 Sachsenburg, Sachsen
1960–1970 Stud. Theologie und Soziologie Tübingen, Zürich und Berlin, Lehrgang für den Pfarrdienst Tübingen 1965, Dr., 1973–1977 Redakteur, 1977–1980 im Auftrag des Deutschen Entwicklungsdienstes in Afghanistan, 1981–1984 Dienste in Übersee, 1984–1988 im Auftrag des DED im Jemen, dann in Stuttgart.
∞ 2. 11. 1974 Budapest
Kinga **von Gyökössy**
* 22. 4. 1942 Budapest
Ausbildung als Medizinisch-technische Assistentin in Budapest, tätig in Budapest in diesem Beruf bis 1974, Altenpflegedienst in der Villa Seckendorff Stuttgart 1990.
Eltern: Endre **von Gyökössy**
Reinhild **Ruck**, s. G 5111
Kind:
1. Reka, * 22. 10. 1982 Stuttgart

**G 5314** *Dora* Edith **Rudersdorf** (Eltern: G 531)
* 7. 3. 1947 Heidenheim an der Brenz
Krankenschwester, Otopistin (Augengymnastik)
∞ 23. 4. 1973 Allschwil bei Basel
Daniel **Nadelhofer**
* 7. 5. 1942 Burgdorf BE, Schweiz

Werbekaufmann in Stäfa, Schweiz
Eltern: Hans **Nadelhofer**
Gertrud **Derendinger**
Kinder:
1. Simone, * 12. 4. 1976
2. Dominique * 3. 6. 1978

**G 5315** Margrit Christa **Rudersdorf** (Eltern: G 531)
* 25. 12. 1949 Heidenheim an der Brenz
∞ 1974
Siegfried **Kania**
* 1940, † 1990

**G 55** *Henri* (*Heinrich*) Charles (Carl) **Rappard** (Eltern: G 5)
* 7. 8. 1874 St. Chrischona, † 1947
Pfarrer in Saida in Algerien im Auftrag einer Pariser Missionsgesellschaft 1898 (Seelsorge unter Fremdenlegionären), Geschäftsmann und Besitzer einer Autowerkstatt, im Weltkrieg in der französischen Armee.
∞ 22. 6. 1898 Valentigney, Doubs
Berthe *Marguerite* (Margarete) **Bovet**
* 27. 11. 1875 Valentigney, † Dezember 1960 Paris
Pianistin
Eltern: Jean Théophile *Alfred* **Bovet**, Fabrikant in Valentigney bei Montbéliard
Berthe Catherine Adèle **Peugeot**
Kinder:
1. Marie Louise Berthe (Maisette),
* 24. 12. 1899 Saida, Algerien G 551
2. *Bernhard* Alfred August (Bernard),
* 8. 9. 1901 Valentigney G 552
3. Maurice, * Algier 1903, † 1922 durch einen Unfall

**G 551** Marie Louise Berthe (Maisette) **Rappard** (Eltern: G 55)
* 14. 12. 1899 Saida (Oran), Algerien, † 10. 7. 1951 Genf
Mehrsprachen-Sekretärin in Französisch, Deutsch und Englisch, verließ kriegsbedingt 1941 Paris, lebte in Basel, Genf und Lausanne.
∞ 1920, geschieden 1929 in Paris
Marc **Chavannes**
* 2. 3. 1896 Lausanne

Licencié en Sciences Sociales, Attaché an der Französischen Botschaft am Hof Königs Alfons XIII. von Spanien in Madrid, dann Generalsekretär am Schiedsgericht (tribunal arbitral) in Paris 1922–1923, Gründer der Banque Chavannes, gründete ferner die Firma ECLA (Gummi), die Plastic Film Corporation, Chavannes Industrial Synthetic und die Sealed Air Corp., lebte in Florida, USA mit seiner letzten Frau, Marie Lister aus Canada, Sängerin.

Eltern: Charles Eduard *Ernest* **Chavannes**, Bankier, Gründer der Union de Banques Suisses (Schweizer Bankverein)
Marie **Dufour**

Kinder:

1. Marie-France, * 23. 5. 1921 Madrid, 1946–1950 Offizier der Heilsarmee, trat 1950 zum Katholizismus über, wurde Nonne nach einem Noviziat bei den Franziskanerinnen von Angers 1951–1952, 1952–1956 in die Mission nach Marokko entsandt, endgültiges Gelübde nach einem Aufenthalt in Sion (Wallis) 1957, 1957 in der Mission in Äthiopien in Addis Abeba, 1968 in Diredawa als Dozentin an 2 Schulen und Direktorin des Collège secondaire von Diredawa, Theologiestudium 1971–1974 in Angers, Dozentin für Religion am Collège La Planta in Sion.
2. Maurice, * 14. 12. 1922 Paris G 5512
3. Madeleine, * Paris 6. 5. 1924, Besuch der École Alsacienne in Paris wie die Geschwister, kam 1939 in die Schweiz, besuchte das Institut Narguiledjan, Abschluß als Sekretärin, arbeitete in Basel und Genf, wurde in eine Hindu-Sekte hineingezogen, sie erkrankte an einem Nervenleiden, lebt im Foyer Andreoli in Satigny bei Genf.

**G 5512** Maurice **Chavannes** (Eltern: G 551)
* 14. 12. 1922 Paris
Studium an der École des Roches, Firmenvertreter, Ingenieur (Autodidakt), Personalchef bei der Fa. SIM in Morges, dann Verkaufsleiter bei der Firma Fonderie de Moudon (Gruppe Von Roll), Besitzer der Importfirma „Joli-Chose“.
∞ Juli 1954 Lausanne
Liliane **Bohnenblust**
* 21. 2. 1919 Genf
Kassiererin, Sekretärin, hat aus erster Ehe Sohn Olivier

Vater: Dr. Gottfried **Bohnenblust**, Pianist, Komponist, Prof. für Deutsche Literaturgeschichte in Genf und Lausanne
Lit.: E. Müller, Deutsches Musikerlexikon 1929

**G 552** *Bernhard* Alfred August (Bernard) **Rappard** (Eltern: G 55)
∗ 8. 9. 1901 Valentigney, Frankreich
Diplom..., Heizungsingenieur; Cellist, 1. Preis des Conservatoire International de Musique, Prediger.
∞ 9. 7. 1926 Neuilly sur Seine
Marguerite (Margot) **Monod**
∗ 8. 2. 1905 Neuilly sur Seine
Herboriste (Apothekerin), Kinesitherapeute (Bewegungstherapeutin), Geigerin (Diplom der École Nationale de Musique).
Eltern: Arnold **Monod**
Jeanne **Cailliate**
Kinder:
1. Philippe, ∗ 3. 9. 1927 Neuilly sur Seine G 5521
2. Jean, ∗ 4. 10. 1928 Neuilly sur Seine G 5522
3. Isabelle Amina, ∗ 5. 5. 1935 Neuilly sur Seine G 5523

**G 5521** Philippe **Rappard** (Eltern: G 552)
∗ 3. 9. 1927 Neuilly sur Seine
Arzt, Krankenhauspsychiater
∞ 1957
Elisabeth **Lefèvre**
Kinder:
1. Fréderique, ∗ September 1958, licenciée ès lettres
2. Emmanuelle, ∗ 1962, Stud. Med. 1984

**G 5522** Jean **Rappard** (Eltern: G 552)
∗ 4. 10. 1928 Neuilly sur Seine
Ingenieur, Radioelektriker, Oberst der Reserve
∞ 1957
Raymonde **Berchtold**
Psychiater
Kinder:
1. Muriel, ∗ 1958, Krankenschwester (Infirmière), Stud. Med. 1984

**G 5523** Isabelle Amina **Rappard** (Eltern: G 552)
∗ 5. 5. 1935 Neuilly sur Seine

Sekretärin zweisprachig; Übersetzerin
∞ 11. 4. 1969 Paris, Oratoire du Louvre
Jean-Pierre **Benoit**
Dr. med., Arzt
Eltern: Pierre **Benoit**
... **Meffre**
Kinder:
1. Laurence, * 1970
2. Armand, * 1971

**G 57** Elisabeth **Rappard** (Eltern: G 5)
* 17. 2. 1878 St. Chrischona bei Basel,
† 3. 9. 1940 St.Chrischona
Ausbildung in Basel als Lehrerin
∞ 31. 5. 1900 Gibeon, Südwestafrika, verlobt 1898
Otto **Simon**
* 9. 3. 1870 Posen, † 11. 11. 1956
1898 Missionar im Auftrag der Rheinischen Mission unter Hottentotten in Gibeon, Deutsch-Südwestafrika bis 1904, dann Pfarrer an der Christuskirche in Frankfurt am Main, in Cronenberg bei Wuppertal und in Bochum, im 2. Weltkrieg Lehrer am Brüderhaus in St. Chrischona und mit seiner Frau Hauseltern im „Haus zu den Bergen".
Eltern: Julius **Simon**
Anna **Breitspreder** in Stettin
Kinder:
1. *Hildegard* Helene, * 25. 4. 1901 Gibeon SWA G 571
2. Eberhard, * 3. 2. 1903 Gibeon SWA G 572
3. Helene (Leni), * 21. 7. 1905 Frankfurt am Main G 573
4. Ottheinrich, * 3. 8. 1911 Oberfischbach G 574

**G 571** *Hildegard* Helene **Simon** (Eltern: G 57)
* 25. 4. 1901 Gibeon, Deutsch-Südwestafrika,
† 30. 12. 1932 Mülheim an der Ruhr
∞ 30. 6. 1927 Bochum
*Karl* Rudolf Ferdinand **Falkenroth**
* 22. 12. 1893 Dahlerbrück bei Hagen,
† 13. 2. 1970 Bad Salzuflen
Stud. Theologie, Teilnehmer am 1. und 2. Weltkrieg, Pfarrer in Bochum und Mülheim an der Ruhr, seine 2. Ehe s. unten G 573

Eltern: Richard **Falkenroth**, Kaufmann
Emilie **Quitmann**
Kinder: siehe nachfolgend unter G 573

**G 572** siehe nach G 573

**G 573** Helene (Leni) **Simon** (Eltern: G 57)
* 21. 7. 1905 Frankfurt am Main, † 24. 8. 1988 Bad Salzuflen
1927–1933 Fürsorgerin
∞ 20. 3. 1934 Mülheim an der Ruhr
*Karl* Rudolf Ferdinand **Falkenroth**
* 22. 12. 1893 Dahlerbrück, † 13. 2. 1970 Bad Salzuflen
Eltern: siehe vorstehend G 571
Kinder zu G 571 und G 573:

1. *Arnold* Karl, * 26. 4. 1928 Bochum G 5711
2. *Renate* Hildegard, * 21. 5. 1930 Bochum G 5712
3. *Ulrich* Otto, * 8. 11. 1931 Bochum G 5713

4. *Hermann* Ernst, * 16. 3. 1935 Mülheim an der Ruhr G 5731
5. Hildegard, * 21. 6. 1936 Mülheim, Kindergärtnerin
6. *Richard* Ludwig, * 5. 8. 1937 Lörrach G 5733
7. *Rudolf* Paul, * 5. 8. 1937 Lörrach G 5734
8. *Christoph* Elbert, * 4. 8. 1938 Mülheim an der Ruhr G 5735
9. Bernd, * 12. 9. 1941, † 22. 9. 1964 bei einem Verkehrsunfall
10. Elisabeth, * 10. 12. 1942 Mülheim an der Ruhr, Fachkraft für Krankenpflege in einer Sozialstation, 1971–1983 Missionsschwester in Mentawai, Indonesien.

**G 572** Eberhard **Simon** (Eltern: G 57)
* 3. 2. 1903 Gibeon, Deutsch-Südwestafrika,
† 1944 bei einem Bombenangriff
Superintendent in Oranienburg
∞
Margarete **Mechelke**

**G 5711** *Arnold* Karl **Falkenroth** (Eltern: G 571)
* 26. 4. 1928 Bochum
Stud. Theologie Bonn, Wuppertal und Göttingen, Studentenpfarrer, Leiter des Missionsseminars der Rheinischen Mission, Ephorus der Kirchlichen Hochschule in Wuppertal, 1984 Pfarrer

in Wuppertal-Barmen, Soldat April 1945, als Spätfolge kriegsbeschädigt.
∞ 3. 8. 1954 Düsseldorf
*Christa* Wanda **Beckmann**
∗ 9. 11. 1927 Wiesbaden
Stud. Theologie Wuppertal, Göttingen und Bonn, Abschluß nach dem 1. theol. Examen.
Eltern: Joachim **Beckmann**, Prof. D. Dr. theol., Pfarrer
Hildegard **Hagemann**
Kinder:
1. *Kaspar* Joachim, ∗ 8. 7. 1955 Wuppertal, Krafffahrer, Zirkusmanager
2. *Peter* Karl, ∗ 30. 11. 1956 Wuppertal, Schreiner
3. *Iris* Hildegard, ∗ 22. 12. 1957 Wuppertal, Kinderkrankenschwester
4. *Justus* Eberhard, ∗ 14. 4. 1959 Wuppertal, Schreiner, Sportlehrer
5. *Rose* Elisabeth, ∗ 17. 2. 1963 Wuppertal, Sprachstudium, Hauswirtschaftsleiterin
6. *Anemone* Helene, ∗ 4. 3. 1965 Wuppertal

**G 5712** *Renate* Hildegard **Falkenroth** (Eltern: G 571)
∗ 21. 5. 1930 Bochum, † 9. 12. 1987
1953 Krankenpflegeexamen, Examen als Jugendfürsorgerin 1954, tätig in der musikalischen Gemeindebetreuung, 1975–1981 Krankenschwester im Pflegeheim Cottbus, seit 1982 in der Pfarrfrauenarbeit.
∞ 24. 3. 1956 Berlin-Mitte / 5. 4. 1956 Mülheim/Ruhr-Styrum
Gottfried **Forck**
∗ 6. 10. 1923 Ilmenau, Thüringen,
† 24. 12. 1996 Rheinsberg in Brandenburg
4 Jahre im Internat der Brüdergemeine in Niesky bei Kamenz in Sachsen, 1942–1946 Kriegsdienst und Gefangenschaft, Stud. Theologie Bethel und Heidelberg, Dr. theol. Heidelberg 1956, 1954–1959 Studentenpfarrer in Berlin, 1959–1963 Pfarrer in Lautawerk, Kirchenkreis Senftenberg, 1963–1972 Direktor des Predigerseminars in Brandenburg, 1973–1981 Generalsuperintendent in Cottbus, seit 1981 Bischof der Evangelischen Kirche in Brandenburg, emeritiert 1991.
Verf.: Im Blickpunkt: Taufe, Luther-Verlag 1985

Eltern: Bernhard-Heinrich **Forck**
Käthchen **Riesch** in Luckenwalde
Kinder:
1. Christiane, * 6. 1. 1957 Berlin G 571 21
2. Hildegard, * 26. 5. 1958 Berlin G 571 22
3. Wolf Dieter, * 14. 10. 1959 Altdöbern in der Lausitz G 571 23
4. Bernhard, * 28. 8. 1963 Altdöbern G 571 24
5. Stephan, * 1. 7. 1965 Brandenburg G 571 25

**G 571 21** Christiane **Forck** (Eltern: G 5712)
* 6. 1. 1957 Berlin
Bis 1978 als Pflegekraft bei Behinderten mit gleichzeitiger Erwachsenenqualifizierung zum Masseur, 1978 Stud. Klinische Psychologie Humboldt-Universität Berlin, Diplom 1983, Kinderpsychologin in Bad Doberan.
∞ 15.6./25.6.1983 Berlin
Daniel **Hillert**
* 1. 7. 1954 Berlin
Schlosserlehre 1971–1973, bis 1978 als Schlosser tätig, in dieser Zeit Abitur, 1978 Stud. Kunsthochschule Berlin als Bildhauer, Diplom 1983, freischaffend.
Kinder:
1. *Johanna* Sarah, * 14. 12. 1983 Berlin
2. David Max, * 19. 11. 1985 Berlin

**G 571 22** Hildegard **Forck** (Eltern: G 5712)
* 26. 5. 1958 Berlin
Bis 1979 Stud. an der Kirchenmusikschule Halle, B-Examen, 1979–1983 Stud. Musikhochschule Leipzig, Fach Korrepetition, tätig als Klavierpädagogin an der Musikschule Torgau-Eilenburg.
∞ 28. 11. Torgau / 5. 12. 1981 Berlin
Ekkehard **Saretz**
* 23. 12. 1954 Luckau, Lausitz
1973 Drechslerausbildung, 1974 Stud. Kirchenmusikschule Halle, A-Examen 1980, Kantor in Torgau.
Kinder:
1. Julia, * 9. 4. 1982 Torgau
2. Jakob, * 27. 12. 1985 Torgau
3. Justus, * 7. 6. 1988 Torgau
4. Jonathan Kilian, * 1. 6. 1995 Torgau

**G 571 23** Wolf Dieter **Forck** (Eltern: G 5712)
∗ 14. 10. 1959 Altdöbern in der Lausitz
Stud. Musik (Violine) an der Spezialschule für Musik in Berlin, 1 Jahr im Orchester tätig in Frankfurt an der Oder, 1984 Stud. des Priesterseminars der Christengemeinschaft Leipzig, Lehrer.
∞ 11. 7. 1987 Berlin
Edburg **Hofmann**
Geigerin
Pflegekind: Florian

**G 571 24** Bernhard **Forck** (Eltern: G 5712)
∗ 28. 8. 1963 Altdöbern in der Lausitz
Stud. Musik an der Spezialschule für Musik in Berlin (Violine), Geiger.
∞
Jolita ...
∗ 12. 6. 1963
Musikerin (Geige)
Kinder:
1. Sophia Renate, ∗ 31. 8. 1991 Berlin
2. Jonathan Daniel, ∗ 15. 1. 1995 Berlin

**G 571 25** Stephan **Forck** (Eltern: G 5712)
∗ 1. 7. 1965 Brandenburg
Stud. Musik an der Spezialschule für Musik in Berlin (Cello), Cellist.
∞ 31. 7. 1993 Göttingen
Erika **Tanaka**
Musikerin (Violine)
Kind:
1. Tadashi Gottfried, ∗ 19. 4. 1997

**G 5713** *Ulrich* Otto **Falkenroth** (Eltern: G 571)
∗ 8. 11. 1931 Bochum
Stud. Theologie, Dr. theol., Gemeindepastor in Braunschweig.
∞ 13. 10. 1959 Sohlingen bei Uslar
Dorothea *Ingeborg* **Drischel**
∗ 8. 1. 1934 Neusalz an der Oder
Medizinisch-technische Assistentin

Eltern: Erich **Drischel**, Lehrer
Elisabeth **Krüger**
Kinder:
1. Ulrich, * 27. 8. 1960 Stadthagen, Student 1984
2. Irene, * 25. 2. 1964 Wuppertal-Elberfeld, Stud. Musik 1984, Musikpädagogin.

**G 5731** *Hermann* Ernst **Falkenroth** (Eltern: G 573)
* 16. 3. 1935 Mülheim an der Ruhr
Ingenieurstudium, Konstrukteur und mathemematisch-wissenschaftliche Tätigkeit in Remscheid.
∞ 29. 2. 1964 Chicago IL, USA
*Elfriede* Ruth Ingrid **Martin**
* 14. 1. 1928 Jena, Thüringen
Gemeindehelferin in Suhl, Thüringen, Sozialausbildung in Düsseldorf, Sozialarbeiterin (Wirtschaftsfürsorge).
Eltern: Kurt **Martin**, Buchhalter in Reichenbach im Vogtland
Johanna **Hettwer**
Kinder:
1. Gerhard, * 4. 2. 1965 Chicago IL, USA, Werkzeugmacher, Stud. Maschinenbau, Diplomingenieur.
2. Christina, * 7. 12. 1967 Radevormwald bei Remscheid, Stud. Theologie.
3. Arndt, * 15. 8. 1971 Radevormwald, † 8. 7. 1984

**G 5733** *Richard* Ludwig **Falkenroth** (Eltern: G 573)
* 5. 8. 1937 Lörrach, † 19. 5. 1986 Müllheim, Baden
Lehre als Industriekaufmann, Militärdienst (Leutnant der Reserve), Stud. Sozialarbeit (Soz.-Arb. grad.), Berufsarbeit am Städtischen Jugendamt und Diakonischen Werk der Evang. Landeskirche in Baden, Stud. Erziehungswissenschaft, Diplompädagoge, Mitarbeit im Evang. Pfarramt Müllheim, Baden, daneben Lehraufträge an Hochschulen in Freiburg.
∞ 31. 10. 1963 Mannheim
*Erika* Martha **Fippel**
* 5. 5. 1938 Mannheim
Ausbildung und Berufstätigkeit als Erzieherin, Stud. Sozialarbeit (Soz.-Arb. grad.), Kindergärtnerin in Offenburg und Müllheim, Baden.

Eltern: Christian Wilhelm **Fippel**, gefallen 1944
Elisabeth **Welk**

Kinder:

1. Barbara Sabine, * 3. 5. 1966 Karlsruhe, Buchhändlerin
2. Christian Hans-Hermann, * 11. 2. 1969 Karlsruhe, Kaufmann
3. Achim Manfred, * 22. 6. 1972 Müllheim in Baden, Stud. Chemie

**G 5734** *Rudolf* Paul **Falkenroth** (Eltern: G 573)
* 5. 8. 1937 Lörrach, Baden
Diakon und Krankenpfleger, Leiter einer Krankenpfleger-Schule in Bethel bei Bielefeld.
∞ 29. 5. 1968 Bethel bei Bielefeld
Dorothea **Wedding**
* 30. 5. 1943 Arolsen, Waldeck
Kindergärtnerin, tätig in der Inneren Mission in Bethel.
Eltern: Friedrich **Wedding**, 1944 in Rußland vermißt
Frieda **Döring** in Arolsen

Kinder:

1. Jochen, * 5. 5. 1969 Bethel bei Bielefeld
2. Rainer, * 19. 11. 1971 Bethel
3. Sandra, * 9. 7. 1974 Halle, adoptiert
4. Ingrid, * 29. 9. 1983 Bethel

**G 5735** *Christoph* Elbert **Falkenroth** (Eltern: G 573)
* 4. 8. 1938 Mülheim an der Ruhr
Stud. Kirchenmusik Düsseldorf und Köln, Kirchenmusiker in Düsseldorf, Leverkusen, Friedrichshafen, Dortmund.
∞ 19. 7. 1963 Düsseldorf
Margit **Grahn**
* 20. 10. 1937 Hannover
Kaufmänn. Lehre, Kindergärtnerin und Kindergartenleiterin in Düsseldorf, Stud. Kirchenmusik Düsseldorf, Kirchenmusikerin in Düsseldorf.
Eltern: *William* Werner **Grahn**, Bankrat in Düsseldorf
*Maria* Anna Agnes **Eichler**

Kinder:

1. Andreas, * 21. 4. 1964 Düsseldorf, Ausbildung als Musiker, Klavier, Gesang, Dirigieren, Musikpädagoge.

2. Sibylle, * 26. 3. 1966 Düsseldorf, Krankenschwester
3. Alexander, * 3. 10. 1968, Industriekaufmann, Computer-Experte.
4. Birke, * 1. 5. 1981 Friedrichshafen

**G 574** Ottheinrich **Simon** (Eltern: G 57)
* 3. 8. 1911 Oberfischbach bei Siegen, † 22. 9. 1976 Birkenfeld
Zuletzt Schulrat
∞ 26. 7. 1938 Kastellaun, Hunsrück,
16. 9. 1938 St. Chrischona bei Basel
Dorite **de Tribolet-Hardy**
* 8. 10. 1912 Johannesburg, Südafrika
Krankenschwester-Examen Straßburg 1936
Eltern: George Fréderic Maurice **de Tribolet**
*Helene* Charlotte Julie **Rappard**, siehe G 5A
Kinder:
1. *Roland* Willy, * 3. 7. 1939 Simmern, Hunsrück G 5741
2. Dorite, * 13. 1. 1943 Simmern G 5742

**G 5741** *Roland* Willy **Simon** (Eltern: G 574)
* 3. 7. 1939 Simmern im Hunsrück
∞ , Ehe geschieden
Kind:
1. Svenja, Silberschmied in Lappland

**G 5742** Dorite **Simon** (Eltern: G 574)
* 13. 1. 1943 Simmern im Hunsrück
Kauffrau
∞ 26. 7. 1959 Birkenfeld
Wilfried **Hoffmann**
* 1932
Kaufmann
Eltern: Heinrich Otto und Gerda **Hoffmann**

**G 5A** *Helene* Charlotte Julie **Rappard** (Eltern: G 5)
* 16. 9. 1882 St. Chrischona bei Basel,
† 7. 7. 1969 Birkenfeld an der Nahe
∞ 5. 3. 1907
Georges Fréderic Maurice **de Tribolet-Hardy**
* 6. 5. 1881 Neuchâtel, Schweiz, † 22. 7. 1961 Montmollin

Pfarrer, Missionar im Dienst der Mission Romande in Lourenço Marques in der Delagoa-Bay, Südafrika.
Eltern: Maurice **de Tribolet**
Elisabeth **de Meuron**
Familie Tribolet aus Neuenburg-Neuchâtel, Schweiz
Kind:
1. Dorite, * 8. 10. 1912 Johannesburg, Südafrika, s. oben G 574

**G 6** *Maria* Sophie Elisabeth **Gobat** (Eltern: Stamm Gobat)
* 21. 9. 1844 Wiedlisbach BE, † 18. 5. 1917 Basel
In Beuggen aufgewachsen bis 1852, Jerusalem 1852–1858, in einer Pension der Brüdergemeine in Montmirail bei Neuchâtel 1858–1860, in Fellbach bei Onkel Karl Werner 1860, Lehrerin an der Missionsschule in Jerusalem 1861–1867, führte nach dem Tod ihres Mannes die Firma in Basel fort, bis der Sohn Alfred sie übernahm.

Verf.: Skizzen aus meiner Jugendzeit, Basel 1917

Lit.: Zeller § 429,6; Zeller-Siegfried S. 22; Pfleiderer S. 296; Zur Erinnerung an Marie Kober-Gobat mit Portrait, Basel Werner-Riehm

∞ 25. 5. 1869 Beuggen (verlobt Beuggen Sept. 1867), Trauung durch Bischof Gobat nach anglikanischem Ritus
*Paul* Immanuel Friedrich **Kober**
* 30. 7. 1842 Ötlingen bei Kirchheim unter Teck,
† 22. 10. 1898 auf dem Meer bei Alexandrien, Ägypten, Gedächtnisfeier Basel 1. 11; er starb auf dem Weg nach Jerusalem zur Einweihung der Erlöserkirche durch Kaiser Wilhem II.
Buchhändler „Zum Fälkli“ in Basel 1861, im Spittlerschen Handelshaus in Jerusalem 1864, Basel 1867, Gesellschafter der C. F. Spittler Buchhandlung „Zum Fälkli“ in Basel 1869, seit 1897 im Ausschuß der Christentumsgesellschaft in Basel.

Lit.: Alfred Kober: Paul Kober-Gobat in: Gustav Fick, Der Evangelische Buchhandel, 1921, S. 95 ff.; Zur Erinnerung an Paul Kober, mit Portrait, Basel St. Chrischona

Eltern: Johann **Kober**, Pfarrer in Mötzingen, Württemberg, 1803–1876
Christine Luise Mathilde **Bahnmaier**, 1814–1878,
Tochter von Dekan Jonathan Friedrich Bahnmaier, Prof. Theol. Tübingen, Nichte von Christian Friedrich Spittler, Sekretär der Christentumsgesellschaft.
Faber 40,197

Der Sohn Jonathan Kober, Apotheker, war ∞ mit Charlotte Öffinger in Nagold, Schwester von Wilhelmine, Marie und Elise Öffinger, (s. W 1, W 2)

Kinder:

1. *Paul* Samuel, * 28. 1. 1874 Basel, † 5. 6. 1880 Basel
2. Theodora Marie Louise (*Dora*), * 20. 8. 1879 Basel G 62
3. *Alfred* Johann Samuel, * 26. 2. 1885 Basel G 63
4. *Marguerite* Cécile Sophie (Margarethe), * 20. 12. 1889 Basel G 64

**G 62** Theodora-Dorothea Marie Louise (*Dora*) **Kober** (Eltern: G 6)
* 20. 8. 1879 Basel, † 15. 10. 1965 Basel
∞ 17. 9. 1907 Basel
*Achilles* August **Müller**
* 3. 1. 1877 Basel, † 24. 12. 1964 Basel
Dr. med., Arzt, Chirurg und Urologe am Diakonissen-Spital in Riehen bei Basel, Privatpraxis in Basel.
Eltern: August **Müller**, Kaufmann
Elise **von Mecheln**

**G 63** *Alfred* Johann Samuel **Kober** (Eltern: G 6)
* 26. 2. 1885 Basel, † 3. 4. 1963 Basel
Stud. Jur. Basel, Berlin, Tübingen, Dr. iur. utr. 1907, Verlagsbuchhändler im väterlichen Verlag in Basel 1910 (Werke von Bô Yin Râ), seit 1933 satirischer und politischer Journalist, Außenpolitischer Leitartikler der Basler Nationalzeitung Basel 1933–1961, Mitglied des PEN-Clubs.
Verf: Biographie seines Vaters und seines Großvaters Gobat (Samuel Gobat, vom Juradorf nach Jerusalem, Gute Schriften, Basel)
Lit.: Who is who in Switzerland 1962
∞ 8. 10. 1908 Basel
Anna (Aenny) **Staehelin**
* 17. 10. 1885 Basel, † 9. 11. 1974 Basel
Eltern: Rudolf **Staehelin**, Prof. der Theologie in Basel
Maria **Stockmeyer**

Kinder:

1. Elsbeth, * 18. 7. 1911 Basel G 631
2. Ernst, * 27. 3. 1916 Basel G 632
3. Marianne, * 16. 4. 1922 Basel G 633

**G 631** Elsbeth **Kober** (Eltern: G 63)
∗ 18. 7. 1911 Basel, † 27. 12. 1990
∞ 23. 5. 1947 Bern
Heinrich Franz **Pfeifer**
∗ 21. 3. 1905 Frankfurt am Main,
† 23. 7. 1949 Frankfurt am Main
Kaufmann und Schriftsteller, kam 1937 als politischer Flüchtling in die Schweiz.
Eltern: Heinrich **Pfeifer**
Maria Katharina Theresia **Schad**
Kinder:
1. Michael, ∗ 30. 9. 1947 Innsbruck G 6311
2. Tadeus, ∗ 5. 4. 1949 Freiburg im Breisgau, Schriftsteller in Basel 1997

**G 6311** Michael **Pfeifer** (Eltern: G 631)
∗ 30. 9. 1947 Innsbruck
Dr. iur., Advokat und Notar, seit 1980 Partner der Fa. Dres. Gloor, Schiess & Pfeifer in Basel.
∞ I: 6. 7. 1970 Basel
Doris Maria **Kofmehl**
∗ 12. 7. 1946 Solothurn
Primarlehrerin
Eltern: Ernst Paul **Kofmehl**
Dora Babetta **Meister**
∞ II:
Beatrice **Wagner**
Stud. Jur., Professorin für Internationales Recht an der Universität Basel
Eltern: Karl **Wagner**
Marion **Schaad**
Kinder aus ∞ I:
1. Patrick, ∗ 24. 7. 1978 Basel
2. Oliver, ∗ 19. 7. 1980 Basel
3. Philipp, ∗ 28. 4. 1984 Basel
Kind aus ∞ II:
4. Nadine, ∗ 30. 11. 1993

**G 632** Ernst **Kober** (Eltern: G 63)
∗ 27. 3. 1916 Basel, † Okt.1990

Dr. iur., Advokat 1941–1959, Partner der Fa. Dres. Kron, Hokkenjos, Burckhardt, Kober & von Planta in Basel 1960–1981, Leiter der Rechtsabteilung und Sekretär des Verwaltungsrates der J. R. Geigy AG in Basel (seit 1970 fusioniert zu CIBA-GEIGY AG), Mitglied des Landrats und des Verfassungsrates des Kantons Basellandschaft.
∞ 11. 6. 1951 Arlesheim bei Basel
*Ingeborg* Gertrud **Schwabe**
∗ 24. 1. 1928 Basel
Eltern: Lorenz **Schwabe** in Arlesheim bei Basel
Hedwig **Meckel**
Kinder:
1. Lorenz, ∗ 13. 4. 1954 Basel G 6321
2. Katrin, ∗ 21. 7. 1957, Physiotherapeutin 1997

**G 6321** Lorenz **Kober** (Eltern: G 632)
∗ 13. 4. 1954 Basel
Dr. med., Arzt in Arlesheim
∞ 28. 6. 1985 Arlesheim
Anna ...
∗ 3. 5. 1951 Basel
Lic. phil., Lehrerin für Englisch, Deutsch und Geschichte
Kinder:
1. Sebastian, adoptiert 1989
2. Alexandra, adoptiert 1989
3. Emanuel, adoptiert 1991

**G 633** Marianne **Kober** (Eltern: G 63)
∗ 16. 4. 1922 Basel
Schauspielerin
∞ 20. 12. 1950 Zürich
Horst **Kepka**
∗ 25. 4. 1925 Graz
Schauspieler und Werbefachmann
Eltern: Anton **Kepka**
Maria **Silber**
Kind:
1. *Ines* Felicitas, ∗ 20. 12. 1951 Zürich G 6331

**G 6331** *Ines* Felicitas **Kepka** (Eltern: G 633)
∗ 20. 12. 1951 Zürich
Psychotherapeutin
∞ 6. 12. 1980 Laredo TX, USA
Tomasz **Sudra**
∗ 1. 9. 1942 Warschau
Dr. am Massachusetts Institute of Technology Boston MA, USA, Architekt und Planer 1984 in Somerville MA, USA, 1997 in Nairobi, Kenia.
Eltern: Wiktor und Maria **Sudra** in Warschau
Kind:
1. Maciej Nicolas, ∗ 19. 1. 1983 Guadalajara, Mexico

**G 64** *Marguerite* Cécile Sophie (Margarethe) **Kober** (Eltern: G 6)
∗ 20. 12. 1889 Basel, † 23. 5. 1966 Überlingen am Bodensee
∞ 18. 8. 1915 Basel
Emil **Schwaab**
∗ 14. 5. 1882 Vörstetten bei Freiburg im Breisgau,
† 31. 10. 1953 Überlingen
Dr. theol., Pfarrer, als Anhänger der Bekennenden Kirche in der nationalsozialistischen Zeit verfolgt, zeitweise inhaftiert.
Eltern: Karl **Schwaab**, Landwirt
Berta **Winkler**
Kinder:
1. Dorothea (Doris), ∗ 16. 9. 1916 Öschelbronn bei Pforzheim, Gemeindehelferin, in der NS-Zeit im Gefängnis, anschließend Zwangsarbeiterin bis Kriegsende.
2. *Elisabeth* Maria (Betty), ∗ 2. 12. 1920 Öschelbronn; Krankenschwester
3. Helen, ∗ 25. 8. 1923 Öschelbronn G 643

**G 643** Helen **Schwaab** (Eltern: G 64)
∗ 25. 8. 1923 Öschelbronn bei Pforzheim
Konzertpianistin, Auftritte in Konzerten, Film-, Rundfunk- und Fernsehaufnahmen in allen Kontinenten, Hochschuldozentin; Auszeichnungen: Verdienstdiplom der Italienischen Kunstuniversität, Diplom des Rimini-Aterforums.
∞ 5. 8. 1950 Überlingen
Max-Ludwig **Grube**
∗ 3. 4. 1925 Hamburg

Violinvirtuose, Auftritte in Konzerten, für Film-, Fernseh- und Rundfunkaufnahmen in allen Kontinenten, Komponist, Konzertmeister und Hochschullehrer, Professor, Auszeichnungen: Accademico d'Italia, Verdienstdiplom der Italienischen Kunstuniversität, Goldmedaille des Internationalen Parlaments USA, Orden der Internationalen Freiwilligen für den Frieden, Gran Premio delle Nazioni, Accademico d'Europa und Accademico delle Nazioni, Chevalier.
Eltern: Ludwig **Grube**, Pastor in Hamburg
Cäcilia **von Randau**
Kind:
1. Michael Andreas Wolfgang, * 12. 5. 1954 Überlingen; Stud. Musikwissenschaft und Komposition, Diplom vom Konservatorium 1975, Violinprofessor, Violinvirtuose, Konzertauftritte in allen Kontinenten, Teilnehmer an zahlreichen Festivals, Film-, Fernseh- und Rundfunkaufnahmen, verschiedene Kompositionen 1986–1987, Ehrenbürger der Stadt Pueblo CO, USA, Ehrenmitglied der Philharmonischen Gesellschaft von Madras, Indien.
Lit.: Internat. Who is Who in Music 1994/1995

**G 7** James *Timotheus* **Gobat** (Eltern: Stamm Gobat)
* 22. 5. 1846 Malta, † 2. 10. 1894 Overton
Im Internat in Korntal bei Stuttgart 1858, Stud. Med. in England 1864, Arzt in Wrexham, North Wales, in Leeds, 1874 in Overton bei Ruabon, Wales.
Lit.: Zeller § 429,7
∞ 9. 6. 1887 Ruabon, Wales GB
*Bessie* Dora **Morrell**
* 3. 4. 1847 Plasgolyn, † nach 2. 10. 1894
Vater: Cyril **Morrell**, Pfarrer in Plasgolyn, Dudleston GB

**G 9** *Blandina* Marianne **Gobat** (Eltern: Stamm Gobat)
* 29. 6. 1850 Jerusalem, † 17. 10. 1926 Basel
Lit.: Zeller § 429,9
∞ 7. 4. 1874 Jerusalem
*Theodor* Friedrich **Wolters**
* 5. 6. 1837 Täbris, Iran, † 4. 1. 1910 Jaffa, Palästina
In Smyrna 1842–1876, Missionar der anglikanischen Missionsge-

sellschaft (Church Missionary Society) in Salt, Transjordanien, Jerusalem 1876, Nazareth 1885.
Eltern: Johann Theodor **Wolters**, Missionar in Schuscha, Täbris, Syra, Smyrna († 1882)
Elisabeth Caroline **Galloway**
Kinder:
1. *Amy* Dorothee, * 2. 1. 1877 Jerusalem, lebte bei den Eltern
2. *Hildegard* Margarethe, * 17. 9. 1880 Jerusalem, † 28. 12. 1979 Basel; Evangelistin, tätig in der Stadtmission Basel, Mitglied des Frauenkomitees der Basler Mission.
3. *Elisabeth* Maria, * 8. 9. 1882 Basel G 93
4. Margarethe, * 18. 1. 1884 Jerusalem G 94
5. *Samuel* Theodor, * 15. 3. 1886 Nazareth, † 29. 10. 1886 Nazareth
6. *Stella* Margarethe, * 3. 9. 1887 Nazareth, † 17. 4. 1888 Nazareth

**G 93** *Elisabeth* Maria (Bethle) **Wolters** (Eltern: G 9)
* 8. 9. 1882 Basel, † 1981
∞ 1904
Frederick **Carpenter**
* Dezember 1875 Tiverton, Devon,
† Mai 1957 Chislehurst, Kent
Clerk in Holy Orders – Priester der Anglikaniscben Kirche, Pfarrer, Missionar in Palästina Oktober 1901.
Kinder:
1. *Frederick* Theodore, * 1905, G 931
2. *Violet* Edith, * 29. 3. 1908 Nazareth, Palästina G 932
3. Reginald Henry (Rex), * 4. 3. 1910 Jaffa, Palästina G 933
4. Cyril Nelson, * 25. 10. 1912 G 934
5. *Doris* Alice, * 25. 10. 1918 Calne, Wiltshire G 935

**G 931** *Frederick* Theodore **Carpenter** (Eltern: G 93)
* 1905 Palästina, † Mai 1983 Kent, GB
∞ I: 1929/30
Doris **Jones**
∞ II:
Patricia ...
Kinder aus ∞ I:
1. Valerie Doris, * 20. 9. 1931 London G 9311

2. Anthony Frederick, * 11. 11. 1939 Oborne; Croupier in Poole, Dorset

Kinder aus ∞ II:

3. Deirdre
4. Patsy
5. Nelson

**G 9311** Valerie Doris **Carpenter** (Eltern: G 931)

* 20. 9. 1931 London
in Poole, Dorset
∞ 1973 Bournmouth, Hants.
Dennis **Gatteril**

**G 932** *Violet* Edith **Carpenter** (Eltern: G 93)

* 29. 3. 1908 Nazareth, Palästina
Missionslehrerin
∞ 29. 12. 1936 Oborne, Dorset GB
*William* Walter **Vellacott**
* 30. 8. 1910 West Thurrock, Essex
Farmer und Prediger der Brüdergemeine — preacher in the Brethren
Eltern: Walter **Vellacott**, Farmer
Elizabeth **Gill**

Kinder:

1. *Ruth* Violet, * 20. 10. 1937 Aveley, Essex G 9321
2. *John* William, * 28. 6. 1939 Aveley G 9322
3. *Rosemary* Elizabeth, * 4. 10. 1941 Aveley G 9323
4. *Jennifer* Alice, * 5. 5. 1943 Aveley G 9324
5. *Michael* Nelson, * 22. 1. 1945 Aveley G 9325

**G 9321** *Ruth* Violet **Vellacott** (Eltern: G 932)

* 20. 10. 1937 Aveley, Essex
Ausbildung: Wadhurst School, London Bible College, G.R.S.M. (Graduate of the Royal Schools of Music) und Royal College of Music; Musiklehrerin, 15 Jahre Missionarin mit S.I.M. (Sudan Interior Mission) in Westafrika.
∞ 17. 9. 1966 Aveley
Donald Robert **Banks**
* 6. 5. 1936 Isleworth westl. London

Stud. London Bible College, M.A. in African Studies, Journalist, Literature Missionary 16 Jahre in Nigeria und Ghana mit S.I.M., dann Editor (Herausgeber) der Challenge Publications in England.
Eltern: Horace und Irene **Banks**
Kinder:
1. *Judith* Elizabeth, * 18. 6. 1967 Jos, Nigeria; Stud. Sprachen, B.A. in Linguistics, Lehrerin – teacher (Juniors).
2. *Graham* David, * 28. 11. 1970 Accra, Ghana G 932 12

**G 932 12** *Graham* David **Banks** (Eltern: G 9321)
* 28. 11. 1970 Accra, Ghana
Buchhalter – Senior Accountant bei Fa. Nevile Russell in Brighton
∞ 31. 7. 1993 Worthing, Sussex
*Nikki* Jane **Gould**
* 11. 11. 1972 Epping nordöstl. London
Sekretärin
Eltern: John und Cathy **Gould**

**G 9322** *John* William **Vellacott** (Eltern: G 932)
* 28. 6. 1939 Aveley, Essex
Farmer und Lehrer, Stud. University of Reading, Church Warden — Kirchenältester.
∞ 18. 8. 1962 Gillingham, Kent
Ella **Mottram**
* 26. 6. 1937 Gillingham
Stud. University of Reading, B.A., Lehrerin, Teacher of English Literature.
Eltern: Albert und Isabella **Mottram**
Kinder:
1. Timothy John, * 9. 11. 1963 Aveley; Stud. Oriel College Oxford, Dr., Research Fellow.
2. Jane Maria, * 10. 5. 1966 Aveley G 932 22

**G 932 22** Jane Maria **Vellacott** (Eltern: G 9322)
* 10. 5. 1966 Aveley, Essex
Stud. St. Lawrence College, B.Sc. in Applied Biology (Bath), arbeitet in Quality Assurance — Qualitätssicherung in Fa. Astra.

∞ 7. 9. 1991 Aveley
*Walter* Grant **Cook**
∗ 23. 10. 1967 Glasgow
Stud. Pharmacy, Ph.D., Forschungschemiker — Research Chemist für Fa. Astra.
Eltern: David und Margaret **Cook**
Kind:
1. Isobel, ∗ 30. 10. 1995 Nottingham

**G 9323** *Rosemary* Elizabeth **Vellacott** (Eltern: G 932)
∗ 4. 10. 1941 Aveley, Essex
Krankenschwester — Nurse, Ausbildung St. Bartholomew's Hospital London.
∞ 26. 6. 1965 Aveley
*John* Deaville **Thompstone**
∗ 14. 8. 1939 Cheadle Hulme
Pfarrer – Reverend, Rural Dean, Vicar St. Georges Poynton bei Manchester, Cheshire 1991.
Eltern: William Gordon und Margaret Joyce **Thompstone**
Kinder:
1. Helen, ∗ 6. 5. 1966 Chester G 932 31
2. Andrew, ∗ 7. 4. 1968 Chester G 932 32

**G 932 31** Helen **Thompstone** (Eltern: G 9323)
∗ 6. 5. 1966 Chester
Krankenschwester – nurse, Ausbildung St.Bartholomew's Hospital London, Hebamme – trained midwife in Bradford.
∞ 10. 9. 1988 Shipley, West Yorkshire
Michael **Douglas**
∗ 11. 6. 1963 Bangor
Krankenpfleger, Registered General Nurse, District Nurse
Eltern: Robert und Joan **Douglas**
Kinder:
1. Ruth, ∗ 7. 6. 1991 Bradford
2. Daniel, ∗ 21. 1. 1993 Bradford
3. Joshua, ∗ 7.7.1995 Bradford

**G 932 32** Andrew **Thompstone** (Eltern: G 9323)
∗ 7. 4. 1968 Chester
Stud. Repton College, B.Sc. York University, A.I.M.S. (Associate

of the Institute of Management Services), F.P.C. (Financial Planning Certificate), Manager Prudential Insurance Co.
∞ 10. 9. 1994 Longthorpe Peterborough
Sarah **Frank**
* 26. 3. 1968 Ickenham westl. London
A.I.M.S.
Eltern: Leonard und Mary **Frank**

**G 9324** *Jennifer* Alice **Vellacott** (Eltern: G 932)
* 5. 5. 1943 Aveley, Essex
Lehrerin, Hausfrau – teacher, housewife, Church Music Director, Prayer Ministry and Healing.
∞ 13. 4. 1966 Aveley
Douglas **Jamieson**
* 26. 9. 1938 Berlin, Deutschland
Stud. Oakhill Theological College, Reverend, Clerk in Holy Orders (Geistlicher der anglikanischen Kirche), Curate Shrewsbury, Bucknall on Trent, Staffordshire, Otley, West Yorkshire, Vicar St. Marks Utley – Keighley, Lancashire 1974.
Eltern: William **Jamieson**
Grace **Wallace**
Kinder:
1. *Wendy* Alice, * 10. 6. 1967 Shrewsbury G 932 41
2. Gareth, * 4. 5. 1969 Bucknall, Stoke-on-Trent; Ingenieur, selbständig

**G 932 41** *Wendy* Alice **Jamieson** (Eltern: G 9324)
* 10. 6. 1967 Shrewsbury
B.A. (education), Lehrerin – teacher 1990–1993, housewife.
∞ 14. 10. 1991 Keighley, Yorkshire
Richard **Price**
* 28. 10. 1961 Split, Jugoslawien
Stud. Chemie, Dr. of Chemistry, postdoctorate research Oxford University 1986–1988, bei Shell Research Ltd. seit 1988, Anglican Lay Reader.
Eltern: Leonard Sidney und Adrienne Mary **Price**
Kinder:
1. Timothy John, * 4. 3. 1993 Chester
2. Naomi Joy, * 24. 12. 1994 Chester
3. ... * Juli 1997

G 9325 *Michael* Nelson **Vellacott** (Eltern: G 932)
* 22. 1. 1945 Aveley, Essex
M.D., Arzt Guy's Hospital London, 1984 General Practitioner in Wrexham, Glwyd.
∞ 6. 11. 1971 Guildford, Surrey
Mary **Brewster**
* 30. 6. 1948 London
Krankenschwester – Nurse, Ausbildung Guy's Hospital London
Eltern: Cyril und Joan **Brewster**
Kinder:
1. *David* Michael, * Wrexham 26. 3. 1973, B.Sc. in Technical Design
2. Jonathan, * 28. 5. 1976 Wrexham, Stud. Electronic engineering

G 933 Reginald Henry (Rex) **Carpenter** (Eltern: G 93)
* 4. 3. 1910 Jaffa, Palästina
Dr. med., Missionsarzt, Praktischer Arzt (Medical Practitioner) in Chislehurst, Kent.
∞ 28. 8. 1937 Isfahan, Iran
Kathleen **Evans**
* 12. 12. 1906 Dublin, Irland, † 6. 8. 1972 Petts Wood, Kent
Krankenschwester – Nurse
Kinder:
1.. Eileen Bethle, * 18. 6. 1939 London; behindert, lebt beim Vater.
2. Frances Mary, * 25. 11. 1940 London G 9332

G 9332 Frances Mary **Carpenter** (Eltern: G 933)
* 25. 11. 1940 London
Krankenschwester – Nurse in Minster, Isle of Sheppey, Kent
∞ 1963
Robert **Gilmour**
* 9. 5. 1934
Kinder:
1. Ian Fraser, * 1964 Bromley, Kent; Bank Manager in Orpington, Kent
2. Ruth Fiona, * 1966 Bromley G 933 22
3. Kevin Reginald, * 1968 Bromley G 933 23

**G 933 22** Ruth Fiona **Gilmour** (Eltern: G 9332)
∗ 1966 Bromley, Kent
∞ 1992 Isle of Sheppey, Kent
Anthony **Stubley**
∗ 1963 London
Policeman – Polizist
Kind:
1. Gregory Hern, ∗ 1995 Sidcup, Kent

**G 933 23** Kevin Reginald **Gilmour** (Eltern: G 9332)
∗ 1968 Bromley, Kent
Bankbeamter – Bank official in Seal, Kent
∞ 1993
Victoria **Webb**
∗ 1969
Nurse – Krankenschwester

**G 934** Cyril Nelson **Carpenter** (Eltern: G 93)
∗ 25. 10. 1912, † 1946 bei Diss, Norfolk beim Testen eines neuen Flugzeugs
Berufssoldat, Group Captain, Wing Commander bei der Royal Air Force.
∞ 1940
Judith (Judy) **Evans**
Judith Evans: ∞ II: ... **Babbington**, in Dublin
3 Kinder:
1. Cecil Susanne, ∗ 1941; ∞ ... **Lucas**, in Australien

**G 935** *Doris* Alice **Carpenter** (Eltern: G 93)
∗ 25. 10. 1918 Calne, Wiltshire
Krankenschwester (State Registered Nurse), Ausbildung am St. Bartholomew's Hospital London.
∞ 1. 10. 1946 Oborne, Dorset
William Hugh **Whelan**
∗ 17. 2. 1919 Lincolnshire, † 4. 12. 1967 London
Stud. Medizin St. Bartholomew's Hospital London, M.D., Arzt
Eltern: Benjamin **Whelan**, M.D. Arzt
Phoebe ...
Kinder:
1. Pamela Joyce, ∗ 18. 11. 1947 London G 9351
2. Nicholas Hugh, ∗ 4. 3. 1949 London G 9352

**G 9351** Pamela Joyce **Whelan** (Eltern: G 935)
∗ 18. 11. 1947 London
Channing School in London, Ausbildung zur Krankenschwester am St. Bartholomew's Hospital in London (State Registered Nurse).
∞ 9. 4. 1983 Chesham, Bucks.
Michael Peter **Riches**
∗ 12. 6. 1952 London
Lehrer für Klarinette an der Heathfield School, Taunton, Somerset, National Service in der Armee.
Eltern: Peter und Muriel **Riches**
Kinder:
1. Neil Simon, ∗ 3. 5. 1985 Taunton
2. Laura, ∗ 31. 7. 1986

**G 9352** Nicholas Hugh **Whelan** (Eltern: G 935)
∗ 4. 3. 1949 London
Highgate School, Stipendium am Oriel College in Oxford, Rechtsanwalt – Lawyer.
∞ 3. 7. 1976 Gloucestershire
Lydia Mary **Judd**
∗ 13. 11. 1952 Gloucestershire
Social worker – Sozialarbeiterin
Eltern: John **Judd**, Rechtsanwalt
Eileen …
Kinder:
1. Catherine Clare, ∗ 3. 8. 1979 London; Stud. Dr. Challoners High School, Little Chalfont, Bucks.
2. Benjamin William John, ∗ 21. 9. 1982 Chesham, Bucks.

**G 94** Margarethe (Daisy) **Wolters** (Eltern: G 9)
∗ 18. 1. 1884 Jerusalem
∞ 1918 Graudenz / Grudziadz, Polen
Wilhelm *Karl* Hermann **Olmesdahl**
∗ 20. 8. 1887 Krefeld, † 17. 12. 1969 Krefeld
Ausbildung als Tischler, Ausbildung in der Pilgermissionsanstalt St. Chrischona 1911, Stadtmissionar in Graudenz 1915, in der Stadtmission Hamburg 1918, Pirmasens 1927, im Diakonissenmutterhaus Kinderheil in Stettin-Finkenwalde als Geistlicher

und Lehrer an der Schwesternschule und bei den Fürsorgekindern, Lehrauftrag an der Kirchenmusikschule Finkenwalde 1929, Krankenhausseelsorger in Damgarten, Vorpommern 1945, Prediger in Krefeld, Anstaltsdienst in verschiedenen Häusern des Mutterhauses Kinderheil im Oberbergischen Kreis 1946, Seelsorger an neun Krankenhäusern und Altenheimen in Krefeld 1947, als Geistlicher ordiniert in der Lutherkirche Krefeld 17. 3. 1948, Pfarrer der evang. Gemeinde bis 1956.

Kind:

1. Ingeborg, * 1926, † 1946

# Stamm Werner

2. – 3. – 4. – 5. – 6. Generation

- W Karl Werner
  - W 1 Samuel Werner
    - W 12 Hermann Werner
    - W 13 Hanns Werner
      - W 131 Wolfgang Werner
        - W 1312 Ulrich W.
        - W 1313 Gerhard W.
        - W 1314 Plischke
        - W 1316 Dinkelmann
      - W 132 Horst-Wilfried Pietz
        - W 1321 Graf
        - W 1322 Schumacher
      - W 133 Walther Rieber
        - W 1331 Hanns Walther R.
        - W 1332 Klenner
    - W 14 Richard Werner
      - W 141 Georg Werner
        - W 1412 von Heymann
        - W 1413 Foltin
        - W 1414 Schmitthenner
      - W 142 Hermann Ecker
        - W 1421 Höfer
        - W 1422 Klaus E.
      - W 143 Klaus Werner
        - W 1432 Volk
      - W 144 Heinz Kühner
    - W 15 Friedrich Werner
      - W 151 Siegfried Werner
        - W 1511 Pankow
        - W 1512 Michael W.
      - W 152 Heinz Werner
        - W 1521 Axel W.
      - W 154 Dieter Werner
        - W 1541 Lorbeer
        - W 1542 Kiliani
        - W 1543 Heid
    - W 16 Heinrich Werner
      - W 161 Eckhardt Günther
        - W 1611 Gottfried G.
        - W 1612 Seiler
      - W 164 Konrad Werner
        - W 1641 Andreas W.
        - W 1642 Schoett
    - W 19 Gotthilf Werner
      - W 191 Haug/Feuerbacher
        - W 1912 Richter
        - W 1913 Andreas Haug
      - W 192 Walter Schneiderhan
        - W 1921 Kaiser
        - W 1922 Lorenz
        - W 1923 Nikolaus S.
        - W 1924 Mertsch
        - W 1925 Neubert
      - W 193 Peter W.
        - W 1931 Schretzenmayer
        - W 1932 Jochen W.
    - W 1B Paul Hornberger
  - W 2 Gotthilf Werner
    - W 21 Friedrich Buck
      - W 212 Paul Schuler
        - W 2123 Martin S.
        - W 2124 Werner S.
  - W 3 Israel Werner
    - W 32 Werner/Henderson
      - W 321 Paul Henderson
      - W 322 Roger Henderson
      - W 324 John Henderson

## **Stamm Werner** (1. Fortsetzung)

2. – 3. – 4. – 5. – 6. Generation

- W Karl Werner
  - W 4 Karl Elsäßer
    - W 41 Paul Laub
    - W 43 Nathanael Elsäßer
      - W 431 Gerhard Elsäßer
        - W 4312 Bacon
        - W 4313 Gerhard E.
        - W 4314 Martin E.
        - W 4315 Hermann E.
        - W 4317 Wilhelm E.
        - W 4318 Konrad E.
      - W 432 Friedrich Elsäßer
        - W 4322 David E.
        - W 4323 Vogel
    - W 45 Theodor Elsäßer
      - W 451 Georg Elsäßer
        - W 4511 Hartmut E.
    - W 46 Karl Elsäßer
      - W 461 Hans Joachim Schlunk
        - W 4613 Peter S.
        - W 4614 Jürgen S.
        - W 4615 Henkel/Janzen
    - W 48 Johannes Gutbrod
      - W 481 Karl Gutbrod
        - W 4811 Frik
        - W 4812 Scheffbuch
        - W 4813 Böhler
        - W 4814 Werner G.
      - W 482 Heinrich Gutbrod
        - W 4821 Hekler
        - W 4822 Hermann G.
        - W 4823 Walter G.
        - W 4824 Thoelke
        - W 4825 Lamparter
        - W 4826 Sultan
    - W 4C Martin Elsaesser
      - W 4C1 Hans-Peter Elsäßer
      - W 4C4 Walter Ruf
      - W 4C5 Sebastian Elsaesser
        - W 4C51 Johannes E.
        - W 4C52 Michael E.
        - W 4C54 Unter Ecker
  - W 5 Paul Langbein
    - W 51 Friedrich Lutz
      - W 511 Eduard Stübler
        - W 5113 Weiß
        - W 5114 Albrecht S.
      - W 513 Paul Lutz
        - W 5131 Plag
        - W 5132 Röhm
        - W 5134 Friedemann L.
        - W 5135 Reininghaus
      - W 514 Theodor Kübler
        - W 5142 Hans Martin K.
      - W 515 Erhard Eisenmann
        - W 5151 Klein
        - W 5152 Hanspeter E.
        - W 5153 Karrer
        - W 5154 Erhard E.
        - W 5155 Michael E.
        - W 5156 Konzelmann
        - W 5157 Sikora
      - W 516 Friedrich Lutz
        - W 5161 Steffani
        - W 5163 Dietrich L.
      - W 517 Heinrich Lutz
        - W 5171 Ziekur
      - W 518 Gerhard Lutz

## Stamm Werner (2. Fortsetzung)

2. | 3. | 4. | 5. | 6. Generation

- W Karl Werner
  - W 5 Paul Langbein
    - W 53 Paul Langbein
      - W 533 Heinrich Langbein
        - W 5331 Konrad L.
        - W 5332 Andreas L.
        - W 5333 Friedrich L.
      - W 534 Hermann Pfaff
        - W 5341 Ulrich P.
        - W 5342 Berseth
      - W 536 Hermann Langbein
        - W 5361 Tilmann L.
    - W 56 Siegfried Langbein
    - W 58 Ernst Dinkelacker
      - W 583 Siegfried Dinkelacker
        - W 5831 Albrecht D.
        - W 5833 Luft
        - W 5834 Stephan D.
        - W 5835 Forster
      - W 587 Hans Dinkelacker
        - W 5871 Bokel
        - W 5872 Friedrich D.
        - W 5873 Christoph D.
        - W 5874 Fercho
        - W 5876 Häcker
      - W 588 Albrecht Müller-Schöll
        - W 5883 Axel M.-S.
  - W 6 Heinrich Werner
    - W 61 Albrecht Werner
      - W 611 Bernhard Werner
        - W 6111 Hempelmann
        - W 6112 Tilmann W.
        - W 6113 Hugo-Friedrich W.
        - W 6114 Murasov
      - W 613 Johannes Triller
        - W 6131 Wolfram T.
        - W 6132 Albrecht T.
        - W 6133 Raschke
        - W 6134 Zühlke
        - W 6136 Jarmer
        - W 6138 Hans T.
    - W 63 Hermann Schmid
      - W 631 Werner Schmid
        - W 6312 Walter S.
      - W 632 Gerhard Gugeler
        - W 6322 Otterbach
        - W 6323 Gildemeister
        - W 6325 Brumana
    - W 64 Karl Werner
      - W 641 Otto Werner
        - W 6412 Albrecht W.
      - W 642 Peter Valentien
        - W 6421 Waldeck
      - W 643 Kurt Veit
        - W 6432 Friedrich V.
        - W 6433 Jürgen V.
    - W 65 Martin Werner
      - W 651 Werner Woide
        - W 6511 Hans-Martin W.
        - W 6512 Wolfgang W.
      - W 652 Locher/Otterbach/Gutbrod (= W 482)
      - W 654 Albrecht Werner
        - W 6541 Harald W.
      - W 655 Rolf Lindörfer
        - W 6551 Cremer
    - W 66 Gerhard Werner
      - W 661 Heinrich Werner
        - W 6612 Duinker
        - W 6613 René W.

## **Stamm Werner** (3. Fortsetzung)

2. – 3. – 4. – 5. – 6. Generation

- W Karl Werner
  - W 6 Heinrich Werner
    - W 66 Gerhard Werner
      - W 664Hans Werner
      - W 665 Walther Rieger
        - W 6651 Wolfgang R.
      - W 666 Karlfried Zeininger
        - W 6661 Mornhinweg
        - W 6662 Andreas Z.
  - W 7 Gustav Ritter
    - W 71 Gustav Ritter
      - W 712 Johannes Gruner/ Martin Bossert
        - W 7121 Martin Bossert
        - W 7122 Albrecht Bossert
        - W 7123 Christoph Bossert
    - W 72 Theodor Ritter
      - W 722 Hermann Gläsle
        - W 7221 Lutz
        - W 7223 Hans Martin G.
        - W 7224 Ruhs
        - W 7225 Mielck
    - W 73 Albert Beierbach
      - W 731 Gustav Beierbach
        - W 7311 Fischer
        - W 7312 Helmut B.
        - W 7313 Albrecht B.
      - W 732 Walter Beierbach
        - W 7322 Hans B.
        - W 7323 Wolber
        - W 7324 Hartmut B.
        - W 7325 Rodt
        - W 7326 Splinther
      - W 733 Arnold Beierbach
        - W 7331 Jörg B.
        - W 7333 Winkler
    - W 74 Julius Spieth
      - W 741 Reinhard Spieth
      - W 742 Helmut Spieth
        - W 7422 Hans Ulrich S.
        - W 7424 Wolfgang S.
        - W 7425 Albrecht S.
      - W 746 Theodor Spieth
        - W 7461 Dabelstein
        - W 7462 Hirsch
        - W 7463 Rudolf S.
      - W 747 Ernst Weichel
        - W 7471 Solodovnikov
        - W 7472 Brunner
        - W 7473 Rudolf W.
        - W 7474 Bernhard W.
    - W 75 Gottfried Hermelink
      - W 751 Siegfried Hermelink
        - W 7511 Wolf
        - W 7512 Ringe
        - W 7513 Kirchner
        - W 7514 Schwandt
        - W 7515 Mellon
      - W 752 Otto Krauß
        - W 7521 Hansjörg K.
      - W 754 Bernhard Hermelink
        - W 7541 Gräfnitz
        - W 7542 de Valk
        - W 7543 Gottfried H.
        - W 7545 Halbritter
      - W 755 Heinrich Hermelink
    - W 77 Heinrich Ritter
      - W 771 Hans Domidian
      - W 772 Bernhard Fischer
        - W 7721 Hans Martin F.

**Stamm Werner** (4. Fortsetzung)

| 2. | 3. | 4. | 5. | 6. Generation |
|---|---|---|---|---|
| W Karl Werner | W 7 Gustav Ritter | W 77 Heinrich Ritter | W 773 Heinz Lunken-heimer | W 7731 Racké |
| | | | | W 7732 Wolfgang L. |
| | | | | W 7733 Thomas L. |
| | | | | W 7734 Wirzberger |
| | | W 78 Bernhard Ritter | W 782 Hermann Dorfner | W 7822 Werner |
| | | | W 784 Hans Ritter | W 7841 Maier |
| | | | | W 7842 Köller |
| | | | | W 7844 Bernhard R. |
| | | | | W 7845 Mankel |
| | | | W 785 Martin Ritter | W 7851 Shek |
| | | | | W 7852 Schuster |
| | | | | W 7853 Akyildiz |
| | W 8 Friedrich Veil | W 81 Theodor Veil | W 811 Hans Thiele | |
| | | W 82 August Veil | W 821 Werner Zschiesche/Fritz Stolz | W 8211 Plattner |
| | | | W 822 Karl Veil | W 8221 Friedrich V. |
| | | | | W 8222 Gerhard V. |

**W** *Therese* Dorothee Marie **Zeller** (Eltern: Stammeltern S. 201)
∗ 18. 1. 1815 Zofingen AG, Schweiz , † 20. 5. 1894 Tübingen
Lit.: Zeller § 430, Werner I S. 52; Faber **25**, 564; Thiersch I S. 310 ff.; Zeller-Siegfried S. 24–28
∞ 2. 2. 1837 Beuggen bei Rheinfelden
*Karl* Friedrich **Werner**
∗ 14. 2. 1804 Stuttgart, † 24. 4. 1872 Fellbach bei Stuttgart
Stud. Theol. (Stift) Tübingen 1821, Mag. Tübingen 1825, Hauslehrer in Wilhelmshall bei Schwenningen 1825, Vikar in Schwenningen 1825, Repetent am Seminar in Blaubeuren 1826, wissenschaftliche Reise nach Bayern und Norddeutschland 1829–1830, Vikar in Wildbad 1830, Lehrer an der Missionsanstalt in Basel 1831, lehnte einen Ruf zur Leitung des Basler Missionshauses ab, Pfarrer in Effringen und Schönbronn bei Nagold 1834, Großheppach bei Waiblingen 1841, Fellbach 1849–1872.
Herausgeber der „Basler Sammlungen“ ca. 1838–1862, Vorstand des Ausschusses der Stuttgarter Brüderkonferenz 1857, Herausgeber des „Gemeinschaftsblattes“ seit 1859; Mitarbeiter der „Jugendblätter“.
*Stammeltern der Fellbacher Werner-Linie*

Verf.: Christian Gottlob Barth, Doktor der Theologie, nach seinem Leben und Wirken gezeichnet, Calw und Stuttgart 1865–1869 (3 Bde.)

Lit.: Samuel Werner: Erinnerungen aus dem Leben des seligen Karl Fr. Werner, Basel 1881; s. a. Der Christenbote 1874 und 1876;
zu den Nachkommen des Paares Zeller–Werner s. a. Werner-Familienstammbuch 1996/1997, S. 37–98 (Manuskript).

Eltern: Georg *Andreas* **Werner**, Oberpräzeptor am Gymnasium in Stuttgart
*Johanna* Juliane **Hartmann**
weitere Vorfahren siehe Ahnenliste Werner, S. 571

Kinder:
1. *Samuel* Heinrich, * 12. 1. 1838 Effringen W 1
2. Gotthilf, * 4. 11. 1839 Effringen W 2
3. *Israel* Paulus, * 3. 6. 1841 Effringen W 3
4. Marie *Sophie*, * 28. 4. 1843 Großheppach W 4
5. *Tabitha* Wilhelmine, * 9. 1. 1846 Großheppach W 5
6. Christian *Heinrich* Nathanael, * 21. 9. 1848 Großheppach W 6
7. *Johanna* Juliane Esther, * 16. 7. 1852 Fellbach W 7
8. *Martha* Theodora, * 18. 9. 1854 Fellbach W 8

**W 1** *Samuel* Heinrich **Werner** (Eltern: Stamm Werner)
* 12. 1. 1838 Effringen bei Nagold, † 18. 10. 1918 Winnenden
Stud. Theol. Tübingen (Stift) 1856, Vikar in Warmbronn bei Leonberg 1860, Fellbach 1862–1870, wissenschaftliche Reise nach Wuppertal, Holland und England 1870, Pfarrer in Effringen und Schönbronn bei Nagold 1870, Oberjettingen bei Herrenberg 1880, Unterweißach bei Backnang 1893, Mitglied des Brüderrates der altpietistischen Gemeinschaften 1905; pensioniert 1908 in Winnenden; Friedrichsorden I. Klasse 1908.
Herausgeber des „Jünglingsboten“, der „Erbaulichen Mitteilungen“ (Blatt der pietistischen Gemeinschaft) 1892–1912.

Verf. Erinnerungen aus dem Leben des sel. Karl F. Werner, Basel 1881

Lit.: Zeller § 430,1; Werner I S. 53, Zeller-Siegfried S. 24

∞ 24. 10. 1871 Nagold
*Wilhelmine* Karoline **Öffinger**
* 24. 3. 1846 Nagold, † 25. 6. 1924 Winnenden
Eltern: Karl **Öffinger**, Apotheker in Nagold
*Charlotte* Karoline **Rühle**

Kinder:

1. *Karl* Friedrich, * 20. 11. 1872 Effringen, † 2. 1. 1874 Effringen
2. Gotthilf *Hermann*, * 21. 1. 1874 Effringen W 12
3. Johannes, * 16. 2. 1875 Effringen W 13
4. Samuel *Richard*, * 4. 3. 1876 Effringen W 14
5. Gustav *Friedrich*, * 23. 4. 1877 Effringen W 15
6. Christian *Heinrich*, * 21. 9. 1878 Effringen W 16
7. Ernst, * 24. 6. 1880 Oberjettingen, † 30. 8. 1880 Oberjettingen
8. Anonymus, * 20. 9. 1881 Oberjettingen, † 23. 9. 1881 Oberjettingen
9. *Gotthilf* Wilhelm, * 27. 11. 1882 Oberjettingen W 19
10. *Elisabeth* Wilhelmine Mathilde (Liesel), * 15. 8. 1884 Oberjettingen, † 30. 1. 1953; Säuglingspflegerin, wohnte in Winnenden.
11. *Lydia* Therese Charlotte, * 18. 12. 1889 Oberjettingen W 1B

**W 12** Gotthilf *Hermann* **Werner** (Eltern: W 1)

* 21. 1. 1874 Effringen bei Nagold , † 23. 2. 1955 Stuttgart

Stud. Theol. Tübingen (Stift) 1892, 1. theol. Dienstprüfung 1896, Einjährig-Freiwilliger Tübingen 1896, Stud. Bauingenieur und Eisenbahnhochbau Technische Hochschule Stuttgart 1898, Regierungsbauführer 1903, Regierungsbaumeister 1907, Hilfslehrer an der Baugewerkschule Stuttgart 1906–1909, Ingenieur in Neustadt an der Weinstraße 1910, Oberingenieur in Stolp, Pommern 1911, Schriftsteller Stuttgart 1912, bei Baurat Hengerer Stuttgart 1913, im Krieg als Oberleutnant und Hauptmann der Landwehr 1914–1918, im Arbeitsministerium Stuttgart 1918–1919, Schriftsteller und Geschäftsführer verschiedener Vereine 1919.

Verf.: Die Stotzinger Mühle zu Balingen, Beilage zum Balinger Volksfreund 16. 12. 1930, 5. 1. 1931

Lit.: Werner I S. 58

∞ 30. 8. 1930 Stuttgart

*Johanna* Luise **Weller**

* 5. 12. 1894 Stuttgart

seit 1920 Inhaberin der Schreibstube „Stella“ in Stuttgart

Eltern: *Johann* Georg **Weller**, Bankangestellter in Stuttgart
Luise **Hörz** aus Waiblingen

**W 13** Johannes (Hanns) **Werner** (Eltern: W 1)
∗ 18. 2. 1875 Effringen bei Nagold , † 7. 4. 1950 Aalen
Einjährig-Freiwilliger Tübingen 1894, Stud. Med. Tübingen 1894–1899, Dr. med. 1899, Assistenzarzt Tübingen, Gießen, Kiel, Tübingen 1899–1905, Arzt in Venedig 1905–1914, Stabsarzt im Krieg 1914–1918, Reservelazarett Feuerbach bei Stuttgart 1918–1919, Chirurg und Chefarzt des Bezirkskrankenhauses Aalen 1919, Betriebsarzt bei Alfing 1941, praktischer Arzt Aalen 1946.
Lit.: Werner I S. 58; DGB **96**, 11, 338.
∞ 5. 8. 1907 Tübingen
*Julie* Auguste Elisabeth Minna **Brill**
∗ 24. 11. 1883 München, † 1. 10. 1986 Aalen
Eltern: *Alexander* Wilhelm **von Brill**, Professor für Mathematik in München und Tübingen
*Anna* Johannette Christiane **Schleiermacher**
Kinder:
1. *Wolfgang* Konrad Richard Jürgen,
∗ 30. 5. 1908 Venedig W 131
2. *Käthe* Elise, ∗ 3. 6. 1910 Venedig W 132
3. *Eleonore* Margarete (Lore), ∗ 11. 1. 1912 Venedig W 133
4. *Eberhard* Friedrich Marinos, ∗ 26. 7. 1920 Aalen , vermißt seit 12. 7. 1943 bei Orel, Rußland, Fahnenjunker im Artillerieregiment Nr. 25 in Ludwigsburg, aktiver Offizier, Hauptmann der Artillerie.
5. *Ulrich* Heinrich (Uz), ∗ 5. 6. 1922 Aalen, gefallen bei Nagybayonn/Böhönye südlich des Plattensees 6. 3. 1945; Hauptmann der Gebirgsjäger, Kampfgruppenführer, zahlreiche Auszeichnungen (Deutsches Kreuz in Gold).

**W 131** *Wolfgang* Konrad Richard Jürgen **Werner** (Eltern: W 13)
∗ 30. 5. 1908 Venedig
Baupraxis 1926, Stud. Architektur Technische Hochschule Stuttgart und Berlin 1927–1931, Diplomingenieur, Regierungs-Bauführer 1932, Prüfung als Regierungs-Baumeister 1935, Privatarchitekt in Stuttgart und Berlin, selbständiger Architekt in Aalen 1947; Wehrdienst 1935–1937, Reserveoffizier-Anwärter.
Lit.: Werner II S. 22; DGB **96**, 11
∞ 10. 2. 1945 Schnaitheim bei Heidenheim
Hannelore **Haug**
∗ 6. 9. 1921 Schnaitheim

Buchhändlerin
Eltern: Karl **Haug**, Oberlehrer in Schnaitheim
Hanna **Bläßle**
Kinder:
1. Ute, * 1. 11. 1945 Aalen,
† 10. 11. 1945 Schnaitheim bei Heidenheim
2. Ulrich (Uz), * 31. 7. 1947 Aalen W 1312
3. Gerhard, * 20. 3. 1950 Aalen W 1313
4. Luitgard, * 23. 2. 1952 Aalen W 1314
5. Hildegund, * 10. 5. 1953 Aalen; Musiklehrerin in Mülheim an der Ruhr
6. Irmela, * 29. 6. 1955 Aalen W 1316

**W 1312** Ulrich (Uz) **Werner** (Eltern: W 131)
* 31. 7. 1947 Aalen
Diplomingenieur
∞ Sonja **Demuth**
* 8. 11. 1956
Kauffrau
Eltern: Adolf **Demuth**
Elisabeth **Schmidt**
Kind:
1. Ellen Lucie, * 22. 9. 1995

**W 1313** Gerhard **Werner** (Eltern: W 131)
* 20. 3. 1950 Aalen
Reprofotograf in Stuttgart und Marbach
∞ 10. 9. 1982
Martine **Morel**
* 21. 6. 1951
Realschullehrerin
Kind:
1. Lea Cécilie,* 7. 2. 1988

**W 1314** Luitgard **Werner** (Eltern: W 131)
* 23. 2. 1952 Aalen
Diplomingenieur (FH), Architektin
∞ Wolfgang **Plischke**
* 22. 1. 1950

**W 1316** Irmela **Werner** (Eltern: W 131)
∗ 29. 6. 1955 Aalen
∞ 20. 10. 1978
Friedrich **Dinkelmann**
∗ 12. 3. 1949
Diplomingenieur, Abteilungsleiter
Kinder:
1. Max, ∗ 29. 9. 1981
2. Joachim (Jox), ∗ 21. 4. 1983
3. Uz, ∗ 21. 4. 1983
4. Leonie, ∗ 27. 9. 1994

**W 132** *Käthe* Elise **Werner** (Eltern: W 13)
∗ 3. 6. 1910 Venedig
Stud. Phil. Tübingen, Jena 1930, Staatsschule für angewandte Kunst Nürnberg und Kunstgewerbeschule Stuttgart; Graphikerin in München .
Lit.: Werner II S. 22, DGB **96**, 11
∞ 17. 3. 1945 Aalen
Horst-Wilfried **Pietz**
∗ 24. 3. 1919 Hannover, † 1. 4. 1985
Stud. Architektur Technische Hochschule Hannover, München, Diplomingenieur, Architekt.
Eltern: Georg Karl **Pietz**, Kriminaloberkommissar in Hannover
Elisabeth **Schmitz**
Kinder:
1. Monika, ∗ 11. 11. 1946 Aalen W 1321
2. Claudia, ∗ 2. 3. 1948 München W 1322

**W 1321** Monika **Pietz** (Eltern: W 132)
∗ 11. 11. 1946 Aalen
Lehrerin
∞ Uwe **Graf**
∗ 22. 5. 1940 München
Diplomingenieur, Architekt in München
Kind:
1. Luzi, ∗ 14. 4. 1981 München

**W 1322** Claudia **Pietz** (Eltern: W 132)
∗ 2. 3. 1948 München

∞ 3. 10. 1970
Hansjörg **Schumacher**
∗ 6. 5. 1945
Praktischer Arzt in Schwäbisch Gmünd
Eltern: Dr. Karl **Schumacher**, Pfarrer in Stuttgart
Gertrud **Wurm**
Kinder:
1. Ulrike, ∗ 17. 10. 1981 Schwäbisch Gmünd
2. Julia (adoptiert), ∗ 11. 4. 1978 München

**W 133** *Eleonore* Margarete (Lore) **Werner** (Eltern: W 13)
∗ 11. 1. 1912 Venedig
Staatsschule für angewandte Kunst in Nürnberg und Kunstgewerbeschule Stuttgart 1930–1934, Innenarchitektin in Stuttgart, später Aalen.
Lit.: Werner II S. 22, DGB **96**, 11
∞ 24. 4. 1943 Aalen
Walther **Rieber**
∗ 18. 5. 1916 Dresden, gefallen in Skoplie bei Kumanovow, Bulgarien 20. 10. 1944
Stud. Architektur Technische Hochschule Stuttgart, Diplomingenieur, Architekt.
Eltern: Walther **Rieber**, Architekt in Freiburg im Breisgau
Johanna **Lehmann**
Kinder:
1. Hanns Walther, ∗ 20. 2. 1944 Aalen W 1331
2. *Verena* Renate (Vreneli), ∗ 3. 4. 1945 Aalen W 1332

**W 1331** Hanns Walther **Rieber** (Eltern: W 133)
∗ 20. 2. 1944 Aalen
Betriebswirt, Kaufmännischer Angestellter in Aalen
∞ 21. 12. 1968
Renate **Häusler**
10. 6. 1949 Aalen
Eltern: Willi **Häusler**, Bäckermeister in Breslau
Gertrud **Häusler**
Kinder:
1. Corinna, ∗ 1. 5. 1969 Aalen
2. Anja, ∗ 23. 11. 1975 Aalen
3. Marc, ∗ 25. 10. 1978 Aalen

**W 1332** *Verena* Renate (Vreneli) **Rieber** (Eltern: W 133)
∗ 3. 4. 1945 Aalen
Sekretärin in München
∞ 4. 10. 1968
Axel **Klenner**
∗ 20. 9. 1943 Aalen
Dr. med. vet., praktischer Tierarzt in Linx am Rhein bei Kehl
Eltern: Dr. Peter-Michael **Klenner**, Facharzt in Aalen
Edith **Meinecke**

**W 14** Samuel *Richard*, Namensänderung 6. 7. 1906 in
Richard **Werner** (Eltern: W 1)
∗ 4. 3. 1876 Effringen bei Nagold, † 16. 10. 1949 Heilbronn
Pharmazie-Lehre in Schwäb. Gmünd 1891, Apothekengehilfe in Ravensburg, Tübingen und Winterthur 1895–1896, Stud. Pharmazie Tübingen 1897–1899, Assistent in Hamburg, Berlin, Heilbronn, Stuttgart, Tettnang, Stuttgart 1910–1914, Apothekenverwalter Blaubeuren 1915-1919, militärische Ausbildung in Ulm 1916–1917, Apotheker Blaubeuren 1920, Heilbronn Apotheke beim Fleiner Tor 1924.
Lit.: Werner I S. 59; Lechler S. 88
∞ 12. 11. 1914 Stuttgart
*Martha* Charlotte Auguste **Gros**
∗ 13. 6. 1889 Schorndorf, † 22. 1. 1966 Heilbronn
Eltern: Immanuel **Gros**, Stadtpfarrer an der Leonhardskirche und Amtsdekan in Stuttgart
Auguste **Betulius**, s. a. W 16
Kinder:
1. *Georg* Dietrich Richard (Jörg), ∗ 19. 12. 1915 Blaubeuren W 141
2. *Susanne* Luise Martha (Suse), ∗ 8. 1. 1919 Blaubeuren W 142
3. *Klaus* Dietrich, ∗ 9. 3. 1921 Blaubeuren W 143
4. *Renate* Auguste Wilhelmine, ∗ 1. 7. 1926 Heilbronn W 144

**W 141** *Georg* Dietrich Richard (Jörg) **Werner** (Eltern: W 14)
∗ 19. 12. 1915 Blaubeuren, † 28. 12. 1998 Heilbronn
Arbeitsdienst 1934, Apothekenpraktikant in Endersbach 1934–1936, Stud. Pharmazie Freiburg im Breisgau, Königsberg, München 1939, Apothekenassistent Heilbronn 1940, Apotheker in Heilbronn 1946; Wehrdienst 1941–1946.

Lit.: Werner II S. 23; Lechler S. 88
∞ 27. 4. 1942 Heilbronn
*Brigitte* Hedwig Marie Lina **Müller**
∗ 3. 1. 1920 Backnang
Eltern: Paul **Müller**, Apotheker in Backnang
Maria **Hieber**
Kinder:
1. Ute, ∗ 9. 5. 1948 Heilbronn; Dr., Apothekerin in Kiel; Lebensgefährte Johannes Friedrichsen, Apotheker.
2. Beate, ∗ 28. 2. 1950 Heilbronn W 1412
3. Eva, ∗ 12. 10. 1953 Heilbronn W 1413
4. Susanne, ∗ 8. 8. 1957 Heilbronn W 1414

**W 1412** Beate **Werner**, Familienname **Werner** (Eltern: W 141)
∗ 28. 2. 1950 Heilbronn
Dr. med., Ärztin für Allgemeinmedizin in Bremen
∞ Wolfgang **von Heymann**
∗ 11. 9. 1950
Dr. med., Arzt in Bremen
Eltern: Joachim und Marion **von Heymann**
Kind:
1. Jan Michael **Werner**, ∗ 19. 10. 1988 Bremen

**W 1413** Eva **Werner**, Familienname **Werner** (Eltern: W 141)
∗ 12. 10. 1953 Heilbronn
Diplompsychologin in Fischen im Allgäu
∞ 28. 8. 1992
Reinhard **Foltin**
∗ 7. 4. 1954
Therapeut
Eltern: Willy **Foltin**, Pfarrer, und Frau Lore
Kind:
1. *Juliane* Leoni **Werner**, ∗ 14. 8. 1996 Sonthofen

**W 1414** Susanne **Werner** (Eltern: W 141)
∗ 8. 8. 1957 Heilbronn
Diplompsychologin in Karlsruhe
∞ 11. 9. 1987
Hermann **Schmitthenner**
∗ 17. 6. 1946

Oberstudienrat in Karlsruhe
Eltern: Dr. Walter **Schmitthenner**, Professor für Alte Geschichte an der Universität Saarbrücken (Kürschner 1966)
Dr. med. Eva **Wolf**
Kind:
1. *Moritz* Christian, * 7. 5. 1998 Karlsruhe

**W 142** *Susanne* Luise Martha (Suse) **Werner** (Eltern: W 14)
* 8. 1. 1919 Blaubeuren
in Heilbronn
Lit.: Werner II S. 23; Lechler S. 88
oo I: 2. 11. 1940 Heilbronn
Hans *Hermann* **Ecker**
* 4. 1. 1914 Feuerbach bei Stuttgart,
† 7. 2. 1943 in Rußland bei Stalingrad vermißt
Stud. Physik Berlin und München bis 1939, Dr. rer. nat., Physiker an der Technischen Hochschule München.
Eltern: Dr. Karl **Ecker**, Chemiker in Berlin
Clara **Hieber**
oo II: 28. 4. 1956
Peter-Harro **Levsen**
* 25. 11. 1910 Breslau, † 30. 11. 1985 Rottweil
Dr., Steuerberater in Rottweil
Eltern: Johann Hinrich **Levsen**, Generalsekretär des CVJM in Berlin
Frieda **Zimmermann**
Kinder:
1. *Sibylle* Klara Martha **Ecker**, * 1. 9. 1941 München W 1421
2. *Klaus* Hermann **Ecker**, * 7. 9. 1942 Heilbronn W 1422

**W 1421** *Sibylle* Klara Martha **Ecker** (Eltern: W 142)
* 1. 9. 1941 München
Lehrerin in Korb bei Waiblingen
oo Ernst **Höfer**
Dr., Professor für Mathematik in Schwäbisch Gmünd
Eltern: ...und Elisabeth **Höfer**
Kinder:
1. Monika, * 18. 4. 1976 Waiblingen
2. Silke, * 14. 3. 1979 Waiblingen

**W 1422** *Klaus* Hermann **Ecker** (Eltern: W 142)
∗ 7. 9. 1942 Heilbronn
Physiker in Berlin
∞ 21. 12. 1979
Hansine **Kopetsch**
Mutter: Leni **Salewski-Kopetsch**
Kinder:
1. Susanne Katrin, ∗ 1. 6. 1980
2. Moritz, ∗ 10. 9. 1982

**W 143** *Klaus* Dietrich **Werner** (Eltern: W 14)
∗ 9. 3. 1921 Blaubeuren
Stud. Architektur Stuttgart, Innenarchitekt in Heilbronn
∞ 5. 6. 1954 Stuttgart
Gerda **Schuler**
∗ 23. 12. 1926 Stuttgart
Sekretärin
Eltern: Johannes **Schuler**, Polizeibeamter
Lina **Jägel**
Kinder:
1. Brigitte, ∗ 8. 4. 1955 Stuttgart; Sozialpädagogin in Stuttgart
2. Regine, ∗ 11. 7. 1957 Stuttgart W 1432

**W 1432** Regine **Werner** (Eltern: W 143)
∗ 11. 7. 1957 Stuttgart
Juristin, Dozentin an der Fachhochschule für Finanzen
in Ludwigsburg, wohnt in Bonfeld bei Heilbronn.
∞ 30. 12. 1996
Wilfried **Volk**
∗ 18. 8. 1954 Kirchhausen bei Heilbronn
Diplombetriebswirt
Eltern: Walter **Volk**
Helga **Fischer**

**W 144** *Renate* Auguste Wilhelmine **Werner** (Eltern: W 14)
∗ 1. 7. 1926 Heilbronn
Apothekerin in Heilbronn, später in Ludwigshafen am Rhein
∞ 24. 4. 1954 Heilbronn
Heinz **Kühner**
∗ 18. 2. 1925 Frankenthal

Diplomingenieur bei BASF, Ludwigshafen, zuletzt Direktor der Abteilung Bautechnik und Infrastruktur.
Eltern: Wilhelm **Kühner**, Werkmeister in Frankenthal
Luise **Engelmann**
Kind:
1. Jürgen **Melzer-Kühner** (Pflegesohn),
∗ 21. 3. 1959 Heidelberg W 1441

**W 1441** Jürgen **Melzer- Kühner** (Eltern: W 144)
∗ 21. 3. 1959 Heidelberg
Justitiar in Veitshöchheim bei Würzburg
∞
Petra **Hintermaier**
∗ 24. 10. 1959
Säuglingskrankenschwester, auf einer Intensivstation für Frühgeborene.
Eltern: Hans und Erna **Hintermaier**
Kinder:
1. Kathrin, ∗ 13. 8. 1985 Würzburg
2. Matthias, ∗ 27. 5. 1990 Würzburg
3. Kristina, ∗ 13. 11. 1997 Würzburg

**W 15** Gustav *Friedrich* **Werner** (Eltern: W 1)
∗ 23. 4. 1877 Effringen bei Nagold,
† 12./13. 12. 1941 Stuttgart-Sonnenberg
Elektrikerlehre Stuttgart 1892, Einjährig-Freiwilliger Tübingen 1896, Stud. Ing. (Elektrotechnik) Technische Hochschule Stuttgart 1897–1902, Ingenieur Tübingen, Stuttgart, Heidenheim 1902–1905, Direktor des Städtischen Gas- und Elekrizitätswerkes Heidenheim 1905, Kriegsdienst als Offiziersstellvertreter und Leutnant der Landwehr in der Heimat 1914–1916, im Feld 1916–1918, Ruhestand Heidenheim 1934, dann Stuttgart-Sonnenberg.
Lit.: Werner I S. 59
∞ 3. 9. 1908 Stuttgart
*Anna* Therese Benigna **Helbling**
∗ 22. 12. 1888 Stuttgart,
† 27. 6. 1959 Schloß Sindlingen bei Herrenberg
Eltern: Ernst **Helbling**, Kaufmann in Stuttgart
Henriette **Bienemann**

Kinder:
1. Ernst *Siegfried* (Sieger), * 20. 9. 1909 Heidenheim W 151
2. *Heinz* Ulrich, * 22. 5. 1911 Stuttgart W 152
3. Fritz, * 14. 9. 1917 Stuttgart,
gefallen bei Kamienobrod bei Lemberg 28. 6. 1941
4. Dieter, * 11. 4. 1920 Heidenheim W 154

**W 151** Ernst *Siegfried* (Sieger) **Werner** (Eltern: W 15)
* 20. 9. 1909 Heidenheim an der Brenz
Stud. Med. Tübingen, Berlin, Kiel, Freiburg im Breisgau 1928–1933, Assistenzarzt an der Universitätskinderklinik in Freiburg 1933, Dr. med. 1934, Facharzt für Kinderheilkunde 1938, Kinderarzt in Freiburg, Wehrdienst 1939–1945.
Lit.: Werner II S. 24
∞ 27. 6. / 2. 7. 1936 Freiburg
*Ilse* Lotte **Haßmann**
* 22. 1. 1912 Achern, Baden
Dr. med., Ärztin
Eltern: Dr. Walter **Haßmann**, Medizinalrat und Vorstand des Gesundheitsamtes Freiburg
Grete **Reichardt**
Kinder:
1. *Ulrike* Susanne, * 12. 6. 1945 Freiburg W 1511
2. *Michael* Georg Andreas, * 24. 5. 1946 Freiburg W 1512

**W 1511** *Ulrike* Susanne **Werner** (Eltern: W 151)
* 12. 6. 1945 Freiburg im Breisgau
Dr. med., Ärztin in Freiburg
∞ 19. 7. 1968
Ulrich **Pankow**
* 7. 12. 1943
Staatsanwalt in Freiburg
Eltern: Wilhelm **Pankow**, Assessor † 1945
Gertraud **Daiber**
Kinder:
1. Franziska, * 14. 9. 1971
2. Nikolaus, * 25. 9. 1973

**W 1512** *Michael* Georg Andreas **Werner** (Eltern: W 151)
* 24. 5. 1946 Freiburg im Breisgau

Stud. Phil., Dr. phil., Philologe am Heinrich-Heine-Institut in Paris.
∞ 14. 1. 1966
Eva **Horowitz**
* 27. 7. 1943
Licence französ. Gymnasium
Eltern: Dr. jur. Simon **Horowitz**, Rechtsanwalt
Maximiliane **Harden**
Kinder:
1. Benjamin, * 10. 6. 1966
2. Wendelin, * 23. 9. 1968

**W 152** *Heinz* Ulrich **Werner** (Eltern: W 15)
* 22. 5. 1911 Heidenheim an der Brenz
Stud. Chemie Tübingen, Bonn 1929, Dr. phil. Bonn 1935, Assistent am Chemischen Institut der Universität Bonn 1935, Chemiker in Freiburg im Breisgau, Ludwigshafen am Rhein und Bielefeld 1937, Wehrdienst 1939–1945.
Lit.: Werner II S. 24
∞ 25. 5. 1944 Hiddenhausen in Westfalen
*Gertrud* Helene **Overdiek**
* 12. 11. 1916 Boston MA, USA
Eltern: Georg **Overdiek**, Zigarrenfabrikant in Hiddenhausen
Charlotte **Fürniß**
Kinder:
1. Georg Friedrich *Axel*, * 12. 1. 1947 Hiddenhausen W 1521
2. Klaus *Jörg*, * 5. 1. 1949 Hiddenhausen / Ludwigshafen am Rhein (?); Ausbildung als Koch, führt 1997 die Gaststätte „Weingockel“ in Freinsheim/Pfalz.

**W 1521** Georg Friedrich *Axel* **Werner** (Eltern: W 152)
* 12. 1. 1947 Hiddenhausen bei Herford
Wehrdienst 1967–1968, Stud. Jura Mannheim und Heidelberg, Assessor Jur. 1977, seit 1978 angestellter Jurist bei den Stadtwerken Mannheim.
∞ 1. 7. 1977 Saarbrücken
*Elke* Roselore **Huppert**
* 28. 6. 1952 Saarbrücken
Sozialarbeiterin beim Gesundheitsamt Ludwigshafen am Rhein

Eltern: Hermann **Huppert**, Schulrat in Saarbrücken
*Lore* Klara Wilhelmine **Rauch**
Kinder:
1. *Dirk* Hermann Ulrich, * 4. 3. 1981 Mannheim
2. *Andreas* Hermann Ulrich, * 16. 3. 1984 Mannheim

**W 154** Dieter **Werner** (Eltern: W 15)
* 11. 4. 1920 Heidenheim an der Brenz, † 8. 7. 1977 Nagold
Arbeitsdienst 1938, Wehrdienst 1938–1946, Stud. Chemie an der Technischen Hochschule Stuttgart 1943–1944, Schulhelfer in Stuttgart-Möhringen 1946, Hauptlehrer in Unterjettingen bei Herrenberg.
Lit.: Werner II S. 25
∞ 26. 5. 1950 Sindelfingen
*Ursula* Elisabeth **Groß**
* 6. 8. 1924 Stuttgart
Lehrerin
Eltern: Walter **Groß**, Oberstudienrat in Sindelfingen
Maria **Koppenhöfer**
Kinder:
1. *Katharina* Marianne,
* 14. 3. 1951 Sindelfingen bei Stuttgart W 1541
2. Eva *Susanne*, * 1. 2. 1953 Nagold W 1542
3. *Sabine* Johanne Juliane, * 10. 5. 1956 Unterjettingen W 1543
4. *Anna* Maria, * 14. 7. 1962 Nagold, Bürokauffrau

**W 1541** *Katharina* Marianne **Werner** (Eltern: W 154)
* 14. 3. 1951 Sindelfingen bei Stuttgart
Lehrerin
∞ 8. 7. / 16. 8. 1975 Freiburg , geschieden 22. 9. 1987
Hans **Lorbeer**
* 3. 6. 1950 Dresden-Klotzsche
Dr. med., Arzt in Heilbronn
Eltern: Erich **Lorbeer**, Oberstudienrat in Dresden
Susanne **Grundig**
Kinder:
1. Lukas, * 5. 5. 1978 Bad Friedrichshall
2. *Eva* Johanna, * 10. 6. 1980 Bad Friedrichshall

**W 1542** Eva *Susanne* **Werner** (Eltern: W 154)
∗ 1. 2. 1953 Nagold
Lehrerin
∞ 3. 9. 1976 Freiburg
Wolfgang **Kiliani**
∗ 9. 3. 1949
Dr. rer. nat., Chemiker in Freiburg im Breisgau
Eltern: Dr. Walter **Kiliani**, Zahnarzt in München
Gisela **Schilling**
Kinder:
1. Johann *Martin*, ∗ 24. 4. 1981 Basel
2. David *Sebastian*, ∗ 21. 6. 1983 Bad Säckingen
3. Felix *Alexander*, ∗ 2. 6. 1985 Bad Säckingen

**W 1543** *Sabine* Johanne Juliane **Werner** (Eltern: W 154)
∗ 10. 5. 1956 Unterjettingen bei Herrenberg
Diplompsychologin
∞ 27. 4. 1990 Reutlingen
Heinz Willy **Heid**
∗ 18. 1. 1944 Alsdorf
Bäckermeister
Eltern: Wilhelm **Heid**, Bäckermeister in Reutlingen
Gertrud **Eitel**
Kinder:
1. *Michael* Wilhelm, ∗ 1. 10. 1990 Reutlingen
2. Christoph, ∗ 30. 4. 1992 Reutlingen

**W 16** Christian *Heinrich* **Werner** (Eltern: W 1)
∗ 21. 9. 1878 Effringen bei Nagold, † 10. 6. 1967 Denkendorf
Stud. Theol. Tübingen 1897–1901, Hauslehrer in Heilbronn 1901, Vikar in Unterweißach bei Backnang 1903, Pfarrverweser in Schöntal bei Möckmühl 1906, wissenschaftliche Reise 1909, Stadtvikar in Tuttlingen 1909, Pfarrer in Walddorf bei Tübingen 1910, in Denkendorf bei Esslingen 1923, Ruhestand in Denkendorf 1950.
Lit.: Werner I S. 60; Lechler S. 88
∞ 1. 3. 1916 Stuttgart
Hildegard **Gros**
∗ 7. 9. 1891 Schorndorf, † 10. 12. 1980 Denkendorf

Eltern: Immanuel **Gros**, Stadtpfarrer an der Leonhardskirche
und Amtsdekan in Stuttart
Auguste **Betulius**, s. a. W 14

Kinder:
1. Adelheid (Heidi), * 18. 3. 1919 Tübingen W 161
2. *Hiltrud* Dorothea, * 12. 8. 1921 Tübingen, Medizinisch-technische Assistentin Tübingen, dann Stuttgart (Frauenklinik).
3. *Brigitte* Berta, * 23. 10. 1924 Stuttgart, Kindergärtnerin, Hauswirtschaftsleiterin in Kressbronn am Bodensee, Heimleiterin in Bad Boll bei Göppingen.
4. *Konrad* Heinrich, * 13. 7. 1930 Denkendorf W 164

**W 161** Adelheid (Heidi) **Werner** (Eltern: W 16)
* 18. 3. 1919 Tübingen, † 30. 5. 1984
Textillaborantin
Lit.: Werner II S. 25
∞ 23. 6. 1938 Denkendorf bei Esslingen
*Eckhardt* Otto Friedrich **Günther**
* 26. 11. 1908 Kyritz an der Prignitz,
gefallen in Kurland 14. 1. 1945
Theol. Schule in Bethel 1927, Stud. Theol. Erlangen, Leipzig, Greifswald bis 1931, Dr. phil., Pastor in Allermöhle bei Hamburg, Denkendorf bei Esslingen.
Eltern: Otto **Günther**, Prokurist in Hamburg
Gertrud **Badengoth**

Kinder:
1. *Gottfried* Eckardt Otto, * 6. 5. 1941 Stuttgart W 1611
2. Hilde *Susanne*, * 13. 7. 1943 Stuttgart W 1612

**W 1611** *Gottfried* Eckardt Otto **Günther** (Eltern: W 161)
* 6. 5. 1941 Stuttgart
Oberstudienrat in Oberboihingen bei Plochingen, Studiendirektor, Holzmaden bei Kirchheim unter Teck.
∞ 24. 6. 1967
Margarethe **Stottele**
* 10. 10. 1941
Buchhändlerin
Eltern: Rudolf **Stottele**, Diplomlandwirt in Schlesien
Karin **von Lüttichau**

Kinder:
1. Eckardt, * 10. 12. 1967
2. Johannes, * 20. 5. 1972
3. Hartmut Philipp, * 12. 10. 1977

**W 1612** Hilde *Susanne* **Günther** (Eltern: W 161)
* 13. 7. 1943 Stuttgart
Hauptlehrerin
∞ 5. 4. 1968
Mathias **Seiler**
* 7. 8. 1939
Hauptlehrer in Eibensbach bei Brackenheim, Remshalden-Buoch bei Schorndorf
Eltern: Mathias **Seiler**, Landwirt in Siebenbürgen
Sara **Reuß**
Kinder:
1. Mathias, * 19. 9. 1968
2. Annette, * 19. 3. 1970

**W 164** *Konrad* Heinrich **Werner** (Eltern: W 16)
* 13. 7. 1930 Denkendorf
Elektrotechniker in Schwieberdingen bei Ludwigsburg, Fachreferent
∞ 16. 6. 1961
*Susanne* Brigitte **Koch-Guirten**
* 16. 6. 1936 Stuttgart-Feuerbach
Krankengymnastin in Schwieberdingen
Eltern: Gerhard **Koch**, Musiklehrer in Stuttgart
Else **Würth** (∞ II: Hans **Guirten**)
Kinder:
1. *Andreas* Gerhard, * 30. 5. 1964 Maputo, Mozambique W 1641
2. *Sabine* Martina, * 2. 7. 1968 Ludwigsburg W 1642

**W 1641** *Andreas* Gerhard **Werner** (Eltern: W 164)
* 30. 5. 1964 Maputo, Mozambique
Diplomingenieur, Tonmeister in Berlin
∞ 1994
*Hanna* Margarita **Helfenstein**
* 7. 7. 1959 Luzern, Schweiz
Berufsmusikerin, Musiklehrerin

Vater: Fritz **Helfenstein** in Balwil LU, Schweiz
Kind:
1. Magdalene Elisabeth, * 12. 7. 1996 Zürich

**W 1642** *Sabine* Martina **Werner** (Eltern: W 164)
* 2. 7. 1968 Ludwigsburg
Krankengymnastin
∞ 1996
Harry Jürgen **Schoett**
* 15. 12. 1963 Geislingen
Diplombetriebswirt TH Ulm
Vater: Erich **Schoett** in Stuttgart-Zuffenhausen
Kind:
1. David Kolja, * 5. 8. 1996 Bonlanden bei Stuttgart

**W 19** *Gotthilf* Wilhelm **Werner** (Eltern: W 1)
* 27. 11. 1882 Oberjettingen bei Herrenberg,
† 23. 12. 1950 Heidenheim
Praktische Tätigkeit im Baugewerbe in Backnang und Schorndorf 1897–1900, Einjährig-Freiwilliger Tübingen 1902–1903, Stud. Architektur Stuttgart 1901-1906, Diplomingenieur 1906, Architekt in Stuttgart 1907–1912, selbständiger Architekt in Heidenheim seit 1913, im Krieg als Leutnant der Landwehr 1914–1918.
Lit.: Werner I S. 60
∞ 10. 6. 1916 Heidenheim
Lisa **Wagner**
* 19. 8. 1894 Heidenheim, † 1979 Heidenheim
Eltern: Julius **Wagner**, Kupferschmiedemeister in Heidenheim
Frieda **Haug**
Kinder:
1. Rose, * 10. 8. 1918 Heidenheim W 191
2. Ursel, * 28. 11. 1920 Heidenheim W 192
3. Peter, * 11. 4. 1924 Heidenheim W 193

**W 191** Rose **Werner** (Eltern: W 19)
* 10. 8. 1918 Heidenheim an der Brenz,
† 17. 5. 1997 Heidenheim
Dipl. Meisterin für Mode
Lit.: Werner II S. 25

∞ I: 15. 11. 1941 Straßburg im Elsaß
Günter **Haug**
∗ 9. 9. 1917 Stuttgart
Kaufmännische Lehre Stuttgart-Feuerbach 1934, Kaufmann in Feuerbach 1936, Ludwigsburg 1938, gründete eigene Firma 1945 in Stuttgart, Arbeitsdienst und Wehrdienst 1938–1945.
Eltern: Hans **Haug**, Kaufmann in Stuttgart
Emma **Fenchel**
∞ II: November 1952
Karl **Feuerbacher**
∗ 16. 3. 1911, † 20. 7. 1989
Inhaber einer Gesenkschmiede in Heidenheim
Kinder aus ∞ I:
1. Barbara **Haug**, ∗ 5. 4. 1942 Heidenheim, Restauratorin, Altenpflegerin in Heidenheim
2. Micheline **Haug**, ∗ 7. 8. 1944 Heidenheim W 1912
3. Andreas **Haug**, ∗ 25. 4. 1946 Heidenheim W 1913

**W 1912** Micheline **Haug** (Eltern: W 191)
∗ 7. 8. 1944 Heidenheim an der Brenz
∞ 9. 4. 1968
Thomas **Richter**
∗ 11. 3. 1943
Textilkaufmann in München
Eltern: Heinz **Richter**, Schauspieler, Regisseur, Intendant
Brigitte **Schwarz**
Kinder:
1. Nathaly, ∗ 19. 6. 1969 W 191 21
2. Julia, ∗ 23. 2. 1972

**W 191 21** Nathaly **Richter** (Eltern: W 1912)
∗ 19. 6. 1969
∞ 1. 7. 1994
Peter **Ziegler**
∗ 9. 4. 1968
Kinder:
1. Philipp, ∗ 10. 9. 1995
2. Patrick, ∗ 4. 3. 1997

**W 1913** Andreas **Haug** (Eltern: W 191)
∗ 25. 4. 1946 Heidenheim an der Brenz
Industrie-Designer in Stuttgart
∞
Anette **Brotbek**
∗ 1. 6. 1966
Ausbildung in Graphik-Design
Kind:
1. Bo-Nils, ∗ August 1994

**W 192** Ursel **Werner** (Eltern: W 19)
∗ 28. 11. 1920 Heidenheim an der Brenz
Kunsthandwerkliche Buchbindermeisterin
Lit.: Werner II S. 25
∞ 6. 6. 1944 Horb am Neckar
Walter **Schneiderhan**
∗ 19. 8. 1919 Tübingen
Arbeitsdienst und Wehrdienst 1938–1945, Stud. Med. Prag, Freiburg i. Br., Straßburg, Tübingen, München, Assistenzarzt am Kreiskrankenhaus in Heidenheim 1946, Praxis in Dellmensingen bei Biberach an der Riß.
Eltern: Albert **Schneiderhan**, Kaufmann,
Tabakgroßhändler in Horb
Maria **Gapp**
Kinder:
1. Franziska, ∗ 3. 12. 1944 Heidenheim W 1921
2. Konstanze, ∗ 17. 7. 1946 Heidenheim W 1922
3. Nikolaus, ∗ 5. 12. 1947 Heidenheim W 1923
4. *Florentine* Alexa, ∗ 12. 9. 1949 Heidenheim W 1924
5. Daniela, ∗ 6. 11. 1950 Heidenheim W 1925

**W 1921** Franziska **Schneiderhan** (Eltern: W 192)
∗ 3. 12. 1944 Heidenheim an der Brenz
Lehrerin
∞ 21. 2. 1968
Heinrich (Heinz) **Kaiser**
∗ 15. 12. 1941
Diplomingenieur
Eltern: Werner **Kaiser**
Liselotte **Kaiser-Henning**, geb. **Mertinait**

Kinder:
1. Nicole, * 1. 8. 1968, Diplompsychologin
2. Hendrik, * 19. 2. 1971

**W 1922** Konstanze **Schneiderhan** (Eltern: W 192)
* 17. 7. 1946 Heidenheim an der Brenz
Lehrerin
∞ 9. 6. 1973
Herbert **Lorenz**
* 18. 2. 1947
Diplompsychologe, Psychotherapeut, Psychoanalytiker
Eltern: Emil und Lotte **Lorenz**, Kurbadbesitzer
Kinder:
1. Konstantin, * 10. 12. 1977
2. Katharina * 14. 10. 1979

**W 1923** Nikolaus **Schneiderhan** (Eltern: W 192)
* 5. 12. 1947 Heidenheim an der Brenz
Dr. med., Facharzt für Anästhesie und Allgemeinmedizin in Erbach-Dellmensingen, übernahm die Praxis des Vaters.
∞ I: 6. 7. 1974
Margarete **Eiselen**
* 10. 7. 1948, † 13. 4. 1992
∞ II: 30. 12. 1986
Katrin **Graf**
* 6. 11. 1959
Dr. med., Ärztin für Allgemeinmedizin
Eltern: Jürgen und Annemarie **Graf**
Kinder aus ∞ I:
1. Tobias, * 11. 3. 1975
2. Matthias, * 18. 8. 1976
Kinder aus ∞ II:
3. Felicia, * 28. 11. 1987
4. Felix, * 15. 5. 1990

**W 1924** *Florentine* Alexa **Schneiderhan** (Eltern: W 192)
* 12. 9. 1949 Heidenheim an der Brenz
Kinderkrankenschwester
∞ 10. 2. 1973
Jürgen **Mertsch**
* 15. 10. 1941

Stahlbauschlosser in Erbach-Dellmensingen
Eltern: Martin **Mertsch**, Schreinermeister
Gertrud **Engelmann**
Kinder:
1. Stephanie, * 26. 8. 1973, Arzthelferin
2. Christian, * 10. 1. 1976
3. Sabrina, * 7. 9. 1990

**W 1925** Daniela **Schneiderhan** (Eltern: W 192)
* 6. 11. 1950 Heidenheim an der Brenz
Apothekerin
∞ 14. 1. 1977
Siegfried **Neubert**
* 15. 10. 1941
Diplomingenieur
Eltern: Erhard **Neubert**, Schreinermeister
Maria **Heunesch**
Kinder:
1. Kristina, * 18. 2. 1978
2. Philip, * 4. 11. 1980

**W 193** Peter **Werner** (Eltern: W 19)
* 11. 4. 1924 Heidenheim an der Brenz, † 6. 5. 1987
Technischer Zeichner, Flugzeugbauer bei den Dornier-Werken Friedrichshafen 1939, Wehrdienst 1942–1945, Praktikant in Heidenheim 1945–1947, selbständiger Sanitär- und Heizungsbaumeister.
Lit.: Werner II S. 26
∞ Heidenheim
Dora Margarethe (Doris) **Keim**
* 30. 9. 1930 Heidenheim an der Brenz
Eltern: Heinrich **Keim**, Metzgermeister
Emmy **Fink**
Kinder:
1. Regine, * 9. 12. 1954 Heidenheim W 1931
2. *Jochen* Peter, * 5. 4. 1958 Heidenheim W 1932

**W 1931** Regine **Werner** (Eltern: W 193)
* 9. 12. 1954 Heidenheim an der Brenz
Kaufmännische Angestellte, Hausfrau

∞ 5. 9. 1980 Heidenheim
Karl-Heinz **Schretzenmayer**
∗ 16. 10. 1954 Heidenheim
Diplombauingenieur
Eltern: Eugen **Schretzenmayer**
Anna **Staud**
Kinder:
1. Katharina, ∗ 14. 5. 1983 Heidenheim
2. Christiane, ∗ 22. 6. 1986 Heidenheim
3. Leonie, ∗ 10. 12. 1990 Heidenheim

**W 1932** *Jochen* Peter **Werner** (Eltern: W 193)
∗ 5. 4. 1958 Heidenheim an der Brenz
HLK-Techniker
∞ 21. 6. 1991 Heidenheim
Sabine **Feldmann**
∗ 4. 1. 1965 Heidenheim
Diplombetriebswirtin (BA)
Eltern: Heinz **Feldmann**, Bankdirektor in Heidenheim
Doris **Babel**
Kinder:
1. Ines, ∗ 16. 9. 1992 Heidenheim
2. Kristin, ∗ 28. 12. 1995 Heidenheim

**W 1B** *Lydia* Therese Charlotte **Werner** (Eltern: W 1)
∗ 18. 12. 1889 Oberjettingen bei Herrenberg,
† 21. 3. 1985 Stuttgart-Möhringen
Gemeindehelferin in Winnenden 1921–1935, wohnte im Alter in Neuenbürg, später Pflegeheim Stuttgart-Möhringen.
Lit.: Werner 1. Nachtrag S. 4
∞ 15. 10. 1935 Altbach am Neckar
*Paul* Albert **Hornberger**
∗ 7. 10. 1884 Malmsheim bei Leonberg,
† 27. 9. 1971 Neuenbürg (?)
Stud. Theol. Tübingen (Stift) 1902, unständiger Kirchendienst 1906–1913, wissenschaftliche Reise nach Norddeutschland und England 1909, Pfarrer in Adelmannsfelden bei Aalen 1913, in Unterweißach bei Backnang 1922, Altbach am Neckar 1932, Willmandingen bei Reutlingen 1946, Ruhestand Neuenbürg 1951, Inhaber des Charlottenkreuzes 1918.

Lit.: Feuerlein S. 135

Paul **Hornberger** ∞ I: 1. 7. 1913 Stuttgart Eleonore **Weigelin**, * 7. 6. 1884 Lorch, † 3. 9. 1926 Unterweißach; 6 Kinder:

1. Ludwig, * 17. 10. 1916 Adelmannsfelden, cand. theol., † 8. 4. 1942 Witebsk an einer Verwundung
2. Eleonore, * 30. 4. 1918 Adelmannsfelden, Krankenschwester in Neuenbürg
3. Maria Irene, * 21. 4. 1920 Adelmannsfelden, ∞ 7. 5. 1941 Altbach Hellmut **Lang**, Pfarrer in Böblingen
4. Gerhard, * 1. 7. 1921 Adelmannsfelden, stud. mach., vermißt bei Petsamo am Eismeer 12. 10. 1944
5. Martin, * 14. 4. 1923 Unterweißach, Pfarrer in Neuhengstett bei Calw, im Ruhestand in Schwäbisch Hall, ∞ 29. 7. 1951 Gertrud **Kochendörfer**
6. Paul Gotthilf, * 18. 3. 1925 Unterweißach, † September 1998, Dr. rer. nat., Diplomchemiker in Ludwigshafen, ∞ 19. 7. 1952 Hildegard **Bauder**

Paul **Hornberger** ∞ II: 2. 5. 1928 Korntal bei Stuttgart Gertrud **Bührlen** aus Korntal, † 27. 4. 1934 Altbach, Tochter von Gustav Emil **Bührlen**, Inspektor des Knabeninstituts in Korntal, 1 Kind.

Eltern von Paul Hornberger:

Wilhelm Theodor **Hornberger**, Stadtpfarrer in Zavelstein bei Calw

Pauline **Müller**

W 2 Gotthilf **Werner** (Eltern: Stamm Werner)

* 4. 11. 1839 Effringen bei Nagold, † 26. 12. 1881 Stuttgart

Stud. am Polytechnikum in Stuttgart 1856–1860, Tübingen 1860–1861, Dr. sc. nat. 1864, Assistent am Polytechnikum in Stuttgart 1861–1874 und Professor am Realgymnasium in Stuttgart, Privatdozent am Polytechnikum 1868.

Schriften: Leitfaden zum Studium der Krystallographie 1867, Die Naturkunde 1879 (2 Bde.), Mitarbeiter der „Jugendblätter"

Lit.: Zeller § 430,2; Werner I S. 53; Zeller-Siegfried S. 24; Jahreshefte für Naturkunde 1883, 48–55 (Leube)

∞ I: 27. 7. 1869 Nagold

Marie **Öffinger**

* 22. 8. 1843 Nagold, † 18. 9. 1869 Stuttgart

Eltern: Karl **Öffinger**, Apotheker in Nagold

*Charlotte* Karoline **Rühle**, siehe W 1

∞ II: 24. 11. 1870 Nagold
*Elise* Kamilla **Öffinger**
∗ 8. 2. 1848 Nagold, † 15. 6. 1878 Stuttgart
Eltern: Karl **Öffinger**, Apotheker in Nagold
*Charlotte* Karoline **Rühle**, siehe W 1
Kinder aus ∞ II:
1. Maria *Theodora*, ∗ 24. 11. 1871 Stuttgart W 21
2. *Heinrich* Siegfried, ∗ 9. 11. 1873 Stuttgart, † 10. 11. 1874 Stuttgart

**W 21** Maria *Theodora* **Werner** (Eltern: W 2)
∗ 24. 11. 1871 Stuttgart, † 12. 12. 1930 Waiblingen
wuchs nach dem Tod der Eltern in Biberach auf im Haus des Onkels Chr. Heinrich **Werner**, s. W 6.
Lit.: Werner I S. 61
∞ 4. 11. 1897 Biberach an der Riß
Wilhelm *Friedrich* **Buck**
∗ 27. 12. 1868 Kirchheim unter Teck,
† 8. 1. 1939 am Waldrand bei Winnenden
Stud. Theol. Tübingen (Stift) 1886, 1. theol. Dienstprüfung 1890, Vikar in Biberach 1890, Stadtvikar Heilbronn 1891, wissenschaftliche Reise nach Norddeutschland 1893, Stadtvikar in Stuttgart 1893, Repetent am Stift in Tübingen 1894, 3. Stadtpfarrer in Backnang 1897, 2. Stadtpfarrer und Bezirksschulinspektor, zugleich Vorstand der privaten Lehrerbildungsanstalt 1905, Ersatzmann zur 6. und 8. Landessynode für Backnang 1900, Dekan in Waiblingen 1914, Inhaber des Charlottenkreuzes 1916.
Eltern: Gottlieb *Wilhelm* **Buck**, Bauer in Kirchheim unter Teck
Ursula *Margarete* **Neuhäuser**
Kinder:
1. *Gertrud* Johanna (Trude), ∗ 12. 12. 1899 Backnang, † 15. 8. 1957 Winnenden; Lehrerin am Katharinenstift in Stuttgart, in Creglingen an der Tauber 1942, später in Winnenden.
2. *Elise* Margarete, ∗ 8. 11. 1902 Backnang W 212
3. *Theodor* Heinrich, ∗ 21. 7. 1905 Backnang, † 27. 11. 1952 Staigacker bei Backnang; Schlosser im Bruderhaus Reutlingen 1939.

**W 212** *Elise* Margarete **Buck** (Eltern: W 21)
∗ 8. 11. 1902 Backnang, † 20. 12. 1968 Backnang

Lit.: Werner I S. 61, 114
∞ 15. 5. 1928 Waiblingen
Paul **Schuler**
∗ 22. 1. 1902 Buea, Kamerun, † 21. 3. 1977 Backnang
Pfarrer in Waldtann bei Crailsheim 1927, in Großaspach bei Backnang 1939, Ruhestand Kleinaspach 1967.
Eltern: Eugen **Schuler**, Missionar in Kamerun
Klara **Riehm** in Basel
Großeltern: Karl **Riehm**, Missionskaufmann Basel
Marie **Werner**, Nichte von Karl **Werner** (W)
Kinder:
1. Monika, ∗ 3. 5. 1929 Crailsheim, † 29. 6. 1983 Freudenstadt
2. *Georg* Andreas, ∗ 29. 5. 1933 Crailsheim, † 2. 4. 1978 Mitteltal bei Baiersbronn; Gärtner in Backnang und in der Diakonissenanstalt Schwäbisch Hall.
3. Johannes *Martin*, ∗ 4. 4. 1937 Crailsheim W 2123
4. Christoph Friedrich *Werner*, ∗ 29. 9. 1942 Backnang W 2124

**W 2123** Johannes *Martin* **Schuler** (Eltern: W 212)
∗ 4. 4. 1937 Crailsheim
Lehrer in Mitteltal bei Baiersbronn im Schwarzwald
∞ 20. 8. 1968
Gisela **Schmitt**
∗ 24. 10. 1939
Eltern: Dr. med. Friedrich **Schmitt**
Sigrid **Endriß**
Kinder:
1. Georg *Friedrich*, ∗ 9. 6. 1969; Stud. Maschinenbau, Diplomingenieur
2. Christoph *Ulrich*, ∗ 14. 9. 1970, Stud. Medizin
3. Johannes *Eberhard*, ∗ 9. 11. 1971; Krankenpfleger
4. *Albrecht* Michael, ∗ 8. 7. 1973; Mechaniker
5. *Konrad* Martin, ∗ 15. 8. 1978

**W 2124** Christoph Friedrich *Werner* **Schuler** (Eltern: W 212)
∗ 29. 9. 1942 Backnang
Stud. Biologie Tübingen, Dr. rer. nat. Bochum 1973, Wissenschaftlicher Assistent am Zoologischen Institut der Universität Göttingen 1974–1988, Dr. rer. nat habil. Göttingen 1988, Lehrbeauftragter und außerplanmäßiger Professor in Göttingen, wohnt in Niedermurach, Oberpfalz.

∞ 21. 12. 1976 Reinhausen, Gemeinde Gleichen bei Göttingen
*Ellen* Susi **Deußer**, Familienname **Deußer-Schuler**
* 7. 4. 1932 Frankfurt am Main
Säuglings- und Kinderschwester in Marburg 1953, dann in Frankfurt am Main, Zürich, Chantilly und Paris, Stud. Mikrobiologie Frankfurt und Bochum 1963–1969, Dr. rer. nat. Berlin 1972, Wissenschaftliche Assistentin am Max-Planck-Institut für Molekulare Genetik in Berlin bis 1976, Wissenschaftliche Mitarbeiterin an der Universität Göttingen bis 1980.
Eltern: Dr. *Reinhold* Rudolf **Deußer**,
Chemiker und Arzt in Frankfurt
Frieda *Susanne* **Fischer**

**W 3** *Israel* Paulus **Werner** (Eltern: Stamm Werner)
* 3. 6. 1841 Effringen bei Nagold,
† 16. 11. 1931 Harrow on the Hill, England
Kaufmann in Faurndau bei Göppingen, Straßburg 1864, Paris 1865, London 1868, Harrow on the Hill, The Gerards 1905; Gründungsmitglied des Deutschen Vereins christlicher junger Männer, Missionsarbeit unter Hotel- und Gasthausangestellten, Generalvertreter der Basler Missionsgesellschaft, Vizepräsident der Britischen und Ausländischen Bibelgesellschaft; nahm die britische Staatsbürgerschaft an.
Lit.: Zeller § 430,3; Werner I S. 54; Zeller-Siegfried S. 24
∞ 11. 9. 1873 Heiden AR, Schweiz
Julie **Rappard**
* 17. 9. 1842 Giez VD, † 1. 8. 1904 London
Eltern: Carl August **Rappard**, Gutsbesitzer und Theologe in Giez und in Löwenstein bei Schaffhausen
Marie Antoinette **de Rham**, s. G 5
Kinder:
1. Anonymus, * und † 8. 5. 1874 London
2. Karl *Heinrich*, * 2. 9. 1875 London W 32
3. *Karl* August, * 22. 1. 1877 London, gefallen auf englischer Seite bei Ypern in Flandern 9. 5. 1915, Lehrer in Harrow.
4. Lily, * 19. 9. 1878 London, † 12./24. 4. 1882 London
5. *Julie* Sofie Lotte, * 8. 11. 1883 London, Krankenpflegerin in Harrow

**W 32** Karl *Heinrich* – Charles *Henry* **Werner** (Eltern: W 3)
* 2. 9. 1875 London, † 1. 9. 1957 Wilmslow
Kaufmann in Manchester, Fa. Henry Werner Ltd. 1917, Reisender 1930, kaufm. Angestellter 1931, in Wilmslow bei Manchester.
Lit.: Werner I S. 61, II S. 13
∞ 15. 7. 1914 Manchester
Grace **Henderson**
* 22. 6. 1893 Canada
Eltern: Joseph **Henderson**, Börsenangestellter in Manchester
Annie May **Barr**
Kinder (Namensänderung wegen des Krieges):
1. *Paul* Excridge **Henderson**, * 15. 6. 1915 Manchester W 321
2. *Roger* Leigh **Henderson**, * 4. 10. 1916 Manchester W 322
3. *Charles* Leslin **Henderson**, * 12. 2. 1918 Manchester, gefallen 8. 6. 1940 als Flieger der Royal Air Force in Island; Journalist.
4. *John* Peter **Henderson**, * 4. 6. 1926 Wilmslow, Cheshire W 324

**W 321** *Paul* Excridge **Henderson** (Eltern: W 32)
* 15. 6. 1915 Manchester
Instrumenteningenieur
∞ 19. 2. 1948 London
Helen **Davidson**
* 27. 3. 1922 Liverpool
(∞ I ... **McLeod**, ∞ II ... **Rees**)
Eltern: Alexander **Davidson**
Josefine Charlotte **Riddel**
Kinder:
1. *Charlotte* Anne, * 10. 12. 1954 London
2. *Alexander* Paul, * 28. 8. 1957 London

**W 322** *Roger* Leigh **Henderson** (Eltern: W 32)
* 4. 10. 1916 Manchester, † 20. 1. 1957 Indien
Teepflanzer in Assam, Indien
∞ 3. 10. 1946 Fording Bridge bei Southampton
*Pamela* Mary **Cavenaugh**
* 23. 3. 1922 Belize, British Honduras
Eltern: H. T. L. **Cavenaugh**
Kathleen Lorence **Harrigin**

Kinder:
1. *Charles* Anthony, * 11. 10. 1949
2. *Diana* Grace, * 21. 6. 1952
3. *Roger* James, * 27. 8. 1957

**W 324** *John* Peter **Henderson** (Eltern: W 32)
* 4. 6. 1926 Welmslow, Cheshire
Kaufmann
∞ I: 4. 4. 1952 London, geschieden 1956
Pamela **Roscor**
∞ II: 2. 4. 1956 London
Elizabeth Anne Seymour **Rooke**
* 29. 7. 1928 Bath
Eltern: J. W. **Rooke**, O. B. E. (Order of the British Empire), Captain
Rosalind Elizabeth **Peters**, geb. **Shippard**
Kind:
1. *Frances* Elizabeth, * 21. 8. 1957 London

**W 4** Marie *Sophie* **Werner** (Eltern: Stamm Werner)
* 28. 4. 1843 Großheppach bei Waiblingen, † 11. 8. 1914 Basel
Lit.: Zeller § 430,4, Werner I S. 54, 103; Zeller-Siegfried S. 26; Sigel 764.67
∞ 13. 6. 1867 Fellbach bei Stuttgart
*Karl* August **Elsäßer**
* 17. 1. 1839 Böblingen, † 24. 4. 1922 Tübingen
Stud. Theol. Tübingen (Stift) 1856, Vikar Fellbach 1861, Göppingen 1862, Repetent am Evang. Theol. Stift in Tübingen 1863, Stadtvikar Stuttgart 1867, Diakon in Nagold 1867, 2. Diakon Tübingen 1875, 1. Diakon 1885, 2. Stadtpfarrer in Tübingen 1887, Dekan 1890, zugleich Garnisonspfarrer 1891–1896; Silberne Karl-Olga-Medaille 1909 als Vorstand der Sophienpflege in Lustnau bei Tübingen; Friedrichsorden I. Klasse 1903, im Ruhestand in Tübingen 1909 mit Kronenorden.
Eltern: Johann Michael **Elsäßer**, Färbermeister in Böblingen
Sophie **Mütschele**
Kinder:
1. *Sofie* Theodora, * 18. 5. 1869 Nagold W 41
2. *Maria* Johanna, * 25. 6. 1870 Nagold, † 24. 7. 1892 Tübingen an einem Lungenleiden
3. *Nathanael* Gottlob, * 31. 12. 1871 Nagold W 43

4. Anonyma, * und † 19. 2. 1873 Nagold
5. *Theodor* Friedrich, * 25. 5. 1874 Nagold W 45
6. *Karl* Heinrich, * 21. 7. 1875 Nagold W 46
7. *Martha* Pauline Julie, * 10. 12. 1876 Tübingen, † 10. 7. 1953 Tübingen; lebte in Tübingen als Hausdame bei Professor Geib.
8. *Berta* Tabitha, * 10. 3. 1878 Tübingen W 48
9. *Anna* Therese, * 7. 11. 1879 Tübingen, Hausdame in Erkenbrechtsweiler bei Kirchheim unter Teck und Wittlensweiler bei Freudenstadt 1920–1928, Diakonisse in Bern 1928.
10. *Paul* Johannes, * 26. 2. 1881 Tübingen, † 25. 7. 1881 Tübingen
11. *Theodora* Lydia (Dora), * 10. 10. 1882 Tübingen, † 11. 12. 1951 Tübingen; lebte in Tübingen.
12. *Martin* Wilhelm, * 28. 5. 1884 Tübingen W 4C
13. *Hermann* August, * 10. 12. 1888 Tübingen, gefallen bei Becelaere, Belgien, als Leutnant d. R. 24. 10. 1914, Stud. jur. und rer. pol., (Verbindung Luginsland), Dr. scient. pol., Handelslehrer Hanau 1914; Vizefeldwebel beim Inf.-Reg. 246.

**W 41** *Sofie* Theodora **Elsäßer** (Eltern: W 4)
* 18. 5. 1869 Nagold, † 2. 7. 1950 Muri bei Bern
Lit.: Werner I S. 55
∞ 22. 8. 1895 Tübingen
*Paul* Benjamin **Laub**
* 6. 11. 1864 Galizien, † 19. 2. 1933 Tübingen
Als Jude christlich getauft 1883, Predigerschule Basel, Straßburg, Judenmissionsschule London, Judenmissionar in Tunis 1889, Paris 1891, Vorsteher des Proselytenhauses in Basel 1913, pensioniert 1924, lebte in Bern.
Vater: Markus **Laub**, Kaufmann in Snyatin bei Chernovtsy, Ukraine
Kind:
1. Maria *Sofie* (Mia), * 7. 11. 1896, blind, lebte 1930 in Tübingen, seit 1936 in Muri bei Bern.

**W 43** *Nathanael* Gottlob **Elsäßer** (Eltern: W 4)
* 31. 12. 1871 Nagold, † 15. 4. 1921 Neidlingen bei Kirchheim unter Teck an Herzschlag
Stud. Theol. Tübingen (Stift) 1891, Examen 1895, Vikar Bempflingen bei Metzingen, Owen u. Teck 1895, Ulm, Rosenfeld bei

Balingen 1899, Grunbach im Remstal, Maichingen bei Sindelfingen 1900, 2. Stadtpfarrer Langenau bei Ulm 1901, Hausgeistlicher am Landesgefängnis in Rottenburg 1902, Pfarrer in Bartholomä bei Schwäbisch Gmünd 1904, in Neidlingen 1916, später in Kirchheim unter Teck, Inhaber des Charlottenkreuzes.
Lit.: Werner I S. 55, 103; DGB **146**, 383; Sigel 72.20
∞ 3. 5. 1904 Kirchheim unter Teck
Martha **Hochstetter**
∗ 21. 5. 1874 Althengstett bei Calw,
† 13. 11. 1963 Reutlingen (Krankenhaus)
Eltern: *Eduard* Friedrich **Hochstetter**, Pfarrer, zuletzt in Owen bei Kirchheim unter Teck
Marie Luise **Hiller**
Kinder:
1. Gerhard, ∗ 1. 9. 1907 Tübingen W 431
2. Friedrich, ∗ 9. 3. 1912 Stuttgart W 432

**W 431** Gerhard **Elsäßer** (Eltern: W 43)
∗ 1. 9. 1907 Tübingen, † 17. 5. 1987 Ruit bei Esslingen
Parochialvikar Kornwestheim 1929, Vikar Tettnang 1930, Pfarrverweser Rietheim 1930, Orlach bei Langenburg 1931, Schwabbach bei Weinsberg 1932, Stadtpfarrverweser in Weilheim an der Teck 1934, Pfarrer in Aufhausen bei Geislingen an der Steige 1935, Ohmenhausen bei Reutlingen 1948, Bempflingen bei Nürtingen 1958; im Kriegsdienst in Polen; Ruhestand 1969.
Lit.: Werner II S. 14, Sigel 57.44
∞ 4. 6. 1936 Stuttgart
*Frieda* Agnes Walburga **Wagner**
∗ 3. 5. 1906 Lauchheim bei Ellwangen
Eltern: Wilhelm **Wagner**, Postmeister in Weilheim an der Teck
Marie **Schmid**
Kinder:
1. Renate, ∗ 11. 4. 1937 Geislingen, in Leinfelden-Echterdingen; wünscht keine weiteren Angaben
2. Gertrud, ∗ 30. 5. 1938 Geislingen W 4312
3. Gerhard, ∗ 22. 8. 1939 Geislingen W 4313
4. Martin, ∗ 19. 9. 1940 Geislingen W 4314
5. Hermann, ∗ 3. 2. 1942 Geislingen W 4315
6. Albrecht, ∗ 26. 11. 1944 Geislingen; Dr. phil in Gelsenkirchen, wünscht keine weiteren Angaben

7. Wilhelm, * 3. 1. 1947 Geislingen W 4317
8. Konrad, * 6. 3. 1948 Geislingen W 4318

**W 4312** Gertrud **Elsäßer**, Familienname **Elsässer-Bacon** (Eltern: W 431)
* 30. 5. 1938 Geislingen an der Steige
Ausbildung Chemiefachschule Stuttgart, 1961 nach USA ausgewandert, lebte in Indiana, Connecticut, Texas, seit 1970 in Bronx-New York; Beschäftigungstherapeutin.
∞ 26. 12. 1961 Toledo OH, USA, Ehe geschieden 1976
John Bennett **Bacon**
* 15. 5. 1940 Toledo
Eltern: Frank **Bacon**
Eleanor **Bennett**
Kinder:
1. David, * 24. 2. 1963 W 431 21
2. Sarah, * 4. 6. 1967; Gerichtsbibliothekarin, Stud. Architektur 1997.

**W 431 21** David **Bacon** (Eltern: W 4312)
* 24. 2. 1963
Computerprogrammierer bei IBM
∞ Juni 1994
Laura **Bennett**
aus Washington DC

**W 4313** Gerhard **Elsäßer** (Eltern: W 431)
* 22. 8. 1939 Geislingen an der Steige
Diplomingenieur in Bad Urach
∞ 28. 7. 1967 Bempflingen bei Nürtingen
Christine **Wetzel**
* 9. 9. 1938 Bempflingen
Kaufmännische Angestellte
Eltern: Gottlob **Wetzel**, Maurermeister
Christine geb. **Wetzel** in Bempflingen
Kind:
1. Konrad Johannes, * 13. 5. 1969 Stuttgart, Diplomingenieur

**W 4314** Martin **Elsäßer** (Eltern: W 431)
* 19. 9. 1940 Geislingen an der Steige
Stud. Kiel, Diplomvolkswirt, 4 Jahre im Vertrieb Fa. Olivetti Frankfurt am Main, Stuttgart, Karlsruhe, 2 Jahre Steuerberatung Fa. Drews, Freiburg, 15 Jahre im Rechnungswesen Fa. Sick,

Waldkirch, seit 1994 Beratungsbüro für Finanzen und Vermögen in Denzlingen bei Freiburg im Breisgau.
∞ 20. 6. 1975 Leonberg
*Ursula* Maria Gertrud **Beile**, Familienname **Elsäßer-Beile**
∗ 22. 11. 1947 Stuttgart
Chemikerin, Hautärztin, Privatdozentin an der Universität Freiburg
Eltern: Hermann K. **Beile**, Studiendirektor in Leonberg
Liesel **Jooß**
Kinder:
1. *Michael* Sebastian, ∗ 1. 1. 1976 Freiburg, Stud. Chemie
2. *Christina* Agnes Elisabeth, ∗ 7. 7. 1977 Freiburg, Stud. Medizin
3. *Andreas* Karl Gerhard, ∗ 2. 2. 1979 Freiburg
4. *Simon* Jan Martin, ∗ 17. 7. 1980 Freiburg
5. *Thomas* Veit Nikolaus, ∗ 17. 1. 1987 Freiburg

**W 4315** Hermann **Elsäßer** (Eltern: W 431)
∗ 3. 2. 1942 Geislingen an der Steige
Stud. Med., Dr. med., Arzt in Niebüll, Schleswig-Holstein
∞ Monika **Behrendt**
∗ 16. 4. 1947
Dr. med., Ärztin in Niebüll
Kinder:
1. Maxim, ∗ 18. 1. 1973 Niebüll
2. Moritz, ∗ 18. 3. 1976 Niebüll
3. Victor, ∗ 12. 4. 1980 Niebüll
4. Eugen, ∗ 14. 3. 1984 Niebüll
5. Nicolas, ∗ 17. 5. 1987 Niebüll

**W 4317** Wilhelm **Elsäßer** (Eltern: W 431)
∗ 3. 1. 1947 Geislingen an der Steige
Verwaltungsangestellter in Berlin
∞ 7. 4. 1972 Berlin
Jutta *Sabine* **Geißler**
∗ 6. 10. 1946 Berlin
Kunstpädagogin, Keramikerin
Eltern: Hans Erwin **Geißler**
Irmgard **Harbarth**

Kinder:
1. Martin, * 17. 7. 1974 Berlin, Student 1997
2. Nina, * 1. 9. 1976 Berlin, Studentin 1997

**W 4318** Konrad **Elsäßer** (Eltern: W 431)
* 6. 3. 1948 Geislingen an der Steige
Stud. Theol. Berlin, Marburg, Heidelberg, Dr. phil., Pfarrer in Stierstadt-Weißkirchen bei Oberursel im Taunus 1976, Johannisgemeinde Frankfurt-Bornheim 1980–1989, Personalreferent der Evangelischen Kirche in Hessen-Nassau 1992, seit 1996 freiberuflicher Berater, Vorsitzender des Christlichen Friedensdienstes 1976–1988.
∞ Ute **Knie**
* 1. 2. 1950 Schlierbach

**W 432** Friedrich **Elsäßer** (Eltern: W 43)
* 9. 3. 1912 Stuttgart
Stud. Theol. Tübingen 1931–1935, Pfarrverweser in Wiesensteig 1935, Vaihingen an der Enz, Ulm 1937, Pfalzgrafenweiler im Schwarzwald, Reutlingen 1938, Pfarrer in Wain bei Laupheim 1939, in Biberach an der Riß 1957, Bissingen an der Enz 1970, Soldat 1940–1945, im Ruhestand in Biberach 1977, Leonberg 1988.
Lit.: Werner II S. 15
∞ 21./22. 8. 1942 Stuttgart
Annemarie **Riekert**
* 7. 12. 1913 Reutlingen
Hauswirtschaftslehrerin
Eltern: Christian **Riekert**, Oberbaurat in Stuttgart
Eugenie **Laißle**
Kinder:
1. *Marta* Maria Barbara, * 15. 12. 1946 Wain, Krankenschwester
2. *David Friedrich* Christian, * 20. 11. 1947 Wain W 4322
3. *Ursula* Gabriele Adelheid, * 3. 12. 1951 Wain W 4323

**W 4322** *David Friedrich* Christian **Elsäßer** (Eltern: W 432)
* 20. 11. 1947 Wain bei Laupheim
Stud. Theol., Vikar Nikolaikirche Heilbronn 1972, Pfarrer Weinsberg 1974–1980, Religionslehrer am Gymnasium in Korntal, Oberstudienrat.

∞ I: 21. 8. 1970 Stuttgart, geschieden 13. 6. 1990
Ingeborg **Stähle**
∗ 24. 3. 1943 Stuttgart
Stud. Med., Dr. med., Ärztin
Eltern: Walter **Stähle**
Ruth **Völter** in Stuttgart
∞ II: 30. 12. 1994 Althengstett bei Calw
Brigitte Marianne **Kalscheuer**, geb. **Schunck**
∗ 28. 3. 1941 Eupen, Belgien
Kinder aus ∞ I:
1. Sibylle Evelyn **Elsäßer**, ∗ 4. 7. 1974 Heilbronn, Studentin 1997
2. Daniel Jochen **Elsäßer**, ∗ 31. 10. 1976 Heilbronn, Zivildienst 1996, Student 1997

nicht ehelich:
Felix Aljoscha **Mildenberger**, ∗ 21. 6. 1990 Wolfach

**W 4323** *Ursula* Gabriele Adelheid **Elsäßer** (Eltern: W 432)
∗ 3. 12. 1951 Wain bei Biberach an der Riß
Stud. Philologie, Lehrerin und Familienfrau
∞ 2. 4. 1975 Tübingen
Christoph *Arnold* Heinrich Helmut **Vogel**
∗ 2. 4. 1949 Westhofen bei Worms
Stud. Jura Tübingen, Rechtsanwalt in Dierdorf bei Neuwied, Leiter des Posaunenchors Montabaur 1986, Bezirksobmann des Bezirks Nordnassau im Posaunenwerk der Evang. Kirche in Hessen-Nassau.
Eltern: *Johannes* Konrad **Vogel**, Pfarrer, zuletzt in Riedstadt-Leeheim bei Großgerau
Anna Magdalena Johanna Aletta (*Annelene*) **Hager**
Großeltern: Hermann Christian **Vogel**, Verleger und Photograph und Marie **Metzger**, sowie
*Ludwig* Heinrich Alexander **Hager**, Nationalökonom und *Elisabeth* Thekla **Kappesser**

Kinder:
1. *Luise* Gertrud Elisabeth, ∗ 2. 11. 1978 Ludwigshafen am Rhein
2. *Barbara* Cornelia Adelheid, ∗ 13. 6. 1980 Biberach an der Riß
3. *Hansfrieder* David Arnold, ∗ 6. 7. 1982 Dernbach, Westerwald
4. *Martin* Johannes Reinhard, ∗ 31. 5. 1985 Dernbach

**W 45** *Theodor* Friedrich **Elsäßer** (Eltern: W 4)
∗ 25. 5. 1874 Nagold, † 19. 3. 1915 Winnenden
Stud.Theol. Tübingen (Stift) 1893, Lehrer in Korntal 1897, Vikar in Pfrondorf bei Tübingen 1898, Murr bei Großbottwar 1899, Pfarrverweser Baumerlenbach bei Öhringen 1901, Stadtpfarrverweser Wiesensteig 1901, Pfarrer in Mittelfischach bei Schwäbisch Hall 1903, 2. Stadtpfarrer in Langenau bei Ulm und Pfarrer von Wettingen 1913.
Lit.: Werner I S. 55, 103; Sigel 726.25
∞ 15. 3. 1904 Tübingen
*Agnes* Hedwig **Kübel**
∗ 15. 4. 1878 Ellwangen, † 4./5. 5. 1912 Schwäbisch Hall
Eltern: Robert Benjamin **Kübel**, Professor für Theologie in Tübingen
Sophie **Zimmer**
Kind:
1. *Georg* Wilhelm Theodor, ∗ 23. 4. 1912 Mittelfischach W 451

**W 451** *Georg* Wilhelm Theodor **Elsäßer** (Eltern: W 45)
∗ 23. 4. 1912 Mittelfischach bei Schwäbisch Hall
Mechaniker, Elektroingenieur in Stuttgart, im Krieg als Funker in Italien.
Lit.: Werner II S. 15
∞ 10. 10. 1940 Stuttgart
Julie **Franz**
∗ 18. 2. 1912 Bad Teinach im Schwarzwald
Eltern: Emil **Franz**, Gerichtsnotar in Böblingen
Maria **Weber**
Kind:
1. *Hartmut* Siegfried, ∗ 10. 2. 1941 Stuttgart W 4511

**W 4511** *Hartmut* Siegfried **Elsäßer** (Eltern: W 451)
∗ 10. 2. 1941 Stuttgart
Religionspädagoge am Friedrich-Apel-Gymnasium in Vaihingen an der Enz, Vorsitzender der Landeskirchlichen Mitarbeitervertretung (LaKiMAV) und Pressebeauftragter des Kirchenbezirks Vaihingen, Beistand für Kriegsdienstverweigerer, Spielpädagoge und Spielekritiker.
∞ 22. 7. 1966 Esslingen

Doris **Rupp**
∗ 19. 12. 1942 Stuttgart
Gymnasialrätin für Biologie und Sport am Friedrich-Apel-Gymnasium in Vaihingen
Eltern: *Karl* Heinrich **Rupp**
Martha **Meister**
Kinder:
1. *Mirjam* Ulrike, ∗ 5. 10. 1973 Stuttgart, Stud. Pädagogik, Musik, Deutsch in Heidelberg 1997.
2. *Julia* Maren, ∗ 16. 3. 1977 Mühlacker, Diakonisches Jahr in der Behinderteneinrichtung „Sonnenhof“ Schwäbisch Hall 1997.

**W 46** *Karl* Heinrich **Elsäßer** (Eltern: W 4)
∗ 21. 7. 1875 Nagold, † 28. 12. 1928 Schwäbisch Hall, im Kocher ertrunken (Depressionen)
Stud. Pharmazie, Dr. med., Assistenzarzt, Distriktarzt Rosenfeld bei Balingen 1906, Stuttgart 1910, Oberarzt am Diakonissenhaus in Schwäbisch Hall.
Lit.: Werner I S. 55, 103
∞ 13. 6. 1906 Ohrsleben bei Braunschweig
Martha **Dedekind**
∗ 17. 12. 1877 Klein Rhüden bei Braunschweig,
† 17. 2. 1951 Dotternhausen bei Balingen
Eltern: Oskar **Dedekind**, Pastor
Hedwig **Blumenstengel**
Kinder:
1. *Hildegard* Dorothea Hedwig, ∗ 30. 12. 1909 Rosenfeld bei Sulz am Neckar W 461
2. Karl Werner, ∗ 27. 2. 1911, † 1911
3. Anonymus, ∗ und † 21. 1. 1912
4. *Eleonore* Elisabeth (Lore), ∗ 10. 4. 1917 Schwäbisch Hall, Stud. Med. 1937, Dr. med., Praktische Ärztin in Dotternhausen bei Balingen, im Ruhestand in Tübingen.

**W 461** *Hildegard* Dorothea Hedwig **Elsäßer** (Eltern: W 46)
∗ 30. 12. 1909 Rosenfeld bei Sulz am Neckar,
† 19. 8. 1990 Fulda
Jugendleiterin
Lit.: Werner II S. 15

∞ 8. 4. 1938 Marburg an der Lahn / Tübingen
Hans Joachim **Schlunk**
∗ 8. 2. 1911 Hamburg, † 23. 4. 1992 Fulda
Stud. Med. Marburg, Berlin, München; Dr. med., Klinik Marburg 1937, Nervenfacharzt in Fulda.
Eltern: Dr. Theol. Martin **Schlunk**, Missionsdirektor, Professor in Hamburg und Tübingen
Eva Margarete **Berner**
Kinder:
1. *Uwe* Reinhard, ∗ 27. 2. 1939 Marburg W 4611
2. *Uta* Brigitte, ∗ 20. 5. 1941 Marburg, † 8. 5. 1944 Marburg
3. Klaus-*Peter*, ∗ 9. 8. 1942 Marburg W 4613
4. *Jürgen* Eckart, ∗ 26. 5. 1944 Marburg W 4614
5. Jutta Sibylle, ∗ 17. 1. 1947 Marburg W 4615
6. Thomas *Stefan*, ∗ 10. 9. 1950 Fulda, Dr. med. Tübingen

**W 4611** *Uwe* Reinhard **Schlunk** (Eltern: W 461)
∗ 27. 2. 1939 Marburg
Jugend- und Heimerzieher, Diakonie Stetten im Remstal
∞ 26. 2. 1988 Leonberg
*Gudrun* Maria **Sämann**, geb. **Stanzel**
∗ 14. 10. 1940 Grumberg, Kreis Mährisch-Schönberg
Apothekenhelferin, Banksachbearbeiterin
Eltern: *Franz* Josef **Stanzel**, Postoberinspektor, 1911–1974
*Anna* Aurelia **Frank**
Kinder:
1. *Rainer* Matthias, ∗ 7. 9. 1966 Stuttgart, Diplomchemiker in Tübingen
2. *Jürgen* Rolf, ∗ 8. 12. 1968 Stuttgart, Diplomkaufmann, Stud. Kultur- und Medienpädagogik in Merseburg

**W 4613** Klaus-*Peter* **Schlunk** (Eltern: W 461)
∗ 9. 8. 1942 Marburg
Stud. Med. Marburg und Tübingen, Dr. med., Kinderarzt in Sigmaringen.
∞ I: Heidelberg, Ehe geschieden 1975
Rosemarie **Schlunk**
∗ 5. 2. 1944 Tübingen
Lehrerin in Heidelberg

Eltern: Wolfgang **Schlunk** (Bruder von Hans Joachim **Schlunk**, W 461), als Student im Krieg gefallen
Waltraud **Poppenhusen**, verw. **Schlunk**, geb. **Maier**
∞ II: 17. 12. 1975 Schwäbisch Hall
*Dorothee* Elfriede **Kehr**
∗ 30. 11. 1946 Ludwigsburg
Stud. Med. Tübingen, Dr. med., Kinderärztin in Sigmaringen, in Gemeinschaftspraxis mit dem Ehemann.
Eltern: Hans-*Otto* **Kehr**, Pfarrer in Plochingen, Leiter der Evangelischen Gesellschaft in Stuttgart
Gertrude **Holzwarth**, Sozialarbeiterin
Kind aus ∞ I:
1. Luise, ∗ 21. 6. 1970 Heidelberg; Stud. Architektur in Karlsruhe und Bath, England, Diplom 1997, Architektin in Oslo, Norwegen.

Kinder aus ∞ II:
2. *Sophie* Johanna, ∗ 13. 8. 1976 Schwäbisch Hall; Stud. Physik in Tübingen 1997
3. Christian, ∗ 1. 4. 1978 Schwäbisch Hall; Zivildienst an der Universitätsklinik Freiburg 1997
4. Martin, ∗ 1. 4. 1978 Schwäbisch Hall; Zivildienst an der Universitätsklinik Freiburg 1997
5. *Tobias* Peter, ∗ 14. 6. 1981 Sigmaringen
6. *Frieder* Elias, ∗ 1. 10. 1983 Schwäbisch Hall

**W 4614** *Jürgen* Eckart **Schlunk** (Eltern: W 461)
∗ 26. 5. 1944 Marburg
Dr., Professor für Germanistik an der West Virginia University, Morgantown WV, USA.
∞ 18. 10. 1979 Morgantown
*Sharon* Marie **Hemelt**, Familienname **Hemelt-Schlunk**
∗ 12. 10. 1954 Baltimore MD, USA
Musikerin
Eltern: William George **Hemelt**, Steuerbeamter in Baltimore
Hannah Georgia ...
Kind:
1. Andrea Dora, ∗ 8. 12. 1986 Morgantown

**W 4615** Jutta Sibylle **Schlunk** (Eltern: W 461)
∗ 17. 1. 1947 Marburg an der Lahn

Ausbildung zur grad. Sozialarbeiterin 1967–1970, Berufstätigkeit und Zusatzausbildung Arbeitsamt Kassel, 1973–1977 Stud. Jura, 1977–1982 Sozialarbeiterin in Göttingen.
∞ I: 19. 5. 1972 Fulda, geschieden 16. 4. 1977 Göttingen
*Edwin* Hendrik **Henkel**
∗ 19. 11. 1946 Dinther, Niederlande,
† 4. 3. 1980 Göttingen (durch eigene Hand)
Lehrerausbildung Niederlande, Stud. Jura Göttingen 1973–1980
Eltern: Otto Victor **Henkel**, Theologe in Holland
Frederika Alejda **van Schouwen**
∞ II: 16. 3. 1984 Fulda
*Johann-Albrecht* Günter Horst **Janzen**
∗ 27. 6. 1944 Neustadt in Holstein
Kaufmännische Lehre, Stud. Theologie Hamburg, Ordination Kiel 2. 5. 1976, Pastor in Lunden, Kreis Dithmarschen 1976, Seedorf, Kreis Herzogtum Lauenburg 1985, Koldenbüttel, Nordfriesland 1996. (∞ I: 1977, geschieden 1979)
Eltern: *Albrecht* Arnold Walter **Janzen**,
Buchhändler in Hamburg, vermißt 1945
*Karin* Elisabeth Alexandra **Junghans**,
kaufmännische Angestellte in Hamburg
Tochter (nicht ehelich):
*Uta* Mareike, ∗ 24. 1. 1980 Göttingen.

**W 48** *Berta* Tabitha **Elsäßer** (Eltern: W 4)
∗ 10. 3. 1878 Tübingen, † 3. 11. 1950 Wilhelmsdorf bei Ravensburg während einer Besuchsreise beim Sohn Heinrich,
begr. 7. 11. 1950 Tübingen
Lit.: Werner I S. 55
∞ 21. 7. 1903 Buea, Kamerun
Johannes **Gutbrod**
∗ 15. 1. 1873 Undingen bei Reutlingen,
† 9. 1. 1938 Tübingen (Lungenleiden)
Ausbildung als Weber, Weber in der Mechan. Weberei Karl Faber Kirchheim unter Teck 1889, Lehrerdiener in Basel 1891, Aufnahme ins Missionshaus Basel 15. 8. 1892, ordiniert Undingen 1899, Missionar in Bonaberi, Kamerun 1899, Buea 1901, Viktoria 1903, am Gehilfenseminar Buea 1906–1912, in Deutschland 1912 wegen Krankheit des Sohnes Heinrich, in Mangamba, Kamerun 1914, interniert 1914–1915, Pfarrverweser, dann Pfarrer in Plü-

derhausen bei Schorndorf 1915, Dienstprüfung für den württ. Pfarrdienst 1916, Pfarrer in Steingebronn-Dottingen bei Münsingen 1918, Teinach im Schwarzwald 1920, in Aidlingen bei Böblingen 1927, Ruhestand Tübingen 1937.

Nachruf im Basler Missionsblatt von Friedr. Lutz

Eltern: Johannes **Gutbrod**, Weber und Kirchenpfleger in Undingen
Barbara **Flad**

Kinder:

1. *Karl* Johannes, * 20. 3. 1905 Buea W 481
2. *Heinrich* Theodor, * 16. 9. 1907 Buea W 482
3. *Walter* Hermann, * 26. 11. 1911 Buea, gefallen bei Alexandrowka in Rußland 28. 7. 1941 als Oberleutnant; Stud. Theol. Tübingen, Dr. theol. habil. 1934, Stadtvikar in Feuerbach, Repetent am Evang. Stift in Tübingen, tit. Pfarrer; verlobt mit Elisabeth Segdelin von Kopenhagen.
4. Siegfried Wilhelm, * 24. 3. 1916 Plüderhausen, gefallen bei Brest Litowsk in Rußland 21. 3. 1944 als Hauptmann; Stud. Phil. Tübingen, SA Sportschule Rieneck, Studienassessor; Braut Frau Kläre Bosland, Koblenz.

**W 481** *Karl* Johannes **Gutbrod** (Eltern: W 48)

* 20. 3. 1905 Buea, Kamerun, † 30. 5. 1983 Metzingen

Stud. Theol. Tübingen 1922–1926, Vikar Pfullingen, Repetent am Theol. Stift in Tübingen, 3. Stadtpfarrer in Backnang 1932, Stiftskirche in Stuttgart 1937, Theolog. Hilfsberichterstatter beim Evang. Oberkirchenrat 1945, Kirchenrat in Stuttgart 1946, Direktor des Evang. Pfarrseminars Stuttgart 1945, Leiter des Katechetischen Amtes der evang. Landeskirche 1961–1971, im Ruhestand in Metzingen.

Lit.: Werner II S. 15

∞ I: 16. 9. 1932 Illwangen in Baden

*Ruth* Elisabeth **Bornhak**

* 1. 7. 1906 Stuttgart, † 10. 7. 1960 Göppingen

Kindergärtnerin

Eltern: Willi **Bornhak**, Buchhändler in Stuttgart
Lydia **Dietrich**

∞ II: 10. 4. 1964 Metzingen

Maria **Kammerer**

* 15. 7. 1912 Stuttgart

Lehrerin an Sonderschule, Realschule und Hauptschule 1936–1964
Eltern: Gotthold **Kammerer**
Barbara **Betz** in Stuttgart
Kinder:
1. *Irmela* Elisabeth, ∗ 11. 5. 1934 Backnang W 4811
2. *Sigrid* Margarete, ∗ 31. 3. 1936 Backnang W 4812
3. *Margarete* Ursula, ∗ 27. 10. 1939 Stuttgart W 4813
4. *Werner* Siegfried, ∗ 22. 9. 1946 Stuttgart W 4814

**W 4811** *Irmela* Elisabeth **Gutbrod** (Eltern: W 481)
∗ 11. 5. 1934 Backnang
∞ 7. 5. 1960 Stuttgart
Gerhard *Helmut* **Frik**
∗ 10. 2. 1933 Stuttgart
Stud. Theol., Assistent am Theologischen Seminar (Katechese) der Universität Tübingen 1962, Dr. theol. Tübingen 1965, tit. Pfarrer 1965, 2. Pfarrer an der Karlshöhe (Ausbildungsstätte für Religionsunterricht und Diakonie) Ludwigsburg 1965, Oberkirchenrat 1979.
Eltern: Erwin **Frik**, Pfarrer in Stuttgart
Lene **Dipper**
Kinder:
1. Annette, ∗ 16. 6. 1961 Stuttgart W 481 11
2. Bettina, ∗ 15. 1. 1964 Stuttgart W 481 12
3. Claus Andreas, ∗ 25. 1. 1966 Stuttgart W 481 13

**W 481 11** Annette **Frik**, Familienname **Frik-Helber** (Eltern: W 4811)
∗ 16. 6. 1961 Stuttgart
Krankenschwester
∞ September 1987 Korntal bei Stuttgart
Rolf **Helber**
∗ 4. 11. 1957
Notar in Gerlingen bei Stuttgart
Eltern: Gerhard und Magarete **Helber**
Kinder:
1. Benedikt, ∗ 24. 7. 1989
2. Julian, ∗ 23. 2. 1992
3. Nicola, ∗ 21. 3. 1995

**W 481 12** Bettina **Frik**, Familienname **Frik-Oesterle** (Eltern: W 4811)
∗ 15. 1. 1964 Stuttgart
Sozialpädagogin
∞ Mai 1991 Ludwigsburg
Martin **Oesterle**
∗ 24. 4. 1964
Jugendreferent in Ludwigsburg
Eltern: Ulrich **Oesterle**
Hilde **Kugler**
Kinder:
1. Dominik, ∗ 7. 3. 1992
2. Matthias, ∗ 13. 6. 1994

**W 481 13** Claus Andreas **Frik** (Eltern: W 4811)
∗ 25. 1. 1966 Stuttgart
Stud. Phil.
∞ Mai 1996 Waldburg
Frauke **Vollert**, Familienname **Vollert-Frik**
∗ 22. 6. 1971
Referendarin
Eltern: Dr. Manfred **Vollert**
Anke **Goeman**

**W 4812** *Sigrid* Margarete **Gutbrod** (Eltern: W 481)
∗ 31. 3. 1936 Backnang
Buchhändlerin
∞ 3. 10. 1959 Stuttgart
Rolf **Scheffbuch**
∗ 25. 1. 1931 Calw
Stud. Theol. Tübingen, Bethel, Bonn 1951–1955, Mast. Theol. Wittenberg College, Springfield OH 1956, persönlicher Referent des württ. Landesbischofs 1957, 3. Münsterpfarrer Ulm 1959, Leiter der Landesstelle des Evang. Jungmännerwerks in Stuttgart 1965, Dekan in Schorndorf 1975, Prälat in Ulm 1989, pensioniert 1996, Mitglied der württ. Landessynode sowie der Synode der EKD (Evangelische Kirche Deutschlands), Mitglied des Landeskirchenausschusses, Sprecher der Synodalgruppe Lebendige Gemeinde, Mitglied des Exekutivausschusses der Lausanner Bewegung für Weltevangelisation 1985–1994, Vorsitzender der

Ludwig-Hofacker-Vereinigung 1980; zahlreiche Buchveröffentlichungen.
Lit.: Wer ist wer 1996
Eltern: Dr. Adolf **Scheffbuch**, Pädagoge, Ministerialrat und Parlamentarier
Maria **Busch**
Kinder:
1. Erdmann, * 6. 8. 1960 Ulm W 481 21
2. Cornelia, * 21. 1. 1963 Ulm W 481 22
3. Ulrich, * 13. 11. 1964 Ulm; Stud. Theol. Tübingen und Erlangen, Auslandsvikariat in Südafrika 1992, Vikar in Walddorfhäslach bei Tübingen 1993, Pfarrvikar in Waiblingen und Korb 1995.
4. Ruth Maria, * 23. 12. 1968, Erzieherin

**W 481 21** Erdmann **Scheffbuch** (Eltern: W 4812)
* 6. 8. 1960 Ulm
Bundeswehr-Grundwehrdienst 1981, Aus- und Weiterbildung bei der Württembergischen Bau-Berufsgenossenschaft 1982, seit 1985 Tätigkeit im gehobenen nichttechnischen Verwaltungsdienst der Berufsgenossenschaft, Ausbildertätigkeit.
∞ 20. 3. 1987 Schorndorf-Haubersbronn
*Susanne* Wilma **Wieler**
* 10. 5. 1958 Haubersbronn
Hauswirtschafts-Praktikum in Schömberg im Schwarzwald 1975–1976, Ausbildung zur Einzelhandels-Kauffrau bei Möbelhaus Siegle in Fellbach 1976–1979, Boutiqueleiterin des Möbelhauses Siegle 1985–1991, Verwaltung und Sekretariat im Albrecht-Bengel-Haus in Tübingen 1991.
Eltern: *Willy* Friedrich **Wieler**, Verkäufer in Haubersbronnn
Berta *Wilma* **Österle**
Kinder:
1. Daniel, * 18. 12. 1989 Böblingen
2. Philipp, * 23. 10. 1991 Böblingen
3. Lena-Johanna, * 3. 5. 1993 Schorndorf

**W 481 22** Cornelia **Scheffbuch** (Eltern: W 4812)
* 21. 1. 1963 Ulm
Erzieherin, Hausfrau

∞ 24./25. 8. 1984 Schorndorf/Afrakirche Urbach
*Michael* Traugott **Frey**
∗ 22. 3. 1958 Nagold
Stud. Theol., Vikar in Königsbronn bei Heidenheim 1984, Pfarrvikar Wilhelmsdorf bei Ravensburg 1987, Pfarrer St. Johann-Gächingen und Lonsingen bei Reutlingen 1991.
Eltern: Helmut **Frey**, Kaufmännischer Angestellter in Rohrdorf bei Nagold
Ruth **Wütherich**
Kinder:
1. Dorothee, ∗ 16. 5. 1986
2. Benjamin, ∗ 31. 3. 1988
3. Johannes, ∗ 10. 12. 1991
4. Christoph, ∗ 25. 8. 1995

**W 4813** *Margarete* Ursula **Gutbrod** (Eltern: W 481)
∗ 27. 10. 1939 Stuttgart
Krankenschwester, Arzthelferin
∞ Jettingen bei Herrenberg
Dieter **Böhler**
∗ 17. 7. 1939 Oberjettingen bei Herrenberg
Dr. med., Internist in Schönaich bei Böblingen
Eltern: Alfred **Böhler**
Elise **Wagner**
Kinder:
1. Steffen, ∗ 3. 12. 1965 Tübingen W 481 31
2. Thomas, ∗ 24. 2. 1967 Nagold W 481 32
3. Michael, ∗ 7. 8. 1972 Stuttgart, Holzmechaniker, Stud. Freie Kunst in Weimar

**W 481 31** Steffen **Böhler** (Eltern: W 4813)
∗ 3. 12. 1965 Tübingen
Dr. med., Arzt in Berlin
∞ 18. 1. 1997 Berlin
Michaela **Schmid**, Familienname **Schmid**
∗ 12. 9. 1966 Stuttgart
Stud. Soziologie, Mag., Public Relations-Managerin bei Firma „Zukunftbau Berlin“.
Eltern: Gerhard und Gertrud **Schmid** in Weil-Neuweiler bei Böblingen

Kind:
1. Sophie Lena, * 28. 6. 1997 Berlin

**W 481 32** Thomas **Böhler** (Eltern: W 4813)
* 24. 2. 1967 Nagold, Kr. Calw
Diplomingenieur in Berlin
∞ 29. 7. 1995 Schönaich bei Böblingen
Anne-Katrin **Rebmann**
* 2. 10. 1966 Sindelfingen
Krankenschwester, Diplompsychologin
Eltern: Willi und Hilde **Rebmann** in Schönaich

**W 4814** *Werner* Siegfried **Gutbrod** (Eltern: W 481)
* 22. 9. 1946 Stuttgart
Rechtsanwalt in Güglingen bei Brackenheim
∞ 7. 7. 1973 Tübingen
Irene **Dreuse**
* 16. 6. 1946 Bargteheide bei Bad Oldesloe
Kinder:
1. Maike, * 15. 7. 1974 Heilbronn
2. Tim, * 25. 1. 1976 Heilbronn
3. Helge Werner, * 30. 9. 1981

**W 482** *Heinrich* Theodor **Gutbrod** (Eltern: W 48)
* 16. 9. 1907 Buea, Kamerun
Stud. Phil. Tübingen, München 1925–1930, Studienassessor in Wilhelmsdorf bei Ravensburg 1932, Studienrat, zuletzt Oberstudiendirektor in Wilhelmsdorf, Vorstand des Knabeninstituts.
∞ I: 3. 4. 1934
Emmi **Ziegler**
* 24. 7. 1904, † 9. 10. 1975
Eltern: Johann Georg **Ziegler**, Klinikverwalter in Tübingen
Emilie **Wackenhut**
∞ II: 2. 9. 1978
*Rosmarie* Berta **Werner**
* 1. 10. 1921 Stuttgart-Bad Cannstatt
s. W 652, dort Einzelheiten, Lit.: Werner II S. 15
Kinder aus ∞ I:
1. Ingeborg, * 21. 1. 1935 Wilhelmsdorf W 4821
2. Hermann, * 27. 4. 1936 Wilhelmsdorf W 4822

3. Walter, * 22. 7. 1937 Wilhelmsdorf W 4823
4. *Gertraud* Dorothea, * 29. 8. 1940 Wilhelmsdorf W 4824
5. *Adelheid* Hedwig, * 11. 1. 1944 Höhreute-Wilhelmsdorf W 4825
6. *Elisabeth* Irmgard, * 18. 4. 1950 Höhreute-Wilhelmsdorf W 4826

**W 4821** Ingeborg **Gutbrod** (Eltern: W 482)
* 21. 1. 1935 Wilhelmsdorf bei Ravensburg
Lehrerin i. A.
∞ 7. 6. 1957 Wilhelmsdorf
Günter **Hekler**
* 7. 2. 1931 Bad Friedrichshall-Kochendorf bei Heilbronn
Pfarrer in Esslingen-Zollberg 1959, an der Evang. Akademie Bad Boll bei Göppingen (Abteilung für Öffentlichen Dienst) 1966, freigestellt 1974, Pfarrer in Esslingen-Mettingen 1976, Krankenhauspfarrer Esslingen 1985, Ruhestand in Esslingen 1993.
Eltern: Otto **Hekler**
Emma **Bürkle**
Kinder:
1. *Andreas* Johannes, * 5. 11. 1957 Ravensburg W 482 11
2. *Michael* Gottfried, * 13. 7. 1959 Esslingen-Zollberg W 482 12
3. Christina, * 3. 9. 1960 Stuttgart W 482 13
4. *Markus* Christoph, * 13. 3. 1965 Esslingen W 482 14

**W 482 11** *Andreas* Johannes **Hekler** (Eltern: W 4821)
* 5. 11. 1957 Ravensburg
Betriebswirt
∞ 26. 4. 1985 Esslingen
Silvia **Kiess**
* 16. 5. 1956 Stuttgart
Floristin
Eltern: Egon **Kiess**, Schuhmacher in Esslingen
Emilie **Koch**
Kinder:
1. *Franziska* Barbara, * 17. 6. 1981 Stuttgart
2. *Johannes* Sebastian, * 13. 9. 1985 Esslingen
3. *Raphael* David, * 4. 7. 1987 Esslingen

**W 482 12** *Michael* Gottfried **Hekler** (Eltern: W 4821)
∗ 13. 7. 1959 Esslingen-Zollberg
Landschaftsgärtner, Obstbaumeister
∞ 4. 6. 1980 Esslingen (geschieden)
Jesus Maria **Merino de la Fuente**
wohnt in Tudela de Duero, Spanien
Kind:
1. *Alvaro* Huascar **Hekler-Merino**, ∗ 16. 5. 1983 Tarija, Bolivien

**W 482 13** Christina **Hekler** (Eltern: W 4821)
∗ 3. 9. 1960 Stuttgart
Pfarrerin in Mühlacker-Dürrmenz
∞ 5. 3. 1982 Esslingen
*Thomas* Johannes **Hörnig**
∗ 19. 11. 1956 Dresden
Pfarrer in Mühlacker-Dürrmenz
Eltern: Alfred **Hörnig**
Edith **Kotte**
Kinder:
1. *Stephanie* Aislynn, ∗ 9. 12. 1991 Mühlacker
2. *Jonathan* Artur, ∗ 12. 9. 1993 Mühlacker
3. *Lukas* Valentin, ∗ 2. 6. 1995 Mühlacker

**W 482 14** *Markus* Christoph **Hekler** (Eltern: W 4821)
∗ 13. 3. 1965 Esslingen
Fachkrankenpfleger in Stuttgart, wohnt in Esslingen
∞ 12. 7. 1997 Esslingen / Stuttgart
Gudrun **Teutsch**
Krankenschwester
∗ 20. 2. 1964 Stuttgart
Eltern: Wilhelm **Teutsch**
*Helene* Berta Ida **Birr**

**W 4822** Hermann **Gutbrod** (Eltern: W 482)
∗ 27. 4. 1936 Wilhelmsdorf bei Ravensburg,
† 1. 5. 1974 Wilhelmsdorf
Studienrat in Michelbach an der Bilz bei Schwäbisch Hall
∞ 19. 7. 1963
Brigitte **Lensing**
∗ 12. 12. 1937 Mettmann, † 21. 10. 1988 Wilhelmsdorf

Kinder:
1. Heinrich, * 21. 10. 1964 Michelbach; Stud. Sozialpädagogik
2. Sabine, * 2. 2. 1966 Michelbach W 482 22
3. Ulrike, * 9. 6. 1968; Hotelfachfrau

**W 482 22** Sabine **Gutbrod** (Eltern: W 4822)
* 2. 2. 1966 Michelbach an der Bilz
Kinderkrankenschwester
∞
Bertram **Salzmann**
* 24. 12. 1966
Referendar
Kind:
1. Tim, * 29. 5. 1993 Tübingen

**W 4823** Walter **Gutbrod** (Eltern: W 482)
* 22. 7. 1937 Wilhelmsdorf bei Ravensburg, † 11. 1. 1994
Textilkaufmann in Wuppertal
∞ 2. 10. 1964
Iris **Bergmann**
* 26. 10. 1935
Kind:
1. Torsten, * 7. 1. 1967 W 482 31

**W 482 31** Torsten **Gutbrod** (Eltern: W 4823)
* 7. 1. 1967
Textilkaufmann
∞
Cornelia **Neuwald**
* 16. 10. 1962
Kind:
1. Lisa Cornelie, * 5. 5. 1994

**W 4824** *Gertraud* Dorothea **Gutbrod** (Eltern: W 482)
* 29. 8. 1940 Wilhelmsdorf bei Ravensburg
∞ 15. 5. 1965
Hermann Lothar **Thoelke**
* 21. 4. 1939
Pfarrer in Summit NJ, St. Louis MO, Crown Point IN, USA

Kinder:
1. Mary, * 11. 8. 1966 Chicago W 482 41
2. Marc, * 11. 8. 1966 Chicago W 482 42
3. John, * 4. 9. 1970 Chicago

**W 482 41** Mary **Thoelke** (Eltern: W 4824)
* 11. 8. 1966 Chicago
Krankenschwester
∞
Ray **McQuiston**

**W 482 42** Marc **Thoelke** (Eltern: W 4824)
* 11. 8. 1966 Chicago
Lehrer und Organist
∞
Theresa **Thur**
* 18. 6. 1970
Kinder:
1. Bethany, * 29. 11. 1992
2. Rebekah, * 9. 5. 1995 Chicago

**W 4825** *Adelheid* Hedwig **Gutbrod** (Eltern: W 482)
* 11. 1. 1944 Höhreute-Wilhelmsdorf bei Ravensburg
∞ 23. 7. 1964
Wilhelm **Lamparter**
* 15. 5. 1934 Weingarten
Oberstudienrat in Ravensburg, Oberstudiendirektor
Kinder:
1. *Hans* Hermannn, * 29. 6. 1965 W 482 51
2. *Walter* Karl, * 6. 8. 1966; Diplomingenieur (FH)
3. Elisabeth, * 14. 1. 1970; Stud. Phil. 1995

**W 482 51** *Hans* Hermann **Lamparter** (Eltern: W 4825)
* 29. 6. 1965
Diplomvolkswirt
∞
Silke **Fehrenbach**
* 14. 2. 1968
Diplomvolkswirt
Kinder:
1. Moritz, * 6. 9. 1992 Tübingen
2. *Anna* Elisabeth, * 13. 10. 1994 Tübingen

**W 4826** *Elisabeth* Irmgard **Gutbrod** (Eltern: W 482)
∗ 18. 4. 1950 Höhreute-Wilhelmdorf bei Ravensburg
∞ , geschieden 3. 4. 1995
Zag **Sultan**
Kinder:
1. Maryam, ∗ 22. 1. 1984 Esslingen
2. Nadiya, ∗ 12. 3. 1986 Esslingen
3. Samina, ∗ 2. 3. 1988 Heilbronn

**W 4C** *Martin* Wilhelm **Elsaesser** (Eltern: W 4)
∗ 28. 5. 1884 Tübingen, † 5. 8. 1957 Stuttgart
Stud. Architektur Stuttgart (P. Bonatz), München (Th. Fischer, Hocheder, Fr. v. Thiersch, [siehe T 7]), Architekt, Professor an der Technischen Hochschule Stuttgart 1913, Direktor der Kunstgewerbe- und Handwerkerschaft der Stadt Köln; Professor für Baukunst (Entwerfen) in Berlin, München, Fachgebiet Architektur, Städtebau, Innenraum; Stadtbaudirektor Frankfurt am Main 1925, nach 1945 Lehrtätigkeit an der Technischen Hochschule München; Werke: zahlreiche Schulen, Kirchen, Eisenbahnbrücken; verband schwäbische Eigenart mit der Kunstweise seines Lehrers Theodor Fischer; zahlreiche Veröffentlichungen.
Lit.: Werner I S. 55, 103, Kürschner 1954; Thieme-Becker X (1914, mit Lit.); Vollmer 2, 32 (mit Lit.) und 5, 457
∞ 18. 8. 1910 Rotenberg bei Stuttgart
Elisabeth (Liesel) **Wilhelm**
∗ 14. 3. 1890 Stuttgart, † 13. 5. 1980 Stuttgart
Eltern: Friedrich **Wilhelm**, Kanzleirat in Stuttgart
Emma **Woernle**
Kinder:
1. Hans-Peter, ∗ 13. 2. 1912 Stuttgart W 4C1
2. Rainer, ∗ 30. 7. 1913 Stuttgart, † 8. 8. 1922, ertrunken im Rhein bei Köln
3. Ursula, ∗ 20. 1. 1915, † 17. 12. 1997 Bad Säckingen; Gymnastikerin in Hamburg
4. Anna *Brigitte*, ∗ 10. 9. 1917 Stuttgart W 4C4
5. Martin *Sebastian*, ∗ 21. 1. 1920 Stuttgart W 4C5

**W 4C1** Hans-Peter **Elsaesser** (Eltern: W 4C)
∗ 13. 2. 1912 Stuttgart

Diplomingenieur in Neuhaus bei Höchstadt an der Aisch, 1997 in Metzeral, Frankreich
Lit.: Werner II S. 16
∞ 18. 8. 1942 Berlin
*Gertrud* Regine **Sommer**
∗ 5. 7. 1909 Rappoldsweiler im Elsaß
Eltern: Karl **Sommer**
Else **Golschiner**
Kinder:
1. *Thomas* Peter, ∗ 18. 6. 1943 Berlin W 4C11
2. *Regine* Dorothee, ∗ 24. 8. 1946 Erlangen, Übersetzerin in Mannheim

**W 4C11** *Thomas* Peter **Elsaesser** (Eltern: W 4C1)
∗ 18. 6. 1943 Berlin
Prof. für Film- and Television Studies Universität Amsterdam, Niederlande
∞ 1. 4. 1991
Karen **Pehla**
∗ 16. 6. 1960

**W 4C4** Anna *Brigitte* **Elsaesser** (Eltern: W 4C)
∗ 10. 9. 1917 Stuttgart
Lit.: Werner II S. 16
∞ 28. 5. 1947 Berlin
Walter **Ruf**
∗ 17. 8. 1909 Hof, † 20. 3. 1992 Köln
Architekt in Berlin am Postministerium, 1947 in Geldern, Niederrhein, Wiederaufbau; Oberbaurat bei der Oberpostdirektion Köln 1950, als Abteilungspräsident verantwortlich für alle Postbauten, pensioniert 1974.
Eltern: Friedrich **Ruf**
Henriette **Gebhardt**
Kinder:
1. Anna *Catharina*, ∗ 18. 11. 1948 Geldern W 4C41
2. *Barbara* Ulrike, ∗ 25. 9. 1950 Köln W 4C42
3. Andreas, ∗ 20. 10. 1951 Köln W 4C43

**W 4C41** Anna *Catharina* **Ruf** (Eltern: W 4C4)
∗ 18. 11. 1948 Geldern, Niederrhein

Studienrätin
Partner:
Cornelius **Plappert**
∗ 10. 10. 1948 Heidenheim an der Brenz
Lehrer
Kinder:
1. Nicola **Ruf**, ∗ 28. 12. 1978
2. Rocco **Ruf**, ∗ 4. 12. 1982

**W 4C42** *Barbara* Ulrike **Ruf** (Eltern: W 4C4)
∗ 25. 9. 1950 Köln
Studienrätin an der Käthe-Kollwitz-Schule in Köln
∞ 10. 5. 1994 Köln
Josef **Bayer**, Familienname **Bayer-Ruf**
∗ 9. 4. 1953 Bad Godesberg
Eltern: Friedrich **Bayer**
Fiedel **Bohle**
Kinder:
1. Laura **Ruf**, ∗ 15. 5. 1983
2. Mirko **Ruf**, ∗ 31. 10. 1986

**W 4C43** Andreas **Ruf** (Eltern: W 4C4)
∗ 20. 10. 1951 Köln
∞
Annette **Nottescheid**
∗ 10. 11. 1965 Höxter
Cutterin
Kind:
1. Josefine, ∗ 23. 6. 1993

**W 4C5** Martin *Sebastian* **Elsaesser** (Eltern: W 4C)
∗ 21. 1. 1920 Stuttgart, † 4. 6. 1964
Stud. Mathem. und Phys. Frankfurt am Main, Diplomphysiker, sechs Jahre Wehrdienst, im Krieg Funker.
Lit.: Werner II S. 16
∞ 5. 10. 1946 Bad Homburg vor der Höhe
Marianne **von Braunmühl**
∗ 23. 1. 1923 Breslau, † 23. 4. 1979 Karlsruhe
in Bad Homburg vor der Höhe

Eltern: Dr. H. J. **von Braunmühl**, Physiker in Ebersteinburg
bei Baden-Baden
Irmgard **Petzold**

Kinder:
1. *Johannes* Christoph, * 4. 5. 1947 Bad Homburg W 4C51
2. Michael Martin, * 11. 2. 1949 Göttingen W 4C52
3. Peter Sebastian, * 31. 5. 1954 Linkenheim bei Karlsruhe
4. Eva Marei, * 15. 12. 1956 Linkenheim W 4C54

**W 4C51** *Johannes* Christoph **Elsaesser**,
Familienname **Voullaire** (Eltern: W 4C5)
* 4. 5. 1947 Bad Homburg
Diplompädagoge
∞
Jutta **Voullaire**
* 25. 11. 1954 Meersburg
Gymnasiallehrerin
Eltern: Hans Gottfried, **Voullaire** (* 1921)
Inge **Jahn**, (* 1921)

Kinder:
1. Ann-Marie, * 27. 10. 1981 Filderstadt bei Stuttgart
2. Elsabé, * 31. 1. 1984 Filderstadt
3. Ingella, * 29. 3. 1986 Filderstadt
4. David, * 26. 6. 1989 Heilbronn
5. Kai-Gabriel, * 18. 2. 1994 Filderstadt, † 10. 3. 1994

**W 4C52** Michael Martin **Elsaesser** (Eltern: W 4C5)
* 11. 2. 1949 Göttingen
Gymnasiallehrer
∞ 9. 5. 1975 Darmstadt
Bettina **Bartsch**
* 5. 8. 1951
Pädagogin
Eltern: Hans **Bartsch**
Veronika **Brodhag**, geb. **Bartsch**

Kinder:
1. Nicolas Sebastian, * 29. 11. 1975 Groß-Gerau
2. Nina Natascha, * 30. 9. 1977 Seeheim-Jugenheim an der Bergstraße
3. Milena Irina, * 6. 2. 1980 Seeheim-Jugenheim

4. Jannis Manuel, * 22. 6. 1985 Thessaloniki, Griechenland
5. Florian, adoptiert, * 31. 8. 1989 Groß-Gerau
6. Aljoscha Julian, * 7. 10. 1990 Lindenfels im Odenwald

**W 4C54** Eva Marei **Elsaesser** (Eltern: W 4C5)
* 15. 12. 1956 Linkenheim bei Karlsruhe
∞ 21. 8. 1981 Nürtingen
Klaus **Unter Ecker**
* 24. 5. 1958 Karlsruhe
Kinder:
1. Lisa-Valesca, * 6. 6. 1981 Nürtingen
2. Sebastién Benoît, * 8. 6. 1984 Montpaon-Cornus, Aveyron, F
3. Angelina Michelle, * 20. 5. 1987 Auch, Gascogne, F
4. Marjolaine Yvette, * 26. 11. 1989 Castelnavet bei Aignan, Gascogne, F
5. Josiane Marie, * 31. 12. 1992 Castelnavet

**W 5** *Tabitha* Wilhelmine **Werner** (Eltern: Stamm Werner)
* 9. 1. 1846 Großheppach bei Waiblingen,
† 2. 10. 1929 Pfullingen bei Reutlingen
Lit.: Zeller § 430,5; Werner I S. 55, 104; Zeller-Siegfried S. 26
∞ 9. 6. 1870 Fellbach bei Stuttgart
*Paul* Johannes **Langbein**
* 29. 10. 1840 Göppingen, † 1. 5. 1915 Pfullingen
Stud. Theol. Tübingen (Stift) 1858, Vikar Hermaringen bei Heidenheim 1862, Westheim bei Schwäb. Hall 1864, Pfarrverweser Göttingen-Albeck 1866, Hochdorf-Schietingen bei Horb 1867, ständiger Pfarrverweser Emmingen-Pfrondorf bei Nagold 1868, Pfarrer in Enzklösterle im Schwarzwald 1870, in Würtingen bei Reutlingen 1879, in Dettingen an der Erms 1893, 30 Jahre im Brüderrat der Altpietistischen Gemeinschaften, pensioniert 1910, wohnte in Pfullingen.

Verf.: Bibelbüchlein, Hilfsbuch zum Verständnis der Heiligen Schrift, Stuttgart 1904; Arbeiten an Erläuterungen zur Heiligen Schrift, hrsg. von der Württ. Bibelanstalt 1912; Herausgeber der Jubiläumsbibel i. A. der Württ. Bibelanstalt

Lit.: Gedächtnisschrift mit Bild und Grabrede von Stadtpfarrer Dr. Maier, Pfullingen, gedr. Plieningen 1915 bei Fr.Flad; s.a. Zeller-Nachr. 17, 19–23

Eltern: Johannes **Langbein**, Zeugmacher in Göppingen
Elisabeth Barbara geb. **Langbein**

Kinder:
1. Elisabeth *Johanna*, * 16. 4. 1872 Enzklösterle W 51
2. Anonymus, * und † 2. 8. 1873 Enzklösterle
3. *Paul* Reinhard, * 21. 3. 1875 Enzklösterle W 53
4. Amalie *Charlotte* Maria, * 2. 3. 1877 Enzklösterle, † 17. 5. 1925 Pfullingen
5. Theodor *Heinrich*, * 16. 10. 1878 Enzklösterle, † 10. 8. 1905 Dettingen a. d. Erms; Oberreallehrer am Seminar in Urach.
6. Christoph *Siegfried*, * 3. 9. 1880 Würtingen W 56
7. Anonymus, * und † 1. 1. 1882 Würtingen
8. *Martha* Theodora, * 22. 4. 1883 Würtingen W 58
9. Wilhelm Gustav *Gotthilf*, * 17. 8. 1884 Würtingen, † 20. 7. 1904 Dettingen an der Erms

**W 51** Elisabeth *Johanna* **Langbein** (Eltern: W 5)
* 16. 4. 1872 Enzklösterle im Schwarzwald,
† 7. 3. 1947 Fellbach bei Stuttgart
Lit.: Werner I S. 56
∞ 20. 10. 1898 Bethel / Bonaku, Kamerun
*Friedrich* Wilhelm **Lutz**
* 10. 1. 1870 Heslach bei Stuttgart, † 28. 6. 1943 Fellbach, begr. durch Prälat Hartenstein
Weingärtner, Eintritt ins Basler Missionshaus 1889, Militärdienst, ordiniert Heslach 1896, Missionar in Bonaberi, Kamerun 1896, Edea 1897, Bonaberi 1899, in Deutschland 1900–1901, Leiter des Predigerseminars und Generalschulinspektor in Viktoria, Kamerun 1902, Missionspräses Buea 1903, sprachliche Arbeiten in Deutschland 1906–1909 (Revision des Neuen Testaments in Duala), danach zurück in Afrika, interniert in London 1914, Reiseprediger in Deutschland 1915–1917, Pfarrverweser im württ. Kirchendienst 1917, Inspektor der Evang. Gesellschaft 1917–1919, Inspektor der Altpietistischen Gemeinschaftsverbände 1919–1927 und 1930–1938, dazwischen erneut Präses der Basler Mission in Buea 1927–1930, Mitglied der Landeskirchenversammlung 1919, des Landeskirchentages, der Bekennenden Kirche (Barmer Bekenntnis) 1934, Ruhestand in Fellbach 1938.
Nachruf: Heidenbote (Basel) 1943, S. 123
Eltern: Jakob **Lutz**, Weingärtner in Heslach
*Wilhelmine* Friederike **Klemm**

Kinder:
1. Johanna *Theodora*, * 18. 6. 1899 Bonaberi W 511
2. *Martha* Elisabeth, * 4. 9. 1900 Dettingen an der Erms, † nach 1978
3. *Paul* Friedrich, * 4. 9. 1900 Dettingen W 513
4. *Hanna* Berta, * 28. 3. 1902 Viktoria W 514
5. *Elisabeth* Therese, * 29. 2. 1904 Buea W 515
6. *Friedrich* Gotthilf, * 2. 3. 1905 Buea W 516
7. *Heinrich* Theodor, * 12. 1. 1910 Buea W 517
8. *Gerhard* Siegfried, * 20. 9. 1914 Buea W 518

**W 511** Johanna *Theodora* **Lutz** (Eltern: W 51)
* 18. 6. 1899 Bonaberi, Kamerun,
† 25. 10. 1953 Weil der Stadt
Lit.: Werner I S. 104
∞ 20. 4. 1922 Stuttgart
Eduard **Stübler**
* 19. 5. 1894 Stuttgart, † 8. 3. 1980 Fellbach
Kaufmann in Weil der Stadt
Eltern: Wilhelm **Stübler**, Oberlehrer in Stuttgart
Maria **Warth**

Kinder:
1. Siegfried, * 22. 2. 1923 Stuttgart, gefallen vor Sewastopol 21. 6. 1942, Stud. Theol.
2. *Friedrich* Wilhelm (Fritz), * 20. 10. 1924 Stuttgart, gefallen bei Samara an der Wolga Februar 1945.
3. *Theodora* Elisabeth, * 3. 10. 1926 Stuttgart W 5113
4. Hans *Albrecht*, * 9. 2. 1932 Stuttgart W 5114

**W 5113** *Theodora* Elisabeth (Dorle) **Stübler** (Eltern: W 511)
* 3. 10. 1926 Stuttgart
∞ 22. 4. 1954 Onstmettingen bei Balingen
Helmut **Weiß**
* 25. 6. 1928 Stuttgart-Wangen, † 6. 1. 1987 Schönaich
Pfarrer in Bönnigheim bei Lauffen am Neckar, in Adelberg bei Göppingen 1964, in Schönaich bei Böblingen 1974.
Eltern: Adolf **Weiß**
Wilhelmine **Denneler**

Kinder:
1. Johannes-Ulrich, ∗ 16. 2. 1955 Kirchheim am Neckar W 511 31
2. Theodora *Magdalene*, ∗ 7. 2. 1956 Kirchheim am Neckar, Hebamme in Tübingen
3. Bernhard, ∗ 19. 8. 1958 Bönnigheim W 511 33
4. Christof, ∗ 25. 9. 1962 Bönnigheim W 511 34

**W 511 31** Johannes-Ulrich (Jonas) **Weiß** (Eltern: W 5113)
∗ 16. 2. 1955 Kirchheim am Neckar
Pfarrer in Berlin-Dahlem 1991
∞ 24. 2. 1982
Christina **Lange**
∗ 11. 7. 1955 Bietigheim
Sazialarbeiterin
Eltern: Walter **Lange**
Ursula **Widmaier**

**W 511 33** Bernhard **Weiß**, Familienname **Walter** (Eltern: W 5113)
∗ 19. 8. 1958 Bönnigheim
Programmierer, tätig in der Textverarbeitung.
∞ 10. 3. 1984 Tübingen
Angelika **Walter**
∗ 22. 1. 1951 Bühl in Baden
Psychoanalytikerin
Eltern: Helmut **Walter**
Hildegard **Jung**
Kinder:
1. Jonathan **Walter**, ∗ 28. 12. 1980 Tübingen
2. Daniel **Walter**, ∗ 29. 7. 1984 Tübingen

**W 511 34** Christof **Weiß**, Familienname **Weiß-Schautt** (Eltern: W 5113)
∗ 25. 9. 1962 Bönnigheim
Pfarrer in Bretzfeld-Waldbach bei Öhringen
∞ 20. 2. 1991
Petra **Schautt**
∗ 5. 8. 1962 Magstadt bei Böblingen
Pfarrerin
Eltern: Heinz **Schautt**
Irmgard **Gengenbach**

Kinder:
1. Jakob Valentin Christoph **Schautt**, * 22. 2. 1994 Herrenberg
2. Lydia Luise Emily **Schautt** * 3. 5. 1996 Herrenberg

**W 5114** Hans *Albrecht* **Stübler** (Eltern: W 511)
* 9. 2. 1932 Stuttgart
Augenoptikermeister in Weil der Stadt
∞ 14. 7. 1960 Weil der Stadt
Irmtraud **Luz**
* 21. 6. 1937 Calw
Eltern: Friedrich **Luz**
Gertrud **Mangold**
Kinder:
1. *Ulrike* Renate, * 8. 7. 1961 Calw W 511 41
2. *Michael* Friedrich, * 27. 8. 1963 Calw W 511 42

**W 511 41** *Ulrike* Renate **Stübler** (Eltern: W 5114)
* 8. 7. 1961 Calw
Diplombetriebswirt (BA), Entwicklungsmanagerin in Weil der Stadt
∞ 16. 12. 1988 Weil der Stadt
Wolfgang **Kudlich**
* 20. 6. 1960 Grötzingen
Diplommathematiker (FH)
Eltern: Gotthold **Kudlich**
Rosemarie **Haux**
Kind:
1. Matthias, * 1. 3. 1991 Nürtingen

**W 511 42** *Michael* Friedrich **Stübler** (Eltern: W 5114)
* 27. 8. 1963 Calw
Informatiker, Diplombetriebswirt (BA)
∞ 26. 1. 1991 Steinenbronn bei Waldenbuch
Ursula **Koch**
* 3. 6. 1961 Stuttgart
Diplommathematikerin (FH)
Eltern: Manfred **Koch**
Irmgard **Jetter**
Kinder:
1. Sabine, * 18. 7. 1991 Böblingen
2. Philipp, * 29. 5. 1994 Böblingen

**W 513** *Paul* Friedrich **Lutz** (Eltern: W 51)
∗ 4. 9. 1900 Dettingen an der Erms,
† 1. 8. 1980, begr. 6. 8. 1980 Korntal bei Stuttgart
Aufgewachsen im Basler Missionshaus, Stud. Theol., Stadtpfarrer an der Petruskirche in Gablenberg 1926, Geschäftsführender Pfarrer beim Evang. Gemeindedienst in Stuttgart 1939, Dekan in Schorndorf 1949, 1953–1972 Vorsitzender des Stuttgarter Hilfskomitees für die Basler Mission als Nachfolger von Prälat Hartenstein, Geistliches Mitglied des Evang. Oberkirchenrates Stuttgart, Oberkirchenrat 1956–1965, Personalreferent, langjähr. Mitglied der Leitung des württ. Kindergottesdienst-Verbandes, Ruhestand in Stuttgart-Weilimdorf 1966.
Lit.: Werner II S. 17; Nachruf von Kurt Ströbel am Grab
∞ 14. 10. 1932 Stuttgart
Else **Hermann**
∗ 16. 1. 1909 Stuttgart-Wangen, † 19. 12. 1985 Stuttgart
Eltern: Heinrich **Hermann**, Fabrikant in Stuttgart-Wangen
Christine **Geiger**
Kinder:
1. *Christa* Renate, ∗ 15. 10. 1934 Stuttgart W 5131
2. Dorothea, ∗ 15. 5. 1937 Stuttgart-Gablenberg W 5132
3. *Irene* Johanna Maria, ∗ 7. 12. 1939 Stuttgart; Lehrerin an einer Gesamtschule, später Sonderschule in Berlin; Tochter Miriam Julia Katharina, ∗ 3. 2. 1980 Berlin
4. *Friedemann* Heinrich, ∗ 26. 10. 1941 Stuttgart W 5134
5. *Magdalene* Elisabeth, ∗ 8. 3. 1948 Stuttgart W 5135

**W 5131** *Christa* Renate (Christel) **Lutz** (Eltern: W 513)
∗ 15. 10. 1934 Stuttgart
Stud. Medizin Tübingen 1955–1956
∞ 20. 3. 1958 Stuttgart
Albrecht **Plag**
∗ 31. 1. 1929 Böckingen bei Heilbronn
Stud. Theol. Tübingen, Göttingen 1949–1953, Chicago IL, USA 1954–1955, 2. Pfarrer Bissingen an der Enz 1958, Pfarrer an der evang. Gemeinde deutscher Sprache Hongkong, China 1963–1969, 1. Pfarrer Markuskirche Stuttgart 1969–1980, Pfarrer St. Georg / St. Paul und Bonhoeffer-Kirche London 1980–1986, Dekan Balingen 1986–1993, im Ruhestand in Schorndorf.

Eltern: Albert **Plag**, Pfarrer in Reutlingen
Hildegard **Rohrer**

Kinder:

1. Brigitte, * 19. 1. 1959 Bissingen an der Enz W 513 11
2. Christine, * 30. 3. 1960 Stuttgart W 513 12
3. Friederike, * 3. 10. 1962 Stuttgart W 513 13
4. Henriette, * 11. 2. 1965 Hongkong W 513 14

**W 513 11** Brigitte **Plag** (Eltern: W 5131)
* 19. 1. 1959 Bissingen an der Enz
Damenschneiderin Stuttgart 1982, Krankenschwester im evang. Diakonissenkrankenhaus Stuttgart 1989.
∞ 30. 8. 1989 Stuttgart
Michael **Thiel**
* 8. 9. 1960 Bad Oynhausen
Diplomingenieur für Elektrotechnik Duisburg 1987
Eltern: Hans-Joachim **Thiel**, Maschinenbauingenieur in Rheurdt bei Moers
Eleonore **Kamin**

Kinder:

1. Manuela, * 23. 9. 1992 Backnang
2. Simone, * 1. 10. 1994 Stuttgart

**W 513 12** Christine **Plag** (Eltern: W 5131)
* 30. 6. 1960 Stuttgart
Diplomingenieur (FH) für Landespflege Landwirtschaftliche Hochschule Freising-Weihenstephan 1988
∞ 21. 9. 1984 Freising
*Stephan* Alfred **Schmitt**
* 12. 8. 1959 Sailauf bei Aschaffenburg
Diplomingenieur (FH) für Landespflege Weihenstephan 1988, selbständiger Unternehmer eines Betriebes für Landespflege (Gartengestaltung etc.) in Helfenbrunn bei Freising.
Eltern: Dr. med. *Karl* Hermann **Schmitt**, Arzt für Allgemeinmedizin und Geburtshilfe
Hermine **Müller**, † 1965

Kinder:

1. Maximilian, * 24. 1. 1985 Stuttgart
2. Ferdinand, * 16. 1. 1989 Moosburg an der Isar

3. *Constanze* Hermine, * 31. 8. 1990 Moosburg
4. Nikolaus, * 23. 2. 1994 Moosburg

**W 513 13** Friederike **Plag** (Eltern: W 5131)
* 3. 10. 1962 Stuttgart
Krankenschwester University College Hospital London 1986, B.Sc. (Nursing) University of Manchester 1994, M.Sc. (Palliative Care) University of London 1996.
∞ 16. 8. 1991 Balingen
Mark **Englund**
* 17. 12. 1963 New York, USA
M.Sc. (Computer Science) University of London 1993, Computerspezialist (Systems Analyst) bei Ford Motor Co., Brentwood, Essex, England 1996.
Eltern: Rev. Ronald **Englund**, Pastor
St. Anne's Lutheran Church, London
Ruth **Olin**

Kinder:
1. *Charlotte* Christine, * 3. 3. 1994 London
2. *Jonathan* Eskil, * 30. 7. 1996 London

**W 513 14** Henriette **Plag** (Eltern: W 5131)
* 11. 2. 1965 Hongkong
Reittherapeutin 1987, Senior Riding Instructor beim Calvert Trust, Kielder, Northumberland, England 1987–1990, BHSII (British Horse Society Intermediate Instructor) 1988, BHSSM (BHS Stable Manager) 1993, RDASI (Riding for the Disabled Senior Instructor) 1995, freiberufliche Reitlehrerin, Dressur-Trainerin und -Richterin, freiberuflich Language Consultancy.
∞ 13. 6. 1992 Hexham, Northumberland
*Ronald* Edward (Ron) **Mackie**
* 18. 11. 1950 Hexham
selbständiger Schreiner (Innenausbau)
Eltern: Ronald **Mackie**, Bergmann im Kohlenbergwerk
Ashington, Northumberland
Joyce **Collins**

Kind:
1. *Bradley* Scott, * 12. 2. 1997 Hexham

**W 5132** Dorothea **Lutz** (Eltern: W 513)
* 15. 5. 1937 Stuttgart-Gablenberg

∞ 14. 8. 1962 / 29. 9. 1963 Stuttgart
Werner Ludwig **Röhm**
∗ 24. 2. 1936 Stuttgart
Notariatsausbildung, Geschäftsführer der Firma Herma in Stuttgart.
Vater: Paul **Röhm**
Kinder:
1. Carolin, ∗ 27. 6. 1966 Stuttgart W 513 21
2. Martina, ∗ 16. 3. 1972 Stuttgart (adoptiert)

**W 513 21** Carolin **Röhm** (Eltern: W 5132)
∗ 27. 6. 1966 Stuttgart
Stud. Biologie, Tiermedizin, Dr. med. vet., Tierärztin in Berlin.
∞ 23. 5. 1996 Berlin
*Christian* Walter **Hallmann**
∗ 17. 10. 1960 Stuttgart
Bankausbildung, Stud. Architektur, Architekt.
Eltern: Ulrich C. **Hallmann**
Irene **Strauss** in München

**W 5134** *Friedemann* Heinrich **Lutz** (Eltern: W 513)
∗ 26. 10. 1941 Stuttgart
Gewerbestudienrat in Stuttgart
∞ 27. 3. 1971 Stuttgart
*Christiane* Hildegard Irmgard **Merkel**
∗ 6. 8. 1942 Berlin
Psychagogin in Stuttgart, Psychotherapeutin
Lit.: Merkel 1972, S. 43
Eltern: Dr. jur. Hans Heinrich Wilhelm **Merkel**,
Rechtsanwalt in Augsburg
Irmela **Boes**
Kind:
1. Dominik, ∗ 20. 9. 1974, Zivildienst 1997

**W 5135** *Magdalene* Elisabeth **Lutz** (Eltern: W 513)
∗ 8. 3. 1948 Stuttgart
Diplompsychologin Berlin 1976, in der Drogentherapie in Berlin tätig 1976–1978, im Landespsychiatrischen Krankenhaus Bonn 1979–1981, Musiklehrerin (Flöte) in Much im Bergischen Land.

∞ 12. 8. 1977 Berlin
Frieder **Reininghaus**, Familienname **Reininghaus-Lutz**
∗ 13. 3. 1949 Korntal bei Stuttgart
Stud. Musik und Deutsch in Tübingen, Staatsexamen 1972, Musikschriftsteller.
Eltern: Robert **Reininghaus**, Studiendirektor in Bad Urach, † 1992
Sigrid **Kintzel**
Kinder:
1. Felix *Florian* **Lutz**, ∗ 12. 1. 1979 Köln, Zivildienst 1998
2. *Sophie* Catherine **Lutz**, ∗ 14. 2. 1982 Köln

**W 514** *Hanna* Berta **Lutz** (Eltern: W 51)
∗ 28. 3. 1902 Viktoria, Kamerun
Lit.: Werner II S. 17
∞ 26. 4. 1927 Stuttgart
Theodor **Kübler**
∗ 13. 10. 1900 Honau bei Reutlingen, † 5. 12. 1967
Pfarrer in Zwerenberg im Schwarzwald 1927, Bundeswart beim CVJM in Stuttgart-Degerloch 1936, Leiter der Landesstelle des Evang. Jungmännerwerkes 1947, Pfarrer in Onstmettingen bei Ebingen 1948, Nabern bei Kirchheim unter Teck 1961.
Eltern: Emil **Kübler**, Pfarrer in Korntal bei Stuttgart
Eugenie **Bezner**
Kinder:
1. Elisabeth, ∗ 11. 8. 1928 Zwerenberg, 1998 in Gammertingen
2. Hans Martin, ∗ 26. 9. 1941 Stuttgart W 5142
3. *Friedrich* Johannes, ∗ 30. 7. 1946 Stuttgart, † 13. 8. 1946

**W 5142** Hans Martin **Kübler** (Eltern: W 514)
∗ 26. 9. 1941 Stuttgart
Lehrer in Pliezhausen
∞
Renate **Klein**
∗ 3. 11. 1941, † 1995
Kind:
1. Kathrin, ∗ 14. 7. 1970

**W 515** *Elisabeth* Therese **Lutz** (Eltern: W 51)
∗ 29. 2. 1904 Buea, Kamerun, † 3. 6. 1964 Albstadt-Ebingen
Gehilfin des Vaters und Krankenschwester 1927–1928 in Kamerun
Lit.: Werner I S. 104, II S. 17
∞ 13. 11. 1928 Stuttgart
Erhard **Eisenmann**
∗ 7. 7. 1897 Oberndorf, † 29. 9. 1985 Albstadt-Ebingen
Pfarrer in Flözlingen bei Rottweil 1924, Kuppingen bei Herrenberg 1931, 2. Pfarrer in Tailfingen bei Balingen 1948, Ruhestand Ebingen 1959.
Eltern: Gottlob **Eisenmann**, Oberlehrer
Luise Julie **Erhardt**
Kinder:
1. Annegret, ∗ 14. 10. 1929 Flözlingen W 5151
2. Hanspeter, ∗ 29. 9. 1930 Flözlingen W 5152
3. Elisabeth, ∗ 27. 10. 1931 Kuppingen W 5153
4. *Erhard* Theodor, ∗ 4. 2. 1933 Kuppingen W 5154
5. *Michael* Friedrich, ∗ 23. 4. 1935 Kuppingen W 5155
6. *Brigitte* Gertrud, ∗ 12. 2. 1937 Stuttgart W 5156
7. Irene *Barbara* (Bärbel), ∗ 3. 10. 1938 Stuttgart W 5157
8. Anonymus, ∗ und † 20. 3. 1942 Kuppingen

**W 5151** Annegret **Eisenmann** (Eltern: W 515)
∗ 14. 10. 1929 Flözlingen bei Rottweil
Berufsschullehrerin
∞ 14. 8. 1956 Stuttgart
Wolfram **Klein**
∗ 26. 12. 1929 Augsburg
Berufsschullehrer für Landwirtschaft in Marktoberdorf bei Kaufbeuren, Studiendirektor.
Eltern: Dr. Walter **Klein**, Studiendirektor in Bad Dürkheim
Maria **Kurz**, Lehrerin
Kinder:
1. *Andreas* Theodor, ∗ 9. 5. 1957 Marktoberdorf W 515 11
2. *Gabriele* Dorothea, ∗ 26. 10. 1958 Marktoberdorf W 515 12
3. Martin, ∗ 13. 2. 1960 Marktoberdorf, in München 1998.
4. *Bernhard* Thomas, ∗ 1. 4. 1967 Marktoberdorf W 515 14
5. Verena, ∗ 8. 2. 1969 Marktoberdorf W 515 15

**W 515 11** *Andreas* Theodor **Klein** (Eltern: W 5151)
∗ 9. 6. 1957 Marktoberdorf bei Kaufbeuren
Schreiner
∞ 1982 Aitrang bei Marktoberdorf
Yvonne **Seitz**
Eltern: Roger **Seitz**
Monika **Domel**
Kinder:
1. Sophie, ∗ 11. 1. 1981 Marktoberdorf
2. Johanna Magdalena, ∗ 28. 11. 1982 Kaufbeuren

**W 515 12** *Gabriele* Dorothea **Klein** (Eltern: W 5151)
∗ 28. 10. 1958 Marktoberdorf bei Kaufbeuren
Musiklehrerin in München
∞ 23. 12. 1981 München
Wolfgang Erich **Bauer**
∗ 29. 10. 1956 München
Diplomingenieur für Maschinenbau
Eltern: Erich **Bauer**
Ilse **Heyn**
Kinder:
1. Martina, ∗ 25. 6. 1982 München
2. Friederike, ∗ 22. 5. 1984 München
3. Carolin, ∗ 15. 1. 1987 München
4. Benjamin Wolfgang, ∗ 10. 5. 1988 München

**W 515 14** *Bernhard* Thomas **Klein** (Eltern: W 5151)
∗ 1. 4. 1967 Marktoberdorf bei Kaufbeuren
Musiklehrer in Kißlegg/Wangen
∞ 7. 6. 1991 Köln
Katja Blanche Martha **Lesemann**
∗ 30. 5. 1967 Kassel
Musiklehrerin
Eltern: Klaus und Helmtraud **Lesemann**
Kinder:
1. Josephine Katharina, ∗ 25. 5. 1991 Köln
2. Constantin Johannes, ∗ 7. 3. 1997 Wangen

**W 515 15** Verena **Klein** (Eltern: W 5151)
∗ 8. 8. 1969 Marktoberdorf bei Kaufbeuren

Bankkauffrau in Ebenhofen bei Marktoberdorf
∞ 25. 2. 1993 Ebenhofen
Magnus **Heiland**
* 28. 9. 1966 Ebenhofen
Kraftfahrzeugmechaniker
Eltern: Georg **Heiland**
Benedikta **Kerler**
Kinder:
1. Theresa Ottilie, * 10. 6. 1993 Marktoberdorf
2. Stefanie, * 26. 8. 1994 Marktoberdorf

**W 5152** Hanspeter **Eisenmann** (Eltern: W 515)
* 29. 9. 1930 Flözlingen bei Rottweil
Stud. Phil., Lehrer für alte Sprachen und Musik, Oberstudienrat in Rastatt, Kantor.
∞ 17. 4. 1961
Gerburg **Pagels**
* 9. 6. 1936 Neukloster, Mecklenburg
Lehrerin
Kinder:
1. Anna Katharina, * 8. 3. 1963 Donaueschingen W 515 21
2. Sofie Therese, * 9. 5. 1969 Freiburg im Breisgau, Ärztin

**W 515 21** Anna Katharina **Eisenmann** (Eltern: W 5152)
* 8. 3. 1963 Donaueschingen
Psychologin
∞ 6. 10. 1989 Rastatt
Andreas Jochen **Empt**
* 7. 1. 1963 Stolberg im Rheinland
Dr. med., Arzt
Eltern: Hubert und Ruth **Empt** in Aachen

**W 5153** Elisabeth **Eisenmann** (Eltern: W 515)
* 27. 10. 1931 Kuppingen bei Herrenberg
Kindergärtnerin, 1997 in Wangen im Allgäu
∞ 9. 4. 1953 Tailfingen
Heinz **Karrer**
* 3. 7. 1925 Stuttgart
Kaufmann in Stuttgart

Eltern: Karl Felix **Karrer**, Kaufmann in Stuttgart
Frida **Kentner**
Kinder:
1. *Eva* Luise, * 14. 1. 1954 Stuttgart W 515 31
2. Ulrich, * 23. 2. 1955 Stuttgart, † 5. 3. 1990 Tübingen, Diplomvolkswirt
3. Susanne, * 9. 5. 1957 Stuttgart W 515 33
4. Regine, * 4. 7. 1959 Stuttgart W 515 34
5. Peter, * 7. 9. 1963 Stuttgart-Bad Cannstatt W 515 35
6. Ingrid, * 9. 2. 1970 Tübingen W 515 36

**W 515 31** *Eva* Luise **Karrer** (Eltern: W 5153)
* 14. 1. 1954 Stuttgart
Lehrerin in Kirchzarten bei Freiburg im Breisgau
∞ 10. 4. 1981 Tübingen
Ulrich **Drescher**
* 1. 8. 1952 Frankfurt
Kaufmann, Seminarleiter, Unternehmensberater
Eltern: Michael Paul **Drescher**
Maria **Triffterer**
Kind:
1. Matthis, * 22. 8. 1988 Freiburg

**W 515 33** Susanne **Karrer** (Eltern: W 5153)
* 9. 5. 1957 Stuttgart
Kindergärtnerin, Erzieherin
∞ I: 13. 5. 1977 Gomaringen
Heinz **Möller**
* 31. 3. 1955 Reichenbach an der Fils
Arzt
Eltern: Bruno **Möller**
Aline **Bantel**
∞ II 9. 9. 1986 Kißlegg im Allgäu
Richard **Allgaier**
* 18. 5. 1949 Bad Waldsee
Künstler
Eltern: Johann **Allgaier**
Clara **Maier**
Kind aus ∞ I:
1. Arven **Möller**, * 11. 11. 1977 Gomaringen bei Reutlingen

**W 515 34** Regine **Karrer** (Eltern: W 5153)
∗ 4. 7. 1959 Stuttgart
Musiklehrerin, Harfenistin in Kißlegg
∞ 10. 2. 1984 Tübingen
Bruce **Anderson**
∗ 28. 1. 1951 Evanston IL, USA
Künstler
Eltern: Carl Keane **Anderson**
Gloria **Keane**
Kinder:
1. Marlene, ∗ 2. 9. 1984 Herrenberg
2. Robin William, ∗ 17. 12. 1986 Herrenberg

**W 515 35** Peter **Karrer** (Eltern: W 5153)
∗ 7. 9. 1963 Stuttgart-Bad Cannstatt
Fluglotse in Stutensee bei Karlsruhe
∞ 7. 9. 1996 Schwaikheim bei Waiblingen
Birgit **Hillenbrand**
∗ 16. 9. 1968 Winnenden
Eltern: Peter **Hillenbrand**
Rita **Roth**
Kind:
1. Lena Sophie, ∗ 15. 8. 1997 Germersheim

**W 515 36** Ingrid **Karrer** (Eltern: W 5153)
∗ 9. 2. 1970 Tübingen
Erzieherin
∞ 11. 10. 1996 Leutkirch
Dietmar **Stoppel**
∗ 25. 2. 1968 Leutkirch
Schreiner in Leutkirch
Eltern: Rudolf **Stoppel**
Gisela **Zündt**
Kind:
1. Linda, ∗ 3. 3. 1997 Leutkirch

**W 5154** *Erhard* Theodor **Eisenmann** (Eltern: W 515)
∗ 4. 2. 1933 Kuppingen bei Herrenberg
Dr. rer. nat., Chemiker bei Sandia Laboratories in Albuquerque NM, USA.

∞ I: 4. 9. 1964
Hilde **Leuschke**
∗ 30. 9. 1942 Berlin
Eltern: Rudolf **Leuschke**
Maria **Rother**
∞ II:
Karen **Nutter**
Kinder:
1. Reinhard, ∗ 5. 1. 1965 Columbus OH, USA W 515 41
2. Irene, ∗ 27. 3. 1969 Columbus, Mikrobiologin

**W 515 41** Reinhard **Eisenmann** (Eltern: W 5154)
∗ 5. 1. 1965 Columbus OH, USA
Chemieingenieur bei General Electric Co. in Parkersburg WV, USA
∞ 22. 6. 1991 Columbus
Jennifer Ann **Hicks**
∗ 28. 9. 1966 Columbus
Eltern: Charles und Audrey **Hicks**
Kinder:
1. Eric, ∗ 21. 7. 1995 Victoria TX, USA
2. Audrey, ∗ 30. 4. 1997 Parkersburg WV, USA

**W 5155** *Michael* Friedrich **Eisenmann** (Eltern: W 515)
∗ 23. 4. 1935 Kuppingen bei Herrenberg
Einkaufsleiter bei Fa. Zinser in Herrenberg, Geschäftsführer von Textilhäusern, Dozent LDT.
∞ 25. 5. 1963 Kuppingen
Rosemarie **Weik**
∗ 3. 4. 1937, † 21. 2. 1995
Sekretärin
Kinder:
1. Christopher Johannes, ∗ 30. 11. 1964 Stuttgart; in München
2. Doerthe Barbara, ∗ 20. 2. 1968 Regensburg W 515 52
3. Carolin Bettina, ∗ 30. 9. 1969 München

**W 515 52** Doerthe Barbara **Eisenmann** (Eltern: W 5155)
∗ 20. 2. 1968 Regensburg
Textilbetriebswirt BTE

∞ 24. 8. 1991
Marcus **Hausser**
∗ 27. 6. 1965
Schreiner in Nufringen bei Herrenberg
Kinder:
1. Anna, ∗ 2. 8. 1994 Herrenberg
2. Sofie, ∗ 9. 6. 1996 Herrenberg

**W 5156** *Brigitte* Gertrud **Eisenmann** (Eltern: W 515)
∗ 12. 2. 1937 Stuttgart
Lehrerin in Albstadt-Ebingen
∞ 11. 5. 1989
Wilhelm **Konzelmann**, Witwer
∗ 15. 1. 1924
Kind:
1. Michael **Eisenmann** ∗ 25. 3. 1974, adoptiert von Brigitte Eisenmann

**W 5157** Irene *Barbara* (Bärbel) **Eisenmann** (Eltern: W 515)
∗ 3. 10. 1938 Stuttgart
Krankenschwester, Leiterin einer ambulanten Diakoniestation
∞ 29. 7. 1963 Flensburg
Christoph **Sikora**
∗ 19. 10. 1935 Leipzig, † 26. 6. 1996 Tornesch bei Elmshorn
Kaufmännischer Angestellter
Eltern: Werner und Hertha **Sikora** in Leipzig
Kinder:
1. Volker, ∗ 9. 7. 1964 Uetersen bei Elmshorn W 515 71
2. Ute, ∗ 29. 11. 1966 Uetersen, † 3. 3. 1997 Freiburg, Diplomsoziologin, Journalistin

**W 515 71** Volker **Sikora** (Eltern: W 5157)
∗ 9. 7. 1964 Uetersen bei Elmshorn
Diplominformatiker, 1998 in Tornesch bei Elmshorn
∞ 10. 10. 1992 Tornesch, geschieden 1998
Bettina **Kühl**
∗ 3. 9. 1965 Uetersen
Re-No-Gehilfin
Eltern: Karl-Heinz und Lieselotte **Kühl** in Tornesch
Kind:
1. Mareike, ∗ 4. 2. 1994 Elmshorn

W 516 *Friedrich* Gotthilf **Lutz** (Eltern: W 51)
∗ 2. 3. 1905 Buea, Kamerun,
† 1. 5. 1993 Aidlingen bei Böblingen
Stud. Theol., Pfarrer in Gomadingen bei Münsingen 1933, Stadtpfarrer an der Leonhardskirche in Reutlingen 1946, Kreuzkirche in Reutlingen 1958, Krankenhauspfarrer in Stuttgart-Bad Cannstatt 1960, Ruhestand Fellbach 1970.
Lit.: Werner II S. 17
∞ 8. 6. 1933 Tübingen
Olga **von Huene**
∗ 10. 7. 1907 Tübingen
Eltern: Friedrich **Freiherr von Hoyningen-Huene**,
Prof. der Paläontologie
Dora **Lawton**
Kinder:
1. *Veronika* Elisabeth, ∗ 16. 5. 1934 Gomadingen W 5161
2. Reinhard, ∗ 27. 11. 1935 Gomadingen,
† 29. 1. 1948 Reutlingen
3. *Dietrich* Christoph, ∗ 24. 12. 1936 Gomadingen W 5163

W 5161 *Veronika* Elisabeth **Lutz** (Eltern: W 516)
∗ 16. 5. 1934 Gomadingen bei Münsingen
∞ 28. 7. 1957 Reutlingen
Ingo **Steffani**
∗ 27. 4. 1925 Znin in Westpreußen
Pfarrer in Wietstock, Kreis Zossen, später in Pritzwalk, lebt 1998 in Kirchgellersen bei Winsen an der Luhe.
Eltern: Hans **Steffani**, Superintendent in Posen
und Frankfurt an der Oder
Ottilie **von Schweinichen**
Kinder:
1. *Anna-Maria* Olga Margarethe Ottilie,
∗ 24. 9. 1958 Ludwigsfelde, Kreis Zossen W 516 11
2. *Theodora* Herta Johanna,
∗ 9. 2. 1960 Wietstock W 516 12
3. Reinhard Christoph *Constantin*,
∗ 5. 6. 1961 Wietstock W 516 13
4. *Erdmann-Johannes* Friedrich Ingo,
∗ 16. 12. 1964 Pritzwalk W 516 14

5. *Friederike* Gisela Veronika, ∗ 3. 2. 1974 Pritzwalk; Ausbildung zur Logopädin in Wien, Österreich, tätig als Logopädin im Krankenhaus Mistelbach bei Wien.

**W 516 11** *Anna-Maria* Olga Margarethe Ottilie **Steffani** (Eltern: W 5161)
∗ 24. 9. 1958 Ludwigsfelde, Kreis Zossen
Stud. Sonderpädagogik in Hamburg, Lehrerin in Berlin.
∞ 10. 5. 1991 Berlin/1. 6. 1991 Kirchgellersen bei Winsen an der Luhe
Martin **Lehner**
Dr., Dozent

**W 516 12** *Theodora* Herta Johanna **Steffani** (Eltern: W 5161)
∗ 9. 2. 1960 Wietstock Kreis Zossen
Stud. Übersetzerin in Germersheim, Ausbildung zur Bankkauffrau.
∞ 2. 8. 1996 Lüneburg
Volkmar **Betz**
Physiker, Dr. rer. nat.

**W 516 13** Reinhard Christoph *Constantin* **Steffani** (Eltern: W 5161)
∗ 5. 6. 1961 Wietstock, Kreis Zossen
Musiker, Ausbildung als Tischler.
∞ 24. 10. 1986 Berlin
Nadja **Karadjov**

**W 516 14** *Erdmann-Johannes* Friedrich Ingo **Steffani** (Eltern: W 5161)
∗ 16.12. 1964 Pritzwalk
Architekt
∞ 17. 6. 1989 Lüneburg
Birgit **Eisele**
Lehrerin

**W 5163** *Dietrich* Christoph **Lutz** (Eltern: W 516)
∗ 24. 12. 1936 Gomadingen bei Münsingen
Stud. Physik Tübingen und Stuttgart, Physiker, wissenschaftlicher Angestellter an der Universität Stuttgart.
∞ 11. 11. 1960 Stuttgart-Bad Cannstatt
*Barbara* Gertrud **Ziegler**
∗ 1. 10. 1934 Tübingen

Ausbildung Lehrerseminar Schwenningen und Stuttgart, Volksschullehrerin, zuletzt in Aidlingen bei Böblingen.
Eltern: Hans **Ziegler**, Musiker
Gertrud **Hirzel**
Kinder:
1. *Martin* Christoph, * 17. 6. 1961, Dipl.-Ing., Maschinenbau
2. *Johannes* Friedrich, * 31. 1. 1963 Stuttgart W 516 32
3. *Margarete* Veronika, * 31. 8. 1964, Musikerin (Viola)

**W 516 32** *Johannes* Friedrich **Lutz** (Eltern: W 5163)
* 31. 1. 1963 Stuttgart
Stud. Medizin Tübingen, Dr. med. 1994, Assistenzarzt für Anästhesie am Katharinen-Hospital Stuttgart.
Lit.: Zeller II 551.12
∞ 27. 6. 1987 Aidlingen bei Böblingen
*Ingeborg* Annette **Roller**
* 15. 12. 1962 Stuttgart
Stud. Psychologie Tübingen
Eltern: Klaus **Roller**, Kirchenmusiker in Sindelfingen
Dorli **Moosbrugger**, Lehrerin
Kinder:
1. *Miriam* Helena, * 4. 8. 1991 Herrenberg
2. *Joshua* Simon, * 20. 9. 1993 Sindelfingen

**W 517** *Heinrich* Theodor **Lutz** (Eltern: W 51)
* 12. 1. 1910 Buea, Kamerun, † 21. 11. 1955
Stud. Elektrotechnik, Diplomingenieur bei Siemens Schuckert AG in Berlin, später Erlangen.
Lit.: Werner II S. 17
∞ 11. 4. 1936 Ellwangen
*Hilde* Karoline Margarete **Müller**
* 27. 6. 1913 Schwäbisch Gmünd
Eltern: Hugo **Müller**, Justizbeamter in Ellwangen
Karoline **Ellinger**
Kinder:
1. Eva-Maria (Evmarie) * 11. 4. 1937 Berlin W 5171
2. Hans *Jochen*, * 3. 3. 1941 Ellwangen, ∞ Elisabeth ...

**W 5171** Eva-Maria (Evmarie) **Lutz** (Eltern: W 517)
* 11. 4. 1937 Berlin

Stud. Medizin Tübingen, Freiburg, Erlangen 1956–1962, Dr. med. am Tropenmedizinischen Institut der Universität Tübingen, Ärztin für Allgemeinmedizin, Ausbildung in Logotherapie 1990–1993, eigene Praxis in Reutlingen, im Kirchengemeinderat der Kreuzkirche.
∞ 1. 9. 1962 Erlangen
Arnulf **Ziekur**
∗ 24. 8. 1937 Breslau
Stud. Medizin Tübingen, Freiburg, Erlangen 1956–1961, Dr. med. Hautklinik der Universität Tübingen, Facharzt für Gynäkologie Stuttgart 1968, Praxis in Metzingen 1969, Ruhestand 1998, Einsatz in der dritten Welt.
Eltern: Herbert **Ziekur**, Pfarrer und Studienrat, † 1963
*Erna* Maria **Bühle**
Kinder:
1. Jörg-*Uwe*, ∗ 10. 7. 1963 Tübingen W 517 11
2. Isabell, ∗ 17.1.1965 Stuttgart, Biologin
3. *Johannes* Vicente, ∗ 5. 4. 1976 Bacolod, Philippinen, adoptiert 1981, Zahntechniker
4. Hilda *Dorothee*, ∗ 3. 9. 1976 Dvao, Philippinen, adoptiert 1984, Arzthelferin

**W 517 11** Jörg-*Uwe* **Ziekur** (Eltern: W 5171)
∗ 10. 7. 1963 Tübingen
Ausbildung als Kraftfahrzeug-Mechaniker 1983–1986, Stud. Maschinenbau 1989–1993, Diplomingenieur (Energietechnik) 1994.
∞ 30. 5. 1986 Reutlingen
*Gabriele* Karoline **Schuhmacher**
∗ 3. 9. 1962 Heidelberg
Ausbildung als Zahntechnikerin 1980–1984, Zahntechnikerin 1984–1993, Stud. Gartenbau 1997.
Eltern: Engelbert Günter *Jakob* **Schuhmacher**, Schlosser in Heidelberg
Martha **Ille**

**W 518** *Gerhard* Siegfried **Lutz** (Eltern: W 51)
∗ 20. 9. 1914 Buea, Kamerun, gefallen bei Sora/Villa Latina in Süditalien 21. 12. 1943
Werkfotograf
Lit.: Werner II S. 18

∞ 18. 4. 1938 Cleebronn bei Brackenheim
Frieda **Böhm**
∗ 29. 2. 1912 Stuttgart-Feuerbach
wohnt in Cleebronn bei Brackenheim
Eltern: Karl **Böhm**, Metallschleifer in Stuttgart
Friederike **Lechner**
Kinder:
1. *Ursel* Margret, ∗ 26. 4. 1939 Kiel, ∞ Schmidt
2. *Peter* Jochen, ∗ 20. 4. 1942 Stuttgart-Wangen, ∞ Iris ..., Tochter Cathrin.

**W 53** *Paul* Reinhard **Langbein** (Eltern: W 5)
∗ 21. 3. 1875 Enzklösterleim Schwarzwald,
† 15. 8. 1964 Mögglingen bei Schwäb. Gmünd
Stud. Theol. Tübingen (Stift) 1894–1898, Pfarrer in Erkenbrechtsweiler bei Kirchheim u. Teck 1907, in Wittlensweiler bei Freudenstadt 1921, Zainingen bei Urach 1937, Ruhestand Zainingen 1948.

Lit.: Werner I S. 56; Feuerlein S. 183, Luginsländer Bl. 62, 29; Freudenstadter Heimatbl. IX, 16 (29. 10. 1964)

∞ 14. 2. 1907 Weinsberg
*Auguste* Berta Luise **Mährlen**
∗ 17. 1. 1880 Elfinger Hof bei Maulbronn,
† 8. 4. 1929 Wittlensweiler bei Freudenstadt
Kunstmalerin und Kinderbuchautorin in Dichtung und künstlerischer Gestaltung (Wie die Elflein durch den Winter kamen)
Eltern: Joseph *Hermann* **Mährlen**, 1840–1902,
Gutspächter auf dem Elfinger Hof
Marie **Stark** aus Buttelstedt bei Weimar, 1842–1922
Kinder:
1. Elisabeth, ∗ 18. 8. 1909 Erkenbrechtsweiler, † 14. 10. 1985 Essingen bei Aalen; Krankenschwester, wohnte in Mögglingen
2. *Therese* Marie, ∗ 21. 3. 1911 Erkenbrechtsweiler, Stud. Kunst, Malerin in Essingen, wohnt in Mögglingen
3. Heinrich, ∗ 27. 8. 1912 Erkenbrechtsweiler W 533
4. Annemarie (Amei), ∗ 8. 5. 1914 Erkenbrechtsweiler W 534
5. *Friedrich* Karl, ∗ 1. 12. 1915 Erkenbrechtsweiler, gefallen vor Oslo in Norwegen 16. 4. 1940 als Zimmermannsmaat
6. *Hermann* Gottfried, ∗ 30. 1. 1918 Stuttgart W 536

**W 533** Heinrich **Langbein** (Eltern: W 53)
∗ 27. 8. 1912 Erkenbrechtsweiler bei Kirchheim unter Teck,
† 3. 1. 1954 Bielefeld
Diplomingenieur, Architekt in Stuttgart
Lit.: Werner II S. 18
∞ 15. 3. 1941 Bremen-Blumenthal
*Ingeborg* Clara Adeline **Ullrich**
∗ 11. 6. 1911 Bremen-Blumenthal, † 18. 1. 1996 Ostfildern
Diplomingenieur, freie Architektin in Dettingen unter Teck
Eltern: Edgar **Ullrich**, Textilingenieur in Bremen
Klara **Dittrich**
Kinder:
1. *Konrad* Heinrich, ∗ 3. 2. 1944 Urach W 5331
2. *Andreas* Heinrich, ∗ 6. 6. 1949 Stuttgart W 5332
3. Johann *Friedrich*, ∗ 14. 1. 1952 Dettingen unter Teck W 5333

**W 5331** *Konrad* Heinrich **Langbein** (Eltern: W 533)
∗ 3. 2. 1944 Urach
Ingenieur (grad.) in Dettingen unter Teck, Rundfunk- und Fernsehtechniker
∞ 15. 8. 1980 Dettingen
*Monika* Angela **Räder**
∗ 21. 6. 1943 Fellhammer in Schlesien
Fachoberlehrerin
Eltern: Reinhold und Liselotte **Räder** in Dettingen

**W 5332** *Andreas* Heinrich **Langbein** (Eltern: W 533)
∗ 6. 6. 1949 Stuttgart
Ingenieur (grad.), Architekt in Dettingen unter Teck
∞ 19. 5. 1972
*Ingeborg* Regina (Inge) **Räder**, Familienname **Langbein-Räder**
∗ 26. 7. 1949
Designerin (grad.)
Eltern: Reinhold und Liselotte **Räder** in Dettingen
Kinder:
1. Claus, ∗ 1. 2. 1978 Nürtingen
2. Ulrich, ∗ 23. 7. 1979 Nürtingen
3. Karin, ∗ 21. 10. 1981 Nürtingen
4. Martin, ∗ 26. 12. 1985 Nürtingen

**W 5333** Johann *Friedrich* **Langbein** (Eltern: W 533)
∗ 14. 1. 1952 Dettingen unter Teck
Kunsterzieher am Evang. Kirchlichen Aufbaugymnasium in Mössingen bei Tübingen, Studienrat a. e. H., 1997 in Heidelberg.
∞ 23. 9. 1993
Beate Ulrike **Weiß**, Familienname **Weiß-Langbein**
∗ 25. 7. 1962 Kirchheim unter Teck
Diplomdesignerin (FH)
Kinder:
1. Eva Antonia, ∗ 1. 3. 1994 Heidelberg
2. Lilli Marie, ∗ 21. 4. 1997 Heidelberg

**W 534** Annemarie (Amei) **Langbein** (Eltern: W 53)
∗ 8. 5. 1914 Erkenbrechtsweiler bei Kirchheim unter Teck
Landhelferin, in Altoberndorf bei Oberndorf am Neckar, Hausfrau.
Lit.: Werner II S. 18
∞ 27. 12. 1936 Oberndorf am Neckar / Wittlensweiler bei Freudenstadt
*Hermann* Martin **Pfaff**
∗ 11. 11. 1905 Nürtingen, † 23. 10. 1987 Altoberndorf
Sattler in Nürtingen; Dekorateur in Berlin; Revisor in Oberndorf am Neckar
Eltern: Karl **Pfaff**, Sattler in Nürtingen
Luise **Schweizer**
Kinder:
1. Ulrich, ∗ 5. 12. 1937 Altoberndorf W 5341
2. Gertrud, ∗ 27. 2. 1939 Altoberndorf W 5342
3. Gottfried ∗ 24. 3. 1942 Altoberndorf, Gärtner in Sulz am Neckar
4. Christoph, ∗ 30. 5. 1949 Altoberndorf, Diplomsoziologe und Politologe in Mannheim, Werkzeugmacher, Mechaniker in Rottweil, wohnt in Altoberndorf.

**W 5341** Ulrich **Pfaff** (Eltern: W 534)
∗ 5. 12. 1937 Altoberndorf bei Oberndorf am Neckar
Gärtnerlehre, Diplomsozialpädagoge, Diakon, Ausbildungsaufenthalte und Dienste in Afrika (Abidjan, Elfenbeinküste, Bafoussam, Kamerun, 1997 Conakry, Guinea) „Bewahrung der Schöpfung“, „Ressourcenschutz“ etc., dazwischen Geschäftsführer am

Amt für Mission und Ökumene in Frankfurt am Main.
∞ 22. 4. 1965 Lendsiedel bei Kirchberg an der Jagst
*Renate* Adelheid **Ludwig**
∗ 21. 9. 1941 Schwaikheim bei Waiblingen
Sozialarbeiterin in Marbach, Diplomsozialpädagogin in Frankfurt am Main und Berlin, mehrjährige Aufenthalte in Afrika, 1997 in Guinea; Mitarbeit bei der Internationalen Liga für Menschenrechte.
Eltern: Martin **Ludwig**, Pfarrer, zuletzt in Lendsiedel
Wilma **Eitel**
Kinder:
1. *Theo* Tilmann, ∗ 17. 8. 1967 Marbach am Neckar, Zivildienstleistender 1988, Diplombiologe in Frankfurt am Main, Molekularbiologe.
2. *Anita* Susanne, ∗ 16. 4. 1970 Abidjan, Elfenbeinküste; Diplomgeographin, Vulkanologin in Marseille, Durban, Südafrika, Berlin und Indonesien.

**W 5342** Gertrud **Pfaff**, Familienname **Berseth-Pfaff** (Eltern: W 534)
∗ 27. 2. 1939 Altoberndorf bei Oberndorf am Neckar
Künstlerin (z. B. Scherenschnitte, Keramik), Hausfrau, Posthelferin.
∞ 12. 7. 1961 Gimel VD, Schweiz
*Henri* Maurice **Berseth**
∗ 31. 1. 1931 Genf
Postbeamter in Saubraz VD, daneben Landwirt, seit einem Herzinfarkt Felder verpachtet.
Eltern: H. **Berseth**, Gärtner in Genf
R. **Juon**
Kinder:
1. Jean-Christophe, ∗ 10. 6. 1964 Aubonne VD, Kunsttischler, Schreiner in Yens VD.
2. Claude-Albert, ∗ 30. 8. 1965 Aubonne, Diplomphysiker, Dr. rer. nat., Wissenschaftler in Pittsburgh PA, USA, Grenoble, Frankreich, Lausanne 1997.

**W 536** *Hermann* Gottfried **Langbein** (Eltern: W 53)
∗ 30. 1. 1918 Stuttgart
Orgelbauer, Kantor in Göppingen und Nürtingen, Musiklehrer

an der Pädagogischen Hochschule Schwäbisch Gmünd, 55 Jahre lang Organist, lebt 1988 in Essingen bei Aalen.
∞ 23. 5. 1953 Nürtingen, Ehe geschieden
*Hanna* Martha **Gähr**
∗ 23. 11. 1932 Stuttgart
Kantorin, Organistin, Musiklehrerin
Eltern: Otto **Gähr** in Nürtingen
Martha **Eisele**
Kind:
1. *Tilmann* Heinrich, ∗ 16. 4. 1954 Nürtingen W 5361

**W 5361** *Tilmann* Heinrich **Langbein** (Eltern: W 536)
∗ 16. 4. 1954 Nürtingen
Diplomingenieur (FH) in Wasseralfingen bei Aalen, Abtsgmünd
∞ 6. 12. 1980 Aalen
Gerlinde **Voit**
∗ 2. 3. 1954 Staufen
Kinderkrankenschwester
Vater: Willi **Voit** in Giengen an der Brenz
Kinder:
1. Claudia, ∗ 2. 8. 1980 Innsbruck (adoptiert)
2. Manuela, ∗ 8. 10. 1987 (adoptiert)

**W 56** Christoph *Siegfried* **Langbein** (Eltern: W 5)
∗ 3. 9. 1880 Würtingen bei Reutlingen,
† 20. 9. 1921 Ohnastetten bei Reutlingen
Stud. Theol. Tübingen (Stift) 1898–1902, Pfarrer in Ohnastetten 1910, pensioniert 1919, Inhaber des Charlottenkreuzes.
Lit.: Werner I S. 56
∞ 20. 10. 1910 Walheim bei Besigheim
Thusnelde **Dettinger**
∗ 25. 3. 1880 Hohenstaufen bei Göppingen,
† 23. 7. 1931 Stuttgart
Eltern: Paul **Dettinger**, Pfarrer in Hohenstaufen
Thusnelde **Kober**, Schwester von Paul **Kober**, (s. G 6)

**W 58** *Martha* Theodora **Langbein** (Eltern: W 5)
∗ 22. 4. 1883 Würtingen bei Reutlingen,
† 5. 6. 1970 Stuttgart-Riedenberg
Lit.: Werner I S. 56, 105; Maier S. 127

∞ 13. 9. 1906 Buea, Kamerun,
(Trauzeugen Paul Fr. Lutz, Joh. Gutbrod)
Ernst **Dinkelacker**
* 6. 4. 1873 Winnenden, † 17. 3. 1946 Stuttgart-Riedenberg
Stud. Theol. Tübingen 1891, im Stift 1893, ordiniert Schloßkirche Winnenden 1895, Vikar Burgstall bei Backnang 1895, Dürrmenz bei Mühlacker 1896, Missionskurs Freudenstadt 1896, Pfarrverweser Dürrmenz 1897, im Missionshaus in Basel 1898, Missionar in Bonaberi, Kamerun 1899–1902, 1903–1908, 1909–1913, Pfarrverweser St. Bernhard-Wäldenbronn bei Esslingen 1914, Pfarrer in Beuren bei Nürtingen 1916, Kirchheim unter Teck (Vorstadtkirche) 1925, in Holzmaden bei Kirchheim unter Teck 1932–1935, Inhaber des Charlottenkreuzes 1916, im Ruhestand in Stuttgart-Riedenberg 1935.
Eltern: Julius **Dinkelacker**, Amtsnotar in Winnenden
Amalie **Zahn**
Kinder:
1. *Elisabeth* Amalie, * 14. 12. 1913 Stuttgart-Bad Cannstatt, Kindergärtnerin in Stuttgart, Graphikerin in Stuttgart-Riedenberg, später Wohnstift Augustinum
2. *Adelheid* Johanna (Heidi), * 11. 2. 1916 Wäldenbronn bei Esslingen, † 27. 8. 1975 Stuttgart-Riedenberg; Anstaltshelferin
3. *Siegfried* Paul, * 15. 8. 1917 Beuren W 583
4. Johann *Albrecht*, * 6. 11. 1919 Beuren, † 15. 5. 1928 Kirchheim unter Teck
5. *Gertrud* Marta, * 4. 4. 1921 Beuren, Graphikerin und Bildweberin in Stuttgart-Riedenberg
6. *Rose* Hildegard, * 5. 5. 1923 Beuren, Kindergärtnerin in Undingen bei Reutlingen, Diakonisse in Stuttgart
7. *Hans* Rudolf, * 19. 2. 1925 Beuren W 587
8. *Margarete* Anna, * 14. 1. 1928 Kirchheim unter Teck W 588

**W 583** *Siegfried* Paul **Dinkelacker** (Eltern: W 58)
* 15. 8. 1917 Beuren bei Nürtingen
Studienassessor in Stuttgart-Rohracker, Studienrat (Mathematik) in Göppingen, Oberstudiendirektor in Stuttgart, Schulleiter des Dillmann-Gymnasiums, wohnt in Stuttgart-Möhringen.
Lit.: Maier S. 133, Werner II S. 18

∞ 3. 12. 1949 Stuttgart-Degerloch
Axa Elisabeth **Neuffer**
∗ 25. 11. 1929 Stuttgart
Hausfrau
Eltern: Professor Dr. med. Johannes **Neuffer**, 1892–1962,
Medizinalrat in Stuttgart
Agathe **Lutz**, 1892–1977
Kinder:
1. *Albrecht* Martin, ∗ 5. 2. 1951 Göppingen W 5831
2. *Susanne* Margarete, ∗ 12. 1. 1952 Göppingen,
† 14. 11. 1955 Stuttgart-Rohracker
3. *Cornelia* Dorothea, ∗ 18. 11. 1954 Stuttgart W 5833
4. *Stephan* Alexander, ∗ 29. 7. 1957 Stuttgart W 5834
5. *Franziska* Gabriele, ∗ 6. 4. 1962 Stuttgart W 5835

**W 5831** *Albrecht* Martin **Dinkelacker** (Eltern: W 583)
∗ 5. 2. 1951 Göppingen
Dr.-Ing., Professor in Mosbach
∞ 2. 7. 1988
Ulrike **Thurner**, Familienname **Thurner-Dinkelacker**
∗ 11. 7. 1957
Diplompädagogin
Eltern: Hans **Thurner**
Liselotte **Köder**
Kinder:
1. *Anika* Patrizia, ∗ 11. 4. 1993 Mosbach
2. *Julian* Frederik, ∗ 8. 5. 1994 Mosbach

**W 5833** *Cornelia* Dorothea **Dinkelacker** (Eltern: W 583)
∗ 18. 11. 1954 Stuttgart
Studienrätin in Waiblingen
∞ 2. 6. 1979
Friedrich **Luft**
∗ 20. 5. 1953
Studienrat
Eltern: Fritz und Anneliese **Luft**

**W 5834** *Stephan* Alexander **Dinkelacker** (Eltern: W 583)
∗ 29. 7. 1957 Stuttgart
Dr. med., Facharzt für Chirurgie, Oberarzt in Reutlingen

∞ Gisela **Stark**
∗ 24. 2. 1957
Hausfrau und Krankenschwester in Tübingen
Eltern: Walter und Dorothee **Stark** in Unterweißach
Kinder:
1. Judith, ∗ 1. 11. 1979 Tübingen
2. Johanna, ∗ 15. 11. 1982 Filderstadt-Plattenhardt
3. Paul Jakob, ∗ 13. 4. 1987 Tübingen

**W 5835** *Franziska* Gabriele **Dinkelacker** (Eltern: W 583)
∗ 6. 4. 1962 Stuttgart
Diplomsozialpädagogin (FH), Musikerin in Lappersdorf bei Regensburg
∞ 8. 4. 1989
Ulrich **Forster**
∗ 19. 1. 1956
Musiker
Eltern: Hermann und Therese **Forster** in Kastl bei Amberg
Kinder:
1. Lucia, ∗ 1. 5. 1991 Regensburg
2. Julius, ∗ 19. 3. 1993 Regensburg
3. Robin, ∗ 3. 5. 1996 Regensburg

**W 587** *Hans* Rudolf **Dinkelacker** (Eltern: W 58)
∗ 19. 2. 1925 Beuren bei Nürtingen
Stud. Theol. Tübingen, Pfarrer in Eschelbach bei Öhringen 1953, 3. Pfarrer in Öhringen 1963, 2. Pfarrer Marbach am Neckar 1972, Ruhestand 1987, wohnt in Marbach.
Lit.: Maier S. 133; Werner II S. 19
∞ 14. 6. 1952 Rotenburg an der Fulda
*Mathilde* Veronika Gertrud Elisabeth **Hammann**
∗ 29. 9. 1924 Rotenburg an der Fulda
Eltern: Dr. phil. *Friedrich* Ernst Ludwig Alfred **Hammann**, Dekan in Rotenburg
Dr. phil. Sofie Helene Gertrud *Elisabeth* **Spener**, Germanistin
Kinder:
1. *Elisabeth* Gertrud Martha, ∗ 8. 8. 1953 Eschelbach W 5871
2. Ernst *Friedrich*, ∗ 14. 2. 1955 Eschelbach. W 5872
3. *Christoph* Johannes, ∗ 3. 5. 1956 Eschelbach W 5873

4. *Dorothea* Adelheid, ∗ 24. 5. 1958 Eschelbach W 5874
5. *Rudolf* Gabriel, ∗ 30. 3. 1960 Eschelbach, Dr. med., Facharzt für Allgemeinmedizin in Crailsheim-Jagstheim.
6. *Brigitte* Irene, ∗ 22. 10. 1961 Eschelbach W 5876

**W 5871** *Elisabeth* Gertrud Martha **Dinkelacker** (Eltern: W 587)
∗ 8. 8. 1953 Eschelbach bei Öhringen
Grund- und Hauptschulleherin
∞ 26. 8. 1982 Marbach
Michael **Bokel**
∗ 7. 9. 1951 Paderborn
Dr. rer. nat., Diplomchemiker in Brig VS, Schweiz
Eltern: Josef **Bokel** in Paderborn
Elisabeth **Bobbert**
Kinder:
1. *David* Sebastian, ∗ 1. 12. 1983 Filderstadt-Plattenhardt
2. *Anna* Franziska, ∗ 6. 1. 1986 Filderstadt-Plattenhardt

**W 5872** Ernst *Friedrich* **Dinkelacker** (Eltern: W 587)
∗ 14. 2. 1955 Eschelbach bei Öhringen
Dr. med., Facharzt für Gynäkologie, Oberarzt in Friedrichshafen
∞ 26. 1. 1985 Ansbach
Christine **Friedrich**
∗ 15. 1. 1960 Schillingsfürst bei Ansbach
Hebamme und Hausfrau
Eltern: Gerhard **Friedrich** in Ansbach
Inge **Werth**
Kinder:
1. *Julia* Katharina, ∗ 19. 5. 1985 Friedrichshafen
2. *Lena* Isabel, ∗ 24. 1. 1988 Friedrichshafen

**W 5873** *Christoph* Johannes **Dinkelacker** (Eltern: W 587)
∗ 3. 5. 1956 Eschelbach bei Öhringen
Pfarrer in Nattheim bei Heidenheim an der Brenz
∞ 28. 5. 1982 Marbach
*Karin* Ingrid Johanna **Wanke**
∗ 7. 4. 1961 Hechingen
Hausfrau
Eltern: Helmut und Gerda **Wanke** in Hechingen

**W 5874** *Dorothea* Adelheid **Dinkelacker** (Eltern: W 587)
∗ 24. 5. 1958 Eschelbach bei Öhringen
Stud. Phil., Magister, Kunsthistorikerin
∞ 22. 12. 1988 Böblingen
Martin **Fercho**, Familienname **Dinkelacker**
∗ 19. 5. 1959 Hannover
Dr. med. dent., Zahnarzt in Böblingen
Eltern: Eugen **Fercho**, Diplomingenieur, Professor, Fachhochschulleiter an der Gesamthochschule Wuppertal
Gudrun **Eichler**
Kinder:
1. Anselm *Franz* **Dinkelacker**, ∗ 7. 2. 1991 Herrenberg
2. *Ada* Maria **Dinkelacker**, ∗ 23. 6. 1993 Filderstadt-Plattenhardt
3. *Anton* Valentin **Dinkelacker**, ∗ 30. 5. 1995 Filderstadt-Plattenhardt

**W 5876** *Brigitte* Irene **Dinkelacker** (Eltern: W 587)
∗ 22. 10. 1961 Eschelbach bei Öhringen
Versicherungsmathematikerin in Eberdingen-Hochdorf bei Ludwigsburg
∞ 16. 4. 1993 Eberdingen
Andreas **Häcker**
∗ 27. 4. 1956 Stuttgart
Vertriebsbeauftragter
Eltern: Wolfgang **Häcker**, Regierungsoberbaurat in Eberdingen-Hochdorf
Lore **Siegle**
Kind:
1. Carl *Robert*, ∗ 2. 4. 1995 Filderstadt-Plattenhardt

**W 588** *Margarete* Anna **Dinkelacker** (Eltern: W 58)
∗ 14. 1. 1928 Kirchheim unter Teck
Stud. Musik Stuttgart, Klavierlehrerin und Hausfrau
Lit.: Maier S. 127, Werner II S. 19; Griesinger S. 47
∞ 2. 10. 1954 Stuttgart
*Albrecht* Max Wilhelm **Müller-Schöll**
∗ 15. 11. 1927 Braunschweig, † 9. 5. 1997 Stuttgart
Dr. rer. nat. 1954, Honorarprofessor an der Universität Tübingen 1978, Direktor der Diakonischen Akademie in Stuttgart, Zentrale Fortbildungsstätte 1971, Fächer Sozialpädagogik, Erziehungs-

wissenschaften, Jugendhilfe und Sozialhilfe; zahlreiche Veröffentlichungen.

Lit.: Kürschner 1996

Eltern: *Max* Albrecht Wilhelm **Müller-Schöll**,
Kaufmann, Direktor in Stuttgart
*Irmgard* Karoline Ottilie Johanne Gustave **Antze**

Kinder:
1. *Ulrich* Matthias, * 6. 9. 1955 Stuttgart, Dr. phil., Hochschulassistent in Berlin
2. *Thomas* Christian, * 19. 1. 1958 Stuttgart, Diplompädagoge
3. *Axel* Johannes, * 28. 6. 1960 Stuttgart W 5883
4. *Nikolaus* Albrecht, * 24. 8. 1964 Stuttgart, Journalist in Hamburg

**W 5883** *Axel* Johannes **Müller-Schöll** (Eltern: W 588)
* 28. 6. 1960 Stuttgart
Diplomingenieur, Architekt, Professor an der Kunstfachhochschule Halle.
∞ 20. 7. 1990
*Susanne* Brigitte **Stihl**
* 2. 5. 1962 Ludwigsburg
Diplomingenieur, Architektin

Eltern: Diplomingenieur Hans-Peter und Gabriele **Stihl**,
Geschäftsführer der Fa. Andreas Stihl, Präsident
des Deutschen Industrie- und Handelstages, Vorstand
des Stifterverbandes der Deutschen Wissenschaft
Lit.: Int. Biogr. Arch. 1994, 2

Kinder:
1. *Mia* Susanne, * 6. 9. 1991 Stuttgart
2. *Anna* Margarete, * 7. 11. 1993 Stuttgart

**W 6** Christian *Heinrich* Nathanael **Werner** (Eltern: Stamm Werner)
* 21. 9. 1848 Großheppach, † 16. 10. 1921 Biberach an der Riß
Stud. Theol. Tübingen (Stift) 1866, Vikar Beihingen am Neckar 1870, Bulach im Schwarzwald und Fellbach bei Stuttgart 1871, Pfarrverweser in Münster bei Cannstatt und Sulz am Neckar 1872, Essingen bei Aalen 1873, Stadt- und Hofvikar Stuttgart 1874–1877, wissenschaftliche Reise nach Palästina 1875, Diakon in Vaihingen an der Enz 1877, zugleich Pfarrer in Kleinglattbach,

Diakon und Bezirksschulinspektor in Nürtingen 1883, Dekan in Biberach 1890, pensioniert 1921.

Lit.: Zeller § 430,6; Werner I S. 56; Zeller-Siegfried S. 26

∞ 28. 3. 1878 Stuttgart

*Bertha* Luise **Koch**

* 17. 5. 1855 Heilbronn, † 23. 3. 1933 Biberach

Eltern: Karl Immanuel *Friedrich* **Koch**, Kaufmann
in Heilbronn, später Waiblingen
Karoline *Luise* **Hauff**

Kinder:

1. Karl *Albrecht*, * 14. 7. 1881 Vaihingen an der Enz W 61
2. Emilie *Johanna*, * 22. 9. 1882 Vaihingen,
† 16. 9. 1959 Tübingen;
Fachlehrerin für Handarbeit und Turnen in Biberach.
3. *Elise* Martha, * 4. 5. 1885 Nürtingen W 63
4. *Karl* Friedrich, * 25. 7. 1887 Nürtingen W 64
5. Sofie *Helene*, * 14. 6. 1889 Nürtingen W 65
6. *Gerhard* Hermann, * 17. 4. 1893 Biberach W 66
7. Therese *Gertrud*, * 20. 4. 1897 Biberach,
† 2. 7. 1986 Nürtingen; Lehrerinnenseminar Reutlingen 1915, Kriegshilfslehrerin Biberach 1916, Ausbildung als Taubstummenlehrerin in Berlin, Taubstummenlehrerin Schwäb. Gmünd und Nürtingen.

Lit.: Zeller-Nachr. **13**, 14

**W 61** Karl *Albrecht* **Werner** (Eltern: W 6)

* 14. 7. 1881 Vaihingen an der Enz,
† 16. 9. 1956 Haberschlacht bei Brackenheim

Stud. Theol. Tübingen 1899, Einjährig-Freiwilliger Tübingen 1899, 1. theol. Dienstprüfung 1904, Vikar in Dobel und Dürrmenz bei Mühlacker 1905, Pfarrverweser in Wangen bei Stuttgart 1907, Untertürkheim 1908, Stadtpfarrer in Berneck bei Nagold 1909, im Krieg als Leutnant der Landwehr 1914–1919, Eisernes Kreuz II. Kl., Friedrichsorden II. Kl. m. S., Pfarrer in Höpfigheim bei Marbach 1919, Stadtpfarrer in Uhlbach 1927, Ruhestand Haberschlacht bei Brackenheim 1950, Oratoriensänger.

Lit.: Werner I S. 62, II S. 26

∞ I: 28. 7. 1908 Mühlacker

Johanna **Schüle**

* 14. 4. 1878 Rinderfeld bei Weikersheim, Hohenlohe,

† 10. 3. 1954 Heilbronn
Eltern: *Ernst* Gottlob **Schüle**, Pfarrer in Mühlacker
*Helene* Friederike **Munk**
∞ II: 8. 10. 1955 Haberschlacht
Helene **Wölffle**
∗ 3. 9. 1891 Grafeneck, † 14. 9. 1972
Eltern: Karl **Wölffle**, Oberforstrat
Eugenie **Munk**
Kinder aus ∞ I:
1. Hans *Bernhard*, ∗ 27. 9. 1909 Berneck W 611
2. *Hugo* Heinrich, ∗ 18. 3. 1911 Berneck, gefallen in Follonica auf Elba 3. 4. (5.) 1944; Stud. Neuphilologie 1929 Tübingen, Berlin, Paris, Bonn, Dr. phil. Bonn 1936, Studienassessor an verschiedenen Schulen, zuletzt Repetent am Seminar Maulbronn, Wehrdienst seit 1940.
3. Elise Charlotte *Helene*, ∗ 28. 4. 1913 Berneck W 613
4. Otto *Hermann*, ∗ 16. 12. 1914 Berneck, gefallen in Rußland bei Sokolow 15. 7. 1941; Technische Lehre bei AEG in Stuttgart-Bad Cannstatt, Stud. Elektrotechnik Maschinenbauschule Esslingen 1935, Elektroingenieur, Wehrdienst seit 1937.
5. Ernst *Friedrich*, ∗ 29. 3. 1918 Berneck, gefallen beim Aisne-Übergang bei Coucy in Frankreich 9. 6. 1940; Gärtnerlehre 1933, bei der Reichsgartenschau Stuttgart 1938 als Gärtner tätig.

**W 611** Hans *Bernhard* **Werner** (Eltern: W 61)
∗ 27. 9. 1909 Berneck bei Nagold
Stud. Neuphilologie 1927 Tübingen und Berlin, Studienassessor 1938 in Esslingen und Korntal bei Stuttgart, Studiendirektor in Bönnigheim bei Lauffen am Neckar, Wehrdienst 1939–1945.
Lit.: Werner II S. 26
∞ 5. 2. 1944 Offenbach am Main
*Ingeborg* Helga **Mann**
∗ 19. 2. 1925 Offenbach am Main
Eltern: Johannes **Mann**, Versicherungs-Bezirksdirektor in Offenbach
Magdalene **Schröter**
Kinder:
1. Trude, ∗ 21. 10. 1946 Esslingen-Kennenburg W 6111
2. Tilmann, ∗ 26. 9. 1948 Stuttgart-Uhlbach W 6112

3. Hugo-Friedrich, * 29. 5. 1950 Brackenheim W 6113
4. Edith, * 13. 7. 1953 Bönnigheim bei Lauffen am Neckar W 6114
5. Lothar, * 9. 8. 1956 Bönnigheim, † 14. 12. 1987
6. Almut, * 18. 10. 1959 Bönnigheim

**W 6111** Trude **Werner** (Eltern: W 611)
* 21. 10. 1946 Esslingen-Kennenburg
∞ 7. 4. 1972
Ernst **Hempelmann**
* 26. 6. 1946
Kinder:
1. Anne, * 28. 9. 1973
2. Nils, * 30. 9. 1977
3. Jörn-Matthias, * 15. 8. 1987

**W 6112** Tilmann **Werner** (Eltern: W 611)
* 26. 9. 1948 Stuttgart-Uhlbach
Dr., Chemiker in Leverkusen
∞ 18. 5. 1977
Barbara **Steinbach**
Kinder:
1. Achim, * 5. 9. 1978
2. Cornelia, * 3. 12. 1981

**W 6113** Hugo-Friedrich **Werner** (Eltern: W 611)
* 29. 5. 1950 Brackenheim
∞ 13. 6. 1981
Ulrike **Hinz**
Adoptivkinder:
1. Jessika, * 22. 12. 1984
2. Marco **Werner-Viel**, * 20. 5. 1986
3. Moritz **Werner-Debes**, * 20. 3. 1988
4. Sara **Werner-Brühne**, * 2. 1. 1989

**W 6114** Edith **Werner** (Eltern: W 611)
* 13. 7. 1953 Bönnigheim bei Lauffen am Neckar
∞ 25. 2. 1982
Jurij **Murasov**
Kinder:
1. Andrej Dominik,* 8. 5. 1983
2. Eva Louisa, * 15. 8. 1988

**W 613** Elise Charlotte *Helene* (Lene) **Werner** (Eltern: W 61)
∗ 28. 4. 1913 Berneck bei Nagold
Stud. Phil. Tübingen 1931, Landhelferin in Jucha, Ostpreußen 1934, Siedlerhelferin in Koppelow, Mecklenburg 1934–1935, Schulleiterin in Apollendorf bei Wittenberg, später in Eberswalde.
Lit.: Werner 1. Nachtrag S. 4, II S. 27
∞ 8./28. 11. 1935 Uhlbach bei Stuttgart / Lüdershagen in Mecklenburg
Johannes **Triller**
∗ 10. 11. 1910 Eichicht in Thüringen, † 15. 4. 1991
Kaufmann 1929, Landhelfer in Koppelow bei Krakow in Mecklenburg 1934, Siedler in Löbnitz, Kreis Delitzsch, Vorsitzender einer Landwirtschaftlichen Produktionsgenossenschaft (LPG).
Eltern: Arthur **Triller**, Schlosser bei der Reichsbahn in Eichicht
Ida **Sachse**
Kinder:
1. Wolfram, ∗ 30. 10. 1936 Stuttgart-Berg W 6131
2. Albrecht, ∗ 25. 11. 1937 Stuttgart-Berg W 6132
3. Ute, ∗ 29. 3. 1939 Stuttgart-Berg W 6133
4. Birge, ∗ 17. 9. 1941 Stuttgart-Berg W 6134
5. Hermann, ∗ 27. 11. 1942 Stuttgart-Berg, † 4. 8. 1944 Löbnitz
6. Gudrun, ∗ 27. 11. 1942 Stuttgart-Berg W 6136
7. *Reinhart* Hugo, ∗ 1. 9. 1944 Löbnitz, † 10. 12. 1955 Löbnitz
8. *Hans* Bernhard, ∗ 6. 11. 1947 Löbnitz W 6138

**W 6131** Wolfram **Triller** (Eltern: W 613)
∗ 30. 10. 1936 Stuttgart-Berg
∞ 13. 8. 1960
Edith **Franzke**
∗ 18. 2. 1939
Kinder:
1. Uta, ∗ 23. 12. 1961 W 613 11
2. Wolf, ∗ 5. 7. 1964 W 613 12
3. Regine, ∗ 21. 12. 1971; in Radebeul

**W 613 11** Uta **Triller** (Eltern: W 6131)
∗ 23. 12. 1961
in Lichtenberg

∞
Wolfgang **Stegert**
∗ 14. 12. 1960
Kinder:
1. Martin, ∗ 7. 3. 1987
2. Caroline, ∗ 2. 7. 1990

**W 613 12** Wolf **Triller** (Eltern: W 6131)
∗ 5. 7. 1964
in Leipzig
∞
Susanne …
∗ 8. 6. 1966
Kinder:
1. Philipp, ∗ 13. 8. 1991
2. Maximilian, ∗ 24. 5. 1993

**W 6132** Albrecht **Triller** (Eltern: W 613)
∗ 25. 11. 1937 Stuttgart-Berg
in Eberswalde
∞ I: 13. 8. 1960
Ingrid **Siegert**
∗ …, † 29. 1. 1985
∞ II: 30. 7. 1992
Thea **Fimmel**
∗ 23. 6. 1940
Kinder aus ∞ I:
1. Katrin, ∗ 5. 3. 1962 W 613 21
2. Ulrich, ∗ 3. 2. 1964 W 613 22
3. Susanne, ∗ 2. 11. 1967; in Berlin
4. Falk, ∗ 16. 4. 1974; in Potsdam
Kinder Fimmel:
1. Angela **Fimmel**, ∗ 18. 6. 1966,
∞ Niels **Schuldt**, ∗ 15. 10. 1966; in Eberswalde
Sohn Felix, ∗ 27. 7. 1993
2. Sylvia **Fimmel**, ∗ 18. 10. 1967; in Eberswalde

**W 613 21** Katrin **Triller** (Eltern: W 6132)
∗ 5. 3. 1962
in Greiz

∞
Jürgen **Bauch**
∗ 27. 3. 1964
Kinder:
1. Henriette, ∗ 7. 1. 1984
2. Alexander, ∗ 7. 1. 1987

**W 613 22** Ulrich **Triller** (Eltern: W 6132)
∗ 3. 2. 1964
in Leipzig
∞
Kerstin ...
∗ 23. 9. 1963
Kinder:
1. Karsten, ∗ 7. 7. 1987
2. Alina, ∗ 24. 1. 1996

**W 6133** Ute **Triller** (Eltern: W 613)
∗ 29. 3. 1939 Stuttgart-Berg
in Hermsdorf
∞ 13. 8. 1960
Günter **Raschke**
∗ 10. 4. 1936
Kinder:
1. Annett, ∗ 9. 7. 1964 W 613 31
2. Tilo, ∗ 16. 4. 1969; in Hermsdorf

**W 613 31** Annett **Raschke** (Eltern: W 6133)
∗ 9. 7. 1964
in Stavenhagen
∞
Norbert **Raschke**
∗ 6. 6. 1967
Kinder:
1. Daniel, ∗ 29. 3. 1986
2. Juliane, ∗ 10. 5. 1988

**W 6134** Birge **Triller** (Eltern: W 613)
∗ 17. 9. 1941 Stuttgart-Berg
in Krummensee bei Königswusterhausen

∞ 29. 12. 1964
Karl **Zühlke**
∗ 2. 12. 1940
Kinder:
1. Anne, ∗ 8. 5. 1965 W 613 41
2. Erik, ∗ 12. 5. 1966 W 613 42
3. Irene, ∗ 16. 8. 1967 W 613 43
4. Birte, ∗ 19. 3. 1971 W 613 44

**W 613 41** Anne **Zühlke** (Eltern: W 6134)
∗ 8. 5. 1965
in Hornstorf
∞
Torsten **Fichtler**
∗ 6. 10. 1960
Kinder:
1. Judith, ∗ 13. 7. 1988
2. Frauke, ∗ 31. 8. 1989

**W 613 42** Erik **Zühlke** (Eltern: W 6134)
∗ 12. 5. 1966
in Krassow
∞
Anett **Stanislawski**
∗ 19. 6. 1969
Kind:
1. Tom, ∗ 6. 1. 1996

**W 613 43** Irene **Zühlke** (Eltern: W 6134)
∗ 16. 8. 1967
in Krummensee bei Königswusterhausen
∞
Stefan **Ludwig**
∗ 12. 3. 1966
Kinder:
1. Tim, ∗ 25. 10. 1993
2. Luise, ∗ 8. 3. 1995

**W 613 44** Birte **Zühlke** (Eltern: W 6134)
∗ 19. 3. 1971
in Gräningen

∞
Jörg **Mahnkopf**
∗ 19. 7. 1967

**W 6136** Gudrun **Triller** (Eltern: W 613)
∗ 27. 11. 1942 Stuttgart-Berg
in Erfurt
∞ 20. 4. 1968
Hartmut **Jarmer**
∗ 16. 2. 1945
Kinder:
1. Franziska, ∗ 14. 9. 1968, in Walldorf, Baden
2. Tilmann, ∗ 7. 10. 1974

**W 6138** *Hans* Bernhard **Triller** (Eltern: W 613)
∗ 6. 11. 1947 Löbnitz bei Delitzsch
in Berlin
∞ 25. 11. 1978
Natalja **Dormidontowa**
∗ 15. 1. 1944
Kinder:
1. Natalja, ∗ 17. 2. 1968 W 613 81
2. Sebastian, ∗ 31. 1. 1979
3. Alexander, ∗ 11. 3. 1981

**W 613 81** Natalja **Triller** (Eltern: W 6138)
∗ 17. 2. 1968
in Berlin
∞
Uwe **Müller**
∗ 18. 11. 1969

**W 63** *Elise* Martha **Werner** (Eltern: W 6)
∗ 4. 5. 1885 Nürtingen, † 4. 2. 1950 Biberach an der Riß
Lit.: Werner I S. 62
∞ 30. 10. 1911 Biberach
*Hermann* Adolf **Schmid**
∗ 8. 11. 1881 Biberach, † 17. 3. 1966 Heidenheim an der Brenz
Kaufmännische Ausbildung Heilbronn 1898, Gewerbebank Biberach 1901, Korrespondent der Fa. M. Wicke in Barcelona 1901,

freie Hilfe in der Diakonissenanstalt Nazareth 1903, Krankenpfleger in Bethel bei Bielefeld, im Basler Missionshaus 1904, Kaufmann der Basler Missions-Handelsgesellschaft in Calicut (heute Koshikode), Indien 1904, Kaufmann der Missionsbuchhandlung, nach Auflösung des Missionsshops in Ziegeleien in Palghat 1909 und Kodakal 1910, erlernte 1910–1911 die Keramik, um eine Ziegelei in Indien als Betriebsleiter zu übernehmen, Ziegeleivorsteher Olovakkot bei Palghat, Kerala, Indien 1911, interniert in Ahmednagar 1914–1920, die Familie bis 1916 in Bellary, stellte sich 1920 für den Missionsdienst in Niederländisch Indien zur Verfügung, Angestellter bei verschiedenen Firmen 1920–1921, Verwalter im Diakonissenhaus Speyer 1921, eigenes Textil- und Wäschegeschäft in Biberach 1924.

Eltern: Karl Hermann **Schmid**, Kaufmann in Biberach
Emilie **Funk**

Kinder:
1. *Werner* Johannes, * 27. 6. 1912 Palghat, Indien W 631
2. *Theodora* Amalie, * 3. 3. 1914 Palghat W 632
3. *Alfred* Samuel Karl, * 13. 3. 1925 Biberach, Stud. Theol. Tübingen (Stift) 1943, Schriftsetzer.

**W 631** *Werner* Johannes **Schmid** (Eltern: W 63)
* 27. 6. 1912 Palghat, Kerala, Indien
Technikerlehre bei Voith in Heidenheim, Diplomingenieur, Maschinenbau in Biberach an der Riß.
Lit.: Werner II S. 27
∞ I: 7. 8. 1943 Stuttgart
*Hermine* Elisabeth **Bräckle**
* 7. 2. 1913 Mangalore, Indien,
† 10. 9. 1944 Biberach an der Riß
Eltern: Gustav **Bräckle**, Maschineningenieur in Stuttgart
Hermine **Jocher**
∞ II: 3. 5. 1946 Stuttgart
*Gertrud* Maria Margarete **Voll**, verwitwete Tapper
* 15. 2. 1912 Heidelberg, † 24. 2. 1997 Augsburg
Eltern: Johannes **Voll**, Pfarrer in Münzesheim bei Bruchsal
Martha **Veil**

Kind aus ∞ I:
1. *Ulrich* Johannes, * 31. 8. 1944 Biberach;

1961–1966 in der Handelsschiffahrt tätig, Matrosenprüfung 1964, Luftfrachtangestellter der Deutschen Lufthansa 1967–1972, bei British Airways in Stuttgart 1972–1984, Prüfung als Speditionskaufmann in Hamburg 1983, seit 1984 bei British Airways als Luftfrachtangestellter am Flughafen Stuttgart.

Kinder aus ∞ II:

2. *Walter* Martin, * Biberach 3. 5. 1947 W 6312
3. *Gerhard* Traugott, * 26. 3. 1949 Biberach an der Riß; Bundeswehr-Grundwehrdienst 1970, Stud. Germanistik und Geographie 1972–1977, Realschullehrer in Illertissen 1979, Realschullehrer in Augsburg an der Maria-Ward-Realschule für Deutsch und Englisch 1981.

**W 6312** *Walter* Martin **Schmid** (Eltern: W 631)

* 3. 5. 1947 Biberach an der Riß

Stud. Theol. Tübingen (Stift) 1967, Wien, Mainz, Pfarrer in Rodgau, Hessen 1976–1980, Worms, 1997 in Eppelsheim-Dintesheim bei Alzey, Krankenhausseelsorge im DRK-Krankenhaus Alzey.

∞ 15. 8. 1983 Alzey

*Heidrun* Maria **Stich**, geschiedene **Friedrich**,
Familienname **Friedrich-Schmid**

* 28. 6. 1944 Mittel-Lipka, Sudetenland

Stud. Kunstschule Dortmund, Textildesignerin

Eltern: Manfred **Stich**, Lehrer in Dortmund
Rosa **Lang**

Kinder aus der Ehe Heidrun Stich-Friedrich:

1. Michael **Friedrich**, * 23. 6. 1971 Groß-Gerau, hörbehindert, Student
2. Mirko **Friedrich**, * 12. 7. 1972 Darmstadt, Student

**W 632** *Theodora* Amalie (Dora) **Schmid** (Eltern: W 63)

* 3. 3. 1914 Palghat, Kerala, Indien

Kaufmännische Ausbildung

Lit.: Werner II S. 27

∞ 16. 9. 1938 Biberach an der Riß

*Gerhard* Johannes **Gugeler**

* 11. 9. 1910 Stammheim, Kreis Calw

Maschineningenieur in Heidenheim an der Brenz

Eltern: Gottlieb **Gugeler**, Hausvater in Stammheim
Julie Luise **Wieland**

Kinder:

1. Roland, * 15. 12. 1939 Biberach; in Berlin
2. *Adelheid* Friederike, * 10. 8. 1941 Heidenheim W 6322
3. *Magdalena* Sieghild, * 19. 1. 1944 Heidenheim W 6323
4. *Rose* Berta, * 16. 2. 1946, Musikerin in Giengen an der Brenz (kein Interesse an Ergänzung der Familiendaten)
5. *Dorothee* Sieglinde, * 1. 5. 1951 Heidenheim W 6325
6. *Ingeborg* Elisabeth, * 8. 3. 1955 Heidenheim, † 23. 8. 1955 Biberach

**W 6322** *Adelheid* Friederike **Gugeler** (Eltern: W 632)
* 10. 8. 1941 Heidenheim an der Brenz
∞ 1968, (geschieden 1974)
Hartmut **Otterbach**

Kind:

1. Heidrun, * 18. 12. 1970 Waiblingen

**W 6323** *Magdalena* Sieghild **Gugeler** (Eltern: W 632)
* 19. 1. 1944 Heidenheim an der Brenz
∞ 22. 5. 1969 Stuttgart
Rudolf Eberhardt **Gildemeister**
* 23. 6. 1930 Rio de Janeiro, Brasilien

Kinder:

1. Tobias, * 30. 6. 1971 Stuttgart
2. Bernhard, * 21. 8. 1972 Bonn
3. Martin, * 8. 9. 1975 Bonn
4. Ute Christiane, * 16. 10. 1977 Bonn

**W 6325** *Dorothee* Sieglinde **Gugeler** (Eltern: W 632)
* 1. 5. 1951 Heidenheim
∞
Michel Lucien Alain **Brumana**
* 22. 8. 1956 Marseille, Frankreich

Kinder:

1. David Nicolas Yves **Brumana-Gugeler**, * 17. 11. 1986 Pertuis, Frankreich
2. Laurenz Yann Michel **Brumana-Gugeler**, * 20. 10. 1993 Schwäbisch Hall

**W 64** *Karl* Friedrich **Werner** (Eltern: W 6)
∗ 25. 7. 1887 Nürtingen, † 23. 5. 1958 Wiesbaden
Apothekenpraktikant in Aalen 1903, Apothekerassistent Neu-Ulm 1906, Einjährig-Freiwilliger Tübingen 1907, Stud. Pharm. Tübingen und Jena 1907, Apotheker in Kahla, Thüringen 1911, in Jena 1912, Militärapotheker in Stuttgart und Ulm 1913, Hofapotheke Jena 1914, Kriegsdienst als Oberapotheker beim Reservelazarett Erfurt und beim Landwehrfeldlazarett in Grandpré, Argonnen 1914–1918, Oberapotheker beim Versorgungskrankenhaus Jena 1918–1921, Apothekenvorstand der Thüring. Universitätsklinik in Jena 1921.
Lit.: Werner I S. 62
∞ 10. 3. 1914 Langendembach, Thüringen
Julie Emilie Elisabeth *Hildegard* **Nothmann**
∗ 19. 7. 1892 Gießen, † 10. 11. 1971 Jena
Eltern: Karl Wilhelm *Otto* **Nothmann**, Pfarrer
in Langendembach bei Pössneck
*Anna* Wilhelmine **Dieffenbach** aus Gießen
Kinder:
1. *Otto* Heinrich, ∗ 30. 4. 1915 Langendembach W 641
2. *Brigitte* Ilse, ∗ 26. 2. 1917 Langendembach W 642
3. *Hiltrud* Margarethe, ∗ 30. 6. 1922 Jena W 643

**W 641** *Otto* Heinrich **Werner** (Eltern: W 64)
∗ 30. 4. 1915 Langendembach, Thüringen,
† 29. 11. 1973 Hamburg
Reisen in Deutschland, Holland, Schweiz und Italien 1933, Arbeitsdienst Zella-Mehlis 1934, Wehrdienst Gumbinnen, Ostpreußen 1934, Stud. Phil. Jena, München, Berlin bis 1941, Assistent am Geographischen Institut der Universität Jena 1942, beim Heereswetterdienst 1943, Studienreferendar Hamburg 1945, Studienassessor 1947, Studienrat in Hamburg, Oberstudienrat.
Lit.: Werner II S. 28
∞ 2. 12. 1944 Jena
Marie-Luise (Isi) **Burmeister**
∗ 2. 5. 1921 Hamburg
Stud. rer. nat.
Eltern: Richard *Wilhelm* Martin Carl **Burmeister**, Studienrat
in Hamburg
*Clara* Auguste Johanna **Chasté**

Kinder:
1. Anonyma, * und † 6. 9. 1945
2. *Albrecht* Peter, * 24. 2. 1947 Hamburg W 6412
3. *Helga* Hiltrud, * 27. 9. 1948 Hamburg; Lehrerin
4. *Reinald* Friedrich, * 24. 5. 1953 Hamburg,
† 22. 12. 1953 Hamburg

**W 6412** *Albrecht* Peter **Werner** (Eltern: W 641)
* 24. 2. 1947 Hamburg
Lehrer in Hamburg
∞
Helga **Rake**
* 20. 5. 1948
Sozialplanerin
Kind:
1. Johannes Jakob **Rake**, * 24. 1. 1991

**W 642** *Brigitte* Ilse (Brigith) **Werner** (Eltern: W 64)
* 26. 2. 1917 Langendembach, Thüringen
Kindergartenleiterin in Jena
Lit.: Werner II S. 28
∞ 2. 12. 1944 Jena
*Peter* Fritz **Valentien**
* 5. 4. 1909 Erfurt, † an einer Kriegsverwundung 1. 5. 1945 in Wernigerode
Stud. Theol. Tübingen und Jena 1928, Reisen in Deutschland, Holland, Schweiz 1932, Predigerseminar Eisenach 1932, Hilfspfarrer in Unterloquitz bei Saalfeld 1933, Pfarrer in Daumitsch, Thüringen 1939, Wehrdienst 1941–1945.
Eltern: *Freerk* Cornelius **Valentien**, Kaufmann in Jena
Johanna Auguste Friederike *Martha* **Lüder**
Kind:
1. *Hiltrud* Inge Heilwine, * 15. 9. 1945 Jena W 6421

**W 6421** *Hiltrud* Inge Heilwine **Valentien** (Eltern: W 642)
* 15. 9. 1945 Jena
Handweberin und Mechanikerin
∞ I: 28. 12. 1967
Ekkehard **Waldeck**
* 25. 10. 1945

Betriebswirt, Projekt-Ingenieur
Eltern: Georg **Waldeck**, Tischler in Meiningen
Margarete **Hartmann**
∞ II: Veit ...
Kinder aus ∞ I:
1. Udo, * 4. 5. 1968 W 642 11
2. Marion, * 11. 3. 1970

**W 642 11** Udo **Waldeck** (Eltern: W 6421)
* 4. 5. 1968
Werkzeugmacher
∞
Gabriele **Pfeiffer**
* 16. 12. 1957
Kind:
1. Christine **Pfeiffer**, * 26. 10. 1992

**W 643** *Hiltrud* Margarethe **Werner** (Eltern: W 64)
* 30. 6. 1922 Jena
Apothekenassistentin, Pharmazieingenieur
Lit.: Werner II S. 29
∞ 30. 9. 1949 Jena
*Kurt* Franz **Veit**
* 27. 1. 1923 Bad Salzungen, † 3. 2. 1981
Chemiker
Eltern: Erich **Veit**, Elektriker in Jena
Bertha **Michel**
Kinder:
1. *Gerhard* Otto, * 8. 11. 1950 Jena, † 30. 7. 1969 in der Ostsee auf der Flucht ertrunken
2. *Friedrich* Johannes, * 28. 2. 1952 Jena W 6432
3. Klaus *Jürgen*, * 24. 6. 1956 Jena W 6433

**W 6432** *Friedrich* Johannes **Veit** (Eltern: W 643)
* 28. 2. 1952 Jena
Stud. Ing., Diplomphysiker in Jena
∞ 13. 5. 1994
Vera **Potechina**
* 16. 4. 1960 Krasnojarsk am Yenisey, Sibirien
Dolmetscherin

Kind:
1. Stas, * 4. 3. 1986, als Sohn von Vera **Potechina** adoptiert von Friedrich **Veit**.

**W 6433** Klaus *Jürgen* **Veit** (Eltern: W 643)
* 24. 6. 1956 Jena
Elektromonteur, Kundendiensttechniker in Jena
∞ I: 29. 2. 1980 (Ehe geschieden)
Petra **John**
* 19. 11. 1957
∞ II: 26. 4. 1996
Gabriele **Schmidt**
* 30. 12. 1959
Konditorin
Kinder:
1. Nico **Veit**, * 18. 5. 1978
2. André **Veit**, * 15. 5. 1981
3. Nadine **Schmidt**, * 19. 11. 1980
4. Christian **Schmidt**, * 24. 4. 1982
5. Steffen **Schmidt**, * 13. 5. 1985

**W 65** Sofie *Helene* **Werner** (Eltern: W 6)
* 14. 6. 1889 Nürtingen, † 30. 5. 1981 Stuttgart
Lit.: Werner I S. 49, 56; Müller S. 105, 112
∞ 30. 9. 1919 Biberach an der Riß
*Martin* Heinrich **Werner**
* 11. 11. 1886 Stuttgart,
† 18. 3. 1946 Prag im Lager Hradisko als Internierter
Stud. Arch. Technische Hochschule Stuttgart und München 1905, Praxis Zürich 1908, Studium Stuttgart 1908, in einem Architekturbüro 1910, im Krieg als Leutnant d. R. 1915–1918, Lehrer an der Baugewerkeschule Stuttgart 1920–1922, selbständiger Architekt 1922, Angestellter bei der Bauabteilung des Finanzministeriums Stuttgart 1923, Baurat 1925, Oberregierungsbaurat 1938, in Stuttgart und Prag.
Eltern: *Hermann* Nathanael **Werner** (* 1838),
Kaufmann in Stuttgart (Fa. Werner und Müller)
Anna **Müller**
Werner I, S. 44

Kinder:
1. *Johanne* Juliane, * 7. 8. 1920
Stuttgart-Bad Cannstatt W 651
2. *Rosmarie* Berta, * 1. 10. 1921
Stuttgart-Bad Cannstatt W 652
3. *Margarete* Elisabeth, * 16. 4. 1924 Stuttgart-Bad Cannstatt, † 4. 10. 1991 Stuttgart; Kinderkrankenschwester, Säuglingspflegerin in Stuttgart.
4. *Albrecht* Martin Hermann, * 6. 9. 1926 Stuttgart W 654
5. *Gertraute* Dorothee, * 21. 7. 1930 Stuttgart W 655

**W 651** *Johanne* Juliane, (Hanne) **Werner** (Eltern: W 65)
* 7. 8. 1920 Stuttgart-Bad Cannstatt, † 2. 5. 1990 Backnang
Hauswirtschaftsleiterin im Waisenhaus Schwäbisch Gmünd 1946–1950
Lit.: Müller S. 121
∞ 11. 11. 1950 Stuttgart
*Werner* Max Gerhard **Woide**
* 10. 3. 1913 Berlin-Neukölln, † 24.8.1994 Schwäbisch Hall
Regierungsoberinspektor, Regierungsamtmann in Stuttgart bei der Oberfinanzdirektion, Amtsrat, pensioniert 1977.
Eltern: Max **Woide**, Bäckermeister
Ida **Schwarz** in Breslau
Kinder:
1. Hans-Martin, * 21. 10. 1951 Stuttgart W 6511
2. *Wolfgang* Max Ulrich, * 9. 5. 1955 Stuttgart W 6512

**W 6511** Hans-Martin **Woide** (Eltern: W 651)
* 21. 10. 1951 Stuttgart
Bundeswehr 1973, Stud. Pharmazie 1975–1979, Apotheker in Schwäb. Hall 1980.
Lit.: Müller S. 138
∞ 18. 8. 1983 Schwäb. Hall
Margit **Hennig**
* 20. 8. 1958 Bochum
Arzthelferin
Eltern: Wolfgang **Hennig**, Kaufmänn. Angestellter in Schwäbisch Hall
Berta **Kohler**

Kinder:
1. *Manuela* Susanne, * 11. 4. 1988 Schwäbisch Hall
2. *Marcus* Christian, * 9. 6. 1990 Schwäbisch Hall

**W 6512** *Wolfgang* Max Ulrich **Woide** (Eltern: W 651)
* 9. 5. 1955 Stuttgart
Stud. Bildende Kunst 1974–1978, Wehrersatzdienst 1975–1976, Stud. Sozialpädagogik 1977–1980, Diplomsozialpädagoge, seit 1980 Leiter des „Treffpunkt" von Caritas Stuttgart-Bad Cannstatt für Geistig-Behinderte.
Lit.: Müller S. 139
∞ 18. 5. 1978 Fellbach bei Stuttgart
Gudrun **Lutz**
* 9. 12. 1951 Friedrichshafen
Erzieherin
Eltern: Fritz **Lutz**, Diplomingenieur
Lene **Butsch**
Kinder:
1. Julia, * 25. 11. 1978 Bonlanden bei Stuttgart
2. Moritz, * 13. 2. 1981 Stuttgart-Berg

**W 652** *Rosmarie* Berta, (Rose) **Werner** (Eltern: W 65)
* 1. 10. 1921 Stuttgart-Bad Cannstatt
Heilpädagogin in Stuttgart-Weilimdorf, Jugendleiterin in Wilhelmsdorf
Lit.: Werner II S. 10; Müller S. 122
∞ I: 18. 12. 1944 Giengen an der Brenz / Stuttgart
*Fritz* Helmut **Locher**
* 29. 7. 1916 Stuttgart, vermißt März 1945, für tot erklärt 1959
Stud. Theol. Tübingen 1934, Pfarrer in Hürben bei Giengen 1939, Wehrdienst 1939–1945.
Eltern: Rudolf August **Locher**, Oberpostsekretär in Stuttgart
Helene **Hodum**
∞ II: 25. 10. 1959
Willy **Otterbach**
* 27. 1. 1906 Fluorn bei Oberndorf am Neckar,
† 17. 7. 1968 Korntal bei Stuttgart
Gymnasialoberlehrer und Hausvater in Korntal bei Stuttgart
Eltern: Michael **Otterbach**, Gymnasialoberlehrer und Hausvater
Sofie **Glauner** in Fluorn

∞ III: 2. 9. 1978 Esslingen
*Heinrich* Theodor **Gutbrod**
∗ 16. 9. 1907 Buea, Kamerun
Oberstudiendirektor in Wilhelmsdorf, s. W 482

**W 654** *Albrecht* Martin Hermann **Werner** (Eltern: W 65)
∗ 6. 9. 1926 Stuttgart
Stud. Landwirtschaft Hohenheim bei Stuttgart, Diplomagraringenieur, landwirtschaftlicher Berater in Beilstein bei Marbach am Neckar.
Lit.: Müller S. 122
∞ 13. 10. 1956 Leonberg
*Rosemarie* Magdalene **Schnapper**
∗ 10. 6. 1932 Ludwigsburg
Hauswirtschafts-Schulrätin, Studiendirektorin
Eltern: Otto **Schnapper**, Landwirtschaftsrat
Anna Maria **Grabert** in Leonberg
Kind:
1. *Harald* Siegfried, ∗ 16. 7. 1957 Stuttgart W 6541

**W 6541** *Harald* Siegfried **Werner** (Eltern: W 654)
∗ 16. 7. 1957 Stuttgart
Diplomingenieur, Architekt in Kassel
Partnerin:
Ines **Perka**
∗ 25. 3. 1968 Lübbenau bei Cottbus
Architektin in Kassel
Eltern: Wilfried **Perka**, Sägewerksbesitzer in Lübbenau
Rosemarie **Schmidt**, Apothekerin in Lübbenau
Kinder:
1. *Lukas* Martin **Perka**, ∗ 12. 2. 1992 Kassel
2. *Charlotte* Sofie **Perka**, ∗ 12. 2. 1996 Kassel

**W 655** *Gertraute* Dorothee (Traute) **Werner** (Eltern: W 65)
∗ 21. 7. 1930 Stuttgart
Kindergärtnerin, Lehrtätigkeit für geistig Behinderte, Ruhestand in Radolfzell.
Lit.: Müller S. 122
∞ 18. 8. 1958 Stuttgart
Rolf **Lindörfer**
∗ 3. 8. 1923 Stuttgart

Selbständiger Elektronikfachmann in Stuttgart
Eltern: Ernst **Lindörfer**,
Ingenieur in Stuttgart
Martha **Fischer**
Kind:
1. *Ute* Martina, * 19. 11. 1962 Stuttgart W 6551

**W 6551** *Ute* Martina **Lindörfer** (Eltern: W 655)
* 19. 11. 1962 Stuttgart
Stud. Foto-Design in Bielefeld 1983
Lit.: Müller S. 139
∞ 10. 4. 1987 Bielefeld
Jörg **Cremer**, Familienname **Lindörfer**
* 21. 4. 1960 Köln
Stud. Foto-Design 1983, Fotodesigner in Bielefeld
Eltern: Walter **Cremer**, Meß- und Regeltechniker in Köln
Gisela ..., Buchhalterin in Köln-Lohmar
Kinder:
1. *Florian* Jörg, * 3. 10. 1987 Bielefeld
2. *Svenja* Ute, * 26. 3. 1990 Bielefeld
3. Roman, * 9. 5. 1994
4. Lukas, * 9. 3. 1996

**W 66** *Gerhard* Hermann **Werner** (Eltern: W 6)
* 17. 4. 1893 Biberach an der Riß, † 19. 12. 1985
Einjährig-Freiwilliger Tübingen 1911, Stud. Theol. Tübingen (Stift) 1912, Marburg 1914, 1. theol. Dienstprüfung 1916, im Krieg Leutnant d. R. 1914–1918, Vikar in Waiblingen 1918, Stammheim bei Calw 1919, Jugendvikar in Stuttgart 1919, Parochialvikar in Baiersbronn im Schwarzwald 1921, Pfarrer in Maienfels bei Löwenstein 1921, in Weißach bei Leonberg 1925, Krankenhauspfarrer in Tübingen 1935, 1. Stadtpfarrer 1939, Ruhestand Tübingen 1958.
Lit.: Werner I S. 63
∞ Biberach 26. 7. 1921
Elisabeth **Springer**
* 27. 7. 1895 Biberach, † 20. 1. 1983
Rotekreuzhelferin in Biberach, Hohenheim bei Stuttgart, Nagold, Heidenheim 1916, Krankenpflegekurs Tübingen 1919–1920.

Eltern: Richard *Eugen* Julius **Springer**, Verwaltungsamtmann und Kirchenpfleger in Biberach
Emmy **Würich**
Kinder:
1. Richard *Heinrich*, * 23. 6. 1922 Maienfels W 661
2. Gerhard, * 10. 3. 1924 Maienfels, gefallen bei Potsdam-Bornstedt 27. 4. 1945; Stud. Med.
3. Siegfried, * 10. 3. 1924 Maienfels, gefallen bei Miskolecz in Nordungarn 22. 11. 1944
4. *Hans* Traugott, * 10. 3. 1925 Maienfels W 664
5. *Christiane* Margarethe, * 28. 2. 1929 Weißbach W 665
6. *Hildegard* Rosemarie, * 12. 3. 1937 Tübingen W 666

**W 661** Richard *Heinrich* **Werner** (Eltern: W 66)
* 23. 6. 1922 Maienfels bei Löwenstein,
† 5. 9. 1986 Schweinfurt
Ingenieur in Reutlingen, Diplomphysiker in Schweinfurt
∞ I: 30. 7. 1956 Tübingen
*Hillegonda* Petronella **Deckers**
* 5. 9. 1932 Den Haag, Holland
Eltern: Hermann **Deckers**, Polizeibeamter
Johanna **Kniejnenburg**
∞ II: 9. 4. 1965
Brigitta **Krüger**
* 26. 3. 1927 Gerdauen in Ostpreußen
Lehrerin
Eltern: Karl **Krüger**, Kreisbaumeister in Gerdauen
Emma **Lemke**
Kinder aus ∞ I:
1. *Rose* Brigitte, * 7. 9. 1956 Werneck bei Schweinfurt † 7. 9. 1983
2. Ruth *Barbara*, * 26. 12. 1958 Werneck W 6612
3. Hans *René*, * 10. 5. 1960 Werneck W 6613

**W 6612** Ruth *Barbara* **Werner** (Eltern: W 661)
* 26. 12. 1958 Werneck bei Schweinfurt
Ausbildung als Hotelfachfrau
∞ 10. 6. 1983 Bloemendaal, Niederlande
Tom **Duinker**
* 1. 10. 1952 Niederlande

Betriebswirt
Eltern: Simon und Jeanette **Duinker**
Kinder:
1. Dorien Rose, * 14. 11. 1983 Haarlem, Niederlande
2. Nadia Denise, * 23. 11. 1986 Hongkong

**W 6613** Hans *René* **Werner** (Eltern: W 661)
* 10. 5. 1960 Werneck bei Schweinfurt
Kommunikationstechniker
∞ Juni 1986 Berlin, Ehe 1991 geschieden
Britta **Biskup**
* 3. 11. 1960
Industriekauffrau
Kind:
1. Natalie, * 27. 3. 1987

**W 664** *Hans* Traugott **Werner** (Eltern: W 66)
* 10. 3. 1925 Maienfels bei Löwenstein
Stud. Med. Mainz, Tübingen, Dr. med., Arzt, Internist in Pforzheim, 1975 Mitbegründer und leitender Arzt der Klinik Öschelbronn bei Pforzheim, im Ruhestand seit 1993 mit seiner Frau Betreuung einer Entwicklungsinitiative in Ägypten und einer Ärzteausbildung in Moskau.
∞ 11. 5. 1952 Pforzheim
*Elfriede* Lenchen **Weber**
* 3. 6. 1926 Pforzheim
Eltern: Philipp **Weber**, Uhrenfabrikant in Pforzheim
Klara **Schneider**
Kinder:
1. *Gabriele* Barbara Elisabeth, * 5. 8. 1953 Schopfheim in Baden; Dr. med., Internistin und Oberärztin in einem Krankenhaus in Essen.
2. *Johannes* Philipp, * 6. 7. 1955 Baden-Baden, Dr. med., Arzt in Altdorf bei Nürnberg.
3. *Thomas* Christopher, * 1. 11. 1959 Sankt Blasien-Höchenschwand; freie künstlerische Tätigkeit in Hamburg; Tochter Michaela Stella **Werner**, * 8. 6. 1989
4. Andreas, * 26. 11. 1964 Pforzheim; Dr. med., Arzt in Donauwörth, 1997 in Weißenburg, Bayern.

**W 665** *Christiane* Margarethe **Werner** (Eltern: W 66)
∗ 28. 2. 1929 Weißach bei Leonberg
∞ 17. 9. 1955 Stuttgart
*Walther* Siegfried **Rieger**
∗ 2. 6. 1918 Kiel
Dr. med., Praktischer Arzt in Bernhausen auf den Fildern, Ruhestand 1991.
Eltern: Paul **Rieger**, Oberregierungsbaurat in Stuttgart
Pauline **Brillinger**
Kinder:
1. *Wolfgang* Martin, ∗ 21. 8. 1956 Stuttgart W 6651
2. *Klaus* Gerhard, ∗ 4. 4. 1959 Stuttgart, Krankenpfleger, 1997 Leiter der Einsatzzentrale für Transportwesen am Flughafen Stuttgart.
3. Albrecht, ∗ 16. 8. 1961, † 7. 6. 1980

**W 6651** *Wolfgang* Martin **Rieger** (Eltern: W 665)
∗ 21. 8. 1956 Stuttgart
Diplomkaufmann, Leiter Controlling am Flughafen Stuttgart, wohnt in Filderstadt.
∞ 10. 5. 1985 Filderstadt
Beatrix **Stoll**
∗ 27. 9. 1957
Auslandskorrespondentin
Eltern: Manfred und Gertrud **Stoll**

**W 666** *Hildegard* Rosemarie **Werner**,
Familienname 1997 **Zeininger** (Eltern: W 66)
∗ 12. 3. 1937 Tübingen
Musikerin
∞ I: 2. 7. 1960 Pforzheim, geschieden Juni 1980
Karlfried **Zeininger**
∗ 1. 5. 1932 Stuttgart
Dr. med., Arzt, Internist in Bernhausen auf den Fildern
Eltern: Karl **Zeininger**, Anstaltsdirektor in Schönbühl
Frieda **Haag**
∞ II: 13. 6. 1995
Jürgen **Gommel**
∗ 14. 6. 1935 Korntal bei Stuttgart
Dr. phil., Oberstudienrat

Eltern: Karl **Gommel**
Friedel **Pfeiffer** in Korntal
Kinder:
1. Susanne, * 5. 4. 1961 W 6661
2. Andreas, * 17. 11. 1962 W 6662
3. Katharina, * 19. 3. 1968; Sozialpädagogin

**W 6661** Susanne **Zeininger** (Eltern: W 666)
* 5. 4. 1961
Musikerin
∞ Januar 1986
Gerhart **Mornhinweg**
Kind:
1. Anna, * 21. 5. 1987

**W 6662** Andreas **Zeininger** (Eltern: W 666)
* 17. 11. 1962
Dr. med., Facharzt für Anästhesie
∞ Oktober 1994
Claudia Pamela **Becker**
Dr. med., Fachärztin für Anästhesie
Eltern: Claus und Susanne **Becker**

**W 7** *Johanna* Juliane Esther **Werner** (Eltern: Stamm Werner)
* 16. 7. 1852 Fellbach bei Stuttgart,
† 15. 6. 1930, begraben 17. 6. Leonberg
Sie führte 1870–1871 dem Bruder Samuel in Effringen das Haus bis zu seiner Verheiratung, Pflegerin im Kinderheilbad Jagstfeld bei Heilbronn 1875, Krankenpflegekurs im Karl-Olga-Krankenhaus Stuttgart 1897, ausgedehnte Krankenpflegetätigkeit in Indien, Leiterin der Missions-Mädchenanstalt Mulki in Indien.
Lit.: Zeller § 430,7; Werner I S. 56, 105; Nachruf von J. Spieth-Ritter im Korr.-bl. der Basler Mission 10, 1930, S. 262–264; Zeller-Siegfried S. 28
∞ 4. 11. 1875 Mangalore, Indien
(Tripelhochzeit mit den Frl. Ott und Himer)
*Gustav* Adolf Ernst Justus **Ritter**
* 20. 3. 1844 Benzenzimmern bei Aalen, † 11. 10. 1935 Korntal bei Stuttgart, begr. 14. 10. Leonberg
Feinmechanikerlehre in Ebingen, Mechaniker in der Goldfabrik Hürrle in Pforzheim, im Missionshaus in Basel 1863–1869, ordiniert Böblingen 1868, Missionar in Mangalore, Indien 1869,

Udipi, nördl. Mangalore 1871, Mulki (Moolky) 1871, Udipi 1874, in der Heimat 1884, Udipi 1885, Mangalore 1885, in der Heimat (Korntal) 1897–1898, hier Übersetzung des Neuen Testaments in Kanaresisch, wieder in Mulki 1899, Distriktspräsident in Mangalore 1906, zurück in Tübingen 1910, Reiseprediger in Backnang 1911, Leonberg 1916, die Reisepredigertätigkeit wurde ihm im Krieg wegen englandfreundlicher Äußerungen untersagt, pensioniert 1920, lebte in Leonberg, seit 1930 in Korntal.

Nachruf von M. Beierbach im Korr.-bl. der Basler Mission 36, 1936, S. 944–947

Gustav Ritter war ∞ I: 6. 5. 1873 Mulki mit Ernestine Schmidt, * 13. 4. 1840 Winnenden, † 6. 3. 1874 Mulki, sie hatte die Mädchenanstalt in Mulki betreut, Tochter von Gottlob Schmidt, Schulmeister in Winnenden, und Regine Palmer, Witwe (∞ 10. 11. 1865 Udipi) des Missionars in Indien Johann Friedrich Traub (* 30. 7. 1834 Lehrhof bei Steinheim an der Murr, † 27. 10. 1868 Korntal, Sohn von Jak. Fr. Traub, Bauer), aus dieser Ehe Tochter Christiane *Hanna* Traub, * 2. 11. 1867 Keti, Indien, ∞ G. Nonnenmacher, Lehrer.

Eltern: Gustav Friedrich Chr. Ridocar **Ritter**, Pfarrer
in Heldenfingen bei Heidenheim an der Brenz
∞ I: Karoline **Oppenrieder**

Kinder:

1. *Gustav* Johannes, * 31. 8. 1876 Mangalore W 71
2. *Theodor* Samuel, * 28. 10. 1877 Udipi W 72
3. *Martha* Karoline, * 3. 1. 1879 Udipi W 73
4. Julie *Elisabeth*, * 26. 4. 1880 Udipi W 74
5. *Maria* Sofie, * 27. 3. 1882 Udipi W 75
6. Karl *Friedrich*, * 4. 11. 1884 Tübingen, † 23. 9. 1914 Bruchsal als Unteroffizier d. R. an einer Kriegsverwundung; kaufmännische Lehre 1899, Kaufmann in England 1903, Sekretär des CVJM 1904, Militärdienst in Konstanz 1908, Ausbildung zum Jugendsekretar im Johanneum in Wuppertal-Barmen 1909, Vereinssekretär bei der Christlichen Vereingung von Schülern Höherer Lehranstalten in Stuttgart 1912.
7. Heinrich, * 26. 12. 1886 Udipi W 77
8. Paul *Bernhard*, * 10. 3. 1891 Udipi W 78

**W 71** *Gustav* Johannes **Ritter** (Eltern: W 7)
* 31. 8. 1876 Mangalore, Indien,

† 11. 10. 1961 Gerabronn bei Crailsheim
Ausbildung als Mechaniker, Diplomingenieur Stuttgart, Kriegsdienst 1914–1918
Lit.: Werner I S. 57, 105
∞ 3. 9. 1912 Backnang
*Emmy* Lisette Adele **Halbach**
∗ 29. 10. 1887 Wuppertal-Elberfeld,
† 24. 3. 1945 Holzheim bei Göppingen
Eltern: Richard **Halbach**, Buchhändler
Emma **Böhle**
Kinder:
1. *Esther* Emmy Elisabeth, ∗ 26. 8. 1913 Konstanz, † 6. 7. 1925 Stuttgart
2. Else *Lotte* Ruth, ∗ 29. 11. 1917 Stuttgart W 712

**W 712** Else *Lotte* Ruth **Ritter** (Eltern: W 71)
∗ 29. 11. 1917 Stuttgart, † 15. 5. 1998
Gemeindehelferin in Stuttgart
Lit.: Werner II S. 19
∞ I: 27. 12. 1939 Stuttgart
Johannes **Gruner**
∗ 13. 10. 1913 Alfdorf bei Schwäbisch Gmünd,
gefallen bei Soissons in Frankreich 5. 6. 1940
Stud. Theol., Examen 1936, Pfarrer in Knittlingen.
Eltern: Gustav **Gruner**, Pfarrer in Alfdorf
Emilie **Römer**
∞ II: 3./5. 11. 1949 Stuttgart
Martin **Bossert**
∗ 8. 7. 1911 Rietheim bei Tuttlingen
Pfarrer in Großaltdorf-Lorenzenzimmern bei Schwäbisch Hall 1943, in Gerabronn bei Crailsheim 1959, im Ruhestand in Zell bei Göppingen und Michelfeld-Gnadental bei Schwäbisch Hall.
Eltern: Gustav **Bossert**, Pfarrer in Stuttgart-Berg
Frieda **Raitelhuber**
Kinder aus ∞ II:
1. Johannes *Martin*, ∗ 3. 3. 1952 Großaltdorf W 7121
2. Otto *Albrecht*, ∗ 25. 10. 1953 Großaltdorf W 7122
3. *Christoph* Traugott, ∗ 5. 9. 1957 Schwäbisch Hall W 7123

**W 7121** Johannes *Martin* **Bossert** (Eltern: W 712)
∗ 3. 3. 1952 Großaltdorf bei Schwäbisch Hall
Abitur im kirchlichen Internat Wilhelmsdorf, Wehrdienst bei der Luftwaffe 1970–1972, Stud. Med. Würzburg und Hohenheim bei Stuttgart 1972–1979, Dr. med., 1979 Internist am Stadt- und Kreiskrankenhaus in Ansbach.
∞ 25./26. 4. 1980 Vellberg-Großaltdorf bei Schwäbisch Hall
Johanna *Siglinde* **Schmidt**
∗ 9. 4. 1955 Großaltdorf
Ausbildung zur Erzieherin in Schwäbisch Hall 1974–1979
Eltern: Karl **Schmidt**, Elektroschweißer in Vellberg-Großaltdorf
Johanna **Riecker**
Kinder:
1. *Markus* Martin, ∗ 17. 3. 1982 Ansbach
2. *Andrea* Desirée, ∗ 22. 3. 1985 Ansbach

**W 7122** Otto *Albrecht* **Bossert** (Eltern: W 712)
∗ 25. 10. 1953 Großaltdorf bei Schwäbisch Hall
Stud. Wirtschaftswissenschaften Stuttgart 1972–1973, Zivildienst 1973–1974, Stud. Augsburg 1974–1978, tätig bei der Deutschen Bank in Frankfurt am Main 1978–1979, Akademischer Rat an der Universität Augsburg, Promotion 1983, Oberrat 1992, 1997 Mitarbeiter der Konrad-Adenauer-Stiftung und Landesbeauftragter in Uganda, Ostafrika.
∞ 12. 7. 1980 Crailsheim
Ute **Rabus**
∗ 19. 5. 1958 Crailsheim
Ausbildung als Krankenschwester im Diakoniewerk Schwäbisch Hall und Künzelsau, Operationsschwester in Augsburg bis 1986.
Eltern: Dieter **Rabus**, Kaufmännischer Angestellter
Irmtraud **Willenberg**
Kinder:
1. *Esther* Elisabeth, ∗ 4. 5. 1984 Augsburg
2. *Julia* Ruth, ∗ 17. 6. 1987 Augsburg
3. *Bernhard* Andreas, ∗ 4. 9. 1990 Augsburg

**W 7123** *Christoph* Traugott **Bossert** (Eltern: W 712)
∗ 5. 9. 1957 Großaltdorf bei Schwäbisch Hall
Zivildienst in Sindelfingen 1976, Stud. Kirchenmusik (Orgel) Musikhochschule Stuttgart und Freiburg, Organist, Kirchenmusiker

in Böblingen, Esslingen (Frauenkirche) mit Lehrauftrag an der Hochschule für Kirchenmusik, Professor an der Hochschule für Musik in Trossingen; Konzerttätigkeit im In- und Ausland.
∞ 28. 8. 1981 Großaspach bei Backnang / 21. 8. 1982 Gnadental bei Schwäbisch Hall
Cornelia **Börkircher**
* 2. 12. 1954 Großaspach bei Backnang
Stud. an der Pädagogischen Akademie Reutlingen, bis 1986 und seit 1997 Realschullehrerin, Religions- und Musiklehrerin.
Eltern: Hermann **Börkircher**, Mechanikermeister
Gisela **Birkhold**
Kinder:
1. *Hannah* Elisabeth, * 12. 5. 1986 Stuttgart
2. *Simon* Sebastian, * 15. 3. 1989 Stuttgart
3. *Agnes* Vera, * 22. 12. 1993 Denkingen bei Spaichingen

**W 72** *Theodor* Samuel **Ritter** (Eltern: W 7)
* 28. 10. 1877 Udipi, Indien, † 24. 6. 1966 Nagold
Aufgewachsen im Knabenhaus der Basler Mission in Basel, Lehre in der optisch-mechanischen Werkstatt Himmel Tübingen 1892, Mechaniker in der Mikroskopfabrik E. Leitz, Wetzlar 1896, Militärzeit bei einer Eisenbahnbrigade in Berlin 1897, Mechaniker Elektrotechnische Fabrik Fein Stuttgart 1899, Federtriebwerkfabrik Neudörfer 1900; durch ein Neujahrslos 1900 (Jes. 49, 6) fühlte er sich zur Mission berufen, Ausbildung im Basler Missionshaus 1900, Ordination Unterweißach bei Backnang 1905 durch Samuel Werner (s. W 1), Missionar in Kanara, Indien 1906–1916 für die Basler Mission, 1 Jahr Tulu-Sprachstudium 1906, Missionar Udipi, nördl. Mangalore, mit Madambeil 1907, Puttur bei Mangalore 1910, interniert in Ahmednagar (Maharashtra) 1914, die Familie in Bellary (Mysore), 1916–1921 im unständigen Kirchendienst in Württemberg in Reusten bei Tübingen, Künzelsau, Leidringen bei Balingen (2 Jahre), Ochsenburg bei Brackenheim (2 Jahre), Möckmühl, 1921–1927 Bundeswart des Badischen Jungmännerbundes in Karlsruhe, Familie bis 1924 in Ochsenburg, dann Karlsruhe; wieder Missionar in Puttur, Süd-Kanara 1928, Karkala 1930; in der Heimat in Fellbach als stellvertretender Reiseprediger 1934, Landau 1936,

Leiter eines Waisenhauses mit Außenstationen in Mulki 1936, Missionsprediger Nagold 1938–1939, von hier aus 1939 Pfarrverweser in Ebhausen, Berneck, Grömbach, Walddorf, 8 Jahre in Effringen bis 1947.

Lit.: Werner I S. 57, 105, 108; Pfleiderer S. 289; DGB **43**, 343

∞ 4. 2. 1909 Mangalore, Indien durch den Vater Gustav Ritter
*Johanna* Pauline (Hanni) **Hoch**
* 14. 7. 1884 Mangalore, † 23. 11. 1970, begr. 27. 11. Nagold; aufgewachsen bei den Großeltern Gottlob Pfleiderer und seiner 2. Frau Wilhelmine Gutbrod in Basel, Haushaltsjahr in der französischen Schweiz.

Eltern: Markus **Hoch**, Missionar in Mangalore, Indien, später Pfarrer in Zürich, theologischer Lehrer am Missionshaus in Basel
*Debora* Johanna **Pfleiderer**

Kinder:

1. *Margrit* Johanna, * 2. 12. 1909 Udipi, † 20. 9. 1995 Nagold; Säuglings- und Krankenpflegerin in Essen, Arzthelferin in Nagold.
2. *Mathilde* Elise, * 23. 2. 1911 Puttur, Indien W 722
3. Traugott, * 8. 4. 1913 Puttur, † 20. 4. 1913 Puttur
4. *Siegfried* Gustav, * 5. 5. 1914 Puttur, vermißt in Stalingrad Febr. 1943 als Leutnant; Mechanikerlehre, Stud. Ing., in der Feuerwerker-Laufbahn in Karlsruhe.
5. Gertrud, * 16. 5. 1917 Leidringen bei Balingen, wohnt in Leonberg.
6. *Elisabeth* Helene (Liesel), * 6. 11. 1919 Ochsenburg bei Brakkenheim, † 18. 12. 1995 Leonberg; Leiterin des Kinderhorts Berneck, später Heimleiterin in Leonberg, im Ruhestand in Leonberg.

**W 722** *Mathilde* Elise **Ritter** (Eltern: W 72)
* 23. 2. 1911 Puttur, Indien
Krankenpflegekurs im Diakonissenkrankenhaus Karlsruhe 1933, Säuglingspflegerin Waiblingen 1933.

Lit.: Werner I S. 108; Pfleiderer S. 290

∞ 8. 11. 1934 Hongkong
Hermann **Gläsle**
* 8. 1. 1904 Ebingen, † 17. 11. 1972 Albstadt-Ebingen

Schriftsetzerlehre 1918–1922, Maschinensetzer in Berlin 1923, Ebingen, Ausbildung im Basler Missionshaus 1926, ordiniert Ebingen 1932, Basler Missionar in China, Provinz Kwantung, in Hokschuha, Kayin 1933, Logong 1934, Pyangtong 1942, Moiyen (Meihsien, Meixien, Meichon) 1943–1949; Pfarrverweser in Ebhausen bei Nagold 1949, Pfarrer Laufen an der Eyach 1954, im Ruhestand in Ebingen 1960 wegen Schlaganfall.

Eltern: Johann Martin **Gläsle**, Müller in Ebingen
Rosine **Staib**

Kinder:

1. Hildgard, * 9. 2. 1936 Kayin (Moiyen), China W 7221
2. Rosmarie, * 23. 7. 1937 Meihsien (Moiyen); Gemeindehelferin in Hongkong 1965, Gemeindediakonin in Stuttgart.
3. Hans Martin, * 4. 3. 1939 Meihsien W 7223
4. Waltraud, * 16. 9. 1940 Meihsien W 7224
5. Hedwig, * 2. 8. 1943 Meihsien W 7225

**W 7221** Hildegard **Gläsle** (Eltern: W 722)
* 9. 2. 1936 Kayin (Moiyen), China
bis zum 12. Lebensjahr in China, Ausbildung als Kinderkrankenschwester, 1964–1969 in Indien, seither in Gammertingen, ehrenamtlich in der Flüchtlingsarbeit.
∞ 3. 1. 1963
Gerhard **Lutz**
* 29. 4. 1935 Stuttgart,
getauft Friedenskirche durch Landesbischof Wurm
Schreinermeister, im Auftrag der Basler Mission in Kotagiri, Indien 1963–1969, Fachlehrer für geistig Behinderte in Mariaberg bei Gammertingen, pensioniert 1997.

Eltem: Dr. Hermann **Lutz**, Basler Missionsarzt in China
Auguste Elisabeth Charlotte **Finckh**
(DGB **170**, S. 437)

Kinder:

1. *Ursula* Ulrike, * 7. 10. 1963 Tübingen W 722 11
2. *Heidi* Andrea, * 19. 5. 1965 Kotagiri, Indien W 722 12
3. *Thomas* Hermann, * 14. 2. 1967 Kotagiri; Zivildienst Albstadt, Ausbildung als Masseur und Bademeister, arbeitet in der Buchinger Klinik in Überlingen.

**W 722 11** *Ursula* Ulrike **Lutz** (Eltern: W 7221)
∗ 7. 10. 1963 Tübingen
Wegen eines angeborenen Herzfehlers dreimal operiert, Ausbildung zur Bürokauffrau und Stenokontoristin, Hausfrau.
∞ 23. 12. 1988 / 23. 3. 1989 Backnang
José **Martins-Pinheiro**
∗ 27. 1. 1964 Gondomar, Portugal
Durch Autounfall schwer behindert, Ausbildung als Technischer Zeichner, arbeitet bei Firma Bosch in Backnang.
Eltern: in Portugal
Kinder:
1. Dorothee, ∗ 7. 1. 1990 Backnang
2. Johanna, ∗ 6. 8. 1991 Backnang

**W 722 12** *Heidi* Andrea **Lutz** (Eltern: W 7221)
∗ 19. 5. 1965 Kotagiri, Indien
Ausbildung als Kinderpflegerin, arbeitet in Reutlingen im Bruderhaus und in der dazugehörigen Gärtnerei.
∞ 2. 11. 1995 Reutlingen
Georg **Heinz**
∗ 13. 9. 1962
Halbwaise, nach Lehr- und Wanderjahren seit 1993 in der Gärtnerei zum Bruderhaus in Reutlingen.
Kind:
1. Sara **Lutz**, ∗ 16. 7. 1988 Sigmaringen, lebt 1997 bei den Großeltern in Gammertingen.

**W 7223** Hans Martin **Gläsle** (Eltern: W 722)
∗ 4. 3. 1939 Meihsien, China
Programmierer bei IBM
∞ 7. 10. 1967 Ebingen
Gisela **Förstner**
∗ 12. 11. 1941 Ebingen
Ärztin
Kinder:
1. Moritz, ∗ 11. 7. 1971 Ebingen
2. Annette, ∗ 23. 6. 1973 Ebingen

**W 7224** Waltraud **Gläsle** (Eltern: W 722)
* 16. 9. 1940 Meihsien, China
∞ 21. 6. 1975 Ebingen
Norbert **Ruhs**
* 8. 1. 1937 Prag
Diplomphysiker an einem Max-Planck-Institut in München
Kinder:
1. Ulrike, * 20. 8. 1976 München
2. Winfried, * 17. 6. 1980 München

**W 7225** Hedwig **Gläsle** (Eltern: W 722)
* 2. 8. 1943 Meihsien, China
Ärztliche Sprechstundenhilfe
∞ 22. 6. 1973 Hamburg, Ehe geschieden Juli 1986
Johannes **Mielck**
* 21. 2. 1948 Hamburg
Lehrer am Rauhen Haus in Hamburg
Kind:
1. Miriam, * 20. 5. 1984 Hamburg

**W 73** *Martha* Karoline **Ritter** (Eltern: W 7)
* 3. 1. 1879 Udipi, Indien, † 23. 7. 1952 Korntal bei Stuttgart
1899 als Gehilfin der Eltern in Indien, seit 1922 Leiterin des Korntaler Missionsvereins
Lit.: Werner I S. 57, 105
∞ 16. 12. 1902 Mulki, Indien durch den Vater Gustav **Ritter**
*Albert* Gustav **Beierbach**
* 19. 9. 1868 Vaihingen an der Enz, † 7. 12. 1921 Korntal
Buchdruckerlehre Vaihingen 1882–1886, Buchdrucker in Stuttgart, Pforzheim, Leipzig, Stuttgart, Dresden 1891, Basel 1894, Stuttgart, Neuchâtel 1894, Militärdienst 1889–1891, Eintritt ins Basler Missionshaus 1898, Leiter der Missions-Buchdruckerei in Mangalore in Indien 1899, Herausgeber eines Englisch-Kanaresischen Wörterbuches, in Deutschland 1910–1911, zurück in Indien 1911–1915, interniert in Bellary (Mysore), Ahmednagar (Maharashtra) und Yercaud (bei Salem, Tamil Nadu) bis 1919, in Stuttgart 1920; die Familie kam schon 1915 zurück.
Nachruf im Basler Missionsbl. von G. Ritter

Eltern: Gottlieb **Beierbach**, Gärtner in Vaihingen
Luise **Engel**

Kinder:

1. *Gustav* Albert, * 23. 11. 1903 Mangalore W 731
2. *Walter* Theodor, * 25. 3. 1906 Mangalore W 732
3. *Arnold* Gerhard, * 3. 11. 1908 Mangalore W 733
4. *Hildegard* Else, * 23. 8. 1912 Mangalore, † 7. 8. 1946 Korntal an multipler Sklerose; Frauenarbeitsschule Stuttgart 1929, Wochenpflegeausbildung Korntal 1932, Kranken- und Wochenbettpflegerin, war verlobt (22. 5. 1938) mit Stadtpfarrer Helmut Metzger in Bietigheim (im Krieg vermißt), erkrankte 1938 an einer Lähmung.

**W 731** *Gustav* Albert **Beierbach** (Eltern: W 73)
* 23. 11. 1903 Mangalore, Indien,
† 15. 9. 1980 Mutlangen bei Schwäbisch Gmünd
Stud.Theol., Vikar 1927 in Oppenweiler bei Backnang, Bopfingen bei Nördlingen, Grab bei Murrhardt, Pfarrer in Botnang bei Stuttgart 1928, Stadtpfarrer in Wildberg 1930, Assistent bei Prof. Fezer Tübingen 1930, Pfarrer in Mühlhausen an der Enz 1931, Stadtpfarrer in Metzingen 1937, in Ulm-Söflingen 1947, Schwaigern bei Heilbronn 1958, Lukaskirche Stuttgart 1963, pensioniert 1968.
Lit.: Werner I S. 106, II S. 19
∞ 6. 4. 1932 Tübingen
*Erika* Hanna **Reusch**
* 11. 7. 1907 Dharwar, Ostindien,
† 23. 3. 1992 Heidenheim an der Brenz
Eltern: *Traugott* Friedrich **Reusch**, Missionar in Dharwar, später Pfarrer in Feldrennach bei Neuenbürg
Martha **Ensinger**

Kinder:

1. *Hildegard* Erika, * 3. 9. 1933 Mühlacker W 7311
2. *Helmut* Gustav Traugott, * 1. 9. 1935 Mühlacker W 7312
3. *Albrecht* Arnold, * 26. 8. 1937 Metzingen W 7313

**W 7311** *Hildegard* Erika **Beierbach** (Eltern: W 731)
* 3. 9. 1933 Mühlacker
∞ 18. 10. 1960 Schwaigern bei Heilbronn
*Ernst* Hermann Christian **Fischer**

∗ 9. 2. 1934 Lutow, Schleswig-Holstein (oder Lüttow bei Boizenburg an der Elbe oder Hamburg?), † 28. 8. 1990 Rendsburg
Pastor in Rendsburg
Kinder:
1. *Beate* Elisabeth, ∗ 8. 8. 1961 Kiel W 731 11
2. *Christian* Albrecht, ∗ 2. 1. 1963 Kiel W 731 12
3. *Constanze* Margarete, ∗ 12. 7. 1969 Kiel

**W 731 11** *Beate* Elisabeth **Fischer** (Eltern: W 7311)
∗ 8. 8. 1961 Kiel
Kirchenmusikerin in Rottweil am Neckar
∞ 27. 6. 1986 Rottweil
*Johannes* Martin Georg **Vöhringer**
∗ 11. 5. 1958 Ludwigsburg
Kantor und Organist in Rottweil
Kind:
1. Cornelia, ∗ 15. 11. 1990 Rottweil

**W 731 12** *Christian* Albrecht **Fischer** (Eltern: W 7311)
∗ 2. 1. 1963 Kiel
Diplomingenieur
∞ 10. 3. 1990 Lübeck
Astrid **Diercks**
∗ 7. 9. 1966 Lübeck
Kind:
1. Nikolaus, ∗ 19. 6. 1992 Lübeck

**W 7312** *Helmut* Gustav Traugott **Beierbach** (Eltern: W 731)
∗ 1. 9. 1935 Mühlacker
Lehrer in Gerstetten bei Heidenheim an der Brenz, Oberlehrer in Heidenheim.
∞ 21. 12. 1968 Biberach an der Riß
Ingrid **Maurer**
∗ 14. 7. 1945 Biberach
Kinder:
1. Gisa, ∗ 10. 11. 1969 Gussenstadt bei Gerstetten
2. Jörg, ∗ 26. 11. 1973 Gussenstadt

**W 7313** *Albrecht* Arnold **Beierbach** (Eltern: W 731)
∗ 26. 8. 1937 Metzingen
Dr. med., Arzt in Quakenbrück, Emsland

∞ 26. 3. 1965 Düsseldorf-Kaiserswerth
Theda **Buchholz**
∗ 31. 5. 1938 Düsseldorf-Kaiserswerth,
† 1. 7. 1991 Quakenbrück

**W 732** *Walter* Theodor **Beierbach** (Eltern: W 73)
∗ 25. 3. 1906 Mangalore, Indien,
† 16. 11. 1983 Stuttgart-Weilimdorf
Stud. Maschinenbau Stuttgart 1927, Diplomingenieur in Mannheim 1928, Untertürkheim 1931, später in Seißen bei Blaubeuren, Betriebsleiter bei Kässbohrer in Ulm 1934, dann in Stuttgart.
Lit.: Werner II S. 19
∞ 9. 10. 1936 Korntal bei Stuttgart
*Johanna* Julie **Barchet**
∗ 16. 5. 1912 Korntal
Eltern: Gustav Friedrich **Barchet**, Kaufmann
Julie Hermine **Feucht**
Kinder:
1. *Gertrud* Maria, ∗ 25. 8. 1937 Ulm,
Leiterin eines Studentenheims in Frankfurt am Main
2. *Hans* Dieter, ∗ 31. 8. 1938 Ulm W 7322
3. Adelheid, ∗ 9. 3. 1940 Ulm W 7323
4. *Hartmut* Gottfried, ∗ 14. 3. 1942 Ulm W 7324
5. *Barbara* Renate, ∗ 5. 5. 1944 Ulm W 7325
6. *Christa* Dorothea, ∗ 1. 4. 1948 Blaubeuren bei Ulm W 7326

**W 7322** *Hans* Dieter **Beierbach** (Eltern: W 732)
∗ 31. 8. 1938 Ulm
Kaufmann in Stuttgart-Weilimdorf
∞ 15. 10. 1966 Stuttgart-Weilimdorf
Doris **Smulders**
∗ 8. 7. 1944 Kufstein in Tirol
Kinder:
1. *Lars* Christian, ∗ 15. 10. 1968 Weilimdorf
2. Alexander, ∗ 25. 12. 1971 Weilimdorf

**W 7323** Adelheid **Beierbach** (Eltern: W 732)
∗ 9. 3. 1940 Ulm
Krankengymnastin in Heidelberg

∞ 10. 12. 1976 Heidelberg
Ernst **Wolber**
∗ 22. 9. 1942 Heidelberg
Einkaufsleiter in Heidelberg
Kind:
1. Bettina, ∗ 13. 5. 1978 Heidelberg

**W 7324** *Hartmut* Gottfried **Beierbach** (Eltern: W 732)
∗ 14. 3. 1942 Ulm
Dr. med., Arzt in Triberg, Schwarzwald
∞ 1. 9. 1967 Stuttgart-Weilimdorf
Ulrike **Platzek**
∗ 2. 6. 1944 Forchheim bei Erlangen
Kinder:
1. Dagmar, ∗ 16. 5. 1968 Leonberg
2. Gisa, ∗ 23. 3. 1971 Chur, Schweiz
3. Uwe, ∗ 18. 2. 1973 Hirschhorn bei Heidelberg
4. Bernd, ∗ 8. 11. 1981 Triberg

**W 7325** *Barbara* Renate **Beierbach** (Eltern: W 732)
∗ 5. 5. 1944 Ulm
Studienrätin z. V.
∞ 30. 3. 1974 Stuttgart-Weilimdorf
Christian **Rodt**
∗ 10. 6. 1944 Celle
Dr. med., Gynäkologe in Walsrode bei Verden an der Aller
Kinder:
1. Thomas, ∗ 2. 8. 1975 Würzburg
2. *Jan* Olaf, ∗ 29. 6. 1977 Würzburg

**W 7326** *Christa* Dorothea **Beierbach** (Eltern: W 732)
∗ 1. 4. 1948 Blaubeuren bei Ulm
∞ 9. 3. 1968 Stuttgart-Weilimdorf
Gerd **Splinther**
∗ 6. 4. 1942 Weilimdorf
Vertriebsingenieur
Kinder:
1. Britta, ∗ 15. 2. 1973 Stuttgart
2. Jutta, ∗ 19. 12. 1975 Stuttgart

**W 733** *Arnold* Gerhard **Beierbach** (Eltern: W 73)
∗ 3. 11. 1908 Mangalore, Indien, gefallen bei Gacchina in Italien in der Nähe von Rom 2. 6. 1944
Stud. Theol. Tübingen (Stift) 1928, Berlin 1930, Vikar 1932, Stadtpfarrverweser 1934, Stadtpfarrer an der Dreifaltigkeitskirche in Ulm 1936, zugleich Hausgeistlicher am Landesgefängnis, abgesetzt wegen Aktivität in der Bekennenden Kirche.
Lit.: Werner II S. 19
∞ 29./30. 5. 1939 Tuttlingen
Magdalene **Goes**
∗ 28. 8. 1917 Langenbeutingen bei Öhringen
Eltern: Eberhard **Goes**, Pfarrer, später in Göppingen
Frieda **Böhme**
Kinder:
1. *Jörg* Eberhard, ∗ 13. 4. 1940 Ulm W 7331
2. Monika, ∗ 3. 7. 1941 Ulm, † 4. 4. 1945 Ettlenschieß bei Ulm
3. *Beate* Christine, ∗ 5. 3. 1944 Ulm W 7333

**W 7331** *Jörg* Eberhard **Beierbach** (Eltern: W 733)
∗ 13. 4. 1940 Ulm
Maschinenbautechniker in Stuttgart-Weilimdorf
∞ 14. 1. 1967 Stuttgart-Weilimdorf
Ingrid **Gärtner**
∗ 17. 9. 1944 Kiebingen bei Rottenburg am Neckar
Kinder:
1. Martina, ∗ 18. 6. 1967 Stuttgart W 733 11
2. Andreas, ∗ 16. 9. 1968 Stuttgart
3. Simone, ∗ 18. 12. 1971 Stuttgart

**W 733 11** Martina **Beierbach** (Eltern: W 7331)
∗ 18. 6. 1967 Stuttgart
∞ 5. 6. 1993 Stuttgart-Weilimdorf
Martin **Ziegler**
∗ 14. 6. 1966 Stuttgart-Möhringen
Kaufmann
Kind:
1. *Lukas* Maria, ∗ 6. 8. 1995 Leonberg

**W 7333** *Beate* Christine **Beierbach** (Eltern: W 733)
∗ 5. 3. 1944 Ulm
∞ 15. 7. 1967 Stuttgart-Weilimdorf
Jean-Marie **Winkler**
∗ 21. 1. 1943 Franois bei Besançon, Frankreich
Dr. med., Arzt in Montfaucon bei Besançon
Kinder:
1. *Albrecht* Pierre, ∗ 26. 4. 1968 Strasbourg
2. Amadeus, ∗ 18. 10. 1970 Besançon
3. Falk, ∗ 9. 7. 1974 Besançon
4. Myriam, ∗ 28. 6. 1977 Besançon
5. Martin, ∗ 25. 6. 1978 Besançon

**W 74** Julie *Elisabeth* (Else) **Ritter** (Eltern: W 7)
∗ 26. 4. 1880 Udipi, Indien,
† 31. 10. 1968 Heiningen bei Göppingen
Handarbeitslehrerin am Missions-Mädchenhaus in Basel
Lit.: Werner I S. 57, 106, II S. 20
∞ 14. 11. 1907 Mangalore, Indien durch den Vater Gustav Ritter
Karl *Julius* **Spieth**
∗ 9. 7. 1876 Oberesslingen, † 23. 10. 1955 Göppingen-Holzheim
Mechanikerlehre bei Fa. Boschert, dann bei Münzenmaier in Esslingen 1890, Arbeiter bei Fa. Stiefelmayer in Esslingen, Sonntagsschulhelfer, Eintritt ins Basler Missionshaus 1895, Militärzeit 1898–1899, ordiniert Oberesslingen 1902, Basler Missionar in Hubli (Mysore, Indien) 1902, Bidjapur 1905, Guledgudd 1907–1913, Fest- und Konferenzredner 1913–1914, Übertritt in den württ. Kirchendienst 1914, Pfarrverweser in Holzheim 1914, Pfarrer 1925, pensioniert 1949, streng pietistische Persönlichkeit.
Eltern: Christian **Spieth**, Rotgerber in Oberesslingen
Katharine **Weinmann**
Kinder:
1. *Reinhard* Julius, ∗ 5. 12. 1908 Guledgudd W 741
2. *Helmut* Friedrich, ∗ 7. 9. 1910 Guledgudd W 742
3. *Hermann* Martin, ∗ 21. 6. 1912 Guledgudd, gefallen in Rußland bei Dolschek, südlich Berditschew (Ukraine) als Oberleutnant der Infanterie 22. 7. 1941; Notariatspraktikant Göppingen, Justizoberinspektor am Oberlandesgericht Stuttgart.

4. *Ernst* Heinrich, * 24. 2. 1915 Holzheim, gefallen als Oberfeldwebel in Pleskau, Rußland 23. 2. 1944; Gärtnermeister in Schlat bei Göppingen
5. *Rudolf* Traugott, * 1. 7. 1916 Holzheim, gefallen bei Nagoszyn in Galizien 22. 8. 1944; cand. theol.
6. *Theodor* Gottfried, * 6. 8. 1918 Holzheim W 746
7. *Elisabeth* Johanna Katharina, * 9. 8. 1920 Holzheim W 747

**W 741** *Reinhard* Julius **Spieth** (Eltern: W 74)
* 5. 12. 1908 Guledgudd, Ostindien, gefallen 25. 10. 1943 als Gefreiter der Infanterie in Rußland bei Scheperewo, südlich Tschanssy bei Mogilew, begraben in Brody; Buchhändler in Göttingen.
∞ 11. 4. 1939 Göttingen
*Käthe* Helene **Buntrock**
* 1911 Göttingen, † 1974 Hannover
Eltern: Otto **Buntrock**, Postinspektor
Agnes **Nieschlag**
Kind:
1. Manfred, * 29. 1. 1943 Hannover, † 31. 1. 1943 Göttingen

**W 742** *Helmut* Friedrich **Spieth** (Eltern: W 74)
* 7. 9. 1910 Guledgudd, Indien,
† 17. 5. 1979 Fellbach bei Stuttgart
Stud. Theol. Tübingen und Bonn (Karl Barth), Vikar am Diakonissen-Krankenhaus in Schwäb. Hall, Pfarrer in Stetten im Remstal 1938, 1940–1944 als Soldat im Kriegsdienst, 1944–1948 in Gefangenschaft in England, 1952 Pfarrer an der Lutherkirche in Fellbach, Ruhestand 1975.
Lit.: Werner II S. 20
∞ 16. 4. 1941 Stuttgart
*Hildegard* Emilie **Wolpert**
* 23. 7. 1919 Stuttgart
Pfarrfrau und im Gemeindedienst
Eltern: Wilhelm **Wolpert**, Bankbeamter
Emilie **Finkbeiner**
Kinder:
1. *Reinhard* Hermann Ernst, * 18. 5. 1944 Göppingen; Diplomvolkswirt in Stuttgart

2. *Hans Urich* Rudolf,
   * 14. 7. 1949 Stetten im Remstal W 7422
3. *Dorothee* Hildegard, * 5. 12. 1950 Stuttgart; Sonderschulpädagogin in Stuttgart
4. *Wolfgang* Helmut, * 15. 12. 1951 Stuttgart W 7424
5. *Albrecht* Julius Wilhelm, * 30. 4. 1954 Stuttgart W 7425

**W 7422** *Hans Ulrich* Rudolf **Spieth** (Eltern: W 742)
* 14. 7. 1949 Stetten im Remstal
Konrektor in Schmiden bei Waiblingen, Fellbach-Oeffingen
∞ 12. 12. 1986 Fellbach
Karin **Krüger**
* 31. 12. 1942 Greifswald
Sekretärin
Kind:
1. *Benedikt* Ulrich, * 23. 3. 1986 Stuttgart-Bad Cannstatt

**W 7424** *Wolfgang* Helmut **Spieth** (Eltern: W 742)
* 15. 12. 1951 Stuttgart
Rechtsanwalt in Poing bei München
∞ 18. 2. 1977 Tübingen
Sabine **Bußello**, Familiename **Bußello-Spieth**
* 21. 7. 1953 Brockhagen bei Gütersloh
Ärztin, Neurologin, Psychiaterin in Haar bei München
Kinder:
1. *Mareike* Carola, * 19. 8. 1977 Tübingen
2. *Claudius* Constantin, * 8. 7. 1978 Freising
3. *Lea* Sophia, * 29. 12. 1987 München
4. *Nora* Rabea, * 14. 2. 1991 München

**W 7425** *Albrecht* Julius Wilhelm **Spieth** (Eltern: W 742)
* 30. 4. 1954 Stuttgart
Lehrerausbildung, Studienrat in Hannover, Programmierer bei der Baden-Württembergischen Bank in Stuttgart
∞ I: 1. 2. 1985 Braunschweig
Annegret **Röttger**
* 8. 4. 1947 Hannover
∞ II: 21. 4. 1994 Göppingen
Kornelia **Traub**
* 8. 12. 1967 Heiningen bei Göppingen

Ausbildung zur Diakonin, Gemeindediakonin in der Reusch-Kirchengemeinde Göppingen
Kind:
1. Friederike, * 6. 3. 1995 Göppingen

**W 746** *Theodor* Gottfried **Spieth** (Eltern: W 74)
* 6. 8. 1918 Holzheim bei Göppingen,
† 12. 10. 1984 Bempflingen bei Nürtingen
Dr. med., Assistenzarzt an den Zentralkliniken der Landesversicherungsanstalt in Göppingen, 1952 am Karl-Olga-Krankenhaus in Stuttgart, 1954 praktischer Arzt in Bempflingen.
∞ 26. 6. 1954 Kiel
*Margreth* Maria **Mirow**
* 11. 1. 1924 Kitzeberg-Heikendorf bei Kiel
Eltern: Georg **Mirow**
Frieda **Bulling** in Kiel
Kinder:
1. Anne Margreth, * 15. 3. 1955 Stuttgart W 7461
2. *Renate* Elisabeth, * 4.2.1957 Stuttgart W 7462
3. *Rudolf* Raimund, * 22. 8. 1961 Bempflingen W 7463

**W 7461** Anne Margreth **Spieth** (Eltern: W 746)
* 15. 3. 1955 Stuttgart
Dr. med., Ärztin in Berlin
∞ 3. 4. 1992 Berlin
Andreas **Dabelstein**
* 18. 12. 1958 Wolfsburg
Dr. med., Arzt in Berlin

**W 7462** *Renate* Elisabeth **Spieth** (Eltern: W 746)
* 4. 2. 1957 Stuttgart
Diplomübersetzerin für Russisch
∞ 9. 11. 1979 Bempflingen bei Nürtingen
Ludwig **Hirsch**
* 16. 8. 1951 Östringen bei Bruchsal
Studienrat in Kirchheim unter Teck
Kinder:
1. *Eva* Maria, * 18. 7. 1984 Filderstadt bei Stuttgart
2. *Frieder* Jakob, * 9. 4. 1986 Kirchheim

**W 7463** *Rudolf* Raimund **Spieth**,
Familienname **Spieth-Frey** (Eltern: W 746)
* 22. 8. 1961 Bempflingen bei Nürtingen
Stud. Theol., Vikar und Schreiner
∞ 11. 5. 1991 Annweiler am Trifels
*Ulrike* Beate **Frey**
* 2. 12. 1966 Annweiler
Stud. Theol., cand. theol. 1995

**W 747** *Elisabeth* Johanna Katharina **Spieth** (Eltern: W 74)
* 9. 8. 1920 Holzheim bei Göppingen,
† 22. 4. 1989 Heiningen bei Göppingen
Gemeindehelferin in Lorch bei Schwäbisch Gmünd und Süßen bei Göppingen bis 1946
Lit.: Werner II S. 20
∞ 7. 8. 1945 Holzheim bei Göppingen
*Ernst* Julius **Weichel**
* 24. 6. 1922 Heiningen bei Göppingen,
† 19. 12. 1993 Göppingen
Landwirt und Fabrikant in Heiningen, Erfinder des Ladewagens für die Landwirtschaft 1960, Pionier und Förderer des organisch-biologischen Landbaus in Deutschland seit 1970; Träger der Staatsmedaille in Gold des Landes Baden-Württemberg, der Max-Eyth-Gedenkmünze 1968 und des Bruno H. Schubert-Preises 1985.
Eltern: Ernst **Weichel**, Landwirt in Heiningen
Magdalene **Pfitzer**
Kinder:
1. Hanna *Magdalene*, * 16. 8. 1946 Göppingen W 7471
2. *Elisabeth* Renate Maria, * 10. 6. 1948 Göppingen W 7472
3. *Rudolf* Ernst Hermann, * 3. 8. 1951 Göppingen W 7473
4. *Bernhard* Friedrich, * 7. 12. 1952 Göppingen W 7474

**W 7471** Hanna *Magdalene* **Weichel**,
Familienname **Weichel** (Eltern: W 747)
* 16. 8. 1946 Göppingen
Stud. Universität Heidelberg 1972, Diplomübersetzerin für Russisch und Englisch; tätig bis 1975 bei Fa. Daimler-Benz AG in Stuttgart, bis 1978 in Moskau bei Fa. Schanzenbach; seit 1978

in Heiningen bei Göppingen als selbständige Übersetzerin und Dolmetscherin.
∞ 28. 1. 1976 Moskau, UdSSR, getrennt 1984
Oleg P. **Solodovnikov**
∗ 28. 5. 1945 Moskau
Kaufmann
Eltern: Pjotr S. **Solodovnikov**
Jevgenija G. **Lavrentjeva** in Moskau
Kinder:
1. *Katharina* Patrizia Olga, ∗ 1. 4. 1979 Esslingen; Auszubildende 1997
2. *Sara* Elisabeth Olga, ∗ 13. 8. 1980 Göppingen

**W 7472** *Elisabeth* Renate Maria **Weichel** (Eltern: W 747)
∗ 10. 6. 1948 Göppingen
Stud. Pädagogische Hochschule Esslingen 1968–1971, im Schuldienst in Dürnau bei Göppingen 1971–1973, Besuch der Landwirtschaftlichen Haushaltungsschule in Neuhausen bei Schaffhausen.
∞ 11. 5. 1974 Heiningen bei Göppingen
Hans **Brunner**
∗ 28. 1. 1949 Illnau ZH, Schweiz
Werkmissionar in Bolivien 1970–1972, Landwirtschaftsmeister 1977, Verwalter auf dem seit 1971 organisch-biologisch bewirtschafteten Iltishof bei Göppingen bis 1983, seit 1984 Pächter des Iltishofes.
Eltern: Hans **Brunner**, Landwirt in der Schweiz
Ruth **Oesch**
Kinder:
1. *David* Hans, ∗ 20. 2. 1975 Esslingen; Wehrdienst bei der Bundeswehr 1995–1996, Stud. Fachhochschule für Agrarwissenschaften in Nürtingen 1996
2. *Mathias* Alexander, ∗ 10. 1. 1977 Esslingen; Ausbildung zum Fernmeldeanlagen-Elektroniker 1993–1997
3. *Stephan* Christoph, ∗ 25. 5. 1979 Esslingen
4. *Rebekka* Elisabeth, ∗ 11. 6. 1981 Göppingen; Diakonisches Jahr 1997–1998
5. *Kornelius* Johannes, ∗ 13. 8. 1984 Göppingen

**W 7473** *Rudolf* Ernst Hermann **Weichel** (Eltern: W 747)
∗ 3. 8. 1951 Göppingen
Diplomingenieur bei BMW in München
∞ 19. 6. 1982 München
*Andrea* Hedwig Ursula **Gruninger**
∗ 9. 12. 1949 Braunschweig
Friseurmeisterin, Hausfrau
Eltern: Kurt **Gruninger**
Ursula **Lehmann**
Kinder:
1. *Andreas* Markus Benjamin, ∗ 12. 3. 1984 München
2. *Hanna* Elisabeth, ∗ 30. 4. 1989 München, † 15. 11. 1990 München

**W 7474** *Bernhard* Friedrich **Weichel** (Eltern: W 747)
∗ 7. 12. 1952 Heiningen bei Göppingen
Diplomingenieur in Stuttgart-Weilimdorf
∞ 17. 2. 1979 Stuttgart
Ruth **Mornhinweg**
∗ 1. 6. 1951 Stuttgart
Krankenschwester, 1979 Hausfrau
Eltern: Hermann **Mornhinweg**, Verwaltungsangestellter
Edith **Baumann**
Kinder:
1. *Christian* Samuel, ∗ 15. 2. 1986 Stuttgart
2. *Agnes* Tabea, ∗ 21. 10. 1987 Stuttgart
3. *Stephanie* Judith, ∗ 19. 3. 1989 Stuttgart

**W 75** *Maria* Sofie **Ritter** (Eltern: W 7)
∗ 27. 3. 1882 Udipi (Mysore, Indien), † 19. 11. 1964 Tübingen
Kindergärtnerin 1900, in England 1901–1904, im Diakonissen-mutterhaus in Stuttgart 1905–1908, Krankenpflege in Backnang 1908–1913.
Lit.: Werner I S. 57, 101, 106, II S. 20
∞ 22. 4. 1913 Backnang
*Gottfried* Paul **Hermelink**
∗ 21. 10. 1879 Mulki, Indien, † 4. 5. 1957 Tübingen
Stud. Theol. Tübingen (Stift) 1898–1903, Stadtvikar Heilbronn 1904, wissenschaftliche Reise nach Indien 1906, im Basler Mis-

sionshaus 1907, Missionar in Mangalore, Indien 1907–1909, Pfarrer in Gniebel-Rübgarten bei Tübingen 1910, in Nufringen-Rohrau bei Herrenberg 1926, im Ruhestand in Dachtel bei Calw 1947 und Tübingen.

Eltern: Jan **Hermelink**, Missionar in Mangalore, Indien
Maria **Weigle**, Tochter des Missionars in Mangalore Gottfried Weigle, Enkelin von Karl Weigle und Johanna Werner, einer Schwester von Karl Werner (s. W).

Kinder:
1. Siegfried, * 10. 5. 1914 Gniebel W 751
2. Annedore, * 14. 10. 1915 Gniebel W 752
3. Paul Gerhard, * 3. 12. 1916 Gniebel, gefallen Salla in Lappland 15. 6. 1943 als Stabsgefreiter; Wehrdienst 1936–1938, Stud. Theol. Tübingen (Stift) 1938, Berlin 1939, als Soldat in Norwegen 1941, Finnland 1943.
4. Bernhard, * 25. 9. 1918 Gniebel W 754
5. Heinrich, * 12. 1. 1920 Gniebel W 755
6. Hans Martin, * 9. 6. 1922 Gniebel, als Soldat verunglückt, auf der Fahrt von Frankreich an die Ostfront, durch Starkstrom bei Esslingen 5. 7. 1942, Diplomlandwirt.

**W 751** Siegfried **Hermelink** (Eltern: W 75)
* 10. 5. 1914 Gniebel bei Tübingen,
† 9. 8. 1975 Fréconrupt bei Schirmeck im Elsaß
Stud. Musikhochschule Stuttgart 1934–1936, Kantor und Organist in Sindelfingen 1938, im Krieg als Soldat in Frankreich 1940, in Rußland 1941, Dr. phil. 1946, Wissenschaftlicher Rat mit Lehrauftrag für Kirchenmusik am Praktischen Theologischen Seminar und Musikdozent am Musikwissenschaftlichen Institut der Universität Heidelberg, apl. Professor 1965, Universitäts-Musikdirektor in Heidelberg 1957; zahlreiche Veröffentlichungen.
Lit.: Werner II, 21; Kürschner 1976
∞ 24. 10. 1942 Straßburg
*Martha* Luise **Stricker**
* 8. 7. 1917 Straßburg
Stud. Philologie Straßburg 1937, Lehrerin in Handschuhsheim im Elsaß 1939–1940, Stud. Phil. Heidelberg 1940–1942.
Eltern: Emil **Stricker**, Lehrer und Organist an der Thomaskirche in Straßburg
Anna **Weiß**

Kinder:
1. *Eva* Maria, ∗ 24. 7. 1943 Straßburg W 7511
2. *Hanna* Aleida, ∗ 28. 8. 1944 Straßburg W 7512
3. Anna *Dorothea*, ∗ 21. 1. 1946 Heidelberg W 7513
4. *Adelheid* Magdalene, ∗ 4. 2. 1949 Heidelberg W 7514
5. *Veronika* Martha, ∗ 5.8.1951 Heidelberg W 7515
6. *Stephan* Andreas Martin, ∗ 21. 1. 1955 Heidelberg; Industrieberater in München 1985

**W 7511** *Eva* Maria **Hermelink** (Eltern: W 751)
∗ 24. 7. 1943 Straßburg
Stud. rer. nat. Heidelberg, Diplombiologin 1968
∞ 17. 4. 1969 Heidelberg
Fritz **Wolf**
∗ 29. 3. 1939 Bentheim
Diplomgeologe, Dr. rer. nat. Hamburg, tätig in Marokko, Peru, 1997 an der Bundesanstalt für Bodenforschung in Hannover.
Eltern: Friedrich **Wolf**, Rechtsanwalt in Bentheim
Margarete **Arentzen**
Kinder:
1. *Antje* Christine, ∗ 5. 5. 1972 Hamburg
2. *Wibke* Veronika, ∗ 8. 7. 1974 Fale, Marokko
3. *Niels* Friedrich, ∗ 12. 9. 1978 Lima, Peru

**W 7512** *Hanna* Aleida **Hermelink** (Eltern: W 751)
∗ 28. 8. 1944 Straßburg
Stud. rer. nat. Heidelberg, Studienassessorin
∞ 22. 6. 1970 Heidelberg
Eibe **Ringe**
∗ 1. 7. 1944 Dresden
Stud. Med. Heidelberg 1970, Dr. med., Arzt in Penzberg, Oberbayern 1972, Facharzt für Innere Krankheiten in Freising.
Eltern: Klaus **Ringe**, Steuerberater in Bremerhaven
Haidi **Noack**
Kinder:
1. Veronika, ∗ 31. 5. 1971 Heidelberg W 751 21
2. Nikolaus, ∗ 12. 5. 1973 Penzberg
3. Cornelius, ∗ 21. 3. 1977 Penzberg

**W 751 21** Veronika **Ringe** (Eltern: W 7512)
∗ 31. 5. 1971 Heidelberg
∞ 12. 7. 1997 Hohenbachern bei Freising
Stefan **Giglberger**
∗ 18. 2. 1969 Mühldorf am Inn
Stud. Musik München 1993, Cellist in München, Solocellist in Berlin 1997.
Eltern: Josef **Giglberger**, Diplomingenieur in Freising
Monika **Spörkl**
Kind:
1. Johanna, ∗ 7. 2. 1997 München

**W 7513** Anna *Dorothea* **Hermelink** (Eltern: W 751)
∗ 21. 1. 1946 Heidelberg
Stud. Med. Heidelberg, Dr. med. 1971, Betriebsärztin in Göttingen 1985.
∞ 6. 11. 1971 Heidelberg
Friedrich **Kirchner**
∗ 28. 12. 1939 Leipzig
Stud. rer. nat. Leipzig, Dr. physiol., Akademischer Rat am Physiologischen Institut der Universität Göttingen.
Eltern: Gerhard **Kirchner**, Pastor in Leipzig
Hilde **Leuckfeld**
Kinder:
1. Charlotte, ∗ 22. 8. 1972 Göttingen
2. Lorenz, ∗ 26. 4. 1975 Göttingen
3. Michael, ∗ 15. 11. 1978 Göttingen

**W 7514** *Adelheid* Magdalene **Hermelink**,
Familienname **Hermelink-Schwandt** (Eltern: W 751)
∗ 4. 2. 1949 Heidelberg
Stud. Med. Heidelberg, Hamburg, Dr. med. 1975, Fachärztin für Anästhesie in Hamburg.
∞ 27. 7. 1976 Hamburg
Dietrich **Schwandt**
∗ 15. 6. 1948 Hamburg
Stud. Med., Dr. med. 1974, Facharzt für Neurologie in Hamburg
Eltern: Heinz **Schwandt**, Betriebswirt
bei den Stadtwerken Bremen
Dora **Klinke**

Kinder:
1. Eike, * 2. 6. 1977 Hamburg
2. Imke, * 5. 6. 1979 Hamburg
3. Hannes, * 13. 9. 1982 Hamburg
4. *Marlene* Luise, * 10. 1. 1986 Hamburg

**W 7515** *Veronika* Martha **Hermelink** (Eltern: W 751)
* 5. 8. 1951 Heidelberg
Stud. Philologie Heidelberg, Marburg, Frankfurt am Main, Studienrefendarin 1981, in Hoch-Weisel bei Butzbach 1985, Organ.-Programmiererin Gießen, seit 1993 Geschäftsführerin im Amt für Missionarische Dienste der Evangelischen Kirche in Hessen-Darmstadt.
∞ 23. 3. 1976 Heidelberg, Ehe 1984 geschieden
*John* Paul **Mellon**
* 30. 7. 1945 Glasgow, Schottland
Stud. Physik und Mathematik Glasgow, 1976 Gymnasiallehrer an der Frankfurt International School in Oberursel.
Eltern: John **Mellon**, Steward der Handelsmarine in Glasgow
Elisabeth ...
Kinder:
1. *Peter* Christoph, * 7. 4. 1977 Frankfurt
2. *Jan* Patrick (John), * 5. 12. 1978 Butzbach

**W 752** Annedore **Hermelink** (Eltern: W 75)
* 14. 10. 1915 Gniebel bei Tübingen
Diakonieseminar 1936, Gemeindehelferin in Kornwestheim bei Ludwigsburg 1938–1942
∞ 14. 7. 1942 Nufringen bei Herrenberg
Otto **Krauß**
* 11. 12. 1913 Rot am See bei Crailsheim,
† 7. 1. 1996 Owen, Teck
Stud. Theol. Tübingen (Stift) 1932–1937, Pfarrer in Pfaffenhofen bei Brackenheim 1942, Owen 1953, Merklingen bei Blaubeuren 1966, Täferrot bei Schwäbisch Gmünd 1973, Ruhestand Owen 1978.
Eltern: Johann **Krauß**, Schuhmacher und Landwirt in Rot am See
Marie **Bräuner**

Kinder:
1. Hansjörg, * 23. 1. 1944 Pfaffenhofen W 7521
2. Marianne, * 29. 9. 1949 Heilbronn; Krankenschwester in Kirchheim unter Teck

**W 7521** Hansjörg **Krauß** (Eltern: W 752)
* 23. 1. 1944 Pfaffenhofen bei Brackenheim
Stud. Theol. Tübingen (Stift) 1963–1968, Pfarrer in Arnbach bei Neuenbürg 1970, in Grafenberg bei Nürtingen 1981, Freudenstadt 1993.
∞ 13. 6. 1971 Alpirsbach-Reutin
Lore **Klumpp**
* 14. 7. 1942 Marschalkenzimmern bei Horb am Neckar
Gemeindehelferin, Dekanatssekretärin in Freudenstadt 1962
Eltern: Wilhelm **Klumpp**, Facharbeiter in Oberndorf am Neckar
Christine **Baumann**
Kinder:
1. Regine, * 3. 10. 1972 Arnbach; Stud. Pädagogik
2. Barbara, * 16. 9. 1978 Arnbach

**W 754** Bernhard **Hermelink** (Eltern: W 75)
* 25. 9. 1918 Gniebel bei Tübingen
Stud. Med. Tübingen, München, Straßburg, Dr. med. 1944, als Truppenarzt 1945 schwer verwundet, 1946–1952 Arzt an der Medizinischen Universitätsklinik in Tübingen, 1952–1983 an der Tropenklinik in Tübingen, im Ruhestand Krankenseelsorge an der Tropenklinik.
∞ 24. 12. 1949 Freiburg im Breisgau
*Margarete* Elisabeth Hedwig **Meier-Hauß**
* 12. 8. 1921 Pforzheim
Stud. Med. Freiburg, Graz, Dr. med. 1948, 1945 Minenverletzung mit Verlust des rechten Unterschenkels, 1949–1950 Vertretung von Praktischen Ärzten, Weiterbildung zur ärztlichen Psychotherapeutin, Gründung und Leitung der Telefonseelsorge in Tübingen 1963–1979, eigene Praxis 1974.
Eltern: Ludwig **Meier**, Pfarrer in Rötteln bei Lörrach
Elisabeth **Hauß**
Kinder:
1. *Christiane* Elisabeth, * 17. 6. 1951 Tübingen W 7541
2. *Bettina* Friederike Maria, * 9. 7. 1952 Tübingen W 7542

3. *Gottfried* Heinrich, * 4. 1. 1954 Tübingen W 7543
4. *Daniel* Paul Gerhard, * 4. 6. 1955 Tübingen; Stud. Med. und Psychologie in Berlin, Arzt und Diplompsychologe in Wasserburg am Inn.
5. *Almut* Veronika, * 3. 7. 1959 Tübingen W 7545
6. *Jan* Cornelius Ludwig, * 16. 8. 1964 Tübingen; April 1980 totaler Gehörverlust durch Hirnhautentzündung, Stud. Med. Tübingen und Freiburg 1984–1991, Dr. med. 1992, Assistenzarzt in Tübingen 1993, Freiburg 1994, Traunstein 1996.

**W 7541** *Christiane* Elisabeth **Hermelink** (Eltern: W 754)
* 17. 6. 1951 Tübingen
Kinderkrankenschwester und Puppenforscherin
∞ 17. 10. 1981 Tübingen
*Gunther* Karl **Gräfnitz**
* 31. 7. 1940 Schwerin
Ausbildung zum Rechtsanwaltsgehilfen 1960, Sachbearbeiter der Berufsgenossenschaft für Eisen und Stahl in Stuttgart 1975.
Eltern: Karl **Gräfnitz**, Berufsoffizier in Schwerin
Gertrud **Wulff**
Kinder:
1. *Thomas* Sebastian Eduard, * 29. 1. 1982 Stuttgart
2. *Max* Emmanuel Kasimir, * 9. 7. 1985 Stuttgart

**W 7542** *Bettina* Friederike Maria **Hermelink** (Eltern: W 754)
9. 7. 1952 Tübingen
Stud. Phil. (Germanistik) Tübingen, Freiburg 1971, Musikhochschule Freiburg 1975, Amsterdam 1980, Dozentin für Musiktherapie in Amersfoort, Holland.
∞ 6. 3. 1984 Diemen, Holland
Jerven **de Valk**
* 19. 6. 1958 Amsterdam
Stud. Musik Amsterdam, freier Journalist und Musikkritiker in Amersfoort 1984, Kontrabassist.
Eltern: Vim **de Valk**, Journalist in Diemen bei Amsterdam
Riet **Sondermeyer**
Kinder:
1. Eva, * 8. 8. 1984 Amsterdam
2. *Arnold* Floris, * 31. 12. 1989 Amersfoort

**W 7543** *Gottfried* Heinrich **Hermelink** (Eltern: W 754)
∗ 4. 1. 1954 Tübingen
Stud. Soziologie Herford, Stud. Psychologie Amsterdam, Diplompsychologe, in Salzuflen 1986, Psychiatrische Klinik Rottenmünster bei Rottweil 1988, Dr. rer. soc., Klinischer Psychologe Klinik Rottenmünster.
∞ 27. 7. 1994 Rottweil
*Monika* Maria **Schnepf**
∗ 27. 4. 1964 Augsburg
Stud. Med. Würzburg, Dr. med. 1990, Ärztin an der Psychiatrischen Klinik Rottenmünster 1992, Klinik Dr. Schmieder Konstanz 1996, Gailingen bei Singen 1997.
Eltern: Rudolf **Schnepf**, Studiendirektor in Augsburg
Maria **Sues**

**W 7545** *Almut* Veronika **Hermelink** (Eltern: W 754)
∗ 3. 7. 1959 Tübingen
Stud. Med. Tübingen, Freiburg, Dr. med. 1984, Ärztin in Bad Dürrheim im Schwarzwald, Rottenmünster bei Rottweil, Leiterin einer gerontopsychiatrischen Tagesklinik in Münster in Westfalen.
∞ 10. 4. 1985 Tübingen
*Klaus* Rudolf **Halbritter**
∗ 3. 6. 1956 Bad Hersfeld
Stud. Forstwirtschaft Freiburg im Breisgau, Diplomforstwirt, in Japan 1982–1983, seither in Göttingen.
Eltern: Kurt **Halbritter**, Finanzbeamter in Bad Hersfeld
Ursula **Dilchert**

**W 755** Heinrich **Hermelink** (Eltern: W 75)
∗ 12. 1. 1920 Gniebel bei Tübingen
Stud. rer. nat. (Physik) Tübingen 1946–1950, Ingenieur bei Fa. Siemens, Werk Nürnberg 1951, seit 1960 ehrenamtlicher Betreuer einer Obdachlosensiedlung in Nürnberg, Lektor der Evang. Lutherischen Gemeinde und der Gideons.
∞ 5. 4. 1952 Nürnberg-Zabo
*Else* Maria Lydia **Stählin**, verwitwete Goos
∗ 25. 1. 1911 Brauerschwend bei Alsfeld
Kindergärtnerin und Hortnerin in Schillingsfürst bei Ansbach

1932–1940, nach Weiterbildung Lehrerin in Nürnberg 1945–1958, Betreuung der Obdachlosensiedlung in Nürnberg.
Eltern: Hans **Stählin**, Pfarrer in Neustadt an der Aisch
Johanna **Gengnagel**

**W 77** Heinrich **Ritter** (Eltern: W 7)
∗ 26. 12. 1886 Udipi, Indien, † 29. 3. 1959 Bad Kreuznach
Militärdienst im Krieg, Diakon in der Wernerschen Anstalt in Ludwigsburg, Hausvater der Diakonie-Anstalten in Bad Kreuznach.
Lit.: Werner I S. 57, 106
∞ 24. 2. 1921 Leonberg
*Thekla* Mathilde **Brändle**
∗ 12. 3. 1898, † 6. 2. 1985 Annweiler, Pfalz
Eltern: Karl **Brändle**, Gartenmeister in Weißenau bei Ravensburg
Maria **Eben**
Kinder:
1. Maria *Elisabeth*, ∗ 28. 1. 1922 Ludwigsburg W 771
2. *Adelheit* Emilie, ∗ 9. 6. 1924 Ludwigsburg W 772
3. *Johanna* Esther (Hanni), ∗ 15. 10. 1925 Ludwigsburg W 773

**W 771** Maria *Elisabeth* **Ritter** (Eltern: W 77)
∗ 28. 1. 1922 Ludwigsburg
Staatlich geprüfte Krankenschwester in den Diakonie-Anstalten Bad Kreuznach
∞ 19. 7. 1952 Bad Kreuznach
Hans **Domidian**
∗ 13. 10. 1910 Bad Kreuznach; † 21. 1. 1989 Mettmann
Krankenpfleger in Mettmann bei Düsseldorf
Eltern: Willi **Domidian**, Waschmeister
Paula **Schlarp** in Bad Kreuznach

**W 772** *Adelheit* Emilie (Heidi) **Ritter** (Eltern: W 77)
∗ 9. 6. 1924 Ludwigsburg
Lit.: Werner II S. 21
∞ 23. 8. 1947 Bad Kreuznach
Bernhard **Fischer**
∗ 24. 12. 1922 Kirchheim unter Teck
Technischer Kaufmann in Kirchheim unter Teck

Eltern: Leopold **Fischer**, Kunstbildhauer
Maria **Flammer**

Kinder:
1. Hans Martin, * 10. 11. 1948 Kirchheim W 7721
2. Traugott, * 27. 1. 1950 Kirchheim; Kaufmann in Kirchheim
3. Gerhard, * 18. 12. 1954 Kirchheim; Diplomingenieur (FH)

**W 7721** Hans Martin **Fischer** (Eltern: W 772)
* 10. 11. 1948 Kirchheim unter Teck
Ingenieur und Entwicklungshelfer in Uganda, Ostafrika
∞ 14. 6. 1974 Jinja, Uganda
Angela **Bataka**
* 25. 8. 1951 Jinja, Uganda

Kinder
1. Sarah, * 21. 12. 1974 Uganda, Altenpflegerin
2. Susan, * 28. 3. 1976 Uganda, Studentin 1997
3. Cathrin, * 4. 1. 1979 Sambia
4. Bernhard, * 14. 12. 1987 Uganda

**W 773** *Johanna* Esther (Hanni) **Ritter** (Eltern: W 77)
* 15. 10. 1925 Ludwigsburg
Staatlich geprüfte Kindergärtnerin in Bad Godesberg und Bad Kreuznach bis 1954
∞ 18. 4. 1953 Bad Kreuznach
Heinrich (Heinz) **Lunkenheimer**
* 9. 11. 1922 Bad Kreuznach
Stud. Mathematik und Physik in Bonn und Tübingen, im Höheren Schuldienst als Studienrat 1954–1971 in Ludwigshafen am Rhein und Annweiler, Pfalz, 1971–1985 Akademischer Direktor an der Erziehungswissenschaftlichen Hochschule Landau, seit 1985 im Ruhestand.

Eltern: Heinrich **Lunkenheimer**, Diakon in Bad Kreuznach
Luise **Daudistel**

Kinder:
1. Doris, * 17. 4. 1954 Bad Kreuznach W 7731
2. Wolfgang, * 30. 4. 1955 Ludwigshafen am Rhein W 7732
3. Thomas, * 8. 11. 1957 Ludwigshafen W 7733
4. *Christel* Beate, * 26. 12. 1960 Ludwigshafen W 7734

**W 7731** Doris **Lunkenheimer** (Eltern: W 773)
∗ 17. 4. 1954 Bad Kreuznach
Stud. Sonderpädagogik an der Erziehungswissenschaftlichen Hochschule Landau, Hausfrau, 1997 in Wonsheim bei Bad Kreuznach.
∞ 28. 4. 1976 / 19. 3. 1977 Annweiler am Trifels, getrennt lebend
Kurt **Racké**
∗ 5. 5. 1952 Landau
Stud. Medizin, Dr. med., Arzt, 1991 Professor der Pharmakologie in Frankfurt am Main und Bonn.
Kinder:
1. Cornelia, ∗ 5. 12. 1978 Mainz
2. Hanna, ∗ 14. 5. 1981 Mainz

**W 7732** Wolfgang **Lunkenheimer** (Eltern: W 773)
∗ 30. 4. 1955 Ludwigshafen am Rhein
Stud. Elektrotechnik Technische Hochschule Aachen, Dr.-Ing., Angestellter bei der Fa. GEI in Aachen.
∞ 22. 3. 1985 Aachen
Heike **Schneider**
∗ 19. 8. 1963 Duisburg
Bankangestellte bis 1985
Eltern: Karl-Heinz und Ingrid **Schneider**
Kinder:
1. Matthias, ∗ 20. 12. 1989 Aachen
2. Christian, ∗ 18. 10. 1991 Aachen

**W 7733** Thomas **Lunkenheimer** (Eltern: W 773)
∗ 8. 11. 1957 Ludwigshafen am Rhein
Staatlich geprüfter Krankenpfleger in Darmstadt, Aachen, Hagen, Bad Bergzabern.
∞ 25. 9. 1987 Annweiler am Trifels
Susanne **Walldorf**
∗ 19. 12. 1963 Zweibrücken
Staatlich geprüfte Krankenschwester in Mannheim und Aachen bis 1988
Eltern: Kurt **Walldorf**
Irmgard **Klein**

Kinder:
1. Tabea, * 11. 10. 1988 Aachen
2. Jonathan, * 22. 4. 1990 Aachen

W 7734 *Christel* Beate **Lunkenheimer** (Eltern: W 773)
* 26. 12. 1960 Ludwigshafen am Rhein
Stud. Sozialpädagogik, Diplom (FH), Sozialpädagogin in Landau-Queichheim
∞ 26. 4. 1991 Annweiler am Trifels
*Uwe* Dirk **Wirzberger**
* 5. 3. 1962 Erzhausen bei Darmstadt
Stud. Sozialpädagogik, Diplom (FH), Sozialpädagoge in Landau-Queichheim
Eltern: Werner **Wirzberger**
Waltraud **Zubrod**
Kinder:
1. Sarah, * 22. 2. 1992 Annweiler
2. Lena, * 6. 9. 1993 Annweiler

W 78 Paul *Bernhard* **Ritter** (Eltern: W 7)
* 10. 3. 1891 Udipi, Indien, † 3. 10. 1977 Kirchheim unter Teck
Stud. Theol. Tübingen bis 1917, Militärdienst im Krieg, Pfarrer in Marktlustenau bei Crailsheim 1922, in Stammheim bei Stuttgart 1930, 2. Stadtpfarrer Stadtkirche Ludwigsburg 1938, 1. Pfarrer Kreuzkirche in Stuttgart 1949, Ruhestand seit 1959 Winnenden, dann Kirchheim unter Teck.
Lit.: Werner I S. 57, 106
∞ 3. 10. 1922 Erdmannhausen bei Marbach
*Elisabeth* Helene **Weitbrecht**
* 15. 4. 1895 Schopfloch bei Kirchheim unter Teck,
† 12. 9. 1972 Kirchheim
Eltern: Alexander **Weitbrecht**, Pfarrer in Erdmannhausen
Helene **Griesinger**
Kinder:
1. *Friedrich* August, * 17. 8. 1923 Marktlustenau, † 3. 9. 1940 durch Unglücksfall beim Klettern in den Felsengärten bei Besigheim
2. *Erika* Johanna, * 9. 2. 1925 Marktlustenau W 782
3. *Dorothea* Maria, * 9. 2. 1925 Marktlustenau; Diakonisse im Diakonissenhaus Stuttgart, eingesegnet 1957.

4. *Hans* Bernhard, * 4. 5. 1927 Marktlustenau W 784
5. *Martin* Wolfgang, * 5. 2. 1929 Marktlustenau W 785

**W 782** *Erika* Johanna **Ritter** (Eltern: W 78)
* 9. 2. 1925 Marktlustenau bei Crailsheim
Kindergärtnerin in Haslach bei Herrenberg, Stuttgart, Langeoog, Kirchengemeinderätin, Hausfrau.
∞ 27. 2. 1961 Kirchheim unter Teck / 11. 3. 1961 Stuttgart
*Hermann* Friedrich Leonhard **Dorfner**
* 24. 9. 1920 Kirchheim, † 24. 1. 1972 Ulm an Leukämie
Apotheker der Süd-Apotheke in Kirchheim unter Teck, Kirchengemeinderat
Eltern: *Hermann* Friedrich **Dorfner**, Bankier
*Gertrud* Emma **Schönig**
Kinder:
1. *Claudia* Dorothea, * 5. 6. 1962 Kirchheim; Stud. Theol. in Tübingen und Bern 1986, Pfarrvikarin 1997
2. *Andrea* Cornelia, * 3. 12. 1963 Stuttgart W 7822

**W 7822** *Andrea* Cornelia **Dorfner** (Eltern: W 782)
* 3. 12. 1963 Stuttgart
Ausbildung zur Sozialpädagogin in Tübingen-Pfrondorf
∞ 15. 2. 1991 Tübingen
Michael **Werner**
* 5. 1. 1962 Neckarsulm
Stud. Theol. Tübingen und Heidelberg, Vikar, seit 1995 Repetent am Evang. Theologischen Stift in Tübingen
Eltern: *Kurt* Karl **Werner**, Pfarrer in Neckarsulm 1960, in Obersulm-Affaltrach 1997
*Elsbeth* Gertrud ...
Kinder:
1. *Franziska* Jana, * 21. 11. 1991 Stuttgart-Bad Cannstatt
2. *Leonie* Carla, * 25. 2. 1994 Ulm-Söflingen
3. *Rafael* Sebastian, * 10. 4. 1996 Tübingen

**W 784** *Hans* Bernhard **Ritter** (Eltern: W 78)
* 4. 5. 1927 Marktlustenau bei Crailsheim
Kriegsteilnehmer und Kriegsgefangenschaft 1943–1946, Stud. Theol. Tübingen bis 1955, Vikar in Hechingen (Hohenzollern),

Pfarrer in Zainingen bei Urach 1958, Nufringen-Rohrau bei Herrenberg 1966, Altensteig bei Nagold, Ruhestand seit 1991 in Altensteig.
∞ 17. 12. 1953 Esslingen
*Irmgard* Herta **Dölker**
* 3. 1. 1930 Heilbronn
Stud. Neuphilologie Tübingen und Bonn, Hausfrau, Pfarramtsgehilfin.
Eltern: Max **Dölker**, Oberstudienrat in Esslingen
Lore **Romberg**
Kinder:
1. *Beate* Gisela, * 19. 7. 1954 Esslingen W 7841
2. *Magdalene* Gertrud, * 17. 5. 1956 Balingen W 7842
3. Helga *Dorothea*, * 20. 10. 1958 Laichingen, † 14. 4. 1980 durch Verkehrsunfall bei Bad Waldsee; Heilerzieherhelferin in der Stiftung Liebenau bei Tettnang.
4. *Bernhard* Matthias, * 16. 5. 1962 Laichingen W 7844
5. *Annette* Barbara, * 21. 5. 1968 Sindelfingen W 7845

**W 7841** *Beate* Gisela **Ritter** (Eltern: W 784)
* 19. 7. 1954 Esslingen
Lehrerin
∞ 18. 7. 1980 Wannweil bei Reutlingen
Siegfried (Sieger) **Maier**
* 26. 12. 1959 Wannweil
Mechaniker in Pfullingen
Eltern: Hans und Emma **Maier** in Eningen unter Achalm bei Reutlingen
Kinder:
1. Heiko, * 23. 9. 1982 Reutlingen
2. Martin, * 6. 11. 1985 Reutlingen

**W 7842** *Magdalene* Gertrud **Ritter** (Eltern: W 784)
* 17. 5. 1956 Balingen
Organisationsprogrammiererin in Leinfelden-Echterdingen bei Stuttgart, dann Friedrichshafen am Bodensee
∞ 13. 1. 1984 Tübingen, Ehe 1992 in Friedrichshafen geschieden
Michael **Köller**
* 16. 9. 1949 Hamm in Westfalen
in Kusterdingen bei Tübingen

Kind:
1. *Felicitas* Diotima, * 13. 10. 1984 Tübingen

**W 7844** *Bernhard* Matthias **Ritter** (Eltern: W 784)
* 16. 5. 1962 Laichingen
Stud. Theol. 1986, Pfarrvikar 1997 in Oberteuringen bei Friedrichshafen
∞ 15. 9. 1990 Tübingen-Pfrondorf
Martina **Volle**
* 15. 11. 1962 Nagold
Mag. Art.

**W 7845** *Annette* Barbara **Ritter** (Eltern: W 784)
* 21. 5. 1968 Sindelfingen
Diplombiologin in der Medizinischen Universitätsklinik Tübingen, Wohnort Tübingen-Pfrondorf
∞ 26./28. 6. 1997 Tübingen-Pfrondorf
Stefan **Mankel**
* 5. 1. 1966 Wilhelmshaven
Diplomvolkswirt, Bilanzbuchhalter in Echterdingen
Eltern: Horst **Mankel**, Maschinenbauingenieur in Pfullingen
Theresia **Finkeldey**

**W 785** *Martin* Wolfgang **Ritter** (Eltern: W 78)
* 5. 2. 1929 Marktlustenau bei Crailsheim
Pfarrer in Essen, Religionslehrer, Hochschuldozent für Sozialpädagogik in Osnabrück, Tai-Chi-Lehrer.
∞ 1. 10. 1960 Köln
*Antje* Elsabe Margarete **Nottelmann**
* 1. 10. 1931 Köln
Lehrerin
Eltern: Dr. *Hans* Heinrich **Nottelmann**, Zahnarzt in Köln, † 1942
Elly **Thomas**, † 1987
Kinder:
1. Katja, * 28. 7. 1961 Essen-Werden W 7851
2. Martina, * 18. 8. 1962 Essen-Werden W 7852
3. *Natascha* Janine, * 11. 8. 1966 Essen W 7853

**W 7851** Katja, **Ritter**, Künstlername **Ritter** (Eltern: W 785)
∗ 28. 7. 1961 Essen-Werden
Schauspielerin in Stuttgart
∞ 9. 9. 1994 Stuttgart
Abi **Shek**
∗ 21. 10. 1965 Rehovet, Israel
Bildhauer
Eltern: Moshe **Shek**, Bildhauer aus Szamosch, Polen
Shulamit **Warshowski**, Silberschmiedin im Kibutz Beit Neir, Israel
Kind:
1. *Lea* Johanna, ∗ 16. 11. 1993 Stuttgart

**W 7852** Martina **Ritter**, Familienname **Ritter** (Eltern: W 785)
∗ 18. 8. 1962 Essen-Werden
Stud. Pädagogik, cand. paed. in Osnabrück
∞ 25. 3. 1996 Osnabrück
Heribert **Schuster**
∗ 21. 6. 1960 Saarburg
Lehrer für Gesundheitsberufe
Eltern: Franz **Schuster**, Dachdecker und Winzer,
∗ 1931 in Freudenberg
Marlene ...,
∗ 1933 in Wiltingen bei Konz an der Mosel
Kind:
1. *Benjamin* Lukas **Ritter**, ∗ 31. 5. 1996 Osnabrück

**W 7853** *Natascha* Janine **Ritter** (Eltern: W 785)
∗ 11. 8. 1966 Essen-Werden
Stud. an der Kunstakademie in Hamburg, wohnt in Osnabrück
Lebensgefährte:
Sevki **Akyildiz**
∗ 8. 8. 1962 Istanbul, Türkei
Karatelehrer in Valle Gran Rey, La Gomera Spanien
Eltern: Bilal **Akyildiz**, Stahlarbeiter in Istanbul
Ganymed ..., Kauffrau in Istanbul
Kind:
1. *Billie* Nuray **Ritter**, ∗ 7. 12. 1995 San Sebastian, La Gomera, Spanien

**W 8** *Martha* Theodora **Werner** (Eltern: Stamm Werner)
∗ 18. 9. 1854 Fellbach bei Stuttgart, † 3. 4. 1940 Ulm
lebte zuletzt in Ulm

Lit.: Zeller § 430, 8; Werner I S. 57, 107; Roser-Veil-Plouquet S. 85; Zeller-Siegfried S. 28

∞ 4. 12. 1877 Udipi, Indien
Jakob *Friedrich* **Veil**
∗ 16. 7. 1849 Schorndorf, † 28. 6. 1911 Ebenhausen, Bayern, begraben 30.6. Ulm
Mechanikerlehre, im Missionshaus in Basel 1868, ordiniert Ludwigsburg 1872, Basler Missionar in Anandpur, vermutl. Anandapuram, südl. Hubli, Nordkanara, Indien 1872, in Mercara (jetzt Madikeri, Coorg) 1876, Udipi (Mysore) 1882, Mercara 1882, in Deutschland 1886, Reiseprediger in Zofingen, Schweiz 1888, zugleich im Dienst des Aargauer Evang. Kirchl. Vereins, in Ulm 1892.

Verf.: Stammbaum der Familie Werner aus Balingen, Basel 1896; Nachruf: Heidenbote (Basel) Aug. 1911

Eltern: Jakob Friedrich **Veil**, Kaufmann in Schorndorf
Marie **Plouquet**

Kinder:

1. *Theodor* Friedrich, ∗ 24. 6. 1879 Mercara W 81
2. *August* Heinrich, ∗ 31. 1. 1881 Mercara W 82
3. *Helene* Dorothea, ∗ 10. 8. 1882 Udipi, † 9. 2. 1975; Hauptlehrerin in Ulm
4. *Pauline* Margareta, ∗ 3. 12. 1883 Mercara, Arbeitslehrerin in Stuttgart, Hauptlehrerin
5. *Rosine* Emilie, ∗ 25. 3. 1885 Mercara, Lehrerin am Diakonissenmutterhaus in Großheppach bei Waiblingen
6. Jakob *Friedrich*, ∗ 25. 5. 1887 Tübingen, gefallen bei Gruba Mare, westl. des Vulkan-Passes in Rumänien 9. 11. 1916 als Unteroffizier; Stud. Theol. Tübingen bis 1910, Pfarrverweser.

**W 81** *Theodor* Friedrich **Veil** (Eltern: W 8)
∗ 24. 6. 1879 Mercara, Indien, † 25. 10. 1965
Stud. Technische Hochschule München, Architekt, Professor an der Technischen Hochschule Aachen, erbaute, assoziiert mit G. Herms, zahlreiche Einfamilienhäuser in München und Umgebung, Frankfurt am Main und anderen Orten, im Ruhestand in Ulm 1945.

Lit.: Werner I S. 58, 107, II S. 21; Roser, Veil, Plouquet S. 86, Thieme Becker **34** (1941) (dort weitere Literatur)
∞ 18. 9. 1906 Ulm
*Erika* Gabriele Aurelia **von Neander**
∗ 28. 2. 1879 Wallhof, Baltikum, † 25. 4. 1957 Ulm
Eltern: Georg **von Neander**, Pfarrer in Wallhof, Kurland
Charlotte **von Kupffer**
Kind:
1. *Friederike* Charlotte, ∗ 4. 12. 1910 München W 811

**W 811** *Friederike* Charlotte **Veil** (Eltern: W 81)
∗ 4. 12. 1910 München
Gartenarchitektin in Ulm
∞ 3. 4. 1960
*Hans* Max Robert **Thiele**
∗ 12. 6. 1903 Dresden, † 1979 Ulm
Landschaftsgärtner
Eltern: Robert **Thiele**, Obstbaudirektor
Anna **Raabe**

**W 82** *August* Heinrich **Veil** (Eltern: W 8)
∗ 31. 1. 1881 Mercara, Indien, † 29. 1. 1965 Tumringen
Kaufmannslehre Buchhandlung „zum Fälkli“ Basel, Kaufmann Goldene Apotheke Basel (Wybert), Filialleiter in Tumringen bei Lörrach in Baden, Ausbau zu einer großen Kosmetikfirma, seit 1933 Kunstmaler und Graphiker.
Lit.: Werner I S. 58, 107; Roser, Veil, Plouquet S. 86
∞ 12. 6. 1906 Ulm / Lörrach, getraut im Ulmer Münster
*Amélie* Verena **Jenny**
∗ 10. 10. 1881 Basel, † 4. 3. 1964 Tumringen
Eltern: Daniel Jakob **Jenny**, Kaufmann in Basel, 1848–1898
Rosa **Ciolina** aus dem Centovalli TI, Schweiz, 1854–1935
Kinder:
1. *Martha* Helene, ∗ 29. 10. 1907 Basel W 821
2. *Karl* Friedrich, ∗ 31. 5. 1912 Basel W 822
3. Paul *Gerhard*, ∗ 22. 7. 1920 Basel, † 6. 4. 1921 Basel

**W 821** *Martha* Helene **Veil** (Eltern: W 82)
∗ 29. 10. 1907 Basel, † 16. 3. 1995 Tumringen bei Lörrach
Lit.: Werner II S. 21; Roser, Veil, Plouquet S. 86

∞ I: 22. 12. 1935
Otto Ernst *Werner* **Zschiesche**
∗ 31. 7. 1908 Ebersbach in der Lausitz,
gefallen bei Kodyma in der Ukraine 5. 8. 1941
Forstmeister in Obernigk, Bezirk Breslau
Eltern: M. **Zschiesche**
Selma **Kriesing** in Dresden,
beide aus Niederoderwitz, Oberlausitz
∞ II: 26. 4. 1947 Lörrach
Fritz **Stolz**
∗ 18. 1. 1899 Lörrach
Bankbeamter in Lörrach-Tumringen
Eltern: Georg **Stolz**
Sofie **Habisrittinger**
Kind aus ∞ I:
1. *Beate* Christiane **Zschiesche**, ∗ 16. 5. 1939 Breslau W 8211

**W 8211** *Beate* Christiane **Zschiesche**,
Familienname **Plattner-Zschiesche** (Eltern: W 821)
∗ 16. 5. 1939 Obernigk, Kreis Trebnitz bei Breslau
Ausbildung höhere Handelsschule
∞ 23. 2. 1957 Lörrach
Wilhelm **Plattner**
∗ 12. 5. 1937
Ausbildung als Vulkaniseur 1956–1958, tätig bei Fa. Firestone, Schweiz, seit 1979 beim Gaswerk Lörrach.
Eltern: Max **Plattner**, 1905–1991
Franziska **Herbst**, 1910–1982, in Neudorf, Bayern
Kinder:
1. Ursula, ∗ 26. 5. 1957 Lörrach W 821 11
2. Wolfgang, ∗ 20. 10. 1958 Lörrach W 821 12
3. *Monika* Beate, ∗ 21. 10. 1963 Lörrach W 821 13
4. *Beate* Christiane, ∗ 18. 12. 1970, Lörrach, Banklehre Lörrach 1988–1990, Sparkasse Lörrach bis 1993, Fachabitur 1995, Bankkauffrau in Stuttgart.

**W 821 11** Ursula **Plattner** (Eltern: W 8211)
∗ 26. 5. 1957 Lörrach
Lehre als Schriftsetzerin 1972–1975, Schriftsetzerin bis 1979, Pfarramtssekretärin in Eimeldingen bei Lörrach 1994.

∞ 26. 6. 1976 Lörrach und Rötteln (Kirche)
*Gerd* Rolf **Sütterlin**
∗ 18. 1. 1941 Lörrach
Lehre als Schriftsetzer 1955–1958, Schriftsetzer, wohnt in Eimeldingen.
Eltern: Otto **Sütterlin**, gefallen 1943 bei Newel nördl. Witebsk in Rußland
Maria Elisabeth **Bohnert**, 1914–1991
Kinder:
1. *Tina* Nadine, ∗ 8. 3. 1979 Lörrach W 821 111
2. *Jan* Peter, ∗ 12. 7. 1981 Lörrach
3. *Heike* Isabel, ∗ 11. 6. 1985 Lörrach

**W 821 111** *Tina* Nadine **Sütterlin** (Eltern: W 821 11)
∗ 8. 3. 1979 Lörrach
Arzthelferin
∞ 16. 5. 1998
Dirk **Fournes**
∗ 6. 12. 1969

**W 821 12** Wolfgang **Plattner** (Eltern: W 8211)
∗ 20. 10. 1958 Lörrach
Handwerkerlehre, Bundeswehr, verschiedene Tätigkeiten, eigenes Haus 1990.
∞ 27. 2. 1982 Lörrach und Rötteln (Kirche)
Monika **Dietzig**
∗ 10. 11. 1982 Lörrach
Lehre als Friseuse, tätig im Beruf und andere Beschäftigungen.
Eltern: Helmut **Dietzig**, ∗ 1937
Rosemarie **Malewski**
Kinder:
1. *Sarah* Elfriede, ∗ 25. 7. 1984 Lörrach
2. *Julia* Anna, ∗ 6. 10. 1989 Lörrach

**W 821 13** *Monika* Beate **Plattner** (Eltern: W 8211)
∗ 21. 10. 1963 Lörrach
Banklehre 1981–1983, Deutsche Bank bis 1986, Verwaltungsangestellte beim Bürgermeisteramt Wittlingen bei Lörrach 1992.

∞ 3. 1. 1986
Wolfgang **Wetzel**
∗ 12. 11. 1962 Lörrach
Lehre als Maschinenschlosser bis 1982, Bundeswehrdienst bis 1983, Meisterpprüfung 1991, im Apparatebau tätig.
Eltern: Paul **Wetzel**, Landwirt, 1919–1997
*Ruth* Alma **Hartwig**, Kinderpflegerin, ∗ 1929
Kinder:
1. Uschi, ∗ 18. 6. 1986 Lörrach
2. Anja, ∗ 4. 12. 1987 Lörrach
3. Carmen, ∗ 21. 3. 1990 Lörrach
4. Isabell, ∗ 11. 10. 1991 Lörrach

**W 822** *Karl* Friedrich **Veil** (Eltern: W 82)
∗ 31. 5. 1912 Basel, † 11. 8. 1992 Haltingen bei Weil am Rhein
Schreiner in Holzen bei Kandern, seit 1949 in Haltingen
Lit.: Werner II S. 22; Roser, Veil, Plouquet S. 86
∞ 29. 4. 1943 Holzen
*Elisabeth* Helene **Weiß**
∗ 20. 3. 1921 Holzen
Eltern: Otto **Weiß**
Elise **Specht** in Holzen
Kinder:
1. *Friedrich* Gottlob, ∗ 17. 2. 1944 Ulm W 8221
2. *Gerhard* Otto, ∗ 23. 2. 1947 Holzen W 8222

**W 8221** *Friedrich* Gottlob **Veil** (Eltern: W 822)
∗ 17. 2. 1944 Ulm
Maschinenschlosser, Techniker-Konstrukteur
∞ 27. 4. 1968 Kandern-Sitzenkirch
Ursula **Bronner**
∗ 26. 2. 1940 Lörrach
Schneiderin, Verkäuferin, Hausfrau
Eltern: Reinhart **Bronner**, 1941 gefallen in Rußland
Pauline ...
Kinder:
1. Petra, ∗ 14. 9. 1968 Weil am Rhein W 822 11
2. Guido, ∗ 17. 2. 1970 Weil; Kunststoffschlosser
3. Ilona, ∗ 11. 12. 1980 Müllheim in Baden

**W 822 11** Petra **Veil** (Eltern: W 8221)
∗ 14. 9. 1968 Weil am Rhein
Gärtnerin, Hausfrau
∞ 16. 6. 1990 Egringen bei Weil am Rhein
Alfred **Koester**
∗ 9. 2. 1958 Weil am Rhein
Gärtnermeister in Egringen
Eltern: Ewald und Veronika **Koester**
Kinder:
1. Anna-Maria, ∗ 24. 11. 1990 Rheinfelden
2. Beat, ∗ 25. 4. 1993 Rheinfelden
3. Samuel, ∗ 1. 9. 1996 Lörrach

**W 8222** *Gerhard* Otto **Veil** (Eltern: W 822)
∗ 23. 2. 1947 Holzen bei Lörrach
Lehre als Konfektmacher bei Fa. Suchard, als Geselle 1965–1970, Arbeiter bei Fa. Ciba-Geigy, Basel 1970–1973, Kraftfahrer bei Fa. Theiss & Herter, Baustoffhandlung seit 1973.
∞ 17. 10. 1975 Haltingen bei Weil am Rhein
*Helga* Maria **Hofinger**
∗ 1. 11. 1952 Obernberg am Inn in Oberösterreich
1968–1970 Miedernäherin bei Fa. Triumpf International,
1971–1974 Zimmermädchen in Bad Füssing, Hausfrau.
Eltern: August **Hofinger**, Maurer in Obernberg
Juliane **Erdpresser**
Kinder:
1. *Andreas* Gerhard, ∗ 11. 9. 1976 Rheinfelden; Zimmermann
2. *Michael* Simon, ∗ 18. 3. 1980 Rheinfelden; Lehre als Metallbauer

# Stamm Thiersch

2. – 3. – 4. – 5. – 6. Generation

- T Heinrich Thiersch
  - T 1 Emil Geering
    - T 13 Hermann Windisch
      - T 131 Siegfried Windisch
        - T 1311 Ernst-Richard W.
  - T 2 August Thiersch
    - T 21 Hermann Thiersch
      - T 211 Heinz Thiersch
        - T 2111 Freimuth T.
        - T 2112 Thorwald T.
        - T 2113 Kufferath
        - T 2114 Sinclair T.
      - T 212 Fritz Thiersch
        - T 2121 Hans T.
        - T 2122 Scheben
        - T 2123 Studer
        - T 2124 Fleischmann
      - T 213 Hans Schwarz
        - T 2131 Johannes S.
        - T 2132 David S.
        - T 2133 Holzer
        - T 2134 Ursus S.
        - T 2135 Schurtenberger/Reiser
      - T 214 Johannes Thiersch
      - T 216 Arthur Krüger
    - T 22 Heinrich Thiersch
    - T 24 Paul Thiersch
      - T 241 Friedrich Wolters
      - T 242 Stefan Thiersch
        - T 2422 Paul T.
  - T 3 Wilhelm Thiersch
    - T 31 Wilhelm Bruckner
    - T 33 Wilhelm Thiersch
  - T 5 Ludwig Thiersch
    - T 51 Henry Thiersch
    - T 52 Malcolm Thiersch
      - T 521 Rolf Thiersch
        - T 5211 Michael T.
    - T 53 Heinrich Geering
    - T 54 Alexander Thiersch
      - T 541 James McKeon
      - T 542 Donald Dawn
  - T 6 Rudolf Sarasin
  - T 7 Friedrich Ritter von Thiersch
    - T 71 Albert Zeller (= G 38)/Karl Voßler
    - T 72 Karl Schmidt-lein
      - T 722 Wolfgang Schmidt-lein
        - T 7221 Christoph S.
        - T 7222 Stephan S.
    - T 73 Frieda Thiersch
      - T 731 Ernst Thiersch
        - T 7311 Engesser
        - T 7312 Graf von Stillfried und Rattonitz-Buchwald
        - T 7313 Glasscock/Wemhoff
    - T 76 Emil Lamprecht
      - T 761 Karl Pohle
        - T 7612 Kurt P.
        - T 7613 Klaus Peter P.
        - T 7614 Karl P.
        - T 7615 Kornes
      - T 763 Josef Gruber/Ruprecht Fuchs

## **Stamm Thiersch** (Fortsetzung)

| 2. | 3. | 4. | 5. | 6. Generation |
|---|---|---|---|---|
| T Heinrich Thiersch | T 7 Friedrich Ritter von Thiersch | T 78 Numa Tétaz | T 781 Numa Tétaz | |
| | | | T 782 Michael Schneider | T 7822 Andreas S. |
| | | | | T 7823 Stefan S. |
| | T 8 Ludwig Scholler | T 81 Stephan Eickemeyer | T 811 Rudolf Eickemeyer | T 8111 Kurz |
| | | | | T 8112 Henselder/Ladwig |
| | | | | T 8113 Grotz |
| | | | T 813 Karl Stöcklein | T 8131 Hentschel |
| | | | | T 8132 Stefan S. |
| | | | | T 8133 Karl S. |
| | | | | T 8134 Rudolf S. |
| | | | | T 8135 Schmidt |
| | | | | T 8136 Friedrich S. |
| | | | | T 8137 Walter S. |
| | | | T 814 Friedrich Beyerl | T 8141 Black |
| | | T 83 Friedrich Scholler | | |
| | | T 85 Georg Schwarz | | |
| | | T 86 Alfred Scheu | | |
| | | T 87 Heinrich Scholler | T 871 Karl-Ludwig Scholler | |
| | | | T 873 Heinz Scholler | T 8732 Zude |
| | T A Paul Wigand | T A1 Albert Wigand | T A11 Hellmut Wigand | T A113 Jochen W. |
| | | | | T A114 Helbing |
| | | | | T A115 Jürgen W. |
| | | | | T A116 Klaus W. |
| | | | T A12 Volker Wigand | T A122 Ulrich W. |
| | | | | T A123 Richter |
| | | | T A13 Reinhard Wigand | T A133 Büttner |
| | | T A5 Heinz Wigand | T A53 Burkhard Mencke | T A531 Hennen |
| | | | | T A532 Deppermann |
| | | | | T A533 Martin M. |
| | T B Paul Tappolet | T B2 Siegfried Tappolet | T B22 Gerhard Haisch | T B222 Matthias H. |
| | | | | T B224 Bernhard H. |

**T** *Bertha* Marie **Zeller** (Eltern: Stammeltern S. 201)
∗ 7. 10. 1818 Zofingen, † 12. 7. 1868 München

Lit.: Zeller § 431; Thiersch II 207–211; Zeller-Siegfried S. 30

∞ 22. 9. 1840 Beuggen bei Rheinfelden
*Heinrich* Wilhelm Josias **Thiersch**
∗ 5. 11. 1817 München, † 3. 12. 1885 Basel

Stud. Phil. München 1833, Stud. Theol. Erlangen 1835, Dr. phil. 1838, Lehrer am Missionshaus in Basel 1838; Repetent in Erlangen 1839, Lic. theol. und Privatdozent der Theologie in Erlangen 1840, außerordentlicher Professor der Theologie in Marburg 1842, ordentlicher Professor 1846, Dr. theol. h. c. 1843; resignierte 1850 und übernahm die Leitung der katholisch-apostolischen Gemeinde in Marburg, in München 1864, Augsburg 1869, Basel 1875, schließlich als Oberhirte der katholisch-apostolischen Gemeinden in Süddeutschland, der Schweiz und Österreich. Verfasser zahlreicher Schriften, s. S. 153–155.

Lit.: ADB **38**, 17–22; Paul Wigand, Heinrich W. J. Thierschs Leben, Basel 1888; Religion in Geschichte u. Gegenwart **5** (1962), S. 853, RPTK XIX, 684–692 (Zöckler)

Eltern: Dr. Friedrich Wilhelm **Thiersch**, Hofrat, Professor der Philosophie und Geschichte in München
Amalie **Löffler**
weitere Vorfahren s. Ahnenliste Thiersch, S. 575

Kinder:

1. *Bertha* Karoline Helene Sophie, ∗ 19. 7. 1841 Erlangen T 1
2. *August* Heinrich Friedrich Josias, ∗ 28. 11. 1843 Marburg T 2
3. *Wilhelm* Gotthilf Heinrich, ∗ 24. 8. 1845 Marburg T 3
4. *Mathilde* Ernestine, ∗ 13. 2. 1847 Marburg, † 19. 6. 1884 Marburg; seit 1882 vermutlich durch einen Stoß am Kopf nervenleidend, starb in Schwermut.
5. *Ludwig* August Samuel, ∗ 8. 9. 1848 Marburg T 5
6. *Anna* Christiane Henriette Luise, ∗ 19. 5. 1850 Marburg T 6
7. *Friedrich* Maximilian Heinrich, ∗ 18.4.1852 Marburg T 7
8. *Monika* Friederike Margarete, ∗ 25. 10. 1853 Marburg T 8
9. Pauline, ∗ 18. 6. 1855 Marburg, † 14. 1. 1856 Marburg
10. *Luise* Sophie Emma, ∗ 12. 9. 1856 Marburg T A
11. *Marie* Sophie, ∗ 13. 8. 1858 Albury, England T B
12. Ernst Franz, ∗ 10. 1. 1862 Marburg, † 29. 7. 1862 Marburg
13. Heinrich, ∗ 5. 11. 1863 Marburg, † 13. 12. 1863 Marburg

**T 1** *Bertha* Karoline Helene Sophie **Thiersch**
(Eltern: Stamm Thiersch)
∗ 19. 7. 1841 Erlangen, † 8. 8. 1913 Bonn
Lit.: Zeller § 431,1; Zeller-Siegfried S. 30
∞ 30. 7. 1872 München
*Emil* Ludwig **Geering**
∗ 22. 12. 1827 Basel, † 29. 8. 1894 Albury, England
Ordiniert als cand. theol. Basel 1849, im Dienst der katholisch-apostolischen Gemeinde seit 1851, Evangelist in Basel, Stuttgart, Augsburg 1865, München, Wien, Zürich, Bern, wohnte seit 1878 in Albury, Surrey, England; Wirkungskreis Süddeutschland, Schweiz, Nordwestdeutschland.
Eltern: Leonhard **Geering**, Buchhändler in Basel
Elisabeth **Schneider**
Kinder:
1. Theophil, ∗ 8. 9. 1873 Bern, † 5. 9. 1932 Basel, Buchhalter in Basel
2. Agnes, ∗ 25. 3. 1875 Bern, † 14. 4. 1959 Frankfurt am Main, Dr. phil., Studienrätin
3. Paula, ∗ 19. 1. 1877 Basel T 13
4. Eugen, ∗ 23. 12. 1879, † 27. 8. 1880
5. Johanna, ∗ 12. 4. 1881 Albury, † 13. 3. 1970 Oberursel bei Frankfurt am Main, Malerin
6. Frieda, ∗ 25. 7. 1883 Albury, † 20. 12. 1915 Bonn

**T 13** Paula **Geering** (Eltern: T 1)
∗ 19. 1. 1877 Basel, † 13. 10. 1928 Frankfurt am Main
∞ 26. 10. 1910 Leipzig
Hermann **Windisch**
∗ 3. 8. 1878 Leipzig, gefallen bei Lille in Frankreich 12. 10. 1914
Dr. iur.
Kind:
1. Siegfried, ∗ 13. 8. 1913 Leipzig T 131

**T 131** Siegfried **Windisch** (Eltern: T 13)
∗ 13. 8. 1913 Leipzig
Dr. phil. nat., Privatdozent an der Technischen Hochschule München 1949, planmäßiger außerordentlicher Professor an der Technischen Universität Berlin 1952, pers. ordentl. Professor 1961,

ordentlicher Professor Technische Universität Berlin 1965, Leiter des Instituts für Mikrobiologie im Institut für Gärungsgewerbe, Lehrstuhl für Mikrobiologie, Fachbereich Lebensmitteltechnologie und Biotechnologie, emeritiert 1978, wohnt in Bad Schwalbach-Hettenhain; zahlreiche Veröffentlichungen in Fachzeitschriften.

Lit.: Kürschner 1996

∞

Lotte **Venitz**

∗ 27. 4. 1913, † 1987

Eltern: Richard **Venitz**, Hüttenprospektor
Paula **Schmidt**

Kind:

1. Ernst-Richard, ∗ 10. 11. 1940 München T 1311

**T 1311** Ernst-Richard **Windisch** (Eltern: T 131)

∗ 10. 11. 1940 München, † 12. 10. 1994 Dornbirn, Österreich

Dipl.-Mathematiker, Computerfachmann in der Versicherungsbranche und Dolmetscher

∞ 29. 3. 1974 Niedernhausen bei Wiesbaden

Doris **Meier-Wichmann**

∗ 7. 2. 1937 Bottrop

Goldschmiedin

Eltern: Waldfried **Meier-Wichmann**
Cläre **Binnier**

Kinder:

1. Bernhard, ∗ 31. 1. 1977 Wiesbaden, Stud. Physik Mainz 1996
2. Annette, ∗ 31. 12. 1978 Wiesbaden

**T 2** *August* Heinrich Friedrich Josias **Thiersch**

(Eltern: Stamm Thiersch)

∗ 28. 11. 1843 Marburg, † 31. 12. 1916/1. 1. 1917 Zürich

Schüler von Neureuther, dann dessen Assistent, Architekt und Archäologe, außerordentlicher Professor für Bauformenlehre, besonders der antiken Stile am Polytechnikum / Technische Hochschule in München 1874, ordentlicher Professor an der Technischen Hochschule in München 1886; Denkmalpfleger, Bauernhausforscher; seine Hauptleistungen liegen auf archäologischem und bautheoretischem Gebiet; Rekonstruktion des Erechtheions auf der Akropolis in Athen, baute in historisierenden Formen; Hauptwerke als praktischer Architekt: Ursula-Kirche in München-Schwabing und Apostolische Kirche in Zürich; Verfasser archäologischer und architekturtheoretischer Arbeiten, z. B.: Proportionen in der Architektur, Stuttgart 1904.

Lit.: Zeller § 431,2; Zeller-Siegfried S. 30; Hermann Thiersch: August Thiersch, als Architekt und Forscher, München 1923; Thieme-Becker **33** (1939)

∞ 2. 9. 1872 Bartenstein, Ostpreußen
Margarete **Podlech**
∗ 15. 5. 1852 Bartenstein,
† 8. 8. oder 8. 10. 1922 Rosenheim
Eltern: Hermann **Podlech**, Justizrat und Rechtsanwalt in Bartenstein
Berta **Gusseck**
(seine 2. Frau war Mathilde Thiersch, ∗ 1824, s. AT Thiersch 3)

Kinder:
1. Hermann, ∗ 12. 1. 1874 München T 21
2. *Heinrich* August Samuel, ∗ 26. 8. 1875 München T 22
3. Friedrich, ∗ 30. 8. 1876 München, † 20. 11. 1951 Berchtesgaden-Oberschönau; Mathematiker, Dr. rer. nat., Oberstudienrat am Gymnasium in Rosenheim.
4. Paul, ∗ 2. 5. 1879 München T 24

**T 21** Hermann **Thiersch** (Eltern: T 2)
∗ 12. 1. 1874 München, † 4. 6. 1939 Pforzheim oder Göttingen
Stud. Archäologie München, Berlin, Dr. phil. 1898, archäologische Reisen 1898–1903, Habilitation München 1903, außerordentlicher Professor für klassische Archäologie in Freiburg 1905, ordentl. Prof. Freiburg 1909, Göttingen 1918 bis zu seinem Tod; Geheimer Regierungsrat.
Mitglied folgender Gesellschaften: Deutsches und Österreichisches Archäologisches Institut, Deutscher Palästina-Verein, Societé Archéologique d'Alexandrie, Griechische Archäologische Gesellschaft Athen, Freiburger Wissenschaftliche Gesellschaft, Gesellschaft der Wissenschaften Göttingen; Verfasser zahlreicher Veröffentlichungen über klassische Archäologie, Verfasser von Biographien seines Vaters und seines Onkels Friedrich Thiersch.

Lit.: Wer ists? X, 1935; Korbsches Bildarchiv beim Deutschen Herold [22513]

∞ 10. 10. 1905 Karlsruhe Christuskirche
Adelheid **Eller**
∗ 4. 6. 1881 Pforzheim, † 20./21. 6. 1965 Göttingen
Vater: Dr. Karl **Eller**, Landgerichtspräsident in Mannheim
Kinder:
1. Heinrich, ∗ 13. 8. 1906 Freiburg im Breisgau T 211
2. Friedrich, ∗ 9. 11. 1907 Freiburg T 212
3. Christine, ∗ 25. 12. 1908 Freiburg T 213
4. Johannes (Hans, John), ∗ 3. 6. 1910 Freiburg T 214
5. Ludwig, ∗ 1. 5. 1912 Freiburg,
   † 1944 Göttingen an Tuberkulose
6. Antonie, ∗ 24. 2. 1916 Freiburg T 216
7. Karl, ∗ 19. 1. 1922 Göttingen, gefallen
   zwischen 6. 7. und 16. 9. 1942 in Rußland bei Woronesch

**T 211** Heinrich (Heinz) **Thiersch** (Eltern: T 21)
∗ 13. 8. 1906 Freiburg im Breisgau, † 14. 7. 1990
Architekt, Geistlicher, Pfarrer bei der Christengemeinschaft (bei Pfarrer Rittelmeyer), lebte in Niefern bei Pforzheim, Johannishaus.
∞ I: 1933, Ehe geschieden
*Hildegard* Berta Marie (Hilde) **Abele**
∗ 16. 7. 1905 Stuttgart
Eltern: Dr. Karl **Abele**
Anna **Höfer**
∞ II: 1950 (?), ehegleiche Verbindung
Eleonora Hyma Magdalene (Nora) **von Roeder**
geb. **von Rutzen**
∗ 19. 12. 1920 Simnau in Ostpreußen
Eltern: Eberhard **von Rutzen**, Landwirt
Elisabeth **Gräfin Finck von Finckenstein**;
**von Rutzen** baltische Adelsfamilie
Kinder aus ∞ I:
1. Freimuth, ∗ 25. 5. 1936 Rostock T 2111
2. Thorwald, ∗ 4. 1. 1938 Rostock T 2112
3. *Sunhild* Ulrike Sophia,
   ∗ 15. 5. 1943 Unterwössen in Oberbayern T 2113

Kind aus ∞ II:
4. Sinclair, * 28. 11. 1952 Feldafing bei Starnberg T 2114

**T 2111** Freimuth **Thiersch** (Eltern: T 211)
* 25. 5. 1936 Rostock
Personalleiter in Stuttgart
∞ 20. 7. 1957
Maja **Mewes**
* 24. 4. 1934 Hamburg
Arzthelferin, Altenpflegerin
Eltern: Alfred **Mewes**
Maja **Bacmeister**
Kinder:
1. Alexander, * 1. 2. 1958 Stuttgart T 211 11
2. Astrid, * 26. 3. 1959 Stuttgart T 211 12

**T 211 11** Alexander **Thiersch** (Eltern: T 2111)
* 1. 2. 1958 Stuttgart
Hoteldirektor in Hallwang, Österreich
∞ 24. 6. 1988
Bettina **Eberwein**
* 13. 11. 1961
Hotelkauffrau
Eltern: Ewald **Eberwein**
Heide **Rabel** in Ditzingen bei Stuttgart
Kinder:
1. *Christina* Laura, * 6. 3. 1989
2. *Florian* Oliver, * 21. 9. 1990
3. Svenja, * 9. 12. 1992

**T 211 12** Astrid **Thiersch**, Familienname **Thiersch-Weber** (Eltern: T 2111)
* Stuttgart 26. 3. 1959
Eurythmistin, Lehrerin an der Waldorfschule in San Francisco CA, USA
∞ 7. 6. 1991 USA
David **Weber**
* 27. 11. 1950
Rechtsanwalt, Lehrer an der Waldorfschule in San Francisco
Eltern: Gordon und Martha **Weber**

**T 2112** Thorwald **Thiersch** (Eltern: T 211)
∗ 4. 1. 1938 Rostock
Lehrer an der Waldorfschule München, Mitarbeiter am Goetheanum Dornach SO, Schweiz
∞ 6. 4. 1966 Gauting bei Starnberg
Margret **Kadner**
∗ 2. 10. 1941 München
Eltern: Christian **Kadner**
Bärbel **Mundt**
Kinder:
1. *Veronika* Erdmuthe, ∗ 6. 10. 1967 München T 211 21
2. Ulrich, ∗ 20. 4. 1969, Diplom als Cellist, Musikpädagoge 1997
3. Gottwald, ∗ 4. 1. 1971; Stud. Wirtschaftswissenschaften in Berlin, Einzelhandelskaufmann, 1997 Organisation einer Großküche im Universitätsklinikum Hamburg.

**T 211 21** *Veronika* Erdmuthe **Thiersch**,
Familienname **von Allmen-Thiersch** (Eltern: T 2112)
∗ 6.10.1967 München
Bildhauer- und Werklehrerinnen-Ausbildung, Bildhauerin, Unterricht an der Rudolf Steiner Schule Birseck, Kurse und Aufträge in der Schweiz und in Spanien, lebt in Arlesheim bei Basel.
∞ 20. 12. 1991 Arlesheim
Ernst-Felix **von Allmen**
∗ 14. 5. 1951 Biel BE, Schweiz
Orthopädie-Schuhmacher in Thun BE, 3-jähr. Weltreise (Nord-, Südamerika, Rußland, Europa); dann Schauspieler und Sprachgestalter; Tätigkeit an Waldorf-Schulen und Lehrerseminaren in der Schweiz, Deutschland, Spanien, Rumänien.
Eltern: Fritz **von Allmen**, Schuhfabrikant in Mürren BE
Gertrud Maria **Meyer** in Thun

**T 2113** *Sunhild* Ulrike Sophia **Thiersch** (Eltern: T 211)
∗ 15. 5. 1943 Unterwössen in Oberbayern
Stud. Theaterwissenschaft in Hamburg, seit 1990 im internationalen Kunsthandel tätig, lebt in Bremen.
∞ 19. 6. 1964 Bremen
Hans-Wilhelm **Kufferath**
∗ 11. 9. 1939 Oldenburg i. O.

Stud. Musik in Bremen und Saarbrücken (Maurice Geudron), 1964 Solocellist in Wilhelmshaven, Oldenburg i. O. und Bremen, Professor an der Hochschule der Künste in Bremen, seit 1972 Mitglied des Bayreuther Festspielorchesters.
Eltern: Hans **Kufferath**, Solocellist im
Oldenburgischen Staatsorchester
Gertrud **Ehrich**
Kinder:
1. Jan Matthias, * 10. 12. 1966 Oldenburg, seit Geburt behindert, arbeitet in einer Bäckerei.
2. Juliane, * 23. 12. 1968 Oldenburg T 211 32

**T 211 32** Juliane **Kufferath** (Eltern: T 2113)
* 23. 12. 1968 Oldenburg
Diplom als staatlich geprüfte Kunsttherapeutin, in Falkensee bei Berlin
∞ 15. 12. 1995
Georg **Roither**
Stud. Musik, Cellist an der Deutschen Oper in Berlin
Kind:
1. Anton Caspar, * 14. 5. 1997 Berlin

**T 2114** Sinclair **Thiersch** (Eltern: T 211)
* 28. 11. 1952 Feldafing bei Starnberg
Landwirt in Sauldorf-Roth bei Meßkirch
∞ 28. 7. 1978
Veronika **Knapp**
* 21. 11. 1948 Reutlingen
Kinder:
1. Antonie, * 7. 7. 1979
2. Daniel, * 29. 11. 1980
3. Bernhard, * 11. 2. 1983

**T 212** Friedrich (Fritz) **Thiersch** (Eltern: T 21)
* 9. 11. 1907 Freiburg im Breisgau
Diplomingenieur, Dr.-Ing., in Recklinghausen
∞ 4. 11. 1933 München / 16. 6. 1934 Mainz
Elisabeth **Gaßner**
* 4. 9. 1911 Friedberg, Hessen
Eltern: Emil und Elisabeth **Gaßner**

Kinder:
1. *Hans* Emil, * 16. 5. 1935 Recklinghausen T 2121
2. Elisabeth, * 20. 7. 1936 Recklinghausen T 2122
3. Adelheid, * 30. 9. 1939 Recklinghausen T 2123
4. Gertrud, * 7. 11. 1942 Recklinghausen T 2124

**T 2121** *Hans* Emil **Thiersch** (Eltern: T 212)
* 16. 5. 1935 Recklinghausen
Dr. phil. 1962, Professor für Pädagogik an der Pädagogischen Hochschule in Kiel 1967, Habilitation 1970, ordentlicher Professor für Sozialpädagogik, Fakultät für Sozial- und Verhaltenswissenschaften in Tübingen 1970, Vorstandsmitglied der Deutschen Gesellschaft für Erziehungswissenschaften 1978–1982, Kuratoriumsmitglied des Deutschen Jugendinstituts und Vorsitzender dessen wissenschaftlichen Beirats, Vorsitzender des Tübinger Vereins für Sozialtherapie, Vorstandsmitglied der Tübinger Drogenhilfe, zahlreiche Veröffentlichungen.
Lit.: Kürschner 1996, Wer ist Wer 1996
∞ Oktober 1967 Göttingen / 6. 4. 1968 Kiel
Renate **Hetzel** M. A.
* 7. 4. 1943 Berlin
Eltern: Dr. Walter und Doris **Hetzel**
Kinder:
1. Friederike, * 9. 3. 1971 Tübingen T 212 11
2. Franziska, * 23. 11. 1972 Tübingen, Stud. Agrarwissenschaft
3. Hans Jakob, * 18. 8. 1975 Tübingen, Stud. Informatik
4. Dorothea, * Tübingen 11. 12. 1983

**T 212 11** Friederike **Thiersch**, Familienname **Thiersch-Taraz** (Eltern: T 2121)
* 9. 3. 1971 Tübingen
Stud. Medizin, cand. med. 1997
∞ 10. 10. 1996 Belzig in Brandenburg
Anoushiravan **Taraz**
* 10. 3. 1971 Bonn
Diplommathematiker, Assistent an der TU Berlin
Eltern: Dr. Kambiz **Taraz**, Professor für Organische Chemie in Köln, und Sigrid ...
Kind:
1. Leonie, * 24. 1. 1997 Berlin

T 2122 Elisabeth **Thiersch** (Eltern: T 212)
∗ 20. 7. 1936 Recklinghausen
Juristin, Richterin in Recklinghausen
∞ 12. 11. 1966 Recklinghausen
Josef **Scheben**
∗ 25. 9. 1932 Bad Kreuznach
Amtsrichter in Recklinghausen
Eltern: Josef und Auguste **Scheben**
Kinder:
1. Frank, ∗ 5. 10. 1967 Gelsenkirchen,
   † 13. 8. 1982 Scheveningen, Holland
2. Elisabeth, ∗ 25. 7. 1969 Gelsenkirchen T 212 22
3. Hans, ∗ 25. 4. 1971 Gelsenkirchen

T 212 22 Elisabeth **Scheben** (Eltern: T 2122)
∗ 25. 7. 1969 Gelsenkirchen
Pharmazeutin, Buchenberg-Apotheke Bad Doberan, Mecklenburg
∞
Jörg **Pilzweger**
∗ 27. 4. 1966 Schwerte an der Ruhr
Jurist, Angestellter bei ARAG-Versicherungen in Rostock
Eltern: Winfried und Ilse **Pilzweger**
Kinder:
1. Jan Nick **Scheben**, ∗ 24. 4. 1992 Münster
2. Annika **Scheben**, ∗ 1. 7. 1993 Münster

T 2123 Adelheid **Thiersch** (Eltern: T 212)
∗ 30. 9. 1939 Recklinghausen
Dr. phil., Biologin, Fachgebiet Ornithologie, in Basel
∞ 27. 12. 1963 Basel / Recklinghausen
Peter **Studer**
∗ 27. 3. 1937 Basel
Dr. phil., Zoologe, Vorsteher des Aquariums, dann Direktor des Zoologischen Gartens in Basel.
Eltern: Max und Erna **Studer**
Kinder:
1. Niklas, ∗ 21. 6. 1969 Basel, Diplompädagoge
2. Kaspar, ∗ 18. 1. 1971 Basel, Diplomgeograph, Assistent an der Universität Basel

**T 2124** Gertrud **Thiersch** (Eltern: T 212)
∗ 7. 11. 1942 Recklinghausen
Stud. Politwissenschaften, Diplompolitologin, Angestellte der Stadt Herten bei Recklinghausen.
∞ 21. 7. 1963 Recklinghausen
Hans Kurt **Fleischmann**
∗ 6. 5. 1935 Berlin
Lehrer in Recklinghausen, Fächer Latein, Geschichte, Sozialwissenschaften.
Eltern: Hans und Luise **Fleischmann**
Kinder:
1. Hans-Georg, ∗ 11. 7. 1965 Berlin T 212 41
2. Ulrich, ∗ 3. 4. 1967 Berlin, Diplomphysiker an der Universität Bremen; Tochter Ronja **Wöstheinrich**, ∗ 24. 1. 1990 Morsum an der Weser.
3. Elisabeth (Lisa), ∗ 21. 6. 1968 Berlin, Lehrerin an einer Sonderschule für geistig Behinderte in Köln

**T 212 41** Hans-Georg **Fleischmann** (Eltern: T 2124)
∗ 11. 7. 1965 Berlin
Stud. Sozialpädagogik in Reutlingen
∞
Anja **Frick**
∗ 28. 9. 1966 Radolfzell
Friseurin, Hausfrau
Kind:
1. Jeronimo **Frick**, ∗ 27. 12. 1996 Radolfzell

**T 213** Christine **Thiersch** (Eltern: T 21)
∗ 25. 12. 1908 Freiburg im Breisgau,
† 25. 11. 1992 Walkringen BE, Schweiz
Malerin, Illustratorin von Kinderbilderbüchern
∞ 1931 Zürich
*Hans* Caspar **Schwarz**, Künstlername Hans Kaspar **Schwarz**
∗ 12. 3. 1891 Solothurn, † 6. 4. 1966 Muri AG
Künstler, Maler; Ausbildung an der Kunstgewerbeschule St. Gallen 1906–1909, Stud. Architektur an der Eidgenössischen Technischen Hochschule Zürich 1909–1912 und München 1914–1915, Malschule Heymann München 1915–1916, an der Kunstakademie

München, Malklasse Angelo Jank 1916–1918, Architekt in München und Zürich (Architekturbüro Fröhlicher) 1918–1920, Weiterbildung an der Englischen und Französischen Akademie in Rom 1920–1922, eigenes Atelier in Ascona TI 1923–1928, Reisen nach Krakau, Rom, Berlin, Paris, seit 1928 hauptsächlich in Zürich und Leimbach, 1941 Atelierhaus „Rebegg“ in Adliswil-Oberleimbach bei Zürich, seit 1963 im Künstlerhaus Boswil AG; Werke: Portraits, Akte, Landschaften, Lithographien, große Figurenkompositionen in der freien Landschaft, Reliefs und Plastiken, seit 1952 schriftstellerische und dichterische Arbeiten.
∞ I: 1916 München / St. Gallen .....
Sohn: Hugo, ∗ 17. 3. 1917 St. Gallen, † 17. 6. 1982 Zürich; 25 Jahre lang Landschaftsgärtner an verschiedenen Orten in Amerika.
Eltern: Hermann **Schwarz** 1852–1903, Industrieller, Mitbesitzer einer Baumwollweberei in Bettlach SO
Anna Maria **Daubenmeier** 1865–1945, Malerin
Kinder:
1. Johannes, ∗ 24. 9. 1929 Zürich T 2131
2. *David* Kaspar, ∗ 4. 2. 1931 Zürich T 2132
3. Carmen, ∗ 20. 6. 1942 Zürich T 2133
4. Ursus, ∗ 21. 11. 1945 Adliswil T 2134
5. Hilde, ∗ 24. 5. 1951 Adliswil T 2135

**T 2131** Johannes **Schwarz** (Eltern: T 213)
∗ 24. 9. 1929 Zürich
Ausbildung an der Kunstgewerbeschule Zürich, Möbelzeichner, Innenarchitekt 1947–1952, Heilpädagogisches Seminar Eckwälden bei Bad Boll 1954, als Möbelzeichner und Bauzeichner/Bauführer in Basel 1956–1975, Heilpädagoge in Zürich seit 1975.
∞ 12. 4. 1955 Zeist bei Utrecht in Holland
Hannelore **Hörmann**, Familienname **Hörmann**
∗ 4. 8. 1927 Bussum, Holland
Ausbildung Frauenfachschule Hamburg mit Praktika 1943–1947, Rückkehr nach Holland 1948, Köchin, Küchenleiterin in einem Heilpädagogischen Institut, Gruppenleiterin, Aufbauarbeit an anderen Instituten in Holland und der Schweiz, Heilpädagogisches Seminar in Eckwälden 1954–1955, Arbeit in einem Institut in Bad Reichenhall, Familiengründung 1956, seit 1975 einige Jahre ehrenamtliche Schullager-Köchin, in Adliswil bei Zürich.

Eltern: Wiecher **Hörmann** 1898–1961, Spediteur
Annemarie **Gerdien** 1902–1997

Kinder:
1. *Ulrike* Elisabeth, * 7. 10. 1956 Basel T 213 11
2. *Andreas* Johannes Joris, * 7. 7. 1958 Basel T 213 12
3. *Dorothea* Irene Gabriele, * 13. 1. 1961 Basel T 213 13
4. *Adelheid* Leonore (Heidi), * 11. 3. 1966 Basel T 213 14

**T 213 11** *Ulrike* Elisabeth **Schwarz**, Familienname **Huber-Schwarz** (Eltern: T 2131)

* 7. 10. 1956 Basel

Ausbildung zur Krankenschwester in Liestal BL 1976–1979, Arbeit in Liestal 1979, Filderklinik bei Stuttgart 1980, im Urselspital Bern 1981, im Schulsekretariat der Rudolf Steiner Schule Luzern 1986, seit 1994 im Kantonsspital Luzern.

∞ 26. 6. 1982 Scherzligen BE

*Erich* Erwin **Huber**

* 17. 7. 1953 Basel

Stud. Physik in Basel 1972–1978, 1 Jahr Tätigkeit bei Brown Boveri, jetzt ABB, Dissertation Universität Bern 1981–1986, Dr., 1 Jahr bei IBM in St. José CA, USA, 1987 bei Fa. Sigrist-Photometer in Ennetbürgen NW, seit 1996 teilweise selbständig als Entwickler von Demonstrationsexperimenten, zusammen mit einem Lernpsychologen.

Eltern: Erwin **Huber**, Elektromechaniker in Birsfelden BL, † 1971
Anna **Reimer**, † 1989

Kind:
1. *Helen* Susann, * 12. 8. 1983 Bern

**T 213 12** *Andreas* Johannes Joris **Schwarz** (Eltern: T 2131)

* 7. 7. 1958 Basel

Berufslehre als Gärtner in Zürich, 9 Lern- und Wanderjahre in Europa, Studium in Stuttgart, 2 Jahre Hoferfahrung in Norwegen, 10 Jahre Lehrer in Freiburg, 1997 in Dachsberg im Südschwarzwald (Bienen-Wachskerzen-Licht).

∞

Regina Sylvia **Hecker**

* 22. 2. 1958 Hannover

Als Kind in USA, Musikstudium an der Alanus-Hochschule in Alfter bei Bonn, Haushaltsjahr in Familie mit sieben Kindern in Heilbronn, 1 Jahr Priesterseminar in Stuttgart, nach der Eheschließung am Genfer See, in Norwegen, Freiburg i. B. und Dachsberg.

Eltern: Klaus **Hecker**, Diplomingenieur in Mainz und Kronberg
Uta **Michaelsen**

Kinder:
1. Sebastian Siegfried, * 15. 7. 1984 Bernex GE
2. Ludwig Tobias, * 13. 12. 1987 Wittnau im Breisgau
3. Martin Nikolai, * 19. 12. 1991 Wittnau
4. Veronika Sophia, * 30. 10. 1995 Wittnau

**T 213 13** *Dorothea* Irene Gabriele **Schwarz**,
Familienname **Schwarz-Martin** (Eltern: T 2131)
* 13. 1. 1961 Basel
Rudolf Steiner Schule, Ausbildung zur Holzbildhauerin, Kunst- und Gestaltungstherapeutin, freiberuflich tätig.
∞ 22. 1. 1989 Zürich
*Gabriel* Marcel **Martin**, Familienname **Martin-Schwarz**
* 22. 8. 1956 Zürich
Rudolf Steiner Schule, Ausbildung zum Architekten in Zürich und am Technikum Winterthur, eigenes Büro, seit 1992 in Adliswil ZH, Spezialgebiet Baubiologie und Bauökologie.

Eltern: Maurice **Martin**, † 1986
Maria . . ., † 1983

Kinder:
1. Lucia Angela, * 18. 6. 1990
2. Olivier Seraphin, * 8. 12. 1991
3. Sylvan Pascal Raphael, * 19. 8. 1994

**T 213 14** *Adelheid* Leonore (Heidi) **Schwarz** (Eltern: T 2131)
* 11. 3. 1966 Basel
Ausbildung als Kindergärtnerin, Diplom 1988, 2 Jahre im Beruf, 1990 diverse soziale Tätigkeiten (Begegnungszentrum, Kinderheim etc.), im Kanton Graubünden, Diplom als Lehrerin für Musikalische Grundausbildung 1994, seither Lehrerin in diesem Beruf.

∞ 22. 10. 1994 Almens GR
Jürg **Hassler**
∗ 23. 6. 1963 Zürich
Lehre als Zimmermann in Chur 1979–1982, Lehre als Forstwart 1983–1985, Forstschule Maienfeld GR 1987–1988, Förster in Samnaun GR 1989, seit 1990 Förster am Forstinspektorat Graubünden in Chur.
Eltern: Heinrich **Hassler** Versicherungsvertreter
Ruth Angelina **Brenner**, Postangestellte in Maladers;
Bürgerort der Familie Hassler ist Maladers GR.
Kind:
1. Josias Valentin, ∗ 29. 6. 1995 Thusis GR

**T 2132** *David* Kaspar **Schwarz** (Eltern: T 213)
∗ 4. 2. 1931 Zürich
Lehre als Koch, Rekrutenschule, Aufenthalt in Holland in einem heilpädagogischen Institut als Koch 1950–1951, Koch im Klinisch-therapeutischen Institut Ita Wegmann Klinik in Arlesheim bei Basel 1951–1953, im Heilpädagogischen Institut La Motta, Brissago TI 1954–1971, Umschulung in Stuttgart und Zürich 1971–1975, 1975 Pfarrer in der Christengemeinschaft, 1977–1995 in Bern, 1996 in Aarau.
∞ 18. 3. 1954 Adliswil bei Zürich
*Beate* Barbara **Richter**
∗ 21. 8. 1929 Breslau
Flucht 1945 nach Oberstaufen, Rudolf Steiner Schule Stuttgart, Krankenschwester-Ausbildung Stuttgart, Krankenschwester in der Ita Wegmann Klinik in Arlesheim bei Basel 1953–1954.
Eltern: Gottfried **Richter**, Pfarrer zuletzt in Ulm
Hildegard **Stahnke**, Lehrerin in Breslau
Kinder:
1. *Johanna* Maria Adelheid, ∗ 18. 9. 1954 Muralto TI; Rudolf Steiner Schule Zürich, Waldorf-Lehrerseminar Stuttgart, Lehrerin an der Emil Wolf Schule Berlin, der Scuola Rudolf Steiner Lugano, Sekretärin in Basel, Eurythmie-Abendschule in Aesch bei Basel; Tochter *Sandra* Anne-Marion, ∗ 18. 5. 1980.
2. *Martin* Christof, ∗ 9. 1. 1956 Muralto T 213 22
3. *Cornelius* Lukas, ∗ 3. 1. 1964 Muralto T 213 23
4. *Agnes* Hildegard, ∗ 16. 11. 1965 Locarno T 213 24

**T 213 22** *Martin* Christof **Schwarz** (Eltern: T 2132)
∗ 9. 1. 1956 Muralto TI, Schweiz
Rudolf Steiner Schule Zürich, Lehre als Schreiner, Schreiner in Davos und Andelfingen ZH, kaufmännische Umschulungskurse, Holzhändler, Prokurist.
∞ Mai 1979
Ursula (Uschi) **Schmucki**
∗ 16. 5. 1960
Hausfrau
Mutter: Martha und ... **Schmucki**
Kinder:
1. *Thomas*-Michael, ∗ 14. 11. 1979
2. *Manuel*-Olav, ∗ 15. 11. 1981
3. *Raffael*-Simon, ∗ 22. 6. 1989

**T 213 23** *Cornelius* Lukas **Schwarz** (Eltern: T 2132)
∗ 3. 1. 1964 Muralto TI, Schweiz
Rudolf Steiner Schulen Zürich, Rengoldshausen, Biel und Bern, Krankenpfleger-Ausbildung in Bern, als Krankenpfleger in Thun, Bauern-Lehre Bio-dyn. im Kanton Bern, Bauer auf dem Pachthof Fermes Bois Genoud in Coissier VD.
∞ Mai 1987 Sigriswil BE
*Monika* Barbara (Mona) **Fischer**
Krankenpflege-Ausbildung in Bern, Schule für Ländliche Hauswirtschaft mit Meisterdiplom, Bäuerin auf Fermes Bois Genoud.
Eltern: ... **Fischer** und Madeleine ...
Kinder:
1. Christa, ∗ 4. 12. 1985
2. Tobias, ∗ 10. 10. 1988
3. Lena, ∗ 11. 7. 1990
4. Eva, ∗ 18. 9. 1992

**T 213 24** *Agnes* Hildegard **Schwarz** (Eltern: T 2132)
∗ 16. 11. 1965 Locarno TI
Rudolf Steiner Schulen in Zürich, Rengoldshausen und Bern, Loheland Seminar für Gymnastik, Massage und Volkstanz, Krankengymnastin in einem heilpädagogischen Heim in Trogen AR, Hausfrau.

∞ 20. 1. 1989 Trogen
Olivier **Thommen**
∗ 17. 3. 1962 Basel
Lehre als Gastrokünstler in Genf, Aufenthalt in Canada und USA als Küchenchef, Ausbildung auf der Restaurant-Hotel-Fachschule, Kellner in Bivio GR, heilpädagogisches Praktikum in Trogen, Studienjahr am Lehrerseminar Dornach SO, Heilpädagoge in Järna, Schweden 1989, Klassenlehrer an der Rudolf Steiner Schule Birseck.
Eltern: Hanspeter **Thommen**, Technischer Hausverwalter
Erika **Pernter**, Kauffrau, Hausfrau
Kinder:
1. Silvan Raphael, ∗ 29. 5. 1988 Basel
2. Martina Nora, ∗ 24. 7. 1990 Arlesheim BL

**T 2133** Carmen **Schwarz**, Familienname **Holzer-Schwarz** (Eltern: T 213)
∗ 20. 6. 1942 Zürich
Direktionssekretärin und Ombudsfrau in der Reisebranche, wohnt in Oberleimbach bei Adliswil ZH.
∞ 27. 5. 1972 Zürich, Ehe getrennt
Paul **Holzer**
∗ 8. 11. 1944 Egnach TG
Eidgenössischer diplomierter Wirtschaftsprüfer und Bücherexperte
Eltern: Paul und Anna **Holzer** in Romanshorn
Kinder:
1. Marius, ∗ 30. 9. 1973 Adliswil, Bankkaufmann, Betriebsökonom
2. Tanja, ∗ 4. 8. 1975 Adliswil, Ausbildung zur Treuhänderin

**T 2134** Ursus **Schwarz** (Eltern: T 213)
∗ 21. 11. 1945 Adliswil
Landwirt auf Hof Waldenstein bei Beinwil SO
∞
Marie-Helen (Marielèn) ...
Kinder:
1. Simon
2. Dominik
3. Hannes
4. Silvain
5. Cyntia

**T 2135** Hilde **Schwarz** (Eltern: T 213)
∗ 24. 5. 1951 Adliswil ZH
Rudolf Steiner Schule Zürich, 2 Jahre in England, davon 1 Jahr an der Kunstschule in Bath, 1972 Bäuerin im Hölzli, Magdenau bei Wolfertswil SG, künstlerisch als Malerin tätig.
∞ I: 7. 10. 1972 Zürich
Walter **Schurtenberger**
∗ 12. 9. 195?
∞ II:
Christoph **Reiser**
∗ 29. 7. 1952 Winterthur
K.V.-Lehre, Landwirtschaftliche Schule, Landwirt im Hölzli.
Eltern: Hugo **Reiser**, Kaufmann
Susi **Altheer**, Apothekerin
Kind aus ∞ I:
1. Indira **Schurtenberger**, ∗ 12. 10. 1972 Zürich
Kinder aus ∞ II:
2. Florian **Reiser**, ∗ 21. 8. 1975
3. Rebecca **Reiser**, ∗ 2. 7. 1977
4. Magdalena **Reiser**, ∗ 21. 2. 1980
5. Selina **Reiser**, ∗ 13. 6. 1984
6. Lukas **Reiser**, ∗ 12. 9. 1987

**T 214** Johannes (Hans, John) **Thiersch** (Eltern: T 21)
∗ 3. 6. 1910 Freiburg im Breisgau, † 1993
Dr. med., Professor für Pathologie in Adelaide, Australien, und Seattle WA, USA
∞ I: 1936 Dairen, Mandschurei, Ehe geschieden
Marieluise, (Marlies) **Niggemann**
∗ Düsseldorf
∞ II: Seattle
Jeane ...
Kind aus ∞ I:
1. Stefan, ∗ Adelaide, Australien, Architekt
Kinder aus ∞ II:
2. Norman, ∗ Seattle
3. Howard, ∗ Seattle

**T 216** Antonie (Toni) **Thiersch** (Eltern: T 21)
∗ 24. 2. 1916 Freiburg

Sekretärin in Düsseldorf, wünscht keine weiteren Angaben
∞
Arthur **Krüger**
† 1968 Düsseldorf
Ingenieur

**T 22** *Heinrich* August Samuel **Thiersch** (Eltern: T 2)
∗ 26. 8. 1875 München, † 25. 10. 1947 München
Architekt, Regierungsbaurat in München, Bamberg, Nürnberg, Landbauamt Hof an der Saale.

Schriften: Dürers Schloßhofansichten und die Cadolzburg, Eigenverlag; Pharos, Antike, Islam, Occident, Ein Beitrag zur Architekturgeschichte, Leipzig, Berlin 1909; Zwei antike Grabanlagen bei Alexandria, Berlin 1904.

∞ 26. 5. 1908 Nürnberg
Maria **Wolf**
∗ 26. 6. 1881 Bad Schachen am Bodensee,
† 27. 5. 1946 München
Eltern: Heinrich **Wolf**, Geistlicher der kathol.-apostolischen Gemeinde in Bad Schachen, Esslingen und Nürnberg
Luise **Schwob**

Kinder:
1. *Bernhard* Karl Helmut, ∗ 2. 2. 1918 Hof an der Saale, gefallen in Makowje bei Smolensk in Rußland 21. 8. 1941; Arbeits- und Militärdienst seit 1937, zuletzt Oberleutnant im Panzerregiment 25.
2. Gabriele, ∗ 25. 2. 1920 Hof an der Saale, Stud. Akademie der Künste München (Prof. Schinninger und Hess), Mosaikarbeiten, freie Arbeiten als Malerin für die Porzellanmanufakturen Nymphenburg und Rosenthal, dann eigene Arbeiten, z. T. am Bau.

**T 24** Paul **Thiersch** (Eltern: T 2)
∗ 2. 5. 1879 München, † 15. 11. 1928 Hannover
Stud. Technische Hochschule München, Architekt, Assistent von P. Berens in Düsseldorf 1906, dann in Berlin Bürochef bei Bruno Paul und Assistent an der Kunstgewerbeschule, Direktor der Handwerker- und Kunstgewerbeschule Halle 1915, die 1922 auf die nach Thierschs Plänen ausgebaute Burg Giebichenstein bei Halle an der Saale verlegt wurde, Berufung zum ordentl. Professor für Raumkunst und Architektur an der Technischen Hochschule in Hannover 1928; Gedächtnisausstellung im Halleschen

Kunstverein 1929; von ihm stammen zahlreiche bekannte Gebäude und Inneneinrichtungen, u. a. der Flughafen Halle-Leipzig in Schkeuditz.

Lit.: Thieme-Becker **33** (1939), dort weitere Literatur

∞ 20. 11. 1906 München

Fanny **Hildebrandt**

* 14. 3. 1880 Merseburg, † 13. 5. 1960 Überlingen

Kunstmalerin

Kinder:

1. Gemma, * 17. 10. 1907 Berlin-Lichterfelde T 241
2. Stefan, * 4. 6. 1911 Berlin-Charlottenburg T 242
3. Urban, * 17. 8. 1916 Halle an der Saale, † September 1984 Prien am Chiemsee, Bildhauer in Berchtesgaden-Schönau

**T 241** Gemma **Thiersch** (Eltern: T 24)

* 17. 10. 1907 Berlin-Lichterfelde

Kunstgewerblerin, Schülerin ihres Vaters, Emailmeisterin, hauptsächlich in Zellen- und Grabenschmelztechnik, lebt in Überlingen am Bodensee.

Lit.: Thieme-Becker **36** (1947), dort weitere Lit.; Vollmer **5**, 166, dort weitere Literatur

∞

Friedrich **Wolters**

* 2. 9. 1876 Krefeld-Uerdingen, † 14. 4. 1930 München

Stud. Freiburg, München, Paris, Berlin, Dr. phil., Privatdozent Berlin 1914, a. o. Professor Marburg 1920, ordentlicher Professor für mittlere und neuere Geschichte, besonders Wirtschaftsgeschichte in Kiel 1923; zahlreiche Veröffentlichungen über mittelalterliche Literatur und moderne Wirtschaftsgeschichte.

Lit.: Wer ists 1928, Kürschner 1928/1929

Eltern: Friedrich H. **Wolters**, Kaufmann
Maria **Derichs**

**T 242** Stefan **Thiersch** (Eltern: T 24)

* 4. 6. 1911 Berlin-Charlottenburg

Architekt, Denkmalpfleger, Oberstadtbaurat in Wiesbaden bis 1976, im Ruhestand in Diessen am Ammersee.

∞ 30. 4. 1938 München

Lylia **Paluka**

* 18. 7. 1912 Konstantinopel / Istanbul

Eltern: Felix **Paluka**, Kaufmann in Konstantinopel
Anaïs **Foscolo**
Kinder:
1. Katharina, * 7. 10. 1938 Linz, Dipl.-Ing., Architektin, Oberkonservatorin am Landesamt für Denkmalpflege in Marburg.
2. Paul, * 5. 7. 1940 Köflach bei Graz T 2422
3. Carola, * 11. 10. 1941 Köflach, Studienrätin, Silberschmiedemeisterin und Kunsterzieherin in Neubeuern bei Rosenheim.

**T 2422** Paul **Thiersch** (Eltern: T 242)
* 5. 7. 1940 Köflach bei Graz
Dipl.-Bauingenieur, Architekt in München
∞ 5. 4. 1968 München
Barbara **Dallinger**
* 6. 8. 1942 München
Studienassessorin, Fachbereich Biologie
Eltern: Prof. Karl Heinz **Dallinger**, Kunstmaler in München
Ursula **Pfeiffer**
Kinder:
1. Bernhard, * 31. 8. 1968 München, Ingenieur, Universitätsassistent
2. Frank, * 18. 6. 1971 München
3. Georg, * 18. 3. 1973 München

**T 3** *Wilhelm* Gotthilf Heinrich **Thiersch** (Eltern: Stamm Tiersch)
* 24. 8. 1845 Marburg, † 16. 12. 1907 Basel
Buchhändler, dann Vorsteher der katholisch-apostolischen Gemeinde in Basel 1876.
Lit.: Zeller § 431,3; Zeller-Siegfried S. 32
∞ 16. 10. 1877 Basel
Hanna **Geering**
* 16. 12. 1854 Basel, † 10. 2. 1912 oder 1. 2. 1932 Basel
Eltern: J. J. T. **Geering**, Vorsteher der apostolischen Gemeinde in Basel
Hermine **Schliephake**, s. a. T 53
Kinder:
1. Bertha, * 9. 2. 1879 Basel T 31
2. Traugott, * 27. 1. 1880 Basel, † 28. 1. 1880 Basel
3. Wilhelm, * 18. 2. 1881 Basel T 33

4. Clara, * 24. 10. 1884 Basel, † 4. 10. 1964 Oberdiessbach, begr. 7. 10. Basel, Lehrerin
5. Hanna, * 13. 6. 1887 Basel, † 1961 Basel, Krankenpflegerin

**T 31** Bertha **Thiersch** (Eltern: T 3)
* 9. 2. 1879 Basel, † 22. 6. 1957 Basel
Lehrerin in Basel
∞ 29. 3. 1917 Basel
Wilhelm **Bruckner**
* 1. 3. 1870 Basel, † 17. 12. 1952 Basel
Dr. phil., Privatdozent in Basel 1899, außerordentlicher Professor für germanische Philologie in Basel 1905, Korrespondierendes Mitglied der Monumenta Germaniae Historica Basel.

Lit.: Kürschner 1950; Neue Schweizer Biogr. Basel 1938–1942; Max Arnim, Internat. Personalbiogr. 2. Aufl. Stuttgart 1944–1963; Otto Zeller, Internat. Bibliogr. der Zeitschr.-Lit. Osnabrück 1964

Kind:
1. Auguste, * 3. 4. 1919, Dr. phil., Archäologin in Basel

**T 33** Wilhelm **Thiersch** (Eltern: T 3)
* 18. 2. 1881 Basel, † 10. 2. 1912 Basel
Zahnarzt
∞ 11. 10. 1910 Basel
Jenny **Bachofen**
* 7. 6. 1887 Basel, † ca. 1971 Basel

**T 5** *Ludwig* August Samuel **Thiersch** (Eltern: Stamm Tiersch)
* 8. 9. 1848 Marburg, † 19. 5. 1920 Basel
Kaufmann, dann Leiter von katholisch-apostolischen Gemeinden in Deutschland und der Schweiz, Amtsnachfolger seines Vaters, Wohnsitz Albury, Surrey, England 1885, Zürich 1891, Bern 1895, Albury 1897, Basel 1908.

Lit.: Zeller § 431,5; Zeller-Siegfried S. 32

∞ 5./7. 12. 1877
Katherine, (Kitty, Kate) **Malcolm**
* 4. 4. 1856 Dundee, Schottland, † 8. 9. 1916 Basel
Eltern: Alexander **Malcolm**, Fabrikant in Dundee
Jane **Rattray**

Kinder:
1. Henry, * 28. 9. 1878 Manchester T 51
2. Malcolm, * 1. 11. 1879 Manchester T 52

3. Katharina (Kate), * 18. 3. 1881 Manchester T 53
4. Alexander, * 11. 5. 1883 Manchester T 54
5. Johanna (Jane), * 6. 9. 1884 Manchester, † 1965 Basel
6. Francis Rudolph, * 17. 10. 1886, † 3. 3. 1887
7. *Monika* Marie Louise, * 1. 8. 1888 Albury, † vor 1964 Basel, Sekretärin
8. Conrad, * und † 1892
9. Erwin Waldemar, * 2. 9. 1895 Zürich, gefallen bei Ypern auf englischer Seite 9. 10. 1917, Architekt.

**T 51** Henry **Thiersch** (Eltern: T 5)
* 28. 9. 1878 Manchester, † 11. 8. 1924 London
Chemiker in London
∞
Marion **Fischer**
* 5. 7. 1877 Bath (Westengland), † Bath

**T 52** Malcolm **Thiersch** (Eltern: T 5)
* 1. 11. 1879 Manchester, † 8. 1. 1967 Roth bei Nürnberg
Kaufmann in Roth
∞ 3. 10. 1911 Roth
Elise **Riffelmacher**
* 23. 12. 1890 Roth bei Nürnberg, † 20. 1. 1964 Roth
Eltern: Jean **Riffelmacher**, * 1857
Luise **Hunger**, * 1859
Kind:
1. Rolf, * 22. 9. 1914 Roth T 521

**T 521** Rolf **Thiersch** (Eltern: T 52)
* 22. 9. 1914 Roth bei Nürnberg,
† 10. 6. 1961 Schwabach bei Nürnberg
Dr. phil., Studienprofessor am Kraft-Gymnasium in Schwabach
∞ 27. 12. 1939
Gertraud **Schrödl**
* 7. 6. 1918 Tann in Niederbayern
lebt in Tann
Eltern: Cajetan **Schrödl**
Ottilie **Sauerle**
Kind:
1. Michael, * 2. 4. 1947 Altötting T 5211

**T 5211** Michael **Thiersch** (Eltern: T 521)
∗ 2. 4. 1947 Altötting
Dr. med., Arzt für Allgemeinmedizin in Nürnberg, später in Tann, Niederbayern.
∞ 1983
Ulrike **Jung**
∗ 26. 6. 1958
Krankenschwester
Eltern: Erich **Jung** (∗ 1930)
Dorothea **Polster** (∗ 1930)
Kinder:
1. Anna, ∗ 25. 7. 1983 Nürnberg
2. Lisa, ∗ 2. 6. 1986 Eggenfelden, Niederbayern

**T 53** Katharina (Kate) **Thiersch** (Eltern: T 5)
∗ 18. 3. 1881 Manchester, † 1969/1970 Basel
∞
Heinrich **Geering**
∗ 20. 8. 1856 Basel, † 26. 1. 1938 Basel
Kaufmann
Eltern: J. J. T. **Geering**, Vorsteher der kathol.-apostolischen Gemeinde in Basel
Hermine **Schliephake**, s. a. T 3

**T 54** Alexander **Thiersch** (Eltern: T 5)
∗ 11. 5. 1883 Manchester, † England
Techniker
∞
Vera **Horton**
∗ 8. 7. 1893
Kinder:
1. Katharine, ∗ 21. 2. 1913 London T 541
2. Anne, ∗ 10. 8. 1925 Newcastle upon Tyne T 542

**T 541** Katharine **Thiersch** (Eltern: T 54)
∗ 21. 2. 1913 London
in England
∞
James **McKeon**
Arzt

Kinder:
1. Christopher
2. Sheilagh
3. Andrew

**T 542** Anne **Thiersch** (Eltern: T 54)
∗ 10. 8. 1925 Newcastle upon Tyne
in England
∞
Donald **Dawn**

**T 6** *Anna* Christiane Henriette Luise **Thiersch**
(Eltern: Stamm Tiersch)
∗ 19. 5. 1850 Marburg, † 23. 12. 1923 Basel
Lit.: Zeller § 431,6
∞ 1. 9. 1896
Rudolf **Sarasin**
∗ 23. 2. 1831 Basel, † 16. 1. 1905 Basel
Großkaufmann, Rentner in Basel
Eltern: Karl **Sarasin**, 1788–1843, Kaufmann in Basel
...**Heusler**
Karl **Sarasin**: 1817 im Verwaltungskomitee, 1820 Schatzmeister der Anstalt Beuggen; der Großvater Jakob Sarasin-Battier war ein Freund Lavaters.

**T 7** *Friedrich* Maximilian Heinrich **Ritter von Thiersch**
(Eltern: Stamm Tiersch)
∗ 18. 4. 1852 Marburg, † 22. 12. 1921 München
Hatte ursprünglich die Absicht, Maler zu werden, Stud. Polytechnische Hochschule Stuttgart 1868–1873, daneben Zeichenstudien an der Kunstschule, Aufnahme alter Bauten als Illustration für die Architekturgeschichte des Kunsthistorikers Wilh. Lübke, 1873 Besuch der Wiener Weltaustellung, 1874 Eintritt in das Frankfurter Baugeschäft Mylius & Bluntschli, 1877–1878 Studienreise nach Italien und Griechenland, außerordentlicher Professor für die Höhere Architektur am Polytechnikum in München 1879, Orientreisen 1881 und 1884, ordentlicher Professor an der Technischen Hochschule und an der Akademie der Künste in München 1882, Reise nach Italien, Spanien, Algier, Marokko

1897; mit Wallot 1. Preis bei der Ausschreibung für das Reichstagsgebäude in Berlin 1882 (Wallots Entwurf wurde ausgeführt), leitete die Neugestaltung des Lindauer Rathauses 1884–1888, deswegen Ehrenbürger von Lindau, Erbauer des Justizpalastes in München 1887–1897, zahlreiche weitere Bauten in München, ferner Donaubrücke in Budapest 1893, zahlreiche Denkmalbauten, Garnisonskirche Ludwigsburg 1900–1903, Maximilians-, Cornelius- und Reichenbachbrücke mit Eisenskelettkonstruktionen in München 1903, Weltausstellung St. Louis USA 1904, Kurhaus Wiesbaden 1907, Festhalle Frankfurt (größter Festsaal Deutschlands) 1909; Persönlicher Adel 1898, Dr. phil. h. c. der Philosophischen Fakultät Marburg 1904, Ehrenmitglied des kaiserl. St. Petersburger Architekturvereins 1909, der Akademie der Künste zu Stockholm 1901, des Institute of Architects in Washington 1904, der Akademien München 1905, Dresden und Berlin 1906.

Lit.: Zeller § 431,7 und § 66; Zeller-Siegfried S. 32; Hermann Thiersch: Friedrich von Thiersch, der Architekt, München 1925 (dort umfangreiche Literaturangaben); Deutsches Biograph. Jahrbuch **3**, 1921 (Berlin 1927), S. 252–257; Thieme-Becker **33** (1939) mit Literatur

∞ 27. 3. 1886 Lindau
Auguste **Eibler**
* 31. 10. 1866 Lindau, † 22. 10. 1948 oder 23. 10. 1949 Marktschellenberg, Berchtesgadener Land
Eltern: Eduard **Eibler**, Großkaufmann in Lindau
Marianne Emma Auguste **Gullmann**

Kinder:
1. *Emma* Auguste, * 18. 1. 1887 München T 71
2. Bertha, * 14. 6. 1888 München T 72
3. Frieda, * 2. 7. 1889 München T 73
4. Marie, * 4. 5. 1891 München, † 16. 1. 1914 Wiesbaden, Krankenschwester
5. Heinrich, * 6. 5. 1894 München, gefallen bei Marché LePot in Frankreich 22. 10. 1914
6. Auguste, * 3. 4. 1897 München T 76
7. Friedrich, * 6. 6. 1900 München, † 11. 12. 1920 München
8. Zelida, * 26. 11. 1903 München T 78

**T 71** *Emma* Auguste **Thiersch** (Eltern: T 7)
* 18. 1. 1887 München, † 21. 4. 1968 München

Lit.: Zeller § 66, Zeller II 66

∞ I: 7. 3./17. 9. 1908 München
*Albert* Heinrich **Zeller**
∗ 10. 7. 1880 Jerusalem, † 14. 11. 1918 München als Stabsarzt der Landwehr, Einzelheiten und weitere Nachkommen s. G 38
∞ II: 6. 9. 1923 München
Karl **Voßler**
∗ 6. 9. 1872 Hohenheim bei Stuttgart, † 18. 5. 1949 München
Dr. phil., Privatdozent Heidelberg 1899, ordentl. Professor für romanische Sprachen an den Universitäten Heidelberg, Würzburg 1909, München 1911, Geheimer Regierungsrat, namhafter deutscher Romanist, führender Danteforscher; zielte auf eine formalästhetische Wertung der Literatur und Sprache; zahlreiche Buchveröffentlichungen und Zeitschriftenbeiträge.

Lit.: Kürschner 1950, Dtsche. Viertelj.-Schrift für Literatur **33** (1949), Dante-Jahrb. **29/30** (1951); Festschrift 1932

Eltern: Otto **Voßler**, Professor und Direktor an der Landwirtschaftlichen Hochschule Hohenheim
Anna **Faber**

**T 72** Bertha **Thiersch** (Eltern: T 7)
∗ 14. 6. 1888 München, † 7. 2. 1984 Köln
∞
Karl **Schmidtlein**
∗ 9. 8. 1887 Berlin, † Marktschellenberg, Berchtesgadener Land 1953
Dr. rer. pol., Jurist und Volkswirtschaftler, zuletzt bei der Dresdner Bank
Kinder:
1. Karl, ∗ 9. 12. 1920 Berlin, gefallen oder vermißt in Rumänien 1944
2. Wolfgang, ∗ 31. 8. 1923 Berlin T 722
3. Maria, ∗ 5. 10. 1928 Berlin, Gymnasiallehrerin in Essen

**T 722** Wolfgang **Schmidtlein** (Eltern: T 72)
∗ 31. 8. 1923 Berlin
Stud. Architektur München, Diplomingenieur, Chefarchitekt der Deutschen Lufthansa in Köln, seit 1983 freischaffend.
∞ 14. 7. 1956 Halle an der Saale
Brigitte **Consemüller**
∗ 24. 9. 1933 Halle an der Saale

Stud. Biologie und Pflanzensoziologie
Eltern: Erich **Consemüller**, Architekt am Bauhaus Weimar und Dessau
Ruth **Hollòs**, Webmeisterin am Bauhaus Weimar und Dessau
Kinder:
1. Christoph, * 31. 12. 1956 Köln T 7221
2. Stephan, * 28. 3. 1960 Köln T 7222
3. Juliane, * 15. 3. 1963 Köln, Stud. Musik und Rhythmik, Lehrerin in Florenz 1997
4. Sebastian, * 28. 6. 1965 Köln; Stud. Geographie, 1997 Promotionsstipendium in München.

**T 7221** Christoph **Schmidtlein** (Eltern: T 722)
* 24. 12. 1956 Köln
Stud. Medizin in Florenz, Dr. med., Facharzt für Kinderheilkunde in Passau.
∞ 1985 Florenz
Silvia **Sanna**, Familienname **Sanna-Schmidtlein**
Stud. Geschichte und Politikwissenschaft in Florenz, Dr.
Eltern: Dr.-Ing. Giuseppe **Sanna**
Margherita **Oberto-Sanna**
Kind:
1. Elisabetta, * 5. 3. 1986 Florenz

**T 7222** Stephan **Schmidtlein** (Eltern: T 722)
* 28. 3. 1960 Köln
Stud. Evangelische Theologie in Wuppertal, Marburg und Heidelberg, Ordination in Köln-Bickendorf 1992, Studentenpfarrer an der Universität Köln 1997.
∞ 1990 Köln
Regine **Brand**, Familienname **Brand-Schmidtlein**
Stud. Musik und Germanistik, Studienrätin
Eltern: Dietrich **Brand**, Kaufmann
Ilse ..., Gymnasial-Kunstlehrerin
Kinder:
1. Fabian, * 31. 12. 1993 Köln
2. Judith, * 29. 8. 1995 Köln

**T 73** Frieda **Thiersch** (Eltern: T 7)
∗ 2. 7. 1889 München, † 10. 7. 1947 München
Kunstbuchbinderin, band u. a. das Gästebuch im Führerbau in München.

Verf.: Handeinbände zu Drucken der Bremer Presse, Neu-Isenburg 1970, in: Marcus Behmer als Illustrator

Lit.: Unsere Zeit in 77 Frauenbildnissen 1930 (mit Photo); Thieme-Becker **33** (1939), dort weitere Literatur; Die Kunst im Deutschen Reich **3** (1939) 338 ff.

Partner:
Ludwig **Hess**
∗ 23. 3. 1877 Marburg, † 5. 2. 1944 Berlin
Kammersänger, Professor
Eltern: Adolf Edmund **Hess**, Privatdozent
Luise Wilhelmine **Wagner**

Kind:
1. *Ernst* Thomas **Thiersch**, ∗ 17. 8. 1910 Etrambières, F T 731

**T 731** *Ernst* Thomas **Thiersch** (Eltern: T 73)
∗ 17. 8. 1910 Etrambières, Frankreich
Ingenieur in Deltona FL, USA
∞ I: 1933, Ehe geschieden
*Mathilde* Franziska Johanna (Hilde) **Link**
∗ 7. 7. 1912 München
Eltern: Ambros **Link**
Aloisia Ma. (Luise) **Hofmiller**
∞ II: 18. 5. 1939
Käthe **Günther**
∗ 17. 1. 1916 Kassel
Eltern: Hermann **Günther**
Martha **Speck**

Kinder aus ∞ I:
1. *Johanna* Elisabeth Maria (Hanni), ∗ 23. 1. 1937 Brandenburg T 7311
2. *Monika* Maria, ∗ 11. 9. 1938 Rüsselsheim T 7312

Kinder aus ∞ II:
3. Ursula, ∗ 1944 Stuttgart T 7313
4. Heinrich Thomas, jetzt Thomas H., ∗ 23. 12. 1947 Frankfurt am Main, lebt in Concord CA, USA.

**T 7311** *Johanna* Elisabeth Maria (Hanni) **Thiersch** (Eltern: T 731)
∗ 23. 1. 1937 Brandenburg, † 7. 9. 1989
∞ 23. 9. 1961
*Hans* Robert **Engesser**
∗ 18. 10. 1928 Stuttgart
Kaufmann in Gerlingen bei Stuttgart
Eltern: Johannes **Engesser**
Helene **Blum**
Kinder:
1. *Johannes* Christoph, ∗ 20.7.1962 Stuttgart T 731 11
2. *Cornelia* Maria, ∗ 23. 1. 1966 Stuttgart T 731 12
3. *Constanze* Gabriele, ∗ 8. 5. 1969 Stuttgart T 731 13

**T 731 11** *Johannes* Christoph **Engesser** (Eltern: T 7311)
∗ 20. 8. 1962 Stuttgart
Stud. Med. Pisa, Triest, Heidelberg, Mannheim, Arzt England (London), Schweiz (Bern, Luzern, Arlesheim bei Basel), Pforzheim, praktischer Arzt (Naturheilverfahren) in Heidelberg; Sohn aus früherer Verbindung: Robin *Joan* Maria **Engesser**.
∞ 25. 6. 1997 Heidelberg
*Susanne* Gertrud Maria **Hofmeister**
∗ 4. 4. 1962 Gießen
Stud. Med. Heidelberg, Dr. med. Heidelberg, Ärztin in Mannheim; Kinder aus erster Ehe: Felix Moritz Hintze und Oliver Hintze.
Eltern: Dr. Helmut **Hofmeister**
Isolde **Rösler**
Kind:
1. *Adam* Urban, ∗ 7. 7. 1997 Heidelberg

**T 731 12** *Cornelia* Maria **Engesser** (Eltern: T 7311)
∗ 23. 1. 1966 Stuttgart
Übersetzerin, Dolmetscherin
∞ 16. 5. 1997 Tübingen
*Knut* Gerhard Otto **Völke**
∗ 16. 9. 1963 Wolfenbüttel
Stud. Med., Dr. med., Arzt, Chirurg an der Universitätsklinik Tübingen.
Eltern: Dr. Gerhard Otto Gustav **Völke**
*Edith* Elisabeth Hilde Margarethe **Isensee**

**T 731 13** *Constanze* Gabriele **Engesser**, Familienname **Engesser** (Eltern: T 7311)
∗ 8. 5. 1969 Stuttgart
Stud. Germanistik, Romanistik (Spanisch) und Kunstgeschichte Universität Freiburg und Universidad Complutense Madrid, „Master“ Europäische Gemeinschaften ICADE Madrid, seit 1996 Übersetzerin für Deutsch, Englisch, Spanisch.
∞ 29. 8. 1997 Gerlingen bei Stuttgart
José Manuel **Navarro Soto**
∗ 6. 6. 1962 Madrid
Stud. Geschichte an der Universidad Complutense in Madrid, Pädagogikkurse, seit 1992 Ausbilder in der Informatik-Abteilung „Continente“ Madrid.
Eltern: Jaime **Navarro Medina**, Beamter des Spanischen Außenministeriums
Leonor **Soto Martinez**, Beamtin des Spanischen Landwirtschaftsministeriums in Madrid

**T 7312** *Monika* Maria **Thiersch** (Eltern: T 731)
∗ 11. 9. 1938 Rüsselsheim
Aufenthalt in England 1956–1957, 1958 Stud. an der Sprachenschule München (Diplomdolmetscherin, Übersetzerin, Handelskorrespondentin für Englisch), bis 1971 als Angestellte in einem akustischen Beratungsbüro in München.
∞ 29. 5. 1969 München
*Franz* Leopold Dominik Nikolaus **Graf von Stillfried und Rattonitz**
∗ 22. 1. 1941 Sagan, Schlesien
Stud. Architektur Berlin, München, Architekt, Diplombauingenieur 1968, Große Staatsprüfung 1973, Regierungsbaumeister, Baudirektor, Leiter der Abteilung für Stadtgestaltung, der Denkmalschutzbehörde und Naturschutzbehörde der Stadt München.
Eltern: Franz **Graf von Stillfried und Rattonitz-Buchwald**, Landwirt
Veronika **Gräfin von Rechberg-Rothenlöwen**
Kinder:
1. *Maria* Monika, ∗ 3. 2. 1971 München T 731 21
2. *Sophie* Alexandra, ∗ 16. 1. 1974 München, Kunstausbildung in Berlin

**T 731 21** *Maria* Monika **Gräfin von Stillfried-Rattonitz**,
Familienname **Gräfin von Stillfried-Rattonitz** (Eltern: T 7312)
∗ 3. 2. 1971 München
Stud. College of St. Columba, Dublin, Irland (Leaving Certificate) 1990, Stud. Englische Literatur und Germanistik Aberdeen und Glasgow, Schottland, B.A. 1995; Freie Mtarbeiterin in einem Münchner Verlag.
∞ 23. 1. 1997 Idumuesah, Nigerien
Ifeanyi **Ugboh**
∗ 5. 2. 1963 Idumuesah, Nigerien
Stud. Wirtschaftswissenschaft, B.A. in Economics
Eltern: Ogwagu und Mary **Ugboh**

**T 7313** Ursula **Thiersch** (Eltern: T 731)
∗ 1944 Stuttgart
lebt in Enterprise FL, USA
∞ I: 1961, Ehe geschieden
Robert (Bobby) **Glasscock**
∗ 1934
∞ II:
Mark France **Wemhoff**
∗ 1943, † 1996
Kind aus ∞ I:
1. Tamy Jean, ∗ 1964 Detroit MI, USA

**T 76** Auguste (Gutti) **Thiersch** (Eltern: T 7)
∗ 3. 4. 1897 München, † 23. 10. 1968 München
∞ 2. 7. 1918
Emil **Lamprecht**
∗ 18. 12. 1893 Vietze an der Elbe,
† 26. 2. 1959 Homberg bei Kassel
Kaufmann, Prokurist, zuletzt in Berlin
Eltern: Emil **Lamprecht**
Emma **Siems**
Kinder:
1. Barbara, ∗ 24. 5. 1919 München T 761
2. Peter, ∗ 12. 1. 1923 Hamburg, gefallen als Leutnant in Rußland bei Poltawa 19. 3. 1943
3. Marianne, ∗ 14.7.1924 Hamburg T 763

**T 761** Barbara **Lamprecht** (Eltern: T 76)
∗ 24. 5. 1919 München, † 8. 12. 1996 Augsburg
Bibliothekarin
∞ 30. 12. 1944 Oberwerschen bei Weißenfels
Karl **Pohle**
∗ 1917 Unterwerschen, † 1974 Augsburg
Kaufmann in Augsburg
Eltern: Alban **Pohle**
Ottilie **Schrider**
Kinder:
1. Friedrich, ∗ 26. 2. 1947 Zeitz, † 15. 6. 1991; Biblotheksassistent
2. W. Kurt, ∗ 28. 10. 1948 Werschen bei Weißenfels T 7612
3. Klaus Peter, ∗ 27. 3. 1950 Werschen T 7613
4. Max *Karl*, ∗ 5. 7. 1951 Werschen T 7614
5. M. Barbara, ∗ 21. 12. 1952 Werschen T 7615
6. Michael, ∗ 27. 2. 1956 Weißenfels, Dr. phil., Germanist
7. Thomas, ∗ 2. 2. 1960 Haunstetten bei Augsburg, Informatiker, Kind Judith **Bischoff**

**T 7612** W. Kurt **Pohle** (Eltern: T 761)
∗ 28. 10. 1948 Werschen bei Weißenfels, † 23. 1. 1988 Augsburg
Krankenpfleger in Augsburg
∞ 1982 Augsburg
Elfriede **Roser**
Kind:
1. Martin, ∗ 26. 9. 1982

**T 7613** Klaus Peter **Pohle** (Eltern: T 761)
∗ 27. 3. 1950 Werschen bei Weißenfels
Finanzbeamter
∞ I: 14. 4. 1972, Ehe geschieden 23. 7. 1984
Rosemarie **Mayr**
∞ II: 31. 7. 1987
Doris **Hoffmann**
∗ 30. 10. 1957 Straubing, Donau
Kinder:
1. Jürgen, ∗ 26. 8. 1972, Koch
2. Doris, ∗ 2. 10. 1980

**T 7614** Max *Karl* **Pohle**, Familienname **Lutz** (Eltern: T 761)
∗ 5. 7. 1951 Werschen bei Weißenfels
Lehrer in Welden bei Augsburg
∞ 27. 2. 1987 Augsburg
Daniela **Lutz**
∗ 23. 11. 1962 Weinheim an der Bergstraße
Kommunikationswissenschaftlerin
Eltern: Lutz-Jörg **Lutz**
Dagmar **Resch**
Kind:
1. Lidka Alina **Lutz**, ∗ 3. 7. 1987

**T 7615** M. Barbara **Pohle** (Eltern: T 761)
∗ 21. 12. 1952 Unterwerschen bei Weißenfels
Krankenschwester in Augsburg
∞ 13. 5. 1976 Augsburg
Georg **Kornes**
∗ 22. 5. 1938 Bad Wörishofen
Krankenpfleger in Augsburg
Kinder:
1. Andreas, ∗ 6. 6. 1977 Augsburg
2. Regina, ∗ 1. 7. 1978 Augsburg
3. Christoph, ∗ 2. 11. 1980 Augsburg
4. Barbara, ∗ 7. 1. 1983 Augsburg

**T 763** Marianne **Lamprecht** (Eltern: T 76)
∗ 14. 7. 1924 Hamburg
∞ I: 6. 11. 1948, Ehe geschieden 13. 7. 1954
Josef **Gruber**
∞ II: 9. 10. 1956 Bogota, Columbien
Ruprecht **Fuchs**
∗ 1916 Allenstein, † 21. 10. 1996 Hannoversch Münden
Berufsoffizier, Major im Generalstab, in russischer Kriegsgefangenschaft bis 1950, Landwirt in Columbien seit 1952, zurück in Deutschland 1985.
Eltern: Leo **Fuchs**
Emma **Gehlsen**

**T 78** Zelida **Thiersch** (Eltern: T 7)
∗ 26. 11. 1903 München , † 28. 4. 1991 Siegen
in Siegen
∞ 20. 7. 1925, Ehe geschieden Chamblon bei Yverdon VD 1938
Numa **Tétaz**
∗ 25. 1. 1903 Frankfurt, † 22. 9. 1986 Genf, Schweiz
Kaufmann in Frankfurt
Eltern: Numa Emil **Tétaz** aus der Schweiz, † 1940
Therèse **Hoppe**
Kinder:
1. Numa, ∗ 25. 4. 1926 München T 781
2. Alice, ∗ 1. 9. 1928 München T 782

**T 781** Numa **Tétaz** (Eltern: T 78)
∗ 25. 4. 1926 München
Studienrat, Professor in Lausanne
∞
Myriam **Gramegna**
∗ 1934 Lausanne
Kinder:
1. Jean-Marc, ∗ 1961 Lausanne, Stud. Theol. Göttingen, Theologe in Essen 1997.
2. Irène, ∗ 1963 Lausanne, Malerin in Paris 1997

**T 782** Alice **Tétaz** (Eltern: T 78)
∗ 1. 9. 1928 München
∞ 1953 Bern
Michael **Schneider**
∗ 4. 3. 1909 Weimar, † 26. 11. 1994
Stud. Musikhochschule Weimar, Leipzig, Universität Jena, Köln, Dr. phil., Stadtorganist Weimar 1931, Kantor München 1934, Professor an der Musikhochschule (Orgel) in Köln 1936, Kirchenmusikdirektor München 1945, Professor an der Nordwestdeutschen Musikakademie Detmold 1951, Leiter des Bielefelder Musikvereins, Professor an der Hochschule für Musik in Berlin 1958, zugleich Organist der Kirche zum Heilsbronnen, wieder Musikhochschule Köln 1965, zugleich Leiter des Instituts für Kirchenmusik, Gürzenich-Organist; Karl-Straube-Plakette 1981, Ehrenmitglied des Deutschen Musikrats.

Verf. u. a.: Entwicklung der Orgelspieltechnik im 19. Jh., 1941
Lit.: Wer ist Wer 1996
Eltern: Gustav **Schneider**, Maler
Clara **Tiedemann**, Gesangslehrerin
Kinder:
1. Florian, ∗ 1954 Bielefeld, Musiker
2. *Andreas* Michael, ∗ 12. 8. 1956 Bielefeld T 7822
3. Stefan, ∗ 1959 Bielefeld T 7823

**T 7822** *Andreas* Michael **Schneider** (Eltern: T 782)
∗ 12. 8. 1956 Bielefeld
Stud. Klavier und Musiktheorie Musikhochschule Köln, Zivildienst, Stud. Medizin, Dr. med.
∞ 1991 Lengerich
Christiane **Hiß**
∗ 25. 12. 1959
Stud. Musik, Cello in Köln, Konzertexamen in Frankfurt, tätig im Opernorchester Münster.
Kinder:
1. Lukas, ∗ 5. 9. 1991
2. Max, ∗ 17. 5. 1993
3. Antonie, ∗ 18. 3. 1995

**T 7823** Stefan **Schneider** (Eltern: T 782)
∗ 1959 Bielefeld
Musiker
∞ 1981
Irmgard **Velder**
Pädagogin für verhaltensgestörte Kinder
Kinder:
1. Franz, ∗ 19. 9. 1981 Köln
2. Hannah, ∗ 29. 6. 1988 Köln

**T 8** *Monika* Friederike Margarete **Thiersch** (Eltern: Stamm Tiersch)
∗ 25. 10. 1853 Marburg, † 11. 2. 1930 München
Lit: Zeller § 431,8; Zeller-Siegfiied S. 32
∞ 5. 5. 1880
Ludwig **Scholler**
∗ 16. 9. 1838 Ruchheim, Pfalz, † 6. 4. 1903 München

Stud. Theol. 1862, 1862 Pfarrverweser in Minfeld, Pfalz, Hauslehrer in Großrosen bei Liegnitz, Schlesien, 20. 1. 1869 wegen Übertritts zu den „Irvingianern“ aus dem pfälzischen Kirchendienst entlassen; zunächst im Dienst der katholisch-apostolischen Gemeinde Basel, 1875 Prediger und Vorsteher der katholisch-apostolischen Gemeinde in Augsburg.

Lit.: Biundo 4876

Eltern: Karl Friedrich **Scholler**, Pfarrer,
Dekan in Homburg, Saar
Johanna Magdalene **Reichhold**

Kinder:
1. Johanna, * 31. 3. 1881 Augsburg T 81
2. Karl, * 13. 5. 1884 Augsburg, † 27. 9. 1943 Hannover; Dr.Ing., Oberingenieur
3. Friedrich, * 27. 8. 1886 Augsburg T 83
4. Monika, * 19. 11. 1887 Augsburg, † 10. 11. 1944 München; Bankbeamtin
5. *Luise* Anna Emilie, * 1. 9. 1890 Augsburg T 85
6. Marie, * 8. 6. 1894 Augsburg T 86
7. Heinrich, * 27. 8. 1898 München T 87

**T 81** Johanna **Scholler** (Eltern: T 8)
* 31. 3. 1881 Augsburg, † 1. 1. 1953 München
∞ 26. 7. 1904
Stephan **Eickemeyer**
* 25. 8. 1869 München, † 29. 9. 1943 Nürnberg
Regierungsbaumeister

Kinder:
1. Rudolf, * 28. 10. 1908 München T 811
2. Gertrud, früh gestorben
3. Eleonore, * 30. 3. 1914 München T 813
4. Elisabeth Maria, * 6. 11. 1920 München T 814

**T 811** Rudolf **Eickemeyer** (Eltern: T 81)
* 28. 10. 1908 München, † 20. 2. 1990 München
Diplomingenieur, arbeitete mit Heinrich Scholler (T 87) an der Holzverzuckerung, lebte in München.
∞ 22. 10. 1935
Ingeborg **Meyn**
* 17. 7. 1910 Berlin, † 31. 7. 1970

Kinder:
1. Erika, * 11. 10. 1937 München T 8111
2. *Marion* Rosemarie, * 4. 7. 1940 München T 8112
3. *Hermine* Franziska, * 29. 7. 1942 München T 8113

**T 8111** Erika **Eickemeyer** (Eltern: T 811)
* 11. 10. 1937 München
∞
Karl **Kurz**
* 20. 2. 1931 Nürnberg
Diplomingenieur, Ingenieurbüro in Nürnberg-Eibach, wünscht keine weiteren Informationen.
Kinder:
1. Claudia, * 26. 3. 1963
2. Alexander, * 1. 7. 1966

**T 8112** *Marion* Rosemarie **Eickemeyer** (Eltern: T 811)
* 4. 7. 1940 München
Stud. Grafik und Design in München und an der Folkwang-Schule in Essen, Diplomgebrauchsgrafikerin, 2. Berufsausbildung zur Steuerberaterin in Hamburg, seit 1991 als Finanzkauffrau selbständig im Betrieb des Ehemannes in Pinneberg.
∞ I: 1960 München, geschieden 1974
Heinz-Josef-Maria **Henselder**
* 30. 3. 1933 Mülheim
Redakteur
∞ II: 16. 10. 1974 Hamburg
*Bertold* Bruno **Ladwig**
* 24. 1. 1942 Bochum
12 Jahre Berufssoldat, Ausbildung zum Kraftfahrzeugmeister, Kraftfahrzeug-Sachverständiger bei der Hansestadt Hamburg, als Zweitberuf seit 1988 Finanzkaufmann selbständig in Pinneberg; aus erster Ehe Kinder 1. Carsten, ∞ , Tochter Marilen; 2. Angela; 3. Stephanie.
Eltern: Emil Bruno **Ladwig**
Elisabeth **Dierkes** in Dortmund
Kinder aus ∞ I:
1. *Markus* Rudolf-Maria **Henselder**, * 2.2.1963 München; Stud. Philosophie, Germanistik, Indologie Köln, ausgewandert nach

USA, diverse Jobs, 1997 Besitzer der Fa. Sirius Computer Consulting in Los Angeles CA, USA.
2. *Bettina* Barbara **Henselder**, * 16. 7. 1965 Köln T 811 22

**T 811 22** *Bettina* Barbara **Henselder** (Eltern: T 8112)
* 16. 7. 1965 Köln
Ausbildung zur Bühnenbildnerin, Restaurant-Fachfrau, 5 Jahre Auslandsaufenthalte in Israel und Portugal, wohnt 1997 in Köln.
∞ 28. 12. 1990 Köln, getrennt seit Juli 1997
Andreas **Hoffmann**, Familienname **Henselder**
* 25. 6. 1962 Nordrhein-Westfalen
Kind:
1. David **Henselder**, * 20. 7. 1989 Portugal

**T 8113** *Hermine* Franziska **Eickemeyer** (Eltern: T 811)
* 29. 7. 1942 München
Kaufmännische Angestellte
∞ 1. 9. 1965 München
Dieter W. **Grotz**
* 11. 11. 1938 Tübingen
Ghostwriter und Dichter in München
Eltern: Amalie **Beck** geb. **Grotz**, 1915–1945,
Mate **Miketin**, † 1942
Kinder:
1. *Thomas* Michael, * 6. 2. 1968; selbständiger Handwerker
2. *Marcel* Oliver, * 4. 2. 1970, Koch, 1997 in Thailand

**T 813** Eleonore (Lore) **Eickemeyer** (Eltern: T 81)
* 30. 3. 1914 München
Kaufmännische Angestellte, Hausfrau
∞ 25. 9. 1939 München
Karl **Stöcklein**
* 14. 6. 1905 München, † 21. 9. 1967 Landshut
Kaufmann in München
Eltern: Georg **Stöcklein**, Bäckermeister, 1871–1955
Rosalie ..., 1882–1974
Kinder:
1. Elisabeth, * 31. 8. 1940 München T 8131
2. Stefan, * 9. 1. 1942 München T 8132
3. Karl, * 17. 11. 1943 Kitzingen am Main T 8133

4. Rudolf, * 30. 9. 1946 München T 8134
5. Johanna, * 7. 1. 1948 München T 8135
6. Friedrich, * 25. 8. 1950 München T 8136
7. Walter, * 17. 12. 1951 München T 8137

**T 8131** Elisabeth **Stöcklein** (Eltern: T 813)
* 31. 8. 1940 München
Buchhalterin, später Hausfrau
∞ 8. 5. 1965 München
Lothar **Hentschel**
* 14. 2. 1940 Meseritz, Grenzmark Brandenburg, jetzt Polen
Diplomingenieur für Maschinenbau (FH) in München
Eltern: Friedrich **Hentschel**, Kaufmann aus Liegnitz, * 1905
Elisabeth **Wieland**, Telefonistin in Nürnberg, * 1907
Kinder:
1. Ursula, * 1. 3. 1966 München, Diplomwirtschaftsingenieur, Diplomingenieur für Feinwerktechnik (FH).
2. Dieter, * 17. 9. 1968 München T 813 12

**T 813 12** Dieter **Hentschel** (Eltern: T 8131)
* 17. 9. 1968 München
Stud. Maschinenbau, Diplomingenieur (TU)
∞ 26. 7. 1997 München
Gudrun **Braun**
* 7. 1. 1972 München

**T 8132** Stefan **Stöcklein** (Eltern: T 813)
* 9. 1. 1942 München
Berufsschullehrer in München
∞ 13. 4. 1973 München
Isolde **Gindhard**
* 20. 5. 1944 München

**T 8133** Karl **Stöcklein** (Eltern: T 813)
* 17. 11. 1943 Kitzingen am Main
Praktischer Betriebswirt, Verwaltungsangestellter in München
∞ 4. 8. 1984 München
Ruth **Bremecke**
* 27. 11. 1931 Neuenrade bei Werdohl in Westfalen
Bankangestellte

**T 8134** Rudolf **Stöcklein** (Eltern: T 813)
∗ 30. 9. 1946 München
Elektroingenieur (FH) in München
∞ 17. 9. 1977 München
Ruth **Falk**
∗ 13. 5. 1954 Waging am See bei Traunstein
Krankenschwester
Eltern: Hermann **Falk**, Elektromeister, ∗ 1919
Elisabeth ..., Kaufmännische Angestellte, 1920–1983
Kinder:
1. Florian, ∗ 18. 8. 1978 München, Kommunikationselektriker
2. Benedikt, ∗ 14. 3. 1980 München, Stud. Fachoberschule für Technik
3. Elisabeth, ∗ 4. 6. 1981 München, Stud. Fachoberschule für Sozialwesen

**T 8135** Johanna **Stöcklein** (Eltern: T 813)
∗ 7. 1. 1948 München
∞ 1. 10. 1970
Siegfried **Schmidt**
∗ 1. 11. 1941 München
Studiendirektor in Pullach im Isartal
Kinder:
1. Rainer, ∗ 8. 8. 1972 München, Diplomingenieur für Maschinenbau (FH)
2. Bernhard, ∗ 27. 3. 1975 München, Stud. Elektrotechnik
3. Michael, ∗ 14. 11. 1977 München, Stud. Physik
4. Barbara, ∗ 23. 10. 1985 München

**T 8136** Friedrich **Stöcklein** (Eltern: T 813)
∗ 25. 8. 1950 München
Postbeamter in Berlin
∞ Mai 1978 London
Ursula **Janson**
∗ 19. 5. 1950 Moorrege bei Uetersen, Kreis Pinneberg
Arzthelferin
Eltern: Alfred **Janson**, aus Schmierau bei Erfurt, 1907–1991
Anneliese ..., aus Schwedt an der Oder, ∗ 1920
Kinder:
1. Thomas, ∗ 4. 3. 1983 Berlin

2. Christian, * 5. 9. 1984 Berlin
3. Friederike, * 7. 8. 1987 Berlin

**T 8137** Walter **Stöcklein** (Eltern: T 813)
* 7. 12. 1951 München
Dr. rer. nat., Biologe in Berlin
∞ 26. 5. 1990
Elisabeth **Krumm**
* 17. 8. 1954 Wuppertal
Kinder:
1. Samuel, * 22. 7. 1991 Wolfenbüttel
2. Johannes, * 10. 1. 1993 Wolfenbüttel
3. *David* Rudolf Walter, * 31. 10. 1994 Wolfenbüttel
4. Josef Heinz Georg, * 15. 8. 1996 Berlin
5. Debora, * 3. 1. 1998 Berlin

**T 814** Elisabeth Maria (Lisa) **Eickemeyer** (Eltern: T 81)
* 6. 11. 1920 München
Verwaltungsangestellte, lebt 1985 in Nürnberg
∞ 8. 8. 1944 Nürnberg
Friedrich **Beyerl**
* 23. 11. 1917 Nürnberg, † 28. 4. 1956 Nürnberg
Stud. Wirtschaftswissenschaft, Diplomhandelslehrer
Eltern: Johann und Anna **Beyerl**
Kind:
1. *Renate* Susanne Hedwig, * 26. 1. 1945 Nürnberg T 8141

**T 8141** *Renate* Susanne Hedwig **Beyerl** (Eltern: T 814)
* 26. 1. 1945 Nürnberg
Studienrätin in Köln
∞ 29. 10. 1971 Nürnberg
Pierre Gustave **Black**
* 7. 3. 1935 Paris
Marineingenieur bei der K. H. D., im Ruhestand 1997.
Eltern: Gustave Armand **Black**, Installateur aus Paris, † 1968
Albertine Jeanne **Roussel**
Kind:
1. Nadine Renate, * 5. 5. 1975 Bergisch-Gladbach; Stud. Romanistik, Anglistik, Spanisch, Magister Köln 1997.

**T 83** Friedrich **Scholler** (Eltern: T 8)
∗ 17. 8. 1886 Augsburg, † 1963 Erfurt
Chemiker
∞ 16. 9. 1921
Jeanette **Kuntze**
∗ 24. 11. 1895 Berlin-Charlottenburg, † 1. 6. 1984 Erfurt
Kinder:
1. Susanne, ∗ 20. 11. 1924 Erfurt, nach 1945 durch einen Halbwüchsigen ermordet, Organistin.
2. Ludwig, ∗ 5. 10. 1926 Erfurt, Schauspieler in USA
3. Justus, ∗ 9. 10. 1936 Erfurt, in Erfurt

**T 85** *Luise* Anna Emilie **Scholler** (Eltern: T 8)
∗ 1. 9. 1890 Augsburg, † 10. 9. 1967 München
Lehrerin, Schuldirektorin in München
∞
Georg **Schwarz**
∗ 16. 7. 1902 Nürtingen, † 20. 2. 1991
Schriftsteller in München

**T 86** Marie **Scholler** (Eltern: T 8)
∗ 8. 6. 1894 Augsburg, † 14. 9. 1978 München
∞ 3. 8. 1922
Alfred **Scheu**
∗ 17. 12. 1897 Mannheim, † 29. 9. 1988
Buchhändler in München

**T 87** Heinrich **Scholler** (Eltern: T 8)
∗ 27. 8. 1898 München, † 16. 9. 1964
Stud. Chem., Dr. rer. nat. Technische Hochschule München (Kinetische Untersuchungen zur Holzverzuckerung, d. h. Aufschluß der Cellulose mit verdünnter Schwefelsäure unter Druck bei 170–180°C), Chemiker, Spezialist für Holzverzuckerung, Scholler-Tornesch-Verfahren.

Lit.: F. Thiersch, Zeitschr. f. Physik. Chem. 111, 175 (1924); Ullmann, Enzyklopädie der Technischen Chemie **8** (1957), 595

∞
Anni **Brasch**
∗ 21. 5. 1894 Rügenwalde, † 24. 4. 1980 München
Eltern: Karl **Brasch**
Anni **Krause**

Kinder:
1. Karl-Ludwig, * 5. 7. 1925 München T 871
2. Gabriele, * 28. 10. 1926 München, † 16./17. 1. 1994, lebte in München
3. Heinrich, * 1. 8. 1929 München T 873
4. Johannes, * 16. 10. 1930 München; Diplomchemiker und Landwirt — im Wildwuchs — Ottering bei Mühldorf in Niederbayern.

**T 871** Karl-Ludwig **Scholler** (Eltern: T 87)
* 5. 7. 1925 München
Dr. med. Heidelberg 1954, Habilitation Freiburg 1967, Wissenschaftlicher Rat am Institut für Anästhesiologie der Medizinischen Fakultät der Universität in Freiburg 1971, Professor 1973, Direktor der Abteilung für experimentelle Anästhesiologie 1976, zahlreiche Veröffentlichungen.
Lit.: Kürschner 1996
∞
Viola **Steinhilber**
* 23. 10. 1927
Eltern: Wilhelm **Steinhilber**, Verwaltungsdirektor
Johanna **Eisen**
Kinder:
1. Andrea, * 11. 4. 1956; Germanistin, Assessorin D. L.
2. Petra, * 29. 12. 1957, Dr. med., Augenärztin
3. Damaris, * 27. 7. 1961, Pädagogin

**T 873** Heinrich (Heinz) **Scholler** (Eltern: T 87)
* 1. 8. 1929 München
Dipl. sci. pol., Dr. iur. 1957, Habilitation München 1966, Wissenschaftlicher Rat und Professor 1971, außerplanmäßiger Professor 1972, Professor an der Haile-Selassie-Universität in Äthiopien 1972–1975, apl. Professor in München 1975, Gastprofessur an der Sorbonne in Paris 1977–1978, an der Michigan State University 1979–1980; Professor für Staats- und Verwaltungsrecht sowie Rechts- und Staatsphilosophie, Vorstandsmitglied des Instituts für Politik und Öffentliches Recht der Juristischen Fakultät der Universität München, zahlreiche Arbeiten auf dem Gebiet des öffentlichen Rechts, Veröffentlichungen auch zu Blindenproblemen; verlor durch einen chemischen Experimentierunfall 1945

auf beiden Augen das Sehvermögen und war 20 Jahre völlig blind; wurde durch eine Operation (Prof. Strompelli in Rom) 1965 auf einem Auge mit Hilfe einer Spezialprothese wieder beschränkt sehfähig; Bundesverdienstkreuz, Medaille de la Ville de Paris.

Lit.: Who Is Who in Germany 1996, Kürschner 1996

∞

Gertrud **Hartwig**

∗ 26. 8. 1933 München

Eltern: Karl **Hartwig**
Katharina **Koinzer**

Kinder:

1. Jens, ∗ 11. 9. 1962, Wehrdienst 1982, Verwaltungsrat in München
2. Henrika, ∗ 24. 6. 1968 T 8732
3. Luciane, ∗ 28. 10. 1970; Erzieherin

**T 8732** Henrika **Scholler** (Eltern: T 873)

∗ 24. 6. 1968

∞

Heiko **Zude**

Kind:

1. Hannah, ∗ 27. 9. 1994

**T A** *Luise* Sophie Emma, (Illa) **Thiersch** (Eltern: Stamm Thiersch)

∗ 12. 9. 1856 Marburg, † 23. 4. 1919 Frankfurt am Main

Lit.: Zeller § 431,10; Zeller-Siegfried S. 34

∞ 28. 12. 1881

Paul **Wigand**

∗ 24. 11. 1853, † 23. 6. 1921 Frankfurt am Main

Dr. phil., Gymnasiallehrer, dann Evangelist der katholisch-apostolischen Gemeinde in Frankfurt am Main und Kassel 1880.

Verf.: Heinrich Thiersch's Leben, z. T. von ihm selbst erzählt, Basel 1887

Eltern: Dr. Julius Wilhelm *Albert* **Wigand**, 1821–1886,
Professor der Botanik und Geheimrat in Marburg
Emma **Vorster**

Kinder:

1. Albert, ∗ 21. 10. 1882 Kassel T A1
2. Johannes, ∗ 5. 4. 1884, † 12. 8. 1884

3. *Marie* Emma Irmela, * 20. 10. 1885, † 11. 9. 1889
4. Friedrich, * 23. 12. 1887 Kassel, gefallen in Fankreich 3. 3. 1915; Stud. Philologie
5. Heinrich, * 18. 8. 1891 Kassel T A5
6. Ruth, * 7. 2. 1895 Frankfurt am Main, † 4. 2. 1980 Frankfurt am Main, Grundschullehrerin in Frankfurt am Main, wirkte zeitweise in Havanna auf Cuba.

**T A1** Albert **Wigand** (Eltern: T A)

* 21. 10. 1882 Kassel, † 18. 12. 1932 Marburg

Stud. Phil. Marburg, München, Dr. phil., Assistent in Marburg, Dresden und Halle, Privatdozent Halle 1911, tit. Professor Halle 1917, Lehrauftrag für Physik der Atmosphäre 1920, a. o. Professor Halle 1921, o. ö. Professor Stuttgart-Hohenheim 1925, Vorstand des Physikalischen Instituts und der Erdbebenwarte Hohenheim, Professor für Meteorologie in Hamburg 1929, zahlreiche Veröffentlichungen; Kriegsteilnehmer 1914–1918, Leutnant d. R. 1916; Mitglied der Deutschen Physikalischen Gesellschaft, der Deutschen Gesellschaft für Technische Physik, der Deutschen Geophysikalischen Gesellschaft, der Gesellschaft für Äroarktik, der Meteorologischen Gesellschaft, des Vereins für Luftfahrt u. a.

Lit.: Wer ists? 1928, Kürschner 1935

∞ 23. 5. 1914

Else **von Hippel**

* 12. 8. 1895 Heidelberg, † 22. 12. 1980 Homburg, Saar

Eltern: Dr. Eugen **von Hippel**, Professor der Augenheilkunde in Göttingen
Gertrud **Winkelmann**

Kinder:

1. Hellmut, * 7. 5. 1915 Göttingen T A11
2. Volker, * 3. 10. 1918 Göttingen T A12
3. Reinhard, * 4. 7. 1921 Halle an der Saale T A13
4. Gert, * 20. 4. 1927 Stuttgart-Hohenheim, gefallen bei Alvesen in der Nähe von Hamburg 26. 4. 1945; Flak-Helfer und Soldat.

**T A11** Hellmut **Wigand** (Eltern: T A1)

* 7. 5. 1915 Göttingen

Dr. med., Arzt für innere Krankheiten in Saarbrücken, Chefarzt, im Ruhestand in Saarbrücken.

∞ I: 1945 Schwerin, Ehe geschieden 1951 Berlin
Barbara **Mennicke**, verwitwete Winkler
∗ 3. 6. 1923 Thorn, Westpreußen
Eltern: Erich **Mennicke**
Ilse **Knüpfer**
∞ II: 9. 8. 1952
Ingrid **Schimanski**
∗ 15. 2. 1928 Berlin
Eltern: Karl **Schimanski**
Anny **Müller**
Kinder aus ∞ I:
1. Brigitte, ∗ 31. 3. 1946 Hamburg, Dolmetscherin in Paris
2. Rolf, ∗ 11. 4. 1947 Hamburg, Theaterwissenschaftler in Wien; Tochter Brigitta **Dampier**, ∗ 20. 10. 1975 Wien
3. Hans *Jochen*, ∗ 24. 7. 1949 Berlin T A113
Kinder aus ∞ II:
4. Eva, ∗ 5. 8. 1953 T A114
5. Jürgen, ∗ 4. 2. 1957 T A115
6. Klaus, ∗ 5. 4. 1964 T A116

**T A113** Hans *Jochen* **Wigand** (Eltern: T A11)
∗ 24. 7. 1949 Berlin
Diplomingenieur, Architekt in Graz
∞ 30. 6. 1973 Graz
Heidemarie **Kogler**
∗ 16. 9. 1950 Graz
Eltern: Helmut **Kogler**, ∗ 1927, Bauingenieur in Graz
Zerline **Erfurt**, 1907–1990, Komponistin und Musikpädagogin
Kinder:
1. Christian, ∗ 24. 12. 1979 Graz
2. Johannes, ∗ 31. 10. 1984 Graz
3. Peter, ∗ 30. 9. 1986 Graz

**T A114** Eva **Wigand** (Eltern: T A11)
∗ 5. 8. 1953
Diplomingenieur, Architektin, Stadtbaurätin in Speyer
∞
Gerhard **Helbing**

Diplomingenieur, Architekt, Oberbürgermeister von Bühl in Baden.

**TA115** Jürgen **Wigand** (Eltern: TA11)
∗ 4. 2. 1957
Diplomökonom in Lich bei Gießen
∞
Renate **Weißenborn**

**TA116** Klaus **Wigand** (Eltern: TA11)
∗ 5. 4. 1964
Jurist
∞ 1997 München
Brigitte **Pusch**

**TA12** Volker **Wigand** (Eltern: TA1)
∗ 3. 10. 1918 Göttingen
Stud. Bauingenieur Technische Hochschule Braunschweig 1945–1950, Diplomingenieur, seit 1953 Bundesbeamter des höheren technischen Dienstes in der Wasser- und Schiffahrtsverwaltung in Karlsruhe, Kiel, Emden, Hamburg, Bonn (Bundesministerium für Verkehr), Emden, Wilhelmshaven, 1969–1981 Regierungs-Baudirektor und Vorstand des Wasser- und Schiffahrtsamtes Wilhelmshaven, seit 1981 im Ruhestand.
∞ 24. 8. 1950 Osnabrück
Hanna-Liese (Hanneli) **Kerkhof**
∗ 10. 10. 1919 Osnabrück
Stud. Pharmazie Technische Hochschule Braunschweig, 1948 approbierte Apothekerin in Osnabrück und Hamburg bis 1953.
Eltern: Heinrich **Kerkhof**, Architekt in Osnabrück, 1884–1957
Frieda **Schomaker**, 1892–1968
Kinder:
1. Gerhard, ∗ 20. 3. 1952 Hamburg, Stud. Architektur Technische Hochschule Aachen, Diplomingenieur, Architekt, Technischer Berater für einen Bundesverband in Köln, wohnt in Gemmenich, Belgien.
2. Ulrich, ∗ 2. 7. 1953 TA122
3. Christiane, ∗ 15. 5. 1956 TA123

**T A122** Ulrich **Wigand** (Eltern: T A12)
* 2. 7. 1953 Hamburg
Stud. Architektur Technische Hochschule Aachen, Diplomingenieur, Städteplanungsingenieur, Amtsleiter in der Stadtverwaltung Herzogenrath bei Aachen, wohnt in Vaals, Niederlande.
∞ 8. 11. 1990 Krefeld
Gabriele **Fichsel**, Familienname **Fichsel-Wigand**
* 21. 10. 1960 Bonn
Stud. Med. Universität Bonn, Dr. med., Ärztin bis 1992
Eltern: Dr. med. Helmut **Fichsel**, Professor in Bonn
Christa ...
Kinder:
1. Mara, * 21. 1. 1991 Düsseldorf
2. Johanna Karolin, * 12. 8. 1992 Düsseldorf
3. Yannick, * 23. 9. 1995 Aachen

**T A123** Christiane **Wigand**, Familienname **Wigand-Richter** (Eltern: T A12)
* 15. 5. 1956 Osnabrück
Stud. Med. Göttingen, Dr. med., Ärztin in Osterode im Harz, Internistin, Oberärztin am Kreiskrankenhaus in Alfeld an der Leine, wohnt in Delligsen, Niedersachsen.
∞ 6. 9. 1986 Wilhelmshaven
Klaus **Richter**
* 23. 5. 1956 Kassel
Stud. Med. Göttingen, Dr. med., Arzt, Praxis für Allgemeinmedizin in Delligsen.
Eltern: Edmund **Richter**, Technischer Betriebsleiter in Wuppertal
Gisela **Hampel**
Kind:
1. *Raimund* Klaus, * 12. 5. 1992

**T A13** Reinhard **Wigand** (Eltern: T A1)
* 4. 7. 1921 Halle an der Saale
Im Krieg Bordfunker-Ausbilder bei der Luftwaffe; Dr. med. 1948, Assistent am Institut für Tropenmedizin der Universität Hamburg, Habilitation und Dozent in Hamburg 1956, Oberassistent am Institut für Hygiene und Mikrobiologie der Universität des

Saarlandes in Homburg, Saar 1959, außerplanmäßiger Professor für Medizinische Mikrobiologie 1962, Professor für Mikrobiologie und Tropenmedizin im Fachbereich Klinische Medizin, Vorstand der Virologischen Abteilung (Tropenmedizin, Virologie, Mikrobiologie) bis 1988; zahlreiche Veröffentlichungen auf dem Gebiet der Virologie.

Lit.: Kürschner 1996; Who Is Who in Germany 1983

∞ 7. 7. 1951
Thekla **Buff**
* 28. 3. 1922 Asperden am Niederrhein
Eltern: Walther **Buff**, Jurist und Landwirt in Asperden
Martha **Alpers**, Lehrerin

Kinder:

1. Renate, * 1952, † 1976
2. Walter, * 1953, Schauspieler an wechselnden Orten, 1997 Journalist und Synchron-Sprecher in Hamburg.
3. Gertrud, * 24. 2. 1960 Homburg, Saar T A133

**T A133** Gertrud **Wigand**, Familienname **Wigand** (Eltern: T A13)
* 24. 2. 1960 Homburg, Saar
Stud. Med. Hamburg, Dr. med., Ärztin in Ausbildung für Innere Medizin in Blieskastel, Saar 1997.
∞ 11. 11. 1994 Neunkirchen, Saar
Stefan **Büttner**
* 23. 9. 1959 Göttingen
Dr. med., Arzt in Ausbildung für Radiologie im Saarland 1997
Eltern: Manfried **Büttner**, Gymnasialdirektor i. R., zuletzt in Esens, Ostfriesland
Erika **Laves**

Kinder:

1. Tobias **Wigand**, * 13. 8. 1993 Neunkirchen, Saar
2. Regina **Wigand**, * 9. 1. 1995 Neunkirchen

**T A5** Heinrich (Heinz) **Wigand** (Eltern: T A)
* 10. 8. 1891 Kassel, † 17. 6. 1977 Idstein im Taunus
Architekt für die Deutsche Reichsbank in Betzdorf und Fulda, Baurat an der Staatl. Ingenieurschule für Hoch- und Tiefbau in Idstein.

∞ 21. 11. 1922
Auguste **Klingelhöfer**
∗ 8. oder 18. 4. 1899 Schweinsberg in Hessen,
† 20. 4. 1968 Wiesbaden, begraben in Idstein
Eltern: Dr. Adolf **Klingelhöfer**, Arzt, 1865–1903
Else **Sallmann**, 1871–1948
Kinder:
1. Rainer, ∗ 23. 8. 1923 Betzdorf, Sieg, vermißt 4. 9. 1944 bei Wyszkow am Bug, nordöstl. von Warschau, Toterklärung am 15. 9. 1964 für 31. 12. 1945.
2. Ingeborg, ∗ 21. 5. 1925 Fulda, Lehrerin in Frankfurt am Main
3. Dorothee, ∗ 9. 10. 1929 Idstein im Taunus T A53

**T A53** Dorothee **Wigand** (Eltern: T A5)
∗ 9. 10. 1929 Idstein im Taunus
Apothekerin
∞ 8. 8. 1959
Burkhard **Mencke**
∗ 4. 12. 1927 Darmstadt
Diplomchemiker, Dr., Apotheker in Holzappel, Unterlahnkreis
Kinder:
1. Dagmar, ∗ 21. 8. 1960 Princeton NJ, USA T A531
2. Renate, ∗ 8. 5. 1962 Frankfurt-Höchst T A532
3. Martin, ∗ 28. 11. 1966 Hofheim im Taunus T A533
4. Volker, ∗ 20. 4. 1969 Frankfurt-Höchst; Diplomingenieur (Architektur) in Berlin

**T A531** Dagmar **Mencke** (Eltern: T A53)
∗ 21. 8. 1960 Princeton NJ, USA
Stud. Chemie in Mainz, Diplomchemikerin 1986
∞ 2. 11. 1985 Diez an der Lahn
Christian **Hennen**
∗ 28. 9. 1960 Briedel an der Mosel
Stud. Chemie in Mainz, Diplomchemiker, Dr. rer nat. Mainz, tätig bei Fa. Bayer in Krefeld-Uerdingen.
Eltern: Karl-Otto **Hennen**
Edith **Tießen** in Briedel

**T A532** Renate **Mencke** (Eltern: T A53)
∗ 8. 5. 1962 Frankfurt-Höchst

Stud. Medizin in Marburg, praktisches Jahr und Ausbildung zur Kinderärztin in Kassel, Fachärztin 1995.
∞ 27. 6. 1992 Dörnberg bei Kassel
Jörg **Deppermann**
∗ 27. 10. 1965 Herford
Stud. Theologie in Marburg und Göttingen, Vikar in Kassel, lutherischer Pastor der lippischen Landeskirche in Bad Salzuflen 1997.
Eltern: Rolf **Deppermann**
Uta **Goldammer**
Kinder:
1. Philipp, ∗ 24. 9. 1995 Kassel
2. Mareike, ∗ 10. 12. 1997
3. Katharina, ∗ 10. 12. 1997

**TA533** Martin **Mencke** (Eltern: TA53)
∗ 28. 11. 1966 Hofheim im Taunus
Stud. Theologie in Tübingen, Berlin und Heidelberg, Lehrvikar in Bingen.
∞ 3. 3. 1990 Diez an der Lahn
Christine **Busch**
∗ 16. 7. 1967
Stud. Pädagogik in Heidelberg, Grund- und Hauptschullehrerin.
Eltern: Klaus **Busch**
Renate **Hassenkamp** in Hambach bei Diez
Kinder:
1. Jonathan, ∗ 28. 12. 1994 Heidelberg
2. Charlotte, ∗ 5. 5. 1997 Bad Kreuznach

**TB** *Marie* Sophie (Mia) **Thiersch** (Eltern: Stamm Thiersch)
∗ 13. 8. 1858 Albury, England, † 29. 1. 1943 Zürich
Mit den Eltern in Marburg 1858, München 1864, Augsburg 1869, Basel 1875, Albury 1888, zur Ausbildung in Lausanne 1892.
Lit.: Zeller § 431,11
∞ Zürich 1895
*Paul* Friedrich **Tappolet**
∗ 23. 2. 1843 Ottenbach, † 7. 3. 1914 Zürich
Pfarrer in Hittnau ZH 1869, Prediger der katholisch-apostolischen Gemeinde in Basel 1877, in Zürich 1892.

Eltern: Rudolf **Tappolet**, Pfarrer in Ottenbach bei Zürich
Susanne **Hess**

Kinder:

1. *Berta* Susanne, * 1. 1. 1897 Zürich, † 21. 7. 1947 St. Moritz (Asthma), Malerin und Kunstgewerblerin in Zürich; Stud. 1912–1914 in Zürich bei B. Baer, 1914–1917 an der Kunstgewerbeschule München (Rob. Engel), Werke: Bildteppiche, Stickereien, dekorative Innen- und Außenmalereien, Möbel, Keramik, Bilderbücher, Illustrationen; Reisen in Italien, Frankreich, Belgien, Holland, 1917–1937 Atelier zusammen mit Louise Strasser, seit 1937 beteiligt an „Cornelius" (Keramikgeschäft), lebte im Haus der Eltern in Zürich.
   Lit.: Thieme-Becker **32**, S. 438, E. Plüss, Ch. v. Tavel, Künstlerlexikon der Schweiz, XX. Jhd., dort weitere Lit.
2. *Siegfried* Heinrich, * 15. 2. 1901 Zürich T B2

**T B2** *Siegfried* Heinrich **Tappolet** (Eltern: T B)

* 15. 2. 1901 Zürich, † 12. 7. 1970 Zermatt VS, Schweiz

Bass-Bariton, Stud. Gesang am Konservatorium Zürich (Prof. Cairati), Opernsänger 1924 Stuttgarter Staatsoper, 1927 Nationaltheater Mannheim, gastierte 1930 an der Berliner Kroll-Oper unter Otto Klemperer, dann Städtische Oper Berlin, Köln, sang vor allem in Wagner-Opern, Gastspiele an der Metropolitan Opera in New York, Opernbühnen in Brasilien, Frankreich, Belgien, Spanien, 1948 Mitglied des Opernhauses Zürich bis 1966.

Lit.: K. J. Kutsch, L. Riemens, Großes Sängerlexikon 1993

∞ I: 1927, Ehe geschieden 1937

Adelheid Berta **Dietrich**

* 25. 10. 1906 Bena, Nigeria

Eltern: Wilhelm **Dietrich**, Pfarrer und Missionar
Lydia **Hofmann**

∞ II: 1938

Ingeborg **Waibler**

* 29. 7. 1909, † 2. 7. 1979 Visp VS, Schweiz

Kinder aus ∞ I:

1. Johann *Sebastian*, * 2. 10. 1928 Mannheim, Diplomlandwirt, lebt in Collingwood ONT, Canada, geschieden ca. 1965.
2. *Susanne* Veronika, * 9. 10. 1933 Köln T B22

**T B22** *Susanne* Veronika **Tappolet** (Eltern: T B2)
∗ 9. 10. 1933 Köln
Erzieherin in Stuttgart
∞
Gerhard **Haisch**
∗ 11. 11. 1927 Stuttgart
Diplomingenieur, Freier Architekt
Eltern: Adolf **Haisch**
Hedwig **Maisch**
Kinder:
1. *Christiane* Gabriele, ∗ 27. 12. 1959 Bern; Diplomingenieur, Architektin in Stuttgart; Tochter Sonja-Maria, ∗ 13. 9. 1989 Berlin.
2. *Matthias* Tilman, ∗ 26. 8. 1961 Muri bei Bern T B222
3. *Annette* Sofia, ∗ 27. 8. 1963 Stuttgart; Diplomlaborantin
4. *Bernhard* Dietrich, ∗ 14. 9. 1965 Stuttgart T B224

**T B222** *Matthias* Tilman **Haisch** (Eltern: T B22)
∗ 26. 8. 1961 Muri bei Bern
Diplomingenieur, Fachgebiet Flug- und Raumfahrt in Grafrath bei Fürstenfeldbruck.
∞
Birgit **Seidel**
∗ 15. 12. 1961 Stuttgart
Diplomverwaltungswirtin
Kinder:
1. Marius Moritz, ∗ 5. 12. 1992 München
2. Thiemo Dominik, ∗ 22. 5. 1996 München

**T B224** *Bernhard* Dietrich **Haisch** (Eltern: T B22)
∗ 14. 9. 1965 Stuttgart
Diplomvolkswirt in Sao Paulo, Brasilien
∞
Josefa **Delfino de Freitas**
∗ 25. 2. 1965 Recife, Brasilien

# Stamm Schmuziger

| 2. | 3. | 4. | 5. | 6. Generation |
|---|---|---|---|---|
| S Louis Schmuziger | S 1 Johannes Lehmann | | | |
| | S 2 Peter Nelson | | | |
| | S 4 Louis Schmuziger | S 42 Alessandro Stern | S 421 Heinz Bruhin | S 4211 Wassmer |
| | | | | S 4212 Urs B. |
| | | | S 422 Francesco Dellerba | |
| | | | S 423 Heiner Stern | S 4231 Bregliano |
| | | | | S 4232 Longo |
| | | | S 424 Pietro Stern | S 4241 Andrea S. |
| | | | | S 4242 Carlo S. |
| | | | S 425 Paolo Ormea | |
| | | | S 426 Walter Stern | S 4261 Simandirakis |
| | | S 43 Siegfried Schmuziger | S 431 Frank Bray | |
| | | | S 432 Damien Mastrangelo | |
| | | | S 433 Sacha Mlotkowski | |
| | | | S 434 Louis Schmuziger | |

**S** *Tabitha* Salome Marie **Zeller** (Eltern: Stammeltern S. 201)
∗ 11. 9. 1821 Beuggen bei Rheinfelden,
† 13. 6. 1887 Männedorf bei Zürich
Mitarbeiterin in der Anstalt Beuggen
Lit.: Zeller § 432; Thiersch II S. 305; Beuggen S. 252; Zeller-Siegfried S. 34
∞ 14. 6. 1850 Veltheim AG, Schweiz
Jakob Ludwig (Louis) **Schmu(t)ziger**
∗ 15./20. 5. 1804 Aarau AG, † 24. 3. 1864 Aarau
Kaufmännische Ausbildung in Aarau, Seidenkaufmann in Marseille, Konstantinopel 1830, Bursa (Bithynien, heute Türkei), Seidenfabrikant in Aarau AG, besaß das Schloß Kasteln, oberhalb Schinznach, übergab es der Stadt Aarau, die darin 1855 eine Erziehungsanstalt für arme Kinder gründete; erster Lehrer und Hausvater war Aaron Witzemann (s. Stamm Witzemann).
Eltern: *Marx* Daniel **Schmuziger**, Kaufmann und Stadtrat in Aarau
Maria **Berger**
weitere Vorfahren s. Ahnenliste Schmuziger, S. 580

Kinder:
1. *Marie* Sophie, * 2. 8. 1852 Aarau S 1
2. *Sophie* Tabitha, * 15. 9. 1853 Aarau S 2
3. Tabitha, * 16. 10. 1855 Aarau, † 9. 5. 1912 Männedorf bei Zürich; Korrespondentin in den Zellerschen Anstalten in Männedorf 1876.
4. Ludwig Reinhard (*Louis*), * 28. 1. 1859 Aarau S 4

**S 1** *Marie* Sophie **Schmuziger** (Eltern: Stamm Schmuziger)
* 2. 8. 1852 Aarau AG, † 23. 11. 1888 Herrnhut
Lit.: Zeller § 432,1
∞ 8. 7. 1884 Kasteln AG (verlobt Herrnhut – Aarau Februar 1884)
Johannes **Lehmann**
* 1832 Groenekloof, heute Mamre bei Kapstadt, SA
Als Kind in der Missionskinderanstalt der Brüdergemeine in Kleinwelka bei Bautzen; Apotheker, Arzt für Homöopathie 1864–1881 in Elim, östlich Kapstadt, wohnte als Mitglied der Brüdergemeine auf der Missionsstation, war aber nicht von der Heimatbehörde angestellter Missionsarzt, seit 1881 in Deutschland (Herrnhut), nach dem Tod seiner Frau vermutlich wieder in Südafrika, betrieb Landwirtschaft in Spanjaardskloof bei Elim.
Lit.: Th. Bechler, 200 Jahre ärztliche Missionsarbeit der Brüdergemeine, Herrnhut 1932; Archiv der Brüdergemeine, Königsfeld
Eltern: Erwin *Joseph* **Lehmann**, von Mönchweiler im Schwarzwald, Herrnhuter Missionar 1828–1855 auf Robbeneiland in der Bucht von Kapstadt
Dorothea **Erdmann** von Ebersdorf in Thüringen

**S 2** *Sophie* Tabitha **Schmuziger** (Eltern: Stamm Schmuziger)
führte seit 1893 wieder den Namen Schmuziger
* 15. 9. 1853 Aarau, † 30. 10. 1932 Aarau
1893–1900 Hausmutter in der Armenkinderanstalt Kasteln bei ihrem Onkel Aaron Witzemann.
Lit: Zeller § 432,2
∞ 12. 10. 1882 Männedorf bei Zürich / Basel,
Ehe vermutlich nach 4. 7. 1892 getrennt
Johann Peter August **Nelson**
* 20. 1. 1851 Ålem bei Kalmar, Schweden

Aus Rettir...ail (?), V. D. M. (verbi domini minister — Prediger), zunächst 1882 Arzt in Neunkirchen in Rheinpreußen, später Kurgeistlicher in St. Moritz, homöopathischer und praktischer Arzt, 1886 Vorstand der Heilanstalt Villa Wartheim in Oberuntern, Gemeinde Heiden AR, verkaufte seinen Besitz in Oberuntern 1893.
Eltern: Johann Niels **Nelson**
Katharina Margreth **Bengtssen**

S 4 Ludwig Reinhard (*Louis*) **Schmuziger**
(Eltern: Stamm Schmuziger)
∗ 28. 1. 1859 Aarau,
† 19. 11. 1922 Aarau während des Gottesdienstes, den er hielt.
Stud. Predigerschule Basel und freie theologische Fakultät Neuenburg, Pfarrstellvertreter in Val de Travers NE, 1883 Nachfolger des dortigen Pfarrers mit Sitz in Fleurier NE zur Betreuung deutscher Diasporagemeinden in 12 Dörfern, Gründer eines Blaukreuz-Vereins, Pfarrer in Aarau an der Minoritätsgemeinde der Evangelisch-Reformierten Landeskirche (Kapellengemeinde) 1896, Mitglied im Schweizerischen Zentralverband vom Blauen Kreuz, Mitgründer der Trinkerheilstätte „Effingerhort" (Fräulein Juliette von Effingen) auf Schloß Wildenstein und Präsident des Verwaltungsrates, Vorstand der Rettungsanstalt Kasteln, Präsident der Eichenberger Stiftung Beinwil am See, Mitglied der Schweizer Zelt- und Traktatmission und im Bethelwerk Zürich.
Lit.: Zeller § 432,4; Ein köstlicher Lebenstag, Erinnerungen an Pfarrer Louis Schmuziger, Männedorf; Biogr. Lexikon des Aargaus 1803–1957, Aarau 1958
∞ 19. 9. 1894 Männedorf
Emma **Dietrich**
∗ 18. 7. 1866 Lichtenstern bei Heilbronn, † 13. 10. 1954 Aarau
Stud. Lehrerinnenseminar Markgröningen, Württ. 1881, Diplom 1884, Lehrerin in Stuttgart und Wilhelmsdorf, leitete 1891–1896 mit einer Schwägerin ein Töchterinstitut in Uster ZH, in Aarau war sie Mitgründerin und Betreuerin zahlreicher sozialer und pädagogischer Einrichtungen, 1910–1931 im Präsidium des Schweizerischen Vereins zur Hebung der Sittlichkeit (jetzt Schweizer. Evang. Verband Frauenhilfe), zahlreiche Vortragsreisen in der ganzen Schweiz, seit 1928 unter ihrer Leitung jährliche Schweizer. Pfarrfrauentagungen.

Lit.: Biogr. Lexikon des Aargaus 1803–1957, Aarau 1958; Lichtenstern S. 103; Nachruf der Familie, Privatdruck o. J.

Eltern: Christian **Dietrich**, Hausvater in Lichtenstern,
später Oberlehrer in Stuttgart
Engelberta (Berta) **Duisberg**

Kinder:

1. Hanny, Adoptivtochter, * 3. 9. 1898, † 27. 12. 1982
2. *Ruth* Bertha, * 20. 1. 1900 Aarau S 42
3. *Siegfried* Walter, * 6. 6. 1906 Aarau S 43

S 42 *Ruth* Bertha **Schmuziger** (Eltern: S 4)
* 20. 1. 1900 Aarau, † 19. 1. 1974 Lenzburg AG
Lehrerin, später Hausfrau und Geschäftsfrau
∞ 14. 2. 1925 Aarau
*Alessandro* Rodolfo **Stern**
* 26. 10. 1899 San Remo, Italien, † 21. 10. 1975 Aarau
Ausbildung als Gärtner, übernahm die Handelsgärtnerei des Vaters in San Remo, sehr musikalisch, übersiedelte im Alter nach Luzern, später nach Lenzburg.

Eltern: Gustav Hermann **Stern**, Gärtner in San Remo
Bertha **Stänz**

Kinder:

1. Rose-Marie, * 30. 1. 1926 San Remo S 421
2. Carlotta Ursola, * 20. 12. 1927 San Remo S 422
3. *Heiner* Ludwig (Enrico), * 28. 6. 1930 Aarau S 423
4. *Pietro* Ermanno, * 15. 2. 1934 San Remo S 424
5. Hildegard Margarethe, * 27. 8. 1938 Aarau S 425
6. *Walter* Siegfried, * 2. 12. 1941 San Remo S 426

S 421 Rose-Marie **Stern** (Eltern: S 42)
* 30. 1. 1926 San Remo, Italien
∞ 6. 11. 1952 Aarau AG / Trimbach SO
Karl-*Heinz* Ferdinand **Bruhin**
* 15. 6. 1926 Medan, Sumatra, † 11. 4. 1984 Aarau
Ausbildung als Maschinenmechaniker, Stud. Maschinenbau, Ingenieur in Suhr AG, Oberleutnant in der schweizerischen Armee.

Eltern: Max **Bruhin**, Landwirtschaftsingenieur in Aarau
Else **Sprecher**

Kinder:
1. Marianne, * 6. 9. 1956 Winterthur S 4211
2. Urs, * 15. 4. 1958 Winterthur S 4212

**S 4211** Marianne **Bruhin** (Eltern: S 421)
* 6. 9. 1956 Winterthur
Elementarschullehrerin in Suhr AG
∞ 31. 7. 1981 Suhr AG
Robert **Wassmer**
* 18. 11. 1956 Suhr
Bezirksschullehrer (Turnen, Mathematik, Biologie)
Eltern: Hans **Wassmer**, Freileitungsmonteur in Suhr
Lilly **Zubler**

**S 4212** Urs **Bruhin** (Eltern: S 421)
* 15. 4. 1958 Winterthur
Ausbildung als Maschinenmechaniker, Kaderkurs für Manager, 1997 in Edmonton, Alberta, Canada.
∞ 31. 5. 1985 Basel / 20. 7. 1985 Senta, Jugoslawien
Irena **Bésedes**
* 27. 2. 1960 Senta, Jugoslawien
Fabrikfürsorgerin, Speerwerferin
Kinder:
1. Natascha, * 8. 11. 1990 Aarau AG
2. Fabian, * 8. 11. 1990 Aarau

**S 422** Carlotta Ursola (Lotti) **Stern** (Eltern: S 42)
* 20. 12. 1927 San Remo
tätig im Familienbetrieb
∞ 17. 7. 1954 Heiden AR, Schweiz
Nicola *Francesco* **Dellerba**
* 16. 3. 1928 Aurigo, Imola, Italien
Seit 1974 Besitzer eines Gärtnereibetriebes, Züchter von Kakteen-, Sukkulenten- und Euphorbien-Sorten, Samenzucht, in San Remo.
Eltern: Giuseppe **Dellerba**
Maria **Dulbecco**
Kind:
1. Riccardo, * 5. 8. 1958 Bussana-San Remo; Kakteenzüchter in San Remo, interessiert an Homöopathie.

**S 423** *Heiner* Ludwig (Enrico) **Stern** (Eltern: S 42)
∗ 28. 6. 1930 Aarau AG
Blumenkulturen, Blumenexport in San Remo, Italien
∞ 28. 6. 1955 San Remo
Ernesta Maria **Faraldi**, Familienname **Faraldi**
∗ 6. 3. 1928 San Remo, † 19. 1. 1998 San Remo
Blumenzüchterin
Eltern: Ernesto **Faraldi**
Maria **Ausenda**
Kinder:
1. Alessandra, ∗ 18. 2. 1956 S 4231
2. Cristina, ∗ 17. 6. 1960 S 4232

**S 4231** Alessandra **Stern** (Eltern: S 423)
∗ 18. 2. 1956 San Remo
Sekretärin
∗ ∞ 22. 9. 1979 Bordighera, Riviera
Luca Renzo **Bregliano**
∗ 12. 5. 1946 Ospedaletti, Riviera
Blumenzüchter
Eltern: Isidoro **Bregliano**
Annina **Piccoli**
Kind:
1. Alessandro Luca, ∗ 24. 1. 1983, Student

**S 4232** Cristina **Stern** (Eltern: S 423)
∗ 17. 6. 1960 San Remo
Kindergärtnerin (Montessori)
∞
Francesco **Longo**
∗ 8. 7. 1959 San Remo
Gartengestalter, führt eine Baumschule
Eltern: Giuseppe **Longo**
Marianna **Macedonio** in Cinquefrondi, Reggio Calabria

**S 424** *Pietro* Ermanno **Stern** (Eltern: S 42)
∗ 15. 2. 1934 San Remo, Italien
Bürger in Basel-Stadt, Ausbildung als Kaufmann, in Familiengärtnerei in San Remo, Italien tätig, 1972 Vertreter einer schwei-

zerischen Samen- und Gartenzubehörfirma für die Südschweiz, 1979 Verkäufer in Locarno, ehrenamtlich tätig als Kassier des SGV (Schweizer Gärtnerverband) Sektion Locarno und in verschiedenen Funktionen in der evangelisch-reformierten Gemeinde Locarno-Muralto.
∞ 20. 2./22. 5. 1965 Rüschlikon ZH, Schweiz
Eva *Regula* **Griesser**
∗ 5. 5. 1942 Zürich
Bürgerin von Zürich und Basel-Stadt, Ausbildung als Werbeassistentin SRV, in verschiedenen Berufen tätig, als Sekretärin/Sachbearbeiterin in einer Kirchengemeinde, seit 1991 Freie Journalistin BR, seit 1965 Familienfrau, „Fachfrau für Chaosmanagement"; ehrenamtliche Tätigkeiten: 1976–1991 im Kirchenvorstand der evangelisch-reformierten Gemeinde Locarno und Umgebung, 1989 Präsidentin der Synode der CERT (Chiesa evangelica-riformata nel Ticino), seit 1974 in der Konsumentinnenbewegung ACSI (Associazone Consumatrici della Svizzera Italiana), seit 1994 Mitglied der „Eidgenössischen Kommission für Konsumentenfragen", seit 1996 Vorstandsmitglied der ZEWO (Zentralstelle für Wohlfahrtsunternehmen / Gütesiegelerteilung), seit 1996 Vorstandsmitglied der SOAM (Schweizerische Ostasien-Mission) und Mitglied der SOAM-Korea-Kommission.
Eltern: Otto *Ernst* **Griesser**, Bankprokurist in Rüschlikon ZH
Marie **Hermann**, Haushalt- und Handarbeitslehrerin in Arosa GR
Kinder:
1. *Andrea* Alessandro, ∗ 21. 6. 1966 Zürich S 4241
2. *Carlo* Ernesto, ∗ 30. 8. 1969 San Remo S 4242

**S 4241** *Andrea* Alessandro **Stern** (Eltern: S 424)
∗ 21. 6. 1966 Zürich
Ausbildung als Elektronikmechaniker, Informatikingenieur (HTL); aktiv in der Chrischona-Gemeinde Rümlang ZH.
∞ 24. 10. 1992
Elisabeth **Eugster**
Kinder:
1. Daniel, ∗ 27. 4. 1994
2. Jonathan, ∗ 26. 3. 1996

S 4242 *Carlo* Ernesto **Stern** (Eltern: S 424)
∗ 30. 8. 1969 San Remo
Elektriker
∞ 18. 10. 1997 Zürich
Sara **Wolfer**
∗ 24. 5. 1975 Uster ZH
Krankenschwester
Eltern: Heirich **Wolfer**
Amalie **Krebser**

S 425 Hildegard Margarethe **Stern**, Familienname **Ormea-Stern** (Eltern: S 42)
∗ 27. 8. 1938 Aarau AG, Schweiz
∞ 16. 6. 1961 San Remo, Italien
Paolo **Ormea**
∗ 25. 6. 1937 San Remo, † 6. 2. 1997 Greessoney, Aosta, Italien
Bankangestellter in San Remo
Eltern: Francesco **Ormea**
Maria **Pastore** in San Remo
Kind:
1. Laura, ∗ 26. 10. 1962 San Remo; Stud. Musik, Diplom für Klavier, Musiklehrerin für Behinderte; Partner: Riccardo **Guerrucci**; Kind: ∗ März 1998.

S 426 *Walter* Siegfried **Stern** (Eltern: S 42)
∗ 2. 12. 1941 San Remo, Italien
In der elterlichen Gärtnerei bis 1958, Ausbildung als Gärtner in der Schweiz 1959–1963, in San Remo 1964–1972, in Zürich in verschiedenen Berufen seit 1973, wohnt in Unterengstringen ZH.
∞ 7. 9. 1967 San Remo
Maria (Mariuccia) **Santero**
∗ 20. 5. 1942 San Remo
Ausbildung auf Übersetzer- und Dolmetscherschule San Remo, im Blumenhandel tätig, Hausfrau.
Eltern: Giobatta **Santero**
Garolina **Bertola**
Kinder:
1. Monica, ∗ 12. 10. 1968 San Remo S 4261
2. Marco, ∗ 22. 11. 1974, Banklehre in Zürich

**S 4261** Monica **Stern** (Eltern: S 426)
∗ 12. 10. 1968 San Remo
Lehre als Pharmaassistentin in Oberengstringen ZH, in der Rex-Apotheke in Zürich-Kloten 1998.
∞ 7. 9. 1995 Dällikon ZH
Nektarios **Simandirakis**
∗ 25. 4. 1967 Zürich
Ausbildung Handelsschule Zürich, kaufmännischer Angestellter in einem Reisebüro.
Eltern: Emmanouil **Simandirakis**
Georgia **Babounakis**

**S 43** *Siegfried* Walter **Schmuziger** (Eltern: S 4)
∗ 6. 6. 1906 Aarau AG, Schweiz, † 20. 8. 1979 Genf
Ausbildung Handelsschule in Neuenburg, Kaufmann in Basel, Hamburg, Goldküste, San Remo, Italien, später wieder in der Schweiz, im Krieg beim Roten Kreuz in Genf tätig.
∞ 5. 10. 1935 Genf
*Lucie* Marthe **Thut**
∗ 15. 1. 1913 Genf
Ausbildung soziale Frauenschule in Genf
Eltern: Wilhelm **Thut**, Direktor einer Versicherungsgesellschaft in Genf
Bertha **Klaeger**
Kinder:
1. *Maîa* Berthe, ∗ 21. 11. 1937 San Remo S 431
2. Christiane, ∗ 11. 2. 1942 Genf S 432
3. Anne-Lise, ∗ 18. 3. 1946 Genf S 433
4. *Louis* William Martin, ∗ 4. 4. 1947 Genf S 434

**S 431** *Maîa* Berthe **Schmuziger** (Eltern: S 43)
∗ 21. 11. 1937 San Remo
Ausbildung als Sekretärin
∞ 2. 8. 1958 Genf
*Frank* Remfrey **Bray**
∗ 6. 7. 1919 Neuseeland
Professor für Volks- und Landwirtschaft in Waikanae, Neuseeland
Eltern: ... **Bray**, Kaufmann in Neuseeland
Amy **Solvander**

Kinder:
1. *Gregory* Douglas Martin, * 12. 11. 1961 Genf, Versicherungsbeamter
2. *Christopher* Gerald, * 6. 8. 1965 Paraparaumu, Neuseeland, Stud. Informatik, Programmierer.
3. *Marianne* Françoise, * 21. 2. 1967 Paraparaumu, Studentin
4. *Dominique* Camille, * 12. 9. 1972 Paraparaumu

**S 432** Christiane **Schmuziger** (Eltern: S 43)
* 11. 2. 1942 Genf
Stud. Körperkultur und Sport Universität Genf, Sportlehrerin, tätig auch in der Naturheilpflege.
∞ 23. 2. 1974 Genf
Damien **Mastrangelo**
* 5. 3. 1944 Genf
Ausbildung Handelsschule, Stud. Körperkultur und Sport, Gymnasiallehrer für Sport in Thonex bei Genf, Licencié en Histoire, Prof. für Geschichte in Genf.
Eltern: Adrien **Mastrangelo**, Kunstmaler und Emailleur in Hermance bei Genf
Marcelle **Bovy**
Kind:
1. Sandra, * 16. 4. 1978 Genf; Stud. Pädagogik und Psychologie

**S 433** Anne-Lise **Schmuziger** (Eltern: S 43)
* 18. 3. 1946 Genf
Stud. Körperkultur und Sport Universität Genf, Gymnasiallehrerin für Sport.
∞ 16. 9. 1972 Genf
Eustachiusz *Sacha* **Mlotkowski**
* 16. 2. 1938 Worona, UdSSR
Stud. Akademie für Körperkultur und Sport Warschau, Naturheilpfleger, Sportlehrer an einer Handelsschule, Wohnung in Confignon bei Genf.
Eltern: Eustacky **Mlotkowski**
Irena **Dubicka** in Zielona Gora, Polen
Kinder:
1. Dina, * 17. 9. 1975 Genf, Stud. Soziologie Universität Genf
2. Roman Antoni, * 22. 2. 1985 Genf

**S 434** *Louis* William Martin **Schmuziger** (Eltern: S 43)
∗ 4. 4. 1947 Genf
Buchhalter in Cartigny bei Genf, bei einem Verkehrsunfall 1956 schwer verletzt.
∞ 18. 10. 1975 Genf
*Marianne* Renée **Gallay**
∗ 30. 1. 1955 Genf
Floristin
Eltern: Laurent **Gallay**, Landwirt in Cartigny bei Genf
Marie **Bays**
Kinder:
1. *Eliane* Nadine, ∗ 10. 1. 1978 Cartigny, Studentin
2. *Madeline* Claire, ∗ 16. 1. 1980 Cartigny, Studentin
3. *Lucien* Nicolas, ∗ 30. 1. 1984 Cartigny
4. *Céline* Emmanuel, ∗ 28. 12. 1990 Cartigny
5. Anne-Laure, ∗ 17. 7. 1994 Cartigny

# Stamm Zeller

2. | 3. | 4. | 5. | 6. Generation

- Z Reinhard Zeller
  - Z 1 Ernst Zaeslin
    - Z 12 Philipp Killinger
      - Z 124 Hans Oehler
        - Z 1241 Frank
        - Z 1242 Abt
        - Z 1243 Markus Oe.
        - Z 1244 Immanuel Oe.
        - Z 1245 Seifert
    - Z 15 Joseph Chambon
  - Z 3 Heinrich Zeller
    - Z 31 Kurt Zeller
      - Z 312 Christoph Zeller
        - Z 3121 Rohner
        - Z 3122 Stephan Z.
      - Z 314 Andres Zeller
        - Z 3142 Sinnott
    - Z 32 René Zeller
    - Z 34 Friedrich Hartmann
      - Z 341 Wolfgang Kicherer
        - Z 3411 Michael K.
      - Z 343 Hansjörg H.
      - Z 344 Ernst Stöck/Hans Bossenmaier
      - Z 345 Jozef Ladislav Gotschal
      - Z 346 Franz H.
      - Z 347 Eberhard Möss
    - Z 35 Karl Uetz
  - Z 5 Alfred Zeller

**Z** *Reinhard* Jonathan Friedrich **Zeller**

(Eltern: Stammeltern S. 201)

∗ 21. 3. 1826 Beuggen bei Rheinfelden, † 5. 7. 1891 Beuggen
Stud. Theol. 1846 Basel und Tübingen, Vikar in Beuggen 1851, Inspektor und Nachfolger seines Vaters in Beuggen 1860; gichtkrank seit 1863, Kauf des Beuggener Anwesens durch das Basler Komitee 1877; seine Schriften s. S. 169.

Lit.: Zeller § 433; Thiersch II S. 307; Beuggen S. 277 ff.; Zeller-Siegfried S. 36

∞ 16. 1. 1862 Mülhausen im Elsaß,
Verlobung 5. 9. 1861 Beuggen

*Elise* Katharina **Bohn**

∗ 17. 10. 1834 Mülhausen, † 16. 3. 1909 Beuggen
1850 in einem Internat in Morges am Genfer See, Hauslehrerin bei jüngeren Geschwistern 1852, Internatslehrerin in Straßburg bis 1862, Hausmutter in Beuggen 1862, Ruhestand in Windisch AG 1901.

Grabrede von W. Ecklin, Basel 1909 (mit Bild)

Eltern: Jacques **Bohn**, Fabrikant in Mülhausen
Marguerite **Keller**
weitere Vorfahren siehe Ahnenliste Bohn

Kinder:

1. *Frieda* Sophia Julia, * 7. 2. 1863 Beuggen Z 1
2. Eugen, * 22. 5. 1864 Beuggen, † 23. 12. 1941 Oberhofen
   Stud. Phil. Tübingen 1883, Stud. Theol. Halle 1884 (Tholuck-Stift), Basel 1886, Vikar in Spöck bei Karlsruhe bei Kirchenrat Peter 1888, Inspektor in Beuggen 1891, Pfarrer in Windisch AG 1903, Inspektor in Beuggen 1907, zurückgetreten 1937, Ruhestand in Oberhofen. Nach Eugen Zellers Pensionierung 1937 Gründung des „Vereins der Freunde des Kinderheims Beuggen" unter deutscher Trägerschaft. Die Anstalt war im 1. Weltkrieg geschlossen.

   Herausgeber des Monatsblattes von Beuggen ab Jahrg. 63 (1891); Verf.: Aus sieben Jahrhunderten der Geschichte Beuggens 1246–1920 (1921), Andachten für Kinder, und andere Schriften.

   Lit.: Eugen Zeller, Die Weisheit der Alten S. 315 u. S. 78 ff.; Beuggen S. 364 u. 422 ff.; Zeller § 433,2; Nachruf von Pfr. Lic. R. Krämer, Privatdruck o. J.
3. *Heinrich* Paul, * 30. 1. 1866 Beuggen Z 3
4. Bertha, * 22. 9. 1868 Beuggen, † 19. 1. 1954 Oberhofen; in einer Töchterpension in Colombier VD 1883, im evangelischen Lehrerinnenseminar „Neue Mädchenschule" Bern 1884–1885, Mitarbeiterin in Beuggen 1885, Hausmutter in Beuggen seit 1901, 1903–1907 mit dem Bruder Eugen in Windisch, dann wieder Hausmutter in Beuggen bis 1937, im Ruhestand mit dem Bruder in Oberhofen.

   Nachruf von Konrad Zeller (Z 31) mit Esther und Lili Zaeslin (Z 11 und Z 13).
5. Alfred, * 3. 2. 1872 Beuggen Z 5

**Z 1** *Frieda* Sophia Julia **Zeller** (Eltern: Stamm Zeller)
* 7. 2. 1863 Beuggen, † 22. 2. 1933 Bauma ZH
Lit.: Zeller § 435; Zeller II 435
∞ 5. 3. 1885 Beuggen
Ernst **Zaeslin**
* 7. 7. 1856 Basel, † 29. 12. 1918 Dättlikon bei Zürich
Pfarrer in Bözberg bei Brugg AG 1882, Mitarbeiter in Beuggen 1886, am Diakonissenhaus in Straßburg 1890, Pfarrer in Dättlikon bei Zürich 1915.

Verf.: Nikolaus von Brunn, einer der Gründer der Basler Mission, 2 Bde. 1906

Eltern: Konrad **Zaeslin**, Rentier in Basel
Sophie Antoinette **Stähelin**

Kinder:

1. Esther, * 21. 9. 1886 Beuggen, † 13. 1. 1957 Bern
   Lehrerin 1905, Diakonisse in Bern 1932.
2. Margarete, * 6. 4. 1888 Beuggen Z 12
3. Elisabeth (Lili), * 8. 4. 1889, † 1980
   Krankenpflegerin, seit 1944 in Oberhofen
4. *Reinhard* Daniel, * 15. 7. 1896 Straßburg,
   † 27. 3. 1898 Straßburg
5. Renate, * 12. 8. 1899 Straßburg Z 15

**Z 12** Margarete **Zaeslin** (Eltern: Z 1)
* 6. 4. 1888 Beuggen bei Rheinfelden
† 12. 10. 1975 Oberhofen BE
Lit.: Zeller § 435,2; Zeller II 435.2
∞ 8. 8. 1913 Straßburg
*Philipp* Albert Karl **Killinger**
* 2. 10. 1885 Château Salins, † 27. 5. 1966 Oberhofen
Dr. phil., Studienrat in Godesberg 1912, Generalsekretär der deutschen Schülerbibelkreise 1919, Studienrat in Bethel bei Bielefeld 1925, in Kaiserswerth 1927, Pfarrer im Elsaß 1942, in Nagold 1944, Ruhestand in Oberhofen 1954.

Eltern: German **Killinger**, Geheimer Regierungsrat in Straßburg
Elisabeth **Platner** aus Nürnberg

Kinder:

1. Antonie Elisabeth, * 5. 5. 1914 Bonn,
   † 15. 4. 1918 Dättlikon ZH
2. *Renate* Mathilde Johanna, * 13. 8. 1915 Godesberg; Diakonisse in Kaiserswerth bei Düsseldorf, seit 1981 im Ruhestand in Oberhofen BE.
3. Eva Maria, * 18. 7. 1920 Marburg an der Lahn; Leiterin des Kindergärtnerinnen-Seminars Klosters GR 1951–1978, seit 1978 im Ruhestand in Oberhofen.
4. *Adelheid* Dorothea, * 23. 10. 1921 Marburg Z 124
5. *Ernst* Herbert Germann, * 15. 4. 1927 Kaiserswerth; Kirchenmusiker, lebt in Hannover.

**Z 124** *Adelheid* Dorothea **Killinger** (Eltern: Z 12)
∗ 23. 10. 1921 Marburg an der Lahn
Lehrerin, Gemeindepädagogin
Lit.: Zeller II 435.24
∞ 30. 9. 1948
*Hans* Gerhard Theodor **Oehler**
∗ 30. 7. 1917 Ulm
Pfarrer in Langenau bei Ulm 1951, Rudersberg bei Schorndorf 1962, Großbottwar bei Ludwigsburg 1972, Ruhestand in Ulm 1984.
Eltern: Gustav **Oehler**, Pfarrer in Ulm
Thea **Barwasser**
Kinder:
1. *Eva-Maria* Dorothea, ∗ 21. 2. 1950 Mitteltal bei Freudenstadt Z 1241
2. Angelika, ∗ 2. 5. 1951 Crailsheim Z 1242
3. *Markus* Ulrich, ∗ 24. 6. 1952 Langenau bei Ulm Z 1243
4. Immanuel, ∗ 1. 11. 1955 Langenau Z 1244
5. *Tabitha* Renate, ∗ 3. 9. 1957 Langenau Z 1245
6. *Felicitas* Margarete, ∗ 11. 10. 1961 Langenau; Wirtschaftskorrespondentin (Spanisch), Kindergärtnerin mit Hochschulabschluß 1989.

**Z 1241** *Eva-Maria* Dorothea **Oehler** (Eltern: Z 124)
∗ 21. 2. 1950 Mitteltal bei Freudenstadt
Lehrerin, Hausfrau
Lit.: Zeller II 435.241
∞ 20. 8. 1973 Berglen-Steinach bei Schorndorf
*Hermann* Gottlob **Frank**
∗ 29. 7. 1948 Backnang
Gehörlosenlehrer in Wilhelmsdorf, 1992 nach Neuseeland ausgewandert, Gehörlosenlehrer in Auckland.
Eltern: Ernst **Frank**, Landwirt
Anna Maria **Kirchdörfer**
Kinder:
1. *Patrik* Immanuel, ∗ 12. 11. 1973 Brackenheim bei Heilbronn; Stud. Maschinenbau Fachhochschule Heilbronn
2. *Timotheus* Dominik, ∗ 9. 1. 1977 Heilbronn-Neckargartach; Stud. Jura Universität Auckland

3. *Rahel* Dorothea, * 2. 9. 1978 Ravensburg
4. *Vinzenz* Benedikt, * 20. 7. 1980 Saulgau bei Ravensburg
5. *Agnes* Margarete, * 10. 6. 1982 Saulgau
6. *Marlies* Eva, * 21. 7. 1984 Saulgau
7. *Justus* Nathanael, * 2. 9. 1986 Saulgau
8. *Zacharias* Johannes, * 30. 9. 1988 Saulgau

**Z 1242** Angelika **Oehler** (Eltern: Z 124)
* 2. 5. 1951 Crailsheim
Ärztin
Lit.: Zeller II 435.242
∞ Juli 1974 Berlin, Ehe geschieden 1986
*Heiner* Bernhard **Abt**
* 6. 5. 1952
Kaufmann
Eltern: Paul Richard **Abt**
Hildegard Gertrud **Pioch**
Kind:
1. *Richard* Philipp, * 1. 10. 1977

**Z 1243** *Markus* Ulrich **Oehler** (Eltern: Z 124)
* 24. 6. 1952 Langenau bei Ulm
Elektromeister, Baumeister für Energiegeräte und Reisemonteur
Lit.: Zeller II 435.243
∞ August 1991
Gabi **Pintilie**
Kinder:
1. Michael, * 27. 2. 1988
2. Thomas, * 2. 1. 1995

**Z 1244** Immanuel **Oehler** (Eltern: Z 124)
* 1. 11. 1955 Langenau bei Ulm
Industriekaufmann, Stationsleiter
Lit.: Zeller II 435.244
∞ 23. 10. 1987 Plüderhausen bei Schorndorf
Gabriela **Marks**
* 14. 7. 1959 Schwenningen
Industriekauffrau
Eltern: Manfred **Marks**, Betriebsleiter
Ilse **Henning**, Fachverkäuferin

Kinder:
1. *David* Hans, * 20. 5. 1988 Schorndorf
2. Damaris, * 1991 Schorndorf

**Z 1245** *Tabitha* Renate **Oehler** (Eltern: Z 124)
* 3. 9. 1957 Langenau bei Ulm
Gemeindepädagogin
Lit.: Zeller II 435.245
∞ 9. 7. 1982 Weiterstadt in Hessen
Hans-Gunther **Seifert**
* 4. 2. 1959 Darmstadt
Gemeindepädagoge
Eltern: Rudolf **Seifert**
Gisela **Stephan**
Kinder:
1. *Johanna* Maria, * 25. 5. 1984 Frankfurt am Main
2. *Esther* Margarete, * 12. 6. 1986 Frankfurt am Main
3. *Tilmann* Micha, * 7. 9. 1988 Darmstadt

**Z 15** Renate **Zaeslin** (Eltern: Z 1)
* 12. 8. 1899 Straßburg, † 23. 3. 1984 Oberhofen BE
Kindergärtnerin in Horgen ZH 1919, Zürich 1923, Leiterin des Kindergärtnerinnenseminars der Neuen Mädchenschule in Bern 1929, Kindergärtnerin in Saland bei Zürich 1947, Vorsteherin des evangelischen Kindergärtnerinnenseminars in Zürich 1952–1964.
Lit.: Zeller § 435,5; Zeller II 435.5
∞ 23. 9. 1943 Lausanne
*Joseph* Eduard Friedrich **Chambon**
* 17. 4. 1884 Ludwigshafen am Rhein, † 18. 10. 1965 Zürich
Stud. Theol. Heidelberg, Berlin, Jena, Examen München 1908 und 1911, Lehrvikar Hagen-Elsey und Bielefeld 1909–1910, Oberlehrer in Minden, Pfarrer in Langwiese 1917, Reichenbach in Schlesien 1919, am Französischen Kloster / Französischen Dom in Berlin 1927–1938, Leiter des Diakonissenhauses St. Loup-Pompaples VD, St. Loup-Pompaples VD Schweiz 1938, Ruhestand 1939, Religionslehrer am Kindergärtnerinnenseminar Zürich, Dr. theol. h. c. Genf 1945.
Lit.: Westfäl. Pf.-buch 1970
Eltern: Dr. Edmund **Chambon**, Chemiker in Ludwigshafen am Rhein
Marie **Künzel**

Joseph Chambon ∞ I: 20. 6. 1911 Margarete Beuster, Tochter von Rittergutsbesitzer Beuster in Stettin.

Z 3 *Heinrich* Paul **Zeller** (Eltern: Stamm Zeller)
∗ 30. 1. 1866 Beuggen bei Rheinfelden, † 3. 4. 1940 Beuggen
Stud. Lehrerseminar Nagold, Primarlehrer, Stud. Bern 1886–1887, Basel 1887–1888, Sekundarlehrer in Beuggen 1888, Ökonomieverwalter und Lehrer in Beuggen 1890–1938.

Lit.: Zeller § 436; Beuggen S. 367; Monatsbl. **112** (1940) H. 2/3; Nachruf der Familie, Privatdruck o. J.

∞ 10. 6. 1896 Münsingen BE
Margarete (Marguerite) **Bäschlin**
∗ 7. 2. 1875 Bern, † 22. 1. 1948 Bern
Eltern: Hans **Bäschlin** in Bern
Anna **Tappolet**

Kinder:
1. *Konrad* Johannes, ∗ 18. 6. 1897 Beuggen Z 31
2. Renatus (René), ∗ 14. 7. 1898 Beuggen Z 32
3. Christoph, ∗ 14. 7. 1898 Beuggen, † 16. 7. 1898 Beuggen
4. Marguerite *Anna Elisabeth* (Annelies), ∗ 18. 7. 1900 Beuggen Z 34
5. Helene, ∗ 3. 11. 1903 Beuggen Z 35
6. Peter, ∗ 5. 12. 1905 Beuggen, † 17. 6. 1988, Schreinerlehre, Stud. Architektur, Diplom ETH Zürich, Assistent bei Prof. Karl Moser, Studienreise in Skandinavien, Mitarbeiter in Architekturbüros u. a. auf Ceylon, eigenes Architekturbüro in Zürich 1945, Aquarellmaler.

   Nachruf von Andreas Zeller, Privatdruck 1989

Z 31 *Konrad* Johannes (Kurt) **Zeller** (Eltern: Z 3)
∗ 18. 6. 1897 Beuggen bei Rheinfelden
† 20. 2. 1978 Männedorf bei Zürich
Stud. Theol. in der Anstalt Bethel bei Bielefeld, Basel und Erlangen, Theologe, Arbeit in der Anstalt für Epileptische in Zürich 1920, Arbeiter in der Maschinenfabrik Escher-Wyss 1921, „um als Zeuge des Evangeliums zu wirken", Direktor des Evangelischen Lehrerseminars in Zürich-Unterstraß 1922–1962; wirkte im Sinne Pestalozzis; Mitglied der Kirchensynode, Kantonsrat 1951 für die Evangelische Volkspartei, im Ruhestand 1962 in Männedorf, im Sommer in St. German VS.

Verf.: Bildungslehre, Umrisse eines christlichen Humanismus 1948, und andere Schriften

Lit.: Zeller § 438; Zeller II 438; Zeller-Nachr. 1, 15; F. Hofer, S. Hägeli, Züricher Personenlexikon, Zürich 1986, S. 382–383; Nachruf mit selbstverfaßtem Lebenslauf, Privatdruck o. J.

∞ 14. 7. 1925 St. Gallen
Rosy **van Vloten**
* 23. 12. 1901 St. Gallen,† 17. 4. 1998 Zürich
Frauenarbeitsschule Zürich, Sekretärin, später Hausmutter des Seminars.

Nachruf mit selbstverfaßtem Lebenslauf, Privatdruck 1998

Eltern: Franz **van Vloten**, Zeichner in St. Gallen
Ida **Arnold**

Kinder:
1. Walter, * 30. 5. 1926 Zürich, † 11. 5. 1938 Zürich durch Unfall
2. Christoph, * 27. 12. 1927 Zürich Z 312
3. Elisabeth, * 4. 2. 1930 Zürich, Buchbinderin in Zürich
4. Andreas (Andres), * 20. 5. 1933 Zürich Z 314
5. Dorothea, * 25. 12. 1935 Zürich, Krankenschwester, 1978 in Walzenhausen AR, 1989 in Zürich.

**Z 312** Christoph **Zeller** (Eltern: Z 31)
* 27. 12. 1927 Zürich
Dr. phil., Zoologe an der Universität Bandung, Indonesien 1956, Oberassistent an der Universität Zürich 1959, Dozent an der Ärzteschule in Daressalam, Tanzania 1962, in Basel 1978, Bern 1983, seit 1993 im Ruhestand in der Schweiz bzw. Neu Seeland.

Lit.: Zeller § 442; Zeller II 438.2

∞ 14. 11. 1953 Merligen BE
Nelly **Tlach**
* 12. 1. 1929 Zürich

Eltern: Otto **Tlach**, Fensterfabrikant
Margrit **Kiener**

Kinder:
1. Barbara, * 19. 11. 1960 Zürich Z 3121
2. Stephan, * 9. 3. 1962 Zürich Z 3122

**Z 3121** Barbara **Zeller** (Eltern: Z 312)
* 19. 11. 1960 Zürich

Buchbinderin
Lit.: Zeller II 438.21
∞ 19. 8. 1988 Zürich
Rolf **Rohner**
∗ 27. 3. 1956 Zürich
Chemielaborant
Eltern: Martin und Erika **Rohner**
Kinder:
1. Rahel Sabrina, ∗ 3. 5. 1990 Zürich
2. Deborah Elisabeth, ∗ 3. 9. 1992 Zürich

**Z 3122** Stephan **Zeller** (Eltern: Z 312)
∗ 9. 3. 1962 Zürich
Handwerker
Lit.: Zeller II 438.22
∞ 13. 12. 1987
Donna **Mace**
∗ 17. 12. 1958 Te Aroha, Neu Seeland
Eltern: Peter und Heather **Mace**
Kind:
1. Phoebe Rose, ∗ 19. 3. 1996

**Z 314** Andreas (Andres) **Zeller** (Eltern: Z 31)
∗ 20. 5. 1933 Zürich
Architekt in Helsinki 1959, in Zürich 1962, eigenes Architekturbüro 1966, in Männedorf bei Zürich 1973; Betreuer eines Zeller-Familienarchivs
Lit.: Zeller § 443; Zeller II 438.4
∞ 8. 5. 1964 Zürich
Dora (Do) **Briner**
∗ 26. 10. 1939 Sorengo TI, Schweiz
Eltern: Heinrich **Briner**, Ingenieur in Herrliberg
Rosa **Leuzinger**
Kinder:
1. *Lukas* Peter, ∗ 19. 2. 1966 Zürich, Elektroingenieur
2. *Martina* Anna, ∗ .2. 12. 1967 Zürich Z 3142
3. *Tobias* Heinrich, ∗ 19. 1. 1970 Zürich, Primarlehrer
4. *Simon* Christian, ∗ 20. 3. 1972 Zürich, Handwerker mit Abitur

**Z 3142** *Martina* Anna **Zeller**,
Familienname **Sinnott-Zeller** (Eltern: Z 314)
∗ 2. 12. 1967 Zürich
Hortnerin
Lit.: Zeller II 438.42
∞ 12. 3. 1994 Elizabeth, Australien
Terry **Sinnott**
Eltern: John Henry **Sinnott**
Helga Minna Florentina **Tiemann**
Kind:
1. Joel Konrad, ∗ 21. 11. 1997

**Z 32** Renatus (René) **Zeller** (Eltern: Z 3)
∗ 14. 7. 1898 Beuggen bei Rheinfelden
† 1. 9. 1972 Wermatswil bei Zürich
Stud. Gartenbauschule Öschberg BE, Gärtner in Wermatswil
Lit.: Zeller § 439; Nachruf, Privatdruck o. J.
∞ 8. 3. 1930 Meisterschwanden AG, 14. 3. 1930 Beuggen
Berta **Wipf**
∗ 15. 7. 1904 Meisterschwanden, † 31. 3. 1931 Riehen bei Basel
Eltern: Hans **Wipf**, Landwirt in Meisterschwanden
Berta **Siegrist**

**Z 34** Marguerite *Anna Elisabeth* (Annelies) **Zeller** (Eltern: Z 3)
∗ 18. 7. 1900 Beuggen bei Rheinfelden,
† 3. 6. 1987 Illingen bei Mühlacker
Stud. Kunstgewerbeschule, Aquarellmalerin, Scherenschnittkünstlerin.
Lit.: Zeller § 440; Zeller II 440; Zeller-Nachr. 13, S. 8; Nachruf der Familie, Privatdruck o. J.
∞ 2. 4. 1928 Wilhelmsdorf bei Ravensburg, 13. 4. 1928 Beuggen
*Friedrich* Rudolf **Hartmann**
∗ 30. 1. 1899 Ravensburg
† 15. 5. 1978 Stuttgart, begr. Wilhelmsdorf 20. 5. 1978
Pfarrer in Wilhelmsdorf 1925, Pauluskirche in Fellbach bei Stuttgart 1943, Johanneskirche Stuttgart-Zuffenhausen 1958–1964, Ruhestand 1964 in Zuffenhausen.
Eltern: *Friedrich* Georg **Hartmann**, Bezirksnotar in Ravensburg
*Luise* Anne **Weyder**

Kinder:
1. *Leni* Marguerite Luise, * 9. 8. 1929 Wilhelmsdorf Z 341
2. Rudolf *Johannes*, * 27. 4. 1933 Wilhelmsdorf,
† 1. 12. 1933 Wilhelmsdorf
3. Johannes Georg (Hansjörg),
* 11. 3. 1935 Wilhelmsdorf Z 343
4. *Anna-Maria* Veronika (Amei),
* 9. 3. 1936 Wilhelmsdorf Z 344
5. *Katharina* Radegunde Elisabeth,
* 30. 11. 1937 Wilhelmsdorf Z 345
6. *Franz* Michael Gottfried, * 11. 9. 1939 Wilhelmsdorf Z 346
7. *Beate* Christiane Heinrike, * 1. 7. 1941 Wilhelmsdorf Z 347

**Z 341** *Leni* Marguerite Luise **Hartmann** (Eltern: Z 34)
* 9. 8. 1929 Wilhelmsdorf bei Ravensburg
Kindergärtnerin, Hausfrau
Lit.: Zeller § 440,1; Zeller II 440.1
∞ 23. 2. 1957 Fellbach bei Stuttgart
Bruno *Wolfgang* **Kicherer**
* 2. 2. 1925 Stuttgart
Betriebsleiter, selbständiger Kaufmann in Mühlacker.
Eltern: Wilhelm Gottlieb **Kicherer**, Fabrikant in Mühlacker
Anna Elsa **Bäuerle**
Kinder:
1. Michael, * 28. 9. 1957 Mühlacker Z 3411
2. Sabine, * 1. 1. 1960 Mühlacker, Tierheilpraktikerin, Hotelfachfrau; Tochter Svenja **Kicherer**, * 30. 6. 1981 Hohenklingen
3. Christoph, * 15. 9. 1964 Mühlacker, Student, Photograph

**Z 3411** Michael **Kicherer** (Eltern: Z 341)
* 28. 9. 1957 Mühlacker
Stud. Kunstgeschichte und Betriebswirtschaft; Betriebswirt.
Lit.: Zeller II 440.11
∞ 9. 9. 1994 Maulbronn
Annette **Rehm**
* 17. 9. 1959 Freiburg im Breisgau
Dr. med. vet., Tierärztin
Eltern: Dr.med. Helmut **Rehm**, Zahnarzt in Emmendingen
Gerda **Vosen**

**Z 343** Johannes Georg (Hansjörg) **Hartmann** (Eltern: Z 34)
∗ 11. 3. 1935 Wilhelmsdorf bei Ravensburg
Diplomingenieur in Eriskirch bzw. Friedrichshafen-Manzell
Lit.: Zeller § 440,3; Zeller II 440.3
∞ 22. 6. 1962 Fellbach bei Stuttgart
Rosemarie (Rosi) **Heide**
∗ 13. 12. 1936 Hirschberg im Riesengebirge
Eltern: Alfred **Heide**, Maler in Stuttgart
Alma **Kirsch**
Kinder:
1. *Andreas* Peter, ∗ 13. 8. 1967 Friedrichshafen; Stud. Kunstgeschichte, Mag.
2. *Christian* Daniel, ∗ 11. 1. 1971 Friedrichshafen, † 24. 9. 1991 Friedrichshafen

**Z 344** *Anna-Maria* Veronika (Amei) **Hartmann** (Eltern: Z 34)
∗ 9. 3. 1936 Wilhelmsdorf bei Ravensburg
Hauswirtschaftsleiterin, Arzthelferin in Stuttgart, Hausfrau
Lit.: Zeller § 440,4; Zeller II 440.4
∞ I: 15. 8. 1968 Stuttgart-Zuffenhausen, Ehe geschieden 1974
*Ernst* Eugen **Stöck**
∗ 20. 5. 1936 Castrop-Rauxel
Betriebswirt
Eltern: Ernst **Stöck**, Pensionär der Bundesbahn in Löhne
Elisabeth **Windmann**
∞ II: 3. 3. 1979 Stuttgart-Zuffenhausen
*Hans* Oskar Ernst **Bossenmaier**
∗ 5. 10. 1944 Roth bei Nürnberg
Diplomingenieur
Eltern: Oskar **Bossenmaier**, Industriekaufmann
Elisabeth **Keil**

**Z 345** *Katharina* Radegunde Elisabeth **Hartmann** (Eltern: Z 34)
∗ 30. 11. 1937 Wilhelmsdorf bei Ravensburg
Kindergärtnerin, Sekretärin in Stuttgart, Hausfrau.
Lit.: Zeller § 440,5; Zeller II 440.5
∞ 27. 11. 1976 Stuttgart
Jozef Ladislav **Gotschal**
∗ 30. 5. 1942 Preßburg
EDV-Berater

Eltern: Jozef **Gotschal**, Kaufmann
Anastazia **Sloboda**, Buchhalterin

**Z 346** *Franz* Michael Gottfried **Hartmann** (Eltern: Z 34)
∗ 11. 9. 1939 Wilhelmsdorf bei Ravensburg
Photokaufmann in Königswinter bei Bonn, 1974 Vertreter in Montréal, Canada, selbständiger Kaufmann.
Lit.: Zeller § 440 6; Zeller II 440.6
∞ , Ehe geschieden Montréal 1982
Judith Susan **Cohen**
∗ 25. 1. 1948 Montréal
Eltern: Benjamin **Cohen**, Bilanzbuchhalter
Bella **Adelmann**
Kinder:
1. Thomas, ∗ 28. 3. 1974, Student
2. Eric Robin, ∗ 24. 4. 1977, Student

**Z 347** *Beate* Christiane Heinrike **Hartmann** (Eltern: Z 34)
∗ 1. 7. 1941 Wilhelmsdorf bei Ravensburg
Lehrerin in Nagold
Lit.: Zeller § 440,7; Zeller II 440.7
∞ 23. 7. 1966 Nagold
Eberhard **Möss**
∗ 8. 7. 1937 Stuttgart-Bad Cannstatt
Lehrer in Nagold
Eltern: Paul **Möss**, Lehrer
Frieda **Strecker** in Nagold
Kinder:
1. Angela, ∗ 2. 12. 1969 Nagold, kaufmännische Angestellte
2. Patrick, ∗ 18. 11. 1970 Nagold, Automechaniker

**Z 35** Helene (Leni) **Zeller** (Eltern: Z 3)
∗ 3. 11. 1903 Beuggen bei Rheinfelden, † 12. 2. 1971 Bern
Stud. Lehrerseminar der „Neuen Mädchenschule“ Bern, Lehrerin in Bern an der „Freien Mädchenschule“ 1924, Stud. Lehramtsschule der Universität Bern, Sekundarlehrerin an der „Neuen Mädchenschule“ 1930, dort Vorsteherin der Seminarabteilung, seit 1956 Lehrerin an der Sekundarschule Bümpliz BE.
Lit.: Zeller § 441; Nachruf der Familie, Privatdruck o. J.

∞ 4. 8. 1953 Bern, Ehe geschieden 30. 3. 1956 Bern
Karl **Uetz**
∗ 1902 ?
Lehrer in Oberbottigen bei Bern

**Z 5** Alfred **Zeller** (Eltern: Stamm Zeller)
∗ 3. 2. 1872 Beuggen bei Rheinfelden
† 21. 3. 1948 Männedorf bei Zürich
Konnte wegen eines Asthma- und Kopfleidens nicht Theologie studieren, Ausbildung als Landwirt in Gennersbrunn und Oberdießbach BE , ab 1892 zwei Jahre Ausbildung als Evangelist in der Evangelistenschule Johanneum in Wuppertal-Barmen, Prediger in Männedorf als Gehilfe seines Onkels Samuel Zeller 1894, Leiter der Zellerschen Anstalten in Männedorf 1912 bis zu seinem Tod 1948; Leiter des Vereins für Evangelisation und Gemeinschaftspflege (Bethelwerk), im Komitee der Pilgermission St. Chrischona, im Züricher Missionskomitee.

Verf.: Samuel Zeller, ein Knecht Jesu Christi; Was Er dir Gutes getan hat, 1911; Unsere Tischgebete.

Lit.: Zeller § 437; Nachruf der Kinder, Privatdruck o, J.

∞ 23. 10. 1900 Männedorf
*Maria* Pauline **Meinel**
∗ 31. 8. 1872 Stuttgart, † 8. 11. 1951 Männedorf
Eltern: Carl **Meinel**, Glockengießer in Stuttgart
Maria **Kurtz**

Kinder:

1. Hanna Dorothee (*Hanny*), ∗ 23. 10. 1901 Männedorf, † 9. 10. 1990 Männedorf; Mitarbeiterin in den Zellerschen Anstalten
2. Marie *Elisabeth*, ∗ 27. 4. 1903 Männedorf, † 16. 8. 1988 Männedorf; Mitarbeiterin in den Zellerschen Anstalten
3. Reinhard, ∗ 5. 5. 1906 Männedorf, † 27. 11. 1985 Männedorf; Ausbildung im Technikum Burgdorf und im Predigerseminar in St. Chrischona, Mitarbeiter in den Zellerschen Anstalten in Männedorf.

# Stamm Witzemann

| 2. | 3. | 4. | 5. | 6. Generation |
|---|---|---|---|---|
| Wi Aaron Witzemann | Wi 2 Nathanael Witzemann | Wi 21 Walter Bräcker | Wi 211 Hans Hermann Teufer | Wi 2111 Wicki |
| | | | | Wi 2112 Andres T. |
| | | | | Wi 2113 Martin T. |
| | | | Wi 212 Jürg Hasler/ Max Krentel | Wi 2122 Hensen |
| | | | | Wi 2123 Christoph Hasler |
| | Wi 3 Gotthilf Witzemann | Wi 31 Werner Witzemann | Wi 312 Thomas Witzemann | |
| | | | Wi 313 Kurt Knäble | |
| | | Wi 32 Georges Courvoisier | Wi 321 Dieter Courvoisier | |
| | | | Wi 322 Andreas Courvoisier | Wi 3221 Schmid |
| | | Wi 33 Siegfried Witzemann | | |

**Wi** *Monika* Katharina Dorothea **Zeller**

(Eltern: Stammeltern S. 201)

∗ 31. 1. 1829 Beuggen bei Rheinfelden,

† 23. 5. 1893 Kasteln AG, begr. Schinznach

Anstaltshelferin in Beuggen, Hausmutter in Kasteln

Lit.: Zeller § 434; Thiersch II, S. 306; Zeller-Siegfried S. 36; Zur Erinnerung an Monika Witzemann-Zeller, Hausmutter der Anstalt Kasteln, Aarau o. J.

∞ 20. 11. 1856 Beuggen

Aaron **Witzemann**

∗ 4. 3. 1827 Tailfingen bei (Albstadt) Ebingen,

† 22. 4. 1909 Männedorf bei Zürich, begr. 25. 4. Schinznach

1843 Zögling, später Lehrer in Beuggen bei Rheinfelden am Oberrhein 1849, Lehrer und Vorstand der Armenkinderanstalt in Kasteln, Gemeinde Oberflachs/Schinznach bei Brugg AG 1855–1900, bei seinem Sohn Gotthilf in Gebenstorf 1900, in Männedorf bei seinem Schwager Samuel Zeller 1905.

Lit.: Zum Andenken an Aaron Witzemann-Zeller, Hausvater der Anstalt Kasteln, Aarau o. J.

Eltern: Martin **Witzemann**, Maurermeister in Tailfingen
Katharina **Mauthe**
weitere Vorfahren s. Ahnenliste Witzemann, S. 585

Kinder:
1. Anonymus, * /† 4. 12. 1857 Kasteln
2. *Sophie* Katharina, * 28./30. 12. 1858 Kasteln, † 5. 10. 1862 Schinznach
3. *Nathanael* Christian, * 26. 4. 1862 Kasteln Wi 2
4. Anonymus, * /† 31. 8. 1863 Kasteln
5. *Gotthilf* Samuel, * 20. 2. 1865 Kasteln Wi 3
6. Anonymus, * /† 20. 10. 1866 Kasteln
7. Anonymus, * /† 20. 11. 1867 Kasteln

**Wi 2** *Nathanael* Christian **Witzemann** (Eltern: Stamm Witzemann)
* 26. 4. 1862 Kasteln AG, † 3. 12. 1942 Pfäffikon bei Zürich
Stud. Lehrerseminar Unterstraß, Universität Zürich, Lehrer in Genua 1884, Sekundarlehrer in Thalwil ZH, in Pfäffikon 1891, in Zürich 1897–1923; Chorleiter.
Lit.: Zeller § 434,2; Nachruf der Familie, Privatdruck o. J.
∞ 5. 10. 1903 Pfäffikon
Maria Magdalena **Reimann**
* 13. 10. 1878 Pfäffikon, † 1. 10. 1913 Pfäffikon
Eltern: Albert **Reimann**, Hotelier in Pfäffikon
Maria Magdalena **Lattmann**
Kinder:
1. Maria, * 29. 8. 1904 Zürich Wi 21
2. *Helene* Monika, * 25. 4. 1906 Zürich, † 17. 8. 1997 in Pfäffikon ZH, Erzieherin, später Sekretärin in Pfäffikon.

**Wi 21** Maria **Witzemann** (Eltern: Wi 2)
* 29. 8. 1904 Zürich, † 29. 6. 1976 Pfäffikon ZH
∞ 6. 4. 1926 Pfäffikon
Walter **Bräcker**, ursprünglich Brägger
* 28. 1. 1901 Pfäffikon, † 12. 3. 1990 Wald
Mechanikerlehre, Stud. Technikum Winterthur, Unternehmer
Eltern: Carl **Bräcker**
Leonie **Pfenninger**
Walter **Bräcker** ∞ II: 5. 10. 1978 Margret **Hammanns**, * 16. 3. 1929, Korrespondentin, Tochter von Dr. Heinrich und Elisabeth Hammanns.
Kinder:
1. *Helen* Maria, * 16. 10. 1927 Wi 211
2. *Susanna* Barbara, * 22. 7. 1932 Wi 212

**Wi 211** *Helen* Maria **Bräcker** (Eltern: Wi 21)
∗ 16. 10. 1927 Zürich
Sekretärin
∞ 24. 4. 1952 Pfäffikon ZH
Hans Hermann **Teufer**
∗ 7. 8. 1918 Pfäffikon, † 8. 2. 1988 Pfäffikon
Drogist
Eltern: Hermann und Wally **Teufer**
Kinder:
1. Eva, ∗ 23. 5. 1953 Pfäffikon Wi 2111
2. Andres, ∗ 8. 1. 1956 Pfäffikon Wi 2112
3. Martin,∗ 3. 12. 1959 Pfäffikon Wi 2113

**Wi 2111** Eva **Teufer** (Eltern: Wi 211)
∗ 23. 5. 1953 Pfäffikon ZH
Stylistin
∞ 1997
André **Wicki**
∗ 10. 6. 1940 Luzern
Jurist

**Wi 2112** Andres **Teufer** (Eltern: Wi 211)
∗ 8. 1. 1956 Pfäffikon ZH
Informatiker in Affoltern bei Zürich
∞ 1982 Pfäffikon
Yvonne **Gloor**
∗ 2. 5. 1952
Stylistin
Eltern: Willy und Mariann **Gloor**
Kind:
1. Basil, ∗ 4. 4. 1986 Pfäffikon

**Wi 2113** Martin **Teufer** (Eltern: Wi 211)
∗ 3. 12. 1959 Pfäffikon ZH
Drogist
∞ 1990 Pfäffikon
Marina **Matanic**
∗ 1. 5. 1959 Jugoslawien
Mittelschullehrerin
Eltern: Peter und Lilian **Matanic**

Kinder:
1. Miro, * 21. 10. 1991 Zürich
2. Mario, * 16. 5. 1994 Zürich

**Wi 212** *Susanna* Barbara (Susann) **Bräcker**,
Familienname **Krentel-Bräcker** (Eltern: Wi 21)
* 22. 7. 1932, † 11. 10. 1997 Winterthur
in Winterthur
∞ I: 5. 2. 1955 Pfäffikon ZH
*Jürg* Hermann **Hasler**
* 5. 9. 1928 Winterthur
Kaufmann in Winterthur, Fa. Hasler u. Co. A. G.
Eltern: Heinz **Hasler**
Fanny **Heusser**
∞ II: 28. 8. 1981 Sigriswil BE
Max **Krentel**
* 15. 6. 1925 La Chaux de Fonds NE
Architekt
Eltern: Albert **Krentel**
Elisabeth **Ritzenthaler**
Kinder aus ∞ I:
1. *Cornelia* Ruth **Hasler**, * 18. 7. 1957 Winterthur; Stud. Hotelfachschule, Assistentin der Geschäftsleitung der Fa. Hasler u. Co. A. G. Winterthur.
2. *Barbara* Marianne **Hasler**, * 3. 8. 1959 Winterthur Wi 2122
3. *Christof* Hermann **Hasler**, * 21. 5. 1963 Winterthur Wi 2123
4. *Matthias* Walter **Hasler**, * 19. 1. 1968 Winterthur, Ausbildung als Feinmechaniker Winterthur 1988, Maschineningenieur HTL, Winterthur 1993.

**Wi 2122** *Barbara* Marianne **Hasler** (Eltern: Wi 212)
* 3. 8. 1959 Winterthur
Haushaltungslehrerin
∞ 28. 4. 1986 Wachenheim an der Weinstraße
*Klaus* Wilhelm Martin **Hensen**
* 16. 9. 1954 Wuppertal
Diplomingenieur 1984, in Haßloch in der Pfalz
Eltern: Jakob *Theodor* **Hensen**, Diplomingenieur in Wuppertal
Karoline *Helene* **Butte**

Kinder:
1. *Martin* Christof, ∗ 23. 3. 1987 Bad Dürkheim
2. *Christian* Peter, ∗ 31. 5. 1989 Bad Dürkheim

**Wi 2123** *Christof* Hermann **Hasler** (Eltern: Wi 212)
∗ 21. 5. 1963 Winterthur
Lehre als Maschinenmechaniker, kaufmännische Ausbildung, Geschäftsleiter der Fa. Hasler u. Co. A. G., Winterthur.
∞ 14. 7. 1995 Greifensee ZH
*Andrea* Christiane **Krauss**, Familienname **Hasler-Krauss**
∗ 23. 8. 1966 Dübendorf ZH
Krankenschwester
Eltern: *Heinrich* Jakob **Krauss**
*Ilse* Hannelore **Krauss-Ehmer**
Kind:
1. Marc, ∗ 6. 6. 1997 Winterthur

**Wi 3** *Gotthilf* Samuel **Witzemann** (Eltern: Stamm Witzemann)
∗ 20. 2. 1865 Kasteln AG,
† 16. 3. 1941 Aarau AG während des Gottesdienstes
Vikar in Bischofzell TG 1890, Pfarrer in Gebenstorf AG 1894, in Holderbank-Möriken AG 1905, in Rothrist AG 1912–1933, Dekan des Kapitels Zofingen, Förderer der Basler Mission und des Blauen Kreuzes.
Lit.: Zeller § 434,3; Nachruf der Familie
∞ 29. 5. 1894 Gebenstorf
Emma **Bader**
∗ 26. 12. 1868 Winterthur, † 16. 4. 1961 Veltheim AG
Eltern: Johann Friedrich **Bader** in Winterthur
Juliane **Wild**
Kinder:
1. *Werner* Gotthilf, ∗ 21. 5. 1895 Gebenstorf Wi 31
2. Monika *Gertrud*, ∗ 18. 8. 1896 Gebenstorf Wi 32
3. Siegfried, ∗ 11. 5. 1898 Gebenstorf Wi 33
4. Hilde, ∗ 17. 7. 1902 Gebenstorf, † 18. 1. 1993 Pieterlen BE; 40 Jahre lang im Armenier-Hilfswerk tätig, davon 20 Jahre bei Blinden in Armenien und Syrien, 20 Jahre in einem Alters- und Witwenheim, wohnte in Ipsach BE.

**Wi 31** *Werner* Gotthilf **Witzemann** (Eltern: Wi 3)
∗ 21. 5. 1895 Gebenstorf AG, † 16. 11. 1951
Lehrer an der Rudolf Steiner Schule in Basel
∞ Mai 1926 Basel / Wynau BE
*Berti* Ottilie **Frey**
∗ 17. 5. 1899, † 1967
Lehrerin
Eltern: Hans **Frey**, Kaufmann
Berta Emilie **Küchli**
Kinder:
1. Elisabeth, ∗ 4. 11. 1927 Basel, Ausbildung an der Pflegerinnenschule Zürich, Krankenschwester, Hebamme in London, Neuseeland und Australien, Kindergärtnerin in Basel.
2. *Thomas* Johannes, ∗ 3. 1. 1929 Binningen BL Wi 312
3. *Christine* Johanna, ∗ 3. 8. 1931 Basel Wi 313
4. Esther, ∗ 10. 1. 1934 Basel, Laborantin bei Ciba-Geigy, im Ruhestand in Basel.

**Wi 312** *Thomas* Johannes **Witzemann** (Eltern: Wi 31)
∗ 3. 1. 1929 Binningen BL, Schweiz
Stud. Mathematik, Physik, Chemie, Lehrer an der Bergschule Avrona in Tarasp GR, Lehrer an der Rudolf Steiner Schule Basel 1960–1980, Sozialtherapeut in der Dorfgemeinschaft Lautenbach in Herdwangen-Schönach bei Meßkirch (Südbaden), Mathematiklehrer an der Rudolf Steiner Schule in Wetzikon ZH, Schweiz 1987, im Ruhestand 1997.
∞ I: 3. 4. 1958 Basel
*Sylvia* Caecilia **Kretschmar**,
Familienname **Witzemann-Kretschmar**
∗ 31. 12. 1933 Basel
∞ II: 13. 5. 1980 Basel
Anna *Regula* **Jauslin**, Familienname **Witzemann-Jauslin**
∗ 19. 7. 1954 Muttenz BL

**Wi 313** *Christine* Johanna **Witzemann**,
Familienname **Knäble-Witzemann** (Eltern: Wi 31)
∗ 3. 8. 1931 Basel
Lehre als Schneiderin, Familienmutter

∞
Kurt **Knäble**
† 1995 Basel
3 Kinder

**Wi 32** Monika *Gertrud* **Witzemann** (Eltern: Wi 3)
∗ 18. 8. 1896 Gebenstorf AG, † 27. 3. 1972 Baden bei Zürich
Stud. Pharmazie ETH Zürich, 1923–1925 in England mit Ehemann, Verfechterin von Frauenrechten, Gründerin der Kinderkrippe Baden.
∞ 19. 6. 1923 Basel
*Georges* Eduard **Courvoisier**
∗ 28. 1. 1897 Basel, † 9. 7. 1977 Baden AG
Stud. Elektrotechnik ETH Zürich 1915, Diplomingenieur bei Brown, Boveri & Co. in Baden AG 1920, London 1923, Abteilungsleiter in Baden 1925, Ruhestand 1967; Mitglied der städtischen Planungs- und Krankenhauskommission Baden 1958, Aktuar der Neuen Helvetischen Gesellschaft Baden, aktiv in der anthroposophischen Bewegung.
Lit.: Nachruf der Familie mit eigenem Lebenslauf
Eltern: Eduard **Courvoisier**, Bankdirektor in Basel
Elisabeth **Burckhardt**
Kinder:
1. Georges *Dieter*, ∗ 29. 10. 1929 Zürich Wi 321
2. Carl *Andreas*, ∗ 12. 6. 1933 Baden Wi 322

**Wi 321** Georges *Dieter* **Courvoisier** (Eltern: Wi 32)
∗ 29. 10. 1929 Zürich, † 9. 6. 1998 Lenzburg AG
Diplomkaufmann, Spediteur in Basel, Hamburg, Baden bei Zürich, später Mitarbeiter der Schweizer Unfallversicherungsanstalt, Agentur Aarau, wohnte in Lenzburg.
∞ 17. 10. 1974 Lenzburg
Madeleine **Zubler**
∗ 6. 10. 1930 Sempach LU, † 18. 5. 1985 Lenzburg
Eltern: Rudolf **Zubler**, Kaufmann in Lenzburg
Frieda **Kull**

**Wi 322** Carl *Andreas* (Dres) **Courvoisier** (Eltern: Wi 32)
∗ 12. 6. 1933 Baden AG
Stud. Elektrotechnik ETH Zürich 1955–1959, Militärdienst,

Leutnant der Übermittlungstruppen, später Oberst d. R., 1960 Entwicklungs- und Projektingenieur bei Brown, Boveri & Co. AG, Betriebsleiter Apparatefabrik, Leiter der Ingenieurabteilung, Personalleiter 1986–1993, seit 1994 Unternehmensberater und Managementtrainer bei ABB Consulting AG; Vizepräsident der Schweiz. Pfadfinderbewegung, städtischer Abgeordneter, Präsident der Aufsichtskommission des Gymnasiums Baden.
∞ 2. 5. 1963 Baden
Catherine **Maire**, Familienname **Maire-Courvoisier**
∗ 18. 11. 1940 Basel
Ausbildung als Sekretärin und Sozialarbeiterin, seit 1973 tätig in Kommissionen der Stadt Baden für Jugendarbeit, Familienfürsorge u. a., diplomierte Erwachsenenbildnerin, seit 1989 eigenes Institut für Eltern- und Erwachsenenbildung, im Leitungsteam zur Ausbildung von Erwachsenenbildnern im Aargau, Mitglied der Gesundheitskommisssion Baden.
Eltern: Dr. med. *Maurice* Aimé **Maire**, Dermatologe in Baden, † 1990
Dr. med. Vreni **Maire-Stierlin**
Kinder:
1. *Salomé* Barbara, ∗ 23. 2. 1964 Wettingen AG Wi 3221
2. *Peter* Andreas, ∗ 21. 9. 1965 Wettingen, Diplomarchitekt (FH)
3. *Felix* Dieter, ∗ 23. 11. 1967 Wettingen, Diplombetriebswirt, Universität Zürich
4. *Matthias* Moritz, ∗ 4. 3. 1969 Wettingen, Lic. Jur., Universität Zürich

**Wi 3221** *Salomé* Barbara **Courvoisier**,
Familienname **Courvoisier-Schmid** (Eltern: Wi 322)
∗ 23. 2. 1964 Wettingen AG
Dr. med., Dermatologin
∞ 13. 3. 1998 Zürich
Peter **Schmid**, Familienname **Schmid-Courvoisier**
∗ 2. 10. 1959 Zürich
Diplombiologe, Dr. med., Internist

**Wi 33** Siegfried **Witzemann** (Eltern: Wi 3)
∗ 11. 5. 1898 Gebenstorf AG, † 14. 5. 1976 Kölliken AG
Tierarzt in Kölliken

∞ 8. 7. 1939 Kölliken
Alice **Suter**
* 1. 2. 1916 Kölliken
Eltern: ...**Suter** und ...**Blattner**
Kinder:
1. Silvia, * 1. 10. 1940, Kaufmännische Büroangestellte
2. Siegfried, * 27. 2. 1942, † 4. 5. 1978, Ingenieur (HTL)

# Ahnen des Paares Zeller – Siegfried und ihrer Schwiegerkinder

Vorfahren von Christian *Heinrich* **Zeller**, 1779–1860,
Inspektor in Beuggen
(s. Stammeltern S. 201),
vergl. dazu F. Zeller S. 188, 191.

***1. Generation***

2. Christian David **Zeller**, * 11. 7. 1749 Böblingen, † 19. 11. 1812 Ludwigsburg; Stud. Jur. Tübingen 1770, Jur. Cons., Rechtskonsulent, herzoglich württembergischer Hofrat 1773, Besitzer von Hohenentringen bei Tübingen 1773–1786, in Böblingen 1786, in Ludwigsburg seit 1787.

   Zeller § 406; Faber **42**, B a 2; NWDB § 1709

   ∞ 27. 7. 1773 Fellbach bei Stuttgart

3. Christiana Heinrika **Schneck**, * 26. 1. 1754 Owen, Teck, † 12. 9. 1811 Ludwigsburg; 11 Kinder, darunter:
   Karl August, 1774–1846, Erzieher, Schulrat, Gründer von Erziehungsanstalten, ∞ Charlotte Rottmann;
   Christiane, 1775–1854, ∞ Christoph Ulmer, Hofgerichtsadvokat;
   Luise, 1777–1849, ∞ Christoph Mutschler, Pfarrer, Dekan in Blaufelden bei Langenburg;
   Christian Heinrich, 1779–1860, s. Genealogischer Teil, Stammeltern;
   Friedrich Wilhelm, 1782–1842, Kameralverwalter;
   Franziska, 1784–1848, ∞ Albert von Abele, württembergischer Oberstleutnant der Kavallerie;
   Ludwig, 1789–1812, als Unteroffizier im russischen Feldzug gestorben.

***2. Generation***

4. Johann Christoph **Zeller**, * 24. 4. 1714 Denkendorf bei Esslingen, begr. 23. 9. 1760 Böblingen; Mag. Tübingen 9. 11. 1733, Diakon in Böblingen 1745–1760.

   Zeller § 404; Moser S. 345; Bl. Württ. F. Kd. 1931, 80

   ∞ 15. 6. 1745 Tübingen

5. Regina Dorothea Judith **Brecht**, get. 12. 1. 1727 Tailfingen bei Herrenberg, † 4. 4. 1790 Böblingen; 7 Kinder.

6. Johann Georg **Schneck**, * 10. 4. 1719 Kirchheim unter Teck, † 6. 9. 1765 Waldenbuch; Mag. Tübingen 9. 11. 1740, Diakon in Owen, Teck 1750, Pfarrer in Heumaden bei Stuttgart 1755, Stadtpfarrer in Waldenbuch 1761.
Faber **35**, 16
∞ 18. 4. 1750 Owen
7. Heinrike Regine **Krumbein**, * 28. 8. 1729 Albershausen bei Göppingen, † 23. 2. 1810 Ludwigsburg; sie kaufte als Witwe das Schloß Hohenentringen (s. Ottilie Wildermuth, Die Urahne 1892).
∞ II: 29. 1. 1767 Fellbach bei Stuttgart Johann Georg Müller, 1721–1798, Pfarrer in Fellbach.
Johann Georg Müller ∞ I: Justine Magdalene Ehmann, Tochter des Präzeptors Justus Ehmann in Stuttgart.

### *3. Generation*

8. Andreas Christoph **Zeller**, * 13. 12. 1684 Maulbronn, † 15. 12. 1743 Tübingen; Mag. Tübingen 12. 9. 1703, 2. Klosterpräzeptor und Prediger in Bebenhausen 1709, 1. Klosterpräzeptor Denkendorf 1713, württ. Rat und Prälat von Anhausen mit Sitz in Tübingen 1729.
Zeller § 403; NWDB § 3295
∞ II: 20. 11. 1731 Lustnau bei Tübingen Maria Veronica Hochstetter, get. 2. 8. 1688 Stuttgart, † 26. 3. 1771 Tübingen, Tochter von Johann Friedrich Hochstetter, Propst von Denkendorf, und seiner 2. Frau Margaretha Barbara Hößlin geb. Wieland.
Marg. Ver. Hochstetter ∞ I: 4. 2. 1710 Nellingen Mag. Georg Heinrich Hofholtz, 1685–1726, Stadtpfarrer in Liebenzell; ∞ II: 24. 11. 1729 Dettingen an der Erms Friedrich Erhard Kiefer, 1676–1730, Kaufmann und Bürgermeister in Urach.
∞ I: 23. 9. 1710 Bebenhausen
9. Anna Rosine **Andler**, get. 28. 10. 1692 Bebenhausen, † 18. 9. 1730 Tübingen; 4 Kinder.

10. Sixtus David **Brecht**, * 18. 2. 1688 Murrhardt, † 26. 1. 1744 Gomaringen bei Reutlingen; Mag. Tübingen 1707, Pfarrer in Tailfingen bei Herrenberg 1717, Gomaringen 1728.
Faber **11**, 32
∞ 15. 9. 1718 Walddorf
11. Justina Friederike **Bardili**, * 28. 5. 1699 Pfullingen, begr. 1. 9. 1746 Tübingen.

12. Johann Georg **Schneck**, * 23. 4. 1681 Kirchheim unter Teck, † 2. 12. 1751 Kirchheim; Horolog (Uhrmacher) und Bürgermeister in Kirchheim.
∞ II: 8. 5. 1714 Kirchheim
13. Anna Katharina **Klaiber**, * 23. 10. 1686 Kirchheim unter Teck, † 10. 11. 1738 Kirchheim; 7 Kinder.

14. Johannes **Krumbein-Krompein**, get. 24. 8. 1694 Tübingen, † 29. 3. 1733 Derendingen bei Tübingen; Mag. Tübingen 29. 8. 1714, Pfarrer in Albershausen bei Göppingen 1726, Derendingen 1731.
Faber **35**, 11
∞ 23. 7. 1726 Tübingen
15. Eufrosine Regine **Denzel**, * 16. 7. 1704 Backnang, begr. 24. 6. 1758 Tübingen.
∞ II: 15. 4. 1738 Tübingen Johann Ludwig Bedenknecht, 1708–1755, Pfarrer in Breitenholz bei Herrenberg, Sohn von Johann Bedenknecht, Zeugmacher in Tübingen.

### *4. Generation*

16. Christoph **Zeller**, * 3. 1. 1650 Münklingen bei Leonberg, † 25. 8. 1727 Stuttgart; Mag. Tübingen 13. 3. 1672, Klosterpräzeptor in Maulbronn 1680, Dekan in Calw 1701, Hofprediger und Konsistorialrat in Stuttgart 1707, Stiftsprediger 1711, designierter Abt von Herrenalb 1711, Abt von Lorch mit Sitz in Stuttgart und Inhaber der ersten Ratsstelle im Konsistorium 1713; Sohn von Johannes **Zeller**, Prälat von Maulbronn, und Anna Maria **Geisel**.
Zeller § 394, dort Lit.
∞ II: 23. 1. 1694 Maulbronn Katharine Regine Brodhag, * 6. 7. 1659, † 25. 4. 1708 Stuttgart, Tochter von Joh. Bernhard Brodhag, Keller in Tübingen, und Sophie Elisab. Wochenauer;
Katharine Regine Brodhag ∞ I: 4. 11. 1684 Tübingen Mag. Abraham Spengler, † 1692, Klosterpräzeptor in Maulbronn.

∞ III: 23. 10. 1708 Stuttgart Maria Elisabeth Stählin, * 1. 2. 1661 Stuttgart, † 17. 12. 1728 Stuttgart, Tochter von Johann Christoph Stählin, Oberrat in Stuttgart, und Anna Elisab. Crantz; Maria Elisabeth Stählin ∞ I: 1686 Andreas Gaugenmaier, Schultheiß in Sontheim an der Brenz; ∞ II: ca. 1696 Wolfgang Wilhelm Bachmayer, † 1698, Physikus in Giengen an der Brenz.

∞ I: 13. 7. 1680 Wiernsheim bei Knittlingen

17. Marie Elisabeth **Ruoff**, * April 1662 Wiernsheim, † 17. 12. 1692 Maulbronn; Tochter von Tobias **Ruoff**, Maulbronner Pfleger in Wiernsheim, und Anna Katharina **Engelhardt**; 8 Kinder.

Christoph Zellers männliche Vorfahren lassen sich bis in die Zeit um 1535 zurückverfolgen, als der Baumeister Konrad Zeller aus Martinszell im Allgäu mit seinem Sohn Hans im Auftrag des Herzogs Ulrich von Württemberg die Festung Hohentwiel im Hegau auf- und ausbaute. Hans Zeller ließ sich in Tuttlingen nieder und wurde evangelisch. Sein Sohn Johannes wurde Pfarrer in Rotfelden im Schwarzwald und Ahnherr einer außerordentlich zahlreichen Nachkommenschaft an Geistlichen in Württemberg. Dessen Sohn Johannes, Nachfolger auf der Pfarrei Rotfelden, hatte vier Söhne, nach denen vier Stämme der Familie Zeller benannt sind:
Johann Konrad, seit 1660 Prälat in **Bebenhausen**,
Christoph, 1658 Propst in **Denkendorf**,
Johann Ulrich, Geheimer Regimentsrat in **Stuttgart**, und
Johannes, seit 1689 Prälat in **Maulbronn**, Vater des oben genannten Christoph Zeller (Nr. 16).

18. Johann Isaak **Andler**, * 19. 5. 1648 Bebenhausen, † 15. 7. 1698 Tübingen; Klosterverwalter in Bebenhausen, Sohn von Johann Jakob **Andler**, Klosterverwalter in Bebenhausen, und Anna Dorothea **Thumm**.

Faber **26**, 4 A 92; **23**, 40; NWDB § 3307

∞ 22. 9. 1675 Weilheim bei Tübingen

19. Sabina Regina **Bardili**, * 26. 6. 1657 Tübingen, † 12. 5. 1702 Tübingen; Tochter von Burckhardt **Bardili**, Prof. Juris in Tübingen, und Justina **Eckher**; Enkelin von Carl **Bardili**, Professor der Medizin in Tübingen, und Regine **Burckhardt**, der „Schwäbischen Geistesmutter“ (Lit.: Regina); 6 Kinder; s. Nr. 22.

20. Philipp Theodor **Brecht**, * 3. 6. 1653 Stetten im Remstal, † 9. 2. 1724 Steinenberg bei Schorndorf; Mag. Tübingen 1677, Diakon und Präzeptor in Murrhardt 1684, Pfarrer in Reichenbach bei Göppingen 1689, Steinenberg 1699; Sohn von Matthias **Brecht**, Präzeptor und Amtmann in Schorndorf, und Anna Rosine **Erbe**.
Faber **11**, 5; DGB **34**, 212; Kapff S. 28
∞ 28. 4. 1685 Oberurbach bei Schorndorf

21. Marie Margarete **Kapff**, * 30. 9. 1658 Schorndorf, † 1693; Tochter von Sixt **Kapff**, Pfarrer in Oberurbach, und Marie Katharine **Hirschmann**.

22. Carl **Bardili**, * 2. 11. 1669 Tübingen, † 3. 9. 1704 Untertürkheim; Mag. Tübingen 21. 8. 1689, Diakon in Pfullingen 1697, Pfarrer in Untertürkheim 1703; Sohn von Burckhardt **Bardili**, Prof. Juris und Hofgerichtsassessor in Tübingen, und Justina **Eckher**; s. Nr. 19.
Faber **26**, 4 A 98; DGB **146**, 288; Rath/Kreß, A.G. Hölderlin S. 173
∞ 10. 8. 1697 Stuttgart

23. Johanna Judith **Hochstetter**, * 5. 3. 1673, † 25. 1. 1747 Nehren bei Tübingen; Tochter von Johann Friedrich **Hochstetter**, Propst in Denkendorf, und Genoveva **Hauber**.
∞ II: 23. 11. 1706 Murrhardt Esaias Matthias Urlsperger, 1666–1723, Pfarrer in Walddorf bei Tübingen.
Esaias Matthias Urlsperger ∞ I: 23. 10. 1694 Jesingen Maria Katharina Schellenhauer, 1671–1705.
Faber **28**, 86

24. Hans Georg **Schneck**, * 2. 4. 1655 Geislingen an der Steige, † 17. 4. 1710 Kirchheim unter Teck; Schlosser in Geislingen, später in Kirchheim; Sohn von Andreas **Schneck**, Bürger und Schlosser in Geislingen, und Katharina **Böhringer**.
∞ 8. 6. 1680 Kirchheim

25. Anna Barbara **Brenner**, * 2. 4. 1653 Kirchheim, † 10. 7. 1716 Kirchheim; Tochter von Georg **Brenner**, Seiler in Kirchheim, und Katharine **Kleber**; 9 Kinder.

26. Johann Friedrich **Klaiber**, * 9. 9. 1656 Kirchheim unter Teck, † 14. 2. 1728 Kirchheim; Schuhmacher, Gerichtsverwandter und Kastenpfleger in Kirchheim; Sohn von Michael **Klaiber**, Schuhmacher in Kirchheim, und Anna **Weltzing** von Besigheim.
Faber **101**, 129

∞ 1. 8. 1682 Kirchheim

27. Anna Katharina **Schnitzer**, * 21. 7. 1655 Kirchheim, † 26. 1. 1735 Kirchheim; Tochter von Georg **Schnitzer**, Krämer und Gerichtsverwandter in Kirchheim, und Anna Maria **Kreuser**.

28. Johannes **Krumbein**, get. 8. 2. 1650 Geislingen an der Steige, begr. 9. 5. 1729 Tübingen; Sattler des fürstlichen Kollegiums in Tübingen, Bebenhäuser Klostersattler.

∞

29. Anna Maria **Huber**

30. Heinrich **Denzel**, * 7. 8. 1675 Backnang, † 11. 6. 1712 Backnang; Jur. Pract. in Backnang; Sohn von Joh. Michael **Denzel**, Bürgermeister in Backnang, und Euphrosyne **Efferen**.
Faber **35**, 7

∞ 31. 8. 1700 Pleidelsheim bei Marbach

31. Marie Regine **Tafinger**, * 3. 12. 1677 Vaihingen; Tochter von Joachim Wilhelm **Tafinger**, Vogt in Vaihingen, und ∞ II: Anna Regine **Bauer**.
NWDB § 2989; Arch. Sippenf. 1984, 359

## Vorfahren von
## Charlotte Dorothee *Sophie* **Siegfried**, 1791–1858

(s. Stammeltern S. 201)

Vergl. C. Schauenberg-Ott, Die Stammregister der bürgerlichen Geschlechter der Stadt Zofingen, Zofingen 1884, und archivalische Quellen.

### *1. Generation*

2. *Friedrich* Sigmund **Siegfried**, * 3. 11. 1759 Innertkirchen BE, † 13. 10. 1806 Auenstein AG; Stud. Theol. Bern, Pfarrer in Leutwil AG 1787, Hasli im Grund BE, mit Guttannen und Gadmen 1791, Auenstein 1800, starb bei einem Sturz vom Wagen durch ein scheuendes Pferd im Dorf Holderbank.

∞ 1787 (nicht in Zofingen)

3. Maria Anna **Salchli**, * 18. 12. 1767 Zofingen AG, † 18. 4. 1837 Zofingen; führte nach dem Tod ihres Mannes eine Pension für Pfarrtöchter in Zofingen und eine Arbeitsschule für Mädchen, unter Mithilfe ihrer Tochter Sophie; 3 Kinder:

Marianne, * 1788, ∞ Johann Bertschinger, Kaufmann in Lenzburg AG;

Lit.: Zeller-Siegfried S. 40

Jakob Karl *Friedrich*, * 1789, Rotgerber, ∞ Nanette Dor. Allgäuer aus St. Gallen; der Sohn Hermann Siegfried, 1819–1879, wurde Oberst des schweizerischen Generalstabs und Chef des Eidgenössischen Topographischen Büros;

Lit.: Lebensbilder aus dem Aargau, Aarau 1953, S. 299–307

Sophie, 1791–1858, s. Genealogischer Teil, Stammeltern.

### *2. Generation*

4. Samuel **Siegfried-Syfrid**, * 9. 2. 1710 Zofingen, † 3. 4. 1784, begr. 6. 4. 1784 Zofingen; Goldschmied, Altmeister der Ackerleutezunft, Ratsherr in Zofingen.

∞ I: Susanne Elisabeth Lienhard, 1720–1748

∞ II: 1750

5. Jakobea **Lauffer**, get. 6. 8. 1719 Zofingen, † 6. 3. 1779 Zofingen.

6. Karl **Salchli**, get. 22. 2. 1728 Zofingen, † 1. 1. 1787, begr. 4. 1. 1787 Zofingen, Kaufmann und Postverwalter in Zofingen.

∞ (nicht in Lenzburg)

7. Maria Magdalene **Strauß**, * 18. 8. 1729 Lenzburg AG, † 17. 11. 1779, begr. 20. 11. 1779 Zofingen.

*3. Generation*

8. Samuel **Siegfried-Syfrid**, * 26. 12. 1670 Zofingen, † 1714; Schuster und Zunftmeister zu Ackerleuten in Zofingen.

∞

9. Sarah **Stapfer**, von Brugg AG, * 1682, † 21. 2. 1744, begr. 23. 2. 1744 Zofingen, eine wegen ihrer Guttätigkeit, Wissenschaft und Erfahrung im Arzneien von jedermann betrauerte fromme Witwe; 7 Kinder.

10. Jakob **Lauffer**, * 1. 11. 1684 Zofingen, † 25. 5. 1734 Zofingen an einem Schlagfluß, 49 J., 6 M. alt, Ludimodator — Lateinschullehrer in Zofingen und Festungsprediger in Aarburg.

∞

11. Jakobea **Gryph-Greiff**, von Bern

12. David **Salchli**, * 1686, † 12. 6. 1744 Zofingen nach langer, schmerzlicher Krankheit (polypo = Schleimhautgeschwulst), Säckelmeister in Zofingen, ein kluger und geschickter Mann; 1741 als Fabrikant erwähnt.

∞

13. Anna Barbara (beim Geburtseintrag Anna Madlena, beim Todeseintrag Barbara) **Schumacher**, * 4. 9. 1692 Zofingen, begr. 30. 9. 1751 Zofingen, 59 J., 6 M. alt, 6 Kinder.

14. Hans Jacob **Strauß**, * 1. 10. 1693 Lenzburg; Lateinschulmeister in Lenzburg, 1745–1752 reformierter Pfarrer in Roggwil BE.

∞ 28. 1. 1724 Lenzburg

15. Anna Maria **Spengler**, * 21. 8. 1701 Lenzburg.

*4. Generation*

16. Jakob **Siegfried-Sifrid**, * 9. 5. 1630 Zofingen.

∞

17. Katharina **Häusermann-Husermann**, * 7. 12. 1633 Zofingen; Tochter von Hans Jakob **Hüsermann**, Pfister (Bäcker) in Zofingen, und Madlena **Haagg-Hog**.

Weitere Vorfahren von Jakob **Siegfried**:
Vater: Jakob **Siegfried**, † 1670, ∞ 3. 4. 1620 Anna **Dätwyler**; 9 Kinder. Familie Dätwyler seit 1437 in Zofingen.
Großvater: Hans Jakob **Siegfried**, * 1580, ∞ 1630 Anna **Beck**;
Urgroßvater: Jakob **Siegfried**, ∞ 1577 Margarete **Hunziker** von Moosleerau AG.
Die Familie Siegfried ist seit 1498 in Zofingen verbürgert. Die Familie Häusermann stammt von dem Hof „ze Hüsern“ bei Alliswil am Seenger See.

18\. Johann **Stapfer**, in Brugg AG (?); Familie Stapfer seit 1324 in Brugg.

20\. Jakob **Laufer**, * 1651, † 1688, Ludimagister-Lateinschullehrer in Zofingen; Sohn von Johann Jakob **Laufer**, 1620–1700, Provisor in Zofingen 1643, dann Pfarrer und Dekan in Bleienbach BE, und Esther **Wullschleger**. Familie Laufer aus Eglisau ZH, in Zofingen 1548 eingebürgert durch Hans Laufer, Rotgießer.
∞ 1683 (wohl nicht Zofingen)
21\. Margarete **Bitzius-Byzius**, * 1658; Tochter von Hans Jakob Bitzi, * 1628, Goldschmied, Stubengeselle zu Kaufleuten in Bern, und ∞ 1650 Johanna **Ernst**, * 1627. Aus dieser Familie stammt: Albert Bitzius alias Jeremias Gotthelf, 1797–1854, Schriftsteller.

22\. Johannes **Greyff**, * 1662, † 1707, Pfarrer in Oberbipp BE und Wiedlisbach 1692; Sohn von Ulrich **Greyff**, 1628–1702, Pfarrer zu Fraubrunnen BE 1665, Wichtrach BE 1686, und ∞ 1658 Johanna **im Haag**. Die Greiff sind seit 1540 regimentsfähige Familie der Stadt Bern, zünftig zu Schuhmachern, Affen und Pfisterern.
∞ 1. 4. 1692 Aarburg
23\. Veronika **Amsler**, von Aarau.

24\. Johann Rudolf **Salchli**, * 16. 5. 1647 Zofingen, † 1714, Pfarrer in Rüegsau BE und Dekan; Sohn von David **Salchli**, 1613–1656, Ratsherr und Stiftsamtmann in Zofingen, und ∞ 1634 Sabina **Forrer**, * 1618, Pfarrerstochter. Familie Salchli Bürgerrecht in Aarberg BE.
∞
25\. Barbara **Delosea**, * 1651, † 1733; Tochter von Abraham **Delosea**, 1619–1690, Pfarrer in Bern, und ∞ 1641 Maria **Heinzi**, Pfarrerstochter aus Madiswil BE; Familie Delosea aus Arles in der Provence,

dann Murten FR. Abraham Delosea ist Stammvater der seit 1647 regimentsfähigen Berner Familie.

26. Johann **Schumacher**, Schultheiß in Zofingen
∞
27. Anna **Hofer**

28. Samuel **Strauß**, in Lenzburg
∞
29. Verena **Lüpold**, kam von auswärts nach Lenzburg

30. Daniel **Spengler**, in Lenzburg
∞
31. Anna Maria **Rohr**, in Lenzburg

---

## Vorfahren von Johann *Ludwig* **Völter**, 1809-1888, Pfarrer in Zuffenhausen

(s. Stamm Völter S. 203)

Siehe dazu auch Walter Ludwig, Vorfahren von Paul Ludwig, in DFA **116**, Nr. 30–31 ff.; dort noch weitere Generationen.

### *1. Generation*

2. Christoph *Erhard* Michael **Völter**, * 2. 10. 1772 Metzingen, † 31. 12. 1849 Metzingen; Mädchenschulmeister in Metzingen 1791–1841, Goldene Zivildienstmedaille.

Leichenpredigt von Tr. Goes, mit Lebenslauf von Fr. Völter, Schellsche Druckerei Heilbronn 1850; Faber **14**, B 12; Völter S. 47

∞ I: 31. 1. 1792 Christine *Regine* Flamm, * 12. 9. 1772 Metzingen, † 11. 12. 1801 Metzingen, Tochter von Michael Flamm, Metzger in Metzingen, und Christine Regine Hallwachs, 4 Kinder.

∞ II: 6. 5. 1802 Metzingen

3. Justine *Katharine* **Barner**, * 17. 9. 1782 Metzingen, † 13. 7. 1867 Metzingen; 16 Kinder, darunter aus ∞ I:
Adam, 1794–1873, Apotheker, ∞ Charlotte Hebsacker;
Erhard, 1797–1882, Konditor, ∞ Justine Binder;
aus ∞ II:
Friederike, 1803–1890, ∞ Gottlob Bunz, Pfarrer;
Johannes, 1804–1899, Pfarrer, ∞ Christiane Luz und Friedrike Bonz.
Ferdinand, 1806–1885, Lehrer in Korntal und Sindelfingen, ∞ Heinrike Böhringer und Rosine Kübler;
Regine, * 1807, ∞ Christian Mayer (* 1811), Hausvater in Lichtenstern ;
Ludwig, 1809–1888, ∞ Helene Zeller, s. Genealogischer Teil V;
Katharine, 1810–1889, ∞ Johannes Auer, Kaufmann;
Daniel, 1814–1865, Professor am Lehrerseminar Esslingen, ∞ Pauline Eitel;
Christian, 1816–1890, Arzt in Metzingen, ∞ Dorothee Raifstänger und Pauline Gussmann;
Christiane, 1819–1879;
Charlotte, 1821–1901, ∞ Immanuel Linder, Kaufmann und Kanzlist;
Dorothee, 1822–1888;
Friedrich, * 1825, † nach 1907, Inspektor in Tempelhof, Pfarrer, ∞ Antonie Beringer, Karoline Völter, Pauline Klaiber, Thekla Ege.

## *2. Generation*

4. Michael **Völter**, * 11. 12. 1744 Metzingen, † 7. 5. 1791 Metzingen; Kollaborator 1768, Knabenschulmeister in Metzingen 1780.
Faber **14**, B 8; Völter S. 43
∞ 16. 3. 1768 Neuhausen an der Erms
5. Elisabeth Katharine **Hallwachs**, * 25. 10. 1748 Neuhausen, † 13. 12. 1819 Metzingen;
∞ II: 1792 Johann Auer, * 25. 1. 1745 Metzingen, † 1801 Metzingen; Bäcker und Ratsherr in Metzingen, Witwer.

6. Johann **Barner**, * 3. 9. 1748 Owen, Teck, † 5. 7. 1815 Metzingen; Knabenschulmeister in Metzingen.

∞ I: 18. 4. 1771 Metzingen Maria Barbara Gänßlen, † 11. 5. 1776 Metzingen, Tochter von Johann David Gänßlen, Weißgerber in Metzingen.

∞ III: 6. 2. 1798 Metzingen Sofie Dorothea Brastberger, † 16. 4. 1823 Metzingen, Tochter von Gottlieb Lukas Brastberger, Pfarrer in Ehningen bei Böblingen.

∞ II: 13. 2. 1779 Metzingen

7. Johanne Christiane Friederike **Knauß**, * 4. 8. 1741 Metzingen, † 2. 10. 1797 Metzingen; war 1759 in Surinam, um das verwaiste Kind ihres Bruders zu holen.

∞ I: ca. 1765 Holland (Ehe um 1778 geschieden) Dr. med. Johann Friedrich Cloß-Clossius, * 11. 1. 1735 Marbach am Neckar, † 18. 6. 1787 Wasserlos bei Hanau, Sohn von Georg Friedrich Cloß, Gürtler, Stud. Tübingen 1751, Bacc. 1753, Mag. 1755, Dr. med. 1764, Arzt in Honsholredijk bei Den Haag, Holland, Leibmedikus beim Erbstatthalter, Arzt beim Grafen von Hochberg-Fürstenstein in Schlesien, später in Hanau.

Sohn aus dieser Ehe Karl Friedrich Cloß, Professor für Anatomie in Tübingen.

SWD Bl. F. W. Kd. **1989**, 412

Joh. Fr. Cloß ∞ II: Hanau Johanna Regine Rüdiger, 1747–1811, Tochter von Christian Ernst Rüdiger, Buchbinder in Tübingen, und Sabine Margarete Blifers.

### *3. Generation*

8. Wilhelm Friedrich **Völter**, * 1713 Erpfingen bei Reutlingen, † 19. 7. 1780 Metzingen; Mädchenschulmeister in Metzingen 1765–1780.

Völter S. 41

∞ II: 23. 11. 1751 Metzingen Marie Magdalene Kühfuß, * 8. 9. 1729 Metzingen, † 4. 3. 1765 Metzingen, Tochter des Johann Kühfuß, Küfer in Metzingen, 6 Kinder.

∞ III: 9. 7. 1765 Metzingen Katharina Barbara Schweickhardt, * 1723, Tochter von Jakob Schweickhardt, Pfarrer in Rommelsbach bei Reutlingen.

∞ I: 10. 2. 1733 Metzingen

9. Justine **Bonwetsch**, * 20. 3. 1711 Metzingen, † 31. 5. 1751 Metzingen, 8 Kinder.

10. Johann *Gottfried* **Hallwachs**, * 19. 4. 1721 Neuhausen an der Erms, † 22. 10. 1792; Strumpfweber und Ratsverwandter in Neuhausen.
Faber **14**, B 4
∞ 24. 10. 1748 Metzingen
11. Lucie Katharine **Flamm**, * 14. 12. 1721 Metzingen, † 24. 2. 1778 Neuhausen.

12. Johann Jakob **Barner**, * 1. 3. 1719 Owen, Teck, † 23. 11. 1763 Owen; Weingärtner, Bauer, Schneider in Owen.
∞ 29. 10. 1748 Owen
13. Anna *Katharine* **Munk**, * 28. 2. 1719 Owen, † 7. 2. 1788 Owen.

14. Johann Friedrich **Knauß**, * 27. 4. 1709 Göppingen, † 27. 4. 1767 Metzingen; Chirurg, Gerichtsverwandter, Almosenpfleger in Metzingen.
SWD Bl. Fam. Wp.-Kd. **1979**, 121
∞ 31. 1. 1736 Metzingen
15. Justine Katharina **Sanwald**, * 9. 11. 1710 Metzingen, † 11. 7. 1791 Metzingen;
∞ I: 6. 9. 1729 Metzingen Johann Mehsner, Chirurg und Feldscher in Metzingen, Sohn des Regimentsfeldschers und Chirurgen Johann Mehsner.

### *4. Generation*

16. Christoph **Völter**, * 29. 7. 1684 Metzingen, † 22. 5. 1732 Metzingen; Oboist beim württ. Militär, Schulmeister in Erpfingen bei Reutlingen 1713, Neuffen 27. 4. 1714, Plochingen 1719, Metzingen 1722; Sohn von Christoph **Völter**, 1660–1731, Schuhmacher in Metzingen, und Ursula **Luipold**, 1659–1707; Enkel von Johann *Konrad* **Völter**, 1628–1690, Schuhmacher in Metzingen, und Agnes **Franz**, 1630–1676, sowie von Michael **Luipold**, 1625–1681, Wagner in Balingen, und Anna **Haug**, * 1640.
Völter S. 40
∞ 12. 4. 1706 Salach bei Göppingen
17. Marie Magdalene **Melchinger**, * 4. 1. 1686 Metzingen, † 12. 3. 1783 Metzingen, 9 Kinder; Tochter von Johann Georg **Melchinger**, 1653–1712, Chirurg und Gerichtsbürgermeister in Metzingen, und Anna Maria **Löblin**, 1657–1746.

Weitere Vorfahren von Joh. Konr. Völter waren:
Vater: Nikolaus **Völter**, 1590–1639, Pfarrer, zuletzt in Kemnat bei Esslingen, ∞ ca. 1623 Anna ..., 1602–1662;
Großvater: Hans Konrad **Völter**, 1566–1638, Barbier und Chirurg in Urach, ∞ I: ca. 1588 Anna **Rettich**, † 1614 Urach;
Urgroßvater: Ludwig **Veltter**, aus Münsingen, † nach 1614, Bürger in Urach 1582, vermutlich Sohn von Martin **Velter**.

18. Johann *Michael* **Bonwetsch**, * 10. 6. 1666 Metzingen, † 20. 12. 1747 Metzingen; Weingärtner, Gerichtsbürgermeister und Almosenpfleger in Metzingen, Sohn von Johann **Bonwetsch**, 1630–1708, Weingärtner in Metzingen, und ∞ 1659 Anna **Losch**, 1640–1698.
∞ I: 15. 11. 1692 Metzingen Margarete Kromer, † 28. 4. 1701 Metzingen, Tochter von Franz Kromer, Weingärtner in Metzingen.
∞ II: 15. 11. 1701 Metzingen
19. Anna Barbara **Handel**, * 17. 3. 1678 Metzingen, † 13. 12. 1759 Metzingen, Tochter von Tobias **Handel**, 1654–1725, Weingärtner in Metzingen, und ∞ 1677 Anna Barbara **Bühner**, 1653–1735.

20. Johann Christoph **Hallwachs**, * 26. 6. 1683 Tübingen, † 9. 2. 1737; Metzger, Rappenwirt in Metzingen, dann Ochsenwirt in Neuhausen an der Erms, württ. Schultheiß und Zoller; Sohn von Johann Christoph **Hallwachs**, 1661–1734, Metzger, Wirt zum Löwen, Bürgermeister und Spitalpfleger in Tübingen, und ∞ 1682 Anna Elisabeth **Brüssel**, * 1659.
Faber **14**, B 1; Seigel S. 212
∞ 7. 5. 1709 Tübingen
21. Agnes **Deschler**, * 22. 1. 1691 Neuhausen, † 27. 8. 1730 Neuhausen; Tochter von Veit **Deschler**, 1658–1720, Ochsenwirt und Ratsherr in Neuhausen und ∞ 1682 Anna Barbara **Stoll**, 1660–1715.

22. Michael **Flamm**, * 27. 8. 1676 Metzingen, † 6. 1. 1758 Metzingen, Bauer, im Rat und Gericht in Metzingen, Heiligenpfleger; Sohn von Michael **Flamm**, 1648–1688, Schneider und Weingärtner in Metzingen, und ∞ 1673 Elisabeth **Kühfuß**, 1649–1717.
∞ I: 28. 4. 1705 Metzingen Katharina Münz, † 2. 5. 1717 Metzingen, Tochter von Johann Münz, Weingärtner in Metzingen;
Kathar. Münz ∞ I: Johann Caspar Schmid, ∞ II: Christoph Schiener.

∞ II: 23. 11. 1719 Metzingen

23. Lucie **Ernst**, * 22. 11. 1694 Metzingen, † 28. 8. 1755 Metzingen, Tochter von Hieronymus **Ernst**, 1645–1710, Metzger und Ochsenwirt, Bürgermeister in Metzingen, und Anna Katharina **Rau**, 1667–1728.

24. Johann Jakob **Barner**, * 15. 1. 1691 Owen, Teck, † 20. 9. 1751 Owen, Schneider in Owen; Sohn von Levin **Barner**, 1649–1716, Bauer und Ratsherr in Owen, und ∞ 1676 Afra **Diener**, * 1654.

∞ 19. 4. 1716 Owen

25. Anna Elisabeth **Fürkorn**, * 3. 8. 1686 Owen, † 11. 7. 1773 Owen, Tochter von Ludwig Andreas **Fürkorn**, 1640–1716, Mesner in Owen, und ∞ 1666 Agnes **Gruel**, * 1646.

26. Johann Michael **Munk**, * 16. 7. 1683 Owen, Sohn von Johann **Munck**, 1642–1707, Weingärtner und des Gerichts in Owen, und ∞ 1671 Margarethe **Diener**, * 1649.

∞ 20. 9. 1707 Owen

27. Margarethe **Rabel**, mit ihrem Vater Glaubensflüchtling aus Österreich, Tochter von Bartholomäus **Rabel**, † 1696, Weber aus Österreich, und ∞ 1673 Dorothea **Bader**.

28. Johann Friedrich **Knauß**, * 9. 5. 1680 Steinheim, † 5. 8. 1764 Göppingen, Chirurg in Böhringen bei Urach, später Göppingen, Sohn von Johann Michael **Knauß**, 1636–1710, Chirurg und Gerichtsverwandter in Steinheim bei Heidenheim, und ∞ 1674 Maria **Frey**.

∞ 4. 11. 1704 Göppingen

29. Christina **Dobelmann**, * an Thomä 1667 Uhingen bei Göppingen, † 26. 5. 1719 Göppingen, Tochter des Metzgers Hans **Dobelmann** in Uhingen, 1613–1689, und Anna Maria ...

30. Johann Wilhelm **Sannenwald(t)**, * 31. 12. 1665 Eberstadt bei Weinsberg, † 15. 1. 1737 Metzingen, Regimentsfeldscher des Erbprinzl. Württ. Regiments zu Pferd vor 1705, 1704 Teilnehmer der Schlacht bei Höchstedt, dann Chirurg in Metzingen; Sohn von Christoph Ludwig **San(n)wald(t)**, 1605–1666, Stabsschultheiß in Eberstadt, und ∞ 1650 Maria Martha **Altvatter**, 1629–1689.

SWD Bl. F. W. Kd. **1979**, 121

∞ 7. 5. 1705 Metzingen

31. Marie Agnes **Maurer**, * 18. 4. 1685 Metzingen, † 18. 7. 1742 Metzingen; Tochter von Johann Christoph **Maurer** aus Reutlingen, 1651–1723, Glaser, Ratsbürgermeister, Universitätspfleger, Salzverwalter in Metzingen, und ∞ 1678 Elisabeth **Kromer**, 1645–1720.

---

## Vorfahren von Samuel **Gobat**, 1799-1879, Bischof in Jerusalem

(s. Stamm Gobat, S. 226)

Nach J. Ph. Gobat, L'ascendance de Samuel Gobat, évêque de St. Jacques de Jérusalem, in Der Schweizer Familienforscher **37** (1970), 1–14.

### *1. Generation*

2. David **Gobat**, gen. du Moulin, * 27. 7. 1768 Crémines bei Moutier BE, † 1. 12. 1849 Crémines; Landwirt in Crémines, gewählter Standesvertreter für das Département Haut-Rhin.

∞ 11. 10. 1794 Grandval bei Moutier BE

3. Susanne **Gobat**, * 4. 5. 1771 Crémines, † 31. 8. 1837 Crémines, 7 Kinder, darunter:
Sophie, 1796–1886, 25 Jahre Krankenpflegerin am Berner Inselspital, dann Leitende Oberschwester in einer Irrenanstalt der Brüdergemeine in Préfargier bei Marin-Epagnier NE;
David-Louis, 1797–1858, Lehrer und Schulaufseher in Crémines, Vorsitzender des Pfarrgemeinderats in Grandval, ∞ Anne-Sophie Visard;
Samuel, 1799–1879, ∞ Marie Zeller, s. Genealogischer Teil G.

### *2. Generation*

4. Jean-Pierre **Gobat**, get 2. 2. 1721 Crémines, † 2. 11. 1799 Crémines; Förster und Jäger der bischöflichen Wälder des Cornet 1757, Dorfarzt, Gemeinderat in Crémines.

∞ 1757

5. Catherine **Joray**, * 25.11.1730 Belprahon bei Moutier BE, † 8. 1. 1787 Crémines.

6. Jean (Richard) **Gobat**, get. 6. 12. 1722 Crémines, † 1. 11. 1798 Crémines; Landwirt in Crémines, Richter und Gemeinderat.
∞ 8. 6. 1758 Grandval
7. Madeleine **Gobat**, * 6. 11. 1735 Crémines, † 28. 11. 1810 Crémines.

### *3. Generation*

8. David **Gobat**, get. 6. 3. 1694 Crémines, † 1. 3. 1771 Crémines, Müller in Crémines, Gemeinderat.
∞
9. Catherine **Dedie**, get. 24. 3. 1692 Corcelles bei Moutier BE, † 1754/1762.
10. Adam **Joray**, get. 12. 4. 1705 Belprahon, † 6. 3. 1743 Belprahon, Landwirt in Belprahon.
∞ 19. 3. 1726 Moutier
11. Susanne **Gobat**, get. 28. 11. 1706 Crémines, † nach 1759.

12. Adam **Gobat**, get. 20. 8. 1696 Crémines, † 1763/1765, Landwirt in Crémines, ambourg (gewählter Gemeindevorsteher) von Crémines 1739 und 1753–1755.
∞ ca. 1722
13. Madeleine **Gobat**, get. 30. 6. 1684 Crémines, † 1758/1766;
∞ I: 23. 6. 1711 David Gobat von Crémines, 1666–1720, Landwirt und Richter.

14. Jean **Gobat**, get. 30. 11. 1704 Crémines, † 27. 11. 1774 Crémines, Landwirt in Crémines, ambourg von Crémines 1746.
∞ 18. 11. 1734 Grandval
15. Marguerite **Romy**, von Sorvilier bei Moutier, get. 2. 8. 1711 Montagne de Moutier, † 28. 11. 1787 Crémines.

### *4. Generation*

16. Adam **Gobat**, * ca. 1657, † 30. 9. 1745 Crémines, Müller in Crémines, Gemeinderat.
∞ I: Claudine Carnal, von Souboz bei Moutier ( = Nr. 27, s. d.).
∞ II: 25. 10. 1687

17. Madeleine **Schaffter**, * Moutier, wohnte „auf dem Berg", † 1710/1712, Tochter von Lody **Schaffter** von Montagne de Moutier, † 1687/1699, und Christine (Chrischonne) **Chodat**, † 1716, 95-jährig, als älteste der Gemeinde.

Die verschiedenen **Gobat** dieser 4. Generation lassen sich in Crémines weiter zurückführen z. B. von Nr. 16 über 32. Jean **Gobat**, 1630–1707, Müller, ∞ Madeleine **Bueche**, 64. Adam **Gobat**, † 1667/1669, Wagner und Müller, ∞ Marguerite **De Roche** (?) von Grandval, 128. Richard **Gobat**, † vor 1639, Müller, bis zu den Brüdern Caspar, † ca. 1579, und Elias **Gobat**, † vor 1619; Ahnengemeinschaft mit dem Präsidenten Charles de Gaulle und dem Raumfahrtpionier Wernher von Braun (Bull. du Cercle généal. de l'Ancien Evêché de Bâle **16** (1996), 2–5).

18. Abraham **Dedie**, get. 22. 9. 1661 Corcelles, † 25. 5. 1744 Corcelles, Landwirt und Gastgeber in Corcelles; Sohn von David **Dedie**, † 1701/1703, Landwirt und Gemeinderat in Corcelles, und Catherine **Schaffter** von Montagne de Moutier, † nach 1707.

∞ II: 11. 3. 1720 (Ehekontrakt) Catherine Berlincourt von Monible, Witwe von Jacques Bueche von Malleray.

∞ I: 16. 11. 1681

19. Catherine **Gobat**, get. 16. 10. 1664 Crémines, † 1716/18; Tochter von Germain **Gobat**, 1617–1990, Notar und ambourg von Crémines, und Catherine ...

20. Joseph **Joray**, get. 30. 5. 1675 Belprahon, † 18. 4. 1725 Belprahon, Landwirt in Belprahon; Sohn von Adam **Joray**, † 1730, Landwirt in Belprahon und Kirchenältester in Moutier, und Elisabeth **Joray**, † 1710.

∞ 1. 4. 1704 Moutier

21. Catherine **Visard**, get. 25. 8. 1672 Corcelles, † 25. 4. 1725 Belprahon; Tochter von David **Visard**, † 1711, Landwirt und Bürgermeister von Corcelles, Kirchenältester in Grandval, und Elisabeth **Sauvain**, aus Grandval, † nach 1711.

22. Adam **Gobat**, von Crémines, † 1709/10, Schuster in Crémines; Sohn von Germain **Gobat** und Catherine ... (s. Nr. 19)

∞ I: 8. 2. 1687 Catherine Girod, get. 10. 10. 1669 Champoz bei Moutier BE, † 1701/1703.

∞ II: 6. 7. 1704 (Ehekontrakt)

23. Jeanne **Mérillat**, aus Sornetan westl. Moutier BE, † 1716/1724 (∞ I: 15. 6. 1688 Jean Guerne aus Eschert bei Moutier), Tochter von Daniel **Mérillat**, Müller in Sornetan, und Catherine **Sauvain** aus Eschert.

24. Adam **Gobat**, aus Crémines, † 1717/1718, Soldat in französischem Dienst, dann Landwirt in Crémines; Sohn von Richard **Gobat**, 1612–1691, Gastgeber in Crémines, und Catherine ...

∞ 1679/1682

25. Marie **Gobat**, aus Crémines, † 1710/1724; Tochter von Abraham **Gobat**, † 1702, Hufschmied in Crémines, und Marguerite **Visard** aus Corcelles.

26. = 16. Adam **Gobat**,

∞ I:

27. Claudine **Carnal**, aus Souboz bei Moutier, † 1684/1687, Tochter von Jean **Carnal**, gen. Chapiat, * ca. 1624 Souboz, † 1702, Landwirt in Souboz, Kirchenältester von Sornetan, und Evi **Heicheman**, † 1689/1694, aus Souboz.

28. Abraham **Gobat**, get. 25. 1. 1674 Crémines, † 21. 8. 1746 Crémines, Notar, Gemeinderat, Richter in Crémines, Kirchenältester von Grandval; Sohn von Jean **Gobat**, † nach 1706, und Marie **Garraux**, aus Malleray südwestl. Moutier, † nach 1691.

∞ ca. 1697

29. Madeleine **Dedie**, * 6. 7. 1679 Corcelles, † 9. 12. 1771 Crémines; Tochter von David **Dedie** und Catherine **Schaffter**, s. Nr. 18.

30. Isaak **Romy**, aus Sorvilier bei Moutier, get. 21. 8. 1681 Montagne de Moutier, † ca. 1711, Landwirt auf Montagne de Moutier, Sohn von Abraham **Romy**, 1649–1713, Landwirt auf Montagne de Moutier, Kirchenältester, und Marguerite **Mérillat** aus Perrefitte bei Moutier, † 21. 9. 1715.

∞ 24. 10. 1709 Moutier

31. Madeleine **De Roche**, aus Grandval, get. 7. 7. 1678 Le Planfyin sur Perrefitte bei Moutier, † nach 1752; Tochter von Jean **De Roche**, † 1682/1688, Landwirt in Planfyin sur Perrefitte, und Catherine **Visard**, † nach 1719.

∞ II: 18. 11. 1716 Grandval Jean Gobat aus Crémines, 1681–1751

## Vorfahren von *Karl* Friedrich **Werner**, 1804–1872, Pfarrer, zuletzt in Fellbach bei Stuttgart

(s. Stamm Werner S. 307),

nach Angaben der Literatur zusammengetragen.

### *1. Generation*

2. Georg *Andreas* **Werner**, * 11. 6. 1752 Balingen, † 16. 5. 1824 Stuttgart; Schneiderlehre, Diener beim Landschaftsausschuß in Stuttgart 1768, Provisor an der Mädchenschule in Tübingen 1771, Kollaborator an der deutschen Knabenschule 1779, Gehilfe an der Lateinschule (Anatolische Schule) in Tübingen 1795, Präzeptor am Gymnasium und an der neuen Realschule in Stuttgart 1796, Oberpräzeptor 1817.

   Verf.: Practische Anleitung zur lateinischen Sprache ..., 1. u. 2. Teil, verschiedene Auflagen 1792–1845; Lateinisches Lesebuch für Anfänger 1801; Grammatisches Elementarbuch der lateinischen Sprache 1818; Lateinische Chrestomathie 1820; Einführung in die griechische Sprache 1822;
   Lit.: Sein Lebensbild vom Sohn Karl Fr. Werner in den „Basler Sammlungen“ 1859, Stuttgart 1952; Werner I S. 39, Faber **25**, 564; Nekrolog der Deutschen 1824, 1144–1146

   ∞ I: 2. 5. 1779 Tübingen Benedikta Friedrike Haakh, * 18. 11. 1748 Stuttgart, † 6. 1. 1786 Tübingen, Tochter von Johann Christoph Haakh, herzoglicher Mundkoch in Stuttgart, und Christiane Jakobine Hößler, 4 Kinder.

   ∞ II: 16. 11. 1786 Ludwigsburg

3. *Johanna* Juliane **Hartmann**, * 10. 7. 1766 Ludwigsburg, † 21. 2. 1828 Stuttgart;
   12 Kinder, darunter aus ∞ I:
   *Christiane Friederike*, 1780–1828, ∞ Johann Friedrich Bilfinger, Kameralverwalter;
   aus ∞ II:
   Heinrike, 1791–1878, ∞ Karl Plebst, Kaufmann;
   Johanne, 1793–1826, ∞ Karl Weigle, Pfarrer;
   Luise, 1799–1872;
   Wilhelmine, 1800–1881;
   Ludwig, 1802–1892, Pfarrer, ∞ Mathilde Wunderlich; *Affalterbacher Linie*
   *Karl* Friedrich, 1804–1872, Pfarrer, ∞ Therese Zeller; s. Genealogischer Teil W; *Fellbacher Linie*
   Charlotte, 1805–1892, ∞ Christian Pfleiderer, Pfarrer;

Hermann, 1808–1882, Dr. med., Medizinalrat, ∞ Karoline Gmelin. *Ludwigsburger Linie*

## *2. Generation*

4. Philipp Jakob **Werner**, * 26. 1. 1712 Endingen bei Balingen, † 23. 8. 1768 Balingen; Buchbinder- und Schneiderlehre, Schneider in Balingen.
∞ I: 26. 11. 1737 Balingen Anna Maria Engelfried, * 28. 10. 1712 Balingen, † 23. 11. 1747 Balingen, Tochter von Johann Martin Engelfried, Schuhmacher in Balingen, und Rosina ....
Werner I S. 32
∞ II: 11. 6. 1748 Balingen
5. Anna Maria **Höschlin**, * 30. 3. 1724 Balingen, † 2. 9. 1803 Stuttgart.

6. Israel **Hartmann**, * 27. 2. 1725 Plieningen, † 4. 4. 1806 Ludwigsburg; Schulmeister in Roßwag bei Vaihingen an der Enz, Lehrer am Waisenhaus in Ludwigsburg, befreundet mit Lavater und Jung-Stilling.
Sein Lebensbild vom Enkel Karl Fr. Werner in den „Basler Sammlungen" 1843; Faber **25**, 413; Georgii-Georgenau S. 319; Zschr. württ. Landesgesch. XII 1953
∞ 2. 11. 1751 Roßwag
7. Agnes Rosine **Burk**, * 1. 8. 1727, † 1795; 6 Kinder.

## *3. Generation*

8. Georg Philipp **Werner**, * 10. 11. 1677 Balingen, † 9. 9. 1723 Bernloch bei Münsingen, Mag. Tübingen 25. 9. 1695, Vikar in Ostdorf bei Balingen und Strümpfelbach bei Waiblingen 1700, Marschalkenzimmern bei Sulz am Neckar 1701, Pfarrer in Lombach bei Freudenstadt 1704, Endingen bei Balingen 1711, Bernloch 1718.
Werner I S. 28; Faber **26**, G 9
∞ 5. 2. 1704 Balingen
9. Katharine Dorothee **Speidel**, * 5. 3. 1683 Hornberg im Schwarzwald, † 30. 8. 1760 Freudenstadt, 10 Kinder.

10. Georg **Höschlin**, † 1762, Büchsenmacher und Schlosser in Balingen.
∞ 25. 4. 1708 Balingen
11. Anna Sabina **Schwerdtlin**, * 28. 3. 1681 Balingen, † 1760.

12. Michael **Hartmann**, * 24. 12. 1680 Plieningen, † 27. 11. 1757 Plieningen, Metzger und Gastgeber zum Ochsen, Gerichtsverwandter in Plieningen.
DGB **75**, 18

∞

13. Katharina **Fröschlin**, * 25. 1. 1683, † 26. 3. 1740, 6 Kinder.

14. Philipp Jakob **Burk**, * 8. 8. 1670, † 28. 9. 1744, Präzeptor in Neuffen 1697–1734 und Nürtingen.
Faber 25, 258; Stoll S. 722

∞ I: Maria Hegel, † 19. 10. 1711 Neuffen.

∞ II: 3. 5. 1712 Neuffen

15. Rosine Katharine **Höninger**, * 6. 5. 1690, † 14. 4. 1773 Neuffen, 5 Kinder.

### *4. Generation*

16. Philipp Jakob **Werner**, * 10. 7. 1637 Balingen, † zwischen 8. 8. 1713 und 22. 4. 1714 Balingen, Handelsmann in Balingen, Spitalpfleger 1676–1692, Gerichtsverwandter 1691–1694, Bürgermeister 1696–1711, Sohn von Philipp Jakob **Werner**, Bäcker und Müller in Balingen, und Katharine ....

∞ II: 8. 8. 1713 Balingen Marie Margarete Löffler, * 25. 8. 1660 Tübingen (∞ I: 1685 Johann Jakob Wölffing, ∞ II: 1695 Mag. Johann Georg Wölffing, † 3. 3. 1704 Tübingen, Kollaborator an der Anatolischen Schule in Tübingen).
Werner S. 21; Faber 26, G 9

∞ I: 10. 2./3. 6. 1671

17. Anna Maria **Scheyhing**, * 28. 7. 1647 Balingen, † 24. 2. 1711/8. 8. 1713, Tochter von Johann Georg **Scheyhing**, Landschaftseinnehmer in Stuttgart, und Katharine **Liebmann**, 10 Kinder.
NWDB § 1429, 1439

18. Andreas **Speidel**, * 8. 12. 1655 Böblingen, † 23. 10./20. 12. 1709, Stadtschreiber in Hornberg im Schwarzwald 1678, Amtmann, Keller und Geistlicher Verwalter ebd. 1694, Vogt in Balingen 1698, Sohn von Johann Jakob **Speidel**, Leibeigenschaftspfleger in Böblingen, und Dorothea **Hägelin**.
Faber **30**, 210; NWDB § 2170, 2475, 2476; AT Hegel Nr. 18

∞ 2. 9. 1679 Dornstetten bei Freudenstadt

19. Agnes Maria **Buob**, * 6. 9. 1660 Pfalzgrafenweiler im Schwarzwald, † 19. 1. 1736 Balingen, Tochter von Georg Friedrich **Buob**, Pfarrer, zuletzt in Grüntal bei Freudenstadt, und Susanne Katharine **Etter**.

20. Johann Jakob **Höschlin**, † vor 1708, Schlosser in Balingen.

22. Andreas **Schwerdtlin**, Tuchscherer und Gerichtsadvokat in Balingen.
∞
23. Anna Maria ...

24. Georg **Hartmann**, * 14. 3. 1650, † Plieningen bei Stuttgart; Bürger und Weber in Plieningen, Sohn von Jerg **Hartmann**, Bürger in Plieningen, und Maria ...; die Familie Hartmann ist aus dem Vogtland nach Plieningen eingewandert.
DGB **75**, 18; Georgii-Georgenau S. 318–320

26. **Fröschlin**

28. Philipp Jakob **Burk**, * 29. 7. 1640 Nürtingen, † 21. 12. 1699 Metzingen; Mag. Tübingen 28. 3. 1660, Diakon in Metzingen 1661, Pfarrer ebd. 1676–1699; Sohn von Philipp David **Burk**, Vogt in Neuffen, und Margarete **Bauhof**.
Rentschler, Aulber S. 44; NWDB 2687, 2698, DGB **146**, 36
∞ 26. 11. 1661 Tübingen
29. Anna Maria **Ernst**, * 13. 11. 1636, † 22. 7. 1712; Tochter von Johann **Ernst**, Handelsmann in Tübingen, und Ursula **Weitbrecht**.

30. Johann Philipp **Höninger**, * 5. 5. 1664 Öhringen, † 12. 9. 1742 Neuffen, Diakon in Ebingen 1687, Balingen 1689, Stadtpfarrer in Dornhan bei Sulz am Neckar 1695, Dekan in Balingen 1701, Neuffen 1704–1740; Sohn von Johann Michael **Höninger**, Diakon in Öhringen, und Katharine **Stricker**.
Faber **25**, 158; Pf.buch Württ. Fr. 1050
∞ II: 23. 11. 1706 Neuffen Katharine Huber;
∞ I: Georg Bader, Hausmeister in Tübingen, ∞ II: Johann Friedrich Engel, Stiftsprokurator in Tübingen.
∞ I: 7. 5. 1689 Stuttgart
31. Maria Barbara **Schwarz**, * 7. 3. 1665 Dürrmenz, † 30. 3. 1703 Balingen; Tochter von Johann Valentin **Schwarz**, Waldmeister in Dürrmenz bei Mühlacker, und ∞ II: Marie Barbara **Mögling**; mindestens 4 Kinder.

## Vorfahren von *Heinrich* Wilhelm Josias **Thiersch**, 1817–1885, Professor der Theologie, Oberhirte der katholisch-apostolischen Gemeinden in Deutschland

(s. Stamm Thiersch S. 462)

Nach Hubert Vogel (Lit. Thiersch II) und Oskar Poller, August von Parseval und seine Vorfahren, Pfälz.-Rhein. Fam.-Kd. **26** (1977), 414–418

### *1. Generation*

2. *Friedrich* Wilhelm **von Thiersch**, * 17. 6. 1784 Kirchscheidungen bei Naumburg an der Saale, † 25. 2. 1860 München; Dr. theol. et phil., Altphilologe und Pädagoge, Professor, Rektor der Universität München 1847–1848, Königlich-Bayerischer Geheimer Hofrat, Präsident der Bayerischen Akademie der Wissenschaften 1848–1859.

   ADB **38**, 7–17; Heinrich W. J. Thiersch, Friedrich von Thierschs Leben, Leipzig und Heidelberg 1866

∞ 25. 12. 1816 Nürnberg St. Sebald

3. Amalie **Löffler**, * 16. 6. 1794 Gotha, † 27. 3. 1878 München; erhielt auf der Kunstschule in Weimar von Goethe einen Preis im Malen; 7 Kinder, darunter:
   Heinrich, 1817–1885, ∞ Bertha Zeller s. Genealogischer Teil T;
   Karoline (Lina), 1821–1880, ∞ Prof. Dr. phil. Emil August von Schaden, Großeltern des Luftschiffbauers August von Parseval;
   Karl, 1822–1895, Prof. Med., Chirurg, ∞ 1855 Johanna von Liebig, 1836–1926, Tochter von Justus von Liebig und Henriette von Moldenhauer; Schwiegersohn: Adolf von Harnack;
   AT Berühmter Deutscher 1929–1932, S. 146
   Mathilde, 1824–1903, ∞ Christian Gottlieb Karl *Hermann* Podlech, 1823–1891, Rechtsanwalt;
   Ludwig, 1825–1909, Historienmaler, Professor Kunstakademie Athen und München, ∞ Pauline Kirch, 1829–1910;
   Luise, 1827–1878, ∞ Friedrich Petri, 1817–1893, Eisenbahnpräsident.

### *2. Generation*

4. Johann Samuel Philipp *Benjamin* **Thiersch**, * 1. 6. 1753 Kirchscheidungen, † 20. 2. 1832 München; Dorfschulze und Backhausbesitzer,

Bäckermeister in Kirchscheidungen, lebte seit 1824 in München.
∞ 27. 8. 1780 Kirchscheidungen
5. *Henriette* Bernhardine Luise **Lange**, * 23. 7. 1762 Langendorf bei Weißenfels, † 31. 10. 1813 Kirchscheidungen.

6. *Josias* Friedrich Christian **Löffler**, * 18. 1. 1752 Saalfeld, † 4. 2. 1816 Gamstädt bei Gotha durch Schlagfluß am Altar; Stud. Theol. Halle, Hauslehrer in Berlin, Prediger an der Hofgerichtskirche in Berlin 1777, dann Charité, Feldprediger bei dem Regiment Gens d'armes 1778, Prof. Theol. Universität Frankfurt an der Oder 1782, Prof. Phil. 1787, Rat der Stadt, Diakon an der Marienkirche, Superintendent 1786, Generalsuperintendent und Oberkonsistorialrat des Fürstentums Sachsen-Gotha-Altenburg in Gotha 1788, D. theol. Universität Kopenhagen 1792.
ADB **19**, 106
∞ I: 1784 ...Silberschlag, † 1789, Tochter des Oberkonsistorialrats Esaias Silberschlag in Berlin, Bruder von Georg Ludwig, s. Nr. 14.
∞ II: 1792
7. Katharina *Sophie* Elisabeth **Silberschlag**, * 1. 9. 1772 Berlin, † 12. 1. 1799 Gotha.

### *3. Generation*

8. Johann Christoph **Thiersch**, * 22. 3. 1729 Kirchscheidungen, † 22. 2. 1758 Kirchscheidungen; Gräfl. Schulenburgischer Eigentumsbäkker, Bäckermeister und Landwirt in Kirchscheidungen.
∞ 18. 4. 1752 Kirchscheidungen
9. Christine Elisabeth **Köhler**, * 18. 11. 1732 Kirchscheidungen, † 1758 Kirchscheidungen.

10. Bernhard Gottfried **Lange**, * 21. 8. 1730 Schwerstedt bei Weimar, † 4. 4. 1805 Kirchscheidungen; Pastor in Kirchscheidungen.
∞ 5. 4. 1761 Langendorf bei Weißenfels
11. Henriette Christiane **von Fuchs**, * 1739 Magdeburg, † 15. 8. 1781 Kirchscheidungen.

12. Johann Christian **Löffler**, * 1713 Lehesten bei Gräfenthal in Thüringen, † 22. 10. 1762 Saalfeld; Stadtsyndikus und fürstlicher Hofadvokat in Saalfeld.
∞ 7. 2. 1747 Saalfeld
13. Magdalena Susanna **Mahn**, * 5. 9. 1729 Saalfeld, † 9. 7. 1784 Saalfeld.

14. Georg Ludwig **Silberschlag**, * 1731 Aschersleben, † 11. 12. 1790 Stendal; Pfarrer in Großengersen bei Gardelegen 1762, Stendal 1763, Generalsuperintendent der Altmark und Priegnitz in Stendal 1779, Bruder von Esaias Silberschlag, s. Nr. 6.
∞ II: 25. 10. 1763 Stendal
15. Katharina Sophia **Struve**, get. 26. 12. 1740 Stendal, † 8. 9. 1786 Stendal.

### *4. Generation*

16. Johann Philipp **Thiersch**, * 1689 Kalbsrieth bei Artern in Thüringen, † 4. 5. 1757 Kirchscheidungen; Gräfl. Schulenburgischer Eigentumsbäcker, Erbauer eines Backhauses in Kirchscheidungen; aus Kalbsrieth stammen auch Goethes väterliche Ahnen.
∞ II: 30. 10. 1727 Kirchscheidungen
17. Johanna Maria **Becker**, * 22. 3. 1706 Kirchscheidungen, † 18. 2. 1789 Kirchscheidungen; Tochter von Hans Balthasar **Becker**, Hufschmied und Schenkwirt in Kirchscheidungen, und Anna Elisabeth ...

18. Hans Paul **Köhler**, * 9. 12. 1706 Kirchscheidungen, † 10. 2. 1754 Kirchscheidungen; königlich polnischer und kursächsischer Akzise-(Steuer)einnehmer in Kirchscheidungen; Sohn von Hans Kaspar **Köhler**, Schneider und königl. poln. und kursächs. Akziseeinnehmer in Kirchscheidungen, und Elisabeth **Grimmer**.
∞ 6. 11. 1731 Kirchscheidungen
19. Christine Elisabeth **Müller**, * 2. 9. 1710 Kirchscheidungen, † 13. 3. 1774 Kirchscheidungen; Tochter von Gottfried **Eberlein** aus Dorndorf bei Rudolstadt und Christine **Müller**.

20. Johann Bernhard **Lange**, * 25. 1. 1702 Schwerstedt bei Weimar, begr. 2. 4. 1771 Schwerstedt; Bauer in Schwerstedt, Sohn von Johann To-

bias **Lange**, Bauer aus Straußfurt bei Sömmerda an der Unstrut, und Martha Katharina **Erich** aus Schwerstedt.

∞ 12. 11. 1725 Schwerstedt

21. Dorothea Magdalena **Schuchardt**, * 31. 8. 1703 Schwerstedt, † 22. 3. 1757 Schwerstedt; Tochter von Hans Nikolaus **Schuchardt**, Vormundschaftsverwandter in Schwerstedt, und Veronika Dorothea **Bank**.

22. Konrad Ludwig **von Fuchs**, * 14. 9. 1705 Berlin, † 6. 11. 1772 Mansfeld; königlich preußischer Kriegs- und Domänenrat in Magdeburg; Sohn von Prof. Dr. jur. Johann Heinrich **von Fuchs**, Kammergerichtspräsident und preußischer Staatsminister in Berlin, und Katharine Margarete **Glöckner**; Ahnengemeinschaft mit dem Philosophen Wilhelm Wundt.

s. AT Berühmter Deutscher **44**, 189–192, und G. Kessler, Fam.-Gesch. Bl. **31** (1933), H. 7/8, Nr. 34–35

∞ 26. 4. 1739 Colbitz, Kreis Wolmirstadt

23. Maria Helene **von Lüderitz**, * ca. 1720 Colbitz, † 1752 Magdeburg; Tochter von Ludolf Georg **von Lüderitz**, königlich preußischer Oberforstmeister in Colbitz, und Anna Barbara **von Sydow**. Über die Lüderitz, Herren von Veltheim, Bartensleben, Meinersen, Osterburg-Veltheim und die Askanier, sowie über die Sydow, Brandt, Heideck, die Erbschenken zu Limpurg und die Grafen von Öttingen bestehen Beziehungen zum Hochadel und damit Abstammungslinien zu Karl dem Großen.

24. Johann Nikolaus **Löffler**, * 27. 4. 1678 Lehesten bei Gräfenthal in Thüringen, † 19. 12. 1763 Lehesten; Bürger und Schuhmacher in Lehesten; Sohn von Hans **Löffler**, Maurer in Lehesten, und Katharina **Martin**.

∞ 19. 1. 1711 Lehesten

25. Barbara **Neumeister**, * 29. 10. 1681 Lehesten, † 19. 10. 1753 Lehesten; Tochter von Hans **Neumeister**, Mälzer und Mühlenbesitzer in Lehesten, und ∞ II: Katharina **Seydel**.

26. Johann Georg Nikolaus **Mahn**, * 20. 8. 1684 Großbreitenbach bei Ilmenau in Thüringen, † 20. 5. 1734 Saalfeld; fürstlich sächsischer Bergregistrator, Berg- und Hüttenverwalter in Saalfeld; Sohn von

Hans **Mahn**, Böttcher in Großbreitenbach, und Anna Margaretha **Macholt**.

∞ II: Saalfeld

27. Maria Elisabeth **Köhler**, verwitwete Röhr, * Saalfeld, † 5. 9. 1734 Saalfeld, Tochter von Adam **Köhler**, Schulmeister und Stadtkirchner in Saalfeld, und Justina **Giegling**.

28. Johann Esaias **Silberschlag**, * 15. 3. 1676 Erfurt, † 24. 8. 1737 Aschersleben; Dr. med., Arzt in Aschersleben; Sohn von Dr. Esaias **Silberschlag**, Arzt und Apotheker in Erfurt, und Lydia Dorothea **Rennemann**.

∞ I: ...

∞ II: 24. 11. 1711 Maria Justina Telge, * Quedlinburg, † 22. 8. 1726 Aschersleben.

∞ III: 20. 5. 1727 Aschersleben

29. Katharina Rebekka **Waldmann**, Tochter von Johann Andreas **Waldmann**, Notar und Syndikus in Aschersleben.

30. Johann Friedrich **Struve**, get. 11. 9. 1710 Stendal, † 11. 9. 1786 Stendal; Bürger und Handelsmann in Stendal; Sohn von Johann Friedrich **Struve**, Handelsmann in Stendal, und Dorothea **Hundt**.

∞ 14. 2. 1735 Salzwedel und 16. 2. 1735 Stendal

31. Anna Elisabeth **Müller**, * 11. 12. 1717 Salzwedel, † 10. 11. 1807 Stendal; Tochter von Philipp Georg **Müller**, Seidenhändler in Salzwedel, und Katharina Maria **Rüdiger**.

## Vorfahren von Jakob Ludwig (Louis) **Schmuziger**, 1804–1864, Fabrikant in Aarau

(s. Stamm Schmuziger S. 518)

Vergl. dazu W. Merz, Wappenbuch der Stadt Aarau, Aarau 1917, und archivalische Quellen.

### *1. Generation*

2. *Marx* Daniel **Schmu(t)ziger**, * 20. 2. 1772 Aarau AG, † 2. 10. 1817 Aarau; Kaufmann und Stadtrat in Aarau AG, Schweiz.
   ∞ 25. 6. 1798
3. Maria **Berger**, * 26. 7. 1772 Aarau, † 25. 11. 1848 Aarau; 5 Söhne.

### *2. Generation*

4. Beat Ludwig **Schmu(t)ziger**, get. 29. 8. 1728 Aarau, † 14. 11. 1802 Aarau, Kaufmann in Aarau.
   ∞ 1769
5. Salome **Vaucher**, * 25. 12. 1744 Niederlenz AG, † 2. 6. 1827 Aarau; 5 Kinder.

6. Johann Jakob **Berger**, * 12. 4. 1744 Aarau, † 14. 3. 1814 Aarau; Stadtrat in Aarau.
   ∞ 15. 5. 1770 Aarau
7. Katharina Elisabeth **Rufli**, * 18. 6. 1747 Aarau, † 19. 11. 1821 Aarau.

### *3. Generation*

8. Jonas **Schmuziger**, get. 7. 5. 1699 Aarau, † 1773.
   ∞
9. Anna Rosina **Saxer**, get. 14. 5. 1699 Aarau, † 13. 7. 1742 Aarau; 7 Kinder.

10. verm. Joseph **Vaucher**, von Fleurier NE, Bürger Niederlenz 1755, beantragte in Niederlenz eine Walke statt einer Schleife und erhielt 1757 die Erlaubnis, wünschte 1758 eine Bleiche und erhielt sie, betrieb 1764 in Niederlenz eine Indienne-Druckerei, 1798 als aargauischer Deputierter im Helvetischen Senat.

12. Johannes **Berger**, get. 10. 5. 1704 Aarau, Messerschmied in Aarau.
∞ ca. 1729
13. Elisabeth **Hagenbuch**, get. Aarau 26. 1. 1710 (?).

14. Hans *Arnold* **Rufli**, get. 4. 9. 1712 Aarau, Rotgerber in Aarau.
∞ 1743
15. Magdalene **Imhoff**, get. 16. 9. 1725 Aarau, † 1807.

### *4. Generation*

16. Jonas **Schmuziger**, get. 1. 7. 1665 Aarau, † 15. 11. 1711 Aarau. Löwenwirt und Ratsherr in Aarau.
∞
17. Susanne Margarete **Steinegger**, * 1671 Zofingen, 6 Kinder; Tochter von Samuel **Steinegger**, 1645–1716, Schultheiß in Zofingen, und Dorothea **Wild**. Familie Steinegger aus Bern, seit 1583 in Zofingen.

Weiter Vorfahren von Jonas Schmuziger:
Eltern: Hans Heinrich **Schmuziger**, get. 4. 12. 1630 Aarau, Löwenwirt und Schultheiß in Aarau 1683–1685, (∞ I: Salome Stettler), ∞ II: Elisabeth **Hegner**.
Großeltern: Hans Heinrich **Schmuziger**, get. 18. 9. 1603 Aarau, ∞ Salome **Imhof**, get. 17. 4. 1603 Aarau (∞ II: 20. 6. 1639 Jakob Rüedin von Basel).
Urgroßeltern: Hieronymus **Schmuziger-Schmutzinger**, get. 8. 2. 1579 Aarau, Schultheiß in Aarau 1627–1631, 1633–1635, 1637 und 1641–1643, ∞ Susanna **Heldmann**.
Ururgroßeltern: Hieronymus **Schmuziger-Schmutzinger**, get. 25. 4. 1540 Aarau, † Febr. 1584 Aarau mit Frau und sechs Kindern an der Pest, (∞ I: Maria Hauri), ∞ II: Chrischion **von Luternau**, † Febr. 1584.
Familienname ursprünglich Schmitzinger, aus Schmitzingen in Baden. Familie seit 1509 in Aarau.

18. Berchtold **Saxer**, get. 16. 7. 1671 Aarau, † 8. 5. 1732 Aarau, Ratsherr in Aarau, Sohn von Berchtold **Saxer**, * 1643, und Anna **Frank**; Saxer Aarauer Familie seit 1547.
∞ 6. 7. 1698 Aarau

19. Elisabeth **Hunziker**, * 1678, † 25. 12. 1738 Aarau, Tochter von Johann Jakob **Hunziker**, 1652–1715, Salzhändler und Schultheiß in Aarau, und Rosina **von Luternau**, 1650–1726; Hunziker Aarauer Familie, Luternau altes Ministerialengeschlecht.

20. **Vaucher**

24. Jakob **Berger**, get. 22. 7. 1683 Aarau
∞ 1703
25. Anna Maria **Wagner**, in Aarau

26. Lienhart **Hagenbuch**, in Aarau
∞
27. Esther **Lienhart**, von Zofingen

28. Jakob **Rufli**

30. ? Johann Christoph **Imhoff**, * ca. 1684, † 18. 5. 1733, Feldprediger 1708, Pfarrer in Holderbank AG 1714, Sohn von Samuel **Imhoff**, † 1689, Pfarrer in Rued, dann Leerau, und Susanna **Vögelin**, † 1693.
∞ 6. 11. 1714
31. Anna Magdalena **Rothpletz**, * 7. 10. 1688, † 16. 10. 1771.

## Vorfahren von Elise **Zeller** geb. **Bohn**, 1834–1909

(s. Stamm Zeller S. 529)

Mit Daten von Günther Anthes, Ludwigshafen am Rhein, Recherchen im Centre Départemental d'Histoire des Familles, Guebwiller, Elsaß, und im Evangelischen Verwaltungsamt und Archiv Bad Kreuznach.

### *1. Generation*

2. Jaques-Jakob **Bohn**, * 13. 2. 1811 Meisenheim am Glan, † 12. 1. 1885 Mulhouse im Elsaß, Walzengraveur für Textildruckmaschinen, später Fabrikant, Betreiber einer Stoffdruckerei in Mulhouse, zusammen mit seinem Schwager Keller.
   ∞ II: 1837 Julie Bühler; 7 Kinder.
   ∞ I: 28. 11. 1833 Mulhouse
3. Marguerite **Keller**, * 11. 11. 1811 Mulhouse, 7 Uhr abends, † März 1835 Mulhouse (Nervenfieber).

### *2. Generation*

4. Friedrich Ludwig **Bohn**, * 22. 12. 1773 Meisenheim, † 18. 2. 1832 Meisenheim; Schlosser in Meisenheim.
   ∞ 21. 3. 1802 Meisenheim
5. Katharina **Anthes**, * 26. 1. 1777 Breitenheim bei Bad Kreuznach, † 27. 7. 1853 Meisenheim, 4 Kinder.

6. Gaspard **Keller**, Walzengraveur in Mulhouse
   ∞
7. Marguerithe **Bernhard**, * 21. 6. 1787 (errechnet), † 28. 5. 1821 Mulhouse, 33 J., 11 M., 7 T. alt. Das Paar Keller-Bernhard kam mit großer Wahrscheinlichkeit von außerhalb nach Mulhouse. Recherchen in den Familienregistern von Mulhouse waren ohne Erfolg (1997).

### *3. Generation*

8. Johannes **Bohn**, Bürger, Schlosser und Büchsenmacher in Meisenheim
   ∞ 13. 11. 1770 Meisenheim
9. (Anna) Katharina Margaretha **Habig**, * 4. 11. 1744 Meisenheim, † 28. 4. 1787 Meisenheim; 8 Kinder.

10. Johann Michael **Anthes**, * 14. 10. 1731 Breitenheim, † 9. 11. 1784 Breitenheim; Gemeinsmann zu Breitenheim.

∞ 1760/1761

11. Susanne Katharina (bei der Taufe Susanna) **Wagner**, * 14. 9. 1738, get. 19. 9. 1738 Monzingen bei Bad Kreuznach; Paten: Jonas Wagner, Bäcker, und Susanna, Tochter des Oberschultheißen Fuchß.

12. **Keller**

14. **Bernhard**

### *4. Generation*

16. möglich Johann Nikolaus **Bohn** aus Sobernheim, oder Gabriel **Bohn** aus Meisenheim ∞ Zöllner

18. Johann Hermann **Habig**, * ca. 1710, † 3. 3. 1757 Meisenheim, Bürger und Maurermeister in Meisenheim, Sohn von Johann Konrad **Habig**, Bürger zu Alzey.

∞ 5. 7. 1735 Meisenheim

19. Susanne Maria **Taglieber**, * 22. 2. 1708 Meisenheim, † 24. 1. 1778 Meisenheim, 12 Kinder; Tochter von Friedrich Peter **Taglieber**, 1686–1750, Leinenweber in Meisenheim, und Anna Katharina **Jung**.

20. Wendel **Anthes**, * 19. 12. 1699 Breitenheim, † 15. 3. 1746 Breitenheim, Gemeinsmann in Breitenheim; Sohn von Johann Leonhard **Anthes**, * 1655, Gemeinsmann in Breitenheim, und Sara Elisabeth **Graaf**, 1655–1710.

∞ 22. 6. 1723 Breitenheim

21. Anna Charlotta **Allenbach**, * 5. 8. 1701 Breitenheim, † ...; Tochter von Johann Dietrich **Allenbacher**, 1681–1707, Gemeinsmann in Breitenheim, und Anna Christina ...

22. Johann Heinrich **Wagner**, Bürger und Bäcker in Monzingen; Sohn von Meister Hans Schweickhard **Wagner**, Bürger und Bäcker in Monzingen, und Maria Apollonia **Brand**.

∞ 20. 2. 1725 Monzingen

23. Eleonora Katharina **Sponheimer**, Tochter von Nikolaus **Sponheimer**, † vor 1725, Einwohner zu Boos bei Sobernheim an der Nahe.

24. **Keller**

28. **Bernhard**

## Vorfahren von Aaron **Witzemann**, 1827–1909, Vorstand der Armenkinderanstalt Kasteln bei Brugg, Aargau

(s. Stamm Witzemann S. 543)

nach dem Kirchenregister Albstadt-Tailfingen

### *1. Generation*

2. Martin **Witzemann**, * 26. 6. 1797 Tailfingen bei Ebingen, † 1. 3. 1839 Tailfingen, Maurermeister in Tailfingen.
∞ 19. 4. 1825 Tailfingen
3. Katharina **Mauthe-Maute**, * 29. 1. 1797 Tailfingen, † 11. 1. 1869 Tailfingen; 11 Kinder, darunter:
Aaron, 1827–1909, ∞ Monika Zeller, s. Genealogischer Teil Wi;
Johann Georg, 1828–1873, ∞ Barbara Ammann;
Barbara, * 1829, ∞ Johann Handsch...;
Rosine, 1830–1895, ∞ Jacob Fürer;
Katharine, * 1833, ∞ Johann Georg Merz, Maurer;
Johann Martin, * 1834, 1853 nach Amerika ausgewandert;
Anna, * 1836, ∞ Jacob Conzelmann;
Conrad, * 1837, 1856 nach Amerika ausgewandert;
Marie Katharina, 1839–1908, ∞ Johann Gonser, Leineweber.

### *2. Generation*

4. Johann Martin **Witzemann-Wizemann**, * 9. 1. 1756 Tailfingen, † 11. 11. 1827 Tailfingen; Nagelschmied in Tailfingen.
∞ 15. 2. 1779 Tailfingen
5. Anna Barbara **Merz-Mertz**, * 14. 11. 1755 Tailfingen, † 18. 2. 1828 Tailfingen; 9 Kinder.

6. Johann Georg **Maute**, * 29. 8. 1758 Tailfingen, † 28. 2. 1823 Tailfingen; Bürger und Wagner in Tailfingen, „Speidelhansjörg“, Gründer der pietistischen Gemeinschaft.
∞ 26. 1. 1780 Tailfingen
7. Rosina **Conzelmann**, * 8. 1. 1758 Tailfingen, † 7. 3. 1822 Tailfingen; 10 Kinder.

### *3. Generation*

8. Johann Peter **Wizemann**, * 29. 7. 1723 Zillhausen bei Balingen, † 7. 11. 1810 Tailfingen; Bürger und Bauer in Tailfingen.

∞ II: 8. 10. 1767 Tailfingen Ursula Ammann, Witwe, Tochter von Johannes Ammann, 1707–1756, Bauer in Tailfingen, und ∞ II: 1732 Anna Barbara Pfersich, 1711–1761, von „Oberthigißen“ (Oberdigisheim bei Meßstetten), † 7. 1. 1812 Tailfingen.

∞ I: 14. 5. 1746 Tailfingen

9. Veronika (Verena) **Blickle**, * 20. 8. 1712 Tailfingen, † 17. 2. 1767 Tailfingen; 7 Kinder mit J. P. **Wizemann**; ∞ I: 18. 6. 1732 Tailfingen Johann Georg Ammann, Bürger und Salpetersieder in Tailfingen.

10. Johann Balthas **Merz**, * 19. 3. 1730 Tailfingen, † 21. 11. 1774 Tailfingen; gen. „Schlegel“, Bürger und Richter in Tailfingen.

∞ 19. 10. 1752 Tailfingen

11. Anna Barbara **Bitzer**, * 13. 1. 1731 Tailfingen, † 13. 12. 1801 Tailfingen; 9 Kinder.

12. Johann Jakob **Maute**, * 13. 2. 1735 Tailfingen, † 2. 12. 1811 Tailfingen; Bürger und Wagner in Tailfingen.

∞ 8. 11. 1757 Tailfingen

13. Catharina **Gonser**, * 9. 5. 1734 Tailfingen, † 31. 3. 1807 Tailfingen; 12 Kinder.

14. Conrad **Conzelmann**, * 13. 10. 1716 Tailfingen, † 8. 8. 1787 Tailfingen; „am Bohl“, Weber und Schäfer in Tailfingen.

∞ 31. 10. 1741 Tailfingen

15. Maria Katharina **Haux**, * 16. 9. 1719 Tailfingen, † 16. 9. 1794 Tailfingen; auch als geb. Bolay bezeichnet, da ihre Mutter ∞ II: Jerg Bolay, Schäfer.

### *4. Generation*

16. Peter **Wizemann**, Bürger und Bauer in Zillhausen.

∞

17. Dorothea **Herre**

18. Hans **Blickle**, * 27. 12. 1684 Tailfingen, † 8. 10. 1745 Tailfingen an der hitzigen Krankheit; Schmied in Tailfingen, Sohn von Jakob **Blickle**, Schmied, und Anna **Beckh**.

∞

19. Katharina ..., * 10. 12. 1689 (errechnet), † 13. 3. 1757 Tailfingen (68 J., 3 M., 3 T.), 8 Kinder.

20. Balthas **Merz**, * 22. 2. 1688 Tailfingen, † 7. 12. 1744 Tailfingen, „in Gießen“, Bauer in Tailfingen; Sohn von Ludwig **Merz** in Tailfingen, 1642–1703, und ∞ II: Katharina **Conzelmann**.

∞

21. Anna Maria ..., * (errechnet) 4. 11. 1694, † 24. 5. 1757 Tailfingen (62 J., 6 M., 20 T.).

22. Michael **Bitzer**, * 5. 3. 1705 Tailfingen, † 23. 1. 1766 Tailfingen an einem Lungengeschwür; Richter und Bürgermeister in Tailfingen; Sohn von Jakob **Bitzer**, 1676–1750, Müller in Tailfingen, und Anna **Hauser**, 1679–1757, aus Burgfelden bei Balingen (s. a. Nr. 27).

∞ II: 15. 2. 1746 Anna Barbara Hackenmüller, * 2. 6. 1723 Tailfingen, Tochter von Johann Caspar Hackenmüller in Tailfingen und Katharina Bitzer;
Anna Barbara Hackenmüller ∞ II: 1767 Onstmettingen bei Tailfingen Johannes Schlaich, Schreiner und Verwaltungskastenknecht in Onstmettingen, Witwer.

∞ I: 7. 11. 1728 Tailfingen

23. Anna Barbara **Gonser**, * 4. 1. 1708 Tailfingen, † 2. 5. 1745 Tailfingen; Tochter von Hans **Gonser** in Tailfingen, 1685–1749, und Barbara **Conzelmann**, 1685–1763.

24. Johannes **Mauthe**, * 5. 3. 1703 Tailfingen, † 18. 1. 1772 Tailfingen; „im Gäßle“, Bürger und Wagner in Tailfingen; Sohn von Jakob **Mautin**, 1671–1750, Wagner in Tailfingen, und Anna **Lebherz**, 1674–1767, von Bitz bei Tailfingen.

∞ 29. 9. 1729 Tailfingen

25. (Anna) Maria **Merz**, * 6. 4. 1710 Tailfingen, † 15. 4. 1786 Tailfingen; 8 Kinder; Tochter von jung Hans **Merz** (Thalhansele) in Tailfingen, 1667–1721, und ∞ II: Christina **Conzelmann**, 1672–1728.

26. Georg **Gonser**, * 8. 2. 1701 Tailfingen, † 6. 12. 1784 Tailfingen; Bauer in Tailfingen; Sohn von Conrad **Gonser**, 1661–1738, aus Ostmettingen, und Anna **Matthis**, 1659–1726.

∞ 27. 10. 1722 Tailfingen

27. Katharina **Bitzer**, * 3. 9. 1701 Tailfingen, † 2. 2. 1777 Tailfingen; Tochter von Jakob **Bitzer**, 1676–1750, Müller in Tailfingen, und Anna **Hauser**, 1679–1757, aus Burgfelden (s. a. Nr. 22).

28. Conrad (Konradle) **Conzelmann**, * 5. 4. 1687 Tailfingen, † 6. 6. 1752 Tailfingen; Sohn von jung Stefan **Conzelmann** in Tailfingen, 1651–1728, und Anna **Bitzer**, 1653–1712.
∞ 21. 11. 1714 Tailfingen
29. Maria **Härter**, * 1687/1688 Truchtelfingen, † 7. 6. 1752 Tailfingen (64 1/2 Jahre), Tochter von Jakob **Härter** in Truchtelfingen.

30. Gottfried **Haux**, Zeugmachergeselle von Ebingen;
∞ unehelich
31. Anna Maria **Eppler**, Tochter von Hans Peter **Eppler** aus Zillhausen, 1658–1735, Salpetersieder in Tailfingen, und Katharina **Conzelmann**;
Anna Maria Eppler ∞ II: Jerg Bolay, Schäfer.

## Abgekürzt zitierte Literatur


| | |
|---|---|
| A. G. Hölderlin | Hans Wolfgang Rath, Else Rath-Höring, Hans-Wolfgang Kress, Ahnengeschichte Hölderlin, Limburg an der Lahn 1989 |
| ADB | Allgemeine Deutsche Biographie, Leipzig 1875 ff. |
| Arch. Sippenf. | Archiv für Sippenforschung |
| AT Hegel | Schwäbische Ahnentafeln in Listenform, 1. Der Philosoph Hegel, Beil. zu Bl. Württ. F.-Kd. ca. 1935 |
| BBK | Friedrich W. Bautz und T. Bautz, Biographisch-bibliographisches Kirchenlexikon, Hamm 1975 ff. |
| Beuggen | Eugen Zeller, Aus sieben Jahrhunderten der Geschichte Beuggens 1246–1920, Wernigerode o. J. |
| Biundo | Georg Biundo, Die evangelischen Geistlichen der Pfalz seit der Reformation (Pfälzisches Pfarrerbuch), Neustadt an der Aisch 1968 (Bibliothek familiengeschichlicher Quellen Bd. 20) |
| Bl. Württ. F.-Kd. | Blätter für Württembergische Familienkunde |
| Bopp | Maria-Joseph Bopp, die evangelischen Geistlichen und Theologen in Elsaß-Lothringen, Neustadt an der Aisch 1959 (Genealogie und Landesgeschichte Bd. 1; Bibliothek Familiengeschichtl. Quellen Bd. XIV) |
| DFA | Deutsches Familienarchiv, Hrsg. Gerhard Geßner |
| DGB | Deutsches Geschlechterbuch, C. A. Starke, Görlitz 1889 ff. |
| Dieterich | Chunrad Dieterich und seine Nachkommen (Otto Leube), Druck Günzburg 1950 |
| Dorner | Gotthilf Elwert, Stamm- und Familienbuch der Familie Dorner aus Schiltach, Schwäbisch Hall 1932 |
| F. Zeller | Felix Zeller, Stammbaum und Chronik der Familie Zeller, Prag 1904 |
| Faber | Ferdinand Friedrich Faber, Die Württembergischen Familienstiftungen, Stiftung 1–105 Stuttgart 1852–1857; 115–142, 1938–1987 |

| | |
|---|---|
| Feuerlein | Die Nachkommen des Regimentsrats Carl Fr. Feuerlein, bearb. von Wilhelm Elben, Oberndorf a. N. 1966 |
| Gen. | Genealogie, Deutsche Zeitschrift für Familienkunde, Verlag Degener, Neustadt an der Aisch |
| Georgii-Georgenau | Eberhard E. von Georgii-Georgenau, Biographisch-Genealogische Blätter aus und über Schwaben, Stuttgart 1879 |
| Gobat | (Heinrich Thiersch), Samuel Gobat, Evangelischer Bischof in Jerusalem, Sein Leben und Wirken, meist nach seinen eigenen Aufzeichnungen, Basel 1884 |
| Griesinger | Ernst Rheinwald, Alfred Faul (Bearb.), Ahnen und Nachfahren des Georg Gustav Griesinger (1735–1782), Tübingen 1937 |
| Joh. Veil | Johannes Veil'scher Stammbaum, von 1660 an, Tübingen 1887 |
| Kapff | Paul von Kapff, Familie von Kapff, als Manuskript gedruckt, Stuttgart 1927 |
| Kober | Alfred Kober, Samuel Gobat, Vom Juradorf nach Jerusalem, Basel 1968 |
| Korb | Bild vorhanden im Korb'schen Sippenarchiv beim Verein Herold, 14195 Berlin 33, Archivstr. 12–14 |
| Kürschner | Kürschners Deutscher Gelehrten-Kalender, Lexikon der lebenden deutschsprachigen Wissenschaftler, 1925 ff. |
| Lang | Dieter Lang, Christian Heinrich Zeller, Der Gründer Beuggens, Evang. Missionsverlag Stuttgart 1963 |
| Lange | Friedrich Lange, Geschichte des Tempels, 1899, Verlag C. Hoffmann |
| Lechler | Paul Lechler, Familienbuch der Nachkommen des M. Christoph Friedrich Lechler, 7. Ausgabe 1953 |
| Lepsius | Rainer Lepsius, Nachkommen von Richard und Elisabeth Lepsius, Privatdruck für Familienangehörige, Weinheim 1984 |
| Lichtenstern | Lichtenstern einst und jetzt, Gedenkschrift zur Jahrhundertfeier der Anstalt Lichtenstern von Adolf Schlitter, Stuttgart 1936 |

| | |
|---|---|
| Maier | Helmuth Maier, Sindelfinger Familien, Sindelfingen 1962 |
| Merkel 1972 | (Hans Kirste), Verzeichnis der Nachkommen von Paul Wolfgang Merkel, hrsg. von der Paul Wolfgang Merkel'schen Familienstiftung, Nürnberg 1972 |
| Monatsbl. | Monatsblätter von Beuggen, hrsg. von der freiwilligen Armen-Schullehrer-Anstalt daselbst, Jahrg. 1 (1829) ff., Basel |
| Moser | Johann Jacob Mosers Genealogische Nachrichten, 2. Aufl. Tübingen 1756 |
| Müller | Familienbuch der Nachkommen von Johann Jakob Müller und Marie Elisabeth geb. Palmer, hrsg. von S. Müller, U. Ströle, F. Röcker 1992 |
| NWDB | Walther Pfeilsticker, Neues Württembergisches Dienerbuch, 3 Bde. Stuttgart 1957–1974 |
| Paulus | Richard Paulus, Chronik und Nachfahrentafel der Familie Paulus, Pforzheim 1931 |
| Paulus II | Werner Paulus, Nachtrag zum Familienbuch der Familie Paulus, Esslingen 1966 |
| Pf.-Buch Württ. Fr. | Pfarrerbuch Württembergisch Franken, Teil 2, die Kirchen- und Schuldiener, bearb. von Otto Haug, Max Adolf Cramer, Marlene Holtzmann, Stuttgart 1981 |
| Rappard | Dora Rappard-Gobat, Carl Heinrich Rappard, Ein Lebensbild, 2. Aufl. Gießen 1911 |
| Regina | Hans Wolfgang Rath, Regina, die schwäbische Geistesmutter, Ludwigsburg und Leipzig 1927, Reprint 1981 |
| RGG | Religion in Geschichte und Gegenwart, 3. Auflage |
| Roser, Veil, Plouquet | Heinrich Raithelhuber, Geschichte der drei verwandten Familien Roser, Veil, Plouquet, ergänzt auf den neuesten Stand Juli 1926, Stuttgart 1926, 1. Nachtrag 1929 |
| RPTK | Herzog, Plitt, Hauck, Realenzyklopädie für protestantische Theologie und Kirche 1888 |
| Sauer | Paul Sauer, Uns rief das Heilige Land — Die Tempelgesellschaft im Wandel der Zeit, Stuttgart 1985 |

| | |
|---|---|
| Scheffbuch | Rolf Scheffbuch, Lebensbilder württembergischer Frauen, Stuttgart 1997 |
| Scheffbuch II | Rolf Scheffbuch, Wird künftig betrachtet; gestern gesagt, heute neu gehört, Telos Taschenbuch 637, Stuttgart 1971 |
| Seigel | Rudolf Seigel, Gericht und Rat in Tübingen, Stuttgart 1960 (Veröff. Komm. Geschichtl. Landeskunde in Bad.-Württ. Reihe B, Bd. 13) |
| Sigel | Württembergisches Pfarrerbuch, Manuskript im Archiv des Evang. Oberkirchenrats in Stuttgart |
| Stähelin | Ernst Stähelin, Die Christentumsgesellschaft in der Zeit von der Erweckung bis zur Gegenwart (Theologische Zeitschrift der Theologischen Fakultät Basel, Sonderband IV) Basel 1974 |
| Stoll | Johann Nikolaus Stoll, Sammlung aller Magisterpromotionen, welche zu Tübingen ..., Stuttgart 1756 |
| SWDBl. FWK | Südwestdeutsche Blätter für Familien- und Wappenkunde Stuttgart |
| Thieme-Becker | Allgemeines Lexikon der Bildenden Künstler von der Antike bis zur Gegenwart, hrsg. von Ulrich Thieme und Felix Becker, Hrsg. Hans Vollmer 1907–1947 |
| Thiersch | Heinrich W. J. Thiersch, Christian Heinrich Zellers Leben, 2 Bde. Basel 1876 |
| Thiersch II | Hubert Vogel, Friedrich und Amalie Thiersch, eine Bildungsbürgerfamilie in München, Vorfahren und Nachfahren, München 1984 |
| Vollmer | Allgemeines Lexikon der Bildenden Künstler des XX. Jahrhunderts, Leipzig 1952–1962 |
| Völter | Völterbuch 1957, bearbeitet von Albert und Lydia Metzler, Metzingen 1957 |
| Werner I | Familienstammbuch der Nachkommen des Jakob Werner aus Balingen, Stuttgart / Basel 1934 |
| Werner II | Werner Familienstammbuch der Nachkommen des Jakob Werner aus Balingen von 1581 an, Ergänzungen und Berichtigungen 1947 |
| Westfäl. Pf.-buch | Friedrich Wilhelm Bauks, Die Evangelischen Pfarrer in Westfalen von der Reformationszeit bis 1945 |

| | |
|---|---|
| | (Beiträge zur Westfälischen Kirchengeschichte Bd. 4) Bielefeld 1980 |
| Wigand | Paul Wigand, Heinrich W. J. Thierschs Leben, Basel 1888 |
| Zeller | Karl August Zeller, Die Familie Zeller aus Martinszell, Stuttgart 1974 |
| Zeller II | Gerhard Zeller, Nachfahren der Familie Zeller aus Martinszell, Stuttgart 1995 |
| Zeller SV | Sonderveröffentlichungen des Martinszeller Verbandes, Stuttgart Hefte 1 (1979) bis 14 (1996) |
| Zeller-Festschrift | 450 Jahre Zeller aus Martinszell, Festschrift hrsg. vom Martinszeller Verband e. V. zum 150. Jahrestag der Zeller-Stiftung von 1838, Stuttgart 1988 |
| Zeller-Nachr. | Nachrichten des Martinszeller Verbandes, Heft 1 (1978) bis Heft 26 (1997) |
| Zeller-Siegfried | Stammbaum der Familie Zeller-Siegfried, Beuggen von 1521 an; gewidmet den Urenkeln des Christian Heinrich Zeller von P. K. G. (Paul Kober-Gobat) und F. V. W. (Friedrich Veil-Werner), Basel 1892 |

Für die zahlreichen württembergischen Pfarrer wurden die jeweiligen Magisterbücher konsultiert, für weitere biographische Notizen vielfach die Arbeit von Stähelin.

## Ortsverzeichnis

# Personenverzeichnis

Frauen sind mit ihren Mädchennamen aufgeführt

Notizen

Notizen

Notizen

Notizen

Notizen

Notizen

Notizen

Notizen

Notizen

Notizen